황 현(黃玹)

매천야록(梅泉野錄)

上

고종 원년(1864)~고종 31년(1894)

李章熙 譯

明文堂

매천야록(梅泉野錄) · 上

초판 1쇄 | 발행 2008년 9월 1일
초판 2쇄 | 발행 2017년 5월 25일

역 자 | 李章熙
편 집 | 張壹忠
펴낸이 | 金東求
펴낸데 | 明文堂(창립 1923. 10. 1.)
주 소 | 서울특별시 종로구 안국동 17-8
우체국 | 010579-01-000682
전 화 | (영업) 733-3039, 734-4798 FAX 734-9209
(편집) 741-3237
등 록 | 1977. 11. 19. 제 1-148
ISBN 978-89-7270-892-6 04900
ISBN 978-89-7270-062-2(전3권)

값 30,000원

黃玹의 초상(고종 황제 어진을 그린 채용신의 그림)

전남 광양시 봉강면 석사리 758번지에 위치한 매천 황현의 생가
(2003년에 복원했다)

매천 생가의 마루

매천 생가의 정자

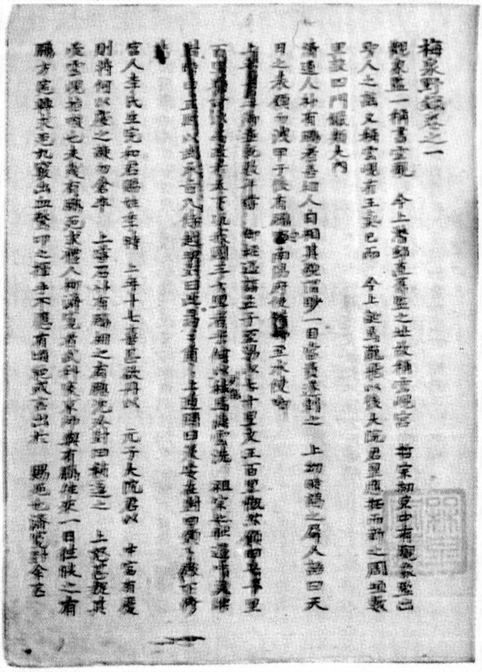

매천야록(梅泉野錄)
(조선 말기 1864년부터 1910년까지 47년간 일어
난 중요한 사건을 예리한 비평의식으로 담아낸 편
년체 기술의 역사서) 전 7책으로 되어 있다.

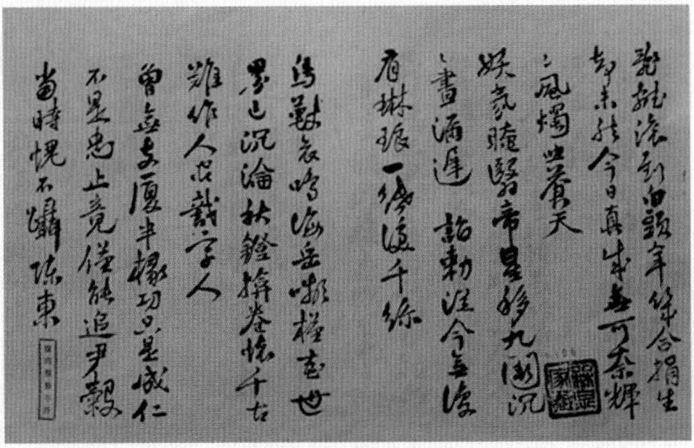

매천의 절명시(친필)
1910년 조국이 외세에 망하자 스스로 목숨을 끊으면서 남긴 시의 원본이다.

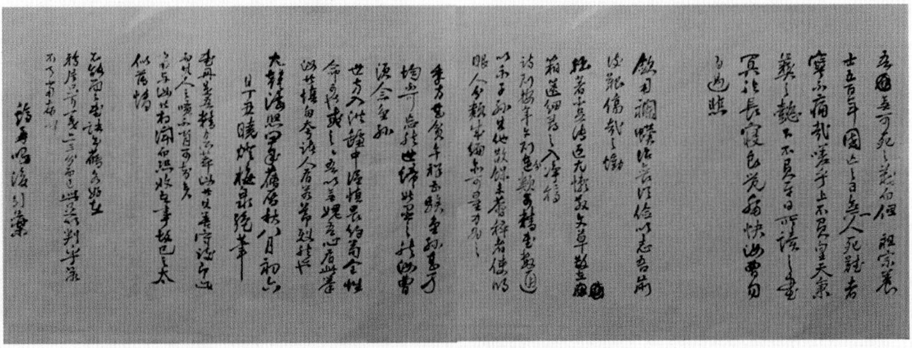

유자제서(遺子弟書) 선문(全文)

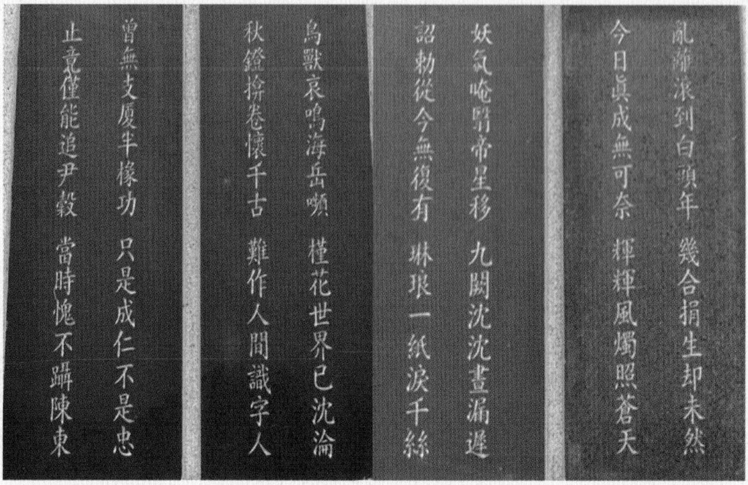

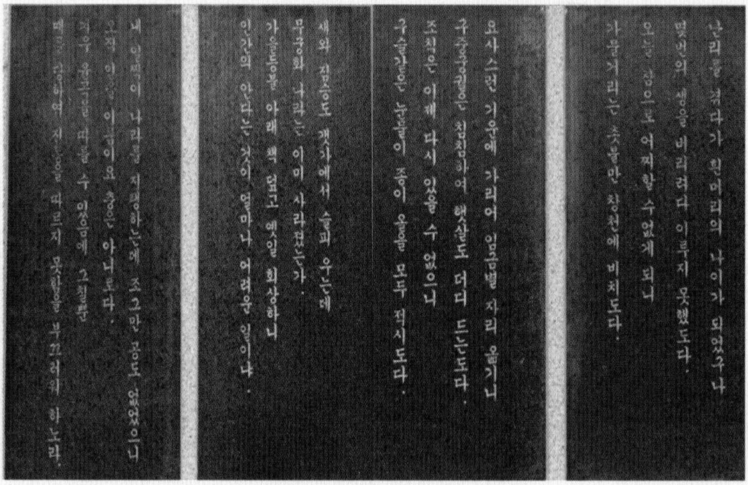

전남 구례군 구례읍 시민공원에 세워진 매천
황현의 시비(詩碑)에 새겨진 〈절명시 4수〉

한국고전문학사상명저대계 · 11

황현(黃玹)

매천야록(梅泉野錄)

제 1 권

고종 원년(1864)~고종 31년(1894)

明文堂

解 說

◉ 매천야록(梅泉野錄)이 햇빛을 보기까지

『매천야록(梅泉野錄)』(이하 『야록』으로 약칭)이 구한말의 지사이자 순절시인 매천(梅泉) 황현(黃玹) 선생의 저작이란 것은 지금에 이르러서는 일반에게까지 널리 알려진 사실이다. 그러나 본서가 그렇게 알려지기까지에는 매천이 순절한 이후 오랜 세월이 흘러야 했다.

그것은 책의 내용이 대부분 당대에 공개할 수 없는 비사(秘史)이어서 세태의 변화가 없이는 간행할 수 없었기 때문이다.

구한말의 난정(亂政)을 주도했던 위정자의 사적인 비리·비행이라든가 외세의 악랄한 광란, 특히 일제의 갖은 만행을 낱낱이 고발한 침략상, 우리 민족의 끈질긴 저항 등을 담은 본 『야록』은 일제의 식민지 통치가 막을 내리지 않는 이상 도저히 세상에 내놓을 수 없었다.

황매천 자신도 그것을 잘 알고 있었으므로 그가 순절할 때 자손들에게 이 책을 외부 사람에게 보이지 말 것을 당부하였으며, 자손들 또한 극비에 붙이고 깊이 간직하여 본서가 있다는 것을 당시 세상 사람들은 전연 알지 못했다.

자손들은 책의 중요성에 비추어 원본 한 벌만으로는 인멸할 우려가 있으므로 부본(副本) 몇 부를 작성하였다.

그 1부를 상해에 건너가 있는 지우(知友) 창강 김택영(金澤榮)에게 보내서 교정을 청한 바 있었다.

창강이 『한사계(韓史綮)』에 『야록』을 인용한 것은 거기에서 연유된 것이며, 『한사계』에 의하여 『매천야록(梅泉野錄)』이 있다는 것이 처음으로 세상에 알려지게 되었다.

그러나 그 내용이 어떠한 것인지는 여전히 알려지지 않다가, 1939년 조선사편수회가 발견하고 차람(借覽)하여 그 내용이 어떠한 것인가를 극히 일부에서 알고는 있었으나, 일제 치하라 조선사편수회에서 발간하지 않고 극비에 붙였다 한다.

해방이 된 후인 1955년 국사편찬위원회에서는 본 『야록』의 사료적 가치를 높이 평가하여, 전남 구례에 있는 매천의 본가에서 원본과 김택영이 교정한 부본을 빌려다가 『한국사료총서 제1』로 간행하였다.

본서가 출간되자 구한말의 시인이나 우국지사로만 알려져 왔던 매천에 대한 인식은 점차 새로워지기 시작하였다. 학문을 수용하는 폭이라든가, 시국을 통찰하는 그의 안목은 유자(儒者)나 일반 지식층의 고루하고 진부한 사고방식과는 다른 일면을 지닌 인물임을 깨달을 수 있었다.

그는 시인일 뿐만 아니라 역사가, 또는 비평가로도 전혀 손색이 없었다.

그의 유작으로는 본 『야록』 외에도 『매천집』 7권 3책, 『매천속집』 2권 1책, 『오하기문(梧下紀聞)』, 『동비기략(東匪紀略)』 등이 있다. 『매천집』과 『매천속집』은 각기 상해에서 김택영에 의해 1911년과 1913년에 간행되었으며, 『오하기문』의 그 내용은 『매천야록』과 비슷하다. 『동비기략』은 8 · 15해방 이후 격동기에 행방이 묘연하여 일서(逸書)가 된 셈이다. 그러므로 그 내용이 동학혁명에 관계된 기록이란 것 외에는 알려져 있지 않다.

『매천야록』은 1864년(고종 원년)부터 1910년(한일합방)에 이르는 47년간의 정치 · 경제 · 외교 · 사회 · 문화 전반에 걸쳐서 매천 자신이 기록하였다. 그런데 1910년 8월 22일 합방 늑약(勒約)이 체결된 후부터 매천이 자결할 때까지 10여 건의 끝부분은 그의 문인 고용주(高墉柱)가 추기(追記)한 것이다.

원책은 전 7책 6권으로 되어 있으며, 각 책 권별 연대는 다음과 같다.

제1책	권1	상	1864년(고종 원년)부터 1887년(고종 24년)까지
제2책	권1	하	1888년(고종 25년)부터 1893년(고종 30년)까지
	권2		1894년(고종 31년) 정월부터 동년 6월까지
제3책	권2		1894년 7월부터 1898년(광무 2년)까지
제4책	권3		1899년(광무 3년)부터 1903년(광무 7년)까지
제5책	권4		1904년(광무 8년)부터 1905년(광무 9년) 10월까지
제6책	권5		1905년 11월부터 1907년(융희 원년) 7월까지
제7책	권6		동년 8월부터 1910년(융희 4년) 8월까지

이상에서 볼 때 고종 원년부터 동 30년까지의 기록은 기간에 비해 기사가 그 후보다 많지 못하여 전 7책 6권 중 1책 반에 불과하며, 동 31년부터 융희 4년까지 15년간에 해당되는 기록이 5책 반이나 되는 많은 양을 차지한다.

체재에 있어서도 1894년 이전에 수문수록(隨聞隨錄)하여 연대순으로 배열하느라고 하였으나 명확한 연월이 표시되어 있지 않다. 뿐만 아니라 사건 내용에 있어서도 연대순이 바뀐 것도 없지 않다. 그러나 그 이후의 기록은 편년체(編年體)로 기술하여

연월일 순으로 비교적 잘 되어 있다.

◉ 본서를 집필하게 된 동기

『야록』을 집필하게 된 동기를 따져보기 전에 먼저 매천의 학문 폭을 살펴보는 것이 본 비사(秘史)를 저술하게 된 동기를 이해하는 데 도움이 되리라 생각된다.

대개 그 당시 일사(逸士)들의 학구적 경향을 보면 문장업이나 기타 다른 학문에 뜻을 두기보다는 성리학 쪽을 택하는 예가 많았다. 그런데 매천에 있어서는 그렇지가 않았다. 그것은 매천이 당초부터 성리학에 대하여 관심이 없었다든가 선철(先哲)이 연구한 학문에 대하여 흥미를 갖지 못한 것도 아니었다.

단지 그가 성리학에 몰두하지 않았던 것은 그럴 만한 이유가 있었다.

유자(儒者)랍시고 학문에 새로운 방향을 제시도 못하면서 몸가짐마저 제대로 못하는 그들을 못마땅하게 생각했던 때문이다.

즉 당시 유학자들이 학문에 별다른 성과를 거두지 못함은 물론 방향 제시마저 못하면서도 도학(道學) 선생이란 말을 함부로 남용하는 것이 매천으로 하여금 환멸을 느끼게 하였다.

매천은 일찍이 그를 찾아온 문인(文人)에게, '대저 박학(博學)은 반약(反約)하여 그치지 않는 것이 성문교인지술(聖門教人之術)이 되는 것이며, 무릇 구류(九流)·칠략(七略)에 있어서도 모두 그렇지 않은 것이 없다. 그러므로 고인의 학(學)은 일찍이 규규(規規)가 있는 것이 아니며, 그것의 한 방법은 천하의 전적(典籍)을 모두 살펴 읽어서 천하지물(天下之物)을 다 궁격(窮格)해야 한다'라

고 한 데서 매천의 학문 폭을 이해할 수 있다.

매천은 시인으로서 두각을 나타냈지만, 유가·제자백가에 이르기까지 모르는 것이 없었으며, 1894년 갑오개혁 이후로는 서양 문물에 대하여도 상당한 관심을 갖게 되었고, 경세치용(經世治用)에 관해서도 진보적인 식견을 갖고 있었다.

특히 사학에 대한 관심이 남달리 높았던 것은, 그로 하여금 난세에 휩싸여 역사의 죄인이 되는 것을 꺼리게 하였고, 따라서 주위의 요청을 뿌리치고 관로에 나가는 것마저 단념할 수 있었다.

그는 '귀국광인(鬼國狂人)' 속에 뛰어들어 벼슬아치들과 함께 광인이 되기를 꺼려하였던 것이다.

그가 36세가 되던 해에는 만수산 속에 구안실(苟安室)을 세워 두어 칸의 서실을 마련하고, 많은 전적을 쌓아두고 두문불출하며 학문 연구에만 몰두하고, 서울에 있는 문사들과의 교류도 모두 끊었다.

그렇다면 그가 서실에 앉아서 할 수 있는 일은 무엇인가? 우국경시(憂國警時)적인 시만 지어 자신을 달래기에는 세상 돌아가는 것이 너무나 급박했다. 매천으로서는 무엇인가 역사의 기록을 남길 필요성을 느끼지 않을 수 없었을 것이다.

그러나 매천이 본 『야록』을 저술하게 된 동기가 직접적으로 어디에 있었는지 규명할 길은 없다.

백암 박은식(朴殷植) 선생이 국혼을 잃지 않기 위해 『한국통사(韓國痛史)』를 집필했던 것과 같이, 매천은 후세사람으로 하여금 역사의 심판이 얼마나 준엄한 것인가를 깨우치게 하여, 다시는 그러한 일이 반복되지 말도록 경계하자는 뜻이 강하게 작용하였

던 것이다.

일생을 난세에 몸을 담지 않고 깨끗이 살 수 있었던 것과, 불의와 타협할 수 없는 식자인(識字人)의 양심을 지닌 매천으로서는 아무런 부끄러움과 거리낌 없이 한말의 난정과 외세의 침입, 민족의 저항과 민중의 비분, 위정자의 비리와 비행까지 낱낱이 춘추필법(春秋筆法)으로 예리하게 파헤칠 수 있었다.

매천이 그러한 위치에서 본 『야록』을 집필하였기에 오랜 기간 비장되어 알려지지 않았던 것이며, 후대에 와서 그 빛을 더욱 발휘할 수 있었다.

◉ 주요 내용의 검토

본 책자의 내용을 검토하기에 앞서 알아두어야 할 것이 있다. 당시로 말하면 조야(朝野)는 크게 두 계열로 나누어지는데, 하나가 위정척사(衛正斥邪)요, 다른 하나가 개화파에 속하는 인물들이다. 전자는 외국 세력의 침투를 막고 공맹(孔孟)의 도를 지키자는 것이요, 후자는 문호를 개방하여 선진문물을 받아들임으로써 문명개화를 꾀하자는 것이다.

당시 사회에서 영향력을 행사할 수 있는 지도급의 인물들은 거개가 이 두 계열에 각기 속해 있었다.

그런데 개화파 중에서도 급진개화를 주장하는 일파가 있었고, 온건개화를 주장하는 일파가 있었다. 그렇다면 매천은 이러한 계열 중에 어디에 편입시키는 것이 좋을까. 이것을 이해하는 것은 매천이 『야록』을 기술하는 데 어떠한 입장에 서 있는가를 명확히 할 수 있기 때문이다.

매천은 학자이면서 순수한 성리학자가 아니라는 것은 이미 위에서 언급하였다. 또한 그의 학문의 폭이 넓다는 것도 말하였다. 위정척사 계열에 속하는 인물들이 대개 정통 유학을 계승하였다고 볼 때 매천은 그렇지가 않음을 알 수 있다.

매천은 학자이면서도 경륜지사(經綸之士)였다. 그러므로 시국을 보는 안목도 일반 유자와는 달리 구제(舊制)를 맹종하지 않고, 시세 변천에 따라 이에 대처할 수 있는 방안을 터득하려 노력하였다.

그는 위정척사를 내세워 동점(東漸)하는 서양 세력을 막아낸다고 해서 이루어질 수 없다는 힘의 한계성을 알고 있었다. 그렇다고 급진 개화를 주장하여 국속(國俗)을 버리고, 졸속한 서구의 제도를 받아들이는 것을 원치는 않았다. 말하자면 쇄국을 고집하는 것만이 꼭 위정할 수 없는 것이며 문호개방이 바로 개화와 연결된다고는 보지 않았다. 그는 급변하는 정세에 대하여 대증지제(對症之劑, 병의 증세에 따라 약을 짓다)를 생각하여 그 방법을 연구한 연후에 실행에 옮겨야 된다는 주장이었다.

그는 1894년(갑오년) 이후부터는 한역본(漢譯本)도 읽기 시작했다. 그것은 안목을 넓히자는 것에서였다. 그는 갑오개혁에 반대하지 않았으며 그의 『언사소(言事疏)』를 보면 오히려 찬성하는 쪽에 가깝다. 그러나 그는 친현(親賢)·원간(遠姦)·애민(愛民)·절용(節用)·신상필벌(信賞必罰) 등 개화의 '본(本)'을 생각하지 않고, 군사·기술·무역 같은 개화의 말(末)만을 생각하기 때문에 개화를 그르친다고 이에 대한 시정을 촉구하였다.

또한 '존왕양이(尊王攘夷)'나 '귀왕천백(貴王賤伯)'에 대하여 종래 유학자들의 공통된 관념을 부정하고 나섰다. 밀어닥치는 서양세

력에 생존할 수 있는 길은 오직 그들의 학문과 기술을 익히는 도리밖에 없다는 것이다. 그러나 매천은 김옥균(金玉均) 등 급진 개화파의 주장보다 김홍집(金弘集)·어윤중(魚允中) 등의 온건개화 노선을 걷는 개화 방안을 찬성하였다.

이것으로 보아 매천 자신은 위정척사의 인물이 아닌 온건개화 노선의 인물로 보는 것이 옳을 것 같고, 『매천야록』은 그러한 그의 시국관에 입각해서 기술된 것으로 보는 것이 좋을 듯싶다.

본『야록』의 체재에 대해서는 이미 위에서 말한 바 있어 재언을 요할 필요는 없으나, 단지 내용을 소개하고 검토하는 데 있어서 다시 언급할 필요가 있는 부분이 있어 몇 마디 반복하지 않을 수 없다.

1894년(갑오년) 이전의 기록이 수문수록하였고, 그 이후의 기록이 비교적 연월일에 따라 편년체로 정확히 기록하였다는 말은 이미 앞에서 하였다.

본『야록』을 읽어보면 누구나 잘 알 수 있겠지만, 갑오년 이전의 기록도 체재에 있어서는 갑오년 이후의 기록과 같은 방법을 취하고 있어서, 내용 전부를 소개하고 검토하기에는 매우 어렵게 느껴진다.

그러므로 여기에서는 다만 전체 내용 중에서 역사적으로 중요한 사건 중에서, 매천 자신이 비평을 가한 것을 중심으로 소개하고 검토하는 데 그치기로 하겠다.

먼저 갑오년 이전에 대한 기록을 살펴보겠다. 여기에서는 주로 대원군의 집정과 안동 김씨의 몰락, 대원군 10년간의 독재정치, 민비와 대원군과의 알력, 민비와 그 일족의 난정, 일본 세력의

침투, 열강과의 관계, 임오군란과 청나라의 간섭, 갑신정변, 청국과 일본의 각축 등 고종 즉위 이후 30년간의 국내외 관계를 간략하고 명료하게 기술하였다.

이 내용 가운데서 매천이 비평을 가한 사건들을 훑어보면 대략 다음과 같다.

대원군의 서원철폐에 대해 사가(史家)들은 대원군 개혁정치에 있어서 득으로 꼽고 있는 것은 누구나 다 아는 사실이다. 이에 대해 매천도 타당성을 말하고 있다. 그러나 그러한 서원철폐가 대원군에 의해 단행된 것은 못마땅한 태도다. 그것은 다름 아니라 대원군이 일찍이 송시열(宋時烈)의 사우(祠宇)인 화양동서원(華陽洞書院)에 갔다가 서원 유생들에게 모욕을 당하고 집권한 뒤 보복책으로 서원을 철폐한 것이라 사적인 감정이 개재된 것이 틀렸다는 것이다.

매천이 대원군의 정치에 대하여 비판을 가한 것은 부지기수일 정도로 많지만, 대원군이 물러앉고 고종이 친정하면서 민비의 척족들이 득세를 하고, 주구(誅求)를 일삼아 백성들이 감당하지 못하고 대원군의 집정시대를 그리워한 것에 대하여, 매천은 대원군 시절만도 못한 것에서 그런 생각을 하게 된 것이라고 평하고 있다. 그것은 지극히 타당한 평이라 할 수 있다.

대원군이 집권 기간 경재명부(卿宰命婦) 및 사대부가에 미색이 있는 여인들을 불러다가 음탕한 짓을 하는 것을 보고 평하기를, 대원군을 나무라기에 앞서 그들 여인들이 부끄러움은 고사하고, 남편이나 자식의 출세를 위해 갖은 교태를 다 부리는 것을 못마땅하게 생각했다.

매천은 병인양요(丙寅洋擾) 때 프랑스 군함이 강화도에 정박한

것에 대하여 '훈련하기 위해서 놀이차 온 것이지, 노략질이나 침략할 의사가 있어서 온 것이 아니다'라고 논평하고, 문호개방에 대하여 긍정적인 태도를 표명하고 있다. 단지 문제가 되는 것은 우리나라 간민(奸民)들에 의해 외국 상인들이 발을 붙이게 되었고, 우리나라 사람들이 아둔한 탓으로 외국의 싼 인조상품이 밀어닥쳐 국내의 산업이 무너지고 우리나라의 귀중한 천연산품이 값싸게 나가는 것을 경계하였다.

1880년(고종 17) 김홍집(金弘集)이 수신사로 일본에 건너갔다가 돌아오는 길에 중국 공관원으로부터 받은 『이언(易言)』 2책을 가지고 와서 고종에게 바쳤는데, 이 사실이 전해지자 유림(儒林)들이 들고 일어났다.

영남에서는 만인소(萬人疏)까지 올려 김홍집이 사교(邪敎)를 불러들였다고 심한 질책을 하였으나, 이에 대해 매천은 평하기를 '전체의 뜻은 오늘에 처해서 부강하려고 한다면, 반드시 먼저 서양의 제도를 배워야 하며 서양의 기술을 익혀야 된다는 것인데, 수십만언(數十萬言)에 이르니 대략 책사(策士)가 치빙췌마(馳騁揣摩)하면서 본 견해들이다. 황준헌(黃遵憲)이 그 책을 휴대하고 일본에 건너간 것을 김홍집이 얻어 가지고 와서 고종에게 보이려 한 것이니, 대개 왕이 천하대세를 묵묵히 살피고 원습(原隰) 자순(諮詢)의 주장을 하게끔 하기 위한 것이지, 사사로운 뜻을 품고 감추어 온 것은 아니었다. 이것을 곡해하는 유생들은 김홍집이 천주학에 들어갔다 이르고, 그것을 공박하는 의론이 분연히 일어났다'하였다.

이러한 내용으로 볼 때 매천은 발달한 선진문명의 도입을 환영했던 것으로 볼 수 있다.

지석영(池錫永)이 일본에서 우두(牛痘)를 배워다가 널리 그 법을 보급한 것은 특기할 만한 일례라 할 수 있다.

그는 탐관오리의 비행과 비리를 질타하고, 바른 품행을 가진 자는 비록 권귀(權貴)한 출신이라 해도 칭찬을 아끼지 않았다.

관리의 등용문인 과거를 볼 때, 소과와 대과의 매매가가 미리 정해져 있고, 매관매직이 공개적으로 자행되었다는 사실을 상세히 기록하여 비정(秕政)을 공개하였다.

그런데 매천은 동학(東學)에 대하여는 매우 비판적인 자세를 보였다. 동학교도를 동비(東匪)로 표현했으며, 어윤중이 장계에서 동학교도를 가리켜 비도(匪徒)라 하지 않고 민당(民黨)이라 한 것에 대해 실언이라고 지적한 것을 보면, 동학을 못마땅하게 여겼던 것 같다.

갑오년 이후는 동학혁명과 청일전쟁, 일제의 침략과 갑오개혁, 을미사변, 러시아의 침투와 아관파천(俄館播遷), 노·일 경쟁과 개전, 을사보호조약 체결 이후 우리나라 주권을 강타하기 위한 일제의 모든 간계와 시책, 친일파의 매국 행위, 이에 반대하는 의병운동과 의사(義士)·지사(志士)들의 활동, 탐관오리의 비행, 친일파 부녀들의 추잡상, 날로 변해가는 사회·경제·문화적 사실을 많이 기술하였다. 중요한 부분을 초출(抄出)해 보기로 한다.

노·일 전쟁이 발발했을 때,

> 조야에서 모두 말하기를, '그래도 왜인은 사람 축에 드나 아라사 사람은 짐승 같으니, 만약 아라사가 일본군을 이기고 남

쪽까지 석권할 것 같으면 우리 인종은 모두 멸망할 것'이라 하고, 모두들 일본이 승리하고 아라사가 패망하기를 빌었다.

그러므로 우리나라 사람들은 각처에서 일본군의 군수물자를 운반하기를 사양하지 않았으니, 일본이 나쁜 마음을 감추고 있는 것을 알지 못했기 때문이며, 나쁜 생각은 이미 개전하던 날에 가지고 있었던 것이다.

라고 하여, 일본은 이미 노·일 전쟁을 일으킬 당초에 한국의 합병을 염두에 두고 있었음을 매천은 직시하고 있었다.

매천은 을사오적(乙巳五賊)에 대한 비행을 하나하나 고발하고, 그들에 대한 국민의 질타를 빠짐없이 수록했다. 또한 매국행위를 하는 일진회의 진상도 폭로했다.

일제의 강압적인 을사늑약에 분개하여 순국한 민영환(閔泳煥)과 조병세(趙秉世)의 순국 전말과 국민에게 고하는 글, 각 국 공사에게 억울한 사정을 고하는 글, 최익현(崔益鉉)의 오적을 성토하는 소(疏), 송병준(宋秉畯)의 처형을 주장하는 상소(上疏)와 유소(遺疏) 등을 대대적으로 기술하였다.

그런가하면 일본인으로 일본의 부당성을 이등박문(伊藤博文, 이토 히로부미) 등에게 간하다가 그것이 받아들여지지 않자 자결한 서판풍(西坂豊) 등에 대해서도 그 죽음은 장하다고 하였다.

또한 국권회복의 일환으로 창설된 국채보상단연회(國債報償斷煙會)의 애국적인 충정도 기술하였다.

영국 청년으로 한국에 와서 「매일신보(每日申報)」를 창간하고, 한국의 독립을 위해 일제의 침략상을 격조 높은 논조로 폭로했던 베델〔Ernest T. Bethell : 한국명 배설(裵說)〕을 극찬하였으며, 동 신보를 폐간시키기 위해 온갖 수단과 방법을 다하던 일제의 만

행을 신랄히 폭로하기도 하였다.

그런가 하면 보호조약이 체결되기 수개월 전에 일본으로 유학을 간 한국 학생들이 굶어 죽더라도 배워서, 성공하지 않으면 고국에 돌아갈 수 없다고 손가락을 끊어 맹세를 한 장한 사실도 기록하였다.

그런데 우리가 본 『야록』에서 중점을 두고 기술한 기사는 의병관계 기록이라 할 수 있다. 의병은 을미사변을 계기로 일어나기 시작했으나, 을사늑약이 체결된 후 이를 반대하여 대대적인 의병활동이 전개되고, 1907년 '정미 7조약'이 체결되어 군대가 해산되자, 이들이 가세하여 의병에 편입됨으로써 더욱 그 세력이 확대되어 갔다.

매천은 이러한 활동의 상황을 자세히 기술하였다. 특히 정미의병의 봉기를 계기로 전국의 의병 현황을 '의보'로 봉기 일자와 지명을 소상히 수록하고 있다.

다음은 의병장(義兵將) 연기우(延基羽)에 관한 기록이다.

> 그가 길에서 춥고 굶주려서 빈사상태에 있는 아들을 만났다. 그의 부하가 불쌍히 여겨 몰래 50환을 집어주니, 연기우는 크게 노하여 말하기를, "이것은 군수자금인데 누가 감히 사사로이 쓰겠는가!" 하고 도로 빼앗았다.

이 기사를 『야록』에 기술할 때 매천은 어떠한 심정이었을까?

한국 침략의 원흉 이등박문을 만주 하얼빈에서 사살한 안중근(安重根) 의사와 매국 원흉 이완용(李完用)을 척살하려다 실패한 이재명(李在明) 의사의 의거도 그 전말을 자세히 기술하였다.

이 책 맨 끝에 적은 '가을 등불 아래 책을 덮고 지난 일을 생각하니, 인간의 안다고 하는 것이 얼마나 견디기 어려운 일인가.'

라는 절명시(絶命詩)를 읽으니, 본 『야록』을 집필한 매천의 의중을 어느 정도 짐작할 수 있을 것 같다.

◉ 『야록』의 사료적(史料的) 가치

정사(正史)든 야사(野史)든 간에 모든 기록이 비판 없이 받아들여질 수는 없다. 그것은 저술하는 사람이 사실 자체를 정확히 파악할 수 없는 문제도 있을 것이며, 설사 사실을 정확히 이해하고 있다고 하더라도 주관적인 견해로 인해서 객관성이 무시될 수도 있기 때문이다.

그런 점에서 볼 때 『야록』도 예외는 될 수 없을 것이다. 특히 갑오 이전의 기록은 수문수록한 것이고 보면, 사실 자체가 잘못 전달될 수도 있고, 갑오 이후의 편년체로 기록한 내용이라 하더라도 매천 자신이 중앙에서 직접 보고 들은 사실이 아닌 이상 잘못 기술된 부분이 있을 수도 있을 것이다.

그러나 극히 일부의 잘못된 부분을 지적하여 전체를 책할 수는 없다. 독자가 사료를 이용하는데 비판을 가할 수 있음은 그러한 잘못을 바로잡기 위한 것이다.

본 『야록』은 당대에 있었던 대소 사건을 총망라하여 간명하게 수록하였고, 다른 기록에서는 찾아볼 수 없는 사실까지도 찾아내어 기술하였다.

궁중비사를 들춰내어 궁궐에서의 비행을 폭로했다거나, 석유를 처음 사용한 것이 언제이고, 학질에는 금계랍(金鷄蠟)이 특효가 있어 사용되기 시작하였고, 구황(救荒, 빈민 구제)에는 송피(松皮)가 좋은데 호남이나 영남 지방에서는 행해질 수 있으나, 기호 지방의 기민들은 굶어 죽어도 산주인 양반의 위엄이 무서워서 나무

하나도 베지 못했다는 사실, 일본 사람들이 청결비와 방역비의 명목으로 받아들이는 세금이 거액이라는 사실, 창가(娼家)의 매음세가(稅價), 대한의원이라고 하는 곳에서는 교사인(絞死人)의 시신을 해부하여 의생들을 견습시키고, 일본인이 전국의 양반 인구까지 조사하여 장차 식민통치의 자료로 삼으려 한다는 등등 이루 헤아릴 수 없을 정도로 많은 비밀의 사실을 수록하고 있다.

이러한 기록들은 다른 곳에서는 찾아보기 어려운 것들로, 본『야록』이 지니고 있는 장점이기도 하다.

최근세 내지 근대사를 연구하는 데 있어서 마땅히『고 · 순종실록』이 기본 자료가 되어야 할 것이나, 그것이 일제의 손에 의해서 만들어졌기 때문에 그들의 침략상을 고의적으로 빠뜨린 관계로 사용가치가 별로 없음을 감안할 때, 본『매천야록』이야말로 이 시대를 연구하는 데 없어서는 안 될 자료의 보고라고 할 수 있을 것이며, 본『야록』의 진가는 바로 이러한 데서 찾을 수 있을 것이다.

◉ 역자의 부언(附言)

역자가『매천야록』을 번역한답시고 손을 댄 것은, 1972년 가을이었고, 다음해 4월에 출간되었으니, 그 후 35년의 세월이 흘렀다.

당시 경제 발전에 힘입어 문화사업의 일환으로 한국고전국역도 붐이 일었다. 대양서적은 그 중에서 '한국고전국역'만을 전담하는 출판사로 많은 전적(典籍)을 출간하였으며, 역자의 번역본도 그 가운데 하나였다.

그러나 다른 고전들도 대부분 그러했지만, 전책을 완역한 것은

극히 적었고, 중요한 부분만 초역(抄譯)해서 한 권의 단행본으로 간행했다. 따라서 지면의 제약은 어쩔 수가 없었다. 역자도 예외일 수 없어서 본 책자를 초역할 수밖에 없었으니 어림잡아 책 전체 양의 3분의 2쯤에 해당된다. 그래도 최초의 번역본이라 다른 이들의 시선을 끌었지만 역자 본인으로서는 마음이 가볍지 않았으며, 언젠가는 완역을 해야겠다는 다짐을 해왔던 터였다.

그러는 동안에 1990년 일본 동경(東京)에 있는 주식회사 국서간행회(國書刊行會)에서 재일 조선대학교 박상득(朴相得) 교수의 일문(日文)으로 된 완역서가 나왔고, 2005년 성균관대학교 임형택(林榮澤) 교수를 비롯하여 13인이 공동 번역한 완역서가 문학과 지성사에서 또 나왔다.

역자는 이 명저의 완역본이 국내외에서 출간된 것을 기쁘게 여기면서도 진작 완역본을 내지 못한 것이 아쉬웠다. 그러던 차에 명문당(明文堂) 김동구(金東求) 대표께서 '완역본을 내 줄 테니 초역에서 빠진 부분들을 번역할 수 있겠느냐?'는 것이었다. 이에 역자는 이제야 완역하지 못했다는 죄책감에서 헤어날 수 있겠기에 쾌히 응하게 되었다. 국역을 중시하는 김 대표의 깊은 뜻이 있지 않았던들 결단을 내리기가 어려웠을 것이다. 지면을 통해서 심심한 사의를 표한다.

끝으로 본 번역은, 「국사편찬위원회본」을 대본으로 삼았으며, 오자(誤字) 등은 실증에 의거하여 수정했음을 부기한다. 기타 체재는 초역본에 따랐음을 밝혀둔다.

2008년 새해에

역자 李 章 熙

抄譯本 梅泉野錄 解題 (※ 1973년 4월 抄譯本 解題임)

1.

매천 황현(梅泉黃玹)이 출생한 연대는 철종(哲宗) 6년(1855)이니 우리나라가 문호를 개방하기 21년 전이 된다. 이때는 열강(列强)들이 들어와서 각축(角逐)을 벌이는 일은 없었지만 소위 국혼(國婚)을 배경으로 한 외척(外戚)의 세도정치가 만연(蔓延)하여 국정은 날로 어지러워지고 우국지사(憂國之士)의 간언(諫言)은 소외당하는 시대였다. 정치 기강(政治紀綱)의 문란은 경제 질서를 파괴시켰고, 경제 질서의 파괴는 사회 혼란을 야기해 민심의 이산(離散)을 급증(急增)시켰다.

이와 같이 정치 도의는 타락하고 경제 질서가 마비되며 사회 기강(社會紀綱)이 해이해진 데다가 외세(外勢)에 의한 강제적인 문호 개방은 결과적으로 우리나라 자신이 국론(國論)을 타개하기 어려운 지경으로까지 몰고 가게 되었다. 따라서 외국을 배경으로 근대화를 추진해 보겠다는 개화의 움직임은 그것을 성취하기에 앞서 역이용되고, 평등을 전제로 한 각국과의 통상조약은 서구의 기술문명을 받아들여 부국강병(富國强兵)을 하기 전에 불평등 외교로 전락되고, 국권의 침해를 받게 되는 현실로 나타나고 말았다.

일부 양식 있는 정치가는 정치일선에서 한 번 물러나면 거세(去勢)되어 재등장(再登場)의 길이 막히게 되고 일본을 배경으로

한 친일정객(親日政客)과 청국을 배경으로 한 친청정객(親淸政客)과 러시아를 배경으로 한 친로정객(親露政客)이 세력 다툼을 하는 사이에 외세의 거센 물결은 어느덧 국가의 기반을 흔들리게 하였다. 그러나 일당(日黨)이니 청당(淸黨)이니 아당(俄黨)이니 하는 외세의존(外勢依存) 정객들은 대부분이 사리사욕에만 혈안이 되어 일신의 영달을 추구할 뿐 국가의 존망(存亡)이 조석간(朝夕間)에 처하게 된 것을 돌아보려 하지 않았다.

시국을 간파(看破)한 매천은 정사에 뜻을 두려 하지 않았으나 양친(兩親)의 명을 거역할 수 없어서 상경하여 과거에 응시, 생원회시(生員會試)에 장원급제하였다. 그러나 끝내 벼슬에 몸담기를 꺼려하고 귀향(歸鄕)하여 거옥(居屋)에 많은 전적(典籍)을 쌓아 두고 두문불출(杜門不出), 학문연구에만 골몰하였다. 때로는 중앙정계 고관직에 있는 지우(知友)들이 서신을 보내 상경하여 함께 국사(國事)를 돌볼 것을 간청한 바도 있었으나 그는 탁류에 휩쓸려 미친 사람의 행세를 하기 싫다고 거절하였다.

청국과 일본이 각축(角逐)을 벌이다 1894년에 청·일 전쟁을 유발하여 청국이 패하자, 다시 러시아 세력이 밀려와서 일본과 또 각축을 벌이더니 1904년 노·일 전쟁을 유발하고 다음 해에 러시아가 패하니, 한반도는 일본의 독무대가 되었다. 그들은 내심 품고 있던 야욕을 즉시 실현하여 소위 보호조약(保護條約)을 체결하고 우리나라의 외교권을 빼앗자, 매천은 전년에 청국으로 들어간 창강(滄江) 김택영(金澤榮)을 따라 입청(入淸)하려 하였으나 뜻을 이루지 못했다.

그는 현실의 괴로움을 달래기 위해 옛날 중국 난세 때 몸을 깨끗이 하였던 열 사람을 뽑아 그들의 행적(行蹟)을 그림으로 그

리고 시를 곁들여 열 폭짜리 병풍을 만들어 둘러치고 보며 자신을 격려하였다. 그러나 급기야 1910년 나라가 일본에게 병합(併合)되자, 더 이상 울분을 참지 못하고, 동년 9월 10일 유시(遺詩, 絶命詩)를 남기고 다량의 아편을 복용, 자결하니 우국지사의 회한(悔恨)을 풀지 못한 채 망국의 원혼이 되고 말았다.

유시 사수(遺詩四首)

난리를 겪다 보니 백두년(白頭年)이 되었구나
몇 번이고 목숨을 끊으려다 이루지 못했도다
오늘날 참으로 어찌할 수 없고 보니
가물거리는 촛불이 창천(蒼天)에 비추도다.

亂難滾到白頭年 幾合捐生却未然

今日眞成無可奈 輝輝風燭照蒼天

요망한 기운이 가려서 제성(帝星)이 옮겨지니
구중궁궐은 침침한데 시각이 더디구나
이제부터 조칙(詔勅)을 받을 길이 없으니
구슬 같은 눈물이 주룩주룩 조칙에 얽히는구나.

妖氛晻翳帝星移 九闕沈沈晝漏遲

詔勅從今無復有 琳琅一紙淚千絲

새와 짐승도 슬피 울고 강산도 찡그리는데
무궁화 삼천리강산은 이미 침륜(沈淪)됐구나
가을 등잔불 아래 책을 덮고 지난 일을 생각하니

인간의 안다고 하는 것이 얼마나 견디기 어려운 일인가.

鳥獸哀鳴海岳嚬 槿花世界已沈淪

秋鐙掩卷懷千古 難作人間識字人

일찍이 나라를 지탱할 조그만 공도 없었으니
단지 인(仁)을 이룰 뿐이니, 충(忠)이라 할 수 있는가.
겨우 윤곡(尹穀)※을 따르는 데 그칠 뿐이요
그 당시 진동(陳東)※의 행동을 밟지 못함이 부끄럽도다!

曾無支厦半椽功 只是成仁不是忠

止竟僅能追尹穀 當時愧不躡陳東

※윤곡(尹穀) : 남송(南宋) 때 몽고군에 의해 나라가 망하자 집에 불사르고 죽음으로써 절개를 지켰다.

※진동(陳東) : 북송(北宋) 때 간신배들의 처단을 주장하고 파직당한 충신을 위해 소를 올렸다가 죽임을 당했다.

2.

매천(梅泉)은 고환(古懽) 강위(姜瑋)·영재(寧齋) 이건창(李建昌)·창강 김택영과 친했으며, 특히 영재와 창강과는 신교(神交)로써 서로를 아꼈다. 매천이 자결한 후 창강이 중국 상해에서 그의 시문집(詩文集)을 간행하여 배포한 것이나 영재가 임종 직전에 매천을 한 번 보았으면 죽어도 한 될 것이 없겠다고 한 것은 모두 진정한 교우 관계로 맺어진 우의(友誼)의 일단이라 하겠다.

창강이 찬(撰)한 매천의 본전(本傳) 중에서 그를 가리켜 '역대전적(歷代典籍)에 소재된 치란성쇠(治亂盛衰)의 자취와 병·형·전곡(兵·刑·錢穀)의 제도에 이르기까지 고관(考觀)하기를 좋아했으며, 또한 태서(泰西)에 이용후생(利用厚生)의 신학문에도 유념

(留念)했다.'고 한 것을 보거나, 박문호(朴文鎬)가 찬한 『매천황공묘표(梅泉黃公墓表)』에서 매천을 가리켜 '유학자의 진부(陳腐)한 학문을 꺼려해서 구하려 하지 않았고 오직 문장지업(文章之業)에 전력하였으며, 가산(家産)을 털어 3천 권의 전적을 쌓아두고 그 가운데 파묻혀 주야로 읽으며 손을 잠시도 놀리지 않았으니, 어떤 때는 먼동이 터올 때까지 잠을 자는 것을 잊었다.

다른 집에 기문이서(奇文異書)가 있다는 소식을 들으면 수백리 길을 멀다 하지 않고 꼭 빌어다가 읽었으니, 구류백씨(九流百氏)의 서(書)를 관통하지 않은 것이 없었다. 역사 · 병 · 형 · 전곡(歷史 · 兵 · 刑 · 錢穀)의 서적도 잘 터득하였으며 더욱이 중국 명 · 청대 사람들의 문집을 익혔다.

매천이 항상 말하기를, "시문(詩文)은 성인(性人)의 습성에서 나온 것으로 사람의 습성은 옛날과 지금이 다르나 후세에 나서 옛것을 본받는 것은 결코 능히 이룰 이치가 없겠는가?" 하였다. 라고 기술한 것을 보면 매천은 유가(儒家)만이 아니요, 제자백가(諸子百家)에 이르기까지 무불통지(無不通知)였고, 서양 신학문에 있어서도 상당한 관심을 갖고 있었음을 알 수 있다. 그는 또한 구태의연한 종래의 유학자와는 다른 면모를 찾아볼 수 있고 경세치용(經世治用)에 관해 진보적인 식견을 갖고 있었음도 엿보이며, 특히 사학(史學)에 대해서 많은 관심을 쏟고 있었음은 한날 과거를 이해하는데 그치려는 것만은 아니었다.

역사학을 대하는 매천의 태도는 그로 하여금 난세에 휩싸여 역사의 죄인이 되는 것을 꺼리게 되었고 따라서 주위의 요청을 뿌리치고 관로(官路)에 들어가지 않았으며, 난세의 잘 잘못을 춘추필법(春秋筆法)으로 직필(直筆)하여 가려냄으로써 후세 사람들

에게 역사의 심판이 얼마나 무서운가를 깨우쳐 주고 역사의 과오를 반복하는 일이 없도록 경계하라는 뜻에서 본서를 저작(著作)하게 된 것이 아닌가 생각된다.

3.

본서에 수록된 47년간의 기록은 몇몇 사건에만 치중하여 다룬 것이 아니라 국정 전반에 걸쳐서 난정을 다루었으며, 우리나라를 위요(圍繞)한 국제 관계도 빠짐없이 수록하였다.

고종의 즉위와 때를 같이 한 흥선대원군(興宣大院君)의 집정(執政)으로 인하여 종전까지 국정을 요리했던 안동김씨(安東金氏)의 몰락, 대원군 10년 집권에 있었던 갖가지 정치적 득실, 민비(閔妃)와 대원군과의 알력(軋轢), 민비와 그의 척족의 난정, 외세의 침투, 임오군란(壬午軍亂)과 청국의 간섭, 개화당(開化黨)이 주도한 갑신정변(甲申政變)의 시말(始末), 청 · 일 양국간의 각축, 청일전쟁의 발발과 경과 및 전후의 처리 문제, 갑오경장(甲午更張), 을미사변(乙未事變), 러시아 세력의 침투, 아관파천(俄館播遷), 러시아와 일본의 각축, 노 · 일 전쟁의 발발, 개전현황(開戰現況)과 경과, 을사보호조약(乙巳保護條約), 일본의 간계, 친일파의 매국행위, 국권수호를 위한 의병의 활동과 지사(志士)의 의거, 탐관오리의 비행 등 다방면에 걸쳐서 상세한 내용을 수록하였다.

본서에 기록된 사항은 많은 부분이 관찬기록(官撰記錄)은 물론 다른 개인의 저작에서도 볼 수 없는 것이 많아서 최근세사 연구에 귀중한 자료가 되며, 문호개방 이후 일제에 의해 합병되기까지의 국내상과 일본의 청국과 러시아의 세력을 물리치고 침략하는 과정을 일목요연(一目瞭然)하게 볼 수 있다.

|梅泉 年譜|

1855년

전라남도(全羅南道) 광양현(光陽縣) 서석촌(西石村)에서 황시묵(黃時默)의 아들로 태어났음. 어려서 구례(求禮)로 이사하여 세칭(世稱) 구례인(求禮人)이라 함. 자(字)는 운경(雲卿), 매천(梅泉)은 그의 호(號), 본관(本貫)은 장수(長水).

1861년

7세의 어린 나이로 서당(書堂)에 나아가 글공부를 시작. 놀기를 즐겨하지 않고 오로지 글 읽기에 열중함.

1865년

11세 때 '연 잎은 고기떼가 모여 노는 곳이요, 버들 숲은 꾀꼬리가 자라난 고향이다'라는 한시(漢詩)를 지어 사람들을 경탄(驚嘆)시키며 신동(神童)이란 별호(別號)를 듣게 됨.

1871년

17세 때 구례군 마산면 상사리에 사는 오현위의 딸과 결혼함.

1878년

24세 때 상경하여 강위 · 이건창 · 김택영 등과 교류하였음.

1883년

보거과(保擧科)에 응시(應試)하여 초시(初試) 초장(初場)에 첫째로 당선되었으나 시관(試官)이 시골 사람인 것을 알고, 둘째로 내려놓았으며, 이어 회시(會試)를 보이지 아니한 까닭에 향제(鄉第, 고향)로 내려갔음.

1888년

끝내 운둔생활을 하려 하였으나 양친(兩親)의 명을 거역하지 못하고 다시 상경(上京), 생원회시(生員會試)에 응시하여 장원(壯元)으로 급제하였으나 혼탁한 정계에 투신하는 것을 꺼려서 다시 하향(下鄕)하여 두문불출(杜門不出) 독서에 여념이 없었음.

1889년

35세 때 이건창이 미국 공사로 떠나는 박정양을 따라 수행원으로 도미하도록 천거하였으나 이를 거절하였음. 또 구례 군수 박함래가 성균관 박사시에 응시할 것을 권하였으나 이를 거절하고 서재에서 독서에 전념하였음.

1905년

일본에 의해 강제로 보호조약(保護條約)이 체결되자, 수년 전에 이미 청국(淸國)에 들어간 우인(友人) 김택영(金澤榮)을 좇아 출국하려 하였으나 뜻을 이루지 못했음.

1910년

일본이 강제로 우리나라를 합병(合倂)하자, 유시(遺詩) 사 수(四首)를 써 놓고 다량의 아편(鴉片)을 복용(服用), 자결함. 향년(享年) 56세.

고환(古懽) 강위(姜瑋)·영재(甯齋) 이건창(李建昌)·창강(滄江) 김택영(金澤榮)과 친했다. 특히 영재와 창강과는 신교(神交)로써 서로를 아꼈음.

1962년

건국훈장 독립장이 추서(追敍)되었다. 구례 월곡 마을에 〈매천사〉가 준공되었음.

|일러두기|

1. 본서의 번역은 국사편찬위원회에서 1955년에 간행한 『한국사료총서』 제1 『매천야록(梅泉野錄)』을 대본으로 삼았다.
2. 번역은 텍스트의 성격상 직역을 원칙으로 하였다. 어려운 단어, 고어에는 ( ) 속에 현대말로 풀이해 주었다.
3. 『매천야록(梅泉野錄)』 국편본과 김택영(金澤榮)의 교열을 거친 교정본과 대조하여 오자(誤字)가 있을 경우, 실증에 의해 수정했으며, 탈자는 □로 표시하였다.
4. 약자 · 속자 · 고자 등은 가급적 현재 통용되고 있는 정자(正字)로 바꾸었으나 간혹 이해를 돕기에 필요한 경우 원자를 그대로 두었다.
5. 기타 체재(體裁)는 초역본(抄譯本)에 따르되, 독자가 이해하기 쉽도록 하기 위해 조목마다 한 줄씩 띄어 구분하고, 너무 긴 문장은 현대적인 시각을 살려 행을 바꾸어 주었다.
6. 독자의 이해를 돕기 위해 어렵다고 생각되는 낱말은 주해(註解)를 달았다.
7. 번역문 다음에는 반드시 그 원문을 삽입하고 이해를 돕고자 한자의 음을 붙였다.
8. 책명은 『 』, 대화는 " ", ' '로 표시하였다.

차 례

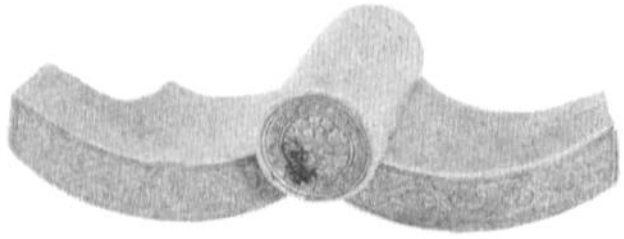

제 1 권 (1864~1894)

❑ 제 2 권

❑ 제 3 권

제 3 권 (1905~1910)

梅泉野錄 卷之五

梅泉野錄 卷之六

한국고전문학사상명저대계 · 11

황현(黃玹)

매천야록(梅泉野錄)

제 1 권

고종 원년(1864)~고종 31년(1894)

梅泉野錄 卷之一 上

갑오 이전(甲午以前)

관상감(觀象監)[1]은 서운관(書雲觀)이라고도 불렀는데, 지금 고종 임금의 잠저(潛邸)[2]가 바로 서운관의 자리였기 때문에 그곳을 운현궁(雲峴宮)이라고 부른다. 철종 초년에 서울 장안에는 관상감 터에서 성인(聖人)이 나온다는 노래가 유행되었고, 또한 운현궁에는 왕기(王氣)가 서려 있다는 이야기가 있었다. 그 후 얼마 안 되어서 지금의 임금 고종이 탄생하였다. 고종이 왕위에 오른 이후 대원군 이하응(李昰應)[3]은 그곳을 새롭게 확장시키고 단장하여 주위가 몇 리(里)에 이르렀다. 담장에는 네 개의 문을 설치하고 대내(大內)[4]를 대궐과 같이 장엄하게 꾸몄다.

註解

1) **관상감**(觀象監) : 조선시대 때, 천문 · 지리 · 역수(曆數) · 천문관측 · 각루(刻漏) 등의 일을 맡아보던 관아. 사천대(司天臺) · 서운관(書雲觀) 등의 별칭이 있다.

2) **잠저**(潛邸) : 창업의 임금이나 종실(宗室)에서 들어온 임금으로서

왕위에 오르기 전에 살던 집.

3) **이하응**(李昰應) : 영조의 현손으로 고종의 아버지 흥선대원군.

4) **대내**(大內) : 왕의 침실이나 창고, 또는 그것을 맡아보던 벼슬을 말하나 여기에서는 운현궁 내부를 일컬음.

原文

관상감 일칭서운관 금상잠저 직구감지지 고칭운현궁
觀象監 一稱書雲觀 今上潛邸 直舊監之址 故稱雲峴宮

철종초 경중 유관상감출성인지요 우칭운현 유왕기 이이
哲宗初 京中 有觀象監出聖人之謠 又稱雲峴 有王氣 已而

금상탄언 룡비이후 대원군하응 척이신지 주원수리 설사
今上誕焉 龍飛以後 大院君昰應 拓而新之 周垣數里 設四

문 엄류대내
門 儼類大內.

청도(清道)에 사는 박유붕(朴有鵬)이란 사람은 관상을 잘 보았는데, 그는 자기의 용모를 보고 한 쪽 눈이 애꾸가 되어야 귀하게 된다고 하여 드디어 한 쪽 눈을 찔렀다. 임금이 어렸을 때 배알하고 주위 사람들을 물리치게 하고 말하되, "이 분은 왕이 되실 분이니 이러한 말을 누설하지 말기를 바랍니다."라고 하였다. 박유붕은 갑자년(1864)[1] 이후에 벼슬을 얻어 남양 부사를 거쳐 수사함(水使啣)[2]에까지 이르렀다.

註解

1) **갑자년** : 고종 원년으로 왕위에 즉위한 다음 해(1864).

2) **수사함**(水使啣) : 수군절도사(水軍節度使)의 준말로, 각도에 배치되

어 수군을 관장하던 정3품 무관직이다. '함'은 관계(官階)를 말함.

原文

청도인박유붕자 선상인 자상기모 위묘일목당귀 수자지
淸道人朴有鵬者 善相人 自相其貌 謂眇一目當貴 遂刺之

상유시알지 병인어왈 천일지표 원물설 갑자 고종원년
上幼時謁之 屛人語曰 天日之表 願勿洩 甲子(高宗元年)

후 유붕유남양부사 지수사함
後 有鵬由南陽府使 至水使啣.

임금이 열세 살 때 왕위에 오르고 몇 년이 지난 후 경연(經筵)에 나아가 『맹자(孟子)』를 강하였는데, '탕왕(湯王)은 70리, 문왕(文王)은 100리'라는 구절(句節)에 이르러 개연히 돌아보며 말하기를, "70리나 100리의 땅을 가지고도 가히 천하를 다스렸거늘 하물며 우리나라가 3천리의 땅을 가지고 있음에서이랴. 어떻게 하면 연운(燕雲)[1]을 평정하여 조종(祖宗)의 치욕을 씻는단 말인가?" 하였다. 경연석에서는 아무도 대답을 못했다. 그때 신정희(申正熙)는 무관 승지로서 입시하여 반열(班列)[2]을 뛰어 넘어 대답하기를, "이것은 매우 쉬운 일입니다." 하였다. 임금이 둘러보며 묻기를, "그 계책이 어떤 것인가?" 라고 하니, 대답하기를 "바라옵건대 전하께서는 덕을 닦으시옵소서." 하였다.

註解

1) **연운**(燕雲) : 연운 16주(燕雲十六州)의 약어. 오대(五代)의 진고조(晉高祖) 석경당(石敬塘)이 거란〔契丹〕에게 떼어준 땅. 지금의 하북

(河北)·산서(山西) 두 성(省)의 북부 및 찰합이성(察哈爾省)의 남부. 연(燕)은 유주(幽州), 운(雲)은 운주(雲州). 병자호란 때 받은 수모를 뜻함.

2) **반열**(班列) : 신분·등급의 차례. 품계(品階)의 차례. 반차(班次).

原文

상년십삼어극 기수년 상어경연 강맹자 지탕이칠십리
上年十三御極 旣數年 嘗御經筵 講孟子 至湯以七十里
문왕백리 개연고왈 칠십리백리 유가이위정어천하 황아
文王百里 慨然顧曰 七十里百里 猶可以爲政於天下 況我
국삼천리자호 하이즉능말마연운 세조종지치 연중막능대
國三千里者乎 何以則能秣馬燕雲 洗祖宗之恥 筵中莫能對
시신정희 이무승지입시 월반대왈 차이이이 상편문왈 책
時申正熙 以武承旨入侍 越班對曰 此易易爾 上遍問曰 策
안재 대왈 원전하수덕
安在 對曰 願殿下修德.

궁인(宮人) 이씨(李氏)가 완화군(完和君)[1]을 낳았는데, 계(季)씨 성을 내려 주었다. 그때 고종 임금은 열일곱 살이었다. 임금은 매우 기뻐한 나머지 완화군을 원자(元子)[2]로 삼으려고 하였으나 대원군(大院君)은, "중궁(中宮)[3]에게서 경사가 있으면 장차 어찌하려고 하십니까?" 하고 반대하면서 조급히 서두르지 말 것을 간하였다. 고종 임금은 관상가 박유붕(朴有鵬)을 불러 물었지만 그 역시 잠시 머뭇거리다가 조금 늦추는 것이 좋겠다고 대답했다. 임금은 매우 노여워하면서 그가 대원군의 지주(指嗾)[4]를 받아 늦추라고 한 것이 아닌가 하고 의심하였다.

오래지 않아서 박유붕은 사망했다. 구례 사람 유제관(柳濟寬)은 무과(武科)에 급제하여 서울에 살면서 박유붕과 친하게 지내는 사이였다. 하루는 박유붕의 집을 찾아가 보니 그는 뒹굴면서 곧 죽을 듯 구규(九竅)[5]에서 피가 흘러나왔다. 깜짝 놀라서 물으니 팔을 저으면서 대답하지 못하다가 금방 죽었다. 어떤 이는 '사약(賜藥)[6]을 내려 죽게 한 것이 아닌가 하였다'고 유제관이 나에게 말해 주었다.

註解

1) **완화군**(完和君) : 이름은 선(墡), 시호는 효헌(孝憲). 고종의 서자로 일찍 죽었다. (1868~1880).
2) **원자**(元子) : 임금의 적장자(嫡長子). 태자(太子).
3) **중궁**(中宮) : 왕후, 명성왕후(明成皇后) 민비(閔妃)를 일컬음.
4) **지주**(指嗾) : 사주를 받음.
5) **구규**(九竅) : 사람의 몸에 있는 아홉 구멍. 즉, 눈 · 코 · 귀 · 입 · 오줌구멍 · 항문을 말함.
6) **사약**(賜藥) : 죄인을 죽이기 위해 나라에서 내리는 독약.

原文

궁인이씨 생완화군 사성계 시상년십칠 희심 욕책이원
宮人李氏 生完和君 賜姓季 時上年十七 喜甚 欲冊以元
자 대원군이중궁유경 즉장하이처지 간물창졸 상상소박
子 大院君以中宮有慶 則將何以處之 諫勿倉卒 上嘗召朴
유봉상지 유봉심음대왈 초지지 상노심 의기수운현지주
有鵬相之 有鵬沈吟對曰 稍遲之 上怒甚 疑其受雲峴指嗾
야 미기 유봉사 구례인유제관자 무과 가경사 여유봉왕래
也 未幾 有鵬死 求禮人柳濟寬者 武科 家京師 與有鵬往來

일 일 왕 후 지 유 붕 방 완 전 구 사 구 규 출 혈 경 고 지 휘 수 불 응
一日往候之 有鵬方宛轉求死 九竅出血 驚叩之 揮手不應
유 경 절 혹 언 출 어 사 사 야 제 관 대 여 언
有頃絶 或言出於賜死也 濟寬對余言.

김조순(金祖淳)[1]은 예전에는 자하동(紫霞洞)[2]에 살았다. 동(洞)은 경복궁 북쪽 창의문 아래에 있었다. 그곳은 북악산과 인왕산 사이로 계곡물과 숲이 우거져 있어 깊숙하고 조용한 곳으로 성 안의 다른 지역과 비교할 수 없는 좋은 곳이었다. 자하동은 어떻게 부르면 자동(紫洞)으로 발음이 나오고 빨리 부르면 장동(壯洞)으로 나오기도 한다. 김조순은 국구(國舅)[3]가 되어 조정의 권세를 잡고 장동에서 교동(校洞)[4]으로 이사를 하였다. 나라의 명(命)을 왕 대신 집행하면서 삼대에 걸쳐서 국혼(國婚)을 맺으니 외척이 번성하였으며 이러한 일은 일찍이 없었다. 이로써 안동 김씨는 세칭 '장김(壯金, 장동 김씨)'이라 하였다. 김조순이 죽고 그의 아들 김유근(金逌根)과 김좌근(金左根), 손자 김병기(金炳冀)는 계속 교동에 살았다.

김문근(金汶根)이 철종의 국구가 되었을 때, 그의 아들 김병필(金炳弼)은 아직 어렸고 조카 김병학(金炳學)과 김병국(金炳國)은 정사(政事)에 참여하고 있었다. 그들은 모두 전동(典洞)[5]에 살면서 김병기와 함께 권세를 잡았다. 그러므로 서울하면 전동·교동으로 부르게 될 정도였으며, 지금도 항간에서는 '전·교동(典校洞) 시절'이라는 말들이 전하고 있다.

註解

1) **김조순**(金祖淳) : 1765~1831. 문신으로 초명은 낙순(洛淳). 총융사(摠戎使)·양관대제학(兩館大提學) 등을 역임했다. 문장에 능했고 죽화(竹畵)를 잘 그렸다.
2) **자하동**(紫霞洞) : 현, 종로구 효자동과 창성동 일대.
3) **국구**(國舅) : 임금의 장인. 왕후의 친정아버지. 국구가 되면 부원군(府院君)의 호칭을 받게 됨.
4) **교동**(校洞) : 현, 종로구 교동. 이곳에 향교가 있어서 향교골·향교동(鄕校洞)이라고 한 데서 유래된 이름.
5) **전동**(典洞) : 현, 종로구 견지동·공평동 일대. 이곳에 전의감(典醫監)이 있었던 데에서 유래함.

原文

김조순구거자하동 동재경복궁지북 창의문지하 북악
金祖淳舊居紫霞洞 洞在景福宮之北 彰義門之下 北岳·
인왕지간 계간임학파유정 불유성시지내 동명지상칭호야
仁旺之間 溪澗林壑頗幽靜 不類城市之內 洞名之相稱呼也
혹성음위자동 혹급호위장동 조순기위국구 람조권 자장
或省音爲紫洞 或急呼爲壯洞 祖淳旣爲國舅 攬朝權 自壯
동이거교동 인이대집국명 삼세국혼 외척지성 국조소미
洞移居校洞 因以代執國命 三世國婚 外戚之盛 國朝所未
유야 시이안동지김 세칭장김 조순사 자유근 좌근 손
有也 是以安東之金 世稱壯金 祖淳死 子逌根·左根·孫
병기 연거교동 급문근위철종국구 자병필유 질병학 병
炳冀 連居校洞 及汶根爲哲宗國舅 子炳弼幼 侄炳學·炳
국용사 이기거개재전동 권여병기랄 고경사칭전동 교동
國用事 而其居皆在典洞 權與炳冀捋 故京師稱典洞·校洞
지금여항유전 교동시절지어
至今閭巷有典·校洞時節之語.

장동 김씨의 선대(先代)는 선원(仙源)[1] · 청음(淸陰)[2] · 문곡(文谷)[3] · 몽와(夢窩)[4] 등 덕망이 높고 공훈이 많았던 분들이 많다. 김조순(金祖淳) 또한 글〔文〕에 능했고 일처리를 잘하는 두터운 덕이 있었지만 그 자손 대에 이르러서 탐완(貪頑)[5]하고 교사(驕奢)[6]하여 실로 외척망국의 화〔外戚亡國之禍〕[7]가 비롯되었다. 단 김병국(金炳國)만은 권세를 더 누렸지만, 그래서 세상 사람들은 오직 장김(壯金)이 있는 것을 알았어도 국가가 있다는 것을 알지 못했다. 어떤 이는 말하기를 '장김은 나라의 주석(柱石)이라'고 하니 어찌 그럴 수가 있겠는가?

註解

1) **선원**(仙源) : 인조 때 명신 김상용(金尙容)의 호.
2) **청음**(淸陰) : 병자호란(丙子胡亂) 때 척화파(斥和波)로 유명한 김상헌(金尙憲)의 호. 김상용의 아우.
3) **문곡**(文谷) : 숙종 때 문신 김수항(金壽恒)의 호.
4) **몽와**(夢窩) : 숙종 때 문신 김창집(金昌集)의 호.
5) **탐완**(貪頑) : 탐욕스럽고 완고함.
6) **교사**(驕奢) : 교만하고 사치스러움.
7) **외척망국지화**(外戚亡國之禍) : 외척이 나라를 망치게 하는 화근(禍根).

原文

壯金之先　如仙源(金尙容) · 淸陰(金尙憲) · 文谷(金壽恒) · 夢窩(金昌集)　皆以名德勳勞　爲國之望　祖淳　亦能文

련사　칭후덕　지기자손　수탐완·교사　실기외척망국지화
練事 稱厚德 至其子孫 遂貪頑·驕奢 實基外戚亡國之禍
이단병국기구　세유지장김　이부지유국가　혹왈　장김국지
而但秉國旣久 世惟知壯金 而不知有國家 或曰 壯金國之
주석　기기연재
柱石 豈其然哉.

장김(壯金) 중에는 오직 김흥근(金興根)이 일찍이 헌종 때에 극간(極諫)[1]하다가 귀양간 일이 있었으나 곧 유배에서 풀려나 양화도(양화나루) 별서(別墅)[2]에 머물렀다. 이조 판서의 소명(召命)을 받고 왕이 일곱 번이나 불렀으나 나아가지 않아 일시에 명성이 높아졌다. 그러나 얼마 아니 되어 조정에 나아가더니 다시는 관직을 사양하지 않았다. 그리고 여러 번 황각(黃閣)[3]에 올랐으나 별반 뛰어난 일은 하지 못했다.

註解

1) **극간**(極諫) : 극력 간함. 끝까지 간함.
2) **별서**(別墅) : 본집 이외에서 놀이하는 곳으로 별장.
3) **황각**(黃閣) : 의정부(議政府)의 별칭이나 여기에서는 재상을 뜻함.

原文

장김유흥근　상이헌종시극간피적　급기방귀　지우양화도
壯金惟興根 嘗以憲宗時極諫被謫 及其放歸 止于楊花渡
별서　이이판피소　칠패부진　일시고지　이이부조　수불복사
別墅 以吏判被召 七牌不進 一時高之 已而赴朝 遂不復辭
관　루처황각　흘불능유소건명
官 屢處黃閣 訖不能有所建明.

철종이 승하하자 대를 이을 아들이 없었다. 철종은 일찍이 지금의 임금인 고종에게 뜻을 두고 있었다. 그러한 까닭에 모든 장동 김씨들은 그를 세우는 데 힘을 쓰고자 하였다. 김흥근(金興根)이 말하기를, "흥선군(興宣君)이 있으니 두 임금이 있는 것이나 다름이 없다. 두 임금을 섬길 수 있을 것인가? 차라리 흥선군을 구슬리는 것이 좋지 않겠는가?"고 하였다. 김병학(金炳學)이 흥선군과 언약하고 자기의 딸을 황후로 간택(揀擇)[1]하게 하면 김씨 종친들이 무사할 것이라 하였다. 그러나 고종이 등위하고 흥선군이 대원군(大院君)으로 존호(尊號)를 높이자 곧 김병학과의 약속을 어기고 민치록(閔致祿)의 외동 따님과 국혼(國婚)을 정하니 그가 명성황후(明成皇后) 민비(閔妃)이다. 왕후로 약속을 받았던 김병학의 딸은 그 후 조신희(趙臣熙)에게 출가했다.

註解

1) 간택(揀擇) : 임금이나 왕자 · 왕녀의 배후자를 선택하는 일.

原文

철종훙 무사 철종상속의어금상 고제금욕원입지 흥근왈
哲宗薨 無嗣 哲宗嘗屬意於今上 故諸金欲援立之 興根曰
흥선군재 시이군야 이군가득사호 모이즉직흥선군가이
興宣君在 是二君也 二君可得事乎 毋已則直興宣君可耳
병학약흥선군 이기여간장추지선 즉척리고자여야 상기립
炳學約興宣君 以其女揀長秋之選 則戚里固自如也 上旣立
흥선군존위대원군 즉배병학 정국혼우민치록지고녀 즉명
興宣君尊爲大院君 卽背炳學 定國婚于閔致祿之孤女 卽明
성황후야 병학지녀 후적조신희
成皇后也 炳學之女 後適趙臣熙.

갑자(甲子)[1]년 초에 대원군이 차츰 정권을 잡으려는 기색이 보이자 김흥근(金興根)은 조의(朝議) 석상에서 공공연하게 큰 소리로 말하기를, "옛날부터 국왕의 사친(私親)은 정사(政事)에 참여하는 것이 아니며 사제(私第)로 돌아가 종신토록 부귀를 잃지 않는 것이 좋을 것이다."고 하였다. 얼마 지나지 않아서 내외의 대권(大權)이 대원군에게 돌아가자, 대원군은 장동 김씨들 중에서도 김흥근을 가장 미워하게 되었고 김흥근이 소유한 땅〔田莊〕 수십 경(頃)을 빼앗았다.

김흥근은 북문 밖 삼계동(三溪洞)[2]에 별업(別業)[3]을 소유하고 있었는데 이곳은 서울에서 가장 이름난 곳이었다. 대원군은 그 별업을 팔 것을 청한 바 있으나 김흥근은 말을 듣지 않았다. 그래서 대원군은 하루만이라도 빌려줄 것을 재청하였다. 대개 원정(園亭)[4]을 소유하고 있는 자는 다른 사람이 놀기 위해서 빌려달라고 하면 주인은 부득이 빌려 주게 되었던 것이 서울에서의 예부터의 습속이었다. 김흥근은 강권에 못 이겨 이를 허락하였는데 대원군은 아들인 임금에게 권하여 그곳을 함께 다녀왔다. 그 후 김흥근은 임금의 발길에 머문 곳을 감히 신하된 도리로써 거처할 수 없는 일인지라 다시는 삼계동 별업을 찾아오지 않아서 결국은 운현궁의 소유가 되었다.

註解

1) **갑자**(甲子) : 고종 원년(1864).
2) **삼계동**(三溪洞) : 인왕산 북쪽의 계곡. 현재 종로구 부암동에, 대원군의 별장이었던 석파정(石坡亭)이 있는데 그 옆에 '삼계동(三溪洞)'

이라고 새겨진 바위가 있다. 석파정은 서울시 유형문화재 제26호 이다.

3) **별업**(別業) : 별장. 별저(別邸).

4) **원정**(園亭) : 공원 안의 별장이나 정자.

原文

갑자 고종원년 초 대원군초초욕용사 김흥근양언어조
甲子(高宗元年)初 大院君稍稍欲用事 金興根颺言於朝
왈 자고사친불예정 즉륵귀사제 종신부실부귀가야 미기
曰 自古私親不預政 卽勒歸私第 終身不失富貴可也 未幾
내외대권 일귀우대원군 대원군유시 어제김최질흥근 탈
內外大權 一歸于大院君 大院君由是 於諸金最嫉興根 奪
흥근장전수십경 흥근유별업 재북문외삼계동 위경중명원
興根庄田數十頃 興根有別業 在北門外三溪洞 爲京中名園
제일 대원군청매지 흥근불청 재청왈 원차일일지유 개유
第一 大院君請買之 興根不聽 再請曰 願借一日之游 盖有
원정자 인청차유 즉주인부득불허 시경사구속야 흥근강
園亭者 人請借遊 則主人不得不許 是京師舊俗也 興根強
허지 대원군수권상가행지 이배왕언 흥근이옥지소림 인
許之 大院君遂勸上駕幸之 而陪往焉 興根以玉趾所臨 人
신의불감경처 인불복왕삼계동 수위운현지물
臣義不敢更處 因不復往三溪洞 遂爲雲峴之物.

홍국영(洪國榮)[1]이 권세를 잡은 이래 무릇 외척으로 세력을 잡은 자들을 '세도(勢塗)'라고 불렀다. 세도를 가리킬 때는 반드시 그들이 살고 있는 방동(坊洞)의 명칭을 들먹이며, 명세재보(名世宰輔)[2]들이 지명(地名)을 따라서 이름 붙인 대표적인 예로(명나라 때 재상 반열들의 출신지) 장사(長沙) · 강릉(江陵) · 분의

(分宜) · 귀계(貴溪) 등이 그것이다. 그러므로 김씨를 전(典) · 교동(校洞)이라 부르고 조씨를 전동(磚洞)[3]이라 부른다. 또한 대원군은 운현(雲峴)에서 살았으므로 운현이라고 부르는 것이다. 이것은 비단 세도를 부리던 왕의 외척들만이 아니고 근세에 와서는 대신들도 그러하였으니, 반드시 합(閤)자를 그 동명 뒤에 붙여서 모합(某閤)이라 불렀다. 가령 회동(會洞, 동래 정씨)에서 산다면 회합(會閤)이라 불렀고 승동(升洞)에서 살면 승합(升閤)이라 불렀다.

註解

1) **홍국영**(洪國榮) : 영조 · 정조 연간의 문신으로 세도정치가.
2) **명세재보**(名世宰輔) : 세상에 널리 알려진 고관대작을 말함.
3) **전동**(磚洞) : 종로구 수송동 일대의 옛 이름.

原文

자홍국영전권이래 범척원당로자 위지세도 기지세도야
自洪國榮專權以來 凡戚畹當路者 謂之勢塗 其指勢塗也
필거기소거방동지명 여명세재보지거지이호이왈 장사
必擧其所居坊洞之名 如名世宰輔之擧地以號而曰 長沙·
강릉 분의 귀계지류 고김씨칭전 교동 조씨칭전동 지
江陵·分宜·貴溪之類 故金氏稱典·校洞 趙氏稱磚洞 至
대원군거운현 고칭운현 비단세도위연 근세지칭대신야역
大院君居雲峴 故稱雲峴 非但勢塗爲然 近世之稱大臣也亦
연 필이합자 배기동명왈모합 여거회동즉왈회합 승동즉
然 必以閤字 配其洞名曰某閤 如居會洞則曰會閤 升洞則
왈승합
曰升閤.

대원군(大院君)이 나라 일을 맡아보던 갑자년(1864)에서 계유년(1873)[1]에 이르는 10년간은 나라 안이 온통 두려움에 떨며 무서워하였다. 백성들은 잠시라도 혀끝을 서로 경계하며 감히 조정의 일을 말하지 못했다. 항상 그들은 저승사자가 문 앞에 와서 두드리는 것만 같았다. 구제(舊制)[2]에는 교령(敎令)[3] 밑에 반드시 '왕약왈(王若曰)'[4]로써 글의 첫머리를 삼았으나, 대원군이 집정한 10년간은 단지 '대원위분부(大院位分付)'라는 다섯 글자만으로 내외에 온통 행해졌다. 갑술년(1874)에 이르러 고종이 친정(親政)을 함으로써 비로소 구제가 회복되었다.

註解

1) **계유**(癸酉) : 고종 10년(1873).
2) **구제**(舊制) : 대원군이 정권을 잡기 이전의 제도.
3) **교령**(敎令) : 임금의 명령.
4) **왕약왈**(王若曰) : 신하가 임금의 뜻을 대신하여 글로 지음.

原文

운현당국 갑자 고종원년 지계유십년지간 방내진공 소
雲峴當國 甲子(高宗元年)至癸酉十年之間 邦內震恐 小
민사설상계 불감담조정사 상여귀복림문 구제 교령지하
民咋舌相戒 不敢談朝廷事 常如鬼扑臨門 舊制 敎令之下
필이왕약왈기두 이이시십년 단이대원위분부오자 풍행내
必以王若曰起頭 而伊時十年 但以大院位分付五字 風行內
외 지갑술친정 시복구제
外 至甲戌親政 始復舊制.

대원군(大院君)이 집권한 후 어느 공식 석상에서 여러 재신(宰臣)들에게 소리 높여 말하기를, "나는 천리(千里)를 끌어다 지척(咫尺)을 삼겠으며, 태산(泰山)[1)]을 깎아내려 평지를 만들고 또한 남대문을 3층으로 높이려 하는 데 제공들은 어떻게 생각하오?" 하였다. 대부분의 조신(朝臣)들은 어떻게 대답하여야 좋을지 알지 못하고 있었는데, 김병기(金炳冀)가 분연히 말하기를, "천리가 또한 지척이면 지척인 것이요, 남대문을 또한 3층으로 높이면 3층이 되는 것이지, 대감께서 오늘날 어떠한 일이고 못할 것이 있겠소? 그러나 태산은 스스로 태산인 것이지 어찌 평지로 바꾸겠소?" 하고 자리에서 벌떡 일어나 나갔다. 대원군은 한참 동안 생각하다 말하기를, "그 놈 잘난 척하는군." 하였다. 대개 천리지척(千里咫尺)이란 말은 종친(宗親)[2)]을 높인다는 뜻이요, 남대문 3층이란 말은 남인(南人)[3)]을 천거하겠다는 뜻이고, 태산을 평지로 깎아내리겠다함은 노론(老論)[4)]을 억압하겠다는 뜻이었다.

註解

1) **태산**(泰山) : 중국 산동성(山東省)에 있는 산 이름. 오악(五岳)의 하나. 옛날부터 천자(天子)는 이 산에서 봉선(封禪)을 청했다.
2) **종친**(宗親) : 임금의 친척. 여기에서는 전주 이씨를 가리킴.
3) **남인**(南人) : 조선시대 사색당파의 한 갈래. 동인(東人)에서 남인·북인(北人)으로 갈라졌음.
4) **노론**(老論) : 조선시대 사색당파의 한 갈래. 서인(西人)에서 노론·소론(少論)으로 갈라졌음.

原文

雲峴之始得政也 嘗因公會 盛氣向諸宰曰 吾欲引千里爲咫尺 吾欲剗泰山爲平地 吾欲高南大門三層 於諸公何如 衆不知所以爲對 金炳冀奮首言曰 千里亦咫尺則咫尺矣 南大門亦三層則三層矣 大監今日 何事不可爲 若泰山則自泰山也 豈易平地哉 炳冀出 雲峴凝思久之曰 渠自可兒 蓋千里咫尺者 右宗親也 南大門三層者 闡南人也 泰山平地者 抑老論也.

남인(南人)은 숙종 갑술년(고종 20, 1694) 이후로 폐고(廢錮)된 것이나 다름없었다. 문형(文衡, 大提學)은 권유(權愈) 이후로 없고 각신(閣臣, 규장각 관원)으로 대신(大臣)이 된 것은 채제공(蔡濟恭) 이후로 없었다. 비록 같은 조정에서 벼슬을 해도 관직의 지위나 위계(位階)에는 노론(老論) · 소론(少論)과는 현격한 계급이 있어 상하가 뚜렷했을 뿐만 아니라, 북인은 더욱 쓸쓸하여 부용(附庸)[1]과 같은 신세였다.

운현은 본래 인평대군(麟坪大君, 인조의 셋째아들)의 후예였으나 삼왕(三王)[2]의 손자에게 양자로 들어갔으니, 그 근원이나 심중으로 보나 진실로 남인(南人)이다. 뜻을 얻음에 미처 남인과 북인(北人)을 대우하여 진출시키니 이에 유후조(柳厚祖)는

정승이 되고 한계원(韓啓源)이 그것을 이었으니 다 남인이었다. 임백경(任百經)이 정승이 되고 강노(姜㳣)가 그 뒤를 이었으니 모두 북인이었다. 조성교(趙性敎)가 남인으로 대제학이 되고 북인 김세호(金世鎬)가 장차 그것을 계승하려 하였으나, 마침 운현이 세력을 잃자 끝나고 말았다.

그밖에 한림(翰林)과 각신(閣臣)·감사(監司)·유수(留守) 등의 청요직(淸要職)이 일시에 일어났으니 대체로 남인과 북인이 많았다. 그렇지만 노론은 이미 대대로 왕성했던 나머지 중앙과 지방에 세력을 떨치고 있어 일시에 뿌리를 뽑기가 어려웠다. 그러한 까닭에 아직도 사적(仕籍, 관직)에 머무른 자는 노론이 남인과 북인의 3분의 2를 차지하고 있었다.

註解

1) **부용**(附庸) : 작은 나라가 큰 나라에 부속함. 여기서는 남에 의지하여 따로 독립하지 못함을 뜻함.
2) **삼왕**(三王) : 중국 고대의 세 임금, 곧 하(夏)의 우왕(禹王)과 은(殷)의 탕왕(湯王)과 주(周)의 문왕(文王)·무왕(武王)을 가리키나, 여기서는 흥선대원군(興宣大院君)의 부친 이구(李球)가 사도세자의 셋째아들인 은신군(恩信君)의 양자로 들어간 것으로 보아 은신군 이진(李禛)을 가리키는 것으로 보임.

原文

남인 자숙묘갑술 고종이십년 후 무이폐고 문형자권유
南人 自肅廟甲戌(高宗二十年)後 無異廢錮 文衡自權愈

후무지 각신대신자채제공후무지 수처동조 기사환명품
後無之 閣臣大臣自蔡濟恭後無之 雖處同朝 其仕宦名品

여노론 소론절연유계급 불시헌지이야 북인우요요 여부
與老論・少論截然有階級 不啻軒輊已也 北人尤寥寥 如附
용연 운현시이인평지예 출후어삼왕손 기근원폐두고남인
庸然 雲峴始以麟坪之裔 出后於三王孫 其根源肺肚固南人
야 급득지 숭진남북 어시유후조위상 이한계원계지 개남
也 及得志 崇進南北 於是柳厚祚爲相 而韓啓源繼之 皆南
인야 임백경위상 이강노계지 개북인야 조성교이남인위
人也 任百經爲相 而姜㳘繼之 皆北人也 趙性教以南人爲
대제학 이북인김세호장계지 회운현폐 불과 기여한각
大提學 而北人金世鎬將繼之 會雲峴廢 不果 其餘翰閣・
감 유청요지직 일시운증 대저다남북 연노론기혁세등저
監・留淸要之職 一時雲蒸 大抵多南北 然老論旣奕世騰翥
지여 반거중외 유난졸거 고기시점사적자 노론유거남북
之餘 蟠踞中外 有難猝去 故其時占仕籍者 老論猶居南北
삼분지이
三分之二.

경평군(景平君) 이세보(李世輔)는 철종의 종부형제(從父兄弟)[1]이다. 철종 때에 장동 김씨에게 미움을 사 빈사(瀕死) 지경에 이르렀던 적이 여러 번 있었다. 갑자년 후에 인응(寅應)으로 개명하고 군(君)에 봉해진 것을 파하고 과거에 급제하였다. 대원군은 김병기(金炳冀)의 굴강(倔强)[2]함을 꺼려해서 그를 제거시키려고 하였으나 그의 종친들이 강성함을 두려워하여 오랫동안 참아왔다. 그런데 때마침 김병기가 경기도 여주 땅으로 물러가서 살게 되자 이인응(李寅應)을 여주 목사로 부임시켜 군욕(窘辱)[3]에 빠뜨리고자 하였다. 그러나 끝내 해를 입히지 못했으니, 가히 장동 김씨의 세염(勢焰)[4]이 얼마나 무서웠나함

을 알 수 있으며, 이러한 까닭으로 장동 김씨의 위세가 얼마나 사람들을 두렵게 하였나를 알 수 있다.

註解

1) **종부형제**(從父兄弟) : 아버지의 형제. 백부(伯父)나 숙부(叔父).
2) **굴강**(倔强) : 고집이 세어서 남에게 굽히지를 아니함.
3) **군욕**(窘辱) : 괴로움과 모욕. 곤욕(困辱)과 같음.
4) **세염**(勢焰) : 세도의 불꽃. 기세(氣勢).

原文

경 평 군 세 보 철 종 지 종 부 형 제 야 철 종 시 견 오 어 김 씨 빈 사
景平君世輔 哲宗之從父兄弟也 哲宗時 見惡於金氏 瀕死
자 수 갑 자 고 종 원 년 후 개 명 인 응 파 군 등 제 운 현 기 김 병
者數 甲子(高宗元年)後 改名寅應 罷君登第 雲峴忌金炳
기 굴 강 욕 제 지 외 기 종 강 은 인 구 지 시 병 기 퇴 거 여 주 내 이
冀倔强 欲除之 畏其宗强 隱忍久之 時炳冀退居驪州 乃以
인 응 위 여 주 목 사 군 욕 지 비 지 종 불 능 해 가 견 장 김 지 세 염
寅應爲驪州牧使 窘辱之備至 終不能害 可見壯金之勢焰
소 이 섭 인 심 의
所以讋人深矣.

경복궁은 조선 중기에 여러 차례 화재가 있었다. 임진왜란(壬辰倭亂)으로 완전히 불에 탄 이후로는 드디어 다시 수축하지 못한 채 궁궐의 계단과 주춧돌만이 남았을 뿐이었다. 고종 을축년[1]에 중건하기 시작하여 수년간에 걸쳐서 준공을 하고 정묘년[2]에 그곳으로 이사를 했다. 그 궁궐의 웅장함이 우리나라에서는 일찍이 보지 못했다. 역사(役事)를 시작할 때 재정이 고

갈되어 8도 부호(富戶)의 명단을 뽑아서 돈을 갹출해 냄으로써 파산자가 속출하였다. 경복궁을 수축하기 위하여 거두어들이던 돈을 원납전(願納錢)[3]이라고 불렀는데 백성들은 입을 삐쭉대면서 원(願)납전이 아니라 원납전(怨納錢)[4]이라 빈정댔다.

註解

1) **을축**(乙丑) : 고종 2년(1865).
2) **정묘**(丁卯) : 고종 4년(1867)
3) **원납전**(願納錢) : 스스로 자원해서 내는 돈이란 뜻.
4) **원납전**(怨納錢) : 원망하면서 억지로 내는 돈이란 뜻.

原文

경복궁 재국조중엽 상루화 임진왜선후 수폐불수 존자
景福宮 在國朝中葉 嘗屢火 壬辰倭燹後 遂廢不修 存者
계초이이 금상을축 이년 중건 수년내필 이정묘 사년 이
階礎而已 今上乙丑(二年)重建 數年乃畢 以丁卯(四年)移
어 굉걸지관 동방소창유야 방역지시 재굴무이집사 초팔
御 宏傑之觀 東方所創有也 方役之時 財絀無以集事 抄八
로부호 파전과렴 파가자상망 기행회야 칭이원납전 민반
路富戶 派錢科斂 破家者相望 其行會也 稱以願納錢 民反
순왈 비원납야 원납야
脣曰 非願納也 怨納也.

이때 금전을 징수하는 데는 여러 가지 수단을 동원했다. 서울에서는 문세전(門稅錢)[1]을 냈고 다른 지역에서는 정구(丁口)[2]를 계산하여 징수하였다. 그래서 백성들은 이것을 신낭전

(腎囊錢)[3]이라 불렀다. 또한 전묘(田畝)[4] 수가 얼마나 되는가를 따져서 징수하였으니 백성들은 이것을 수용전(水用錢)[5]이라 불렀다. 심지어는 민가에 부서진 솥〔釜·鼎〕·보습〔犁〕·가래〔鏵〕까지 거두어들였으며 집집마다 상하(上下) 등급에 따라 그 근량(斤兩)을 정했다.

註解

1) **문세전**(門稅錢) : 도성문을 출입할 때 바치는 돈.
2) **정구**(丁口) : 인구(人口). 장정의 숫자.
3) **신낭전**(腎囊錢) : 신낭은 '불알'을 말하는 것이니 불알 단 값으로 내는 돈이란 뜻.
4) **전묘**(田畝) : 논과 밭. 밭의 넓이. 곧 농토의 넓이.
5) **수용전**(水用錢) : 물을 사용하는 값으로 돈을 낸다는 뜻.

原文

시 시 징 렴 백 단 경 사 유 문 세 전 외 방 유 계 정 구 이 징 자 민 위
是時 徵斂百端 京師有門稅錢 外方有計丁口而徵者 民謂
지 신 낭 전 유 안 전 묘 이 징 자 민 위 지 수 용 전 우 렴 민 간 정 부 리
之腎囊錢 有按田畝而徵者 民謂之水用錢 又斂民間鼎釜犁
화 지 파 자 축 호 상 하 정 기 소 냥
鏵之破者 逐戶上下 定其所兩.

철종 말년에 탐관오리(貪官汚吏)들이 수탈을 일삼아 권귀(權貴)에게 아첨하니, 백성들이 살아갈 길이 없어 임술년(철종 13년, 1862)에 민요(民擾)[1]가 점점 번져 크게 일어났다. 운현(雲峴)이 그 폐단을 철저히 구명하여 부정을 저지른 자가 비록 매

우 가까운 자일지라도 용서치 않았다. 이 때문에 탐묵(貪墨)[2]이 조금은 잡혀갔다.

註解

1) **민요**(民擾) : 폭정에 항거하여 백성들이 일으킨 소요. 민란(民亂).
2) **탐묵**(貪墨) : 욕심이 많고 하는 짓이 검음(더러움). 탐오(貪汚).

原文

철 종 말 채 솔 장 리 할 박 미 권 귀 민 불 요 생 순 치 임 술 철 종
哲宗末 債帥贓吏割剝 媚權貴 民不聊生 馴致任戌(哲宗
십 삼 년 민 요 운 현 통 구 기 폐 범 장 자 수 심 닐 불 대 시 이 탐 묵
十三年)民擾 雲峴痛究其弊 犯贓者雖甚昵 不貸 是以貪墨
소 집
少戢.

만동묘(萬東廟)[1]는 충북 청주 화양동에 있는데 묘(廟)를 창건하게 된 것은 우암(尤庵) 송시열(宋時烈)의 뜻이었다. 그러므로 그 옆에 송시열의 사당을 세웠는데 이것을 세상에서 화양동서원(華陽洞書院)이라 일컬었다. 서원의 책임을 맡은 사람들은 대개 충청도에서 무단(武斷)을 일삼는 양반집 자제였다. 묵패(墨牌)[2]로 평민을 잡아다 때리는 일이 많았다. 그들의 폐단이 많아서 가죽의 골수를 빨아먹는 남방의 좀〔蠹〕이라고까지 불렀다. 그 이래 백년이 지났지만 수령들은 그 성사(城社)[3]를 겁내어 감히 죄책을 묻지 못했다.

대원군(大院君)이 소싯적에 이 서원에 들렀다가 그곳 원생(院

生)들에게 모욕을 당하고 몹시 원한을 품어 왔다. 그래서 그가 정권을 장악한 후, 그 유생을 찾아내 죽이고, 마침내는 그 서원을 철폐할 것을 명했다. 그리고 이러한 편파적인 처사가 혹여 사감(私感)에 치우쳤다는 비난이 일까봐, 전국에 있는 서원·사묘(祠廟)를 모두 폐지하라는 명령을 하기에 이르렀다. 그래서 대부분의 서원은 없어지고 단지 남겨둔 것은 48개소밖에 안 되었는데 이 서원은 모두 승무명현(陞廡名賢)[4]과 나라에 큰 공헌을 한 사람들의 것뿐이었다. 만동묘(萬東廟)도 없애고 명나라 황제의 신위(神位), 황묘위판(皇廟位版)[5]은 북원(北苑)의 대보단(大報壇)[6]으로 옮겨 봉안하였다. 그리고 마침내 화양동서원은 폐지되고 말았다.

註解

1) **만동묘**(萬東廟) : 숙종 29년(1703), 충북 청주 화양동에 세운 서당. 송시열(宋時烈)의 유명(遺命)으로 그의 제자 권상하(權尙夏)가 임진왜란 때 원군을 보내서 도와준 명나라의 신종(神宗) 등을 위하여 세웠다. 대원군이 서원을 철폐할 때 노론(老論)의 본거지를 지목하여, 이를 제일 먼저 없앴다.
2) **묵패**(墨牌) : 서원에서 관행으로 도장 찍힌 문서를 각 고을에 보내어 서원의 제수에 쓰일 돈을 바치도록 하였다. 특히 화양동서원의 것을 '화양동 묵패지'라고 하였다.
3) **성사**(城社) : 성호사서(城狐社鼠). 성벽에 숨어 사는 여우와 묘당에 기어든 쥐새끼. 곧 어떤 세력에 의지해 있어 제거하기 어려운 존재의 비유.
4) **승무명현**(陞廡名賢) : 학덕이 있어 문묘(文廟)에 합사(合祠)한 현인.

승무는 공자의 사당인 문묘(文廟)에 배양하는 일.

5) **황묘위판**(皇廟位版) : 명나라 신종(神宗)의 신주(神主).

6) **대보단**(大報壇) : 명나라의 황제들에게 제사지내기 위해 고종 2년(1865)에 만든 단(壇). 숙종(1704) 때 창덕궁 후원에 설치했다. 이것은 만동묘를 없애기 위해서 대원군이 솔선하여 만듦.

原文

만동묘 재청주화양동 묘지창 개우암 송시열 의야 고방
萬東廟 在淸州華陽洞 廟之創 蓋尤庵(宋時烈)意也 故傍
유우암사 세칭화양동서원 위원임자 솔호중무단자제야
有尤庵祠 世稱華陽洞書院 爲院任者 率湖中武斷子弟也
이묵패포확평민 탁피연수 위남방지두 기래차백년 이수
以墨牌捕攫平民 椓皮吮髓 爲南方之蠹 其來且百年 而守
령외기성사 막감가힐 운현 소시상입원 위원유소욕 심한
令畏其城社 莫敢加詰 雲峴 少時嘗入院 爲院儒所辱 甚恨
지 급득정 중기유살지 수령폐기원 이환기편 범국중서원
之 及得政 中其儒殺之 遂令廢其院 而患其偏 凡國中書院
사묘 실령절훼 소유자사십팔소 개승무명현급유대충훈
·祠廟 悉令折毁 所留者四十八所 皆陞廡名賢及有大忠勳
어국가자야 혁만동묘위판 이봉우북원대보단 이화양동서
於國家者也 革萬東廟位版 移奉于北苑大報壇 而華陽洞書
원수폐
院遂廢.

서원의 설치는 최초에는 좋은 뜻에서 시작되었으나 시일이 지나면서 문란해졌다. 『심경(心經)』[1]과 『근사록(近思錄)』[2]을 읽고 몸을 수양하던 사람도 변경에 변란이 있으면 자진해서 창을 메고 군대에 편입했는데, 그 자손 중에 많은 재산을 지니고

있으면 마음이 교활해지지 않을 수 없었다. 붉고 푸른 장대한 가옥 속에서 생뇌(牲牢)[3]가 즐비하여 물질적으로 풍부한 것이 극(極)에 이르면 변하는 것이니 그것은 정한 이치이다. 서원을 철폐하라고 명령을 내린 것을 어찌 고칠 수 있을까마는 그것이 대원군에게서 나왔다는 것이 옳지 못하며 그래서 비난을 받는 것이다. 바야흐로 이때에 백성들은 별다른 일이 없었으나, 비상지변(非常之變)을 당한 서원 내의 유생들은 하루아침에 장소를 잃고 미쳐서 날뛰며 반대하는 복합상소(伏閤上疏)[4]가 줄줄이 이어져 양식(良識) 있는 이들의 비웃음을 받았다.

註解

1) **심경**(心經) : 불경의 일종인『반야심경(般若心經)』. 중국 송나라 때 진서산(眞西山)이 지은 경학서(經學書). 본문의『심경』은 후자에 속함. 심성 수양에 관한 격언을 모아 편찬한 책.
2) **근사록**(近思錄) : 중국 송나라 때 주희(朱熹)와 그 제자인 여조겸(呂祖謙)이 함께 지은 책. 일상생활에 필요한 장구(章句)를 골라 편찬한 책.
3) **생뇌**(牲牢) : 제사에 바치는 희생.
4) **복합상소**(伏閤上疏) : 나라에 큰 일이 있을 때 조신(朝臣)이나 유생들이 대궐문 밖에서 상소하는 일.

原文

서원지설 기시개미의야 기구 효람일심 능독심경 근사
書院之設 其始蓋美意也 旣久 淆濫日甚 能讀心經·近思

록 초자수식자 급방우유경 능자하과충오자 기자손적률
錄 稍自修飾者 及方隅有警 能自荷戈充伍者 其子孫積粟

백허석 즉무불교언계심 단청륜환 생뢰랑자 물극즉변 고
百許石 則無不狡焉啓心 丹靑輪奐 牲牢狼藉 物極則變 固
기리야 철원지령 오득이재 불가이기출어운현 이병비지
其理也 撤院之令 烏得已哉 不可以其出於雲峴 而幷非之
야 방시시 민뉴습숙 여우비상지변 유생배지굴택어원자
也 方是時 民狃習熟 如遇非常之變 儒生輩之窟宅於院者
일조실소 우창광규호 복합상속 식자소지
一朝失所 尤猖狂叫號 伏閤相屬 識者笑之.

남연군(南延君) 구(球)[1]는 아들 넷을 두었는데 흥선대원군(興宣大院君)은 막내아들이다. 남연군이 죽을 때 대원군은 나이 겨우 열여덟 살이었다. 지사(地師)[2]를 따라 충남 덕산에 있는 대덕사(大德寺)에 이르러서 지사는 고탑(古塔) 하나를 가리키며, "저 곳이 대길지(大吉地)[3]이니, 좋은 곳이라는 것을 말하지 말라"고 하였다. 대원군은 바로 돌아와서 재산을 모두 처분하여 2만 냥의 돈을 만들었다. 그 돈의 반을 가지고 내려가서 대덕사 주지승(住持僧)에게 뇌물을 주고 불을 지르게 하여 절이 전부 타 버렸다. 대원군은 상여를 받들고 그곳에 이르러 불타고 남은 재를 쓸고 쉬니 한밤중이었다.

이때 형 세 사람이 잠자리에서 일어나 꿈 이야기를 하는데 흰 옷을 입은 늙은이가 노해서 욕설을 늘어놓으며, "나는 탑신(塔神)인데 너희들은 어찌해서 내가 거처하는 곳을 빼앗느냐? 끝내 장례를 지낸다면 뜻하지 않은 죽음을 당할 것이며, 네 형제가 폭사(暴死)할 테니 속히 돌아가는 것이 좋겠다."는 것이었다. 세 사람의 꿈이 모두 같았다. 대원군은 흥분하면서, "그렇

다면 이곳은 진정 명당자리이다. 명(命)이란 타고 난 것인데 귀신이 어찌 재앙을 내릴 수 있겠는가? 단 종실(宗室)이 날로 쇠퇴하여 우리 형제들은 장동 김씨 문전에서 옷자락을 끌며 얻어먹으면서 구차한 삶을 바라보느니 보다는 차라리 일시에 합연(溘然)히[4] 함께 눈 감는 것이 통쾌한 일이 아니겠습니까? 형님들은 모두 자식이 있으나 하나의 핏덩어리도 없는 것은 오직 나뿐이오. 그러나 죽는 것이 두려울 것이 없으니 형님들은 쓸데없는 말 그만 하시오." 하였다.

이른 아침에 탑을 깨뜨리고 보니 그 자리는 전체가 돌(암반)이었다. 도끼로 깨뜨리니 도끼가 튀기만 하였다. 몸소 도끼를 치켜들고 허공을 향하여 크게 꾸짖으니 다시는 도끼가 튀지 않았다고 한다. 하관을 하였으나 다른 사람이 후에 옮기지나 않을까하여 쇠 수만 근을 녹여서 부었으며 그 위에 흙을 비벼서 다졌다〔사토(莎土)〕. 장례를 끝내고 그 절에 있던 주지승과 함께 서울로 돌아오는데, 수원 대포진(大浦津)을 건널 때 배 안에 있던 중이 큰 소리로 '불이야!'라고 소리치며 불에서 구해달라고 머리를 휘저으면서 발광하더니 갑자기 물속에 뛰어들어 죽었다. 사람들은 남연군(南延君)의 묘는 복치형(伏雉形)[5]이라고 일컬었다.

그 후 14년이 지나서 지금의 왕인 고종이 태어났다. 갑자년(1864) 후에 국력(國力)을 들여 대덕사가 있던 음지에 절을 지어 보덕사(報德寺)라 이름 짓고 토목금벽(土木金碧)으로 치장하니 대단히 웅장하고 화려하였다. 또한 많은 전토와 재물을 후

하게 내렸다. 병인년(1866) 겨울 양구(洋寇)[6]가 강화도로부터 몰래 들어왔는데, 사(邪)에 물들은 우리나라 사람들이 그들을 인도하여 덕산(德山)에 이르러 남연군의 묘를 파헤치고자 하였다. 그러나 워낙 견고하게 쇠붙이가 엉겨 붙어서 실패하고 무덤에 불을 지르고 도망쳤다. 대원군은 일찍이 이건창(李建昌)[7]에게 부친의 장례치를 때의 일들을 말한 적이 있는데, "탑을 쓰러뜨리니 그 속에는 백자(白磁) 두 개와 단다(團茶) 두 병, 사리주(舍利珠) 3매(枚)가 있었다고 하였는데, 사리주는 작은 머리 통만하여 밝게 빛났다. 침수되어 물이 가득했어도 푸른 기운〔靑氣〕이 물을 꿰뚫어 번쩍번쩍 밝게 빛나는 것이 연기가 피어나는 것 같다."고 하였다.

註解

1) **남연군**(南延君) **구**(球, ?~1822) : 인조의 셋째아들 인평대군의 6대 손 병원(秉源)의 아들. 장헌세자의 아들로 정조의 이복동생인 은신군(恩信君)에게 입양되어 남연군에 봉해짐. 충남 예산 가야산 밑에 묘소가 있다.
2) **지사**(地師) : 풍수가(風水家).
3) **대길지**(大吉地) : 명당자리.
4) **합연**(溘然) : 갑자기 되는 모양.
5) **복치형**(伏雉形) : 꿩이 알을 품고 엎드려 있는 형국.
6) **양구**(洋寇) : '서양의 침략자'라는 뜻으로 붙여진 말. 독일의 상인 오페르트 일당이 침입하여 남연군의 묘소를 굴파(堀破)하려던 것을 말함. 1866년, 두 차례에 걸쳐 우리나라와의 통상을 요구하다가 실패하고 돌아간 이후, 1868년 4월에 충청도 홍주군 행담도(行擔島)

에 정박하여 남연군 묘를 파헤친 사건.

7) **이건창**(李建昌) : 조선 말기의 대문장가. 자는 봉조(鳳朝 · 鳳藻), 호는 영재(寧齋).

原文

남연군구유사자 흥선기계야 초남연졸 흥선년방십팔 수
南延君球有四子 興宣其季也 初南延卒 興宣年方十八 隨

지사 지덕산대덕사 사지일고탑왈 피대길양 귀불가언 흥
地師 至德山大德寺 師指一古塔曰 彼大吉壤 貴不可言 興

선즉반 진매기산 득전이만량 휴기반 뢰사지주지승 사화
宣卽返 盡賣其産 得錢二萬兩 携其半 賂寺之住持僧 使火

지 어시사진분 흥선봉상지 소회이정언 야반 제형개궐기
之 於是寺盡焚 興宣奉喪至 掃灰而停焉 夜半 諸兄皆蹶起

화몽 유백의노수 노매왈 아탑신 여하탈아거 약수장 미우
話夢 有白衣老叟 怒罵曰 我塔神 汝何奪我居 若遂葬 未虞

졸 사형제포망 속가거 내삼인일몽야 흥선구왈 과이즉성
卒 四兄弟暴亡 速可去 乃三人一夢也 興宣舊曰 果爾則誠

길의 명유주언 신하능수 차종실일체 아형제서서 여기일
吉矣 命有主焉 神何能祟 且宗室日替 我兄弟棲棲 與其日

예거장김지문 기첨개이구활 무영일시합연위쾌호 제형개
曳裾壯金之門 冀添丐以苟活 毋寧一時溘然爲快乎 諸兄皆

유자의 무일괴혈자아이이 연사즉무외 제형무다담 힐조
有子矣 無一塊血者我而已 然死則無畏 諸兄毋多談 詰朝

타탑 즉지개석야 사부지 부첩자약 수자하부 향공대갈 부
打塔 則址皆石也 使斧之 斧輒自躍 遂自荷斧 向空大喝 斧

불복약 기폄 공후혹천야 용철수만근고지 중가사토언 인
不復躍 旣窆 恐後或遷也 鎔鐵數萬斤錮之 重加莎土焉 因

휴승환경 도수원대포진 승어주중홀대호구화 창두작작란
携僧還京 渡水原大浦津 僧於舟中忽大呼救火 搶頭作灼爛

장 수유약입수이사 기여중칭남연군묘 위복치형 후십사
狀 須臾躍入水以死 其與衆稱南延君墓 爲伏雉形 後十四

년 금상탄언 갑자 고종원년 후 이국력창일사어대덕지음
年 今上誕焉 甲子(高宗元年)後 以國力創一寺於大德之陰
명보덕 이토목금벽 극기장려 사여토전화보심후 병인 고
名報德 而土木金碧 極其壯麗 賜與土田貨寶甚厚 丙寅(高
종삼년 동 양구자강화둔 아민지염사자 도지지덕산 욕발
宗三年)冬 洋寇自江華遁 我民之染邪者 導之至德山 欲發
묘 이고불가개 단화기영이주 대원군상어이건창 이장시
墓 而錮不可開 但火其塋而走 大院君嘗語李建昌 以葬時
사왈 탑기절 중유이백자 단다이병 사리주삼매 주여소두
事曰 塔旣折 中有二白磁 團茶二餠 舍利珠三枚 珠如小頭
심명영 침수이탄지 청기관수 여루연운
甚明瑩 沈水以呑之 靑氣貫水 如縷煙云.

대원군(大院君)은 자신의 호를 석파(石坡)라 칭했다. 소싯적에 완당(阮堂) 김정희(金正喜)[1]를 좇아 서화(書畵)를 익히고 난초 그리는 것을 공부했다. 한때는 석파란(石坡蘭)[2]이 세상에 성행했는데 그가 중국 보정부(保定府)[3]에 구금되어 갔을 때 중국인들도 그가 그린 석파란을 많이 구입해 갔다고 한다. 고종은 대원군의 차남으로 대통(大統)을 계승했고, 장남 이재면(李載冕)은 자(字)가 무경(武卿)으로, 철종 말년에 과거에 급제하여 이미 관직이 대교(待敎, 예문관의 정8품)에 이르렀다. 딸〔女〕은 둘을 두었는데 장녀는 조경호(趙慶鎬)에게, 차녀는 조정구(趙鼎九)에게 각기 출가했다. 서자(庶子)인 이재선(李載先)은 무과(武科)에 급제하여 별군직(別軍職)에 있었는데, 신사년(1881) 겨울 안기영(安驥泳) 등의 옥사(獄事)[4]에 관련되어 사사(賜死)[5] 되었다. 그의 딸은 이윤용(李允用)에게 출가했다.

註解

1) **김정희**(金正喜) : 정조~철종 연간의 문신. 금석학자(金石學者)·서화가(書畵家)로 유명하며 완당(阮堂)·추사(秋史) 등 호(號)가 많기로도 유명하다. 특히 추사체(秋史體)라고 하는 그의 독특한 필체(筆體)는 중국에까지도 널리 알려졌다.
2) **석파란**(石坡蘭) : 흥선대원군(興宣大院君)이 그린 난초를 말함. 난초의 그림은 당대에 제일 뛰어났다고 전한다.
3) **보정부**(保定府) : 중국 북부에 있는 지명. 임오군란(壬午軍亂) 후에 청나라 군이 대원군을 납치해 갔던 곳.
4) **안기영 옥사**(安驥泳獄事) : 고종 18년(1881), 안기영 등이 대원군의 서자 이재선(李載先)을 추대하여 개화파(開化派) 일당을 제거하려던 음모사건.
5) **사사**(賜死) : 국왕이 내린 사약(賜藥)을 먹고 죽음.

原文

운현자호석파 소종김완당정희 습서화 공사란 일시석파
雲峴自號石坡 少從金阮堂正喜 習書畵 工寫蘭 一時石坡
란 성행어세 급기구보정야 화인역다구거 금상이운현차
蘭 盛行於世 及其拘保定也 華人亦多購去 今上以雲峴次
남 입승대통 장자재면자무경 철종말등제 이관대교 녀이
男 入承大統 長子載冕字武卿 哲宗末登第 已官待敎 女二
인 장적조경호 차조정구 서자재선 무과 관별군직 신사
人長適趙慶鎬 次趙鼎九 庶子載先 武科 官別軍職 辛巳
고종십팔년 동 안기영등옥 사사 여적이윤용
(高宗十八年)冬 安驥泳等獄 賜死 女適李允用.

운현 부대부인(府大夫人) 민씨는 민치구(閔致久)의 따님으로

금슬이 매우 좋았다. 갑자년(고종 17, 1864) 이후로 종종 재상의 처 및 사대부 집의 혼자된 여인들을 맞아들여 유락(遊樂)으로 밤을 지새워 집에 돌아가지 않고 그 자리에 머물러 질탕하게 놀았는데, 대원군으로 하여금 엿보게 하여 요염한 자를 골라서 간음하게 하였다. 그 여자들은 부끄러움도 모르고 집으로 돌아갈 것을 잊고 있었다. 혹은(그것을) 연줄로 삼아 달라붙어 지아비와 자식에게 벼슬을 얻으려하기까지 하였으니 조야(朝野)가 모두 이를 지탄하였다.

原文

운현부대부인민씨 치구지여야 금슬심해 갑자후 왕왕요
雲峴府大夫人閔氏 致久之女也 琴瑟甚諧 甲子後 往往邀
치경재명부급사부가과거자 심첩유연 사대원군첨지 택기
致卿宰命婦及士夫家寡居者 甚輒流連 使大院君覘之 擇其
염이음지 기무치자 전연망귀 유혹인연슬부 관기부여자
艷而淫之 其無恥者 靦然忘歸 有或夤緣虱附 官其夫與子
자 조야개목지
者 朝野皆目之.

경복궁을 중수할 때 원납전(願納錢)이 넉넉하지 못해서 병인년 봄에 당백전(當百錢)[1]을 주조했다. 그러자 물가가 갑자기 뛰어오르고 불법으로 몰래 사주(私鑄)[2]하는 사람이 많았다. 이것을 엄히 다스렸으나 금하지 못해서 얼마 안 되어 중지했다. 또 정묘년(1867)에 청국전(淸國錢)을 쓰기 시작했는데 비록 사주하는 일은 없었으나 물가가 앙등해서 4, 5년이 지난 갑술년

(1874) 정월에 폐지했다. 청국전을 사용할 때도 경상도와 함경도 지방에서는 사용하지 않았다.

註解

1) **당백전**(當百錢) : 한 푼이 엽전 백 푼과 맞먹던 돈.
2) **사주**(私鑄) : 쇠붙이로 돈을 위조함.

原文

궁역시 원납전우불부 병인춘 주당백대전 물가취용 이
宮役時 願納錢又不敷 丙寅春 鑄當百大錢 物價驟踊 而
도주자중 엄주불가금 미기파 우정묘 고종사년 용청국
盜鑄者衆 嚴誅不可禁 未幾罷 又丁卯(高宗四年) 用淸國
전 수무도주 물가우용 경사오년 지갑술 고종십일년 정
錢 雖無盜鑄 物價又踊 經四五年 至甲戌(高宗十一年)正
월 격불행 방기용시 유령남관북불용
月 格不行 方其用時 惟嶺南關北不用.

천주교(天主敎)가 우리나라에 들어온 것은 정조 때였다. 그 후로 여러 번 제거하였으나 끝내 근절되지 않았다. 갑자년(고종 1, 1864) 전 승지 남종삼(南鍾三), 진사 홍봉주(洪鳳周) 및 프랑스 사람 장경일(張慶一, Berneux, Simeon Francois)[1] 등이 형벌을 순순히 받아서 모두 죽었다. 남종삼은 승지 남상교(南尙敎)의 아들로 북인의 명가(名家)인데 부자가 모두 문장으로 명성을 떨쳤다. 남종삼은 공초에서 이르기를, "일찍이 두세 번 서양나라에 가서 좋은 벼슬을 하였는데 품계가 우리나라로 치면 이조 판서에 해당한다."고 하였다. 홍봉주는 장경일을 맞아들

여 사위로 삼았다.[2] 그 집을 적몰(籍沒)[3]하니 서양침이 여러 궤짝이나 나왔다. 남상교는 공주(公州) 감옥에서 굶주려 죽었다. 이때부터 그 사당(私黨, 무리)들을 수색하여 그 뿌리까지 들춰냈으며 사면을 받지 못하고 죽음을 당한 자가 전후 2만 명이나 되었다고 한다.

註解

1) **장경일**(張慶一) : 1814~1866. 베르뇌. Berneux, Simeon Francois. 1831년 파리 외방전교회의 천주교 주교가 되어 만주 등지에서 10여 년간 전교 활동을 벌였다. 1853년 우리나라 교구장 페레올(Ferreol) 주교가 병사하자, 입국하여 제4대 교구장이 되었다. 병인박해 때 새남터에서 순교했다.
2) **장경일을 사위로 삼았다** : 婿(사위)로 되어있으나 胥(서로, 함께)의 오류인 듯. 곧 '장경일을 맞아들여 서로 함께 지냈다'의 뜻.
3) **적몰**(籍沒) : 중죄인의 재산을 몰수함.

原文

천주교지동래 재정종조 기후루경삼치 이사습자종불절
天主敎之東來 在正宗朝 其後屢經芟薙 而私習者終不絶
갑자초 전승지남종삼 진사홍봉주 급법인장경일등복주
甲子初 前承旨南鍾三 進士洪鳳周 及法人張慶一等伏誅
종삼승지상교자 북인명가야 부자구이사한명 종삼공운
鍾三承旨尙敎子 北人名家也 父子俱以詞翰鳴 鍾三供云
상재삼왕양국 위미관 계가아국이판 봉주초경일위서
嘗再三往洋國 爲美官 階可我國吏判 鳳周招慶一爲婿(胥)
적기가 양침지수궤 상교수사공주옥 어시수사당 궁기근
籍其家 洋針至數櫃 尙敎瘦死公州獄 於是搜私黨 窮其根

주 획사무사 전후가이만운
株 獲死無赦 前後可二萬云.

근래 우리말에 '도모지(都某知, 도무지)'라는 세 글자를 화두(話頭)로 삼고 있는데 한마디 말로, '도대체 누가 알겠는가?'라는 것을 이르는 말이다. 즉 모르면 함부로 말하지 말라는 것이다. 운현(雲峴)이 나라 일을 맡아 하자 (사람을) 죽이는데 과감하였다. 사학(邪學, 天主敎)을 믿는 자나 위조 화폐를 만드는 자 말고도, 비방이나 무고죄에 걸려들어 죽은 자가 천백 명을 헤아렸다. 포도청의 형졸들이 사람을 죽이는데 싫증을 느껴서 무릇 걸려든 자는 백지 한 장으로 그 얼굴을 가리고 물을 뿌려 붙여 둔다. 그러면 숨을 쉴 수 없어 곧 절명하게 된다. 그것을 풀이하는 자들은 말하기를, '도모지란 것은 얼굴에 바른 종이〔塗貌紙〕'라고 빈정댔다.

原文

근세방언 유도모지삼자 주화두유왈 폐일언 위대도수모
近世方言 有都某知三字 做話頭猶曰 蔽一言 謂大都誰某
지 부지가물론운이 운현당국 과어주륙 사학 도주이외
知 不知可勿論云爾 雲峴當國 果於誅戮 邪學·盜鑄以外
좌비방 괘오 라직사자 우천백수 포청형졸 염어살인 범
坐誹謗·絓誤 羅織死者 又千百數 捕廳刑卒 厭於殺人 凡
좌자 지이백지일장 접이엄기면 분수전지 수식불통 수유
坐者 至以白紙一張 摺以掩其面 噴水傳之 囚息不通 須臾
편절 해지자왈 도모지자 도모지야
便絕 解之者曰 都某知者 塗貌紙也.

이경하(李景夏)는 대원군에 의해 가장 적격자로 뽑힌 인물이다. 그를 대장(大將)과 포장(捕將, 포도대장)을 겸임시켜서 형살(刑殺)을 감행하지 않는 날이 없었다고 한다. 대원군은 일찍이, "이경하는 다른 장기(長技)는 없고 오직 사람을 잘 죽이는 것으로 쓸만한 인물이다."라고 하였다. 그러나 어떤 이는 이를 일컬어 "이경하는 사람을 함부로 죽이는 것이 아니라 사학(邪學)[1]이나 불법으로 화폐를 만드는 죽을죄를 저지른 사람만을 죽였다."고 말하기도 한다.

註解

1) 사학(邪學) : 천주교를 국교(國敎)에 어긋난 것이라 하여 배척하여 부르던 말.

原文

이경하최피운현기사 이대장겸관포장 형살무허일 운현
李景夏最被雲峴器使 以大將兼管捕將 刑殺無虛日 雲峴
상왈 이경하무타장 유선살인고가용 혹왈 경하비람살 개
嘗曰 李景夏無他長 惟善殺人故可用 或曰 景夏非濫殺 皆
사학 도주가사자이
邪學 · 盜鑄可死者爾.

산인(山人)[1] 만인(萬印)이란 자가 일찍이 금상(今上)의 잠저(潛邸)를 찾아와서 재배(再拜)하고 축하하기를, "이 분은 후일 중흥(中興)[2]의 임금이 될 분이라."고 하였다. 고종이 등위(登位)하고 갑자년(1864) 초에 운현대감은 그 사람을 물색하여 찾

았다. 그래서 그 사람에게 하고 싶은 바를 물으니 만인이 말하기를, "산사람이 어찌 하고자 함이 있으리오? 한 가지 은혜를 받자면 해인사(海印寺)에 있는 『장경(藏經)』[3] 일천 부를 내려 주신다면 소원이 성취되는 것입니다." 하였다. 드디어 간역사업(刊役事業)을 벌였는데, 만인이 스스로 가서 간역사업에 종사했다. 일을 끝마친 뒤 바다로 떠나갔는데 어디로 갔는지 알지 못했다. 해인사 경판각(經板閣)[4]은 예로부터 새들이 똥을 싸지 않아서 영험(靈驗)이 깃든 곳이라 하였는데 만인이 머물다 간 뒤에는 그렇지 않았다. 말하기를 좋아하는 사람들은, "경판 속에는 신부(神符)[5]가 있었는데 만인이 훔쳐가서 그렇게 된 것이다."라고 하며, 또 전하는 바에 의하면, "대원군은 소싯적에 술사(術士)[6]에게 앞날에 환난이 없겠느냐고 물었다."고 한다. 술사가 대답하기를, "만인을 죽여야 합니다." 하였다. 대원군은 사람을 죽여 만 명을 채우려고 하였다. 그런데 여기에서 만인(萬人)은 만인(萬印)을 가리킨 말인지 알지 못했다. 어쨌든 대원군은 만인(萬印)으로 말미암아 화(禍)를 당한 일이 없으니 항간에 떠도는 와전(訛傳)된 말인지 알 수 없다. 다만 그 당시에 그러한 말들이 떠들썩하게 전해졌었다.

註解

1) **산인**(山人) : 세상일을 버리고 은거하는 사람.
2) **중흥**(中興) : 쇠하였던 것이 다시 일어남.
3) **장경**(藏經) : 해인사 『팔만대장경』.
4) **경판각**(經板閣) : 『팔만대장경(八萬大藏經)』을 보관하는 집.

5) 신부(神符) : 신령한 부적(符籍). 신의 예언.

6) 술사(術士) : 방술(方術)에 정통한 사람.

原文

산인만인자 증알금상잠저 재배하왈 타일중흥지주야 갑
山人萬印者 曾謁今上潛邸 再拜賀曰 他日中興之主也 甲
자초 운현물색지 시획 문소욕 인왈 산인안유소욕 고요일
子初 雲峴物色之 始獲 問所欲 印曰 山人安有所欲 顧徼一
혜 득사해인사장경천부 즉원필의 수대흥간역 인자왕인
惠 得賜海印寺藏經千部 則願畢矣 遂大興刊役 印自往印
지 역준 부우해 부지소왕 해인사경판각 고래조작불유시
之 役竣 浮于海 不知所往 海印寺經板閣 古來鳥雀不遺屎
파저령이 급인거후즉부 호사자이위 경판중유신부 위인
頗著靈異 及印去後則否 好事者以爲 經板中有神符 爲印
투거 고치연야 혹전 운현소시 문술사 전두하이무환난 왈
偸去 故致然也 或傳 雲峴少時 問術士 前頭何以無患難 曰
살만인 급득지 살인기만만 이부지만인자만인야 연운현
殺萬人 及得志 殺人期滿萬 而不知萬人者萬印也 然雲峴
종무유인치화지사 개역여항소와야 단기시차설훤전
終無由印致禍之事 蓋亦閭巷騷訛也 但其時此說喧傳.

병인년(고종 3, 1866) 9월, 프랑스 선박이 강화도에 정박했는데 그것은 훈련하기 위해서 온 군함이지 침략이나 약탈할 의사가 있어서 온 것은 아니었다. 어떤 이는 장경일(張慶一) 등을 죽이고 '양금(洋禁)', 서양 선박이 침입하지 못하도록 더욱 엄하게 지켰기 때문에 와서 보복한 것이라고도 한다. 그런데 강화 유수(留守) 이인기(李寅夔)는 지레 겁을 먹고 도망쳐서 성은 함락되었으며, 프랑스 군인들은 열흘 동안 그곳에 있다가 약탈을

자행하고 돌아갔다. 원래 나라에서는 강화도는 지리적으로 험한 곳이므로 양미(糧米)와 무기, 그리고 진귀한 보물을 많이 저장해 왔다. 그러나 이때에 모두 없어졌다.

이경하(李景夏)를 순무사(巡撫使), 이원희(李元熙)를 중군(中軍)으로 삼아서 군사 5천여 명을 이끌고 문수산성(文殊山城)에 출진했으나 강화도를 건너다볼 뿐 감히 건너가지 못했다. 천총(千摠) 양헌수(梁憲洙)가 추격할 것을 청했으나 중군 이원희는, "군령을 어기는 자는 죽이겠다."고 하였다. 양헌수가 "죽으면 어찌 적을 죽일 수가 있겠는가?" 대답하고, "일지병(一枝兵)이나마 끼어 주시오."하고 간청했다. 이원희는 부득이 포수병(捕手兵) 3백을 주었다. 양헌수는 그날 밤 손석포(孫石浦)에서 바다를 건너 정족산성(鼎足山城)에 포진했다.

다음날 프랑스 군인들이 강화부에서 나와 장차 배를 띄우려 했으나 조수(潮水)가 얕아서 잠시 산성에서 휴식을 취하고자 하였다. 그들이 서서히 걸어서 남문(南門) 밖에 이르렀을 즈음, 복병(伏兵)이 돌기(突起)하니 적병은 엉겁결에 후퇴하였다. 이때 아군이 추격하여 30여 명을 죽이고 개선하였다. 이 전공으로 양헌수는 황해도 병사(兵使)가 되었고 일년 만에 대장(大將)이 되었다. 이 병인양요(丙寅洋擾)[1]가 있은 뒤에 조정에서는 더더욱 사학(邪學)[2]을 금하고 척사윤음(斥邪綸音)[3]을 반포했다.

註解

1) **병인양요**(丙寅洋擾) : 고종 3년(1866) 9월 프랑스 군함이 강화도를 점령했던 사건. 대원군의 천주교 탄압 때 죽은 프랑스 신부에 대한

보복으로 왔었으나 실패하고 물러감.

2) **사학**(邪學) : 천주교를 배척하여 부르던 이름.

3) **척사윤음**(斥邪綸音) : 천주교를 배척하는 임금님의 말씀.

原文

병인 고종삼년 구월 법선박강화 개기유교병함 이무의
丙寅(高宗三年) 九月 法船泊江華 蓋其遊徼兵艦 而無意
구략야 혹왈인장경일등사 이양금차엄 고래보야 유수이
寇掠也 或曰因張慶一等死 而洋禁且嚴 故來報也 留守李
인기 광겁거주 성수함 양인거지순일 포략이귀 국가시강
寅夔 恇怯遽走 城遂陷 洋人據之旬日 飽掠而歸 國家視江
화위천험 저치량계 진화심은 지시진언 이경하위순무사
華爲天險 儲峙糧械·珍貨甚殷 至是盡焉 李景夏爲巡撫使
이원희이중군 솔도감졸오천여인 출진문수산성 부강화이
李元熙以中軍 率都監卒五千餘人 出陣文殊山城 俯江華而
불감도 천총양헌수청추전 원희이위령 욕주지 헌수왈 등
不敢渡 千摠梁憲洙請追戰 元熙以違令 欲誅之 憲洙曰 等
사 영사적 원득일지병 원희부득이배이포수삼백 헌수즉
死 寧死賊 願得一枝兵 元熙不得已配以砲手三百 憲洙卽
야 자손석포도 경거정족산성 명일양인자부출 장하선 인
夜 自孫石浦渡 徑據鼎足山城 明日洋人自府出 將下船 因
조천 욕소게우산성 서행지남문외 복병돌기 적거퇴 추이
潮淺 欲少憩于山城 徐行至南門外 伏兵突起 賊遽退 追而
포지 괵삼십여급개선 탁헌수위황해병사 기년지대장 난
砲之 馘三十餘級凱旋 擢憲洙爲黃海兵使 朞年至大將 亂
후 금사학 반척사륜음
後 禁邪學 頒斥邪綸音.

판서 이시원(李是遠)은 덕천군(德泉君)의 후손이다. 그 가문이 중간에 신임당화(辛壬黨禍)[1]에 연계되어 벼슬길이 막혔으며

강화도 사곡(沙谷)에서 살았다. 순조 때 과거에 급제하였는데 청렴하고 강직하여 늘 순국(殉國)할 뜻을 지니고 있었다. 병인양요(丙寅洋擾) 때 프랑스 군대가 강화성을 점령하자 개연히 강만리(江萬里)[2]의 고사(故事)를 본받아 자기 둘째동생인 전 군수 이지원(李止遠)과 함께 독약을 먹고 죽었으니 나이 77세였다. 유소(遺疏)[3]가 전해져서 조정에 알려지자 임금은 그의 죽음을 탄식하며 '충정(忠貞)'이란 시호를 내리고 정경(正卿, 정2품 관원)을 보내어 제사를 지내게 했다. 당시 사람들 중엔 간혹 상용(傷勇)[4]이라 헐뜯기도 하였다. 훗날 판서(이시원)의 손자 이건창(李建昌)은 사신으로 북경에 가서 시랑(侍郎) 황옥(黃鈺)과 종유(從遊)[5]한 일이 있었다. 이때 황옥이 이건창에게 지어준 글에서 그의 선대(先代)의 덕을 기술하면서 '죽지 않아도 될 처지에서 배운 것을 저버리지 않는 마음을 살렸다'고 하였으니, 사람들은 그것을 일러 가장 잘 어울리는 기록이라 하였다.

註解

1) **신임당화**(辛壬黨禍) : 신임사화(辛壬士禍)라고도 일컬음. 경종 1년(1721)~경종 2년(1722) 왕위 계승문제를 에워싸고 노론(老論)과 소론(少論) 사이에 일어난 당쟁의 화옥(禍獄), 신축(辛丑)·임인(壬寅) 양 년에 일어났다하여 신임사화라고 함.
2) **강만리**(江萬里) : 남송(南宋) 때 관원, 벼슬에 있을 때 직언을 잘하기로 이름났다. 고향에 은거해 있다가 원(元)나라 군사가 남쪽으로 내려오자 강에 투신자살했다.
3) **유소**(遺疏) : 대신(大臣)이 죽음에 임(臨)해서 임금에게 올리는 상소. 유섭(遺摺)·유표(遺表)라고도 함.

4) 상용(傷勇) : 꼭 죽지 않아도 될 때 지나친 용기를 부려 죽는 것을 말함.
5) 종유(從遊) : 학덕(學德)이 있는 사람과 더불어 놂.

原文

이판서시원 덕천군지예 중위신 임당화소좌폐 거강화
李判書是遠 德泉君之裔 中爲辛·壬黨禍所坐廢 居江華
지사곡 순조조등과 청수경직 상유순국지지 급양구거성
之沙谷 純祖朝登科 淸修勁直 常有殉國之志 及洋寇據城
개연인강만리고사 여기중제전군수지원 앙약졸 년칠십칠
慨然引江萬里故事 與其仲弟前郡守止遠 仰藥卒 年七十七
유소문 조정진도 증시충정 견정경치제 시인혹자기상용
遺疏聞 朝廷震悼 贈諡忠貞 遣正卿致祭 時人或訾其傷勇
기후 판서손건창 봉사입연 종황시랑옥유 옥증건창서 술
其後 判書孫建昌 奉使入燕 從黃侍郎鈺游 鈺贈建昌序 述
기선덕이왈 거가이무사지지 존불부소학지심 세위지실록
其先德而曰 居可以無死之地 存不負所學之心 世謂之實錄.

진사(進士)의 구액(舊額)[1]은 매번 2백 명을 뽑았는데, 지금 임금 정묘년(1867)에 와서 특지(特旨)[2]가 있어 해액(解額)[3] 중에서 임금과 나이가 같은 사람을 몇 사람을 선발하여 방목(榜目)[4] 끝에 더 추가하였다. 그리고 종친으로서 과장(科場)에 들어온 자는 가까운 친척이건 먼 친척이건 가리지 않고 일률적으로 은전(恩典)을 베풀어서 장옥(場屋)[5]이 드디어 어지러워졌다.

註解

1) 구액(舊額) : 예전에 정한 인원. 과거시험에 뽑기로 한 정원.
2) 특지(特旨) : 임금의 특명.

3) **해액**(解額) : 지방의 향시를 본 후 중앙에서 실시하는 회시를 보기 위해 올라온 인원.
4) **방목**(榜目) : 과거에 급제한 이의 성명을 적은 책.
5) **장옥**(場屋) : 관리를 뽑을 때의 시험 장소. 과거시험장.

原文

진사구액매취이백인 지금상정묘 고종사년 특지 선해
進士舊額每取二百人 至今上丁卯(高宗四年) 特旨 選解
액중여상동경기인 부지방말 우종친지재장자 물간친소
額中與上同庚幾人 附之榜末 又宗親之在場者 勿揀親疎
일시은전 장옥수람
一施恩典 場屋遂濫.

보통 하인배들의 손님을 접대하는 자를 일컬어 청지기〔廳直〕라 한다. 대원군의 청지기는 모두 호방하고 사납고 흉측한 자만 골라서 충원했다. 때문에 손님이 왔다갈 때마다 조롱하고 놀리며 비방하는가 하면 비웃고 요사스러워서 고관들이 왔다가 모욕을 당하고 가는 일이 흔히 있었다.

原文

속이겸대지응대빈객자 위지청직 운현청직 개선호한걸
俗以傔儓之應對賓客者 謂之廳直 雲峴廳直 皆選豪悍桀
힐충지 매객지 사지조학산소 경재왕왕유피욕자
黠充之 每客至 使之嘲謔訕笑 卿宰往往有被辱者.

대원군은 인재를 등용하되 반드시 준상(俊爽)[1]하고 첩급(捷

給)[2]하며, 패기에 차 큰소리치는 자를 쓸 만한 사람이라 인정하였으나 마음씨가 너그럽고 학문이 깊은 노성자(老成者)[3]는 내쳤다. 그렇기 때문에 술도 잘 마시고 도박을 즐기는 무뢰배들이 밀어닥쳤다. 상투가 아름답고 장구를 잘 치며 익살이나 농지거리를 잘하는 사람들이 대부분 좋은 관직을 얻었다. 그의 천성이 기술(伎術)을 좋아하여 복서(卜筮)[4]로 운명을 이야기하는 자들이 좌우에서 떠나지 않았다.

註解

1) **준상**(俊爽) : 재주와 슬기가 뛰어나고 명석함. 인품이 뛰어남.
2) **첩급**(捷給) : 말을 잘하고 일처리에 능숙함.
3) **노성자**(老成者) : 선비답게 세련되고 경험이 많아 일에 능숙한 사람.
4) **복서**(卜筮) : 좋고 언짢음〔吉凶〕을 점침. 또는 그 일.

原文

운 현 취 인 필 준 상 첩 급 사 기 대 언 자 허 기 가 용 범 유 아 노 성
雲峴取人 必俊爽捷給 使氣大言者 許其可用 凡儒雅老成
자 즉 타 기 지 시 이 음 박 무 뢰 지 도 백 혜 매 진 계 미 자 선 격
者 則唾棄之 是以飮博无賴之徒 百蹊媒進 髻美者 · 善擊
부 자 능 회 학 자 다 득 호 관 성 우 호 기 술 복 서 담 명 자 불 이
缶者 · 能詼謔者 多得好官 性又好伎術 卜筮談命者 不離
좌 우
左右.

병인(丙寅)년(1866) 이후 간간이 대과(大科)[1]를 실시하였다. 단 종친(宗親)에게만 영(令)을 내려 과거에 응시토록 하였으니

이를 종친과(宗親科)라 불렀다. 또한 대동보(大同譜)를 만들어 무릇 본관이 완산(完山)[2]인 이(李)씨는 모두 집어넣었으니 한 번 이 족보(族譜)에 오르면 모두가 사족(士族)이었다. 그러자 향곡천류(鄕曲賤流)[3]들이 본관을 고쳐 전주 이씨 대동보에 가입하는 자가 잇달았다. 일찍이 종친부(宗親府)[4]에서 화수회(花樹會)를 열었는데 참석한 인원이 6, 7만이나 되었다. 대원군은 기뻐하면서 말하기를, "나는 나라를 위해서 10만 정병(精兵)을 얻었다."고 호언하였다. 무진(戊辰)년(1868)에 대종회(大宗會)를 개최하고 종친 문무과(宗親文武科)를 열어 과거를 치렀다.

註解

1) **대과**(大科) : 과거시험의 문과(文科)를 말함.
2) **완산**(完山) : 전주(全州)의 옛 이름이 완산임. 그래서 전주 이씨를 가리켜 완산 이씨라 불렀음.
3) **향곡천류**(鄕曲賤流) : 시골에 사는 비천한 계층.
4) **종친부**(宗親府) : 조선시대 종실제군(宗室諸君)의 부(府).

原文

병인이후 간설대과 단령종친부거 위지종친과 우작대동
丙寅以後 間設大科 但令宗親赴擧 謂之宗親科 又作大同

보 범이씨관완산자 개부지 일여어보 즉치지사족 어시향
譜 凡李氏貫完山者 皆附之 一與於譜 則齒之士族 於是鄕

곡천류 개관속보자상종 상설화수연어종친부 예회자가육
曲賤流 改貫屬譜者相踵 嘗設花樹宴於宗親府 預會者可六

칠만 운현흔연왈 아위국가 득십만정병 무진행대종회 설
七萬 雲峴欣然曰 我爲國家 得十萬精兵 戊辰行大宗會 設

종 친 문 무 과
宗親文武科.

흥인군(興寅君) 이최응(李最應)은 대원군의 숙형(叔兄, 셋째 형)으로 그 아우가 방자함을 보고 몹시 비난했다. 당백전(當百錢)이 사용될 때 모든 요리업을 하는 사람들이 고기나 야채를 사게 되면 상인을 불러놓고 직접 돈을 셈해 주면서 말하기를, “어찌 일문전(一文錢)이 백(百)에 해당할 이치가 있겠느냐?” 하고 한 푼 그대로 셈해 주었다. 그래서 많은 이득을 보는 자가 많았다.

原文

흥 인 군 최 응 자 운 현 숙 형 야 견 기 제 종 자 파 비 지 당 백 전 지
興寅君最應者 雲峴叔兄也 見其弟縱恣 頗非之 當百錢之
행 야 매 포 인 매 어 채 첩 초 상 인 지 전 자 수 전 교 부 왈 안 유 일
行也 每庖人買魚菜 輒招商人至前 自數錢交付曰 安有一
문 전 가 이 당 백 지 리 지 이 일 문 용 지 획 후 리 자 다
文錢 可以當百之理 只以一文用之 獲厚利者多.

철종(哲宗)의 상(喪) 때 신정왕후(神貞王后, 익종비)가 왕대비전의 권한으로 군국(軍國)의 사무를 처리하는 임시 직무를 맡았다. 바야흐로 지금의 임금을 맞이해 세우는 일을 의논할 때, 조두순(趙斗淳)은 원상(院相)[1]으로서 전지(傳旨)에 의당 ‘흥선군(興宣君)의 둘째아들 아무개를 철종대왕(哲宗大王)의 대통을 들어가 잇는다’고 썼어야 했다. 그런데 신정왕후가 언성을 높

여 말하기를, "익종대왕(翼宗大王)의 대통을 잇는다."고 쓰라함에 조두순은 감히 그의 뜻을 어기지 못했다. 철종에게 잇게 하면 대비 김씨가 마땅히 수렴청정(垂簾聽政)[2]을 하게 되지만, 익종을 잇게 되면 수렴청정이 자기에게 돌아오기 때문이었다. 처음 철종을 세울 때에도 의당 익종의 계통을 이어함에도 불구하고 순원왕후(純元王后, 순조비)가 자신이 조정에 임(臨)하고자 마침내 전지를 명하되, '순조대왕의 대통을 들어가 잇는다'고 하였다. 그것은 신정왕후가 그것을 받을 만한 바가 있었기 때문이다.

註解

1) **원상**(院相) : 조선조 때 임시 벼슬의 하나. 임금이 죽은 뒤 어린 임금을 보좌하여 정무(政務)를 맡아 다스리는 직책.
2) **수렴청정**(垂簾聽政) : 왕대비가 어린 임금을 대신하여 정사를 보살필 때, 신하와 마주보는 것을 피하여 발을 드리우고 정사를 들었음.

原文

철종지상 신정왕후 이왕대비전권 처분군국사 방의영립
哲宗之喪 神貞王后 以王大妃殿權 處分軍國事 方議迎立

금상 시조두순이원상 서전지 당서이흥선군제이자모입승
今上 時趙斗淳以院相 書傳旨 當署以興宣君第二子某入承

철종대왕대통 이신정려성왈 이입승익종대왕대통서지 두
哲宗大王大統 而神貞厲聲曰 以入承翼宗大王大統書之 斗

순 불감위기의 이승철종 즉대비김씨당수렴 이승익종 즉
淳 不敢違其意 以承哲宗 則大妃金氏當垂簾 而承翼宗 則

수렴재기고야 초철종지립야 당승익종지통 이순원왕후욕
垂簾在己故也 初哲宗之立也 當承翼宗之統 而純元王后欲

자임조 수명전지이입승순조대왕대통 개신정유소수지야
自臨朝 遂命傳旨以入承純祖大王大統 蓋神貞有所受之也.

병인양요(丙寅洋擾, 고종 3년, 1866) 이후 서양 사람들이 침입해 오는 것을 경계하기 위해서 강화도에 진무영(鎭撫營)을 설치하고 경내에 포수병(捕手兵) 3천 명을 차출하여 강화 유수로 하여금 관리토록 하였고 삼남 지방의 전세(田稅)를 추가로 부과시켰으니 이것을 포량미(砲糧米)라 불렀다. 그것이 수만 석에 이르렀으며 관리들의 농간으로 남도 백성들은 더욱 곤경에 빠졌다.

原文

병인후 징양경 설진무영어강화 선경내포수삼천 사유수
丙寅後 懲洋警 設鎭撫營於江華 選境內砲手三千 使留守
관지 가파삼남전세 위지포량미 지수만석 관리인연수간
管之 加派三南田稅 謂之砲糧米 至數萬石 官吏因緣售奸
남민중곤
南民重困.

통제사(統制使)에게 한 계(階)를 더하여 주고 그것을 외등단(外登壇)이라 불렀다. 그것은 총융사(摠戎使)[1)]의 예(例)에 따른 것이다. 갑술년(고종 11, 1874) 이후에 혁파되었다.

註解

1) 총융사(摠戎使) : 총융청의 장. 종2품. 총융청은 1624년에 설치한

군영. 1757년에는 북한산성을 관할하였다.

原文

통제사가일계 위지외등단 의총융사예 갑술(고종십일
統制使加一階 謂之外登壇 依摠戎使例 甲戌(高宗十一
년)후 내파
年)後 乃罷.

백낙서(白樂瑞)란 자는 전주의 아전이다. 운현(雲峴)이 일찍이 전주에 놀러갔을 때 매우 곤궁했는데 백낙서가 후하게 대접했다. 갑자년 이후에 총애를 믿고 흉악한 짓을 일삼아 해독이 도(道) 전체에 끼쳤다. 엄세영(嚴世永)이 전라우도 암행어사로 내려가서 민승호(閔升鎬)의 뜻을 받아 그를 죽였다. 그때 전주 남천(南川)의 돌다리가 붕괴되었는데 그의 재산을 적몰(籍沒)하여 그 다리를 고치는데 충당하였다.

原文

백낙서자 전주이야 운현상여유전주심곤 낙서후우지 갑
白樂瑞者 全州吏也 雲峴嘗旅遊全州甚困 樂瑞厚遇之 甲
자후 호총흉완 독류전성 갑술초 엄세영이호우어사 승민
子後 怙寵凶頑 毒流全省 甲戌初 嚴世永以湖右御史 承閔
승호지주지 시남천석교괴 적기재 이충교역
升鎬旨誅之 時南川石橋壞 籍其財 以充橋役.

남인(南人) 최우형(崔遇亨)은 연달아 높은 관직에 발탁되어 이조 판서, 홍문관 제학(弘文館提學)을 거쳐 군(君)[1]에 봉(封)해

지고 충훈부(忠勳府)[2]를 겸직하게 되었다. 그가 일찍이 수레를 타고 북촌(北村)에 이르니 부채를 들고 코를 가리며 말하기를, "노론(老論)의 썩는 냄새가 어찌 이렇게 고약하게 나는가?" 하였다. 서울의 대로(大路) 종각(鐘閣) 북쪽을 북촌이라 부르며 노론이 살고 있고, 종각 남쪽을 남촌(南村)이라 하는데 소론(少論) 이하 삼색(三色)[3] 당파가 섞여서 살았다.

註解

1) **군**(君) : 왕의 적자는 대군(大君)에 봉하며 서자(庶子)나 왕비의 생부(生父), 그리고 3품 이상의 종친이나 훈신(勳臣)들은 군(君)으로 봉함. 여기에는 부원군(府院君)과 군(君)이 있다.
2) **충훈부**(忠勳府) : 조선시대 공신들의 관부(官府).
3) **삼색**(三色) : 사색당파(四色黨派) 가운데 노론을 제외한 소론 · 남인 · 북인을 가리킴.

原文

남인최우형 연탁청요 지리판 홍제 봉군 겸관충훈부
南人崔遇亨 連擢淸要 至吏判 · 弘提 · 封君 兼管忠勳府
상승초지북촌 거선엄비왈 노론부취 하기훈야 경사대로
嘗乘軺至北村 擧扇掩鼻曰 老論腐臭 何其薰也 京師大路
종각이북 위지북촌 노론거지 남왈남촌 소론이하삼색잡
鍾閣以北 謂之北村 老論居之 南曰南村 少論以下三色雜
거지
居之.

대신(大臣)이 출입할 때는 한 사람이 파초선(芭蕉扇)을 들고

앞에서 인도하는 것이 옛날 식(式)이었다. (그런데) 운현(雲峴)은 쌍선(雙扇)을 사용했으며 선제(扇制)는 대단선(大團扇)과 같아서 타원형으로 길쭉했는데, 죽간(竹桿)에 꽂았으며 파초 빛으로 물들인 것이었다.

原文

대신출입 일인지파초선전도고야 운현즉용쌍선 선제여
大臣出入 一人持芭蕉扇前導古也 雲峴則用雙扇 扇制如
대단선 타이장 삽우죽간 염작파초색
大團扇 橢而長 揷于竹桿 染作芭蕉色.

공덕리(孔德里) 물가 동작나루 하류에는 산등성이와 산기슭이 매우 아름답고 여염집이 즐비하였다. 운현은 민가를 철거하고 수장(壽藏)[1]을 축조하였는데, 그곳에 당(堂)을 세우고 광중(壙中)을 덮어 그것을 '아소당(我笑堂)'이라 이름 지었다. 그리고 그 광중을 '우소처(尤笑處)'라 하였고, 신헌(申櫶)에게 명하여 당기(堂記)를 짓도록 하였다.

註解

1) **수장**(壽藏) : 살아 있을 때 미리 만들어 놓는 무덤. 수실(壽室). 수당(壽堂).

原文

공덕리빈 동진하류 강록연눈 여염즐비 운현철민려 영
孔德里濱 銅津下流 岡麓姸嫩 閭閻櫛比 雲峴撤民廬 營

수장 건당이복광 명지왈아소당 명기광왈우소처 명신헌
壽藏 建堂以覆壙 名之曰我笑堂 名其壙曰尤笑處 命申櫶
작당기
作堂記.

대장 신관호(申觀浩)는 지금 임금 때 와서 헌(櫶)이라 개명했다. 글씨를 잘 쓰고 문사(文詞, 文章)에도 밝아 유장(儒將)으로 알려졌으며 성품 또한 너그럽고 두터웠다. 그의 자제들도 재주가 빼어난 데다 가문이 융성하고 부귀를 누렸던 까닭에 또한 복장(福將)으로 추앙을 받았다. 운현에게 지우(知遇)를 입어 누차 대장 벼슬을 했으며, 강화도의 손석포(孫石浦, 손돌목)에서 갑곶진(甲串津)에 이르기까지 요해(要害, 요충)를 택하여 돈대(墩臺)를 설치하고 포를 장치한 것이 수십 리에 이어졌는데, 이 모두가 신헌이 유수로 있을 때 한 일이다.

原文

신대장관호 금상조 개명헌 능서공문사 이유장저 이성
申大將觀浩 今上朝 改名櫶 能書工文詞 以儒將著 而性
우관후 제자재수 문난정귀 고우추복장 견지어운현 루관
又寬厚 諸子財秀 門闌鼎貴 故又推福將 見知於雲峴 屢官
대장 강화자손석포지갑곶진 택요해 설돈가포 수십리불
大將 江華自孫石浦至甲串津 擇要害 設墩架砲 數十里不
절 개헌유수시사야
絶 皆櫶留守時事也.

한 때의 무관 출신 재상으로 채동건(蔡東健) · 정기원(鄭岐源)

· 김영(金鑅) 등이 모두 운현(雲峴)에게 인재로 발탁되었다. 채동건과 김영은 지혜와 슬기로 이름이 났고, 정기원은 욕심이 없고 삼가는 마음이 강하였으며, 이경하(李景夏) · 김건(金鍵)은 위엄과 용맹으로 알려졌는데, 오직 신헌(申櫶)만이 풍류를 갖춘 데다 마음씨가 너그럽고 학문도 깊었다.

原文

일 시 무 재 여 채 동 건 정 기 원 김 영 구 피 운 현 소 기 사 이
一時武宰 如蔡東健 · 鄭岐源 · 金鑅 俱被雲峴所器使 而
동 건 영 이 지 서 칭 기 원 이 렴 근 저 이 경 하 김 건 이 위 맹 문
東健 · 鑅以智諝稱 岐源以廉謹著 李景夏 · 金鍵以威猛聞
유 신 헌 풍 류 유 아 차 능 교 환
惟申櫶風流儒雅 且能巧宦.

신미(고종 8, 1871) 여름, 미국 군대가 강화도에 침범하여 전 병사 어재연(魚在淵)이 순무중군(巡撫中軍)으로 방어하다 전투에 패해 전사했다. 어재연이 군사를 이끌고 광성보(廣成堡)에 들어가 배수진(背水陣)을 치고 척후병을 세우지 않았다. 적은 안개가 낀 것을 이용하여 엄습해 왔으며 보(堡)를 넘어 난입했다. 어재연은 칼을 빼어들고 격투를 벌였으나 칼이 부러져서 연환(鉛丸)을 움켜쥐고 던지니 맞은 자는 그 자리에서 쓰러졌다. 연환이 떨어지자 적군이 창으로 마구 찔렀으나 그는 반걸음도 움직이지 않고 그 자리에서 죽었는데 적은 머리를 베어 갔다. 어재연은 이미 죽었지만 적은 또 병비(兵備)가 있지 않나하여 도망쳤다. 패보(敗報)가 이르자 조야(朝野)가 깜짝 놀랐다. 조정에서는 어재연

을 병조 판서에 추증(追贈)[1]하고 시호(諡號)[2]를 충장(忠壯)이라 하였다. 운구가 돌아올 때 대원군은 조의(朝議) 석상에서 말하기를, "어병사(魚兵使)의 운구를 맞이하지 않는 자는 모두 천주학자(天主學者)[3]로 취급하겠다."고 하였다. 이로 말미암아 조정을 비우고 출영 나갔는데 거마(車馬)가 수십 리에 잇달았으니 어떤 노인이 말하기를, "순조 계유년(1813) 충장공(忠壯公) 정시(鄭蓍)[4] 이후에 처음 있는 일이다." 하였다. 어재연의 동생 어재순(魚在淳)도 백의종군(白衣從軍)[5]하여 형과 함께 전사했다. 그는 이조 참의(吏曹參議)에 추증되었다.

※ 부언(附言) :

이때(6월 11일), 어재연(魚在淵)의 장수기 '수자기(帥字旗)'를 로제스 제독이 지휘하는 미 해군에게 강탈당했다. 수자기는 진중이나 영문(營門)의 뜰에 세워진 대장의 군기를 말한다. 그 후 136년이 지난 2007년 10월 22일 미국 해군사관학교 박물관과 장기 대여협정을 맺고 돌아와 일반에게 공개되었다.

장수기는 가로 4.15m, 세로 4.35m의 삼베 재질로 비교적 양호한 상태였으나 오른쪽 하단에 잘려나간 자국이 남아 있었다. 미 해군이 관례에 따라 군기의 일부를 잘라 전리품으로 나눠가진 흔적이었다.

신미양요(辛未洋擾) 당시 조선군 전사자는 어재연(魚在淵) 장군과 백의종군(白衣從軍)한 아우 어재순(魚在淳)을 포함해 350여 명, 부상자는 20명에 달했다. 그에 비해 미군은 전사자 3명, 부상자 10명에 불과했다.

(편집자 註)

註解

1) 추증(追贈) : 나라에 공로가 있는 자에게 죽은 후에 벼슬을 주던 일.

2) **시호**(諡號) : 살아 있을 때의 행적을 사정하여 죽은 다음에 왕이 내려주는 칭호.
3) **천주학자**(天主學者) : 천주교를 신봉하는 사람.
4) **정시**(鄭蓍) : 순조 때 무신(武臣). 순조 11년 가산(嘉山) 군수가 되고 '홍경래(洪景來)의 난'에 가산이 제일 먼저 함락되어 아버지와 함께 잡혔으나 항복을 거부하고 살해되었다.
5) **백의종군**(白衣從軍) : 벼슬함이 없이 군대를 따라 전장에 나감.

原文

辛未夏(高宗八年) 美人犯江華 前兵使魚在淵 以巡撫中軍禦之 戰敗死 在淵率禁旅 入廣城堡 背水而陣 不置斥堠 賊乘霧掩之 踰堡攔入 在淵奮劍格鬪 劍折 掬鉛丸搏之 中者立倒 丸盡 賊亂槊之 不離跬步而死 賊割首而去 在淵旣死 賊亦知有備 遂走 敗報至 朝野震駭 贈兵判 諡忠壯 喪返 雲峴倡言于朝曰 不迎魚兵使喪者 皆爲天主學者也 由是 傾朝出迎 車馬延數十里 耆老言純祖癸酉(十三年)鄭忠壯蓍後 所未有也 在淵弟在淳 白衣從軍 與兄俱死 亦贈吏議.

기사년(1867) 봄, 토구(土寇)[1]가 광양(光陽)을 함락시키고 현

감 윤영신(尹榮信)이 사로잡혔다. 신미년(1871) 봄에는 영해(寧海) 백성이 반란을 일으키자 부사 이정(李埥)이 도망치다 죽었다. 당시에 민심을 선동해서 반란을 획책하려는 자가 많았다. 본래 윤영신은 낫 놓고 ㄱ자도 모르는〔目不識丁〕 무식한 사람이지만 평소 호야(豪冶)[2]하여 대원군에게 잘 보였다. 이에 이르러 공(功)을 표창받아 통정대부(通政大夫)에 올랐다. 이정은 문정공(文正公) 이재(李縡)의 후손인데 인척(姻戚)들 가운데 귀하게 되고 번성하였던 까닭에 그가 사절(死節)[3]한 것을 과장되게 알렸다. 그로인해 관직과 시호가 추증되고 아들도 관직에 기용되었다.

註解

1) **토구**(土寇) : 도읍을 멀리한 두메에서 일어난 도둑의 떼.
2) **호야**(豪冶) : 성격이 호탕하고 예쁘장함.
3) **사절**(死節) : 죽음으로써 절개를 지킴.

原文

기사 고종육년 춘 토구함광양 선위현감윤영신소금 신
己巳(高宗六年)春 土寇陷光陽 旋爲縣監尹榮信所擒 辛
미춘 영해민작란 부사이정주사 민심선동 사란자중 영신
未春 寕海民作亂 府使李埥走死 民心煽動 思亂者衆 榮信
목부식정 소이호야 위운현소상 지시 서공승통정 정문정
日不識丁 素以豪冶 爲雲峴所賞 至是 叙功陞通政 埥文正
공재후야 인당귀성 과이사절 증관급시 록용기자
公縡後也 姻黨貴盛 夸以死節 贈官及謚 錄用其子.

정원용(鄭元容)은 자가 선지(善之), 호는 경산(經山)으로 양파(陽坡) 정태화(鄭太和)의 후손이다. 순조 초에 등과(登科)하여, 일찍이 김조순(金祖淳)에 발탁되어 벼슬이 영의정에 이르렀는데 나이 90세가 되어 죽었다. 전후 수십 년간 삼공(三公, 영의정·좌의정·영의정)을 두루 거쳤으며 조장(朝章)[1]에 모두 정통하고 노성(老成)하고 매우 중후하여 조야에서 촉망을 받았다. 단 권문(權門, 세도가)에 비위를 맞추고 아첨하여 시세를 타고 처신하여 세상에서 호광(胡廣)[2]에 견주기도 하였다.

註解

1) **조장**(朝章) : 국가의 헌장(憲章). 조정의 강기(綱記). 조헌(朝憲). 조강(朝綱). 조전(朝典).
2) **호광**(胡廣) : 중국 동한(東漢) 사람으로 벼슬이 태부(太傅)에 이르렀으나, 외척과 환관의 난정(亂政)을 외면하고 조심스럽게 자신의 자리만을 지켰다.

原文

정원용 자선지 호경산 양파태화후야 순조초등과 조위
鄭元容 字善之 號經山 陽坡太和後也 純祖初登科 早爲
김조순발탁 관지령의정 수지구십졸 주류삼공전후수십년
金祖淳拔擢 官至領議政 壽至九十卒 周流三公前後數十年
암련조장 노성지중 조야속망 단의아권문 부담취용 세비
諳練朝章 老成持重 朝野屬望 但依阿權門 浮湛取容 世比
지호광
之胡廣.

경산(經山)은 소과(小科)와 대과(大科) 모두 회방(回榜)[1]을 맞았고, 또 회혼(回婚)[2]을 치렀다. 세 아들을 두었는데 장자 장기세(長基世)는 벼슬이 정경(正卿)에 이르렀고, 손자 범조(範朝)(範朝)는 참판까지 지냈다. (이것이) 다 살았을 때의 일이다. 복록을 완전히 갖추었고 수고(壽考) · 강녕(康寧)하기로 근세에 그와 견줄 사람이 없었다. 지금 임금이 혼례를 올릴 때에 복이 두터운 사람을 골라서 책례사(冊禮使)[3]로 삼아서 폐백함을 지게 하였는데 정원용이 그 선택에 뽑혔다.

註解

1) **회방**(回榜) : 과거에 급제한 지 예순 돌.
2) **회혼**(回婚) : 혼인한 지 예순 돌을 가리키는 말.
3) **책례사**(冊禮使) : 왕세자 · 왕세손 · 왕비 · 세자빈을 책봉하는 의식을 가질 때 이 일을 주관하는 사람.

原文

경산대소과 구회방 우경회혼 유삼자 장기세 관정경 손
經山大小科 俱回榜 又經回昏 有三子 長基世 官正卿 孫
범조참판 개급기재세 복록완비 수고강령 근세무기비 금
範朝參判 皆及其在世 福祿完備 壽考康寧 近世無其比 今
상가빙시 택복후인 충책례사 부폐함 원용응기선
上嘉聘時 擇福厚人 充冊禮使 負幣函 元容應其選

대원군(大院君)은 일찍이 말하기를, "자식을 낳거든 김병기(金炳冀)와 같이 웅특(雄特)[1]하든가, 아니면 단수묘아(端秀妙雅)[2]함

이 마땅히 홍원식(洪遠植) 형제와 같으라."고 한 적이 있었다. 홍원식은 남인(南人)으로 그 아우 홍건식(洪建植)과 함께 대과(大科)에 연벽(聯璧)[3]하여 대원군이 가장 사랑했다.

註解

1) **웅특**(雄特) : 굳세고 영특함.
2) **단수묘아**(端秀妙雅) : 단정하고 예쁘고 아담함. 매우 단아(端雅)함.
3) **연벽**(聯璧) : 형제가 동시에 과거에 급제함.

原文

雲峴嘗曰 生子欲雄特 如金炳冀 否則端秀妙雅 當如洪遠植兄弟爾 遠植南人也 與弟建植 大科聯璧 雲峴最愛之.

(운현상왈 생자욕웅특 여김병기 부즉단수묘아 당여홍원식형제이 원식남인야 여제건식 대과련벽 운현최애지)

병인양요(丙寅洋擾) 때 김병기(金炳冀)는 경기도 여주에 있었다. 그는 서울이 몹시 소란하고 사방에서 피난민이 나가고 있다는 소문을 듣고 부인에게 말하기를, "우리는 대대로 국은(國恩)[1]을 입었으니 사직(社稷)[2]과 존망을 함께 함이 마땅하다." 하고 가족에게, "너희들은 죽음을 두려워하지 말라." 하였다. 그 날로 가족을 이끌고 서울로 돌아오니 대원군은 그 소식을 듣고 마음이 꺾였다고 한다.

註解

1) **국은**(國恩) : 나라의 은혜. 즉 국록(國祿)을 받아왔다는 뜻.

2) **사직**(社稷) : 국가(國家). 조정(朝廷). 한 왕조의 기초. 토지신(土地神)과 곡신(穀神).

原文

병인 고종삼년 양경시 김병기방재여주 문경사흉요 피
丙寅(高宗三年)洋警時 金炳冀方在驪州 聞京師洶擾 避
란사출 어가인왈 아세수국은 당여사직공존망 여배물파
亂四出 語家人曰 我世受國恩 當與社稷共存亡 汝輩勿怕
사 즉일설지입경 운현문지심절
死 卽日挈之入京 雲峴聞之心折.

시골 사람으로 서울에서 벼슬하던 사람들은 병인양요(丙寅洋擾)가 일어나자 도망치는 자가 잇달았다. 대원군(大院君)이 이 사실을 탐문하여 『잠영록(簪纓錄)』[1]을 살펴보며, 도망가는 자는 '선(仙)'[2]자를 성명 앞에 표시하였으니 그것은 '사(死)'로 인정한 것이다. 난이 진정되자 그들을 물리치고 다시는 등용하지 않았다.

註解

1) **잠영록**(簪纓錄) : 벼슬이 높은 고관들의 성명을 기록한 장부. 잠영은 본래 머리에 꽂은 것과 갓끈을 뜻하여 벼슬아치의 신분을 가리킴.
2) **선**(仙) : 관행적으로 사망한 자에 붙이는 말.

原文

향인지여환경사자 인양경도망상속 운현동지 안잠영록
鄕人之旅宦京師者 因洋警逃亡相屬 雲峴詗之 按簪纓錄
개서선자어기방 개인지이사야 난정 빈불용
皆署仙字於其傍 蓋認之以死也 亂定 擯不用.

광해군(光海君) 때 이이첨(李爾瞻)이 정권을 잡고 정인홍(鄭仁弘)을 천거하여 삼공(三公)[1]의 자리에 앉혔다. 그리고 큰일이 있을 때마다 표리(表裏)가 서로 화합하고 유현의 논〔儒賢之論〕임을 빙자하여 제 속셈대로 행하였다. 이때부터 당국자(當局者)들은 그 제도를 답습하여 정국의 상황이 바뀔 때마다 임하(林下)[2]에서 한 사람을 추천하여 영수(領袖)로 삼았다. 비록 현(賢)과 간(奸)이 똑같지는 않으나 산림(山林)[3]임을 구실 붙이지 않은 자가 없었다. 대원군 대에 이르러 부끄럽게 여기고 있었는데, 마침 벽계(蘗溪) 이항로(李恒老)와 노사(蘆沙) 기정진(奇正鎭)이 『양경항의척사(洋警抗議斥邪)』[4]의 소(疏)를 올림으로 인해서 맞아들였는데 이항로의 소(疏)는 더욱 깐깐〔侃侃〕하여 그 당시 백 년 이래 제일 이름 있는 상소라고 불렀다. 이항로와 기정진은 함께 갑작스레 발탁되어 아경(亞卿)[5]에까지 이르렀으며, 두 분의 학술과 문장은 당대를 압도하고도 남았다. 입신(立身)[6] 또한 본말(本末)[7]이 있어서 예전에 갑작스레 관직에 나가면 권세 있는 사람에게 머리를 굽실대는 것과는 완연히 달랐다.

註解

1) **삼공**(三公) : 조선시대의 관직. 삼정승과 같은 말로써 의정부(議政府)의 영의정(領議政)·좌의정(左議政)·우의정(右議政)을 가리킴.
2) **임하**(林下) : 벼슬을 그만두고 은퇴한 곳.
3) **산림**(山林) : 벼슬하지 않은 학식과 도덕이 높은 숨은 선비.
4) **양경항의척사**(洋警抗議斥邪) : 서양 세력의 내침을 항의하며 천주교를 배척함.

5) **아경**(亞卿) : 경(卿)의 다음 벼슬. 즉 육조(六曹)의 참판.
6) **입신**(立身) : 사람으로 마땅히 지켜야 할 덕을 갖춤. 또는 출세함.
7) **본말**(本末) : 일의 처음과 끝. 일의 근본과 대수롭지 않는 일.

原文

광해조 이이첨용사 기정인홍 열지삼공 매대사 표리상
光海朝 李爾瞻用事 起鄭仁弘 列之三公 每大事 表裏相
화 빙자유현지론 이행기흉억 자시이래당국자종지 조국
和 憑藉儒賢之論 以行其胸臆 自是以來當局者踵之 朝局
일변 첩추림하일인 이위령수 수현간부동 미유불자구산
一變 輒推林下一人 以爲領袖 雖賢奸不同 未有不藉口山
림자 지운현병정 치독무지 회이벽계항로 기노사정진
林者 至雲峴秉政 恥獨無之 會李蘗溪恒老·奇蘆沙正鎭
인양경항의척사 벽계우간간 시칭백년이래 제일명소 항
因洋警抗議斥邪 蘗溪尤侃侃 時稱百年以來 第一名疏 恒
로 정진구취탁지아경 연양인학술문장 능염중망 입신역
老·正鎭俱驟擢至亞卿 然兩人學術文章 能厭衆望 立身亦
유본말 기시석시첩경어사환 이굴수권요자 형연부동
有本末 其視昔時捷徑於仕宦 而屈首權要者 逈然不同.

군역(軍役)을 포(布)로 받아들이는 데는 폐단이 하도 많아서 힘없는 백성들의 골수에 사무치는 원한을 샀으며, 사족(士族)들은 죽을 때까지 신역(身役)[1]이 없었다. 선배 명신(名臣)들 중에도 이 문제를 거론한 자가 많았으나 유속(流俗)[2]에 이끌려 끝내 개혁을 단행하지 못했다.

갑자년 초에 대원군(大院君)은 민원(民怨)을 풀기 위해 종전 형태를 바꾸어 모든 귀족·천민에게 1정(丁)에 대해서 일률적으로 세납전(歲納錢)[3] 2민(緡)씩을 고루 바치게 하였으니 이를

동포전(洞布錢)이라 하였다.

註解

1) **신역**(身役) : 몸으로 치르는 노역.
2) **유속**(流俗) : 일반의 풍속. 내려오는 습속. 세속의 관행.
3) **세납전**(歲納錢) : 해마다 바치는 세금.

原文

군역첨정수포 유폐만단 위소민절골지원 이사족유한종
軍役簽丁收布 流弊萬端 爲小民切骨之寃 而士族游閒終
세 무신역 전배명신 역다유의급자 이견어류속 종막지행
世 無身役 前輩名臣 亦多有議及者 而牽於流俗 終莫之行
갑자초 운현력임중원 이이균제귀천 일정세납전이민 위
甲子初 雲峴力任衆怨 移而均諸貴賤 一丁歲納錢二緡 謂
지동포전
之洞布錢.

환곡(還穀)을 거두어들이고 방출하는데 따른 쌓인 고질은 이미 오래되어 백성들이 장차 다 죽게 되었는데도 이를 바라보기만하고 구제하려는 자가 없었다. 동포(洞布)[1]가 시행된 뒤에 와서 마침내 개혁하자는 의론이 있어, 현물을 화폐로 환산하여 돈으로 징수하게 되었다. 매양 곡식 1곡(斛) 당 3민(緡)으로 한정하고, 거두어들이고 방출하는 것을 환곡 때와 같이 하여 영(營)과 읍(邑)의 용도로 지출하게 하였으니 그것을 '와환(臥還)'이라 하였다. 동포와 와환이 시행되면서 백성들은 차츰 어깨가 가벼워지게 되었다. 말하기를 좋아하는 사람들은 간혹 헐뜯기

를, "신역(身役)이 사족(士族)에게 미치게 된 까닭에 천한 사람들과 다를 것이 없게 되었으니 명분이 날로 문란해진 것은 동포가 빌미가 되었다."고 하였다.

註解

1) **동포**(洞布) : 동네에서 바치는 군포. 남자의 의무가 군역인데, 실제로는 포(布)로 거둬들이는 방식으로 시행되었다.

原文

환곡렴방 적고이구 민장진유 이숙시무구지자 동포행후
還穀斂放 積痼已久 民將盡劉 而熟視無救之者 洞布行後
수유리혁지의 절색징전 매곡일곡 한삼민 렴방여환곡시
遂有釐革之議 折色徵錢 每穀一斛 限三緡 斂防如還穀時
이지영읍지용 위지와환 동포 와환행 이민초초칭식견
以支營邑之用 謂之臥還 洞布·臥還行 而民稍稍稱息肩
이의자혹저이신역 급어사족 무이천류 명분지일문 동포
而議者或詆以身役 及於士族 無異賤流 名分之日紊 洞布
수지운
祟之云.

정묘년(고종 4, 1874) 가을, 8도에 사창(社倉)[1]을 설치하였다. 그 법은 매호당 돈 2민을 배정하되, 관(官)에서 지급하며 그것으로 기금을 삼게 하였다. 백성들은 쌀 1곡을 납부하여 촌려(村閭)에 저장하되, 백성으로 하여금 그것을 관장하게 하여 아전 손에 들어가지 않도록 했다. 봄에 나누어 주고 가을에 거두어 들이는 것을 모두 환곡 때와 같이 했다. 이때 배정한 것은 당백

전(當百錢)[2]이었다. 쌀 1곡의 값인 2푼에 해당하였다. 백성들은 처음에는 그것을 원망하였으나 행한 지 수 년이 지나자 양법(良法)임을 인정하게 되었다. 운현(雲峴)이 만든 제도 중에 뒤얽혀 갈피를 잡기 어려운 것이 있었으나 이 세 가지는 조금은 잘된 것이다.

註解

1) **사창**(社倉) : 기근 때 빈민 구제를 위하여 설치한 미창(米倉). 춘궁기에 방출했다가 추수기에 환수하는 것을 말한다.
2) **당백전**(當百錢) : 조선조 고종 3년(1866)에 발행 · 통용된 화폐. 경복궁의 중건 때 대원군이 재정적 궁핍을 극복하기 위해 발행하였으며, 당백전 한 푼이 엽전 백 푼의 가치와 같았다. 화폐의 가치가 폭락하는 결과를 가져와 고종 4년 폐지되었다.

原文

정 묘 고 종 사 년 추 설 사 창 우 팔 로 기 법 매 호 표 전 이 민 관
丁卯(高宗四年)秋 設社倉于八路 其法 每戶俵錢二緡 官

급 지 위 기 본 이 민 납 미 일 곡 저 지 촌 려 장 지 이 민 이 불 락 리
給之 爲其本 而民納米一斛 儲之村閭 掌之以民 而不落吏

수 춘 산 추 렴 일 여 환 곡 지 일 시 시 소 표 자 당 백 전 야 미 곡 직
手 春散秋斂 一如還穀之日 是時所俵者 當百錢也 米斛直

이 문 민 시 원 지 행 지 수 년 인 위 양 법 운 현 제 작 분 분 이 차 삼
二文 民始怨之 行之數年 認爲良法 雲峴制作紛紛 而此三

자 초 선
者稍善.

부(府) · 주(州) · 군(郡) · 현(縣)에서 재능 있는 사람을 선발

하여 관에 예속시키고 이를 난후군(攔後軍)이라 하였다. 각도 감영(監營)[1]은 난후청(攔後廳)[2]을 설치하고 별장(別將)을 두어 관찰사에 속하게 하였다.

註解

1) **감영**(監營) : 감사(監司)가 일을 보던 곳. 감사가 있는 영문(營門).
2) **난후청**(攔後廳) : 난후는 본래 군사 대열의 후미를 가리키는 말이다. 난후청은 군대 행렬의 뒤에 재인(才人)을 서게 한 까닭으로 이러한 이름을 붙인 것으로 추정한다.

原文

제 연 부 주 군 현선재인 예우관 호란후군 각도감
第(衍)府·州·郡·縣選才人 隷于官 號攔後軍 各道監
영 설란후청 치별장 속지관제사
營 設攔後廳 置別將 屬之觀祭使.

경복궁(景福宮)의 역사(役事)가 이미 준공되고 난 다음, 드디어 토목공사를 크게 일으켜 도성 안에 많은 관서와 공사(公舍)가 일신되었다. 관리들도 이 취지를 이어받아 경쟁적으로 서로 새로 짓고 보수하였다. 궁벽한 지방 먼 곳에도 성곽(城郭)·정(亭)·대(臺)가 환하게 꾸며져 빛이 났다. 또한 해마다 무기와 병장기를 점검하여 모두 날카로운 무기를 갖추었다. 그러나 운현이 물러난 지 10년이 채 안 되어 선혜청(宣惠廳)의 대문과 담장이 무너지고, 동비(東匪, 동학군)가 일어났을 때 각 주현(州縣)의 무기고를 열어보니 다 녹슬고 무뎌져서 사용할 수 없었다.

原文

경 복 궁 역 기 준 수 대 기 토 목 경 중 백 사 해 우 일 신 관 리 승 망
景福宮役旣竣 遂大起土木 京中百司廨宇一新 官吏承望
풍 지 경 상 영 즙 궁 향 하 추 성 곽 정 대 환 연 조 요 우 년 년
風旨 競相營葺 窮鄕遐陬城郭·亭·臺 煥然照曜 又年年
점 검 무 비 극 기 서 리 급 운 현 폐 미 십 년 선 혜 청 문 원 퇴 비 동
點檢武備 極其犀利 及雲峴廢 未十年 宣惠廳門垣頹圮 東
비 기 발 주 현 무 고 개 수 둔 불 감 사
匪起 發州縣武庫 皆銹鈍不堪使.

왜인이 무진년(고종 5, 1868)에 서양인의 영향으로 관백(關伯)을 폐하고 정치제도를 일변하여〔명치유신(明治維新)〕 우리나라와 화약(和約)을 다시 맺으려 하였다. 그런데 모든 일이 처음 시작할 때라 멀리 내다보고 계략을 세울 겨를이 없었다. 단지 향미(餉米, 歲賜米)[1]를 받지 않고서 틈이 벌어졌다는 것을 빙자하여 왜관의 사람들을 점차적으로 불러들였다. 그런데도 우리 조정에서는 그러한 정형을 헤아리지 못했다. 정현덕(鄭顯德)이 동래 부사가 되고 김세호(金世鎬)가 경상 감사가 된 지 모두 7년이 되었지만 두 사람의 재주와 국량이면 필시 거기에 의지해서는 왜인을 잘 처리할 것으로 보았다. 그러나 김세호는 온화한 문리(文吏, 문관)였으며, 정현덕은 성을 3년간 쌓으면서 사람을 죽여 위엄을 세워 물정(物情)[2]을 크게 잃었기 때문에 학식·견식이 있는 사람들이 근심했다. "만약 이러한 때에 남의 나라의 일을 엿볼 수 있는 사람을 택하여 사신으로 예를 갖추어 방문케 하여 미리 위험한 것을 방지케 했다면 필시 훗날 나

라가 망하는 지경에까지 이르지는 않았을 것이다."

註解

1) **향미**(餉米) : 동래부에서 대마도에 일정한 양의 양곡을 원조하던 일.
2) **물정**(物情) : 세상 형편. 세상 사람의 인심이나 심정(心情).

原文

왜인이무진 고종오년 구양인폐관백 정치일변 여아국
倭人以戊辰(高宗五年) 勾洋人廢關伯 政治一變 與我國
욕갱정화약 이서사초창 미가원략 단불수향미 자이개흔
欲更定和約 而庶事草創 未暇遠略 但不受餉米 藉以開釁
관왜초자인귀 이조정막연 불측기정형 정현덕위동래부사
舘倭稍自引歸 而朝廷漠然 不測其情形 鄭顯德爲東萊府使
김세호위경상감사 개칠년불천 이이인재기가장 필판왜야
金世鎬爲慶尙監司 皆七年不遷 以二人才器可仗 必辦倭也
연세호옹용문리 현덕축성삼년 살인입위 대실물정 식자
然世鎬雍容文吏 顯德築城三年 殺人立威 大失物情 識者
우지 위약이차시 택능첨국자 전개빙문 위음우지비 즉필
憂之 謂若以此時 擇能覘國者 專价聘問 爲陰雨之備 則必
부지후일지궤열야
不至後日之潰裂也.

설인(舌人, 통역) 안동준(安東晙)은 왜관의 훈도(訓導)로서, 초량(草梁)에 주재한 지 10년 동안 그 직책을 유지했다. 재물을 긁어모으는데 끝이 없어서 변민(邊民)에게 원망을 사서 나라에 사단이 일어나 전국으로 번질 뻔하였는데, 결국 갑술년(고종 11, 1874) 초에 죽임을 당했다.

原文

설인안동준 이왜관훈도 주초량십년 잉기직 각화무염
舌人安東晙 以倭館訓導 駐草梁十年 仍其職 権貨無厭

결원변민 유위국생사지점 갑술 고종십일년 초피주
結怨邊民 有爲國生事之漸 甲戌(高宗十一年)初被誅.

경오(1870) · 신미(1871)년에 전국 각주 · 현에 모두 척양비(斥洋碑)[1]를 세우라고 명령을 내렸다. 비문은 '서양 오랑캐가 침입해 오는데, 싸우지 아니하면 강화하는 수밖에 없고, 강화를 주장하면 나라를 파는 것이 된다. 우리들의 만대 자손에게 경고하노라.'라고 하였다.

註解

1) **척양비**(斥洋碑) : 외세(外勢)를 배척하기 위하여 세운 비. 척화비(斥和碑)라고도 한다.

原文

경오 신미 고종칠 팔년 지제 령주현 개수척양비 기
庚午 · 辛未(高宗七, 八年)之際 令州縣 皆竪斥洋碑 其

문왈 양이래침 비전즉화 주화매국 이계아만년자손
文曰 洋夷來侵 非戰則和 主和賣國 以戒我萬年子孫.

신미년(고종 8, 1871) 4월, 원자(元子)가 탄생하였는데 곧 죽었다.

原文

신미 고종팔년 사월 원자탄생 선졸
辛未(高宗八年)四月 元子誕生 旋卒.

마행일(馬行一)이란 사람은 경성(鏡城)의 소교(小校)로 있었는데 재주와 꾀로 잘 알려졌다. 기가(起家)[1]하여 (벼슬이) 경성부사에 이르렀다. 일곱 번이나 관북의 주·군(州郡)을 다스렸는데, 대원군이 그에게 매우 의지했다. 일찍이 말하기를, "북에는 마행일이 있고 남에는 정현덕(鄭顯德)이 있으니 나는 근심할 게 없다." 하였다.

註解

1) 기가(起家) : 벼슬에 등용되어 입신출세(立身出世)함. 쇠퇴하거나 단절된 집안을 일으킴.

原文

마행일자 경성소교야 이재약문 기가지경성부사 칠전관
馬行一者 鏡城小校也 以才略聞 起家至鏡城府使 七典關
북주군 운현심의지 상왈 북유마행일 남유정현덕 오무우
北州郡 雲峴甚倚之 嘗曰 北有馬行一 南有鄭顯德 吾無憂
의
矣.

대원군(大院君)이 처음 집정할 때에는 민심을 위안하고 감복시켜 신망을 얻으려고 무릇 여러 조정의 죄인으로, 신임당화(辛壬黨禍, 辛壬士禍)로부터 시벽(時僻)[1]이래 이름이 단서(丹

書)[2)]에 기재된 사람들은 전부 사면해 주고 복관(復官)하여 그 자손들에게 관직을 내려 주었다. 이에 심환지(沈煥之) · 이서구(李書九) 등 많은 사람이 차례로 신설(伸雪)[3)]되었다. 그러나 또한 풀어주어서는 안 될 사람을 풀어준 일도 있었다.

註解

1) **시벽**(時僻) : 시파(時派)와 벽파(僻派)를 말함. 시파는 장헌세자(莊獻世子)의 폐위사건(廢位事件)을 계기로 생긴 파당. 주로 남인(南人)으로 세자를 동정했던 파(波)이고, 벽파는 그 반대 입장에 섰던 파당으로 노론(老論)이 대부분임.
2) **단서**(丹書) : 죄인의 성명과 죄를 붉은 글씨로 쓴 명부.
3) **신설**(伸雪) : 신원설치(伸寃雪恥)의 약어. 마음에 맺힌 원한을 풀고 수치스러운 일을 씻어 버림.

原文

대원군시당국 욕위열인심 이수시망 범루조죄인 자신임
大院君始當國 欲慰悅人心 以收時望 凡累朝罪人 自辛壬
시벽이래 명재단서자 일병탕척 복관서기자손 어시심환
時僻以來 名在丹書者 一倂蕩滌 復官敍其子孫 於是沈煥
지 이서구제인 차제신설 역유불당석이석지자
之 · 李書九諸人 次第伸雪 亦有不當釋而釋之者.

이시원(李是遠)은 호가 사기(沙磯)이며, 27세에 과거에 급제했다. 그의 5대조 이진급(李眞伋)은 이진유(李眞儒) · 이진검(李眞儉)과는 형제간이었는데, 이진유와 이진검이 당화(黨禍)로 패하게 되자 이진급의 집까지 연루되어 찬배(竄配, 定配)되고 금고

(禁錮)에 처해진 것이 무릇 두 대(代)에 걸쳤다. 이진급의 손자 이충익(李忠翊)은 호가 초원(椒園)이며, 강화도의 초봉(椒峰) 아래에 살았다. 폐출되어 벼슬하지는 못했지만 의술에 정통하고 감여(堪輿, 풍수)에도 밝았으며, 문장도 기이하고 가파르며 맑고 아름다워 세상 사람들은 삼절(三絕)로 일컬었다.

일찍이 (이충익은) 강화의 동쪽 둔포(芚浦)에 선대(先代)의 묘를 쓰고 말하기를, "내 자손 중에 반드시 세상에 명성을 떨칠 자가 있을 것"이라 하였고, 또 말하기를, "이곳은 백로가 물로 내려오는 형국〔白鷺下水形〕이니, 백로가 와서 모이면 의당 운이 열린 것"이라 하였다. 그의 아들 이면백(李勉伯)이 진사시험에 합격하여 축하하는 사람들이 있었으나 이충익이 말하기를, "아직은 아니다." 하였다. 이시원이 과거에 급제하기 몇 해 전에 백로가 점차 모여들었다. 이충익이 손가락을 꼽으면서 "괴이한 일이다. 어째서 맞지 않는단 말인가?" 하였다. 이시원(李是遠)이 문과에 급제하였다는 소식이 전해지자 그는 비로소 웃으면서 말하기를, "진실로 이런 일이 있을 줄 알았다."고 하였다. 얼마 안 있어 이충익은 죽었다. 이시원은 명망과 충절로 널리 알려졌고, 그의 손자 이건창(李建昌)은 문장으로 한 시대를 날렸으며, 또 젊은 나이에 염퇴(恬退)[1]하여 세상의 명신(名臣)이 되었다.

註解

1) **염퇴**(恬退) : 명예와 이익에 뜻이 없어 벼슬을 사직함.

原文

이시원 호사기 년이십칠등과 기오세조진급여진유 진
李是遠 號沙磯 年二十七登科 其五世祖眞伋與眞儒·眞
검 위형제 유 검패 연루급가 찬고범양세 급지손충익 호
儉 爲兄弟 儒·儉敗 連累伋家 竄錮凡兩世 伋之孫忠翊 號
초원 거강화초봉하 폐척불사 이정우의 겸통감여 문장기
椒園 居江華椒峰下 廢斥不仕 而精于醫 兼通堪輿 文章奇
초 세칭삼절 상점산우강화지동둔포왈 오자손필유명세자
峭 世稱三絶 嘗占山于江華之東芚浦曰 吾子孫必有名世者
우왈 차백로하수형 백로래집즉당발 기자면백 중진사 혹
又曰 此白鷺下水形 白鷺來集則當發 其子勉伯 中進士 或
하지 충익왈 미야 시원 등과전수세 백로초래집 충익굴지
賀之 忠翊曰 未也 是遠 登科前數歲 白鷺稍來集 忠翊屈指
왈 괴재 기오야 급시원려보지 소왈 고지유시 미기충익졸
曰 怪哉 豈誤耶 及是遠臚報之 笑曰 固知有是 未幾忠翊卒
시원이명절현 기손건창 문장명어일시 우조세염퇴 위세
是遠以名節顯 其孫建昌 文章鳴於一時 又早歲恬退 爲世
명신
名臣.

이시원(李是遠)의 성품은 엄하고 강직하여 다른 사람들과 더불어 화합하지 못했다. 그런데 관리로서 일을 처리하는 솜씨가 뛰어났다. 처음 태천 군수(泰川郡守)로 부임해서 선정(善政)을 베풀고, 춘천 부사(春川府使)로 있을 때, 조병구(趙秉龜)가 국구(國舅, 임금의 장인)로서 경내에서 장사를 치른 일이 있었다. 온 도내의 수재(守宰, 수령)들이 남에게 뒤질세라 몰려들었는데, 유독 이시원은 가지 않았다가 얼마 후 배척을 받고 돌아왔다. 또 경기 어사로 나가서는 그의 서계(書啓)[1]로 탄핵을 받은 자

가 참판 이상이 여덟 명, 그 이하의 사람이 열 명이나 되었었다. 그는 풍채가 늠름하여 한때 '십준팔초(十駿八軺)[2]의 노래' 불리어졌다.

註解

1) **서계**(書啓) : 봉명관(奉命官)의 복명서(復命書).
2) **십준팔초**(十駿八軺) : 열 필의 준마와 여덟 대의 초거(軺車)를 말하나 그 내용에 담긴 뜻이 무엇인지 알 수 없음. 아마도 그로 하여금 탄핵받은 자들을 뜻하는 듯함.

原文

시원지 성초직 여인다불해 이장우이재 시재태천 유선
是遠之 性峭直 與人多不諧 而長于吏才 始宰泰川 有善
정 기재춘천야 조병구이국구유장역어경내 일도수재 복
政 其宰春川也 趙秉龜以國舅有葬役於境內 一道守宰 輻
주공후 독시원불왕 이이피척귀 우위경기어사 기서계소
湊恐後 獨是遠不往 已而被斥歸 又爲京畿御史 其書啓所
탄핵자 참판이상위팔인 이하위십인 풍변늠늠 일시유십
彈劾者 參判以上爲八人 以下爲十人 風采凜凜 一時有十
준팔초지요
駿八軺之謠.

사기(沙磯, 이시원)는 경산(經山, 정원용)이 권세가에 아부하는 것을 미워하여 서로 맞지 않았다. 철종 연간에 이르러 경산은 주상의 마음이 (사기에게) 향해 있는 것을 알고 일찍이 경연석상에서 번임(藩任, 감사)을 천거한 일이 있었다. (경산은) 지

나가는 말로 사기를 언급했는데 얼마 안 있어 이시원은 함경 감사의 명을 받았다.

原文

사기 이시원 질경산 정원용 지첨부권문 여지불합 지
沙磯(李是遠)嫉經山(鄭元容)之諂附權門 與之不合 至
철종중 경산현기방위주상소향 상어연중천번임 수만급지
哲宗中 經山見其方爲主上所嚮 嘗於筵中薦藩任 遂漫及之
이이유함경감사지명
已而有咸鏡監司之命.

철종은 선천적으로 연약하고 아둔하였다. 그러한 데다 장동 김씨의 제약을 받아서 관리 한 사람을 뽑는데도 능히 독자적으로 결정할 수 없었다. 그가 잠저(潛邸)에 있을 때 이시원(李是遠)[1]과 동향(同鄉)으로 그가 관원이 되기를 좋아한다는 것을 귀에 익혀 들었으며 마음속으로 혼자만 알고 있었다. 왕위에 오른 후 매양 관리를 뽑을 때마다 이시원의 이름이 주의(注擬)[2]에 있는 것을 보면 비록 부망(副望), 말망(末望)에 이름이 올라 있더라도 반드시 차례를 건너뛰어서 낙점(落點)을 하였다. 개성 유수(留守)가 공석이었을 때 철종은 어필(御筆)[3]로 이시원의 이름을 써서 낙점하였다. 그래서 그는 그곳에서 3년간 살게 되었는데, 이건창(李建昌)은 그곳 유수 관아(留守官衙)에서 낳았다. 그래서 그의 어릴 때 이름을 송열(松悅)이라 하였으니 그것은 개성을 속칭 송도(松都)라 부른 데서였다.

註解

1) **이시원**(李是遠) : 고종 때 이조 판서, 홍문관·예문관 제학(提學)을 지냈다. 병인양요 때 강화가 함락되자 울분을 못 이겨 자살했다.
2) **주의**(注擬) : 관원을 임명할 때 먼저 문관(文官)은 이조에서, 무관(武官)은 병조에서 세 사람을 정하여 올린다. 이것을 비삼망(批三望)이라 하는데 제1 후보자를 수망(首望), 제2 후보를 부망(副望), 제3 후보를 말망(末望)이라 부른다.
3) **어필**(御筆) : 임금의 글씨.

原文

철종천부유암 우위김씨소제 관일인 불능자단 이기재잠
哲宗天賦柔闇 又爲金氏所制 官一人 不能自斷 而其在潛
저야 여시원병향 관문이승지위호관원 심독식지 등극후
邸也 與是遠幷鄕 慣聞李承旨爲好官員 心獨識之 登極後
매당정비 견시원명재주의 즉수처부망 말망 필흔연월차
每當政批 見是遠名在注擬 則雖處副望·末望 必欣然越次
낙점 개성유수상결 어필첨서시원명 인이점지 거어개성
落點 開城留守嘗缺 御筆添書是遠名 因以點之 居於開城
삼세 건창생우유아 고소명왈송열 속칭개성왈 송도
三歲 建昌生于留衙 故小名曰松悅 俗稱開城曰 松都.

사기(沙磯, 이시원)는 집안이 가난하여 어려서부터 왕골로 돗자리를 짜서 부모를 공양했다. 벼슬에 오른 후에도 매양 벼슬을 파하고 돌아오면 또다시 돗자리를 짰다. 저잣거리 사람들이 솜씨를 알아보고, "이것은 이승지(李承旨, 이시원)의 돗자리이다."라고 하였다.

原文

沙磯家貧(사기가빈) 自少時(자소시) 嘗編莞席(상편완석) 以供甘旨(이공감지) 立朝後(입조후) 每罷官歸(매파관귀) 則又復編席(즉우복편석) 市人皆識之(시인개식지) 輒曰(첩왈) 此李承旨席(차이승지석).

나라 제도에 성균진사과(成均進士科)[1]는 〔초시(初試)는〕 인(寅)·신(申)·사(巳)·해(亥) 년에 과거를 치르고, 회시(會試)[2]는 자(子)·오(午)·묘(卯)·유(酉) 년에 실시하였다. 매식년(式年)[3] 때마다 경시관(京試官)[4]을 지방으로 파견해서 향시취사(鄕試取士)[5]를 주재토록 하였는데 여기에 합격한 것을 초시(初試)라 부른다. 삼남과 관서 지방은 좌소·우소로 나누며 시험을 주재하는 사람 또한 각도에 두 사람이었다. 관동북(關東北)[6]과 해서(海西) 삼 도는 도마다 한 사람씩 두었으며, 오직 경기도만은 서울에서 1, 2소(所)로 나누어 경기도와 서울의 선비들을 과거보게 하였다. 그런데 그 외에 다른 지역에서 와서 응시하려는 자도 모두 들어주어서 그 인원이 많았다. 그러므로 뽑는 인원도 많았으니 그 수가 거의 7개 도에서 뽑은 수의 절반이 되었다. 그렇게 한 것은 중앙과 지방의 차별을 두지 않았다는 뜻〔京師無外之竟〕을 나타낸 것이었으나, 시험의 규칙은 점점 느슨해진 것이다.

처음 법을 세울 때에는 응시 규칙이 매우 엄해서 아버지와 아들이 함께 응시할 수 없었으며, 문빙(文憑)[7]을 받아야만 타도에서 응시하는 것을 허락했는데, 이것을 '월소(越所)'라 한다.

월소해서 문빙이 없는 자는 비록 합격되었다 하더라도 삭제하여 불합격시켰으니 이것을 '발거(拔去)'라 한다. 그렇지만 오직 서울에 와서 응시하는 자는 1, 2소를 막론하고 문빙을 요구하지 않았다. 순조 중엽만 해도 과규(科規)[8]가 크게 훼손되지는 않아서 경시관을 반드시 한 번에 한하여 선출했기 때문에, 글을 잘하지 못하는 사람은 비록 문벌이 좋은 집안에 태어났다 해도 능히 참여할 수 없었다.

이시원(李是遠)이 영남좌도에서 향시(鄕試)를 주재한 적이 있었는데 그의 성망(聲望)이 매우 높았다. 후에 영남우도의 식년시(式年試)를 주재하게 되었다. (당시) 대구는 영남좌도의 관할 지역이었다. 그런데 대구 거자(擧子)[9] 중에 이씨 성을 가진 자가 전번에 이시원이 주재하던(영남좌도) 과거에서 합격된 일이 있었다. 그는 서울에 가서 과거를 치를 생각으로 올라오다가 조령(鳥嶺)에 이르렀을 때, 이시원이 영남우도의 시험을 주재한다는 소문을 듣고 길을 바꾸어 우도로 와서 말하기를, "이시원 그분이 이곳으로 온 것을 알았으니, 서울까지 가서 보아야만 되겠는가? 내가 또 합격되리라." 하였다.

이에 이르러서 또 수선(首選)[10]이 되었다. 무릇 수선으로 뽑힌 자는 즉시 묵권(墨卷)[11]을 조리(棗籬)[12]에 게양하는데 이것을 휘장(麾壯)이라 부른다. 이시원이 휘장을 따라 걷다가 여러 사람에게 말하길, "이 사람은 대구에 사는 이 아무개〔李某〕가 아닌가? 이 사람은 내가 일찍이 뽑았던 사람인데, 이 사람이 아니고서는 능히 이러한 작(作)이 나올 수 없다. 내가 온다는 소식을 들은 까닭에 필시 이곳에 왔으리라. 또한 휘장하기는 하

지만 그러나 문빙이 없으니 범법(犯法)을 한 것을 어찌할 것인가. 부득이 발거(拔去)하는 도리밖에 없으니 한탄하지 말라." 하였다.

(이에) 그 사람은 용약(踊躍)[13] 하여 말하기를, "휘장도 세상에 있는 것이고 발거도 세상에 있을 수 있는 것이다. 그렇지만 시관을 맡은 분의 신감(神鑑)[14]을 오늘 내가 만나게 된 것은 기이한 인연인 것 같다."고 하면서 눈물을 흘리고 고무하며 돌아갔다. 영남 사람들은 오늘날까지도 그 이야기를 하면서 안타까워하고 있다.

고종 경진년(1880) 봄에 왕세자가 천연두를 앓고 회복하자, 증광경과(增廣慶科)[15]를 열기로 하고 서울 1, 2소에서 과거를 본다는 것을 알렸다. 그런데 방(榜)이 나간 후에 물의가 시끄럽게 일어나 임금이 심히 노여워하며 방(榜)[16]을 파(罷)하도록 하였고 각도에도 마찬가지였다. 그 후 다시 장옥(場屋)[17]을 설치하고 전번에 정했던 시관에게 주재토록 하였다. 마침 영남우도의 시관(試官) 조병필(趙秉弼)이 상을 당하여 돌아가고 이교하(李敎夏)로 대체되었다. 그가 이르기 전에 이건창(李建昌)이 시관으로 영남 지방에 내려온다는 헛소문이 나돌았다. 두메산골에서 이따금 7, 80세를 바라보는 노인 과거 응시자들이 서로 붙잡고 걸어오면서, "우리들은 강화 이판서(이시원을 가리킴)가 과거를 주재하던 때에 있었는데, 이제 듣건대 그의 손자가 시험관이 되어 왔다니 어찌 가보지 않겠는가?" 하였다. 그들이 가서 살펴보니 이건창이 아닌 것을 알고 모두 흩어져 돌아갔다.

註解

1) **성균진사과**(成均進士科) : 고려 때 국자감(國子監)의 진사를 뽑는 시험. 조선 시대의 소과(小科).
2) **회시**(會試) : 문 · 무과 초시(初試)에 합격된 자가 다시 서울에 모여서 보는 복시(覆試). 여기서 합격해야 전시(殿試)를 치를 수 있다.
3) **식년**(式年) : 과거보는 해를 정한 것. 태세(太歲)가 자(子) · 오(午) · 묘(卯) · 유(酉)가 되는 해로 4년마다 한 번씩 돌아온다.
4) **경시관**(京試官) : 각도에서 과거를 보일 때에 서울에서 파견하던 시험관.
5) **향시취사**(鄕試取士) : 향시에서 인재를 취함. 향시는 각도에서 유생(儒生)에게 보이던 초시(初試).
6) **관동북**(關東北) : 강원도와 함경도.
7) **문빙**(文憑) : 증거가 될만한 문서. 즉 증명서.
8) **과규**(科規) : 과거를 보는 데 따른 제반 규칙.
9) **거자**(擧子) : 과거를 보는 선비.
10) **수선**(首選) : 과거시험에 첫 째로 뽑힘.
11) **묵권**(墨卷) : 과거시험의 답안지.
12) **조리**(棗籬) : 과거시험을 치를 때 과장(科場) 둘레에 조그만 대추나무를 꽂음. 조위(棗圍)라고도 함.
13) **용약**(勇躍) : 좋아서 뜀.
14) **신감**(神鑑) : 신령스럽고 기묘한 감식. 또는 그러한 사람.
15) **증광경과**(增廣慶科) : 나라에 큰 경사가 있을 때 보이는 시험. 증광시(增廣試).
16) **방**(榜) : 방목(榜目). 방문(榜文). 여러 사람에게 알리기 위해 써 붙이던 합격자 명단.
17) **장옥**(場屋) : 과거보는 시험장. 과장(科場).

原文

국제성균진사과 초시이인 신 사 해년 회시이자
國制成均進士科 初試以寅·申·巳·亥年 會試以子·

오 묘 유년 매식년 분송경시관 주향시취사 중자위지
午·卯·酉年 每式年 分送京試官 主鄕試取士 中者謂之

초시 삼남 관서 분좌우소 주시자 도각이인 관동북 해
初試 三南·關西 分左右所 主試者 道各二人 關東北·海

서삼도 도지일인 유경기어경사 분일이소 이시일도급경
西三道 道只一人 惟京畿於京師 分一二所 以試一道及京

사지사 이사방유사원부자개청 응거자기중 고취액특다
師之士 而四方遊士願赴者皆聽 應擧者旣衆 故取額特多

기호반칠도지수 개시경사무외지의 이초관기문법야 기초
幾乎半七道之數 蓋示京師無外之意 而稍寬其文法也 其初

입법심엄 부자불병부 욕부자 급문빙 허부타도 위지월소
立法甚嚴 父子不並赴 欲赴者 給文憑 許赴他道 謂之越所

월소이무문빙자 수선역삭 위지발거 유부경사자 무론일
越所而無文憑者 雖選亦削 謂之拔去 惟赴京師者 毋論一

이소 불책문빙 순조중년 과규상미대괴 경시관필극일시
二所 不責文憑 純祖中年 科規尙未大壞 京試官必極一時

지선 비능문자 수벌열 불능예언 이시원주영남좌도향시
之選 非能文者 雖閥閱 不能預焉 李是遠主嶺南左道鄕試

심유성 후식년우주영우 대구령지좌할야 대구거자 유성
甚有聲 後式年又主嶺右 大邱嶺之左轄也 大邱擧子 有姓

이자 향위시원소선 시년우부경사 지조령 문이시원주우
李者 向爲是遠所選 是年偶赴京師 至鳥嶺 聞李是遠主右

시 수복로추우왈 조지차공래 하필경사 오우선의 기지 즉
試 遂復路趨右曰 早知此公來 何必京師 吾又選矣 旣至 卽

피수선 범수선자 즉이묵권게조리 위지휘장 미휘장 이유
被首選 凡首選者 卽以墨券揭棗籬 謂之麾壯 尾麾壯 而有

호우중자왈 차비대구이모호 차인오증선지 비차인 불능
號于衆者曰 此非大邱李某乎 此人吾曾選之 非此人 不能

유 차 작 문 오 래 고 필 래 의 차 휘 장 의 연 무 문 빙 여 범 법 하 불
有此作 聞吾來 故必來矣 且麾壯矣 然無文憑 如犯法何 不
득 이 발 거 기 모 한 기 인 용 약 왈 휘 장 세 유 의 발 거 세 유 의 역
得已拔去 其母恨 其人踴躍曰 麾壯世有矣 拔去世有矣 亦
유 여 주 사 지 신 감 이 여 오 금 일 지 기 우 자 호 유 체 고 무 이 거 령
有如主司之神鑑 而如吾今日之奇遇者乎 流涕鼓舞而去 嶺
남 인 인 지 금 도 지 상 자 차 금 상 경 진 고 종 십 칠 년 춘 왕 세
南人人 至今道之 相咨嗟 今上庚辰(高宗十七年)春 王世
자 두 후 평 복 설 증 광 경 과 한 성 일 이 소 방 출 후 물 의 훤 비 상
子痘候平復 設增廣慶科 漢城一二所榜出後 物議喧沸 上
로 심 명 파 방 외 도 역 파 기 이 갱 설 장 옥 잉 사 전 시 관 주 지 회
怒甚 命罷榜 外道亦罷 旣而 更設場屋 仍使前試官主之 會
령 우 조 병 필 조 간 귀 이 교 하 대 지 미 지 와 언 이 건 창 지 령 남
嶺右趙秉弼遭艱歸 李敎夏代之 未至 訛言李建昌至嶺南
산 협 중 왕 왕 유 노 거 자 가 칠 팔 십 허 자 상 휴 이 출 왈 아 배 급 견
山峽中 往往有老擧子可七八十許者 相携以出曰 我輩及見
강 화 이 판 서 주 시 지 일 금 문 래 자 판 서 손 야 합 왕 관 호 기 이
江華李判書主試之日 今聞來者判書孫也 盍往觀乎 旣而
심 지 비 야 개 산 귀
審知非也 皆散歸.

병인양요(丙寅洋擾) 후에 강화도에서 과장(科場)을 실시할 것을 명했다. 운현(雲峴)이 고관(考官, 시험관)에게 부탁하기를, "이건창(李建昌)이 과거(科擧)의 답안을 시험관에게 올리면〔呈券〕 뽑지 않을 수 없을 것이다. 올리지 않으면 그만두어라!" 하였다. 이건창은 그때 나이 15세로, 그의 조부가 절조(節操)를 지켜 순절하였기 때문에 슬프고 괴로워서 (과장에) 나가려 하지 않으려 했으나 여러 사람들이 강권하므로 응시하여 합격하였다. 나이가 들면서도 늘 그것을 뉘우치고 한탄하였다. 이건

창이 등제(登第)[1]한 후에 운현을 알현하니 운현이 농조로 말하기를, "나이가 아직 어리니 돌아가서 책이나 읽으라. 5년이 지나면 마땅히 한림(翰林)으로 부르겠노라." 하였다. 5년이 지나도 끝내 아무 소식이 없자, 이건창이, "어찌해서 나를 한림으로 부르지 않는가?"라고 생각 하였다. 운현은 그가 경박하다고 하여 쓰지 않은 것인데, 갑술년(고종 11, 1874) 후에 관직 생활이 구차하지 않은 것을 보고 뒤늦게 자못 후회하였다.

註解

1) **등제**(登第) : 과거에 급제함. 등과(登科)와 같은 말.

原文

병인 고종삼년 양선후 명설과어강화 운현속고관왈 이
丙寅(高宗三年)洋燹後 命設科於江華 雲峴屬考官曰 李
건창약정권 즉불가불취 부자이지 건창시년십오 기조보
建昌若呈券 則不可不取 否者已之 建昌時年十五 其祖甫
항절 건창비구불부 중강지 수중선 기장 상자오한 건창기
抗節 建昌悲疚不赴 衆强之 遂中選 旣長 常自懊恨 建昌旣
등제 알운현 운현희왈 년상유 차귀독서 후오년당이한림
登第 謁雲峴 雲峴戱曰 年尙幼 且歸讀書 後五年當以翰林
상처 과오년 경적연 건창왈 하불한림아야 운현위경박 불
相處 過五年 竟寂然 建昌曰 何不翰林我也 雲峴謂輕薄 不
과용 갑술 고종십일년 후 견기역관불구 파회지
果用 甲戌(高宗十一年)後 見其歷官不苟 頗悔之.

박규수(朴珪壽)는 자는 환경(瓛卿), 호는 환재(瓛齋)이며, 연암(燕巖) 박지원(朴趾源)의 손자로서 재주가 특출했다. 어릴 때

집이 가난하지만 매일 책 읽는 것으로 소일했다. 익종(翼宗, 순조의 아들)이 대리청정(代理聽政)을 할 때에 미행(微行)하기를 좋아했다. 어느 날 밤, 자하동에 이르니 옥을 깨는 듯 낭랑하게 글 읽는 소리가 무너진 담장과 구멍 난 들창 사이로 흘러나오는 것이었다. (익종은) 기쁜 마음에서 곧장 들어갔다. 무예별감이 손을 들어 휘두르며, "어가(御駕)가 이르렀다." 외치니 박규수는 엎어져 넘어지며 배복(拜伏)하였다. 익종이 일어나 앉으라고 명하며, "어느 책을 읽었느냐."고 물어본 다음, 자세히 살피고서 말하기를, "글 읽기를 좋아하니 마땅히 너를 중용하겠노라." 하고 말했다.

다음날 서울 안은 어가가 어젯밤에 박규수의 집을 행차하셨다는 말로 떠들썩했고, 박규수 또한 스스로 분발하였다. 이 해에 익종이 세상을 뜨자 박규수는 애통하여 울부짖으며 더 살려고 하는 것 같지가 않았다. 신정왕후(神貞王后, 익종의 비)가 그러한 소식을 듣고 더욱 슬픔을 이기지 못했다. 조병구(趙秉龜)가 집권한 후 신정왕후가 힘껏 박규수를 도와주어 드디어 급제하였다. 갑자년(고종 1, 1864) 초에 회시(會試)의 고관(考官, 시험관)이 되어 낸 시제(試題)는 '금련촉(金蓮燭)[1]을 거두어 한림원으로 돌아가는 소 학자를 전송하다〔徹金蓮燭送蘇學士歸院〕'이라 하였다. 그것은 소동파(蘇東坡)와 선인태후(宣仁太后)의 일을 끌어다가 스스로 비유한 것이다.

註解

1) 금련촉(金蓮燭) : 금련촉은 궁정에서 사용하던 밀납 촛불. 『송사(宋

史), 소식전(蘇軾傳)』에 있는 말. 소식이 한림학사로 숙직을 하고 있을 때, 선인태후가 그를 불러 어찌 해서 한림학사가 되었는지의 내막을 묻자, 소식이 대답을 못했다. 선인태후는 선제(先帝)께서는 그의(소식) 문장을 외우면서 높이 등용하지 못함을 애석하게 여겼으므로, 선제의 뜻으로 그렇게 된 것임을 말해 주었다. 그리고 어전의 금련촉을 하사하여 그를 한림원까지 전송하도록 해주었다.

原文

박규수 자환경 호환재 연암지원손야 유준재 년소가빈
朴珪壽 字瓛卿 號瓛齋 燕巖趾源孫也 有俊才 年少家貧

일독서 익종대리시 호미행 상야지자하동 문서성요량여
日讀書 翼宗代理時 好微行 嘗夜至紫霞洞 聞書聲寥亮如

쇄옥 출우퇴원파유지간 흔연경입 무감거수휘왈 가지의
碎玉 出于頹垣破牖之間 欣然徑入 武監擧手揮曰 駕至矣

규수전도배복 명기지 문소독하서 체시지왈 호독서 당용
珪壽顚倒拜伏 命起之 問所讀何書 諦視之曰 好讀書 當用

여야 명일 도하성전 거가야행박규수가 규수역자분 시세
汝也 明日 都下盛傳 車駕夜幸朴珪壽家 珪壽亦自奮 是歲

익종상선 규수통호 여불욕생 신정왕후문지 익비불자승
翼宗上仙 珪壽痛號 如不欲生 神貞王后聞之 益悲不自勝

급조병구병정 신정력우지 수탁제 갑자초 이회시고관 출
及趙秉龜秉政 神貞力右之 遂擢第 甲子初 以會試考官 出

시제왈 철금련촉송소학사귀원 개인동파대선인사자황야
試題曰 撤金蓮燭送蘇學士歸院 蓋引東坡對宣仁事自況也.

무진년(고종 5, 1868) 박규수(朴珪壽)가 평안 감사로 있을 때 미국인 최난헌(崔蘭軒, Robert Jermain Thomas)이 군함 1척을 이끌고 밀물을 따라 대동강에 들어왔으나 조수가 밀려나가자

움직이지 못했다. 박규수(朴珪壽)는 능히 그들을 체포할 수 있는 사람을 돈을 주고 구했는데, 한 교졸(校卒)이 지원했다. 어호(漁戶)의 과피선(瓜皮船)[1] 수백 척을 동원해서 섶〔薪〕 묶은 것을 가득 실어 불을 지르게 하고, 또한 노수(弩手)[2]를 뽑아서 배에 주살을 매고 일제히 화살을 당겼다. (그러자) 쇠뇌는 맹렬하고 배는 가벼운지라 미국 군함을 쉽게 위집(蝟集)[3]하고 군함 안에 있는 인화물(引火物)에 불이 붙어 군함 전체가 불길에 휩싸였다. 한 명의 적(賊, 敵)이 불길 속에서 튀어나오면서 나는 듯 개펄을 밟고 달아나므로 4, 5차례 포를 쏘아서 쓰러뜨렸다. 이 일이 조정에 전해지자 박규수는 승자(陞資)[4]하고, 그 교졸은 공을 높이 사 진장(鎭將)으로 삼았다.

註解

1) **과피선**(瓜皮船) : 긴급히 쓸 수 있는 작은 배.
2) **노수**(弩手) : 쇠뇌를 잘 쏘는 사람. 궁수(弓手).
3) **위집**(蝟集) : 고슴도치의 털처럼 많이 모임. 화살 세례를 받는 모습.
4) **승자**(陞資) : 정3품(正三品) 이상의 품계에 오름. 품계가 오름.

原文

무진 고종오년 박규수위평안감사 미국인최란헌 이함
戊辰(高宗五年) 朴珪壽爲平安監司 美國人崔蘭軒 以艦

일척 승조입대동강 조퇴불능동 규수구능엄포자 유일교
一隻 乘潮入大同江 潮退不能動 珪壽購能掩捕者 有一校

응모 선어호과피선수백척 재속신점화 우선노수 격증어
應募 選漁戶瓜皮船數百隻 載束薪點火 又選弩手 繫矰於

선 일제발사 노맹선경 위집양함 함내인화지물 일시연설
船 一齊發射 弩猛船輕 蝟集洋艦 艦內引火之物 一時延爇
전함개소 일적병출렬염중 비보섭파이주 추포지 사오내
全艦皆燒 一賊迸出烈焰中 飛步躡波而走 追砲之 四五乃
도 사문 규수승자 교서공위진장
倒 事聞 珪壽陞資 校叙功爲鎭將.

박규수(朴珪壽)는 관청 일을 처리하는 데 행정 능력이 뛰어났으며 문학에도 명성이 자자해 현실적으로 가히 '쓸만한 사람'으로 알려졌다. 단지 대원군 집정시대에는 척양(斥洋)[1]을 주장했으나 고종이 집정하는 갑술년 이후에는 일본과 통교(通交)할 것을 주장하였으니 수서양절(首鼠兩截)[2]하면서 시의(時議)[3]와 영합하여 사람들은 비로소 그를 의심하게 되었다.

註解

1) **척양**(斥洋) : 외세(外勢)를 배척함.
2) **수서양절**(首鼠兩截) : 어느 쪽으로도 마음을 정하지 않고 주저함. 양다리를 걸치는 것. 쥐가 구멍에서 머리를 내밀고 갈까 말까 망설인다는 뜻.
3) **시의**(時議) : 그 당시 사람들의 의론.

原文

규수련달이사 분지이문학 시추가용 단재운현시즉력주
珪壽練達吏事 賁之以文學 時推可用 但在雲峴時則力主
척양 갑술 고종십일년 후력주통왜 수서양절 영합시의
斥洋 甲戌(高宗十一年)後力主通倭 首鼠兩截 迎合時議
인시의지
人始疑之.

종전의 세도는 비록 한 사람이 주관하더라도 또한 곁길이 많아서 자질(子姪)이나 인척들도 종종 각기 스스로 자립할 수 있었던 까닭에 서로 관여하면서 그 미치지 못하는 것을 보완하고, 오직 일이 어긋나서 실패하지 않을까 두려워했다. 운현(雲峴)이 정치를 관장하고 있을 때에 이르러 권력의 칼자루를 잡고 비록 음직(蔭職)한 자리나 변장(邊將)한 자리라도 운현 모르게 뽑을 수 없었다. 항상 인사이동을 할 때가 되면 미리 의망(擬望)[1]에 표시해서 빈자리를 정해서 올리면 임금은 그대로 따라서 낙점(落點)했다. 그의 아들 이재면(李載冕)과 사위 조경호(趙慶鎬), 처의 동생 민승호(閔升鎬) 등도 감히 조금도 넘겨다 볼 수 없어서 사사로이 원망을 하였다. 임금 또한 나이가 점차 들자 그의 독단을 싫어하게 되어 자못 불평이 있게 되었다. 이에 이재면 등이 함께 불평을 키워간 것이 점점 누적되어 계유년(고종 10, 1873) 말에 이르게 되었는데, 마침 최익현(崔益鉉)의 (대원군을 탄핵하는) 상소가 나오자 시국이 드디어 크게 변하게 되었다.

註解

1) 의망(擬望) : 삼망(三望)의 후보자를 추천함. 삼망은 한 사람의 관원을 선발하는 데 3인의 후보자를 임금에게 추천하는 것. 임금은 그 중 한 사람에게 낙점하여 결정함.

原文

종전세도 수일인주지 역다방혜 자질인당 왕왕능자수
從前勢途 雖一人主之 亦多旁蹊 子姪姻黨 往往能自樹

고호상관섭 이보기불체 유공기전궐야 지운현시 독람권
故互相管攝 以補其不逮 惟恐其顚蹶也 至雲峴時 獨攬權
병 수일음계 일변장 운현부지 불능차야 매당정비 예자
柄 雖一蔭階·一邊將 雲峴不知 不能差也 每當政批 預自
주의 전과이진 즉상의이점지 기자재면 서조경호 처제
注擬 塡窠以進 則上依而點之 其子載冕·婿趙慶鎬·妻弟
민승호등 불감첨개 사절원지 상역년초장 염기전 파불평
閔升鎬等 不敢沾丐 私竊怨之 上亦年稍長 厭其顓 頗不平
지 어시재면등 공매얼지적점 지계유 고종십년 지말 회
之 於是載冕等 共媒孼之積漸 至癸酉(高宗十年)之末 會
최익현소출 이시국수대변
崔益鉉疏出 而時局遂大變.

임신년(고종 9, 1872) 봄에 임금이 제릉(齊陵, 태조의 첫째 왕비인 신의왕후(神懿王后)의 능)과 후릉(厚陵, 정종의 비인 정안왕후(定安王后))을 성묘하고 드디어 송도까지 거둥하였다. 어가(御駕)가 돌아오는 도중에 비바람이 크게 일어 컴컴해지고 평지에 물이 수 척(數尺)이나 차서 사람과 말이 허리까지 빠졌다. 임금은 연(輦)을 버리고 한 필의 말에 옮겨 탄 뒤 민가에서 쉬고 있는데 추워서 떨며 입을 다물고 두려워하여 형세가 매우 위태롭고 고달팠다. 조영하(趙寧夏)가 말 한 필을 타고 수십 리를 달려와서 호로병 하나에 미음을 담아 차고 와서 올리자 임금은 그제야 말을 할 수 있었다. 다음날 아침에 비로소 날이 개이자 행궁에서 호종하던 장졸들을 점검하니 죽은 사람과 말이 매우 많았다.

原文

壬申(高宗九年)春 上謁齊陵·厚陵 遂幸松都 駕旋道中大風雨晦冥 平地水數尺 人馬皆沒腰 上舍輦 御單馬 止民舍 寒噤恐惧 勢甚危欲 趙寧夏一騎馳數十里 佩一葫蘆盛糜進之 上始能言 翌朝始霽 點扈從將士于行宮 人馬死者甚衆.

최익현(崔益鉉)은 본관이 경주인데, 포천(抱川)에서 대대로 살았다. 이항로(李恒老) 문하에서 배웠으며 철종 연간에 명경과(明經科)[1]에 급제했다. 신창 군수(新昌郡守)로 나가서는 선정(善政)을 베풀었다고 한다. 그 후로 집에 있으면서 오랜 기간 벼슬하지 못했다. 계유년(고종 10) 겨울에 항장(抗章, 抗疏)을 올려 운현을 배척하여 권신으로 지목하기에 이르렀으나 임금은 곧 온화한 비답을 내렸다. 운현(雲峴)은 울분과 노여움을 참을 수 없어 문을 닫고 일처리를 사절했지만, 임금은 문안인사도 하지 않았다. 이윽고 또 스스로 임금 앞에 이르러 두루 자기의 노고를 아뢰었지만 임금은 말없이 잠잠하였다. 이에 서석보(徐碩輔) 등은 최익현을 떼지어 공격하면서 골육을 이간시키고 임금을 핍박하여 천륜을 두텁지 못하게 한다고까지 하였다. 서석보의 소(疏)에는 '요임금과 순임금의 도(道)는 효제(孝悌)일 뿐이다'라는 등의 말이 들어 있었다. 임금의 노여움이 매우 심

하여 서석보를 친히 국문하매 결박하여 매달아 거의 절명하기에 이르렀다. 임금의 엄한 교시로 임자도(荏子島)에 천극안치(荐棘安置)[2]하라는 엄명을 내렸다. 그리고 최익현을 발탁하여 호조참판에 이르게 하였으나, 최익현은 소(疏)를 올려 간곡히 사양하였다.

註解

1) **명경과**(明經科) : 과거(科擧)의 시험과목의 하나. 경서(經書)의 뜻을 주로 시험하였음.
2) **천극안치**(荐棘安置) : 중죄인을 귀양 보내고 배소(配所) 주위에 가시나무로 울타리를 만들어 행동의 자유를 제한한 행형제도.

原文

최 익 현 경 주 인 야 세 거 포 천 유 이 항 노 지 문 철 종 중 명 경 탁
崔益鉉 慶州人也 世居抱川 遊李恒老之門 哲宗中明經擢

제 수 신 창 군 유 혜 정 가 거 구 부 조 계 유 고 종 십 년 동 항 장
第 守新昌郡 有惠政 家居久不調 癸酉(高宗十年)冬 抗章

척 운 현 지 이 권 신 목 지 상 즉 온 비 운 현 불 승 분 노 합 문 사 사
斥雲峴 至以權臣目之 上卽溫批 雲峴不勝憤怒 闔門謝事

상 불 지 성 기 우 자 지 상 전 역 진 노 예 상 묵 연 어 시 서 석 보 등
上不之省 旣又自至上前 歷陳勞勣 上默然 於是徐碩輔等

군 공 익 현 위 리 간 골 육 핍 상 박 어 천 륜 서 소 유 요 순 지 도 효 제
群攻益鉉 謂離間骨肉 逼上薄於天倫 徐疏有堯舜之道孝悌

이 이 등 어 천 노 심 격 친 국 석 보 전 이 현 지 기 절 엄 지 천 극 임
而已等語 天怒甚激 親鞫碩輔 縛而懸之幾絶 嚴旨荐棘荏

자 도 연 탁 익 현 지 호 조 참 판 익 현 상 소 간 사
子島 連擢益鉉 至戶曹參判 益鉉上疏懇辭.

최익현(崔益鉉)의 상소가 있은 후에 목내선(睦來善)・한효순(韓孝純)・이현일(李玄逸) 등이 다시 따라서 추탈(벼슬을 깎음)되었으며 청나라 화폐를 폐지하였으니 모두 다 그 상소에 논의한 것이었다. 갑술년(고종 11) 봄에 대원군이 운현궁에서 경출(徑出)[1]하여 양주(楊洲)의 직동(直洞)으로 갔는데, 임금의 은덕과 예우가 점차 쇠퇴했다. 이에 민승호(閔升鎬)가 나라의 일을 맡게 되자 남인(南人)으로 청반(淸班)에 있던 자들은 일체 도태되었다. 어사를 나누어 보내 남인, 북인 및 운현의 빈객으로 수령이 된 자는 파직을 논의하여 거의 없어졌다. 이로부터 남인은 더욱 쇠퇴하여 사랑스러운 어머니를 잃은 것 같았다. 관학(館學)의 선비들과 외방의 8도 유생들이 합문(閤門)에서 억울함을 부르짖으며 연이어 외쳤으나 모두 엄히 물리쳤다. 7월에 이르러 영남의 유도석(柳道奭)・호남의 조병만(曺炳萬) 등이 연명으로 만인소(萬人疏)를 내니, 임금이 더욱 크게 노하였다. 이에 그 두 사람을 잡아다가 포도청에 수금하라 명하고 장차 죽이려 하자, 운현이 직동에서 곧장 대궐에 이르렀다. 그의 말이 매우 격렬하여 마치 자결할 것 같아서 임금이 부득이 모두 석방하였다. (그리고) 승정원에 명하여 모든 일 중에 대원군과 관계가 있는 상소는 다시는 받아들이지 말도록 하였다. 이에 원망을 호소하는 자들이 드디어 끊어졌다.

註解

1) **경출**(徑出) : 숙직할 때에 번갈아 들 사람이 오기 전에 물러나감.

原文

익현소후 목내선 한효순 이현일 부종추탈 파청전 개
益鉉疏後 睦來善·韓孝純·李玄逸 復從追奪 罷淸錢 皆
소중소열야 갑술 고종십일년 춘 대원군자운현경출 왕양
疏中所列也 甲戌(高宗十一年)春 大院君自雲峴徑出 往楊
주지직동 상은례돈쇠 어시민승호당국 남인재청반자 일
州之直洞 上恩禮頓衰 於是閔升鎬當國 南人在淸班者 一
체태지 분견어사 남 북인급운현빈객지위수령자 논파태
切汰之 分遣御史 南·北人及雲峴賓客之爲守令者 論罷殆
진 자시남인익쇠 여실자모 관학지사 외급팔도유생 규합
盡 自是南人益衰 如失慈母 館學之士 外及八道儒生 叫闔
상속 위지송원 이병엄척지 지칠월 영남유도석 호남조
相屬 爲之訟寃 而倂嚴斥之 至七月 嶺南柳道奭·湖南曺
병만등만인소출 상대노 명나이인 수포청 장륙지 운현자
炳萬等萬人疏出 上大怒 命拿二人 囚捕廳 將戮之 雲峴自
직동 직예궐 언심격절 약장자재자 상부득이 진행탕석 명
直洞 直詣闕 言甚激切 若將自裁者 上不得已 盡行蕩釋 命
정원 범사계대원군진소자 물부봉입 어시 송원자 수절
政院 凡事係大院君陳疏者 勿復捧入 於是 訟冤者 遂絶.

청전(淸錢)을 쓰지 못하게 한 것은 갑술년(고종 11, 1874) 정월이었는데, 이때 경향 각지의 교역(交易)은 오직 청전뿐이었다. 하루아침에 명령을 내려 못 쓰게 하니, 전국이 전황(錢荒)[1]을 초래하게 되어 상품 매매가 제대로 이루어지지 않아 실업자가 많아졌다. (그와 반대로 오히려) 상평전(常平錢)[2]을 비축해 두었던 사람들은 농(籠) 속에 놓아두고 몇 배의 이득을 보았다. 수개월이 지난 뒤에야 차츰 유통되었다.

註解

1) **전황**(錢荒) : 돈이 잘 융통되지 못하여 귀하게 됨.
2) **상평전**(常平錢) : 조선시대에 사용하던 엽전(葉錢)의 이름.

原文

청전지파 재갑술정월 시시 경향교역 유청전이이 일조
淸錢之罷 在甲戌正月 是時 京鄕交易 惟淸錢而已 一朝
령하 거국전황 상화불행 실업자중 축상평전자 좌농수배
令下 擧國錢荒 商貨不行 失業者衆 蓄常平錢者 坐籠數倍
지리 지수월후 초초유통
之利 至數月後 稍稍流通.

대원군(大院君)이 10년간 집정(執政)할 때 위엄이 중앙과 지방에 두루 행사되어 '대원위분부(大院位分付)'란 다섯 자가 3천리 곳곳에 풍행(風行)하며 뇌정탕화(雷霆湯化)[1] 같아서 관리나 일반 백성들이 무서워하고 항상 법망에 걸려들까 두려워하였다. 그 뿐만 아니라 조석(朝夕)으로 와언(訛言)이 멋대로 생겨나서 시골 사람이 서울에 오면 붙잡아다 죽인다하니 궁산하서(窮山遐澨)[2]의 백성들까지 불안감에 휩싸여 즐겨 살려는 마음을 상하게 하였다. 그런데 마침내 대원군이 실각하자 모두들 서로 기뻐하며 축하 하였다. 대원군을 폐하지 않았으면 얼마 못 가서 나라가 망했을 것이라고 말하는 사람들도 있었다. (그러나 또) 민(閔)씨들이 정권을 잡은 이래, 백성들은 가렴주구(苛斂誅求)[3]를 감당할 수 없어서 왕왕 탄식하며 도리어 대원군의 치정(治政)을 생각하게 되니 바로 중국 후한(後漢) 사람들이

민심이 오오(嗷嗷)[4]하여 다시 망조(莽朝)[5]와 같은 조정을 생각하게 되었던 것과 마찬가지이니 그것은 (대원군의) 유애(遺愛)[6]가 있어서 그러한 것이 아니었다.

註解

1) **뇌정탕화**(雷霆湯化) : 무서운 천둥과 끓는 물과 달구어진 쇠붙이.
2) **궁산하서**(窮山遐澨) : 깊은 계곡과 멀리 떨어져 있는 물가.
3) **가렴주구**(苛斂誅求) : 세금을 혹독하게 징수하고 강제로 재물을 빼앗음.
4) **오오**(嗷嗷) : 민심이 흉흉하다. 슬픔에 잠긴 뭇 사람들의 소리. 여러 사람이 근심하여 걱정하는 소리.
5) **망조**(莽朝) : 중국 전한(前漢) 말에 왕망(王莽)이 세운 나라. 즉 신(新)을 말함.
6) **유애**(遺愛) : 어진 덕이 후세에 남아 있는 것.

原文

운현십년당국 위행내외 대원위분부오자 풍행삼천리 여
雲峴十年當國 威行內外 大院位分付五字 風行三千里 如

뇌정탕화 리민췌췌 항우유사지률 조석횡발와언 향인입
雷霆湯火 吏民惴惴 恒憂攸司之律 朝夕橫發訛言 鄕人入

경자엄포첩륙 궁산하서 효연상락생지심 지시서흔흔상하
京者掩捕輒戮 窮山遐澨 囂然喪樂生之心 至是胥欣欣相賀

논자위운현불폐 국가지망 부대금일 급제민이래 민서불
論者謂雲峴不廢 國家之亡 不待今日 及諸閔以來 民庶不

감주구 왕왕자차 반사운현지정 정한인소위민심오오 부
堪誅求 往往咨嗟 反思雲峴之政 正漢人所謂民心嗷嗷 復

사망조지류 비유애사연야
思莽朝之類 非遺愛使然也.

최익현(崔益鉉)의 상소는 여러 차례 있었다. 그의 두 번째 상소가 올라오자 임금은 일부러 운현(雲峴)의 동정을 살피고자 최익현을 의금부에 하옥시켰다. 그리고 그가 출옥하게 되자 도성의 백성들은 남녀할 것 없이 술을 들고 향불을 이고 거리를 꽉 메웠으며 최충신(최익현을 말함)이 다시 살아난 것을 경하했다. 이에 최충신의 명성은 나라 안을 떠들썩하게 했고 그의 상소문은 집집에 전해졌으며, 집집마다 외우게 되어 옛날 명신(名臣)의 장주(章奏)[1]와 유사하여, 한때 종이가 그것으로 인해 구하기 힘들 정도였다. 그러나 알만한 사람들은 최익현이 운현을 권신(權臣)이라 칭한 것은 윤리에 크게 어긋난다고 비난했다. 그 후에 임금이 자기의 사친(私親)을 매우 박대한 것이 세상 사람들은 최익현의 상소가 구실이 되었다고 한다.

예부터 권신은 척인(戚姻)[2]·환시(宦寺)[3]·훈귀(勳貴)[4] 등을 제외한 그 밖에서 나오지 않으니 모두(친족이 아닌) 다른 사람들이다. 그런데 운현은 지금 임금과는 부자지간이라 다른 사람들이 그 사이를 벌어지게 할 수는 없다고 하였다. 그런 까닭에 운현의 세도는 그 몸을 마쳐야 끝날 것이라 했다. 어쨌든 하루아침에 내침을 당하자 문 앞길에는 풀이 우거져서 다른 사람들이 세력을 잃은 것보다 더 심했다. 그것은 얻는 것이 불꽃 같이 심하면 잃는 것도 더 빨리 식는 법이니, 또한 만물의 이치가 다 그런 것이다.

註解

1) **장주**(章奏) : 천자에게 올리는 상서(上書).

2) 척인(戚姻) : 인척(姻戚)과 같은 말. 외가와 처가에 딸린 겨레붙이.
3) 환시(宦寺) : 환관(宦官). 환관에는 환인(宦人)과 시인(寺人)이 있는데 합하여 환시라 함.
4) 훈귀(勳貴) : 벼슬이 높은 권세가. 또는 그러한 사람.

原文

崔益鉉疏 凡數度 其再疏也 上故意 欲伺雲峴俯仰 下益鉉于禁府 及出獄也 都民士女 齎酒戴香火 塡街巷 慶崔忠臣再生 于是崔忠臣之名 喧國中 其疏家傳戶誦 類古名臣章奏 一時紙爲之貴 然識者 咎其稱雲峴以權臣 大碍倫理 其後 上待私親甚薄 世以崔疏爲口實 自古 權臣不出戚姻·宦寺·勳貴數者之外 皆他人也 乃雲峴之於今上 則父子也 人無得以間之 故擧謂雲峴勢途 終其身乃已 及一朝見斥 門徑草合 甚於他人之失勢者 蓋得之甚炎 故失之甚凉 亦物理然也.

세상 사람들은 최익현(崔益鉉)의 상소가 갑자기 나왔고, 그리고 급속히 발탁된 것을 보고 사주(使嗾)를 받은 것으로 생각했다. (그런데) 병자년(고종 13, 1876)에 일본과 화의를 맺고자 하자, 최익현은 우탁(禹倬)과 조헌(趙憲)의 고사(故事)를 인용하

여 지부상소(持斧上疏)[1]로써 화의(和議)를 배척하는데 매우 완강하여 흑산도 유배의 명을 받기에 이르렀다. 이에 의심은 곧 풀렸다.

註解

1) **지부상소**(持斧上疏) : 상소할 때 도끼를 가지고 대궐문 밖에 엎드리는 일. 만일 간(諫)을 듣지 않으면 '이 도끼로 죽여 줍시사' 하는 결의를 나타내는 것이다. 지부복궐(持斧伏闕)과 같은 뜻임. 우탁(禹倬)은 고려말 충선왕이 부왕의 후궁과 통간하자 도끼를 들고 거적을 짊어진 채 극간했다. 조헌(趙憲)은 1591년 일본이 사신으로 왔을 때 받아들이지 말고 처단할 것을 간하는 상소를 올리면서 지부(持斧)했다.

原文

세견최소졸발 이거피장탁 수의기수주 급병자(고종십
世見崔疏猝發 而遽被奬擢 遂意其受嗾 及丙子(高宗十
삼년)화왜지의 익현인우탁·조헌고사 지부상장 척화심
三年)和倭之議 益鉉引禹倬·趙憲故事 持斧上章 斥和甚
력 지유흑산지명 어시 의자내석
力 至有黑山之命 於是 疑者乃釋.

최익현(崔益鉉)은 집이 몹시 가난했지만 늙은 부친을 봉양하는데 정성과 효도를 극진히 하였다. 항상 날씨가 차가워지면 아버지의 침실에 반드시 손수 불을 때며, "나 대신 불 땔 사람이 없지는 않으나 따뜻한지 서늘한지 온도를 맞추기가 어렵기 때문이다." 라고 했다. 몸소 밭갈이하여 먹고 살았으며 나무를 스

스로 했다. 서울에 일이 있으면 문득 걸어서 다녀오곤 하였다. 만년에 이르러 물러나려 하면 할수록 지위가 더욱 높아져서 한때 태산북두(泰山北斗)[1]의 명망을 짊어지게 되었다.

註解

1) **태산북두(泰山北斗)** : 태산(泰山)과 북두(北斗). 세상 사람들로부터 훌륭한 인물로 존경받는 사람. 태두(泰斗).

原文

익 현 가 심 빈 봉 양 노 부 극 기 성 효 매 천 한 기 부 침 돌 필 수
益鉉家甚貧 奉養老父 極其誠孝 每天寒 其父寢堗 必手

연 지 왈 비 무 대 노 자 온 정 난 적 야 궁 경 식 력 초 소 번 포 지 역
燃之曰 非無代勞者 溫凊難適也 躬耕食 力樵蘇 藩圃之役

신 자 위 지 유 사 경 사 첩 도 보 왕 래 지 기 만 년 지 유 퇴 이 위 익
身自爲之 有事京師 輒徒步往來 至其晩年 志愈退而位益

가 부 일 시 산 두 지 망
加 負一時山斗之望.

운현은 태공(太公, 임금)의 아버지로서 총재(冢宰)[1]의 일을 행사했으니 직접 남면(南面)[2]을 안 했을 뿐이지 엄연히 섭정(攝政)을 한 것이다. 이 10년간은 나라의 큰 일이 없었다. 이는 천 년에 두 번 올 수 없는 기회였으니 가히 크게 일을 할 수 있을 때였다. 만약 그가 정말 정사(政事)에 부지런히 힘써 일하고, 어질고 능력 있는 사람을 등용하고 좋은 법을 강구하여 나라의 쓰임을 절약하고, 백성들을 사랑하여 어여삐 여겼더라면 나라가 번창하였을 것이다. 그리고 한 걸음 더 나아가 그의 진

실한 뜻이 법조문 밖에서 빛을 발휘하는 정치를 했더라면, 그것은 마치 (송나라) 사마광(司馬光)이 원우(元祐) 연간에 했던 것처럼 했다면 기화(氣化)의 추세가 비록 지치(至治)[3]를 당장 회복할 수는 없었다고 하더라도 하늘이 복스럽고 길한 징조를 내려 인재가 때에 맞추어 모여들 것이고, 가르치고 타이르기를 10년 동안 실행했다면 세상에 또한 하지 못할 일이 어디 있었겠는가? 전에 운현이란 사람은 장김(壯金)의 부귀(富貴)를 몹시 부러워하고 군침을 삼키다가 하루아침에 소원을 이루니 음탕하고 사치와 교만에 빠져 탐욕스러웠으며, 형식에 구속되지 않고 뜻만 커서 스스로 방자하게 군 것이 장김을 보는 것보다 더 지나쳤다. (그리하여) 원기(元氣)를 훼손하고 백성에게 원수를 맺게 되었다. 한갓 토목공사에만 이리저리 정신을 쏟고 사색당파(四色黨派)[4]에 편들기로 10년 사업을 삼았으니 오호라, 천 년(오랜 세월, 두고두고 세월이 흐를수록 잊지 않음) 뒤에 또한 반드시 이 일에 탄식하고 깊이 통탄하는 사람이 있을 것이다.

註解

1) **총재**(冢宰) : 주대(周代) 육관(六官)의 우두머리. 이조 판서의 별칭.
2) **남면**(南面) : 임금을 일컬음. 임금은 북쪽 자리에 앉아 남쪽으로 앞면을 두는 데서 유래함.
3) **지치**(至治) : 세상이 매우 잘 다스려짐. 또는 그런 정치.
4) **사색당파**(四色黨派) : 조선 후기 때 당쟁을 일삼던 네 당파. 즉 동인(東人)에서 갈려나간 남인(南人)과 북인(北人), 서인(西人)에서 분파된 노론(老論)과 소론(小論)을 일컬음.

原文

운현 이태공지친 행총재지사 직불남면이 엄연섭천야
雲峴 以太公之親 行冢宰之事 直不南面耳 儼然攝踐也
십년지간 국가무사 차정천재불이지회 이가이대유위지시
十年之間 國家無事 此正千載不二之會 而可以大有爲之時
야 사기분주토악 측석현호 강구량법 절용애민 자양측달
也 使其奔走吐握 側席賢豪 講求良法 節用愛民 慈讓惻怛
지의 애연광어문법지외 여사마광지처원우 즉기화소추
之意 藹然光於文法之外 如司馬光之處元祐 則氣化所趨
지치수불능거복 상천강상 인재응기생취 교훈행지십년
至治雖不能遽復 上天降祥 人才應期生聚 教訓行之十年
이천하역유불가위지사호 내운현자 유연장김지부귀 일조
而天下亦有不可爲之事乎 乃雲峴者 流涎壯金之富貴 一朝
득지 음치교랑 창광자자 시장김이우과지 착상원기 결원
得志 淫侈驕狼 猖狂自恣 視壯金而又過之 斲傷元氣 結怨
검여 도이궁심토목 좌단색목 위십년사업 오호시야 천재
黔黎 徒以窮心土木 左袒色目 爲十年事業 嗚呼時耶 千載
지하 역필유탄식통어사자
之下 亦必有嘆息痛於斯者.

장동(壯洞) 김씨 때는 일문(一門)이 부귀를 누리며 벼슬과 명망이 높아 세상에 드러나니 뇌물을 받아들이고 빈객이 들락거리는 집이 무릇 12집이었으니 '12사랑'이라 호칭했다. 사랑이란 우리말로 청사(廳事)를 일컫는 말이다. 주군(州郡)의 관리들이 갖은 방법으로 할박(割剝)[1)]하여 포저(苞苴)[2)]를 풍성하게 하였지만 장률(贓律)[3)]이 시행되지 않았다. 운현(雲峴)은 평소 그러한 병폐를 환히 잘 알고 있어서, 권력을 잡은 이후에는 금한 것을 범하는 자는 비록 측근이라 해도 용서치 않았다. 채동술(蔡

東述)이 봉산 군수(鳳山郡守)로서 종로에서 장형(杖刑)의 벌을 받으니 이로부터 수령들이 자못 조심하게 되었다.

註解

1) **할박**(割剝) : 탐관오리(貪官汚吏) 따위가 백성의 재물을 강제로 빼앗음. 박할(剝割).
2) **포저**(苞苴) : 뇌물의 성질을 띠고 선사로 보내는 물건. 뇌물로 보내는 물건.
3) **장률**(贓律) : 부정한 재물을 탐하거나 뇌물을 받는 관리에게 적용되는 법이나 규정.

原文

장김시 일문정귀 납회뇌통빈객자 범십이가 호칭십이사
壯金時 一門鼎貴 納賄賂通賓客者 凡十二家 號稱十二舍
랑 사랑자방언청사지칭야 주군관리 할박만단 풍기포저
廊 舍廊者方言廳事之稱也 州郡官吏 割剝萬端 豐其苞苴
이장률불행 운현소동기폐 병정이후 범금자수닐부대 채
而贓律不行 雲峴素洞其弊 秉政以後 犯禁者雖昵不貸 蔡
동술이봉산수 피종로결장지률 자시수령파집
東述以鳳山守 被鍾路決杖之律 自是守令頗戢.

운현(雲峴)은 소싯적에 궁핍하여 자못 간알(干謁)[1]을 일삼았다. 일찍이 김좌근(金左根)의 집에 갔다가 물러나오는데, 미처 판서 심의면(沈宜冕)이 김좌근에게 이르기를, "궁도령(宮道令)이 의당 궁이나 지킬 일이지 어째서 뜻을 얻지 못하고 신발짝을 끌고 재상의 집에 이르는가?" 하였는데, 그 소리가 밖에까지

들렸다. 우리말에 종친이 군(君)에 봉해진 사람을 칭하기를 궁도령이라 하였다. 운현은 (그 소리를 듣고) 깊이 원망하였다. 갑자년(고종 원년, 1864) 후에 심의면은 (화를) 면치 못할까봐 두려워하며 공주(公州) 고향집에 내려가 움츠리고 지내다가 죽었다. 그의 차자 심이택(沈履澤)은 의주 부윤(義州府尹)으로 있다가 불법을 많이 저질렀는데 갑자년에 어사를 보내 장형(杖刑)을 벌하고 제주도에 유배 보냈다. 장자 심순택(沈舜澤)은 겁을 먹고 근신하다가 갑술년(고종 11, 1874) 이후에 민씨 세도가들과 심씨는 평소 서로 잘 지내던 처지라 힘써 끌어주어 심이택은 여러 번 번얼(藩臬, 관찰사)을 역임하였고, 심순택은 마침내 20년간 수상(首相, 영의정)을 지냈다.

註解

1) **간알**(干謁) : 사사(私事)로 알현(謁見)을 구함.

原文

운현소시빈궤 파사간알 상지김좌근가 급기퇴 심판서의
雲峴少時貧匱 頗事干謁 嘗至金左根家 及其退 沈判書宜
면 위좌근왈 궁도령당수궁이이 하지루루예리우재상가
冕 謂左根曰 宮道令當守宮而已 何至纍纍曳履于宰相家
성문우외 방언칭종실봉군자왈 궁도령 운현심함지 갑자
聲聞于外 方言稱宗室封君者曰 宮道令 雲峴深啣之 甲子
고종원년 후 의면공불면 전복공주향려이사 기차자리택
(高宗元年)後 宜冕恐不免 跧伏公州鄕廬以死 其次子履澤
위의주부윤 다불법 갑자견어사 결장유제주 장자순택 외
爲義州府尹 多不法 甲子遣御史 決杖流濟州 長子舜澤 畏

약불출 갑술 고종십일년 후 제민여심아상선 력위원인
約不出 甲戌(高宗十一年)後 諸閔與沈雅相善 力爲援引
리택루전번얼 순택경이십년위수상
履澤屢典藩臬 舜澤竟二十年爲首相.

우리나라 속담에 '십 년 넘는 세도(勢塗) 없다'는 말이 있다. 박종경(朴宗慶)·김조순(金祖淳)·조만영(趙萬永)으로부터 내려오면서 비록 한 문중 안에서도 상호 경쟁하여 부자·형제·인아(姻婭)·척당(戚黨)[1]이 서로 번갈아 권력을 잡았다가 밀려나고 하여 대략 한 사람이 10년 내외에 그쳤으며 대원군도 그러했다.

註解

1) **인아**(姻婭)·**척당**(戚黨) : 사위 쪽의 사돈 및 남자 편의 동서간의 총칭. 그리고 친척(고종·내외·외종 등의 관계).

原文

동인언칭 세도불과십년 자박종경 김조순 조만영이
東人諺稱 勢塗不過十年 自朴宗慶·金祖淳·趙萬永以
래 수일문지내 호상쟁경 부자형제 인아척당 질위출입
來 雖一門之內 互相爭競 父子兄弟·姻婭戚黨 迭爲出入
대략일인지신 지십년내외 지운현역연
大略一人之身 止十年內外 至雲峴亦然.

오인(午人, 남인) 재상의 자제로서 젊은 나이에 높은 지위에 있던 사람은 대원군의 사인(私人)이 된 자들이다. 그 수를 (미

처 다) 드러낼 수 없으나, 한기동(韓耆東)·최봉구(崔鳳九)·채동술(蔡東述)·권정호(權鼎鎬)·정현덕(鄭顯德) 등이 더욱 두드러진 사람이다. 갑술년(1874) 초에 임금이 비봉(秘封)을 내사(內賜)[1]하고 성(城) 밖에 가서 열어보도록 하였다. (비봉을) 열어보니 변방 근처에 멀리 가서 한가로이 살라고 명령한 내용이었다. 북인(北人) 신헌구(申獻求)도 그 중에 끼어 있었다. 이 여섯 사람은 창황히 길에 올랐으니 실은 귀양살이였다. 3, 4년 뒤에 차차 불러 돌아왔는데 모두 개두환면(改頭換面)[2]하고 민(閔)씨들에게 달라붙어서 지위가 높아져 세상에 알려지게 되었다. 오직 권정호만이 안기영(安驥泳)의 역모(逆謀)[3]에 참여하여 신사년(1881) 겨울에 처형당하고, 채동술은 그 사정을 알고 고하지 않았다하여 참형(斬刑)을 받았다.

註解

1) **내사**(內賜) : 임금이 물건을 신하에게 내려 줌.
2) **개두환면**(改頭換面) : 일은 근본적으로 고치지 않고 사람만 갈아서 그대로 시킴. 사람이 안면을 바꾸어 다른 사람을 섬김.
3) **안기영**(安驥泳)**의 역모** : 국왕을 폐위하고 대원군의 서자인 이재선을 추대하려던 사건.

原文

오인재상자제 년소명환 위운현사인자 불가루수 이한기
午人宰相子弟 年少名宦 爲雲峴私人者 不可摟數 而韓耆

동 최봉구 채동술 권정호 정현덕기우야 갑술초 내
東·崔鳳九·蔡東述·權鼎鎬·鄭顯德其尤也 甲戌初 內

사비봉 사성외개견 급개즉명변원한주 병북인신헌구 역
賜秘封 使城外開見 及開則命邊遠閒住 並北人申獻求 亦

렬기중 육인자 창황상도 기실찬배야 삼사년후 초초소환
列其中 六人者 倉黃上道 其實竄配也 三四年後 稍稍召還

개개두환면 슬부제민 인치통현 유정호삼안기영역모 신
皆改頭換面 虱附諸閔 遴致通顯 惟鼎鎬參安驥泳逆謀 辛

사 고종십팔년 동주사 동술이지정불고 좌참
巳(高宗十八年)冬誅死 東述以知情不告 坐斬.

불량한 무리들이 운현(雲峴)이 물러난 후에도 선동하며 유언비어를 퍼뜨려 다시 쓰여지기를 희망했다. 그러나 임금은 그들을 미워하여 (대원군의 심복이었던) 김세호(金世鎬)·정현덕(鄭顯德)·조병창(趙秉昌) 등을 차례로 귀양 보내고, 젊어서부터 서로 내왕하던 자들까지 수탐하여 죄를 덮어 씌워 쫓아내었을 뿐만 아니라, '운현궁 쪽 사람'으로 지목되면 풀 베듯 잘라 버렸다. 그러므로 비록 다른 당색을 가졌다 해도 서로 배척하고자 하면, '아무개는 운현 쪽 사람'이라고 모함하여 이따금 운현에게 득을 보지 못한 사람들까지도 무수히 침고(沈錮, 벼슬을 못함)를 당한 경우가 있었다.

原文

불령지도 어운현폐후 선동유언 희복진용 상악지 김세
不逞之徒 於雲峴廢後 扇動流言 希復進用 上惡之 金世

호 정현덕 조병창등 차제찬축 소상왕래자 첩수획죄폐
鎬·鄭顯德·趙秉昌等 次第竄逐 少相往來者 輒搜獲罪廢

지이위운변인 기욕삼치 고수타색 욕상배빈 즉필소지왈
指以爲雲邊人 期欲芟薙 故雖他色 欲相排擯 則必愬之曰

모 야 시 운 변 왕 왕 유 부 득 운 현 이 역 조 침 고 자
某也是雲邊 往往有不得雲峴 而亦遭沈錮者.

정종(후에 정조로 개정)은 호당(湖堂)[1]을 고쳐 규장각(奎章閣)으로 삼고, 제학(提學)·직제학(直提學)·부제학(副提學)·직각(直閣)·대교(待敎) 등의 관직을 두어 벌열가(閥閱家)[2]의 문학에 능한 신하들을 뽑으니, 최고의 청직(淸職)으로 선망하였으며 다른 어느 벼슬자리와 견줄 바가 아니었다. 위의 모든 직(職)을 통칭해서 '각신(閣臣)'이라 하였다. 그 처음에는 남인(南人) 중에서도 간혹 뽑혔지만 순조 이래로는 노론(老論)이 아니면 소론(少論)뿐이었다. 그런데 운현 집정 시절에는 한기동(韓耆東)이 대교가 되고 홍은모(洪殷謨)가 직각이 되었으니 이들은 남인이요, 김규식(金奎軾)이 대교가 되고 강찬(姜瓚)이 직각이 되었으니 이들은 북인이다. 이에 노론들이 불평하여 그들을 지목하여 '운각(雲閣)'이라 하였다.

註解

1) **호당**(湖堂) : 조선시대의 독서당(讀書堂). 또는 이곳에서 공부하던 사람. 후에 규장각으로 고침.
2) **벌열가**(閥閱家) : 지체가 높고 유서가 깊은 집. 문벌가(門閥家).

原文

정 종 개 호 당 위 규 장 각 설 제 학 직 제 학 부 제 학 직 각
正宗 改湖堂爲奎章閣 設提學·直提學·副提學·直閣·

대 교 등 관 이 대 벌 열 가 문 학 지 신 망 준 질 청 백 료 막 비 통 위
待敎等官 以待閥閱家文學之臣 望峻秩淸 百僚莫比 統謂

지각신 기시야 남인유혹예선 순조이래 비노즉소이이 운
之閣臣 其始也 南人猶或預選 純祖以來 非老則少而已 雲

현시 한기동위대교 홍은모위직각 개남인야 김규식위대
峴時 韓耆東爲待敎 洪殷謨爲直閣 皆南人也 金奎軾爲待

교 강찬위직각 개북인야 노론불평지 목지왈운각
敎 姜酇爲直閣 皆北人也 老論不平之 目之曰雲閣.

현종·숙종 때에 서인(西人)들은 우암(尤庵) 송시열(宋時烈)[1]을 추대해서 '대로(大老)'라 불렀다. 대원군도 일찍이 스스로 일컫기를, '나도 또한 대로다.'라 하여 우암을 업신여겼다. 계유년(1873) 최익현(崔益鉉)의 상소가 있은 후에 태학생(太學生)[2] 이세우(李世愚)란 자가 대원군을 높여 대로(大老)라 부르자고 하였다. 고종도 옳다고 하였으니, 표면으로 대원군을 대우하여 높여 주자는 뜻에서였다. 이세우가 이러한 청을 올리게 된 것은 임금의 뜻을 알아차리고 한 것이다.

註解

1) **송시열**(宋時烈) : 숙종 때 문신(文臣). 좌의정(左議政)을 지냈으며 노론(老論)의 영수(領袖)였다.
2) **태학생**(太學生) : 성균관에 기거하며 공부하는 유학생(儒學生).

原文

현 숙지제 서인추송우암 시열 호위대로 운현상자호
顯·肅之際 西人推宋尤庵(時烈) 號爲大老 雲峴嘗自號

왈 아역대로야 이조모우암 지계유 고종십일년 최익현
曰 我亦大老也 以嘲侮尤庵 至癸酉(高宗十一年) 崔益鉉

소후 태학생이세우자 청존대원군위대로 상극가지 외시
疏後 太學生李世愚者 請尊大院君爲大老 上亟可之 外示
우숭지의 개세우췌상지야
優崇之意 蓋世愚揣上旨也.

갑술년(고종 11, 1874)에 원자(元子)가 탄생하였다. 3월에 증광시(增廣試)를 실시, 대·소과로 (인재를) 뽑았으며, 을해년(고종 12, 1875)에 이르러 왕세자로 책봉했다.

原文

갑술 고종십일년 이월 원자탄생 삼월설증광 취대소과
甲戌(高宗十一年)二月 元子誕生 三月設增廣 取大小科
지을해 고종십이년 책왕세자
至乙亥(高宗十二年) 冊王世子.

갑술년 초에 임금이 비로소 친정(親政)을 하게 되었다. 그런데 안에서는 명성왕후(明成王后)가 주관하고 밖에서는 민승호(閔升鎬)가 그것을 받들어 행하였다. 황후는 총명하고 민첩하며 권변(權變)의 계략이 풍부하여 항상 임금의 측근에서 임금이 미치지 못하는 것을 보필했다. 처음에는 임금에 의지해서 사랑과 미움을 나타냈지만, 시일이 지남에 따라 제 마음대로 하여 방자함이 날로 심해졌으며 임금이 도리어 제재를 받는 바가 되었다.

민승호(閔升鎬)는 대원군이 전행(專行)하다가 폐출된 것을 경계하고 임금에게 권하여 조정에서 귀히 여기며 명망이 있는 사

람을 돌아가면서 임직시켜 기밀(機密)한 정무(政務)에 참여토록 하였으니 그것을 별입시(別入侍)라 하였다. 이에 김병시(金炳始) · 김영수(金永壽) · 김보현(金輔鉉) · 정범조(鄭範朝) · 윤자덕(尹滋悳) · 조인희(趙寅熙) 및 자기의 아우 민겸호(閔謙鎬) 등도 다 참여하였다. 정범조 · 윤자덕 · 조인희는 소론 사람들이다. 그것은 남인(南人)과 북인(北人)은 이미 물러났는데 또 소론까지 내쫓으면 비방과 원망이 노론(老論)에게로 몰릴 것이 뻔하기 때문에 안으로는 임금이 독단한다고 하고, 밖으로는 소론을 그 사이에 끼워 넣어 자기들의 세도하는 자취를 가리고 그것으로써 비방을 분산시키고자 함이었다.

原文

갑술초 상시친정 이내즉명성왕후주지 외즉민승호봉행
甲戌初 上始親政 而內則明成王后主之 外則閔升鎬奉行
지 후총민요권략 상좌우상 보기불체 시유자상 이수기애
之 后聰敏饒權略 常左右上 補其不逮 始猶藉上 以售其愛
증 기이전자일심 상반위소제 승호징운현전천이폐 권상
憎 既而專恣日甚 上反爲所制 升鎬懲雲峴專擅而廢 勸上
선조귀유시망자 윤차입직 참예기무 위지별입시 어시김
選朝貴有時望者 輪次入直 參預機務 謂之別入侍 於是金
병시 김영수 김보현 정범조 윤자덕 조인희급기제
炳始 · 金永壽 · 金輔鉉 · 鄭範朝 · 尹滋悳 · 趙寅熙及其弟
겸호등 함여언 정 윤 조 즉소론야 개남북기퇴 우굴소
謙鎬等 咸與焉 鄭 · 尹 · 趙 則少論也 蓋南北既退 又詘少
론 즉방독지지 함췌노론 고내즉위상독단 외이소론참착
論 則謗讟之至 咸萃老論 故內則諉上獨斷 外以少論參錯
기간 욕엄기세지적 이이지분방야
其間 欲掩其勢之跡 而以之分謗也.

흥인군(興寅君) 이최응(李最應)은 그 아우 대원군(大院君)과 평소 사이가 좋지 않았다. 민승호(閔升鎬)[1]는 흥인군을 추대하여 영의정을 삼고 대원군과 적대관계를 갖게 했다. 무릇 일들을 진백(陳白)[2] 하는데 난처한 일이 있으면 반드시 흥인군을 시켜 왕 앞에 나가게 했다. 오히려 흥인군은 그 일을 좋아했고, 그래서 대원군은 몹시 한탄했다. 일찍이 흥인군의 침실을 찾아간 대원군은 휘장을 들고 쏘아 보면서, "형님은 오랫동안 나오시지 않으시니 혹 수양대군(首陽大君)과 같은 음모를 꾸미시는 것이 아닙니까?" 하였다. 대원군은 당시 형이 병석(病席)에 있다는 통지가 있어서 왔던 것이다.

註解

1) **민승호**(閔升鎬) : 명성황후 민비(閔妃)의 친정 양오라비.
2) **진백**(陳白) : 왕께 알림. 탑전(榻前, 임금의 자리 앞).

原文

흥인군최응 여기제대원군 소불협 승호추만지 위령의정
興寅君最應 與其弟大院君 素不協 升鎬推挽之 爲領議政

이적대원군 범사가진백 이유난처자 필사최응달지탑전
以敵大院君 凡事可陳白 而有難處者 必使最應達之榻前

최응감위지창 이첨기여윤 운현심한지 상경지기침 건유
最應甘爲之倀 而餂其餘潤 雲峴甚恨之 嘗徑至其寢 褰帷

숙시왈 형구불출 기유수양대군음모호 시최응정병재고
熟視曰 兄久不出 豈有首陽大君陰謀乎 時最應呈病在告

야
也.

숙종 · 영조 두 임금 때에는 자주 미행(微行)을 하였는데 지금도 여항(閭巷)에서 잘 전해져 고담(故談)이 되고 있다. 지금 임금 갑술년(1874) 초 조야에 (그 고담들이) 널리 유행했는데, 임금이 자주 미행하여 민생의 질고(疾苦)를 잘 살펴서 조종의 유풍을 살리면 태평성대가 올 것으로 상상하며 바랐던 것이었다.

原文

숙 영양조 다미행 지금여항유도지 위고담 금상갑술초
肅·英兩朝 多微行 至今閭巷猶道之 爲故談 今上甲戌初
조야성전 상빈작미행 찰민생질고 서기조종지풍 상망대
朝野盛傳 上頻作微行 察民生疾苦 庶幾祖宗之風 想望大
평재이
平在邇.

민승호(閔升鎬)는 성품이 부드럽고 온화하였으나 좀 아둔한데다 건망증이 심했다. 하루아침에 큰 정사를 담당하다 보니 기강을 능히 총섭(總攝)[1]할 수 없었다. 그러므로 아랫사람들이 두려울 것이 없어서 허튼 소리와 거짓말을 곧잘 하였다. 반년이 채 안 되어 여러 가지 법도가 타이(墮弛)[2]하게 되어 보는 사람들이 딱하게 여겼다. 얼마 안 있어 생모의 상을 당하자 상주노릇을 하느라고 집에 들어앉아 대궐에 나가지 아니하고 봉서(封書)[3]로 왕래하니, 기의(機宜)[4]에 능할 수 없었다. 별입시(別入侍)[5]의 무리들이 일을 보러 들락날락하기 때문에 정문(政門)은 쥐구멍〔鼠穴〕 같았으며 권력은 곁〔旁〕으로 새어나갔다.

註解

1) **총섭**(總攝) : 총괄하여 다잡고 다스림.
2) **타이**(墮弛) : 떨어지고 해이함.
3) **봉서**(封書) : 봉한 편지. 임금이 종친이나 근신(近臣)에게 사적으로 내리던 편지.
4) **기의**(機宜) : 시기나 형편에 잘 맞음. 시의(時宜)와 같음.
5) **별입시**(別入侍) : 신하가 임금께 사사로이 뵙는 일.

原文

민승호 성유화암렬 우선망 일조당대정 불능총섭기강
閔升鎬 性柔和闇劣 又善忘 一朝當大政 不能摠攝紀綱
하무소외 만난상몽 미급반년 백도타이 관자수궤궤언 미
下無所畏 謾讕相蒙 未及半年 百度墮弛 觀者殊憒憒焉 未
기우조생모우 면수적려 불능예궐 봉서왕래 불능실합기
幾又遭生母憂 俛守吊廬 不能詣闕 封書往來 不能悉合機
의 별입시지도 우종중용사 정문여서혈 권다방낙
宜 別入侍之徒 又從中用事 政門如鼠穴 權多旁落.

김보현(金輔鉉)은 사계(沙溪) 김장생(金長生)의 후손이다. 젊어서부터 교활하고 아첨을 잘해서 약관(弱冠)의 나이에 과거에 급제하였다. 나귀를 사서 타고 다녔는데 그 나귀가 3일만에 죽었다. 청알(請謁)하는 일이 너무 많다보니 타고 다니는 나귀가 힘이 지쳤기 때문이다. 장김(壯金)에게 터놓고 가까이 지내는 손〔客〕이 되어 철종 때에 이미 벼슬이 대교(待敎)를 거쳐 참판에 이르렀다. 대원군이 그 사람 됨됨이를 비루하게 10년간 의망(擬望)[1]에서 제외시켰다. 일찍이 3년상을 당하여 대원군(大

院君)의 조문을 받지 못하면 수치스런 일이 될 것이라고 여겼다. 그런데 대원군이 익살스런 해학(諧謔)으로 남을 욕보이는 것을 좋아하였으므로 자기에게 욕할 만한 자료가 있으면 반드시 조문할 것이라 하여 대원군의 문객에게 말하기를, "우리 선인의 아명은 강아지였는데 그대는 그것을 대원군에게 말하지 마시오. 그 어른은 다른 사람을 욕보이는 것을 잘하니 내가 그 욕을 당할까 심히 두렵소." 하였다.

그 문객이 돌아가 대원군에게 아뢰기를, "김보현의 아버지는 아명이 강아지라 하던데 대감께서는 그것을 모르시오?" 하였다. 운현은 크게 기뻐하여 즉시 수레를 내어 가서 빈소의 휘장을 걷고 "오요, 오요!"하는 소리를 수차 하다가 그치고 나서 김보현을 돌아보며, "나, 가오." 하고 한마디 말도 나누지 않고 떠났다. 김보현은 드디어 흔연히 조객록(弔客錄)에 기록하기를, "아무 날 대원군이 들어와 곡하다〔某日大院君入哭〕"라고 썼다. 이 말을 들은 사람들은 포복절도(허리를 꺾고 웃다)하였다. 그것은 '이오 이오!'하는 것은 우리말에 강아지를 부르는 소리이다. 그런데 지금의 습속에 조상하는 사람들이 곡을 할 적에 계속해서 "어이 어이"하니 "오요 오요"와 "애고 애고"는 음이 서로 비슷한 때문이다. 이에 이르러 민승호의 연줄로 대궐을 출입하면서 크게 총애를 입어 한 달만에 이조 판서로 발탁되어, 선혜청 당상(宣惠廳堂上)을 겸하였으며, 얼마 후 경기 감사까지 지냈다.

註解

1) **의망**(擬望) : 삼망(三望)의 후보자를 추천함. 삼망은 1인의 관원을

채용하는데 3인의 후보자를 임금에게 추천하는 것. 임금은 그 중 1인에게 낙점(落點)하여 결정함.

原文

김보현 사계장생후야 자소교녕 약관등제 매려 삼일즉
金輔鉉 沙溪長生後也 自少巧佞 弱冠登第 買驢 三日卽
폐 이기청알과 이소기력진야 위장김압객 철종시 이관대
斃 以其請謁夥 而所騎力盡也 爲壯金狎客 哲宗時 已官待
교지참판 운현비기인 십년정망 상수제 이운현지불견조
教至參判 雲峴鄙其人 十年停望 嘗守制 以雲峴之不見弔
위가치 이운현해학 선욕인 위기유가욕지자 즉필견조 내
爲可恥 而雲峴諧謔 善辱人 謂己有可辱之資 則必見弔 乃
어운현객왈 오선인소명구자 군신물향운현도 차야선욕인
語雲峴客曰 吾先人小名狗子 君愼勿向雲峴道 此爺善辱人
오공중피기욕 객귀고운현왈 김보현부 소명구자 대감기
吾恐重被其辱 客歸告雲峴曰 金輔鉉父 小名狗子 大監其
부지호 운현대희 즉명가 왕피영악 작오료오료수성이지
不知乎 雲峴大喜 卽命駕 往披靈幄 作嫯獠嫯獠數聲而止
고보현왈 오거의 불교일언이거 보현반흔연 서조객록왈
顧輔鉉曰 吾去矣 不交一言而去 輔鉉反欣然 署弔客錄曰
모일대원군입곡 문자절도 개오료오료자 방언환구자지성
某日大院君入哭 聞者絶倒 蓋嫯獠嫯獠者 方言喚狗子之聲
이금속조인지곡 연호애애 오료오료여애애 음상근야 지
而今俗弔人之哭 連呼哀哀 嫯獠嫯獠與哀哀 音相近也 至
시 인연승호 출입금중 대피총악 기월탁이판·겸관선혜
是 夤緣升鎬 出入禁中 大被寵渥 朞月擢吏判 · 兼管宣惠
청당상 말기 우령경기감사
廳堂上 末幾 又領京畿監司.

호조(戶曹)와 선혜청(宣惠廳)은 국가의 전곡(錢穀)을 담당하

던 기관으로 선혜청은 미포(米布)만을 전적으로 관할하기 때문에 재부아문(財賦衙門)이라 불렀다. 그런 까닭에 비록 청렴과 검약을 스스로 지켜도 봉록(俸祿)[1)]이 매우 두터웠다. 예로부터 호조판서 · 선혜청 당상(堂上) · 훈련대장은 회계(會計)가 없어서 비게 되면 마음대로 나용(挪用)[2)]할 수 있으나 다시 구검(句檢)[3)]하지 아니한다. 김보현(金輔鉉)은 수년간 선혜청을 관리했는데, 창고지기나 조졸(漕卒)[4)]들과 서로 간계(奸計)를 짜고 혹 양곡을 실은 선박이 일기 관계로 배가 가라앉았다고 속여 미곡을 사장(私藏)하기도 하고, 혹은 팔아서 많은 이익을 취하고 전(錢)으로 미(米)를 대납한다든가 하였다. 이러므로 선혜청에 저장한 양곡이나 포(布)는 점점 없어지고 장안 백성들은 먹고 살 방도가 없었다. 그러나 김보현의 전원(田園)은 기름진 땅으로 죽 이어져 있었으며 정대(亭臺)에서 사죽(絲竹)[5)]을 즐기는 기술이 한때 가장 뛰어났었다.

註解

1) **봉록**(俸祿) : 벼슬아치들에게 주는 봉급. 녹봉(祿俸)과 같음.
2) **나용**(挪用) : 돈이나 물건을 일시적으로 돌려씀.
3) **구검**(句檢) : 속속들이 조사함.
4) **조졸**(漕卒) : 조운선(漕運船)에 종사하는 사람. 수부(水夫). 조군(漕軍).
5) **사죽**(絲竹) : 거문고와 피리.

原文

호조여혜청 위국가전곡지사 이혜청전관미포 우칭재부
戶曹與惠廳 爲國家錢穀之司 而惠廳專管米布 尤稱財賦

아문 고수렴약자수 이봉록심후 구칭호판 혜당급훈장
衙門 故雖廉約自守 而俸祿甚厚 舊稱戶判 · 惠堂及訓將
위무회계 삼과위수의나용 불복구검야 보현관혜청수년
爲無會計 三窠謂隨意挪用 不復句檢也 輔鉉管惠廳數年
여고서 조졸 표리작간 혹엄칭선엄 미입사장 혹종매모
與庫胥 · 漕卒 表裏作奸 或掩稱船渰 米入私藏 或縱賣牟
리 이전대미 어시 혜청지저점모 도민무앙포지로 이보현
利 以錢代米 於是 惠廳之儲漸秏 都民無仰哺之路 而輔鉉
전원고수 정대상망 사죽지오 관절일시
田園膏腴 亭臺相望 絲竹之娛 冠絕一時.

원자(元子)가 태어나면서부터 궁중에서는 잘 되기를 비는 제사가 절제가 없이 팔도강산을 두루 돌아다니며 지냈고, 임금 또한 마음대로 연회를 베풀어서 상(賞)으로 주는 것이 헤아릴 수 없었다. 양전(兩殿)[1]이 하루 허비하는 비용이 천금(千金)이나 되어 내수사(內需司)가 소장한 것으로는 지출을 감당할 수 없었다. 그래서 끝내 호조나 선혜청에서 공금을 취해다 썼는데 관리책임자는 그것이 위반이라는 것을 말하는 이는 한 사람도 없었다. 1년이 채 못 되어서 대원군이 여축해 놓은 것을 모두 탕진하였다. 그래서 매관(賣官)[2] 매과(賣科)[3] 등 온갖 폐정(弊政)이 계속해서 생겨났다.

註解

1) **양전**(兩殿) : 고종과 민비를 가리킴.
2) **매관**(賣官) : 돈을 받고 관직을 팖.
3) **매과**(賣科) : 돈을 받고 과거에 합격시켜 줌.

原文

자원자탄생 궁중기초무절 편급팔도명산 상역자의유연
自元子誕生 宮中祈醮無節 遍及八道名山 上亦恣意游宴
상뢰불자 양전일비천금 내수사소장 불능지부 수공취호
賞賚不貲 兩殿日費千金 內需司所藏 不能支敷 遂公取戶
혜청이용지 장재지신 무일인위오자 불기년 운현십년
·惠廳而用之 掌財之臣 無一人違忤者 不朞年 雲峴十年
지적 탕연의 매관 매과제폐정 계시이작
之積 蕩然矣 賣官·賣科諸弊政 繼是而作.

김병시(金炳始)는 판서 김응근(金應根)의 아들이다. 나면서부터 부(富)하고 귀하게 자랐으나 성품이 자못 깨끗하고 조용했다. 갑자년(고종 원년, 1864) 후에도 시세에 영합하지 않으니 운현이 매우 소중하게 여겼다. 경오년(고종 7, 1870) 신미년(고종 8, 1871)간에 충청 감사가 되어 선정(善政)을 베풀었으며 별입시(別入侍)에 뽑혀서는 마지못해 응하여 임금이 물을 때마다, "신은 모릅니다." 하였다. 그러나 윤자덕(尹滋悳)은 임금께서 물을 때마다 "그러하옵니다." 하였다. 그런 까닭에 대궐 안에서는 김병시를 '부지적(不知的)'이라 하고, 윤자덕을 '연연적(然然的)'이라 불렀다.

原文

김병시 판서응근자야 생장부귀 이성초념정 갑자 고종
金炳始 判書應根子也 生長富貴 而性稍恬靜 甲子(高宗
원년 후 역불추부 운현아중지 경오 신미 고종칠 팔
元年)後 亦不趨附 雲峴雅重之 庚午·辛未(高宗七·八
년 간 위충청감사 유선정 별입시지선 민면응지 상매유
年)間 爲忠淸監司 有善政 別入侍之選 黽俛應之 上每有

문 첩사왈 신부지야 윤자덕대상문 첩왈 연연야 고궐내
問 輒辭曰 臣不知也 尹滋悳對上問 輒曰 然然也 故闕內
호병시위부지적 자덕위연연적
號炳始爲不知的 滋悳爲然然的.

윤자덕(尹滋悳)은 명재(明齋) 윤증(尹拯)의 후손으로 정원용(鄭元容)의 외손이다. 문예(文藝)에 능했으며 영합을 잘하여 미쁨을 받았다. 호가 현호(玄湖)인데 헌종 때에 총애를 받아 과거에 합격하여 대교(待敎)가 되고 임금께서 친정을 하게 되자, 전 참판으로 정경(正卿, 정2품의 판서)에 올랐으며, 윤상만(尹相萬)과 윤상연(尹相衍) 두 아들은 연달아 대과(大科)에 합격하였다.

原文

자덕위명재증후 이정원용외손야 파유문예 선영합취미
滋悳爲明齋拯後 而鄭元容外孫也 頗有文藝 善迎合取媚
호현호 헌종시유총 탁과위대교 급상친정 이전참판제정
號玄湖 憲宗時有寵 擢科爲待敎 及上親政 以前參判躋正
경 이자상만 상연 연탁대과
卿 二子相萬·相衍 連擢大科.

신정희(申正熙)는 자가 원중(原仲)이며 신헌(申櫶)의 아들이다. 용모가 단아하고 총명하여 재주가 빼어나고 높았다. 헌종 때에 별군직(別軍職)으로 금중(禁中, 궁궐 안)에서 책을 읽었으며 크게 은총을 입었다. 나이가 많이 들어서 비록 고향집에서 지냈으나 헌종의 탄일(誕日)이 되면 반드시 서울에 올라가 진전(眞殿, 璿源殿)의 다례(茶禮) 행사에 참석하였다. 이야기가 당

시의 일에 미치면 번번이 오래도록 흐느꼈다.

原文

申正熙 字原仲 櫶子也 容姿端硏 才敏穎厲 憲宗時 以別軍職 讀書禁中 大被思寵 年老後 雖在鄕廬 遇憲宗誕日 必入京 參眞殿茶禮 語及當時事 輒嗚咽久之.

정기세(鄭基世)는 정원용(鄭元容)의 아들이다. 정씨 가문에서는 재상이 많이 배출되었다. '화이근신(和易謹愼)'을 대대로 가범(家範, 규범)으로 삼았다. 비록 대대로 벼슬을 하였으나 일컬을 만한 풍절(風節, 기풍과 절개)이 없어 세상에서는 이런 것 때문에 별로 대수롭지 않게 여겼다. 정기세는 더욱 겸손하고 온순하여 스스로 다른 사람의 뜻을 거스르지 않았다. 다른 사람 기쁜 일을 알리기를 좋아해서 그때 그를 가리켜 '까치 판서'라 불렀다.

原文

鄭基世 元容子也 鄭氏多宰相 而和易謹愼 爲世守家範 雖奕葉冠冕 毋風節可稱 世以此薄之 基世尤遜順 自守不忤人意 好報人喜事 時謂之鵲判書.

갑술년(고종 11, 1874) 이후 이유원(李裕元)과 박규수(朴珪壽)가 서로 번갈아 좌의정과 우의정이 되었다. 이유원은 탐욕스럽고 비루하여 교활한 것이 늙어서도 줄어들지 않았다. 소론의 갑부로 일컬어졌는데, 재물을 긁어모으면서도 싫어하는 기색이라고는 찾아볼 수 없었다. 특히 담소를 잘하고 행동거지가 모두 우아하여 이것으로써 임금의 지우(知友) 관계를 맺을 수 있었다. 임금 앞에서 손뼉을 치며 즐거워하는 것이 흡사 한 집안의 부자가 즐겁게 만족해하는 것 같았다. 비록 척리(戚里) 거간(巨姦, 큰 간신배)으로 대궐을 자기집 방 안처럼 여기는 자도 다 거기에 미치지 못했다. 박규수는 문학에 뛰어났고 풍채가 빛났으며 미덥고 지혜가 깊었다. 때로 고집이 세어 남에게 굽히지 않는 기개(氣槪)를 드러내어 많은 사람들의 칭찬을 받았다.

일찍이 이유원과 함께 약속을 하고 임금 앞에 이르러 다투는 바가 있었다. (그때) 박규수가 먼저 시작했는데, 임금이 아무 말 없이 묵연히 난색을 표하자 이유원은 감히 계속하지 못했는데, 박규수가 더 큰 소리로 외치면서, "사관(史官)은 어디에 있는가? 아무 달 아무 날에 이유원(李裕元)과 박규수(朴珪壽)가 임금 앞에서 약속을 하고 일을 논의하는데 이유원은 두려워서 몸을 움츠리고 감히 말하지 못했다. 너는 이 사실을 대서특필하라!" 하였다. 그리고는 이유원을 돌아보며 말하기를, "공은 소인이 되는 것을 면하기 어려울 것이오. 공은 어찌 이산해(李山海)와 유성룡(柳成龍)의 풍모를 들어보지 못했소?" 하였다.

原文

갑술 고종십일년 후 이유원 박규수 상차위좌우상 유
甲戌(高宗十一年)後 李裕元·朴珪壽 相次爲左右相 裕
원탐비교활 지노불쇠 칭소론갑부 이독화무염 선담소 진
元貪鄙狡猾 至老不衰 稱少論甲富 而黷貨無厭 善談笑 進
퇴용지 도아가관 이차결인주지지 재상전 저장환흡 여가
退容止 都雅可觀 以此結人主之知 在上前 抵掌驩洽 如家
인부자 옹용자득 수척리거간처금달여사침자 개불체야
人父子 雍容自得 雖戚里巨姦處禁闥如私寢者 皆不逮也
규수장어문학 풍채영발 임지술 시로굴강지기 이박중예
珪壽長於文學 風彩映發 任智術 時露倔强之氣 以博衆譽
상여유원 약지상전유소쟁 규수선지 상묵연유난색 유원
嘗與裕元 約至上前有所爭 珪壽先之 上嘿然有難色 裕元
불감계 규수대언호왈 사관안재 모월모일 이유원여박규
不敢繼 珪壽大言呼曰 史官安在 某月某日 李裕元與朴珪
수 약상전논사 유원외축불감발 여기특서지 인고유원왈
壽 約上前論事 裕元畏縮不敢發 汝其特書之 因顧裕元曰
공난면소인지귀 공기유문어이산해 유성룡지풍자호
公難免小人之歸 公豈有聞於李山海·柳成龍之風者乎.

이유원(李裕元)은 호가 귤산(橘山)으로 별장이 양주(楊州) 가오실〔嘉梧谷〕에 있었는데 서울에서 80리 거리가 된다. 당시 그가 왕래하던 80리가 그의 밭둑길로 다른 사람의 땅을 한 조각도 밟고 다니지 않았다고 하니, 그가 점유한 땅이 매우 넓다는 것을 말한 것이다. 전원의 숲과 꽃과 돌의 아름다움은 근세에 보기 드문 것이었고, 어린 여자아이를 뽑아 남자의 옷을 입혀 심부름에 응하게 하였으니, 기타 사치스럽고 음란한 것들도 이와 같았다고 한다. 그의 아버지 이계조(李啓朝)가 사신으로 연

경(燕京, 北京)에 갔을 때 점쟁이를 찾아 이유원의 수명을 묻자 점쟁이가 말하기를, "만약 정승자리에 있으면 필시 편안히 죽기가 어려울 것입니다." 하였다. 이계조가 임종할 때 그것을 경계하라고 하였는데 그러한 까닭에 여러 번 정승에 임명될 때마다 문득 눈물을 흘리며 애써 사양하였다. 계유년(고종 10, 1873)과 갑술년(고종 11, 1874) 즈음에 임금의 돈독한 은혜를 입어 감히 다시 사양할 수 없었다. 이미 정승자리에 나아감에 임금의 보살핌과 사랑함이 매우 융성하여 드디어 민승호(閔升鎬)와 더불어 화합하고 겸하여 부패(符牌)[1] 열두 개를 찼다. 문 앞의 뜰은 저자 같아서 이름하여 '남촌세도(南村勢塗)'라 하였다.

註解

1) **부패**(符牌) : 병부(兵符), 순패(巡牌), 마패(馬牌) 등의 총칭.

原文

유원호귤산 별서재양주지가오곡 거경사팔십리 시칭기
裕元號橘山 別墅在楊州之嘉梧谷 距京師八十里 時稱其

소왕래팔십리 개기전반로 부답타인편지 심언기점전지광
所往來八十里 皆其田畔路 不踏他人片地 甚言其占田之廣

야 원림화석지승 근세소미유 선동여작남자장 이응호환
也 園林花石之勝 近世所未有 選童女作男子裝 以應呼喚

기타사음칭시 기부계조 봉사연경 고술자이유원명 술자
其他奢淫稱是 其父啓朝 奉使燕京 叩術者以裕元命 術者

왈 약거상위 필난령종 계조임종 신계지 고루유매복지명
曰 若居相位 必難令終 啓朝臨終 申戒之 故屢有枚卜之命

이첩체읍력사 계 갑 고종십 십일년 지제 피상돈핍 불
而輒剃泣力辭 癸·甲(高宗十·十一年)之際 被上敦逼 不

감복사 기거상위 상권주심융 수여승호합 겸패십이부 문
敢復辭 旣居相位 上眷注甚隆 遂與升鎬合 兼佩十二符 門
정여시 호위남촌세도
庭如市 號爲南村勢塗.

이건창(李建昌)의 부친은 이상학(李象學)이다. 일찍이 건원릉(健元陵, 太祖陵) 영(令)이 되었는데 그때 이유원이 서울에 들어가다가 길이 능 아래로 나서 그를 방문하게 되었다. 마침 이상학이 은어를 선사받은 것이 있었는데 아직 반찬을 만들지 않았었다. 시중드는 이를 불러 말하기를, "은어를 속히 회쳐서 대감의 안주로 대령하라."고 하니 이유원이 깜짝 놀라 말하기를, "이 근방 어디에서 은어가 있을 수 있을까? 그것을 회치지 말고 이리 가져오게." 하고는 버들가지를 꺾어오게 하여 손수 그것을 싸고 조심스럽게 쓰기를, "내수사(內需司)[1)]에서 열어 보시오. 신 이유원이 엎드려 바칩니다〔內需司開坼 臣裕元伏呈〕." 하고는 즉시 그것을 하인을 시켜 바치게 했다. 그리고 곧 작별하고 떠났다.

이상학은 천성(天性)이 질박하고 곧았다. 돌아가 여러 아들에게 말하기를, "이 어찌 대신이 할 수 있는 일이란 말인가. (그래가지고) 나라가 잘 될 수 있겠는가." 하면서 종일토록 탄식했다. 나(황현)는 이 말을 이건창에게서 들었다.

註解

1) **내수사**(內需司) : 조선조 때 대궐에서 쓰는 쌀・베・잡물(雜物)과 노비 등에 관한 사무를 맡아 보던 관부(官府).

原文

이건창부상학 상위건원릉영 시유원입경사 노출릉하 위
李建昌父象學 嘗爲健元陵令 時裕元入京師 路出陵下 爲
방지 적유궤상학은어자 상미찬야 호시자왈 은어가속회
訪之 適有饋象學銀魚者 尙未饌也 呼侍者曰 銀魚可速膾
지 위대감하주 유원경이왈 차근나유은어래 기물회지래
之 爲大監下酒 裕元驚詑曰 此近那有銀魚來 其勿膾持來
야 명적유지 수과지 유근서왈 내수사개탁 신유원복정 즉
也 命摘柳枝 手裹之 惟謹署曰 內需司開坼 臣裕元伏呈 卽
령종노진지 선별거 상학천성복직 귀어제자왈 차기대신
令從奴進之 旋別去 象學天性僕直 歸語諸子曰 此豈大臣
사야 국기불경호 탄완미일 여종건창문지
事耶 國其不競乎 歎惋彌日 余從建昌聞之.

세자가 어렸을 때 장난하며 놀기를 좋아했다. 이유원(李裕元)이 일찍이 동궁에 이르러 소매에서 오기서(五技鼠, 간신의 아첨)를 꺼내어 바치었다.

原文

세자유시 호희희 유원상지동궁 수출오기서 이헌지
世子幼時 好嬉戲 裕元嘗至東宮 袖出五技鼠 以獻之.

이유원(李裕元)의 아들 이수영(李秀榮)은 (고질적인 피부병) 탄질(癱疾)이 있었다. 을해년(고종 12, 1875) 별시과에 급제하였는데 여창(臚唱)[1]하는 날에 김병학(金炳學)을 배알했다. (그런데) 부스럼이 얼굴에 가득하여 지저분하고 더러운 냄새가 다른 사람들에게 풍겼다. 김병학이 좌객을 둘러보며 말하기를,

“누가 이정승의 아들이 병들었다고 하는가? 또 한 명의 오성대감(鰲城大監, 李恒福)이 나왔구려.” 하였다. 오성(鰲城)과 오성(五成)은 음이 같은데 피부병이 다섯 가지 색깔을 이룬 것을 뜻함이니 그것은 실없는 말로 빗대어 놀린 것이다. 얼마 후 이수영은 대교(待敎) 벼슬을 하였으나 곧 죽었다.

이유원은 양손(養孫)을 정했는데 나이 차가 이수영의 처와 겨우 4, 5세밖에 되지 않았다. 드디어 어미와 아들 사이에 음란한 짓을 함에 이유원이 임금께 아뢰기를, “신의 양손이 그 어미와 간통하였으니 감히 양손을 파하고자 합니다.” 하자, 그 자리에 있던 사람들이 얼굴을 가렸다. 이유원은 곧 임금의 뜻을 얻어 일가인 판서 이유승(李裕承)의 아들 이석영(李石榮)을 데려다가 다시 양손으로 삼았다. 얼마 안 있어 이석영도 과거에 급제하였다.

〔영남의 선비 손영로(孫永璐)가 이유원을 탄핵하는 소(疏)를 올렸는데, 그 상소문 중에 ‘병든 아들이 과거에 급제함에 악성 종기가 있는 자가 근시(近侍)가 되는 것을 고려하지 않았다.’는 구절이 있어 한때 사람들의 입에 오르내렸다. 임금은 대신의 일을 배척했다하여 곧 귀양 보냈다.〕

註解

1) **여창**(臚唱) : 전시(殿試) 급제자가 처음으로 호명되어 전상(殿上)에 들어가 알현하는 일. 여전(臚傳)과 같은 뜻.

原文

유원자수영 유탄질 등을해 고종십이년 별시과 여창지
裕元子秀榮 有癱疾 登乙亥(高宗十二年)別試科 臚唱之
일 알김병학 창가만면 추예사인 병학고좌객왈 숙위이상
日 謁金炳學 瘡痂滿面 醜穢射人 炳學顧座客曰 孰謂李相
자병 우출일개오성대감야 오성여오성음동 위탄탄성오변
子病 又出一個鰲城大監也 鰲城與五成音同 謂癱瘓成五釆
개조학야 이이관대교선사 유원정양손 이치거수영처재사
蓋嘲謔也 而已官待敎旋死 裕元定養孫 而齒距秀榮妻纔四
오세 수모자음란 유원백상왈 신지손여기모통 감파양 재
五歲 遂母子淫亂 裕元白上曰 臣之孫與其母通 敢罷養 在
반자엄면 유원잉출상지 탈기족인판서유승지자석영위차
班者掩面 裕元仍出上旨 奪其族人判書裕承之子石榮爲次
양 미기우등제 영신손영로 탄유원 이유왈병자등제 불
養 未幾又登第. (嶺紳孫永璐 彈裕元 而有曰病子登第 不
고악창지근시 일시전송 상이배알대신 입찬지
顧惡瘡之近侍 一時傳誦 上以排訐大臣 立竄之).

강화도의 무위영(武衛營)을 도성으로 옮기고 내영(內營)에 도통사를 두었다. 이때에 무릇 운현(雲峴)이 시설한 것은 좋은 것 나쁜 것을 가리지 않고 없애 버렸다. 운현이 무위영을 철수했다는 말을 듣고 가슴을 어루만지며 말하기를, "이 영(營)이 나라에 무슨 해가 되었느냐? 스스로 장성(長城)을 파괴하는 것." 이라 하였다.

原文

이강화무위영우경사왈 내영 치도통사 시시범운현소설
移江華武衛營于京師曰 內營 置都統使 是時凡雲峴所設

시 무론선부 일병교혁 운현문철무위영 무응왈 시영하해
施 毋論善否 一倂矯革 雲峴聞撤武衛營 撫膺曰 是營何害

어국 이병자괴장성야
於國 而幷自壞長城也.

이재면(李載冕)은 여러 민씨들과 결탁하여 국면이 바뀐 뒤를 기약하고 이에 참여하였다. (그런데) 일이 성사되고 나서 민승호(閔升鎬)가 전제(專制)하게 되어 이재면은 물끄러미 쳐다만 보고 있을 뿐이었다. 비로소 분개하여 매도하니, 운현이 그것을 알고 말하기를, "에이, 돼지새끼 같으니라고!" 하였다. 훌쩍이며 울어 본들 무슨 소용이 있겠는가.

原文

이재면체구제민 약변국후 이득예문 사성 승호전제지
李載冕締構諸閔 約變局後 已得預聞 事成 升鎬專制之

재면징시이이 시자분매 운현지지왈 애돈자야 철기읍의
載冕瞪視而已 始自憤罵 雲峴知之曰 唉豘子也 啜其泣矣

하차급의
何嗟及矣.

병자년(고종 13, 1876)봄에 경복궁에 화재가 나서 고종은 창덕궁으로 이사를 했다. 그때 민승호(閔升鎬)의 집에도 불이 나서 그가 타죽었고, 얼마 후 흥인군 이최응(李最應) 집도 불이 났다. 당시에 민승호는 (상을 당하여) 수제(守制)[1]중이었는데, 산승(山僧)에게 아들을 위해 조용한 곳에서 기도드리게 하고는 그를 기다리고 있었다. 하루는 밖에서 함(函) 한 개를 보내왔는

데 기도를 드리던 곳에서 온 것이라며 중이 와서 말하기를, '밀실(密室)에서 열어봐야 한다.'며 '그 속에는 복(福)이 쌓여 있으니 외부 사람이 보면 안 된다.'고 하였다. 민승호에게 함을 건네준 사람은 이미 돌아가고 없자 민승호는 반신반의 하면서도 그 말대로 하려고 하였다. 함을 보니 구멍〔隱穴〕이 있고 자물쇠와 열쇠가 있는데 열쇠가 겉에 걸려 있어 열어보니 꽝 하는 요란한 소리와 함께 폭약이 터졌다. 그의 아들은 열 살이었는데 할머니와 함께 즉사했다. 민승호는 높이 튕겨 올랐다가 떨어졌으며 온몸이 시꺼멓게 타버리고 말 한마디 못한 채 쓰러져 있다 하룻밤을 넘기고 죽었다. 죽을 때에 운현궁(雲峴宮)을 두세 번 가리켰다.

(이로 인해) 밖의 여론이 자자했으며 대원군을 지목했으나 그러나 끝내 함이 누구에게서 보내온 것인지 알 수 없었다. 양전(兩殿)은 매우 슬퍼했으며 명성황후(明成皇后)는 특히 대원군에게 이를 갈았다. 그러나 설욕할 방도가 없었다. 마침 흥인군(興寅君)의 집에도 또 불이 났는데, 왕후는 대원군이 흥인군에 대해서 원한을 품은 때문이라 생각했다. (그리고) 민승호나 흥인군의 화재사건은 모두 대원군의 음모에서 나온 것이라 하고 비밀히 조사를 했다. 드디어 장(張)가의 성을 가진 사람을 잡았는데 그는 신철균(申哲均)의 문객(門客)[2]이었고 신철균은 예전 대원군의 문(門)에서 나온 사람인지라 단련(鍛鍊)[3]하여 성옥(成獄)[4]하였다.

註解

1) **수제**(守制) : 조부모 · 부모상을 당하면 그 자손된 사람 가운데 관리는 그 직을 사양하였고, 선비는 과거 응시를 중지하고 서민은 혼사를 중지했으며, 근신하여 만 27개월(3年喪) 복상(服喪)하던 일.
2) **문객**(門客) : 권세 있는 대가(大家)의 식객(食客).
3) **단련**(鍛鍊) : 혹독한 관리가 무리하게 사람을 죄에 빠뜨리는 것.
4) **성옥**(成獄) : 살인 사건을 재판하던 일.

原文

병 자 고 종 십 삼 년 춘 경 복 궁 화 상 이 어 우 창 덕 궁 시 민 승
丙子(高宗十三年)春 景福宮火 上移御于昌德宮 時閔升
호 제 우 화 승 호 소 사 이 이 흥 인 군 최 응 제 우 화 시 승 호 수 제
鎬第又火 升鎬燒死 已而興仁君最應第又火 時升鎬守制
사 산 승 위 자 기 복 정 처 이 사 지 일 일 자 외 체 헌 일 함 왈 자 기
使山僧 爲子祈福靜處 以俟之 一日 自外遞獻一函曰 自祈
처 래 승 언 밀 실 개 견 차 중 재 복 물 허 외 인 참 야 승 호 멱 헌 자
處來 僧言 密室開見 此中齎福 勿許外人參也 升鎬覓獻者
이 거 의 승 호 의 신 차 종 기 언 견 함 유 은 혈 쇄 이 모 약 현 우 방
已去矣 升鎬疑信 且從其言 見函有隱穴 鎖而牡 鑰懸于傍
시 약 지 굉 연 화 발 기 자 방 십 세 여 조 구 입 사 승 호 등 이 타 혼
試鑰之 轟然火發 其子方十歲 與祖俱立死 升鎬騰而墮 渾
체 매 탄 아 불 능 언 경 숙 내 사 사 시 지 운 현 궁 자 재 삼 외 의 자
體煤炭 啞不能言 經宿乃死 死時指雲峴宮者再三 外議藉
자 목 운 현 연 경 부 지 함 종 하 래 양 전 진 도 명 성 후 우 절 치 운
藉 目雲峴 然竟不知函從何來 兩殿震悼 明成后 又切齒雲
현 연 무 이 설 야 회 흥 인 군 제 우 화 후 의 운 현 지 한 흥 인 야 이
峴 然無以雪也 會興寅君第又火 后意雲峴之恨興寅也 以
양 화 개 출 기 모 수 밀 형 지 포 장 성 인 내 신 철 균 객 이 철 균 구
兩火皆出其謀 遂密詗之 捕張姓人 乃申哲均客 而哲均舊

出雲峴門 遂鍛鍊成獄.
(출운현문 수단련성옥)

신철균(申哲均)의 초명은 효철(孝哲)이다. 병인양요(丙寅洋擾, 1866) 때에 영종도 첨사로 재직하면서 프랑스 해군 수명을 살해하여 진주병사로 특진하였다. 갑술(고종 11, 1874) 후에 문을 닫고 집에 들어앉아 있었으나 방술(方術)을 좋아해서 잡객(雜客)들이 많이 들락거렸다. 그 즈음 장모(張某)라는 사람이 신철균에게, "아무 날 흥인군(興寅君)의 저택에 화재가 일어날 것입니다." 하였다. 그런데 그날 과연 불이 나서 그 말이 맞았다. 말이 누설되어 함께 체포되어 엄한 국문(鞫問)[1]을 당했으며 신철균도 무복(誣服)[2]을 당하게 되어 드디어 세 번의 화재 사건을 모두 뒤집어쓰게 되었다. 대역(大逆)[3]으로 참형을 당하게 되고 그의 집은 적몰(籍沒)[4]당했으며 처자들은 먼 곳으로 옮겨져서 노비로 충당되었다.

註解

1) 국문(鞫問) : 국청(鞫廳)에서 중대한 죄인을 신문하던 일. 죄를 심문함. 국신(鞫訊).
2) 무복(誣服) : 죄도 없는데 하는 수 없이 형에 복역함.
3) 대역(大逆) : 왕권을 침해하거나 부모를 죽인 큰 죄.
4) 적몰(籍沒) : 재산을 몰수함.

原文

신철균초명효철 병인 고종삼년 간 이영종첨사괵양인

申哲均初名孝哲 丙寅(高宗三年)間 以永宗僉使馘洋人

유병수급 탁배진주병사 갑술 고종십일년 후 두문가거

游兵數級 擢拜晋州兵使 甲戌(高宗十一年)後 杜門家居

이호방술 문다잡객 지시 객장모대철균언 모일흥인제당

而好方術 門多雜客 至是 客張某對哲均言 某日興寅第當

화 이이과연 언파설 병체엄국지 철균무복 수이삼화곤성

火 已而果然 言頗洩 並逮嚴鞫之 哲均誣服 遂以三火滾成

일안 좌이대역론참 적기가 처자사원 충노비

一案 坐以大逆論斬 籍其家 妻子徙遠 充奴婢.

신철균(申哲均)이 어렸을 때 어느 지관을 만나게 되어 그의 부친을 의령 땅에다 장사지냈는데, 혈(穴)이 산꼭대기를 막고 돌이 구리쟁반처럼 둘러싸고 있었다. 지관이 말하기를, "아무 해에 병사가 되어 나갈 것인데, 진주 병사가 될 것이다. 그것이 맞아떨어진다면 내게 천 꿰미의 돈을 주시오." 하였다. 신철균이 좋다며 그렇게 하기로 하였다. 진주 병영에 옮겨오니 바로 그해였다. 지관이 찾아오자 신철균은 평상시 같이 대하고 돈꿰미 줄 생각을 하지 않았다. 지관은 거의 내색도 하지 않고 떠남에 임하여 말하기를, "저 혈은 효험이 다 끝났소. 한 가지 인공을 가하면 대장에 오를 수 있을 것이오." 하였다. 신철균이 급히 붙들어 세우고 물으니, "둘러싸고 있는 돌을 깨어 한 모서리만 없애면 됩니다." 하였다. 신철균은 기뻐하며 그대로 따라 했다. 석반을 깨는 일을 마치고 지관이 떠나면서 어느 사람에게 말하기를, "이곳은 조천(朝天)의 밀초 형국인데 (한 모서리가)

깨지면 기름이 새어나가서 (불이) 꺼지지 않겠소. 채 10년이 못 되어 화가 있을 것이다." 라고 하였다 한다.

原文

철균소시 우일지사 장기친우의령지 혈한절정 석환지여
哲均少時 遇一地師 葬其親于宜寧地 穴扞絶頂 石環之如
동반 사왈 모년당출병사 기진주호 중즉여아천강 철균왈
銅盤 師曰 某年當出兵使 其晋州乎 中則與我千鏹 哲均曰
낙 급이진영 과기년야 사래알 철균대심평상 수무수강의
諾 及移晋營 果其年也 師來謁 哲均待甚平常 殊無酬鏹意
사무기미색 임별고왈 모혈기험의 조이인교 즉등단이 철
師無幾微色 臨別告曰 某穴旣驗矣 助以人巧 卽登壇耳 哲
균급고지 사왈 불과착석지환자 이결기일각야 철균희종
均急叩之 師曰 不過鑿石之環者 而缺其一角也 哲均喜從
지 착필사거 어인왈 차조천랍촉야 결즉유설 능불멸호 미
之 鑿畢師去 語人曰 此朝天蠟燭也 缺則油洩 能不滅乎 未
십년화작
十年禍作.

원세개(袁世凱)가 후에 김윤식(金允植)에게 말하기를, "귀국은 정치가 어지러워진 지 오래 되었소. 대대적으로 경장(更張)을 하지 않으면 유지하기가 어렵겠소. 10월의 변(變, 갑신정변)은 앞날을 내다봄이 없다고 할 수 없소. 김옥균(金玉均)의 무리들이 내게 알려만 주었다면 내가 마땅히 중립을 지키면서 그 성공을 보려하였는데, 오직 일이 뜻밖에서 나온 까닭에 서로 방해하며 끌고 당기기에 이르렀소." 하였다. 내가 그러한 이야기를 김윤식에게서 들었다.

原文

원세개후어김윤식왈 귀국정난구의 비대경장 무이유지
袁世凱後語金允植曰 貴國政亂久矣 非大更張 無以維持
시월지변 불가위무견 옥균배약문우아 즉오당중립 이관
十月之變 不可謂無見 玉均輩若聞于我 則吾當中立 以觀
궐성 유사출불의 고치상방체 여문지윤식
厥成 惟事出不意 故致相妨掣 余聞之允植.

특별히 민승호(閔升鎬)에게 시호(諡號)[1]를 충정(忠正)이라 내렸다. 그는 아들이 없어서 민비는 양자를 세우려 하였다. 그 당시 모든 민씨들을 열거한다면 민겸호(閔謙鎬)·민두호(閔斗鎬)·민관호(閔觀鎬)는 모두 아들이 있어서 그들을 양자로 세우려 하였으나 민비의 마음에 드는 사람이 없었다. (그런데 마침) 민태호(閔台鎬)가 아들 하나를 두었으니 민영익(閔泳翊)이다. 촌수가 조금 멀기는 하나 영리하고 숙성해서 민비는 그를 양자로 삼았으면 했다.

그러나 민태호가 반대하였는데 그의 동생 민규호(閔奎鎬)가 형을 협박하면서, "천의(天意)[2]를 어찌 어기겠소. 양자를 보내 함께 부귀를 누리는 것만 같지 못하오."하여 민태호는 하는 수 없이 허락했다.

그래서 민태호의 아들 영익은 민승호의 양자로 들어갔으며 이에 민규호는 이조 판서 겸 도통사가 되었다.

註解

1) **시호**(諡號) : 생전의 행적을 사정하여 임금이 내려주는 칭호.

2) 천의(天意) : 하늘의 뜻. 임금의 마음. 여기서는 왕후의 뜻을 말함.

原文

특시민승호왈충정 승호무자 명성후모입사 시제민약겸
特謚閔升鎬曰忠正 升鎬無子 明成后謀立嗣 時諸閔若謙
호 두호 관호 개유자 욕입지 이후의무가자 태호유일
鎬·斗鎬·觀鎬 皆有子 欲立之 而后意無可者 台鎬有一
자 왈영익 속초원 이영혜숙성 후의속지 태호거불종 태호
子 曰泳翊 屬稍遠 而穎慧夙成 后意屬之 台鎬拒不從 台鎬
제규호 협지왈 천의안가위야 불여공도부귀 태호종지 영
弟奎鎬 脅之曰 天意安可違也 不如共圖富貴 台鎬從之 泳
익수위승호자 후대희 어시 규호위이조판서겸도통사
翊遂爲升鎬子 后大喜 於是 奎鎬爲吏曹判書兼都統使.

민규호(閔奎鎬)의 형제는 단지 아들이 하나뿐이었는데 이미 민승호(閔升鎬)에게 양자로 들어가니 형제가 다 아들이 없게 되었다. 민태호(閔台鎬)는 민영익(閔泳翊)의 생부여서 민승호(閔升鎬)를 대신해서 정권을 잡을 자는 응당 민태호에게 있었다. 그런데 민규호는 역량과 모략(謀略)과 문필이 다 형보다 나았다. 또한 왕후가 민영익이 양자로 들어온 것이 민규호의 뜻에 말미암은 것이라 생각하고 그를 매우 좋아하니 마침내 그 형의 자리를 빼앗게 된 것이다.

原文

규호형제 지일자 기후승호 형제병무자 태호위영익생부
奎鎬兄弟 只一子 旣後升鎬 兄弟並無子 台鎬爲泳翊生父
즉대승호당로자 당재태호 이규호간략문필 개과우형 차
則代升鎬當路者 當在台鎬 而奎鎬幹略文筆 皆過于兄 且

후이영익지출 유규호의야 심우지 수양기형위
后以泳翊之出 由奎鎬意也 甚右之 遂攘其兄位.

처음에 민승호(閔升鎬)가 운현과 사이가 벌어지게 된 데에는 민규호(閔奎鎬)의 힘이 작용했기 때문이다. 이미 틈이 벌어지고 난 다음, 대체로 민규호는 민승호가 우둔하여 자기 뜻대로 조종할 수 있으리라 생각했다. 그런데 민승호는 양보하려고 하지 않았다. 민승호가 폭사하게 되자 혹자는 말하기를, 민규호가 음모를 꾸며 죽게 하고는 몽롱한 체하며 운현(雲峴)을 지목하여 자취를 감추고는 자기 조카를 민승호의 양자로 들여보내 대권(大權)이 자기에게 돌아오도록 했을 것이라고 하는데, 혹 그럴 수도 있겠다 하였다.

原文

초승호지간운현야 규호유력언 기이유극 개이승호암렬
初升鎬之間雲峴也 奎鎬有力焉 旣而有隙 蓋以升鎬闇劣
가득유의완롱 이승호불긍양야 승호사 혹언규호설모상장
可得惟意玩弄 而升鎬不肯讓也 升鎬死 或言奎鎬設謀相戕
몽롱지운현이멸적 출기질사승호 이사대권자귀 의혹연
朦朧指雲峴以滅跡 出其姪嗣升鎬 而使大權自歸 意或然
야
也.

김병국(金炳國)과 민규호(閔奎鎬)는 동성애를 하였다. 이미 김병국이 자헌대부(資憲大夫)의 계(階)에 오르자 민규호는 축하하여 말하기를, "대감이 판서가 되셨으니 저는 이제 정경부

인(貞敬夫人)이 되었습니다."라고 하였다.

原文

金炳國與奎鎬 有男寵 旣炳國階資憲 奎鎬賀之曰 大監爲判書 某今爲貞敬夫人矣.

민규호(閔奎鎬)는 어린시절 매우 가난하였다. 형과 함께 살면서 아침저녁으로 콩죽을 사다 마주 앉아 들었고 부친이 죽자 관이 없어서 거적으로 덮었다. 안악 군수(安岳郡守)로 있을 때에 그 아내가 세모시를 산 일이 있었는데 민규호가 그것을 보고는 비웃으며 말하기를, "이 세모시는 매우 거칠다. 어찌 명부(命婦)[1]의 옷으로 합당하겠소. 바꾸도록 하시오." 하자, 아내가 말하기를, "당신은 정동의 다 무너져가는 집에서 콩죽을 마실 때를 기억하지 못하시오. 이만하면 족한데 어찌 바꿔오라 하시오." 하였다. 민규호는 크게 화를 내고 자기를 업신여긴다고 말하면서 차버리고 나왔다. 이로부터 다시는 내실(內室)에 들어가지 않아서 마침내 자식이 없게 되었다.

註解

1) **명부**(命婦) : 봉호(封號)를 받은 부인의 동칭. 내명부(內命婦)와 외명부(外命婦)로 구분함.

原文

규호소야심빈 여형동거 조석매두죽 형제대철 부사무관
奎鎬少也甚貧 與兄同居 朝夕買豆粥 兄弟對啜 父死無棺
곽 고천과지 급위안악군수 기처상무세저포 규호입견지
槨 藁薦裹之 及爲安岳郡守 其妻嘗貿細苧布 奎鎬入見之
타왈 차포심추 기합명부복 가이지 처왈부자불기정동패
唾曰 此布甚麤 豈合命婦服 可易之 妻曰夫子不記貞洞敗
옥중철죽시호 차족의 하역위 규호대노 위모기 축이출 자
屋中啜粥時乎 此足矣 何易爲 奎鎬大怒 謂侮己 蹴而出 自
시 불입내 수무자
是 不入內 遂無子.

근세의 권문(權門)을 들자면 황산(黃山)을 들 수 있는데, 황산은 김유근(金逌根)의 호이다. 필가(筆家)로는 추사(秋史)를 추대하는데 추사는 김정희(金正喜)를 말한다. 민규호(閔奎鎬)는 그 두 분을 사모하여 자호(自號)를 황사(黃史)라고 하였다. 그것은 권문(權門)은 황산이 되고자 함이요, 필가로는 추사와 같이 되고자 함이었다.

原文

근세권문추황산 황산자 김유근야 필가추추사 추사자
近世權門推黃山 黃山者 金逌根也 筆家推秋史 秋史者
김정희야 규호모지 자호왈황사 언권욕황산 필욕추사야
金正喜也 奎鎬慕之 自號曰黃史 言權欲黃山 筆欲秋史也.

민규호(閔奎鎬)가 정권을 잡은 이후로 임금을 유도하여 내비

(內批)[1]하도록 하였다. 무릇 벼슬을 주고자 하는 자가 있으면 기록하여 올려서 임금으로 하여금 정관(政官)[2]에게 주어 의망(擬望)[3]에 올려 낙점(落點)을 받게 하는 것을 '서하(書下)'라 하였고 혹 임금이 어느 사람이 어느 관직에 적합하다고 입으로 전하는 것을 '제수(除授)'라고 칭하였으니 이는 모두 예전의 내비인 것이다.

註解

1) **내비**(內批) : 관리를 임명할 때 정해진 절차를 밟지 않고 임금의 특명으로 임명하는 것.
2) **정관**(政官) : 이조(吏曹)와 병조(兵曹)에 딸리어 문·무관의 전형(銓衡)을 맡아보는 관원. 전관(銓官)과 같은 말.
3) **의망**(擬望) : 삼망(三望)의 후보를 추천함. 삼망은 한 사람의 관원을 선발하는데 세 명의 후보자를 임금에게 추천하는 것. 임금은 그 중 한 사람을 낙점(落點)하여 결정함.

原文

규호기득정 도상내비 범욕관지자 록진지 사상수정관
奎鎬旣得政 導上內批 凡欲官之者 錄進之 使上授政官
주의수점왈서하 혹상구전모인가모관 왈제수 개고지내비
注擬受點曰書下 或上口傳某人可某官 曰除授 皆古之內批
야
也.

명성왕후(明成王后)는 자신이 쓸 경비가 부족한 것을 근심하여 수령직을 팔기로 하고 민규호(閔奎鎬)에게 가격을 매겨 올

리게 했다. 민규호(閔奎鎬)는 백성을 다스리는 관원을 판다는 것은 옳지 않다 생각하고, 그 응하는 자가 없게 하기 위해서 녹봉이 1만 꿰미라면 2만 꿰미로 정했다. 그런데도 응하는 자가 더욱 다투어 몰려들었고 부임하는 자들은 임지에 도착하여 가렴주구(苛斂誅求)를 더욱 일삼아 백성들은 크게 곤궁을 느꼈다. 민규호는 비로소 그렇게 한 것을 뉘우쳤다.

原文

명성후환용출 수매수령 사규호정가이진지 규호역이근
明成后患用絀 遂賣守令 使奎鎬定價以進之 奎鎬亦以近
민지관 불가매 욕기무응자 여봉가만민 즉정이만민 이응
民之官 不可賣 欲其無應者 如俸可萬緡 則定二萬緡 而應
자유경 도관부박 민중곤 규호시회지
者愈競 到官掊剋 民重困 奎鎬始悔之.

민규호(閔奎鎬)는 아둔하고 나약한 민승호(閔升鎬)의 뒤를 이었는데, 엄밀하게 바로잡고자 하였으므로 많은 사람들을 다치게 하였다. 서울과 지방에서 그를 두려워하여 천리 밖에서도 두말없이 복종하였다. 그러나 인척이나 친분이 있는 심이택(沈履澤)·조병식(趙秉式)과 같은 무리들이 탐학하고 교활하여 배부른 자리에 있으니 뇌물을 받고 탐욕하는 풍조가 날로 심해져서 운현(雲峴)의 때와는 전혀 다른 시대와 같았다.

原文

규호승승호암나지후 교이엄밀 다중상인 중외외지 천리
奎鎬承升鎬闇懦之後 矯以嚴密 多中傷人 中外畏之 千里

유낙 연인구탐활 여심이택 · 조병식지도 함열권유 장묵
唯諾 然姻舊貪猾 如沈履澤 · 趙秉式之徒 咸列權腴 臟墨

지풍 일이사 여운현시 여이대언
之風 日以肆 與雲峴時 如異代焉.

민태호(閔台鎬)가 일찍이 해주 판관(海州判官)으로 있을 때의 일이다. 조석여(趙錫輿)가 감사로서 자못 엄격하게 다루어 하루는 무슨 일로 몹시 꾸짖은 적이 있다. 민태호는 화를 삭이지 못하고 돌아와서 문을 닫고 마음 상해 있었다. 그때 민규호는 전 승지로서 형의 관아에서 머무르고 있었는데, 화가 나서 주먹을 불끈 쥐고, "저자가 감히 어찌 이럴 수가 있단 말인가?"하고 선화당(宣化堂)으로 곧장 달려가 큰소리로 말하기를, "조석여 너는 세상에 민규호가 있다는 것을 모르는가? 사대부가 비록 음관으로 역경에 처해 있더라도 어찌 너희 쥐새끼 같은 무리들한테 차이는 물건이더냐?"라고 소리치면서 그의 관과 망건을 부수며 상투를 휘어잡고 주먹질을 하며 구타했다. 조석여는 어찌할 줄을 모르고, 얼마 안 있어 깊이 수치심을 느껴 관직을 그만두고 돌아갔다.

原文

민태호상위해주판관시 조석여이감사임지파려 일일인
閔台鎬嘗爲海州判官時 曺錫輿以監司臨之頗厲 一日因

사절책지 태호분분 귀폐합자상 규호이전승지 유형아 액
事切責之 台鎬忿憤 歸閉閤自傷 奎鎬以前承旨 留兄衙 扼

완왈 피악감내이 경분선화당호왈 조석여 여부지세유민
腕曰 彼惡敢乃爾 徑奔宣化堂呼曰 曺錫輿 汝不知世有閔

규호야 사대부종음관낙척 기여서배소자축지물야 쇄기관
奎鎬耶 士大夫縱蔭官落拓 豈汝鼠輩所藉蹴之物耶 碎其冠

건 도기괄 이권구지 석여무여지하 이이심치지 수해임귀
巾 倒其髻 而拳毆之 錫輿無如之何 已而深恥之 遂解任歸.

병자년(고종 13, 1876) 정월에 일본인들이 약속을 어겨 대관(大官)인 흑전청륭(黑田清隆)이 군함을 이끌고 곧바로 강화도에 이르러 갖가지로 강요하고 협박하였다. 겉으로는 반드시 전쟁을 일으킬 기세였으나 속뜻은 다시 화약(和約)을 고치자는 것이었다. 조정은 크게 진동하였는데 민규호는 박규수와 더불어 의논을 정하고, 임시로 신헌(申櫶)에게 판부사(判府事)의 직함을 주어 전권대관으로 삼고 협상하여 담판하도록 하였다. 신헌은 중전의 뜻을 받들고 나가 전쟁을 도발할까 두려워하여 사사건건 응해 주고 저들의 욕심을 채워 주어서 (그러자) 흑전청륭은 물러갔다.

그 당시에 조병식(趙秉式)은 강화 유수로 있으면서 임금이 '주화(主和)'에 뜻이 있음을 엿보아 알고 상소하기를, "신은 수만의 정예병을 거느리고 있는데 강한 이웃나라가 국경을 압박했는데도 화살 한 개를 쓰지 않고 화의하는데 급급하였으니 신은 수치스럽게 생각합니다." 운운 하였다. 이 말을 들은 사람들은 그의 교활함과 간악함을 비웃었다. 이후로 물의가 시끌벅적하였으며 박규수가 나라를 그르쳤다고 매도했다. 북촌 사람들은 강화조약을 맺게 한 죄를 성토하여 마땅히 박규수의 관(棺)을 쪼개버려야〔부관(剖棺)〕 한다고까지 하였다. 그것은 얼마 안 있어 박규수(朴珪壽)가 죽었기 때문이다.

原文

丙子(高宗十三年)正月 倭人渝盟 其大官黑田淸隆 引兵艦 直抵江華 要喝萬端 外示必戰之形 而意欲更定和約 朝廷大震 閔奎鎬與朴珪壽定議 假申櫶判府事啣 爲專權大官 面商妥辦 櫶承中旨 恐挑兵釁 事事承應 以中其慾 淸隆退時趙秉式以留守 窺上意主和 上疏稱臣坐擁數萬精兵 强隣壓境 而不發一失 汲汲議和 臣竊羞之云云 聞者哂其狡惡 是後 物議喧騰 罵珪壽爲誤國 北村人 至以爲欲討講和之罪 當剖珪壽之棺 蓋未幾珪壽卒也.

4월, 전 승지 김기수(金綺秀)를 수신사(修信使)로 삼아 일본에 다녀오게 했으며, 인천 제물포에는 왜관(倭館)을 설치했다. 8월에 김기수가 돌아와서 『일동기유(日東紀游)』 3권을 지어 올렸다. 사절의 임무를 잘 수행했다고 하여 김기수를 곡산 부사(谷山府使)에 발탁하여 제수했다.

原文

四月 以(前)承旨金綺秀爲修信使 前往日本 設倭館于仁川濟物浦 八月綺秀還 撰進日東紀游三卷 以善使事 擢除

곡 산 부 사
谷山府使.

바야흐로 흑전청륭(黑田淸隆)[1]이 처음 도착함에 백관들이 의정부(議政府)에 모여들어 회의를 하였다. 어떤 사람이 '마땅히 화해를 하는 것이 옳다' 하니, 영의정 이최응은 '옳다' 하였다. (그리고) 또 어떤 사람이 '마땅히 전쟁을 하는 것이 옳다' 하니 또한 '옳다' 하였다. 그러자 또 다른 사람이 '싸워서 이기지 못하면 어찌하겠느냐' 하니, 또 '옳다' 하였다. 그리고 다른 사람이 '싸워서 이기지 못하면 그때 가서 화의를 하자' 하니 또한 '옳다' 하여 가부(可否)가 없었다. 날이 저물어 해산을 했는데, 서울에서는 그를 가리켜 유유정승(唯唯政丞)[2]이라 불렀다.

註解

1) **흑전청륭**(黑田淸隆) : 병자수호조약을 맺을 때 일본측 대표.
2) **유유정승**(唯唯政丞) : 유(唯)는 '옳다'의 뜻이므로 옳다 · 옳다고만 하는 정승이란 뜻.

原文

방 청 륭 지 시 도 야 　백 관 일 회 정 부 　일 인 왈 시 당 화 　수 상 흥 인
方淸隆之始到也 百官日會政府 一人曰是當和 首相興寅
군 최 응 왈 유 　일 인 왈 시 당 전 　우 왈 유 　일 인 왈 전 불 승 즉 내 하
君最應曰唯 一人曰是當戰 又曰唯 一人曰戰不勝則奈何
우 왈 유 　일 인 왈 불 승 즉 화 　우 왈 유 　무 소 가 부 　일 만 즉 산 　도 하
又曰唯 一人曰不勝則和 又曰唯 無所可否 日晩則散 都下
위 지 유 유 정 승
謂之唯唯政丞.

이 해 봄에 비가 내리지 않았지만 보리농사는 대풍이었다. 3월부터 6월에 이르기까지 크게 가물어 못자리가 모두 말랐다. 6월 16일에야 비가 내려 하룻밤 사이에 냇물이 넘쳤다. 때는 중복 전이기는 해도 입추가 겨우 3일밖에 남지 않아서 백성들은 어쩔 수 없이 마른 모를 쪄서 모내기를 했다. 그리고는 가뭄이 곧바로 겨울까지 이어져 우물과 샘이 다 말라 버렸다. 그러나 가끔 가랑비가 와서 뿌리를 적셔 주기는 했다. 밭곡식이나 논곡식을 막론하고 땅에 씨를 뿌린 것은 모두 가을 추수가 반으로 감소되었다. 그러나 황충(메뚜기)의 피해는 없었으니, '하늘이 다 죽이는 이치는 없다.'라는 옛말이 그르지 않은 줄을 알겠다.

原文

시춘무우 맥즉대수 자삼월지육월대한 앙묘진초 육월십
是春無雨 麥則大穗 自三月至六月大旱 秧苗盡焦 六月十
육일우 일야천일 시치중복전 거입추재삼일 민무가내 발
六日雨 一夜川溢 時値中伏前 距立秋纔三日 民無可奈 拔
초앙이이지 우한일직지동 정천개학 연왕왕맥목첨근 모
焦秧以移之 又旱一直至冬 井泉皆涸 然往往霡霂沾根 毋
론한곡수종 범락지자 추수배영 병불론황 고천무진살지
論旱穀水種 凡落地者 秋收倍贏 並不論蝗 故天無盡殺之
리 고언유징
理 古諺有徵.

순조 기사년(순조 9, 1809)과 갑술년(순조 14, 1814)은 다 큰 흉년이었다. 이 해에는 크게 가문 나머지 8월 초순에 서리까지 내려서 큰 흉년이 들었다. 그러므로 흉년이 든 해를 헤아릴 때

는 으레 '기사년과 갑술년'을 들었는데, 병자년 이후에는 '기사년과 갑술년'이란 말이 없어지고, 곧바로 '병자년'이라 운운 하였다.

原文

純廟己巳(九年) · 甲戌(十四年) 皆大無也 是歲大旱之餘 至八月初旬下霜 遂成大無 故數凶荒者 必曰己 · 甲 丙子後 遂無己 · 甲 直曰丙子年云云.

삼남(三南, 경상 · 충청 · 전라) 지방에는 수종(水種, 논)이 많고 서북 지방에는 한종(旱種, 밭)이 많다. 그런 까닭에 병자년에 서북 지방은 수확이 다소 나은 편이지만 남쪽 지방에서는 벼 한 말 값이 100전(錢)에 이르렀다. 굶어 죽는 사람이 눈에 넘쳐났고, 동네가 처참하여 백성들은 입을 다물고 죽기를 기다리는 판국이었다. □□□□□□[1]를 듣지 못했다.

註解

1) 판독이 불가능함.

原文

三南多水種 西北多旱種 故丙子西北差熟 南方稻斗至百

전 아부일목 여리처참 이민유폐구대진 미문
錢 餓莩溢目 閭里悽慘 而民猶閉口待盡 未聞□□□□□□□.

소재지에서 진휼을 실시하였으나 실제적인 혜택은 펼치지 못하고, 모두 관리들의 염지(染指)[1]로 돌아갔다. 호남 지방은 순천 부사 서정순(徐正淳)이, 경기도는 진위현령 이승우(李勝愚, 宇)가 가장 진휼을 잘한 것으로 알려졌다.

註解

1) **염지**(染指) : 부정으로 착복함. 옳지 못한 방법으로 남의 물건을 몰래 가짐.

原文

소재설진 이실혜미부 거귀관리지염지 호남즉순천부사
所在設賑 而實惠未敷 擧歸官吏之染指 湖南則順天府使
서정순 경기즉진위현령이승우 이최선진문
徐正淳 京畿則賑威縣令李勝宇 以最善賑聞.

서울에서는 8월 10일 밤에 서리가 내렸으며, 호남에서 영남에 이르기까지는 12일 혹은 13일 밤에 서리가 내려서 늦게 파종한 한곡(밭곡식)은 수확하지 못한 것이 많았다.

原文

경사 추팔월십일야상 호남지영남 십이혹십삼야상 한곡
京師 秋八月十日夜霜 湖南至嶺南 十二或十三夜霜 旱穀

지 만 파 자　다 미 수
之晩播者 多未收.

날씨가 몹시 가물 때면 군읍(郡邑)에서는 여러 곳을 찾아다니며 기우제(祈雨祭)를 지냈는데, 수령이나 방백들은 축문을 지어 관례를 좇을 따름이었으니 자못 민폐만 더 끼치게 되었다. 심하면 소를 잡아야 했고 술을 담당해야 했으며, 산사(山寺)에서 창기(娼妓)까지 데리고 놀만큼 요구하는 자도 있었다. 오직 전라 감사 정범조(鄭範朝)만은 조그마한 나귀를 타고 다니면서 주전(廚傳)[1]을 번거롭게 하지 않았다. 친히 도내의 각 명산을 다니며 몸소 기우제를 드렸다. 그가 무등산(無等山)에서 기우제를 드릴 때는 찌는 듯한 더위와 뜨거운 햇볕 아래에서 머리가 땅에 닿도록 절을 하면서 하늘에 부르짖었다고 하는데 그가 무릎 꿇고 향해 있는 곳에 갑자기 구름과 안개가 끼더니 조금 빗방울이 떨어져서 백성들이 모두 이를 신기하게 여겼다.

정범조는 그해 9월에 모친상을 당했는데 감사가 된 지 얼마 되지 않아서 감영의 장부를 처리하지 못한 것이 많았다. 그의 부친 기세(基世)가 당시 높은 벼슬아치에게 간청하여 같은 인물로 후임자를 오게 하여 미봉책(彌縫策)으로 세워줄 것을 원했다. 그 후 이돈상(李敦相)이 드디어 전라 감사에 임명되었다.

註解

1) 주전(廚傳) : 음식점과 여관.

原文

방한시 군읍축처도우 수재응문축례 지증민폐 심유재우
方旱時 郡邑逐處禱雨 守宰應文逐例 只增民弊 甚有宰牛
담주협창산사자 유완백정범조 단려척동 불번주전 궁도
擔酒挾娼山寺者 惟完伯鄭範朝 短驢尺童 不煩廚傳 躬禱
도내명산 기도무등산야 로좌열일중 고두유천 기소궤향
道內名山 其禱無等山也 露坐烈日中 叩頭籲天 其所跪向
지처 첩운무흡연 소우수작 민이지 범조이구월정내간 이
之處 輒雲霧滃然 小雨隨作 民異之 範朝以九月丁內艱 莅
임미기 영부다미감자 기부기세 간우시귀 원득동색 교승
任未幾 營簿多未勘者 其父基世 懇于時貴 願得同色 交承
이미봉 기후이돈상 수피완백지명
以彌縫 其後李敦相 遂被完伯之命.

전주 아전들은 돈 많고 흉악하기가 전국에서 제일이었다. 대원군이 일찍이 조선에는 세 가지 큰 폐단이 있으니 '호서(충청도) 지방의 사대부(士大夫) 계층'이요, '관서(평안도) 지방의 기생'이요, '전주의 아전'이라 하였다.

정범조(鄭範朝)가 전라 감사로 있을 때 아전 하나가 선비에게 태욕(笞辱)[1]을 보였는데 정범조는 그를 죽이라고 명했다. 아전은 정범조의 아버지 정기세(鄭基世)에게 많은 뇌물을 주고 하소연하였다. 정기세는 아들 정범조를 불러서 완곡하게 타이르기를, "아전은 진실로 죄를 지었으나 우리집 3대가 이 영(營, 전주)에서 벼슬하면서 일찍이 한 사람도 죽이지 않았는데 너는 어찌 그것을 생각지 않느냐?"라고 하였다. 정범조가 대답하기를 "오직 3대가 전주 감영에서 벼슬을 했다면 제가 어찌 감히

시소(尸素)[2]를 하겠습니까?" 하였다. 그의 아버지는 대답을 대꾸할 말이 없었다. 그 아전은 마침내 죽임을 당했다.

註解

1) **태욕**(笞辱) : 매로 쳐서 부끄러움을 줌.
2) **시소**(尸素) : 직책을 다하지 않고 녹(祿)만 먹는 일. 시위소찬(尸位素餐)의 약어.

原文

전주리서 부호완랑 갑우일국 운현상칭조선유삼대폐 호
全州吏胥 富豪頑狼 甲于一國 雲峴嘗稱朝鮮有三大弊 湖
서지사부야 관서지기야 전주지리야 정범조안절시 일리
西之士夫也 關西之妓也 全州之吏也 鄭範朝按節時 一吏
태욕일사인 범조명폐지 이중뇌소우기세 기세소범조 완
笞辱一士人 範朝命斃之 吏重賂訴于基世 基世召範朝 婉
유지왈 이성가죄 아가삼세리시영 미상살일인 여합상량
喩之曰 吏誠可罪 我家三世莅是營 未嘗殺一人 汝盍商量
대왈유삼세리시영 소자하감시소 기세무이응 이경사
對曰惟三世莅是營 小子何敢尸素 基世無以應 吏竟死.

서정순(徐正淳)은 서당보(徐堂輔)의 조카이며, 김영목(金泳穆)은 김상현(金尚鉉)의 조카인데, 둘다 민규호(閔奎鎬)에게 아첨하며 섬겼다. 그에 힘입어 서당보는 함경도 관찰사 자리를 얻었고, 김상현은 평안도 관찰사 자리를 얻었으니 당시 사람들이 짝이 잘 들어맞는다고 하였다. 그들은 조카로서 숙부를 위해 자리를 얻어 주었고, 숙부는 모두 감사가 되었기 때문이다.

병자년(고종 13, 1876) 가을, 조정의 의논이 순천은 호남의 큰 고을인데 재난을 입은 것이 더욱 참혹하니, (부사를) 가려서 뽑을 것을 명했다. 서정순이 마침내 뽑히게 되었으나 모친의 병환을 핑계 삼아 면해 주기를 호소했다. 그러나 의정부에서 허락지 않아서 떠나기로 하고 하직하기 위해 운현에게 들러 자기가 어쩔 수 없어 떠나게 되었다는 사유를 아뢰었다. 운현이 냉소하며 말하기를, "어찌 의정부에서 태부인(太夫人, 명성황후를 뜻함)과 통할 수 있었단 말인가. 어찌 노환이 하룻밤 사이에 나아서 허락을 받지 못했는가." 하였다.

原文

서정순이당보지질 김영목이상현지질 개첨사민규호 자
徐正淳以堂輔之姪 金泳穆以尙鉉之姪 皆諂事閔奎鎬 藉
기력 당보득북백 상현득기백 시인이위적대 이기개질위
其力 堂輔得北伯 尙鉉得箕伯 時人以爲的對 以其皆姪爲
숙지야 숙개감사야 병자추 조의이순천호남거부 피재우
叔地也 叔皆監司也 丙子秋 朝議以順天湖南巨府 被災尤
혹 명택차 정순수피선 칭모병공소 정부불허 수작행계 역
酷 命擇差 正淳遂被選 稱母病控訴 政府不許 遂作行計 歷
사운현 진기민면부임지유 운현냉소왈 기정부유통태부인
辭雲峴 陳其黽勉赴任之由 雲峴冷笑曰 豈政府有通太夫人
자호 하이실노제지일야 환차이불견허야
者乎 何以悉老瘵之一夜 還差而不見許也.

김상현(金尙鉉)은 자가 위사(渭士), 호는 경대(經臺)로 사계(沙溪) 김장생(金長生)의 후손이다. 대산(臺山) 김매순(金邁淳)

의 문하에서 공부했는데, 약관의 나이에 재주가 빼어나서 글짓는 솜씨로 세상에 알려졌다. 김매순의 시(詩)에 '위생(渭生)이 문사(文詞)를 토해내니 꽃이 붓 끝에서 피어난다〔渭生吐士詞花生筆〕'라는 구절이 있다. 당시 신석희(申錫禧)가 북촌에 살았는데 호가 위사(韋史)로 역시 문장이 능했다. 그러므로 한때 노론(老論)의 재자(才子)를 꼽을라치면, '북(北)에는 위사(韋史)요, 남(南)에는 위사(渭士)'라고 하였다. 김상현은 성격이 부드럽지 못하고 스스로를 높여서 세상에 자기만한 사람이 없다고 보았다. 그러나 그의 문장은 허점이 많았고 시도 거칠었으며, 사륙문(四六文)[1]에 다소 능한 편이었다. 대제학에 이르렀을 때는 연로하고 재주 또한 쇠퇴하여 후배들이 그의 글에 전혀 감복하지 않았다. 그가 평안 감사로 있을 때에는 '보궤(簠簋)[2]의 비방'이 있었다.

註解

1) **사륙문**(四六文) : 한문 문체의 하나. 네 글자와 여섯 글자로 이루어지는 구(句)를 되풀이 하되, 대구(對句)를 많이 써서 운율적 재미를 살린 문장. 사륙병려문(四六騈儷文) 또는 병문(騈文)이라고도 부름. 중국 위·진(魏晋) 시대에 성행하였고, 제·양(齊梁)시대에 전성기를 이루어 당(唐) 초기까지 유행함.
2) **보궤**(簠簋) : 원래는 제향(祭享) 때 도량(稻粱)과 서직(黍稷)을 담는 그릇인 보(簠)와 궤(簋)를 말하는 것이나 여기서는 관리의 청명하지 못함을 뜻함.

原文

김상현 우위사 호경대 사계지후야 출대산김매순지문
金尙鉉 宇渭士 號經臺 沙溪之後也 出臺山金邁淳之門
약관영수 조장파예 매순시유왈 위생토사화생필자야 시
弱冠穎秀 藻章播譽 邁淳詩有曰 渭生吐詞花生筆者也 時
신석희거북촌 호위사 역능문 고일시유노론재자왈 북위
申錫禧居北村 號韋史 亦能文 故一時惟老論才子曰 北韋
사 남위사 상현간항자고 시거세무인야 연문다자류 시
史·南渭士 尙鉉簡亢自高 視擧世無人也 然文多疵纇 詩
추소 초공사륙 급위대제학 년노재우퇴 후배심불복 기안
麤疎 稍工四六 及爲大提學 年老才又退 後輩甚不服 其按
기영야 우유보궤지방
箕營也 又有簠簋之謗.

경대(經臺)[1]는 젊은 시절 경기도 광주에 살면서 정다산(丁茶山)[2]에게 학문을 익혔다. 차츰 성장하자 정다산은 그를 사양하여 보내면서, "자네는 노론(老論)으로 가문이 높은 집안인데 어찌 나에게서 배우겠나. 속히 같은 노론 계통의 스승에게서 배우도록 하라. 북촌(北村)에 김대산(金臺山)[3]이 살고 있으니 참으로 자네의 스승으로 적격한 분이다. 자네는 그분께 사사(師事)[4]하라." 하였다. 경대는 드디어 대산의 고제자(高弟子)가 되었다. 그러나 가르침을 준 그의 연원(淵源)을 따진다면 분명히 정다산에게 있는 것이다. 그러나 그가 늙어서 후배에게 대하되, '대산'을 칭할 때는 반드시 선생이라 말하고 '다산'을 가리킬 때는 그냥 '다산'이라 불렀다. 세상 사람들은 이 일로 말미암아 그를 야박하다고 하였다.

註解

1) **경대**(經臺) : 고종 때 대제학, 이조 판서 등을 역임한 바 있는 김상현(金尙鉉)의 호. 김장생(金長生)의 9대손.
2) **정다산**(丁茶山) : 조선 후기의 실학자(實學者) 정약용(丁若鏞). 다산은 그의 호. 남인(南人) 계열임.
3) **김대산**(金臺山) : 조선 후기의 대학자 김매순(金邁淳). 대산은 그의 호. 여한십대가(麗韓十代家)의 한 사람으로 꼽음.
4) **사사**(師事) : 스승으로 섬김.

原文

경대　김상현　소시거광주　수업우정다산　약용　년초장
經臺(金尙鉉)少時居廣州　受業于丁茶山(若鏞)　年杪長
다산사견지왈　자노론명가야　하가사아이속제류지기　북촌
茶山謝遣之曰　子老論名家也　何可師我以速儕類之譏　北村
유김대산　매순　진자사야　자기사지　경대수위대산고제
有金臺山(邁淳)　眞子師也　子其師之　經臺遂爲臺山高弟
연지수연원　즉고다산야　기노　대후배　칭대산　즉필왈선생
然指授淵源　則固茶山也　旣老　對後輩　稱臺山　則必曰先生
다산직왈다산이이　세유차박지
茶山直曰茶山而已　世由此薄之.

정다산(丁茶山)의 이름은 약용(若鏞)이며 오인(午人, 남인(南人)이다. 정조 때 등과(登科)[1]해서 벼슬은 승지(承旨)에서 그쳤다. 일찍이 초계문신(抄啓文臣)[2]으로 내각(內閣)에 들어가 크게 재능을 떨쳤는데 이로 말미암아 시기하고 질시하는 자가 많았다. 친형인 정약종(丁若鍾)의 옥사(獄死)[3]에 연좌되어 강진으로 귀양 갔다가 19년 만에 풀려났다. 적소(謫所)에서 무사히 살

면서 고금(古今)을 연구했고 민생국계(民生國計)[4]에 마음을 두고 토론(討論)[5]한 것을 저술하니 모두가 후세에 본받을 만한 것이었다. 『목민심서(牧民心書)』·『흠흠신서(欽欽新書)』·『방례초본(邦禮艸本)』, 『경세유표(經世遺表)』·『전제고(田制考)』 등의 저서가 그러한 것들이다. 우리 동방에 있어서는 가히 비교할 수 없는 공전절후(空前絕後)라 일컬을 만한 작품들이다. 유반계(柳磻溪)[6] · 이성호(李星湖)[7]의 학문과 비교한다면 정다산은 더욱 큰 학문을 베푼 분이다. 그의 시문과 잡저 등을 함께 모아서 엮은 『여유당집(與猶堂集)』 2백 권이 있다.

註解

1) **등과**(登科) : 과거에 급제함.
2) **초계문신**(抄啓文臣) : 조선시대 당하문관(堂下文官) 중에서 문학에 뛰어난 사람을 뽑아, 매달 강독(講讀)과 제술(製述)을 시험할 때에 쓴 시험관.
3) **옥사**(獄死) : 신유박해(辛酉迫害) 때 정약종의 옥사 사건.
4) **민생국계**(民生國計) : 백성을 살리기 위한 나라의 계책.
5) **토론**(討論) : 정당한 이치를 궁구함.
6) **유반계**(柳磻溪) : 조선 후기의 실학자 유형원(柳馨遠). 반계는 그의 호.
7) **이성호**(李星湖) : 조선 후기의 실학자 이익(李瀷). 성호는 그의 호.

原文

정다산 명약용 오인야 성종조등과 관지승지 상이초계
丁茶山 名若鏞 午人也 正宗朝登科 官止承旨 嘗以抄啓

문신 입내각 대피기상 유시시질자중 좌형약종옥 찬강진
文臣 入內閣 大被器賞 由是猜嫉者衆 坐兄若鐘獄 竄康津

십구년 시유 적거무사 연구고금 우유심민생국계 노론서
十九年 始宥 謫居無事 研究古今 尤留心民生國計 討論著
술 궁원극위 요위유용지학 이개가위후세법 약목민심서
述 窮源極委 要爲有用之學 而皆可爲後世法 若牧民心書
흠흠신서 방례초본 전제고등제서 시야 재동방 태가
·欽欽新書·邦禮艸本·田制考等諸書 是也 在東方 殆可
위광전절후 이비제유반계 형원 이성호 익 지학 억역
謂曠前絶後 而比諸柳磻溪(馨遠)·李星湖(瀷)之學 抑亦
익대이사자야 기시문잡저 우유여유당집이백권
益大以肆者也 其詩文雜著 又有與猶堂集二百卷.

다산(茶山)은 그 형의 옥사에 연루되어 체포되었을 때 심문에 답하기를, "임금을 속일 수 있겠습니까? 임금은 속일 수 없습니다. 형을 증언할 수 있겠습니까? 형을 증언할 수 없습니다." 하였다. 세상에서는 공적인 의리와 사적인 인륜 양쪽의 도리를 다했다고 말했다. 참으로 대답하기 어려운 말을 교묘하게 잘 대응한 것이라 하겠다. 귀양살이 19년 동안 온갖 어려움을 다 겪었어도 불편한 기색조차 드러내지 않았다.

(그는) 일찍이 어느 귀양살이 하던 사람이 북(서울)으로 돌아가는 것을 송별하면서 부채에다 시 한 편을 써 준 적이 있었다. 그런데 그 기구(起句)[1]에, '역정(驛亭)[2]의 가을비 사람을 송별하기 더디구나(驛亭秋雨送人遲)'라 하고, 또 '이릉〔李陵, 전한(前漢)의 무장〕이 고향으로 돌아갈 기약이 없어라(李陵歸漢遂無期)'라고 썼다. 붓을 던지고 길게 읊노라니 처연히 눈물이 흘렀다. 그 사람이 서울에 이르러 당시 재상을 뵙는 자리에서 별 생각없이 그 부채를 보이게 되었다. 그러자 재상이 깜짝 놀라면서,

"정 아무개가 아직도 이 세상 인간사에 노닐고 있단 말인가?" 하였는데 얼마 후 풀려나게 되었다.

註解

1) **기구**(起句) : 시나 문장의 첫 구. 수구(首句).

2) **역정**(驛亭) : 역마를 바꿔 타던 곳.

原文

다 산 좌 기 형 피 체 야 진 공 왈 군 가 기 호 군 불 가 기 야 형 가 증

茶山坐其兄被逮也 陳供曰君可欺乎 君不可欺也 兄可證

호 형 불 가 증 야 세 이 위 공 사 윤 의 양 진 진 구 난 언 지 묘 재 적

乎 兄不可證也 世以爲公私倫義兩盡 儘具難言之妙 在謫

십 구 년 비 상 간 액 이 무 기 미 색 상 송 일 천 객 북 귀 자 제 일 시

十九年 備嘗艱阨 而無幾微色 嘗送一遷客北歸者 題一詩

선 면 증 지 기 구 왈 역 정 추 우 송 인 지 우 왈 이 릉 귀 한 수 무 기

扇面贈之 起句曰 驛亭秋雨送人遲 又曰李陵歸漢遂無期

척 필 장 음 처 연 유 체 기 인 지 경 사 알 시 재 인 무 의 이 시 기 선

擲筆長吟 悽然流涕 其人至京師 謁時宰 因無意以示其扇

재 구 연 왈 정 모 상 유 희 인 간 야 이 이 득 석

宰瞿然曰 丁某 尚游戲人間耶 已而得釋.

다산(茶山)은 의학(醫學)의 이치에도 매우 정통하였는데, 그것을 헐뜯어 말하는 자들은 그것을 지적하여 서학(西學)에서 나왔다고 하였다.

原文

다 산 의 리 심 정 자 의 자 지 위 출 서 학

茶山醫理甚情 訾議者 指爲出西學.

정다산(丁茶山)은 기억력이 뛰어나서 세상 사람들은 계곡(谿谷)[1]에게 비유했다. 재상 이강산(李薑山)[2]이 일찍이 영평현(永平縣, 지금은 포천으로 귀속됨)에서 대궐로 오다가 길가에서 한 소년이 책을 한 짐 지고 북한사(北漢寺)로 가는 것을 보았다. 10여 일이 지나서 고향으로 돌아오는 길에 또 지난번의 그 소년을 만났다. 그런데 또 책을 한 짐 지고 오고 있었다. 강산이 이상하게 여겨 물었다. "자네가 누구이기에 책은 읽지 아니하고 소란을 피우며 왔다갔다 하느냐?" 하였다. 소년이 대답하기를, "읽기를 이미 마쳤습니다." 하였다. 재상은 놀라서 묻되, "짊어지고 있는 책은 무슨 책이냐?" 하였다. 대답하되 "『강목(綱目)』[3]입니다." 하였다. 또 묻되, "『강목』을 어찌 10여 일 동안에 읽을 수 있느냐?" 하니, "바로 읽었습니다." 하고 암송(暗誦)도 가능하다고 하였다. 재상은 드디어 수레를 멈추게 하고 한 책을 뽑아 시험하니 돌아서서 외우는 것이었다. 그 소년이 바로 정다산이었다.

註解

1) **계곡**(溪谷) : 조선 중기의 문신 장유(張維). 계곡은 호. 문장이 뛰어났다.
2) **이강산**(李薑山) : 조선 후기의 이름난 문장가이자 명재상으로 이름난 이서구(李書九). 강산은 그의 호.
3) **강목**(綱目) : 사마광(司馬光)이 지은 『자치통감(自治通鑑)』을 주희(朱熹)가 강(綱)과 목(目)을 세워 다시 요약 편집한 『자치통감강목(自治通鑑綱目)』.

原文

다산기성절륜 세의지계곡 장유 이강산 서구 상국 상
茶山記性絶倫 世擬之谿谷(張維) 李薑山(書九)相國 嘗

자영평부궐 로우일소년 태일담서 향북한산사 순여환향
自永平赴闕 路遇一少年 馱一擔書 向北漢山寺 旬餘還鄉

우우향자소년 태일담서이출 괴문지왈 자하인 불독서 단
又遇向者少年 馱一擔書而出 怪問之曰 子何人 不讀書 但

설설왕래위 소년대왈 독이료의 상국악이왈 소태자운하
屑屑往來爲 少年對曰 讀已了矣 相國愕爾曰 所馱者云何

왈강목야 왈강목 기일순가독자호 왈비직독야 송역가능
曰綱目也 曰綱目 豈一旬可讀者乎 曰匪直讀也 誦亦可能

상국수정거 착추이시지 략능배송 소년내다산야
相國遂停車 錯抽以試之 略能背誦 少年乃茶山也.

다산(茶山)은 타고난 재능이 뛰어나 제자백가(諸子百家)[1]에도 관통했는데, 오직 실용(實用)에 전념했기 때문에 그의 저술은 옛사람의 법도에 다소 벗어난다 할 수 있겠다. 그렇지만 마단림(馬端臨)[2]이나 고염무(顧炎武)[3] 같은 학자와 비교해도 손색이 없었다. 비록 그의 문장이 명청(明淸)이래 여러 명가(名家)에는 미치지 못할 것이다. 그렇다고해도 이것으로써 저것과 바꿀 수는 없는 것이다.

맏아들 유산(酉山) 정학연(丁學淵)은 일찍이 추사(秋史, 金正喜)를 초청해서 『여유당집(與猶堂集)』을 고찰하고 교정해서 버릴 것과 놔둘 것을 정리해 달라고 부탁하였다. 추사가 그의 원고를 살피고 나서 유산에게 말하기를, "선공(先公)의 백세(百世) 대업은 진실로 위대합니다. 그 저작에 대해서 나는 사실 감

히 알지 못하는데 어찌 취하고 버릴 것을 할 수 있겠소. 어찌 전고(全稿)를 그대로 보존하여 후세의 양자운(揚子雲)[4]을 기다리지 않습니까?" 하였다. 추사는 글 짓는 성품이 좀 부드럽지 못하여 소품(小品) 척독(尺牘)을 남기는 데 그쳤지만, 빼어난 재주와 박학함으로 그는 독자적인 안목을 지니고 있었던 것이다.

註解

1) **제자백가**(諸子百家) : 중국의 춘추 전국시대의 여러 학파의 총칭.
2) **마단림**(馬端臨) : 송말(宋末) 원초(元初)의 학자. 『대학집전(大學集傳)』, 『문헌통고(文獻通考)』를 저작함.
3) **고염무**(顧炎武) : 중국 명말(明末) 청초(淸初)의 학자. 경서(經書)를 깊이 연구하여 청대(淸代) 고증학(考證學)의 시조로 불리우며, 『일지록(日知錄)』을 지음.
4) **양자운**(揚子雲) : 중국의 전한(前漢) 사람 양웅(揚雄)의 자(字). 대학자로서 『태현경(太玄經)』·『양자법언(揚子法言)』·『양자방언(楊子方言)』을 지음.

原文

다산천재기고 엄관백가 지무실용 고기저술 불규규구합
茶山天才旣高 掩貫百家 只務實用 故其著述 不規規求合
고인 이미유박잡지병 수무괴어마단림·고염무제인 이기
古人 而微有駁雜之病 雖無愧於馬端臨·顧炎武諸人 而其
문장 종불체명청이래제명가 연불가이차이역피야 윤자유
文章 終不逮明淸以來諸名家 然不可以此而易彼也 胤子酉
산학연 상요추사(김정희) 고교여유당집 정기거취 열필
山學淵 嘗邀秋史(金正喜) 考校與猶堂集 定其去就 閱畢
추사어유산왈 선공백세대업고위의 기어작가 오실미감지
秋史語酉山曰 先公百世大業固偉矣 其於作家 吾實未敢知

하이능거취호 합존전고이대후세지자운 추사문성경삽 지
何以能去就乎 盍存全稿以待後世之子雲 秋史文性硬澁 止
어소품척독 이준재박학 안목고자유야
於小品尺牘 而雋才博學 眼目固自有也.

사대부(士大夫)는 당파가 나눠진 이래로 비록 통재(通才), 대유(大儒)라 하더라도 대부분 문호(門戶)에 얽매이고 집착하여 언론이 편파적이게 마련이었다. 오직 다산(茶山)만은 마음을 평탄하고 넓게 써서 오직 좋은 것만 따라 배울 뿐, 선배에 대해서 절대로 애증(愛憎)을 갖고 있지 않았다. 이런 이유로 오인(午人, 남인)들에게 미움과 냉대를 받았다.

原文

사대부분당이래 수칭통재대유 유개구련문호 언의편파
士大夫分黨以來 雖稱通才大儒 類皆拘攣門戶 言議偏頗
유다산 심기탄탕 유언시사 어선배절무애증 유시대위오
惟茶山 心期坦蕩 惟言是師 於先輩絶無愛憎 由是大爲午
인소염박
人所厭薄.

지금 임금은 부국강병(富國强兵)에 주의를 집중하고 개혁하는데 박차를 가하고자 하나 군신(群臣) 중에 의지할 만한 자가 없음을 한스러워하였다. 을유년(고종 22, 1885)과 병술년(고종 23, 1886) 간에는 『여유당집(與猶堂集)』을 올리도록 명하고, 개연히 같은 시대에 살지 못함을 탄식하였다. 얼마 후 다산(茶山)의 증손 정문섭(丁文燮)을 대과(大科)에서 발탁하였다. 지금 정

한 13부제(府制, 지방제도의 13道) 역시 다산의 뜻을 미루어 편 것이었다.

原文

금상예지부강 분분변경 한군신무가장자 을유 병술
今上銳志富强 紛紛變更 恨群臣無可仗者 乙酉·丙戌
고종이십이 이십삼년 간 명진여유당집 개연유부동시
(高宗二十二·二十三年)間 命進與猶堂集 慨然有不同時
지탄 이이탁기증손문섭대과 금소정십삼부제 역추연기의
之歎 已而擢其曾孫文燮大科 今所定十三府制 亦推演其意
야
也.

다산(茶山)의 저작은 하나도 간행하여 배포된 것이 없고 다만 사사로이 서로들 책을 그대로 베껴서 단종(單種)으로 각각 흘러 다니고 있었다. 『흠흠신서(欽欽新書)』, 『목민심서(牧民心書)』의 경우 이 두 책은 형사소송(刑事訴訟)이나 지방행정(地方行政)에 더욱 절실한 것이기 때문에 비록 당론(黨論)이 다른 집에서도 값진 책으로 보관하지 않을 수 없었다. 지금 이미 수백 본이 나돌고 있는데 어로불변(魚魯不辨)[1]이 되지 못한 것이 있을 뿐만 아니라 잘못되고 빠진 것이 많아서 읽을 수 없는 것이 많이 있었다. 더욱이 정문섭(丁文燮)은 완고하고 비루하며 무식한 사람이라 다산(茶山)의 전고(全稿)를 팔아먹었다고까지 전한다.

註解

1) **어로불변**(魚魯不辨) : '어(魚)자와 로(魯)를 분간 못한다'는 뜻으로, 여기서는 베껴 쓰는데 '어'자로 써야 할 것을 '로'자로 쓰는가 하면 반대로 '로'자로 써야 할 것을 '어'자로 썼다는 뜻으로, 오자(誤字)가 많음을 뜻함.

原文

다 산 소 저　일 미 간 포　이 사 상 초 사　단 종 각 행　지 어 흠　목 양
茶山所著　一未刊布　而私相鈔寫　單種各行　至於欽·牧兩
서　우 절 어 리 치 옥 송　고 수 논 의 이 취 지 가　무 불 진 장　금 이 수
書　尤切於吏治獄訟　故雖論議異趣之家　無不珍藏　今已數
백 본　이 단 어 로 와 결　불 가 독　문 섭 우 완 비 무 식　매 기 전 고
百本　而但魚魯訛缺　不可讀　文燮尤頑鄙無識　賣其全稿.

정축년(고종 14, 1877) 봄에 정시문과(庭試文科)를 실시하고 다섯 명을 뽑았다. 남정익(南廷益)은 그때 의주부윤(義州府尹)으로 있었는데, 돈 10만 꿰미를 바치고 그의 아들 남규희(南奎熙)를 으뜸으로 합격시키게 하였다. 남은 네 사람도 다 서하(書下)[1]를 해주었다. 금릉위(錦陵尉) 박영효(朴泳孝)가 임금께 말하기를, "서울에는 쌀이 옥(玉) 같이 귀하고 도랑에는 굶어죽은 자들이 널려 있는데, 8도의 거자(擧子)들을 모아놓고서 관절(關節)[2]은 논할 것도 없고 과거를 팔아먹는다는 소리가 있기까지 합니다. 유생들은 옹옹(喁喁)[3]하고, 원망의 기운은 뱃속에 가득 찼는데, 누가 전하를 위한답시고 이러한 계획을 내놨습니까?" 하니 임금은 자못 뉘우치는 기색을 보였다.

註解

1) **서하**(書下) : 임금이 벼슬시키려는 사람의 이름을 친히 적어 주거나 낙점(落點)하는 것을 말함.
2) **관절**(關節) : 요로(要路)에 있는 사람에게 뇌물을 주고 청탁하는 일.
3) **옹옹**(喁喁) : '무엇인가를 구하고 있을 뿐 아무 일도 하지 않는 모양'을 이르는 말.

原文

정축 고종십사년 춘 설정시문과 취오인 남정익시위의
丁丑(高宗十四年)春 設庭試文科 取五人 南廷益時爲義
주부윤 납전십만민 기자규희득괴첩 여사인개서하 금릉
州府尹 納錢十萬緡 其子奎熙得魁捷 餘四人皆書下 錦陵
위박영효언우상왈 도하미여옥 구척상망 내취팔방거자
尉朴泳孝言于上曰 都下米如玉 溝瘠相望 乃聚八方擧子
이무론관절 지유매과지성 청금옹옹 원기만복 수위전하
而毋論關節 至有賣科之聲 靑衿喁喁 怨氣滿腹 誰爲殿下
화차계자 상초회지
畫此計者 上稍悔之.

박영효(朴泳孝)는 금주군(錦州君) 박정(朴炡)의 후손으로 진사 박원양(朴元陽)의 아들이다. 미목(眉目, 얼굴 생김새)이 그림같이 아름다워 자도(子都)[1]라고 지칭되었다. 철종의 따님 영혜옹주(永惠翁主)에게 장가들었는데, 철인대비(哲仁大妃, 철종의 비)가 몹시 보살펴 사랑하여, 장송(裝送)[2] 사뢰(賜賚)[3]의 정도가 일반적인 관례를 훨씬 뛰어넘었다. 박원양은 몹시 가난하여 수원 장터에서 짚신을 팔다가 하루아침에 가문의 위세가 대단

하게 되었다. 얼마 안 있어 옹주는 사망했다.

註解

1) **자도**(子都) : 옛날 미남자의 이름. 미남자의 지칭.
2) **장송**(裝送) : 시집보낼 여러 가지 준비. 혼수(婚需).
3) **사뢰**(賜賚) : 물건을 하사함. 또는 그 물건.

原文

박영효 금주군정지후 진사원양자야 미목여화 유자도지
朴泳孝 錦州君炡之後 進士元陽子也 眉目如畫 有子都之
목 상철종여영혜옹주 철인대비 심권애지 장송사뢰 도월
目 尙哲宗女永惠翁主 哲仁大妃 甚眷愛之 裝送賜賚 度越
상전 원양고적빈 매리수원시 일조문란훈혁 미기 옹주졸
常典 元陽故赤貧 賣履水原市 一朝門闌薰爀 未幾 翁主卒.

여름과 가을 사이에 장마가 여러 달 계속되어 타작해야 될 무렵에 밀과 보리가 빗물에 젖어 썩어버린 것이 열에 일곱이나 되었다. 유민(流民)들이 고향에 돌아와 갑자기 보리밥을 포식하는 바람에 배탈이 나서 설사가 나는 증세를 일으켰다. 죽음을 면한 사람들은 가을을 넘기면서 간신히 살아났다.

原文

하추 임우적월 이맥등장 위음요소엄 후배사십지칠 유
夏秋 霖雨積月 二麥登場 爲霪潦所渰 朽敗者十之七 流
민귀향리 일조포맥 환창설염독려 면사망자 섭추근소
民歸鄕里 一朝飽麥 患脹泄染毒沴 免死亡者 涉秋僅蘇.

가을, 어사를 (각도에) 파견하여 진정(賑政)을 살피고 수령의 탐오(貪汚)를 조사하게 하였다. 충청우도의 어사 이건창(李建昌)과 전라우도의 어사 어윤중(魚允中)이 가장 명성이 있었으며, 그 나머지는 관례(慣例)를 따랐을 뿐이었다. 충청 감사 조병식(趙秉式)이 장예(贓穢)[1]를 일삼는다는 소문이 떠들썩하여 이건창은 그것을 조사하여 보고하였는데, 충청좌도 어사 이승고(李承皐)가 이르러서는 한 도(道)의 복성(福星)[2]이라 칭하고, 조목조목 나열하여 진술하면서 포장(褒奬)하도록 아뢰었다. 시비(是非)가 전도된 것이 모두 이와 같은 형편이었다.

註解

1) **장예**(贓穢) : 수회(收賄, 뇌물을 받음)나 절도(竊盜, 재물을 훔침)와 같은 더러운 행위.
2) **복성**(福星) : 선정(善政)을 베푸는 사람을 일컬음. 복성은 인간에게 행복을 주는 별.

原文

추분견어사 찰진정 거핵수재탐오 충청우도이건창 전
秋分遣御史 察賑政 擧劾守宰貪汚 忠淸右道李建昌·全
라우도어윤중 최유성 기여순예이이 금백조병식 장예훤
羅右道魚允中 最有聲 其餘循例而已 錦伯趙秉式 贓穢喧
자 건창안주지 이충청좌도이승고지 이일로복성 려진포
藉 建昌按奏之 而忠淸左道李承皐至 以一路福星 臚陳褒
계 시비전도 개차류야
啓 是非顚倒 皆此類也.

조병식(趙秉式)은 민씨(閔氏)의 압객(狎客)[1]으로 기세가 불꽃 같았는데, 이건창(李建昌)은 미약한 한 소년으로 홀로 위풍(威風)을 지켜 봐주는 것이 전혀 없었다. 당시의 논의는 이건창을 훌륭하게 여겼다. 그러나 민규호(閔奎鎬)가 힘써 조병식을 비호하며 다시 조사토록 명하였다. 그러나 공의(公議)에 굴복하여 조병식을 지도(智島)로 귀양 보내고 이건창은 사람을 함부로 죽였다는 무함(誣陷)[2]을 받아 벽동군(碧潼郡)에 유배되었다.

註解

1) **압객**(狎客) : 사이가 가까운 측근.
2) **무함**(誣陷) : 없는 사실을 거짓으로 꾸며서 구렁텅이에 빠지게 함.

原文

병식이민씨압객 세염훤자 건창일막소년 독지풍재 무소
秉式以閔氏狎客 勢焰煊炙 建昌一藐少年 獨持風裁 無所
대 시의다지 규호력자병식 지령재사 연굴어공의 찬병식
貸 時議多之 奎鎬力庇秉式 至令再查 然屈於公議 竄秉式
우지도 무건창이람살인명 유벽동군
于智島 誣建昌以濫殺人命 流碧潼郡.

이건창(李建昌)이 조병식(趙秉式)을 탄핵할 때, 임금은 민규호(閔奎鎬)의 말을 받아들여 조병식을 두둔하였다. (그래서) 탄핵하는 글을 탄로나지 않게 하기 위하여 은밀히 무예별감(武藝別監) 두 사람을 보내 중도에서 그 계초(啓草)를 빼앗아 포상하는 글로 바꾸려 하였다. 이건창이 이 사실을 미리 알고 샛길로

가서 바로 승정원에 주었다. 임금은 일부러 들추어내는 것으로 여긴 나머지 노여워하여 바야흐로 입대할 때에, 임금이 큰소리로 묻기를, "너는 나이도 적고 어리석은데 어찌 조병식의 그 많은 일들을 안단 말이냐?" 하였다. 이건창이 황공해하며 대답하기를, "사실에 근거하여 일을 조사한 것이니 어쩔 수 없었습니다." 하였다. 이에 임금이 말하기를, "(서로 집안 간에) 틈이 벌어진 사이라 그런 것이 아닌가?" 하였다.

그것은 이건창의 선대에 조병식의 집안과 신임사화(辛壬士禍)의 세혐(世嫌)[1]이 있었기 때문에 민규호가 그것을 들어 매얼(媒蘖)[2]한 때문이다. (이건창이 다시) 대답하기를, "밝은 해가 하늘에 떠 있는데 신이 어찌 감히 그럴 수 있겠습니까? 단지 제 몸이 어사였던지라 어사의 일을 실행했을 뿐입니다."라고 하였다. 그리고 그의 불법한 짓을 대략 아뢰었는데 임금은 대답이 없더니 갑자기 물러가라고 명하였다. 이로부터 임금은 이건창이 짐짓 정직한 체한다고 지목하여 크게 쓰고자하는 뜻이 없었다.

註解

1) **세혐**(世嫌) : 두 집안 사이에 대대로 내려온 혐오(嫌惡).
2) **매얼**(媒蘖) : 죄를 짓도록 하여 함정에 빠뜨림.

原文

건 창 지 핵 병 식 야 상 입 규 호 언 심 우 병 식 욕 탄 장 지 불 로 야
建昌之劾秉式也 上入奎鎬言 甚右秉式 欲彈章之不露也

밀 견 무 감 이 예 요 중 도 탈 기 계 초 환 작 포 사 건 창 형 지 지 간
密遣武監二隷 要中途奪其啓草 換作褒詞 建昌詗知之 間

도정정원 상노기고알 방입대시 천안심려 대성문왈 여년
道呈政院 上怒其沽訐 方入對時 天顔甚厲 大聲問曰 汝年
소당애 안지조병식허다사호 건창황공대왈 거실안사 부
少戇騃 安知趙秉式許多事乎 建昌惶恐對曰 擧實按事 不
득불이 상왈 득무수극호 기건창선세 여병식가유신임세
得不爾 上曰 得無脩郤乎 豈建昌先世 與秉式家有辛壬世
혐 고규호인이매얼야 대왈 천일재상 신하감내이 단신어
嫌 故奎鎬因以媒蘗也 對曰 天日在上 臣何敢乃爾 但身御
사 행어사사이이 인략진기불법 상부답 거명인퇴 자시 상
史 行御史事而已 因略陳其不法 上不答 遽命引退 自是 上
목건창이교격 무대용지의
目建昌以矯激 無大用之意.

무인년(고종 15, 1878) 봄에 정시과(庭試科)가 있었다. 조선 중엽 이래 대과(大科)로 인재를 뽑는데 있어 그 명목이 매우 번거로웠다. 매 식년(式年)이 될 때마다 먼저 논(論)·부(賦)·책(策)을 시험보이고 뒤에 명경(明經)을 시험보이는 것을 동당과(東堂科)라고 하니, 이는 곧 옛날의 진사과(進士科)에 해당된다. 3년 간격을 두고 8도에서 모아 함께 시험을 보이는 것을 정시과(庭試科)라 하고, 나라에 경사가 있어 동당(東堂)에서 복시(覆試)를 치르는 것을 증광과(增廣科)라 하였다. 물론 경과(京科)를 치르는데 장옥(場屋, 시험장)에 일이 있게 되면 혹 파방(罷榜)에 이르게도 된다. 3년에 한 번 실시하는데 혹 외방(外方)까지 허용하는 것을 정시과(庭試科)라 하며, 임금 및 동궁(東宮)이 친히 석전(釋奠)[1]에 참여하고 인하여 반궁(泮宮, 성균관)에 임어하여 선비를 뽑는 것을 알성과(謁聖科)라 한다. 매번 봄가

을에 생원과 진사 및 성균관의 재임(齋任)[2]을 불러 시험 치르는 것을 도기과(到記科)라 하며, 재상의 아들이나 조카에게 명하여 삼경(三經)에서 한 질을 뽑아 임금이 친히 임하여 배강(背講)하는 것을 일차과(日次科)라 하였다.

(그리고) 경사가 있을 때나 혹은 명절에 유생들에게 명하여 나오게 하여 궁궐 뜰에서 시험을 보게 하는 것을 응제과(應制科)라 한다. 증광과와 유사하지만 대과(大科)만을 선별하는 것을 별시과(別試科)라 하며, 매번 대보단(大報壇)에서 향사(享祀)를 지낸 뒤에 즉시 그곳에서 병자호란 전후 화의를 배척하다가 순절한 명신 자손에게 시취하는 것을 충량과(忠良科)라 하였다. 그리고 매번 식년에 8도에서 경서에 터득했다는 사람들을 모아 칠서(七書)를 외우는 것을 시험하여 취하는 것을 명경과(明經科)라 한다. 매번 서울에서 치르는 대소과(大小科) 초시에서 장옥에 일이 발생하여 혹 파방에 이를 경우 바로 선비들을 모아 곧 대소과를 치르는 것을 윤차과(輪次科)라 하며, 혹 반란을 평정하고 바로 특설하는 것을 토역과(討逆科)라 하였다. 혹은 특명으로 고관(考官)을 외방에 보내서 단지 한 도에 선비만을 취하는 것을 도과(道科)라고 하며, 혹 늙도록 낙방한 거자(擧子)를 위해 늙은 선비를 모아 선발하여 취하는 것을 노인과(老人科)라 하며, 혹 종친들을 모아 친친(親親)의 은혜를 보여주는 것을 종친과(宗親科)라 하는데, 앞서 열거한 것은 그 대략을 말한 것이며, 윤차과 이하는 그 수를 헤아릴 수 없을 정도였다.

순조 · 헌종 이후로는 척족이 대대로 권력을 잡아 백사(百事)

가 모두 공도(公道)라는 것은 찾아볼 수 없었는데 과거의 폐단이 더욱 심했다. 이때에 이른바 통과(統科)[3]라고 하는 칭호가 있었는데 여러 사람들의 눈이 있는데도 부끄러워하지 않고 귀족 자제들을 선발하였다. (이들은) 금년에 뽑히지 못한다면 명년에는 틀림없다 하여 손가락 꼽는 일을 떳떳한 법처럼 여기니, 곧 고려말 홍분방(紅粉榜)[4]의 전철(前轍)을 밟는 것과 같았다. 임금이 때로는 감정을 억눌러 나타내지는 않고 먼 곳에 있는 사람들을 위로하고 기쁨을 준답시고 억지로 공도(公道)를 행하니 초야의 별 볼일 없는 사람들이 왕왕 합격하는 일도 있었다. 그러나 문지(門地, 門閥)에 눌려 제자리걸음만 하게 되어 억울하고 비굴하여 울분을 터뜨리고 불평하게 되니 과거에 합격하지 않은 것만 못하였다.

갑술년(고종 11, 1874) 이후로 세자가 탄생하는 등 경사가 겹치자 임금은 과장(科場)의 공정을 기하는 것이 세자를 위하여 복을 가져다줄 것이라 인식하고 매우 부득이한 경우가 아니면 공정하게 하려는 일이 많았다. 권귀(權貴)의 집안들은 임금의 의중을 엿보다가 매양 공정하게 시행하라는 명이 내리면 금군(禁軍) · 서리(書吏) · 별감(別監) · 사알(司謁) · 내시(內侍)에서부터, 승지 · 한림 · 주서 같은 시종(侍從)의 반열에 이르기까지 임금의 처소의 위아래와 내통하여 한 무리를 이루고는 시권(試券)을 주고받아 한 축(軸)씩을 이루었다. 이를 사알축(司謁軸) · 내시축(內侍軸) · 정원축(政院軸), 각신축(閣臣軸)이라 하여 차례대로 고관(考官) 앞에 번갈아가며 바쳤다. 이로써 고관이 아

무리 공정하게 하려해도 옛날 홍분방과 같을 뿐이었다. 경향의 부자들은 후한 뇌물을 액속(掖屬)에게 주고 결탁하여 축에 끼어들게 하여 뽑히는 자가 또한 많았다. 이밖에 땅에 떨어진 많은 시권들은 한편으로 조지서(造紙署)로 운반해가니 거자(擧子)들은 이런 점을 지적하며 한탄할 따름이었다.

註解

1) **석전**(釋奠) : 석전제(釋奠祭)의 준말. 문묘(文廟)에서 공자를 제사지내는 의식. 음력 2월과 8월의 상정일(上丁日)에 거행함.
2) **재임**(齋任) : 성균관이나 사학〔四學, 동학(東學) · 서학(西學) · 남학(南學) · 중학(中學)〕 등에 속한 유생으로 그곳의 일을 맡아보는 임원(任員)임.
3) **통과**(統科) : 문벌 집안의 자제들을 널리 합격시키기 위한 과거제의 일종.
4) **홍분방**(紅粉榜) : 고려말에 권문(權門)의 나이 어린 자제도 과거에 급제한 것을 일컬음.

原文

무인 고종십년 춘 유정시과 국조중엽이환 대과취사 기
戊寅(高宗十年)春 有庭詩科 國朝中葉以還 大科取士 其
목심번 매식년선시론 부 책 후시명경왈 동당과 즉고
目甚繁 每式年先試論 · 賦 · 策 後試明經曰 東堂科 卽古
진사과야 간삼년취팔방 이합시지왈정시과 인방경이복시
進士科也 間三年聚八方 而合試之曰庭試科 因邦慶而覆試
동당왈증광과 물론경과인장옥유사 혹지파방 간삼년일설
東堂曰增廣科 勿論京科因場屋有事 或至罷榜 間三年一設
혹통방외자왈정시과 치상급동궁친석전 인어반궁취사왈
或通方外者曰庭試科 値上及東宮親釋奠 因御泮宮取士曰

알성과 매춘추소시생원 진사급관학재임왈도기과 명재
謁聖科 每春秋召試生員·進士及館學齋任曰到記科 命宰
상자질 취삼경간일질 친임배강왈일차과 유경회혹령절
相子姪 就三經揀一秩 親臨背講曰日次科 有慶會或令節
령유생부시전정왈응제과 유증광이지취대과왈별시과 매
令儒生赴試殿庭曰應製科 類增廣而只取大科曰別試科 每
대보단향사후 즉기지시취병자전후척화순절명신자손왈충
大報壇享祀後 卽其地試取丙子前後斥和殉節名臣子孫曰忠
량과 매식년취팔로강유지령해액자 시송칠서이생취지왈
良科 每式年聚八路講儒之領解額者 試誦七書而栍取之曰
명경과 매경대소과초시 인장옥유사 혹지파방 즉선취사
明經科 每京大小科初試 因場屋有事 或至罷榜 則旋聚士
직취대소과왈윤차과 혹서치란역 진시특설왈 토역과 혹
直取大小科曰輪次科 或鉏治亂逆 趁時特設曰 討逆科 或
이특은명고관출외방 지취일도지사왈도과 혹위거자지노
以特恩命考官出外方 只取一道之士曰道科 或爲擧子之老
굴자 취노유이선취지왈노인과 혹취종성이시친친지은왈
屈者 聚老儒而選取之曰老人科 或聚宗姓而示親親之恩曰
종친과 차기대교야 이윤차이하 불수수야
宗親科 此其大較也 而輪次以下 不數數也.

순헌이후 권척세병 백위무공도 이과폐우심 어시 유소
純憲以後 權戚世柄 百爲無公道 而科弊尤甚 於是 有所
위통과지칭 대중목이전 취기환자제 금세불선 명세불출
謂統科之稱 對衆目而覥 取綺紈子弟 今歲不選 明歲不黜
애차굴지 시위상전 즉려계홍분방고철야 인주유시교정
挨次屈指 視爲常典 卽麗季紅粉榜故轍也 人主有時矯情
욕위열하원 강행공도 즉초야창황 왕왕득중 연굴어문지
欲慰悅遐遠 强行公道 則艸野倉荒 往往得中 然屈於門地
랑잠척촉 억굴분타 불여불과 급금상갑술 고종십일년 이
郎潛躑躅 抑屈憤咤 不如不科 及今上甲戌(高宗十一年)以
후 세자탄강 경회조첩 상이과장병공 인위세자아복 비심
後 世子誕降 慶會稠疊 上以科場秉公 認爲世子迓福 非甚

不得已 秉公居多 權貴家窺覘上旨 每秉公命下 則自禁軍·書吏·別監·司謁·內侍·以至承旨·翰·注·侍從之列 通幄殿上下 滾作一團 授受試券 各作一軸 有曰司謁軸·內侍軸·政院軸·閣臣軸 輪番遞呈于考官之前 是以考官雖公 依舊紅粉榜而已 京外富人 以重賂結掖屬 得入軸中 被選者亦衆 外此衆券之墮地者 一邊輸往造紙署 擧子指點 悼惋而已.

구제(舊制)의 정시과(庭試科)는 장옥(場屋, 科場)이 엄격해서 생원이나 진사, 그리고 성균관과 사학(四學)의 유생 및 초시를 통과한 자에 끼지 못하면 함부로 들어갈 수 없었고 들어가서 선발되었다 하더라도 중죄로 다스렸다. 그러므로 벼슬에 종사한 먼저 사람들은 반드시 소과를 합격하고 대과에 올랐으니, 응시생들은 생원·진사로 오르는 계단과 사다리로 삼아서 반드시 합격하기를 기약했다. 영조 말년부터 처음으로 경과(慶科)를 넓히는 은전이 추진되더니 왕왕 방외(方外)의 규정을 통하여 생원이나 진사, 성균관과 사학에 국한시키지 않았다. 이에 우창(優倡, 광대)이나 여대(輿儓, 하인)들도 도포를 입고 유건(儒巾)을 쓰면 다 선비가 되는 것이다. 근세에 와서 조정의 기강이 날로 문란해지고 과거제도도 날로 해이해져 과장(科場)

은 거리와 시장을 이룬 것 같았으며 떠들썩하고 뒤섞여서 욕을 하는 싸움판이 되었다. 조금이라도 지각 있는 사람이라면 옆에서 사사로이 흘겨보고 있으니 반드시 지금 세상을 희롱하고 업신여기는 마음이 있어서가 아니었다. 이로 말미암아 뛰어난 재주와 박식한 사람들은 스스로 큰 뜻을 품었다는 사람들은 일체 과거보기를 폐기(廢棄)하는 것을 고상한 태도로 여겼다.

原文

舊制庭試科 場屋甚嚴 不在生·進·館學儒生及帶初試之列 不許闌入 入而選者 有重罪 故先輩有宦業者 必以小科兼大科 擧子以生·進爲大科之階梯 期於必中 自英祖末始推廣慶之恩 往往有通方外之規 通方外者 不限生進館學等也 於是 優倡輿儓 穿道袍着儒巾 則皆士子也 至近世 朝綱日紊 科制日弛 場屋成街市 囂呶雜遝 詬罵鬪鬨 稍黠者 從傍私睨 未必無玩侮當世之心 由是高才博學 抱自奇之志者 一切廢擧 爲高致.

정시(庭試)에서 거두어들인 시권이 매번 10만여 장이 되었지만 그 실제는 수백 편(篇)에 지나지 않았다. 그것은 과장에 들어가는 자는 잡류(雜類)가 백 명이면 선비는 한 사람인데, 선비

한 사람이 지으면 천 명이 베껴낼 지경이었다. 설사 이들의 얼굴에 죄명을 자자(刺字)[1]하거나 코를 벤다 해도 금할 수가 없었다. 과거를 주관하는 사람(고시관)은 심신이 피로하고 눈이 어지러워 상고하여 조사할 수가 없어서 묶인 시권에서 모범이 될 만한 것을 대충 가려 뽑았다.

註解

1) 자자(刺字) : 죄인의 얼굴이나 팔뚝에 문신(文身)을 하던 일.

原文

정시수권 매십만여장 이기실불과수백편 개입장자 잡류
庭試收券 每十萬餘張 而其實不過數百篇 蓋入場者 雜流
백 이사자일 일인제지 천인등사 설사대이경의 불가금야
百 而士子一 一人製之 千人謄寫 設使待以黥劓 不可禁也
주사자 신피안현 무이고교 즉속권모발지
主司者 神疲眼眩 無以考校 則束券模拔之.

근래의 재상들은 대개가 통과출신(統科出身)[1]들이다. 평소 문자의 형감(衡鑑)[2]도 제대로 가려내지 못하고 매양 고시(考試)에 임할 때마다 기운 없이 관절에 걸린 자도 가려내지 못했다. 혹 권세 있는 자로서 자기의 부귀를 믿고 뽐내며 다른 사람과 겨루지 않고 스스로 병공(秉公)[3]했다고 뽐내지만 '낫 놓고 ㄱ자'도 모르는데, 모래와 금을 가려낼 수 없이 공도(公道)를 마치게 되니 속권모발(束券模拔)[4]에 그치는 데 불과하다. 그때 사람들 사이에, "낫 놓고 ㄱ자도 모르는 사람이 과거를 주재하고,

낫 놓고 ㄱ자도 모르는 사람이 과거를 치르며 낫 놓고 ㄱ자도 모르는 사람이 과거급제자로 선발된다."는 말이 있었다.

註解

1) **통과출신**(統科出身) : 순조 · 헌종 이후에 생겨난 과거시험의 종류. 과규(科規)의 문란에서 파생된 것으로 고려말의 홍분방(紅粉榜)을 본뜬 것이다. 권문세가의 자제들을 널리 합격시키기 위한 제도.
2) **형감**(衡鑑) : 시비(是非)와 선악(善惡)을 구분하는 것.
3) **병공**(秉公) : 편벽됨이 없이 공정함.
4) **속권모발**(束券模拔) : 과거를 주재하는 시험관이 응시자 전체의 시권(試券)을 고교(考校)할 수 없어서 한데 묶고 그 중에서 뽑아냄. 과거제도의 문란에서 기인한 것.

原文

근시경재 거개통과출신자야 소무문자형감 매당고시지
近時卿宰 擧皆統科出身者也 素無文字衡鑑 每當考試之

임 기피연통관절자 불구론 기혹강항자 협귀불역어인자
任 其疲軟通關節者 不具論 其或强項者 挾貴不役於人者

자후병공 이목불식정 사금막간 필경공도 불과속권모발
自詡秉公 而目不識丁 沙金莫揀 畢竟公道 不過束券模拔

이지 시인위지언왈 이목불식정지주사 시목불식정지거자
而止 時人爲之諺曰 以目不識丁之主司 試目不識丁之擧子

선목불식정지급제
選目不識丁之及第.

흥인군(興寅君) 이최응(李最應)과 심순택(沈舜澤)은 영의정으로 여러 차례 명관(命官)[1]에 임명되었는데, 두 사람은 모두가

몽롱하여 어(魚)와 노(魯)를 구분하지 못했다. 매번 시권(試券)을 대할 적마다 잘되고 못된 것을 분간하지 못하므로 재수가 좋은 사람은 합격하고, 그렇지 못한 사람은 불합격이 되었다. 그래서 이 두 사람이 시험을 주재하게 되면 무식한 자들은 서로 좋다고 날뛰었다.

註解

1) **명관**(命官) : 임금이 친림하여 보이는 과거를 주재하던 시관(試官).

原文

홍인군최응 심순택 이령합루응명관 양인개몽롱어노
興寅君最應·沈舜澤 以領閤屢膺命官 兩人皆朦朧魚魯
매대권 불분공졸 우승우출 고양인지주고야 무문자상경
每對券 不分工拙 偶陞偶黜 故兩人之主考也 無文者相慶.

김병시(金炳始)는 다소 공정한 편이고 김홍집(金弘集)은 글을 잘하는 편이어서 모두 임금의 예우를 받았다. 그러므로 임금이 통과(統科)를 선발할 때는 이최응(李最應)과 심순택(沈舜澤)을 고시관으로 명했으나, 공도로 뽑고자 할 때는 김병시와 김홍집을 고시관으로 명하였다.

原文

김상병시 초지정 김상홍집 초공문 개피상예우 고상욕
金相炳始 稍持正 金相弘集 稍工文 皆被上禮遇 故上欲
선통과 즉명최응 순택 욕공선 즉명병시 홍집
選統科 則命最應·舜澤 欲公選 則命炳始·弘集.

소과(小科)에는 초시가 있고 회시가 있는데, 생원과 진사의 구별은 통칭해서 진사(進士)로 부른다. 초시를 실시하는 것은 인(寅)·신(申)·사(巳)·해(亥) 년에 해당되면 식년과(式年科)라 하고, 나라의 경사로 인해서 실시하는 것을 증광시(增廣試)라고 했다. 매년 대사성이 진신(搢紳, 벼슬아치)의 자제들을 정월부터 연말에 이르기까지 도합 열두 번 시험을 보아서 선발하는 것을 승보시(陞補試)라 하고, 각도의 감영(監營)이나 유수영(留守營)에서 매 식년 가을에 한 도와 유수영의 선비들을 가려내어 재차 시험 보는 것을 복시(覆試) 또는 공도회(公都會)라 불렀다. (그리고) 응제(應製) 대소과(大小科)의 끝에 붙여 보는 것을 응제 초시(應製初試)라 했다. 3년이 차면 모두 식년 회시(式年會試)에 응시하게 됨으로 속담에 "천(千) 초시, 이백(二百) 진사"라고 하였다. 오직 증광 회시만은 다른 것이 붙을 수 없었는데, 나라의 경사를 표출하고자 함이었다. 그 문체는 의(疑)·의(義)를 써서 합격되면 종장생원(終場生員)이라 하고, 시(詩)·부(賦)를 봐서 합격한 자를 초장진사(初場進士)라 하였다.

그 시험하는 방법은 초시·회시를 막론하고 먼저 시·부를 시험하는 까닭에 초장이라 하는 것이며, 하루의 간격을 두고 의(疑)·의(義)를 시험 보는 까닭에 종장이라고 한다. 회시에 합격하면 초장·종장을 막론하고 다 진사라고 한다. (합격자의) 방(榜)을 내붙이는 것은 유독 식년 소과뿐인데 성명을 기록하여 인판(印板)하였는데 이를 사마방(司馬榜)이라 부르고 중국에 들여보낸다. 증광방(增廣榜)은 비록 간행은 하지만 중국

에 들여보내지 않아서 그런 까닭에 소과 중에 식년 소과를 중히 여겼다.

原文

小科有初試 有會試 生員·進士之別 而俗語統稱之曰進士 其初試之設 在寅申巳亥年者曰式年科 因邦慶而設者曰增廣 每歲大司成 試搢紳子弟 自正月至年終 合十二 抄 而選者曰陞補 外道監·留營 以每式年秋 聚一道一都之士擇而再試之曰覆試 曰公都會 附于應製大小科之末者曰應製初試 滿三年摠赴式年會試 故諺曰 千初試 二百進士 惟增廣會試 他不能附 以其表出慶會也 其文用疑·義而中者曰 終場生員 用詩·賦而中者曰 初場進士. 其試法則毋論初試會試 先試詩賦 故曰初場間一日 試疑義 故曰終場 其中會試 則毋論初場終場 皆曰進士 其放榜則惟式年小科錄名印板曰 司馬榜 入送中國 增廣榜雖刊 入送則否 故小科最重式年.

대체로 서울과 지방의 초시에서 초장(初場)을 거쳐 온 회시에서도 역시 초장을 거쳐야 하며, 종장(終場) 또한 그러했다. 한 번 정해지면 바꿀 수 없었다. 각도의 초시에서 좌도(左道)를 거쳐서 선발된 자는 회시 1소(所)에 나가야 되고, 우도(右道)에서 뽑힌 자는 2소에 나가야 했는데, 이것 또한 한 번 정해지면 바꿀 수가 없었다. 오직 서울에서 실시하는 승보시(陞補試)와 각도의 복시(覆試)·공도회(公都會) 및 응제시(應製試)에 덧붙여서 시험을 보이는 경우, 초장이든 종장이든 1, 2소에 다 구애받지 않고 자기 편의대로 응시할 수 있었다. (그래서 그들은) 시험을 주관하는 관원과의 관계가 친근한지 소원한지를 관망하며 뇌물이 통할 수 있는지 그렇지 못한지를 헤아려 가장 빠른 방법을 써서 늘이고 줄일 수 있었다. 그러므로 이 세 가지 길로 과거 보는 사람들이 더욱 많이 몰려들었다.

原文

범경향초시 유초장자 회시역부초장 종장역연 일정불가
凡京鄕初試 由初場者 會試亦赴初場 終場亦然 一定不可

역 외도초시 유좌도선자 부회시일소 유우도선자부이소
易 外道初試 由左道選者 赴會試一所 由右道選者赴二所

역일정불가역 유경사지승보 외도지복시 공도회급응제
亦一定不可易 惟京師之陞補 外道之覆試·公都會及應製

소부자 초종장일이소 도불구 유의소부 관망주사지소일
所附者 初終場一二所 都不拘 惟意所赴 觀望主司之疎昵

췌량관절지통색 가이찬자신축 고차삼도거자우총적
揣量關節之通塞 可以鑽刺伸縮 故此三途擧子尤叢的.

우리말에 유생(儒生)으로 늙은 사람을 가리켜 생원(生員)이라 한다. 그래서 회시에서 생원시에 합격한 사람까지 함께 진사라고 부른다. 이는 유생들과 함께 (생원이라고) 호칭되는 것을 싫어했기 때문이다. 대체로 초시에서 승보시와 복시를 거친 사람들은 서울이나 지방에서 유력한 자들이라, 더욱 생원이란 이름을 싫어하여 초장에 많이 모여들었다. 그래서 다 같은 회사라도 진사가 더욱 어려웠다. 근래에는 기회를 엿보아 기교가 있는 자들은 도리어 생원 시험이 쉽다고 하여 왕왕 종장에 나가기도 한다.

原文

방언칭유생지노자왈생원 고회시이중생원자 혼칭진사
方言稱儒生之老者曰生員 故會試而中生員者 混稱進士
오기동호유생야 범초시지령승보복시자 개경향지유기력
惡其同乎儒生也 凡初試之領陞補覆試者 皆京鄕之有氣力
자야 우오생원지명 다취우초장 고균일회시 이진사우난
者也 尤惡生員之名 多聚于初場 故均一會試 而進士尤難
근래교어사기자 반위생원지초이야 왕왕부종장
近來巧於伺機者 反謂生員之稍易也 往往赴終場.

우리나라 과거시험의 문체는 육체(六體)로 일컬어진다. 그 중에 시와 부는 대과 · 소과의 초시 · 회시에 모두 쓰이고, 의(疑)와 의(義)는 단지 소과의 초시 · 회시에서만 쓰인다. 표(表)와 책(策)은 별시와 증광시 대과의 초시 · 회시에서만 쓰인다. 표의 경우 간혹 응제시에도 쓰인다. 그러나 시골에서는 사륙문

(四六文)에 능숙하지 못한 까닭에 응제시에서 간혹 서울 선비에게는 표를 시골 선비에게는 부를 제출하도록 했다.

근세에 서울의 사대부들은 부귀를 향유하며 한가롭게 놀기를 즐겨서 일상 지내면서 손에 붓을 잡는 것을 잊고, 궁한 선비들을 집에 데려다 놓고 먹이면서 매양 장옥(과거시험)이 열리면 급히 부응해서 데려가 사역을 시키는 것이다. 글을 대신 짓는 사람을 '거벽(巨擘)'이라 하고, 글씨를 대신 써주는 사람은 '사수(寫手)'라고 한다. 누워서 저보(邸報, 朝報)를 열람하다가 아무 날에 어느 과거를 실시한다는 기사만 눈에 띄면, "거벽·사수는 어디 있느냐?"고 외쳐댄다. 지방의 부자들도 그것을 본받아 글자 하나 읽지도 않으면서 시권을 다 아름답게 작성되었다. 그래서 과거를 주재하는 시관이 혹 때에 따라 공도(公道)를 잡는다고 해도 선발되는 사람들은 다 부귀한 집안의 자제들이었다. 이에 '공자(孔子)가 시관을 하여 석숭〔石崇, 진(晋)의 부호〕이 장원으로 뽑힌다'는 노래가 불려지게 되었다.

原文

국조장옥지문 호칭육체 왈시왈부 대소과초회시통용 왈
國朝場屋之文 號稱六體 曰詩曰賦 大小科初會試通用 曰
의왈의 지용어소과초회시 왈표왈책 지용어별시증광대과
疑曰義 只用於小科初會試 曰表曰策 只用於別試增廣大科
초회시 표즉혹어응제용지 연이향유지불한사육야 고어응
初會試 表則或於應製用之 然以鄕儒之不嫺四六也 故於應
제 즉간령경표향부 근세경중사대부 부귀유한 평거수부
製 則間令京表鄕賦 近世京中士大夫 富貴游閒 平居手不

지필 관궁유우가 이수축지 매장옥부급 구이역지 대제자
知筆 館窮儒于家 而獸畜之 每場屋副急 驅而役之 代製者
왈거벽 대사자왈사수 와열저보 견모일설모과 즉필창문
曰巨擘 代寫者曰寫手 臥閱邸報 見某日設某科 則必唱問
왈 거벽 사수안재 경외부인역효지 고부독일자이권면개
曰 巨擘·寫手安在 京外富人亦効之 故不讀一字而劵面皆
가 고주사혹시병공 즉소선개부귀자제야 어시유공자위고
佳 故主司或時秉公 則所選皆富貴子弟也 於是有孔子爲考
관 석숭작장원지요
官 石崇作壯元之謠.

옛 제도에 식년이 될 때마다 수령들이 초시에 나갈 고을의 자제들을 불러들여 소학서(小學書)를 강(講)하여 통과한 자만을 비로소 나가는 것을 허락했는데, 이것을 '조흘강(照訖講)'이라 하였다. 또 그 사람의 연령과 관향 및 조흘강을 통과하여 응시가 허용된 사유를 기록하여 인장을 찍고 문서를 만들어주어 증빙하여 삼도록 하였으니 이것을 '조흘첩(照訖帖)' 이라 하였다. 과장에 들어갈 때 조흘첩을 갓끈에 매다는데 관리들이 대문에 앉아서 먼저 조흘첩을 조사하여 입장시켰다. 없는 사람은 들어가지 못했다. 회시에서도 시험보기 5일 전에 성균관 관원이 8도에서 초시에 급제하여 올라온 자들을 불러 강을 시험하고 조흘강의 방식대로 사람마다 첩(帖) 한 개씩을 나누어 주었으며 없는 사람은 또한 들어가지 못했다. 그런데 초시에 응시하는 자는 구속과 제한이 없는 까닭에 늘이거나 줄일 수가 있었지만 회시에 들어갈 때는 정원이 있어서 금지하는 것이 매우 엄했다. 한 번 강에서 떨어지면 백지 시권을 껴안고 물러나야 했다.

또 비록 첩을 얻었다 해도 첩 하나에 한 사람씩만 들어가고 그 나머지 사람들은 들어갈 수 없었다. 이에 가난하고 글도 잘 못하는 자를 찾아 그 첩을 사기도 했는데 그것을 '매좌(買座)'라 한다. 첩 한 개가 자리 하나인 때문이다. 원래 가지고 있던 첩과 매좌한 것으로 거벽과 사수를 마구 들여보내 두 개의 시권을 채우도록 하여 하나는 자기의 이름을 써서 올리고 하나는 매좌한 사람의 이름을 올리게 하였다. 이런 풍조가 행해진 지 백년이나 내려왔는데, 지금 임금 갑술년(고종 11, 1874) 이후로는 폐단이 날로 극에 치달아서 매좌조차 없어졌으며, 마구 들어가도 금지하지 않았다. (시험장 안에서) 술과 사탕을 파는데 거의 절반이 선비라고 하는 자들이었다.

공경 집안의 자제들은 과거가 있을 때마다 장옥에 들어가지 않고 집에서 지어서 올리기도 하였는데, 이것을 '외장(外場)'이라 한다. 그 처음에는 그래도 금하는 것을 범한다고 두려워하였으나 근일에 와서 무슨 까닭에 시권을 올리지 않느냐고 물으면 으레 버젓이 응답하기를, "오늘은 외장이요."라고 하기에 이르렀다.

原文

구제매식년 수재초읍자지부시자 강소학서 첨기통자 시
舊制每式年 守宰招邑子之赴試者 講小學書 簽其通者 始

허부 위지조흘강 우록기년령관향급통강허부지유 조인성
許赴 謂之照訖講 又錄其年齡貫鄉及通講許赴之由 雕印成

첩 급작빙험 위지조흘첩 급입장야 계첩우영 관좌문 수고
帖 給作憑驗 謂之照訖帖 及入場也 系帖于纓 官坐門 首考

帖以入之 無者拒 會試則前期五日 成均館官 招八道之領解者而試講之 依上法 人給一帖 無者亦拒 然赴初試者無拘限 故得以闊狹 入會試者有定額 故禁最嚴 一被講黜 則抱白券而退 且雖得帖 一帖只一人 其餘莫得入 於是訪貧而無文者 而買其帖 謂之買座 言一帖一座也 乃以原有之帖 幷其所買之座 巨擘·寫手冒入焉 使塡兩券 一以呈己名 一以酬賣者 此風之行 亦百年以來也 及今上甲戌(高宗十一年)以後 弊日以極 買座亦廢 闌入無禁 賣酒賣糖 幾半靑衿 公卿子弟 每科時 不入場屋 在家製呈 謂之外場 其始猶恐犯禁 近日有問以何故不呈券乎 必漫應曰 今日外場爾.

중국은 성(省)마다 과거보는 사람 수가 정해져 있는 까닭에 과장은 이어진 건물로 한 칸마다 한 사람씩 들어가게 되어 있으며 들어가면 걸어 잠그고 군사를 파견하도록 하였다. 그러므로 불이라도 나면 안에서 타 죽을 수밖에 없었으니 이것을 '장옥(場屋)'이라고 한다. 우리나라는 그 이름을 빌려왔지만 그 실상은 빠져 있다. 무릇 시험 장소를 객사에 설치하는데 객사의 담장의 둘레

에 말뚝을 박고 섶을 걸치니, 이것을 '시성(柴城)'이라고 한다. 그리고 객사의 서까래마다 큰 끈을 매는데 그것을 '망박(網縛)'이라고 한다. 미리 담장문을 봉쇄했다가 (시험보기) 하루 전에 문을 열어 거자(擧子, 시험생)들을 들여보내니 그것을 '부문(剖門)'이라 한다. (거자들이) 다 들어가고 나면 말뚝을 꽂고 일산(日傘)으로 덮는데 그것을 '의막(依幕)'이라 한다. 망박의 맨 꼭대기에 간판을 걸고 시제(試題)를 걸 것을 준비하는데 그것을 '현제판(懸題板)'이라고 한다. 그 망박의 밖으로 네 곳을 (각기) 동정(東庭)·서정(西庭)·남정(南庭)·북정(北庭)이라 한다. 시험일이 되면 조흘첩을 검사하여 선비들을 들여보내는데 이것을 '입문(入門)'이라 하고, 시권이 다 바쳐지면 차례대로 구별하여 천자문의 글자 순서대로 표시하는데 이것을 '전자(塡字)'라고 한다. 전자를 마친 후에 그 봉한 시권을 베어 별도로 보관하니, 이것을 '할봉(割封)'이라 한다. 한성시(漢城試)를 보일 때는 시험장소가 일정한 것이 아니라 혹은 성균관(成均館), 혹은 비천당(丕闡堂), 혹은 예조나 삼군부(三軍府)에서 시험을 보며, 회시도 또한 마찬가지였다. 그러한 격식은 각도에서 하는 것과 대체로 비슷하다.

原文

중국매성 거자유정액 고과장작연랑 일간 처일인 입즉
中國每省 擧子有定額 故科場作連廊 一間 處一人 入則

쇄지 파병수지 고화즉분사 시지위장옥야 아국즉모기명
鎖之 派兵守之 故火則焚死 是之謂場屋也 我國則冒其名

이몰기실 범시소설우객사 환사원 식익공시 위지시성 전
而沒其實 凡試所設于客舍 環舍垣 植杙絙柴 謂之柴城 傳

사 연 이 결 이 대 란 위 지 망 전 예 쇄 원 문 전 일 일 이 벽 시 입 거 지
舍椽而結以大欒 謂之網縳 豫鎖垣門 前一日而闢之入擧子
위 지 부 문 기 입 즉 삽 궐 이 산 복 지 위 지 의 막 괘 판 망 박 지 정
謂之剖門 既入則揷橛而傘覆之 謂之依幕 掛板網縛之頂
이 비 현 제 위 지 현 제 판 핍 망 외 이 사 출 위 지 동 정 서 정 남
以備懸題 謂之懸題板 逼網外而四出 謂之東庭·西庭·南
정 북 정 급 기 이 험 첩 이 입 사 왈 입 문 권 기 정 별 기 차 제 이 표
庭·北庭 及期而驗帖以入士曰入門 券既呈 別其次第而標
이 천 자 문 위 지 전 자 전 자 후 할 기 봉 시 이 별 장 지 위 지 할 봉
以千字文 謂之塡字 塡字後割其封 纚而別藏之 謂之割封
한 성 시 즉 시 소 무 정 혹 성 균 관 혹 비 천 당 혹 예 조 혹 삼 군 부
漢城試則試所無定 或成均館 或丕闡堂 或禮曹 或三軍府
회 시 역 연 이 기 격 식 여 외 도 약 동
會試亦然 而其格式 與外道略同.

지방에서 선비를 시험 보일 때 (시관 중에서) 상시관(上試官) 한 사람은 서울에서 뽑아 보내고 부시관(副試官) 한 사람과 참시관(參試官) 한 사람은 감사가 도내의 수령 중에서 차출하였다. 할봉관(割封官) 한 사람도 부시관과 참시관의 예와 마찬가지로 차출하였다. 세 명의 시관(試官) 중에서 오직 상시관이 붓을 잡고 뽑는데, 방(榜)을 게시하려 할 때에는 부시관과 참시관 중 어느 한 사람이라도 의견이 맞지 않아 서명하지 않으면 방을 내걸 수 없었다.

原文

외 방 시 사 즉 상 시 일 인 자 경 차 송 부 시 일 인 참 시 일 인 감
外方試士 則上試一人 自京差送 副試一人·參試一人 監

사이도내수령차출 할봉관일인 의부참예 삼시유상시병필
司以道內守令差出 割封官一人 依副參例 三試惟上試秉筆
연방지장게야 부참수일인 의견호좌 불서압 즉부득게
然榜之將揭也 副參雖一人 意見互左 不署押 則不得揭.

중엽(中葉)에 삼남(三南, 충청 · 전라 · 경상도)과 관서, 관북 지방에는 각각 경시관(京試官) 2인씩을 보냈고, 그 이외의 지방에는 단지 1인씩 파견하였다. 철종 때에는 5도의 반은 관찰사에게 속하게 하고 경시관은 각기 1명만 파견하였다. 관동과 해서 지방은 경시관을 없애고 감사가 그 일을 주관하였다. 그 처음에는 과장의 폐단이 점점 심해졌는데, 관찰사들은 지위가 높고 위엄이 중하여 선비의 마음을 얻고자 함이었다. 그런데 얼마 안 되어 감사란 자는 지위가 높고 위엄이 중한 것을 빙자해서 공공연히 (과거를) 파는 일을 자행하니, 경시관들은 명관(名官)의 첫 걸음이라 오히려 제대로 할 수 있었는데도 거기에 미치지 못하였다.

原文

중세삼남 관서북 각경시관이인 기여지일인 철종시 즉
中世三南 · 關西北 各京試官二人 其餘只一人 哲宗時 卽
오도반 속지관찰사 경시관각일인 관동 해서파경시관
五道半 屬之觀察使 京試官各一人 關東 · 海西罷京試官
역감사주지 기초이과장폐자 기득도신질고위중 득이진사
亦監司主之 其初以科場弊滋 蘄得道臣秩高威重 得以鎭士
심 기이감사자 반자기질고위중 공사매죽 불급경시관지
心 旣而監司者 反藉其秩高威重 公肆賣鬻 不及京試官之

이 명 환 초 정　유 유 고 자 야
以名宦初程　猶有顧藉也.

초시(初試)[1]를 매매할 처음에는 그 가격이 2백 냥도 주고, 3백 냥도 주어 금액이 고르지 않았지만, 5백 냥을 달라면 사람들이 혀〔舌〕을 찼다. 그러나 갑오(고종 31, 1894)년 전의 액수는 천여 냥을 달래도 아무렇지 않게 생각했으며, 회시(會試)[2]는 많으면 1만 냥씩 하였다. 그것은 돈이 점점 많아짐에 따라 그 (값어치가) 천하게 되었기 때문이다.

註解

1) 초시(初試) : 과거의 맨 처음 시험.
2) 회시(會試) : 문·무과의 초시에 합격한 자가 다시 서울에 모여 보는 복시(覆試).

原文

초 시 매 매 지 시　이 백 량 삼 백 냥 부 등　지 오 백 량　즉 인 토 설 의
初試賣買之始　二百兩三百兩不等　至五百兩　則人吐舌矣
갑 오　고 종 삼 십 일 년　전 수 식 천 여 량 염 연　　회 시 대 솔 만 여 냥
甲午(高宗三十一年)前數式千餘兩恬然　　會試大率萬餘兩
이 전 폐 점 다 점 천 고 야
以錢幣漸多漸賤故也.

매번 향시(鄕試)의 방을 낼 때마다 시관들이 먼저 과거를 팔 값을 정하여 자기의 전대를 채웠다. 그런 다음 명색을 견주어 배열하여 미봉하였는데, '가수(家數)'라는 것이 있으니 도내 명

문가의 후예를 이름이며, '실재(實才)'라는 것이 과장에서 이름이 난 자를 말한다. 과거를 판 것이 열이라면 이 둘 중에 하나가 배정되었다.

북관(北關)[1)]의 열 고을은 북평사(北評事)가 경시관의 일을 행사했는데, 북평사를 없애고 안무사(按撫使)를 두면서 안무사가 북평사의 일을 겸하여 관리하도록 하였다. 이에 경시관을 내보내는 것은 오직 관서와 삼남 지방의 네 자리뿐이어서 사색당파의 사람들을 4도에 각각 분배하였다. 관서 지방은 누관등임(樓觀登臨)[2)]의 경승과 좋은 숙식과 노래를 잘 부르는 미모의 기생들로 갖추어져 있어 마침내 노론(老論)의 정해진 자리가 되었다. 영남은 다 남인(南人)이 사는 곳이라 남인이 가면 반드시 공도(公道)를 지키기 어렵다 하여 소론이나 북인으로 가게 하였다. 오직 호서 지방은 경재(卿宰, 재상의 집)들이 곳곳에 살고 있어 강한 집안들의 무단(武斷)이 습속을 이루어 왕왕 시관을 잡아 움켜잡고 모욕을 주기 때문에, 시관에 오른 사람들이 많이 꺼려해서 피하였다. 그리하여 힘없는 조정의 벼슬아치의 몫이 될 수밖에 없어 북인 중에서 호서 지방을 많이 주관하였고, 호남 지방은 재물이 풍부하여 초시를 사려는 사람들이 많은 값을 불러도 아끼지 않았으며, 또 풍습이 유연하고 제압하기가 쉽기 때문에 좋은 자리로 여겨서 거의 관서 지방과 같다고 생각되었기에 남인(南人)·소론(少論)·북인(北人)의 삼색(三色) 중의 힘이 있는 자가 그곳을 차지하였다.

註解

1) **북관**(北關) : 함경북도 지방. 북도(北道).

1) **누관등임**(樓觀登臨) : 누관(누대)에 올라가서 사방을 바라봄.

原文

매향해지출방야 시관자 선정매과 이염기탁 기차배비명
每鄕解之出榜也 試官者 先定賣科 以饜其橐 其次排比名
색 이미봉지 유왈가수 위도내명문유예야 유왈실재 위유
色 以彌縫之 有曰家數 謂道內名門遺裔也 有曰實才 謂有
성장옥자야 매료십즉냥자거기일 북관십주 구이북평사
聲場屋者也 賣料十則兩者居其一 北關十州 舊以北評事
행경시관사 급파북병사 이치안무사 즉이안무사겸관평사
行京試官事 及罷北兵使 而置按撫使 則以按撫使兼管評事
지사 어시경시관출자 유관서삼남사과이이 내이사색분배
之事 於是京試官出者 惟關西三南四窠而已 乃以四色分排
사도 이관서비루관등임지승 주전성기지미 수성노론정과
四道 以關西備樓觀登臨之勝 廚傳聲伎之美 遂成老論定窠
영남즉진남인야 남인거즉필난병공 참용소론 북인 유호
嶺南則盡南人也 南人去則必難秉公 參用少論 · 北人 惟湖
서경재착거지 강종무단성속 왕왕졸욕시관 고유시망자
西卿宰錯居之 强宗武斷成俗 往往捽辱試官 故有試望者
다염피 고한조사 시득지 시이 북인다주호서 지약호남 재
多厭避 孤寒朝士 始得之 是以 北人多主湖西 至若湖南 財
부물풍 매초시자 불린고자 차속유연이제 고시위요과 태
府物豊 買初試者 不悋高貲 且俗柔軟易制 故視爲要窠 殆
랄관서 유남 소 북삼색유력자득지
埒關西 惟南 · 少 · 北三色有力者得之.

경시관(京試官)은 녹봉이 없고 오직 임금이 하사하는 반비(盤

費, 노자) 8백 냥뿐이었다. 방을 게시한 후 거둔 묵권(墨卷)[1]을 팔았는데 이름하여 '낙폭전(落幅錢)'이라 하였다.

註解

1) 묵권(墨卷) : 과거시험의 답안지.

原文

경 시 관 무 봉 유 내 사 반 비 전 팔 백 냥 이 이 게 방 후 수 묵 권 매
京試官無俸 惟內賜盤費錢八百兩而已 揭榜後 收墨劵賣
지 명 왈 낙 폭 전
之 名曰落幅錢.

회시(會試)에 나갈 사람이 기공상(朞功喪)[1]이나 중제(重制)를 당했을 때에는 예조에 알리면 문빙(文憑, 증빙서류)을 내주어 다음 식년을 기다리게 하였는데 이것을 '진시장(陳試狀)'이라 한다. 요즈음 약삭빠른 무리들이 샛길을 대서 미리 낙방할 것을 탐지하고 예조관리에게 뇌물을 주어 거짓으로 진시장을 받아낸다. 간혹 시험도 치르기 전에 나오기도 하니, 합격하면 장부에서 이름을 삭제하고 떨어지면 올려서 후일의 기회를 만들었다. 다음의 식년 때도 그렇게 하고, 후의 식년 때도 그렇게 하여 간혹 5, 6차례 시험에 응시하여 합격하는 자도 있었다.

註解

1) 기공상(朞功喪) : 일 년 동안 입는 상복. 기년복(朞年服)과 상복(喪服)의 대공(大功)과 소공(小功)을 통틀어 일컬음.

原文

장부회시 이조기공중제 즉공신예조 출문빙 유대후식
將赴會試 而遭朞功重制 則控申禮曹 出文憑 留待後式
왈 진시장 근일조등지도 연락혜경 예형피출 뇌예조관리
曰 陳試狀 近日刁蹬之徒 聯絡蹊徑 預詗被黜 賂禮曹官吏
모출진시 혹전기예출지 중즉간장부 출즉현록 이위후일
冒出陳試 或前期預出之 中則刊狀簿 黜則現錄 以爲後日
지 후식역연 우후식역연 간유부오육차이득중자
地 後式亦然 又後式亦然 間有赴五六次而得中者.

회시(會試)에서 시권(試券, 답안지)을 중첩해서 바친 사실이 들어나면 비록 합격되었어도 취소될 뿐만 아니라 귀양을 가게 된다. 근일에는 귀양 가는 자들이 계속되는 데도 중첩해서 바치는 자들이 끊이지 않는다.

原文

회권첩정사로 즉수중역삭 수이찬배 근일찬배상계 이첩
會券疊呈事露 則雖中亦削 隨以竄配 近日竄配相繼 而疊
정자부절
呈者不絶.

옛 제도에 응제시(應製試)는 대과에 다만 한두 명만 뽑았는데, 갑술년(고종 11, 1874) 이후에는 겸해서 대과 · 소과를 다 뽑았다. 사람들은 응제시의 소과를 가리켜, '석 돈〔錢〕 진사'라고 하였다. 우리말에 돈 10문(文, 푼)을 일전(一錢)이라 하는데, 응제 시권의 종이는 30문이면 살 수 있기 때문이다.

原文

구제응제 지취대과일이인 갑술 고종십일년 이후겸취
舊制應製 只取大科一二人 甲戌(高宗十一年)以後兼取
대소과 인지응제소과자왈 삼전진사 이방언전십문왈일전
大小科 人指應製小科者曰 三錢進士 以方言錢十文曰一錢
이응제권지 가삼십문매득야
而應製券紙 可三十文買得也.

임금이 친정을 한 이래로 날마다 유련(流連)[1]을 일삼았다. 매일밤 곡연(曲宴)[2]과 음희(淫戲)[3]를 즐기며, 광대와 무당과 악공들이 서로 어울러 노래하고 연주하며 행동이 거만하고 무례했다. 궁궐 뜰에는 등촉이 낮과 같이 밝았는데, 밤을 새우며 쉬지 않고 놀다가 인시(寅時)나 묘시(卯時), 진시(辰時)가 되어서야 비로소 휘장을 쳐서 어둡게 하고 취한 채 잠자리에 들어 곯아떨어지는 게 일과였다. 해가 기울어서야 일어나니 그것이 날로 정상인 것 같이 되어 버리자, 세자는 나이가 어린지라 익숙하게 보아 와서 일상 있는 일로 여겼다. 매일 아침 햇빛이 창가에 비추면 문득 양전(兩殿)의 옷을 잡아당기면서 "마마! 주무시러 가십시오." 하였다. 이로 말미암아 모든 관원이 나태하고 즐겨 놀아 모든 사무가 늑장을 부리고 해이해졌다.

임금이 친히 임하여 선비를 뽑을 때에도 매번 황혼 무렵에 비로소 궁궐을 나섰다가 잠시 후 어가를 문득 돌리므로 응시생들이 창황히 촛불을 켜고 시권을 써야 했다. 임금이 연회를 좋아해서 과거 시험 또한 유희의 한 가지로 여겼다. 그러므로 과거를 안 치르는 달이 없었고 어느 때는 한 달에 두 번 실시하기도

하였다. 근심이 있고 고달프거나 무료하면 문득 과령(科令)을 내려서 서울 선비들은 서로 만나면 조금 소원한 사이라도 반드시 먼저 묻기를, "오늘은 과령이 없소." 하였다. 이 때문에 지방에서 올라온 선비들은 오로지 과거를 보기 위해 해를 넘겨 가며 먹을 것을 찾아다니는 일도 있었다.

註解

1) **유련**(流連) : 유락(遊樂)으로 밤을 새어 집에 돌아오지 않고 그 자리에 머물러 있는 것.
2) **곡연**(曲宴) : 임금이 궁중 내원(內苑)에서 베푸는 작은 연회.
3) **음희**(淫戲) : 음탕한 연극. 음탕한 유희.

原文

上親政以來 日事流連 每夜曲宴淫戲 倡優 · 巫祝 · 工瞽歌吹媟嫚 殿庭燈燭如晝 達曙不休 及寅卯辰時 始掩黑牕施幃帳 就御酣寢 晡時乃興 日以爲常 世子年幼 習觀以爲常節 每朝陽射牖 輒引兩殿衣曰 願和媽媽睡 由是百司懈玩 衆務隳弛 及親臨試士之時 每黃昏始出宮 少頃駕卽旋擧了倉皇燭而寫券 上旣好遊宴 亦以科試爲嬉戲之一事 故無月無科 或一月再設 或愁惱無聊 輒下科令 都人士相遇稍疏 必先問曰 今日無科令乎 於是外方遊士專爲觀光 有

경 세 색 미 자
經歲索米者.

매번 응제시가 있다는 영(令)이 내려지면 물을 져 나르는 물장수, 땔나무를 파는 나무장수, 거름을 나르는 사람들까지 분주히 짐을 풀고, 유건(儒巾)을 쓰고서 과거를 보기 위해 무리지어 몰려가서 길이 막힐 지경이었다. 서울에 사는 중국인들이 손가락질하고 빈정대며 비웃기를, "조선에는 참으로 인재가 많기도 하구나." 하였다. 혹자는 손을 잡고 귀에 대고 말하기를, "너는 몇만 냥이 있느냐?" 하였다. 그 당시 대과(大科)는 대략 10만 냥을 주어야 했기 때문이다.

原文

매 응 제 령 하 운 수 자 매 신 자 부 분 자 분 연 사 담 척 유 건
每應製令下 運水者 · 賣薪者 · 負糞者 紛然卸擔 褁儒巾
병 전 새 도 중 국 인 주 경 자 지 점 치 소 왈 조 선 진 다 인 재 혹 집
駢闐塞塗 中國人駐京者 指點嗤笑曰 朝鮮儘多人才 或執
수 이 이 어 왈 여 유 전 기 만 시 대 과 솔 십 여 만 냥
手而耳語曰 汝有錢幾萬 時大科率十餘萬兩.

나라의 제도는 지체에 따라 정품(定品)이 있는데 서울이 더욱 심했다. 사대부가 한 등급이 되어 벼슬살이 하는 업(業)이 있고, 중인이 한 등급이 되어 상역(象譯, 通譯)[1)]이 업이었으며, 상한(常漢, 상놈)이 한 등급이 되어 상판(商販)이나 겸례(傔隷)를 하고 있었다. 중등과 하등이 가장 명목이 많았는데, 상역 이외에도 의가

(醫家) · 음양가(陰陽家) · 율학(律學) · 역학(曆學) · 사자관(寫字官)[2] 각사(司)의 서리, 각도의 저호(邸戶) 등이 있어 각각 그 업을 이어받으니 통틀어 중인이라 하였다. 그 아래에 모든 집사(執事)와 공사천역(公私賤役)은 다 상한이 맡아 왔다. 이는 수백 년간 그것을 지켜오면서 다 뚜렷이 구분되었고 서로 넘나들지 않았다.

중인의 경우, 과거에 급제한 것 같으면 이미 자기가 하던 본업에 방해가 될 뿐 아니라 사대부와도 또한 함께 할 수 없어서 나가고 들어가는데 소속될 곳이 없었다. 그런 까닭에 과거는 다른 사람들의 일로 생각하여 상을 준다고 해도 응시하지 않았다. 진사의 경우에 있어서도 관적(官籍)에 관계없이 그것 자체가 맑은 직함이었기 때문에 그것을 흠모했지만, 또한 이를 수 있는 길이 없으므로 발돋움하며 바라볼 뿐이었다. 응제시가 자주 실시되면서부터 요행의 문이 크게 열리게 되고, 액속(掖屬)과 결탁하여 돈 바칠 문이 통하게 되자, 진사를 취하는 것이 주머니의 든 것을 찾는 것같이 쉽게 되어 마침내 많은 사람들이 과장에 나갔다. 그렇지만 대과만은 끝내 원하지 않았다.

註解

1) **상역**(象譯) : 통역(通譯). 상(象)은 남방의 말을 통역한다는 뜻.
2) **사자관**(寫字官) : 승문원(承文院)과 규장각(奎章閣)의 글씨 쓰는 소임을 맡은 벼슬.

原文

국 제 문 지 유 정 품　경 사 우 심　사 대 부 위 일 등 업 사 환　중 인 위
國制門地有定品 京師尤甚 士大夫爲一等業仕宦 中人爲

일등업상역 상한위일등상판(업탈)·겸례 유중하등 명목
一等業象譯 常漢爲一等商販(業脫)·傔隷 惟中下等 名目
최다 외상역이유의가·음양가·율학·역학·사자관·각
最多 外象譯而有醫家·陰陽家·律學·曆學·寫字官·各
사서리·각도저호 각세기업 통칭중인 기하백집사·공사
司胥吏·各道邸戶 各世其業 統稱中人 其下百執事·公私
천역 개상한야 수지수백년 개절연불상혼 약중인등제 기
賤役 皆常漢也 守之數百年 皆截然不相混 若中人登第 旣
방기업 사대부우불치 진퇴무소속 고이과거위별인사 상
放其業 士大夫又不齒 進退無所屬 故以科擧爲別人事 賞
지불부 지진사즉불계관적 이자시청함 고수모지 역무가
之不赴 至進士則不係官籍 而自是淸啣 故雖慕之 亦無可
치지로 기언이이 자응제빈설 행문대개 결액속 통전로 취
致之路 跂焉而已 自應製頻設 幸門大開 結掖屬 通錢路 取
진사여탐낭 수군연부거 연대과 즉종불원야
進士如探囊 遂群然赴擧 然大科 則終不願也.

문(文)과 무(武)가 좇은 길이 달라서 높고 낮음이 있지만, 또한 하늘과 땅 같이 현격한 차이는 없었다. 우리나라는 역대 조종조(祖宗朝)에서 큰 병란과 역사를 치르면서 무과에서 수천 명을 뽑았고 혹은 만 명에도 이르렀으니, 숙종 때의 강화도의 성 쌓는 공역이나, 정조 때의 수원 성곽을 쌓는 일 같은 것이 그것이었다. 시취(試取)의 방법은 대략 대과, 소과와 비슷하여, 별시가 있고 증광시가 있으며 알성시도 있는데, 문과와 아울러 실시하였다. (무과의) 식년과는 문과의 명경과가 있는 것과 비견된다. 각도 병영과 수영에서 실시하는 도시과(都試科)라는 것이 있는데 이것은 관찰사가 도회시(都會試)에서 뽑는 것과

닮은 것이다. 또 도성 5영(營)에서 뽑는 군문과(軍門科)는 대사성이 뽑는 승보시와 비견된다. 매방(每榜)에서 뽑는 인원은 적어도 수백 명이 내려가지 않으며 처음 합격한 사람을 '출신(出身)' 혹은 '선달(先達)'로 불렀다. 뽑은 인원이 이미 많다보니 저절로 천하게 보일 수밖에 없었다. 관례(官隷)의 청사나 점보(店保, 店房)[1]의 벽에 홍패(紅牌)가 걸려 있지 않은 곳이 없고, 촌구석의 무뢰배들도 입술과 혀끝을 놀리며 두어 잔의 술을 권해주고 문득 그것을 얻으니, 이웃마을까지 웃음을 사게 되어 '아무개 선달'이라고 불렀다. 선달이란 말은 대대로 장수를 지냈거나 무인으로 명망이 있는 집에서는 창피하게 여겼다. 선달배들은 서로 섞여 있어 조정은 마침내 '별천(別薦)'의 규정을 마련하였다. 별천이란 것은 장수 집안의 자제들을 선발하되 과방(科榜)을 거치지 않고 바로 선전관(宣傳官)이나 별군직(別軍職) 따위를 제수하여 교대로 대궐 안을 숙직하게 하여 수요에 충당하도록 한 것이다.

註解

1) **점보**(店保) : 점(店)은 주막이나 점방. 보(保)는 고용인을 뜻하는데, 여기서는 점원 노릇을 하는 서민들이 모여 있는 곳을 뜻한다.

原文

자문무이계 수시유헌지 역무천연현격 여아국자 재조종
自文武異階 雖時有軒輊 亦無天淵縣隔 如我國者 在祖宗

조 경대병대역 즉취무과수천인 혹지만인 여숙종강도성
朝 經大兵大役 則取武科數千人 或至萬人 如肅宗江都城

역 정종수원성역시시야 시취지법 략방대소과 유별시 유
役 正宗水原城役時是也 試取之法 略倣大小科 有別試 有
증광 유알성 병문과이설자야 유식년과 유문지유명경야
增廣 有謁聖 並文科而設者也 有式年科 類文之有明經也
외도병수영 유도시과 유관찰사지선도회야 경사오영유군
外道兵水營 有都試科 類觀察使之選都會也 京師五營有軍
문과 유대사성지선승보야 매방소불하수백인 시중제자호
門科 類大司成之選陞補也 每榜少不下數百人 始中第者號
왈출신 왈선달 취지기다 시지자천 관례지청 점보지벽
曰出身 曰先達 取之旣多 視之自賤 官隷之廳·店保之壁
무불현홍패자 향곡무뢰자 약비진설 권수배주 첩득지 린
無不懸紅牌者 鄕曲無賴子 略費唇舌 勸數盃酒 輒得之 隣
리전소 칭모선달 모선달세장명무지가치언 차배위오 조
里傳笑 稱某先達 某先達世將名武之家恥焉 此輩爲伍 朝
정수유별천지규 별천자선장가자제 불경과방 직수선전관
廷遂有別薦之規 別薦者選將家子弟 不經科榜 直授宣傳官
별군직 교직궐내 이비수용
·別軍職 交直闕內 以備需用.

무과(武科)도 처음 조례(條例)를 제정할 때는 또한 매우 엄격해서 무경(武經)[1]을 강(講)하고, 기사(騎射)를 시험하였으며 용모와 풍채, 여력(膂力, 체력)이 격식에 맞지 않으면 불합격시켰다. 근세에는 강(講)을 폐지시킨 지 이미 오래되었고 단지 활쏘기만을 시험하는데, 그것도 다른 사람을 시켜서 쏘게 하였다. 그런데 아예 활쏘기를 시험하지 않고 방을 내부치는 경우도 있었다.

註解

1) 무경(武經) : 병법에 관한 글. 무경에는 7서(七書)가 있는데, 곧 육

도(六韜) · 손자(孫子) · 오자(吳子) · 사마법(司馬法) · 황석공(黃石公) 삼략(三略) · 위료자(尉繚子) · 이위공문대(李衛公問對)가 있다.

原文

무과시제조례역심엄 강무경 과기사 신수여력 불중격
武科始制條例亦甚嚴 講武經 · 課騎射 身手膂力 不中格
즉출 근세강폐이구 지시사 이천인대지사 병불시이유출
則黜 近世講廢已久 只試射 而倩人代之射 幷不試而有出
방지시
榜之時.

문과는 용방(龍榜), 무과는 호방(虎榜), 소과는 연방(蓮榜), 대과는 계방(桂榜)이라 일컬었다.

原文

문과왈용방 무과왈호방 소과왈연방 대과왈계방
文科曰龍榜 武科曰虎榜 小科曰蓮榜 大科曰桂榜.

대대로 무반(武班)의 이름난 집안으로는 옛날부터 신(申) · 구(具) · 장(張) 세 성씨를 일컬었다. 신씨는 신립(申砬)을 원조(元祖)로 삼고, 구씨는 구인후(具仁厚)를 원조로 삼았으며, 장씨는 장만(張晩)을 원조로 삼았다. 그 자손들도 아울러 대대로 무신 재상을 지냈으나 근래에 와서는 쇠퇴했다. 오직 충무공 이순신(李舜臣) 집만은 여경(餘慶)[1]이 쇠퇴하지 않았다. 무장대가(武將大家)로 손꼽히는 집은 십방(十房)을 내려가지 않으며

지금에 이르기까지 면면히 이어져서 무업(武業)을 바꾸지 않고 있다. 지금 임금 조정에 훈련대장 이원희(李元熙)의 아들 이규붕(李奎鵬)이 비로소 문과에 합격하였으나 무가(武家)라 하여 제한을 받아 겨우 당록(堂錄)[2]에 참여하였다. 이를 두고 사람들이 말하기를, "이충무공과 같은 충성과 훈업(勳業)으로도 자손의 벼슬길이 문과집의 평범한 수준에도 미치지 못하니 너무 심한 것이 아니냐?"고 한탄하였다. 나라의 풍속이 편협하기 때문이었다.

註解

1) **여경**(餘慶) : 선조들이 찬한 일을 많이 한 보람으로 그 자손이 누리게 되는 경사.
2) **당록**(堂錄) : 도당록(都堂錄)의 약어. 홍문관 교리 이하의 직(職)을 임명할 때 먼저 홍문관 부제학 이하의 모든 관원이 먼저 자격 있는 사람을 고른 뒤에 다시 영의정이 골라 뽑던 것.

原文

세무명가 구칭신 구 장 신조립 구조인후 장조만
世武名家 舊稱申·具·張 申祖砬·具祖仁厚·張祖晩
기자손병혁세무재 이근초쇠 유이충무공 여경불체 위무
其子孫幷奕世武宰 而近稍衰 惟李忠武公 餘慶不替 爲武
장대가자 불하십방 지금연면 불환무업 금상조훈장원희
將大家者 不下十房 至今蓮綿 不換武業 今上朝訓將元熙
자규붕시문과 이무가견지 근참당록 의자탄이이야지충훈
子奎鵬始文科 以武家見枳 僅參堂錄 議者嘆以李爺之忠勳
이자손환도 불급문가상품 심의 국속지애야
而子孫宦塗 不及文家常品 甚矣 國俗之隘也.

조선의 명신으로서 시호(諡號)[1)]를 널리 행세할 수 있는 이로 세 분을 꼽을 수 있다. 익성공(翼成公)하면 방촌(厖村) 황희(黃喜)인 줄 알고, 문익공(文翼公)하면 정광필(鄭光弼)임을 알며, 충무공(忠武公)하면 이순신(李舜臣)임을 알 수 있었다. 그리고 봉증(封贈)[2)]으로써 행세할 수 있는 한 사람이 있는데 요동백(遼東伯)하면 김응하(金應河)임을 알게 된다.

註解

1) **시호**(諡號) : 제왕 · 경상(卿相) · 유현(儒賢)들이 죽은 뒤에, 그들의 공덕을 칭송하여 임금이 추증(追增)하던 이름.
2) **봉증**(封贈) : 임금이 작위(爵位)를 줌.

原文

아 조 명 신 　유 이 시 이 우 세 자 삼 인 　왈 익 성 공 즉 지 기 위 황 희
我朝名臣　有以諡而于世者三人　曰翼成公則知其爲黃喜
방 촌 　왈 문 익 공 즉 지 기 위 정 광 필 　왈 충 무 공 즉 지 기 위 이 순
(厖村)　曰文翼公則知其爲鄭光弼　曰忠武公則知其爲李舜
신 　유 이 봉 증 자 일 인 　왈 요 동 백 즉 지 기 위 김 응 하 야
臣　有以封贈者一人　曰遼東伯則知其爲金應河也.

충무공의 사손(祀孫, 종손) 이문영(李文榮)은 됨됨이 활발하지 못하고 기개도 시원치 않았다. 병자년(고종 13, 1876) 봄에 흑전청륭(黑田淸隆)이 강화도에 함대를 끌고 와서 조야(朝野)가 공포를 느꼈다. 이문영이 마침 대원군을 뵙게 되었는데, 대원군은 희롱하여 말하기를, "자네가 충무공의 후손인데 왜놈을

격파할 좋은 계책이라도 있는가?" 했다. 이문영이 힘주어 대답하되, "대감은 급히 서두르지 마십시오. (저놈들을) 막기는 어렵지 않습니다." 하였다. "계책이 어떠한 것인가?" 하였더니, 대답하기를, "충무공의 8대손이 못났는데 청정(清正)[1]의 8대손인들 어찌 영특하고 용감하겠습니까?"라고 대답하였다. (이에) 그 말을 들은 사람들이 허리가 끊어지도록 웃었다고 한다. 그 때의 흑정청륭은 가등청정(加藤清正)의 8대손이라 전하여졌으며, 이문영도 역시 충무공의 8대손이었다.

註解

1) **청정**(清正) : 임진왜란 때 조선 침략군의 장수 가등청정(加藤清正). 그런데 가등청정은 흑전장정(黑田長政)의 잘못이 아닌지.

原文

충무공사손문영 모침기불양 병자 고종십삼년 춘 흑전
忠武公祀孫文榮 貌寢氣不揚 丙子(高宗十三年)春 黑田

청륭박강화 조야진구 문영적알운현 운현희지왈 군내조
清隆泊江華 朝野震懼 文榮適謁雲峴 雲峴戱之曰 君乃祖

손야 파왜유하량책 문영응성왈 대감물급 차이어이 계장
孫也 破倭有何良策 文榮應聲曰 大監勿急 此易禦爾 計將

안출 왈충무공팔세손 내이잔렬 청정팔세손 유하영용 문
安出 曰忠武公八世孫 乃爾孱劣 清正八世孫 有何英勇 聞

자절도 시전청륭위청정팔세손 이문영거충무역팔세야
者絶倒 時傳清隆爲清正八世孫 而文榮距忠武亦八世也.

선유(先儒)로는 우암(尤庵) 송시열(宋時烈)을 추대하고 충훈

(忠勳)[1]으로는 충무공 이순신(李舜臣)을 추대하는데, 조정에서 그 후손들을 대접함이 융숭해서 다른 명신가와 비교가 되지 않았다. 그런데 두 집안의 운잉(雲仍)[2]은 벼슬을 하면서 탐오(貪汚)하여 청렴결백한 사람이 있다는 소리를 들은 적이 없다.

註解

1) **충훈**(忠勳) : 충의를 다해 세운 훈공(勳功). 충공(忠功).
2) **운잉**(雲仍) : 자손. 먼 후손. 곧 운손(雲孫)과 잉손(仍孫) · 원손(遠孫)을 일컬음.

原文

선유추우암 송시열 충훈추충무공 이순신 조가소이
先儒推尤庵(宋時烈) 忠勳推忠武公(李舜臣) 朝家所以
대기후자심악 타명신가무여위비 단양가운잉 거관탐오
待其後者甚渥 他名臣家無與爲比 但兩家雲仍 居官貪汚
무이렴백문자
無以廉白聞者.

민영익(閔泳翊)이 과거에 급제하였다. 민영익이 상(喪)을 당하자 명성왕후는 손가락을 꼽아가면서 하루가 급하다고 하였다. 장차 과거 일자가 다가오자 민영익이 말하기를, "은문(恩門, 試官)[1]은 김병덕(金炳德)이 아니면 응시하지 않겠다."고 했는데, 이는 김병덕이 청렴하다는 명망이 있었기 때문이다. 과거보는 선비들도 그가 공도(公道)를 지킨다고 일컬었다. 마침내 김병덕이 과거시험관으로 차출되었는데, 김병덕은 (민비의

뜻을) 어길 수가 없어 민영익을 뽑았다. 그리고 또 (그 집 앞을) 지나가다가 '신래(新來)[2]라고 부르기까지 하였다. 그래서 그의 명망이 일시에 떨어졌다. 운현이 그 말을 듣고 한숨을 지으면서, "사람들이 성일(聖一)이 기재(起哉)보다 낫다고 하더니만 실은 그에 미치지 못하는군." 하였다. 기재는 김병덕의 부친인 김흥근(金興根)의 자(字)이며, 성일은 김병덕의 자이다.

註解

1) **은문**(恩門) : 과거 합격자가 시관(試官)을 일컫는 말. 시관을 좌주(座主)라 하고, 그에 의해 뽑힌 자들을 문생(門生)이라고 불렀다.
2) **신래**(新來) : 과거에 새로 급제한 후, 임관되어 처음 관아에 출사한 사람. 신은(新恩). ※ 신래를 불리다 : 과거에 새로 급제한 사람을 괴롭히다.

原文

민영익등제 익지수제야 명성후굴지급일일 급장과지 영
閔泳翊登第 翊之守制也 明成后屈指急一日 及將科之 泳

익언 은문비김병덕불과 이병덕유청망 시사칭병공야 수
翊言 恩門非金炳德不科 以炳德有淸望 試士稱秉公也 遂

차병덕주고 병덕불능위 탁영익 우과이호신 소망돈감 운
差炳德主考 炳德不能違 擢泳翊 又過而呼新 素望頓減 雲

현문지탄왈 인운성일승기재 정자불급 기재 병덕부흥근
峴聞之嘆曰 人云聖一勝起哉 正自不及 起哉 炳德父興根

자 성일 병덕지야
字 聖一 炳德字也.

신래(新來)라고 부르는 것은 고려말의 홍분방(紅粉榜)에서부터 출발하는데 조선조에 들어와서도 변하지 않았다. 과거에 급제한 사람에 대해서 선배 명관(名官)이 그 집에 이르러 소리쳐 부른 다음, 오라, 가라 하여 들어갔다, 나왔다 하며 무수히 욕을 보여 극도로 괴롭히고 고통을 주는 것으로, 이를 '신래(新來)'라고 일컬었으며, 일명 '묵희(墨戲)'라고도 하였다. 등과를 해서 신래를 부르는 사람이 없게 되면 세상에서 수치로 생각하였다. 비록 선배라 할지라도 반드시 문벌과 지위가 서로 비등해야 감히 (신래)를 부를 수 있는 것이며, 그렇지 않으면 불러도 나오지 않았다. 선배가 문과 출신이 아니면 감히 문과 급제자를 부를 수 없다. 오직 문과 출신이라야만 대소과(大小科)를 겸해서 부를 수 있었다. 소과 출신은 소과를 부를 수 없었는데, 만약 소과를 부르려 한다면 반드시 세 명의 소과 출신자가 한데 모여야만 한 사람의 급제자를 부를 수 있었다. 무과(武科) 또한 무과 출신자가 불렀다.

原文

호신방자려말홍분방 입아조불개 우등과자 선진명환 도
呼新昉自麗末紅粉榜 入我朝不改 遇登科者 先進名宦 到
문호출 초지휘지 진퇴이욕지 극기곤고 명왈신래 일칭묵
門呼出 招之揮之 進退詈辱之 極其困苦 名曰新來 一稱墨
희 등과이무호신래자 세이위수 수선진 필문지상등 내감
戲 登科而無呼新來者 世以爲羞 雖先進 必門地相等 乃敢
호 불연 호지불출 선진비유문과진자 불감호문과 유문과
呼 不然 呼之不出 先進非由文科進者 不敢呼文科 惟文科
자겸호대소과 소과불능호소과 약호지 필삼소과취열 내
者兼呼大小科 小科不能呼小科 若呼之 必三小科聚列 乃

호 일 소 과　무 과 역 무 과 자　호 지
呼一小科 武科亦武科者 呼之.

지금 임금은 유희(遊戲)를 좋아해서 매번 방(榜)을 낼 때면 왕왕 몸소 스스로 '신래'를 부르는 경우가 있었다. 그러자 그 후로는 신하가 감히 서로 신래를 부를 수 없게 되었다. 임금이 몸소 신래를 부른 사람을 신하들이 따라서 할 수 없었기 때문이다.

原文

금 상 호 유 희　매 방 방　왕 왕 수 자 호 신　시 후　신 하 불 감 상 호
今上好遊戲 每放榜 往往手自呼新 是後 臣下不敢相呼

이 기 일 경 옥 수 조 희　인 신 무 용 종 행 야
以其一經玉手調戲 人臣無容踵行也.

시골 사람이 과거에 급제하면 문과와 무과, 대소과를 가리지 않고 집에 도착하는 날 연회를 베푸는데 이것을 '도문(到門)'이라고 하며, 선대(先代)의 묘소를 알현하는 것을 '소분(掃墳)'이라 하였다. 그리고 친지나 친한 친구를 찾아 곳곳을 방문하는 것을 '유가(遊街)'라 하는데, 유가할 때는 광대들이 피리 등을 불며 앞에서 인도하였다. 이를 '솔창(率倡)'이라 한다. 가난한 사람은 오래전부터 친한 친구들이 돈을 갹출하여 베풀어 주는데, 이것을 '과부(科扶)'라 한다. 대문이나 마을 입구와 선대 묘 앞에 '화표(華表, 망부석)'를 세우는 것을 '효죽(孝竹)'이라고 하

는데, 효죽은 전라도와 경상도 사람들이 활발히 행했으며, 서북지방은 없었다. 서울에서의 유가는 3일을 넘기지 않았다.

原文

鄕人登科 不揀文武大小 以抵家日設宴曰到門 謁先墓曰掃墳 歷訪知舊行閭里曰遊街 遊街時 優倡簫笛以導前曰率倡 貧者知舊醵錢資給曰科扶 建華表門閭及先墓曰孝竹 孝竹兩南人盛行之 西北則無 京中遊街 不過三日.

임금은 노론(老論)을 자처하면서 군신(群臣)들을 대우할 때 세당색(黨色)으로 구별하여 폄하하고 야박함이 심했다. 7품(品) 참하관(參下官)[1]에서 6품 참상관(參上官)에 오르기까지 극히 청화(淸華)[2]한 자리로, 노론은 대교(待敎), 소론은 한림(翰林), 남인(南人)과 북인(北人)은 주서(注書)를 주어 이것을 가지고 높고 낮음을 삼았는데 다른 벼슬도 이와 비슷했다. 매번 대과 합격자의 여창(臚唱)[3]을 알릴 때면 노론이면 '친구'라 하였고, 소론이면 '저쪽'이라 하였으며, 남인과 북인이면 '그놈'이라고 했다.

註解

1) **참하관**(參下官) : 7품에서 9품까지의 벼슬아치.
2) **청화**(淸華) : 벼슬자리를 구분할 때 치권(治權)을 가진 중요한 자리를 요직(要職), 임금 주변에서 문장의 임무를 담당하는 경우를 화

직(華職), 중앙 부처 중에 좋은 명망을 지닌 경우를 청직(淸職)이라 불렀다. 이처럼 자리에 따라 청직과 화직을 청화라고 불렀다. 곧 대교 · 한림 · 주서직이 이에 해당한다.

3) **여창**(臚唱) : 전시(殿試) 급제자가 처음으로 호명되어 전상(殿上) 에 들어가 임금을 알현하는 일. 여전(臚傳)이라고도 함.

原文

상이노론자처 대군신구별삼색 수폄박 약참하관지출육
上以老論自處 待群臣區別三色 殊貶薄 若參下官之出六
야 극기청화 노론즉대교 소론즉한림 남북즉주서 이차헌
也 極其淸華 老論則待敎 小論則翰林 南北則注書 以此軒
지 타관류시 매문대과여창 노론즉왈친구 소론즉왈피변
輊 他官類是 每聞大科臚唱 老論則曰親舊 小論則曰彼邊
남 북즉왈궐한
南 · 北則曰厥漢.

민영익(閔泳翊)이 처음 관직에 나오고부터는 다음날 대교(待敎)[1]가 되고, 또 다음날은 한림(翰林)[2]이 되었으며, 또 다음날은 주서(注書)[3]가 되어 모든 청관화함(淸貫華啣)[4]을 다 맡더니 일년 만에 통정(通政)[5]까지 뛰어올랐다. 임금과 왕비가 하도 사랑해서 그의 말이라면 따르지 않는 것이 없었다. 하루에 세 번씩 대궐에 들어갔다가 물러나오면 앉은 내방객이 몰려들어 뒤에 이른 자는 종일 기다려도 면회조차 하지 못했다. 민규호(閔奎鎬)가 임금에게 아뢰기를, "연소배가 마땅히 독서나 하면서 모르는 것이나 깨우칠 것이지, 요직에 있으면서 나라의 일을 그르치게 하거나 사람들의 비난을 받게 해서는 아니 되옵니

다."라고 하였다. 민영익은 그 소리를 듣고 기뻐하지 않았다. 그래서 매양 민규호가 상주(上奏)[6]하는 일은 민영익이 쫓아다니며 막아서 드디어 서로 틈이 벌어졌다.

註解

1) **대교**(待教) : 조선 때 예문관(藝文館)의 정8품 벼슬. 또는 조선 후기 규장각(奎章閣)의 정7품 벼슬.
2) **한림**(翰林) : 조선 때 예문관 검교(檢校)의 별칭.
3) **주서**(注書) : 승정원(承政院)의 정7품 벼슬.
4) **청관화함**(淸貫華啣) : 깨끗하고 화려한 벼슬자리.
5) **통정**(通政) : 정3품의 당상관(堂上官).
6) **상주**(上奏) : 임금에게 아룀.

原文

영익기석갈 명일위대교 명일위한림 명일위주서 범청관
泳翊旣釋褐 明日爲待教 明日爲翰林 明日爲注書 凡淸貫
화함 무불주류 일세간초통정 양전절애지 언무부종 일삼
華啣 無不周流 一歲間超通政 兩殿絶愛之 言無不從 日三
예궐 퇴즉빈객전인 후지자종일부득알 규호언우상 년소
詣闕 退則賓客塡咽 後至者終日不得謁 奎鎬言于上 年少
배의독서회양 불가사지당도 이분사어국 취기어인 영익
輩宜讀書晦養 不可使之當塗 以僨事於國 取譏於人 泳翊
문지불열 매규호주사 영익종이저요 수여유극
聞之不悅 每奎鎬奏事 泳翊從而沮撓 遂與有隙.

민영익(閔泳翊)의 자는 자상(子相)이요, 호는 운미(芸楣)이며 사호(賜號)[1]는 예정(禮庭)이다. 어려서 자못 총명하며 서화(書

畵)를 좋아했다. 경박하여 권세를 좇는 자들이 다투어 아첨하는 무리가 많았다. 몹시 시끄러웠으며 집에서 노니는 행동거지 또한 상도를 벗어나서 어린애들이 하는 짓과 비슷하였다.

민영익의 대문에 드나드는 사람은 그때에 팔학사(八學士)를 들 수 있는데, 이중칠(李重七) · 조동희(趙同熙) · 홍영식(洪英植) · 김흥균(金興均) · 홍순형(洪淳馨) · 심상훈(沈相薰) · 김옥균(金玉均) · 어윤중(魚允中)이 그들이다. 민영익이 일찍이 서첩(書帖)[2]에 글씨를 쓰려함에 좌객들은 침이 마르도록 칭찬하였으나 어윤중만이 홀로 정색하며 말하기를, "영감(令監)께서는 지금 맡고 계신 책무가 심히 크고 나라의 일도 모두 자신의 본분에 속한 일이거늘, 어찌 붓을 휘둘러 세월을 보내며 일을 방해하고 정신을 훼손시키십니까?"라고 하니, 민영익이 용모를 고쳐 사죄하였다. (이 말을) 들은 사람들은 아주 좋은 아첨이라 하였다.

註解

1) **사호**(賜號) : 임금이 호를 내림
2) **서첩**(書帖) : 이름난 사람의 글씨를 모은 장첩(粧帖). 명필을 모아 꾸민 책.

原文

영익 자자상 호운미 사호예정 유파혜오 기서화 경박추
泳翊 字子相 號芸楣 賜號禮庭 幼頗慧悟 嗜書畵 輕薄趨

부자 쟁요지 시조요양 작비무상 유소아지위 유영익지문
附者 爭嬲之 施措擾攘 作比無常 類小兒之爲 游泳翊之門

者 時有八學士之目 李重七·趙同熙·洪英植·金興均·洪淳馨·沈相薰·金玉均·魚允中 泳翊嘗臨帖作書 座客譽之不容口 允中獨正色曰 令監今日責任甚大 域中事 皆已分內事也 何至揮翰送晷 以妨務損神乎 泳翊改容謝 聞者謂之善諂.

민영익(閔泳翊)의 처 김씨(金氏)는 김영철(金永哲)의 딸로, 김영철은 김보현(金輔鉉)의 아들이다. 김보현은 이때 정경(正卿)으로 나이가 60세가 다 되었다. 일찍이 민영익의 집에 들렀을 때 시종(侍從)을 불러 담뱃불을 붙여 민영익에게 올리도록 하면서, "영감(令監)은 귀인인데 관계(官階)와 나이에 어찌 구애받을 일이 있겠는가." 하였다. 우리말에 통정대부(通政大夫, 正三品 堂上官) 이상을 영감이라 부르고, 자헌대부(資憲大夫) 이상을 대감(大監)이라고 부른다.

原文

泳翊妻金氏 永哲之女 永哲 輔鉉之子也 輔鉉時正卿 年將六旬 嘗過泳翊 呼侍者 進烟簫於泳翊曰 令監貴人 官階年齡 何必拘也 方言通政以上 呼令監 資憲以上 呼大監.

여름 5월에, 철종왕비 김씨(金氏)가 세상을 떠났는데 시호(諡號)를 철인왕후(哲仁王后)라 하였다. 왕후는 김문근(金汶根)의 따님으로 현명하고 정숙하여 대궐 안에서도 우러러 보았다. 철종이 세상을 떠난 이후로는 일찍이 웃는 모습을 보지 못했다. 글씨 쓰는 법을 해득하여 글자의 획이 세밀하고 우아하였지만, 다른 사람에게 보여주지 않았다. 일찍이 은그릇 두어 개를 잃어버린 일이 일어나자 좌우의 비복들이 끝까지 찾으려 하였으나 왕후는 일이 잘못 얽히면 필시 여러 사람에게 오해가 미칠까 염려하여 그치게 하였다.

매번 국휼(國恤, 임금의 초상) 때면 대궐 안의 빈전(殯殿)은 정해진 장소가 있게 마련이다. 이때 (철인왕후의 상)에 세자를 위한 금기가 여러 가지로 많은 데다 중전이 흉사를 싫어하는 까닭에 빈전을 멀리 옮기도록 명했다. 김병덕(金炳德)은 그 말에 항의하면서, "대비께서는 일찍이 어머니 노릇을 한 지가 수십 년이나 되었는데 이처럼 폄하하고 박대한다면 어떻게 신하와 백성을 대할 수 있겠습니까?" 하였다. 여러 민씨들 또한 중궁(中宮)에게 권하여 옮기지 않게 되었다.

原文

하오월 철종왕비김씨훙 시왈철인왕후 왕후문근지여야
夏五月 哲宗王妃金氏薨 諡曰哲仁王后 王后汶根之女也

현명정숙 궁위앙지 자철종상선 미상견소용 해서자 해화
賢明貞淑 宮闈仰之 自哲宗上仙 未嘗見笑容 解書字 楷畫

연아 역불이시인 상실은기수사 좌우욕궁추지 후이괘오
研雅 亦不以示人 嘗失銀器數事 左右欲窮推之 后以絓誤

필만 명이지 매국휼 대내빈전 유정소 시시 유세자구기만
必蔓 命已之 每國恤 大內殯殿 有定所 是時 由世子拘忌萬

단 중궁오흉사 명이빈전이원지 김병덕항언 대비모의일
端 中宮惡凶事 命移殯殿以遠之 金炳德抗言 大妃母儀一

국수십년 현시폄박 하이사신민 제민역권중궁 수득불이
國數十年 現示貶薄 何以謝臣民 諸閔亦勸中宮 遂得不移.

9월, 철인왕후(哲仁王后)를 대왕의 능에 합장하였다. 옛날부터 나라의 쓰임새는 세 가지 큰 지출이 있다고 하였다. 중국 사신을 맞이하는 일과, 가례(嘉禮)[1]와 인산(因山)[2]이 그것인데, 대략 다 백만 냥(兩) 씩이나 들어간다. 이때 양전(兩殿, 임금과 중전)의 쓰임새가 절도가 없어서 저장된 돈이 고갈되었는데, 갑자기 큰 상(喪)을 당하니 허둥지둥하며 속수무책이었다. 임금이 부득이 대원군을 들어오라고 명하여 그 방도를 물었다. (대원군이) 대답하기를, "천천히 도모해도 될 것 같습니다. 훈련도감과 동영(東營)[3]에 돈 20만 냥이 있는데 전하는 혹 그것을 알지 못하십니까?" 하였다. 그것은 운현(雲峴)이 정권을 잡았던 날에 동영에 20만 냥의 돈을 저축해 놓고 완급(緩急)에 대처하려 했던 것이다. (대원군이) 그것을 내어 시장의 장사꾼을 불러 각전(廛)에 물건들을 분배하고는 값이 백이라면 먼저 20을 지불하고 일이 다 끝나면 나머지를 청산하기로 약속했었다. 시전의 상인들이 말하기를, "이것은 운현대감의 분부이신데 누가 감히 응하지 않을 수 있겠습니까?" 하였다. 열흘 만에 구할 것을 다 갖추게 되니, 임금은 대원군이 권력으로 억눌러 다스린데 감복하지 않을 수 없었다. 그런데 그 일로 대원군을 더 두려

워하고 꺼리게 되었다.

註解

1) **가례**(嘉禮) : 길(吉) · 흉(凶) · 군(軍) · 빈(賓) · 가(嘉) 등 오례(五禮)의 하나. 왕실의 왕이나 세자 등의 경사스런 혼례를 일컬음.
2) **인산**(因山) : 태상왕(太上王)과 비(妃), 왕과 왕비, 왕자와 그 빈(嬪)의 장례.
3) **동영**(東營) : 훈련도감의 분영(分營). 창덕궁 동쪽에 있었다.

原文

구월 부철인후우대왕능 구칭국용삼대비 영칙야 가례야
九月 祔哲仁后于大王陵 舊稱國用三大費 迎勅也 嘉禮也
인산야 대략개백만냥 시양전용도무절 부장경궤 졸당대
因山也 大略皆百萬兩 時兩殿用度無節 府藏罄匱 猝當大
상 황황속수 상부득이 명대원군입 문지 대왈 가서도이
喪 皇皇束手 上不得已 命大院君入 問之 對曰 可徐圖耳
훈국동영 유전이십만냥 전하혹미지지야 개운현병정일
訓局東營 有錢二十萬兩 殿下或未之知也 蓋雲峴秉政日
고이십만우동영 완급발지 출소시쾌 분배물료우각전 치
錮二十萬于東營 緩急發之 出召市儈 分配物料于各廛 値
가백 선지이십 약사완준교 전인왈 차운현대감분부야 수
可百 先支二十 約事完准交 廛人曰 此雲峴大監分付也 誰
감불응 순일모판 상복기권제 이유외기지
敢不應 旬日募辦 上服其權制 而愈畏忌之.

한계원(韓啓源)을 중화부(中和府)에, 강로(姜滗)를 삼화부(三和府)에 귀양을 보냈다. 이 두 사람은 운현(雲峴)의 문객으로

(자신들의) 행적을 두려워하여 교외(郊外)에 은거하고 있었다. 철인왕후의 상(喪)에 즉시 분상(奔喪)하지 않았으므로, 민규호(閔奎鎬)가 대사헌 이인명(李寅命)을 사주하여 탄핵하게 한 것이었다.

原文

찬한계원우중화부 강로우삼화부 양인이운객 외형적 병
竄韓啓源于中和府 姜浤于三和府 兩人以雲客 畏形跡 屛
거교외 철인지상 미즉분부 민규호주대사헌이인명 핵지
居郊外 哲仁之喪 未卽奔赴 閔奎鎬嗾大司憲李寅命 劾之.

신정희(申正熙)가 금위대장(禁衛大將)이 되었다. 무신은 옛날부터 부자(父子)가 나란히 한 시대에 등단(登壇, 大將이 됨)한 일이 없었다. 신정희(申正熙)는 임금의 사랑을 받았고 또 민규호(閔奎鎬)와 친근하여 제수(除授)의 명이 내렸다. 사람들은 의론이 많았는데 민영익(閔泳翊)은 자리에 앉은 어떤 사람에게 말하기를, "부자가 함께 대장에 올랐는데, 예전에 그런 예가 있었던가? 신진(新進)이라 나라의 체모에 어둡다고 말한 것은 무엇인가?"라고 하였다.

原文

신정희위금위대장 무신구무부자병세이등단자 정희피
申正熙爲禁衛大將 武臣舊無父子並世而登壇者 正熙被
상권 우닐어규호 제명하 인다의지 민영익대좌객왈 부자
上眷 又昵於奎鎬 除命下 人多議之 閔泳翊對座客曰 父子

장신 고유예호 위신진매국체자 하야
將臣 古有例乎 謂新進昧國體者 何也.

겨울에 민규호(閔奎鎬)가 죽었다. 민규호는 글을 잘했고 지혜와 술수가 풍부할 뿐만 아니라 양전(兩殿)을 잘 살펴 받들어서 양전께서는 매우 그에 의지했다. 민영익(閔泳翊)이 나오고부터는 권세가 갈라지게 되자, 민규호는 분하여 화병이 나서 날마다 석고(石膏) 두 냥씩을 복용하다가 죽었다. 죽기 며칠 전에 정승의 명의를 얻기를 바랐는데, 그 날로 정의(政議)를 열어 우의정을 배(拜)하고 친척아들 민영소(閔泳韶)를 후사(後嗣)로 삼았다. 다음날 대과에 급제하자 운현(雲峴)이 책상을 치며 부르짖기를, "정승이 되고자 하면 정승이 되고, 과거에 급제하고자 하면 급제하니 오늘날이 곧 민규호의 세계란 말인가?" 하였다.

原文

동민규호졸 규호해문자 요지수 선사양전 이교승지 양
冬閔奎鎬卒 奎鎬解文字 饒智數 善伺兩殿 而巧承之 兩
전심의지 지영익출 권위지기 규호분지 병화 일복석고이
殿甚倚之 至泳翊出 權爲之歧 奎鎬憤之 病火 日服石膏二
양이사 사전수일 걸득정승명 즉일개정 배우의정 입족인
兩而死 死前數日 乞得政丞名 卽日開政 拜右議政 立族人
자영소위사 명일탁대과 운현박안규왈 욕상즉상 욕과즉
子泳韶爲嗣 明日擢大科 雲峴拍案叫曰 欲相則相 欲科則
과 금일식규호세계야
科 今日直奎鎬世界耶.

민규호(閔奎鎬)가 정권을 잡자 오로지 마음대로 일을 처리하였다. 대교(待教)는 노론(老論)만 기용하려 하였고 보국(輔國, 輔國崇祿大夫)[1]은 자기만 하려 하였다. 이로써 2년 동안 소론에서는 대교 · 보국을 한 자가 없었고, 오직 김보현(金輔鉉)만이 보국숭록대부를 얻을 수 있었다. 그것은 김보현이 민규호의 의중을 탐지하고 반드시 얻어내어 그와 더불어 항례(抗禮)[2]를 보여주기를 기약했기 때문이다.

註解

1) **보국숭록대부**(輔國崇祿大夫) : 정1품 문무관의 품계. 고종 2년(1865)부터 문무관 · 종친 · 의빈(儀賓)의 품계로도 병용하였음.
2) **항례**(抗禮) : 대등의 교제. 대등의 예(禮).

原文

규 호 당 국 전 천　대 교 욕 노 론 이 이　보 국 욕 자 기 이 이　시 이 이
奎鎬當國專擅 待教欲老論而已 輔國欲自己而已 是以二
년 중　소 론 무 대 교　보 국　유 김 보 현 득 지　개 보 현 탐 규 호 의
年中 少論無待教 · 輔國 惟金輔鉉得之 蓋輔鉉探奎鎬意
기 이 필 득　시 기 여 지 항 야
期以必得 示其與之抗也.

민규호(閔奎鎬)가 죽자 민태호(閔台鎬)가 황해 감사로 있다가 불러들여져서 임금이 의지하는 것이 민규호에게 했던 것과 같았다. 그런데 민태호는 자상하고 신중해서 독단적으로 처리하는 것이 없었고 왕왕 빠졌거나 지체된 사람들을 잘 살피고 기록하여 반영하여서 그때 좋은 평판을 얻었다. 그러나 민겸호

(閔謙鎬)는 민승호(閔升鎬)의 아우로 세도(勢塗)를 자처하였으며, 민영익(閔泳翊)이 또 그 사이에 개입하여 이로 말미암아 위엄과 권세가 곁으로 떨어져서 민규호 때에 미치지 못했다.

原文

규호사 태호이해백소입 상의비일여규호 태호상신불감
奎鎬死 台鎬以海伯召入 上倚毗一如奎鎬 台鎬詳愼不敢
전 왕왕견록유체 파득시예 연겸호이승호지제 자처세도
專 往往甄錄遺滯 頗得時譽 然謙鎬以升鎬之弟 自處勢塗
영익우개기간 유시위권방락 불급규호지시의
泳翊又介其間 由是威權旁落 不及奎鎬之時矣.

민겸호(閔謙鎬)는 욕심이 많은데다 비루하고 무식했다. 정원과 집을 잘 가꾸고 소리와 여색에 탐닉(耽溺)하여 부탁을 받고 회뢰(賄賂)[1]를 도모하는데 비는 날이 없었다. 무릇 임금을 인도하여 관직을 팔고 옥송(獄訟)[2]을 팔았으니 온갖 비정(秕政)은 다 그가 주도했다.

註解

1) **회뢰**(賄賂) : 사사로운 이익을 꾀하기 위하여 권력자에게 비밀히 주는 정당하지 못한 돈이나 물건.
2) **옥송**(獄訟) : 형사상의 송사.

原文

겸호우탐비무식 치원제 궁성색 도촉회뢰 무허일 범도
謙鎬尤貪鄙無識 治園第 窮聲色 圖囑賄賂 無虛日 凡導

상 매 관 죽 옥　제 패 정　개 주 지
上賣官鬻獄 諸稗政 皆主之.

민영목(閔泳穆)은 민영익(閔泳翊)의 먼 친척으로 문장(문필)에 능하고 방향(方嚮)도 식별할 줄 알아서 여러 민씨들이 점점 훌륭하게 여겼다. 그 또한 초탁되어 몇 년이 지나지 않아 정경(正卿)[1]에까지 이르렀다. 그즈음 민영위(閔泳緯)・민영규(閔泳奎)・민영상(閔泳商)은 화려한 요직에 있어 밖으로는 방백(方伯)[2]・수령(守令)에 이르기까지 기름진 자리는 모두가 민씨 판이었다. 민씨가 아니라면 민씨 친척의 사위들이었다. 또한 명성황후는 친정집(돌보기)에 빠져서 성이 민가라면 멀고 가깝고를 가리지 않고 동일시하였다. 수년 동안에 먼 시골까지도 이어져서 민씨 성을 가진 자는 모두 기세가 양양하여 사람을 물어뜯을 기세였다. 그러나 모든 민씨들은 모두가 양자로 들어온 이들로, 그 가운데 민정중(閔鼎重)과 민유중(閔維重)의 혈속(血屬)을 받은 자는 민영익 부자와 민영위뿐이었다.

註解

1) **정경**(正卿) : 육조 판서 등의 정2품 벼슬.
2) **방백**(方伯) : 감사(監司)를 가리킴. 방백・도백(道伯)・관찰사라고 달리 부리기도 함.

原文

민 영 목　영 익 소 족 야　유 문 화　식 방 향　어 제 민 초 교 교　역 피
閔泳穆 泳翊疎族也 有文華 識方嚮 於諸閔稍佼佼 亦被

초탁 수세지정경 어시영위 영규 영상지도 열거화요
超擢 數歲至正卿 於是泳緯·泳奎·泳商之徒 列居華要
외지방백 수령 유과개민야 비민즉민지척아야 우명성닉
外至方伯·守令 腴窠皆閔也 非閔則閔之戚婭也 又明成溺
어사가 성민즉무소근일시지 수년지간 연급하향 범민성
於私家 姓閔則無疎近一視之 數年之間 延及遐鄉 凡閔姓
자 양양릉려 유교인지세 연제민 개출명양 기위정중 유
者 揚揚凌厲 有噛人之勢 然諸閔 皆出螟養 其爲鼎重·維
중혈속자 영익부자급영위이이
重血屬者 泳翊父子及泳緯而已.

문정공(文正公) 송준길(宋浚吉)은 우복(愚伏) 정경세(鄭經世)의 사위이며, 민유중(閔維重)은 송준길의 사위이다. 명성왕후 민비는 문정공 집안에 대해서 가까운 외가의 의리를 지켰으며, 또한 정씨 집안을 추대해서 외척같이 여겨 왔다. 그래서 송씨·정씨 두 집안의 후손들은 크게 은권(恩眷)[1]을 입어 과거에 급제해서 벼슬하는 사람이 연이었다. 이때에 임금은 대원군과 골육지간에 소원하여 꺼리면서 사이가 안 좋은 것 같았다. 어떤 이는 말하기를, "내전(內殿)[2]은 (혈육을 위한) 화목의 정을 줄이고, 대전(大殿)[3]은 (혈육을 위한) 화목의 정을 더 늘이면 좋겠다."고 하였다. 민비는 정경세를 부르기를 '우복 할아버지〔愚伏祖〕'라 하였다.

註解

1) 은권(恩眷) : 임금의 특별한 총애.
2) 내전(內殿) : 왕비의 존칭.

3) 대전(大殿) : 임금의 존칭.

原文

宋文正公浚吉 爲鄭愚伏經世之婿 閔維重爲文正之婿 明成於文正家有彌甥之義 又推之鄭氏 視如外戚 兩家之裔大被恩眷 科宦相踵 時上以雲峴故 疏忌骨肉 如嫌隙然 或者曰內殿減敦睦 大殿增敦睦則好矣 后呼經世爲愚伏祖.

명성왕후(明成王后)는 총명하고 지혜가 있는데다 사물을 기억하는 능력도 뛰어나서 조장(朝章), 전고(典故)나 당색의 근원과 계파, 문벌의 높고 낮음까지도 모두 속속들이 알고 있었다. 무릇 소론(少論)과 남인(南人)의 당파싸움에서 강한 입장을 내세운 가문은 일체 배척하였고, 인현왕후(仁顯王后)에게 충성을 다한 자손들은 비록 업(業)을 잃고 떠돌아다닌다 해도 반드시 끝까지 찾아내어 발탁하였다.

原文

后 聰慧有記性 朝章典故 黨色源派 門閥高下 皆闇識之 凡少論·南人峻論之家 一切擯斥之 效忠於仁顯王后者子孫 雖流落 必窮搜而拔擢之.

명산 사찰을 찾아다니며 기도하였는데 세자의 복을 빌기 위해서였다. (이에) 독경하는 소경과 무당들이 각 고을에 횡행하여 이들을 맞이하고 전별(餞別)하는 일이 이어졌다. 금강산은 세상에서 흔히 일만이천봉이라 하는데 매 봉우리마다 바치는 귀중한 예물의 값이 만 꿰미에 이르렀다. 남자중이든 여자중이든 간에 (따라다니며) 인연(夤緣)[1]이 되어 그들이 거처하는 절집으로서 조금이라도 이름이 있다고 하면 원당(願堂)[2]을 세우지 않은 곳이 없었다. 그것을 이름하여 '축리(祝釐)'라 하였다. 시골 사람 가운데 중 떼거리를 잘못 건드려 형을 받고 집안을 망친 경우도 많았다.

註解

1) **인연**(夤緣) : 뇌물을 쓰거나 연줄을 타서 출세하려 함. 머뭇거리며 떠나지 아니하는 모양.
2) **원당**(願堂) : 소원을 빌기 위해 세운 건물.

原文

편도명산사찰 위세자기복 중고사 횡행군읍 후전속로
遍禱名山寺刹 爲世子祈福 衆瞽史 橫行郡邑 候餞屬路
금강산속칭일만이천봉 매봉규폐 가치만민 승니인연출입
金剛山俗稱一萬二千峰 每峰圭幣 可値萬緡 僧尼夤緣出入
기소거암료 초유명자 무불건원당 호위축리 향민오촉치
其所居菴寮 稍有名者 無不建願堂 號爲祝釐 鄕民誤觸緇
류 함형파가자중
流 陷刑破家者衆.

정씨(鄭氏) 성을 가진 어느 소경은 왕후의 뜻을 받들어 대궐 안에서 나무 인형을 만들어 대원군을 저주하다가 일이 발각되었다. 운현(雲峴)은 그를 잡아 죽였다.

原文

유정고자 승후지어금중 작목우 저대원군 사각 운현포
有鄭瞽者 承后旨於禁中 作木偶 詛大院君 事覺 雲峴捕
주지
誅之.

소론 정태호(鄭泰好)는 명문가의 자제로, 일찍이 문과에 급제하여 승지에 이르렀는데, 『팔양경(八陽經, 불경의 일종)』을 외우는 것으로 총애를 받아 참판벼슬과 강원 감사 · 황해 감사를 지냈다.

原文

소론정태호 명가자야 증이문과지승지 이송팔양경 피총
少論鄭泰好 名家子也 曾已文科至承旨 以誦八陽經 被寵
승아경 관동백 · 해백
陞亞卿 官東伯 · 海伯.

서울의 동쪽 교외와 서쪽 교외, 그리고 남산과 북한산 기슭에는 승원(僧院)이 많았으며, 무뢰배들이 머리를 깎고 장삼을 걸치니 모양새로 보면 곧 중이었다. 이들은 소굴에서 부녀들을 간음질했으며, 더욱이 이들은 액정서(掖庭署)[1] 사알(司謁) 이

하 잡직배들과 가까이 하면서 혹은 강도질을 하기도 하고 협박하여 때리며 물건을 빼앗는 일이 있어 종종 체포되기도 하였으나 곧 중전의 지시로 풀려났다. 이로써 도적을 잡으라는 명령은 비록 엄했으나 도적놈들은 끝내 줄어들지 않았다.

신명순(申命淳)이 포도대장이 되어 일찍이 열세 명의 도적을 잡은 적이 있었는데, 임금이 속히 풀어 주라는 명을 내렸다. 그런데 신명순은 명을 거역하여 그들을 일시에 쳐죽이고 성난 소리로, "소굴을 소탕하지 않고서는 분이 씻기지 않을 것이다."라 하고 드디어 포졸들에 명하여 그 암자를 불태우고 부처를 결박지어 가져왔다. 4, 5구(軀)를 노끈에 묶어 종로 거리를 꿰뚫고 오자, 구경꾼들이 길을 가득 메웠다. 신명순은 대장의 병부(兵符)를 풀고 탑전으로 나아가, "신은 상감의 뜻을 따르지 않은 죄가 만 번 죽어 합당하옵니다." 하였다. 얼마 후 그는 교체되었는데 대문을 걸어 잠그고 수년을 쓸쓸히 지내다가 세상을 마쳤다.

註解

1) 액정서(掖庭署) : 왕명의 전달, 임금이 쓰는 붓과 벼루의 공급, 대궐 열쇠의 보관, 대궐 뜰의 설비 등의 일을 맡아보던 관아. 사알(司謁) 이하 각급 잡직(雜織)을 일컬음.

原文

경사동서교 남산 북한지록 다승원 무뢰배 체두피치
京師東西郊 · 南山 · 北漢之麓 多僧院 無賴輩 剃頭被緇

모직승이 굴실음부녀 우압액환 혹협강표략 왕왕피포 이
貌直僧耳 窟室淫婦女 尤狎掖鬟 或挾强剽掠 往往被捕 而

旋有中旨放釋 是以戢盜之令雖嚴 盜終不衰 申命淳之爲捕將也 嘗獲十三盜 上遽命釋之 命淳不聽 一時撲殺之 恚曰 窩不剗則憤不泄 遂命捕卒焚其菴 縛佛以來 佛西五軀 累累帶徽索 穿鍾街而去 觀子塞巷 命淳解將符 進榻前曰 臣不能奉旨 罪合萬死 已而被遞 杜門逍遙數年卒.

신명순(申命淳)은 전후 여러 관직을 거치면서 명망과 공적이 매우 뚜렷하였으며 친근한 선비들과 어울려 지내면서 서로 술잔을 나누며 느긋하고 여유 있는 풍모가 있었다. 그러나 한 번 의용(義勇)이 격동하면 결연히 주위를 돌아보지 않았다. 정승 이경재(李景在)의 집안 족하 아무개가 이정승집 종에게 모욕을 당했다. 그가 이것을 이정승에게 하소연하니 이정승은 비웃으며 말하기를, "네가 스스로 삼가 했다면 어찌 이런 일이 있었겠느냐?"하고 가볍게 여기고 살피지 않았다. 모욕을 당한 그 아무개는 더욱 분함을 느껴 자살할 생각까지 하였다. 그러다가 생각하기를, "당세에 오직 신 아무개에게 이 일을 말할 수 있을 것이다. 신 아무개가 처리해 주지 않는다면 그때 가서 죽어도 늦지 않을 것이다."라고, 마음을 고쳐먹고 나서 신명순에게 그러한 사실을 하소연 하였다. 그러자 신명순이 말하기를, "이 일은 자네 집안 정승의 일이다. 어찌 번거롭게 나더러 처리해 달라 하는가 집에 돌아가서 책이나 읽게." 하였다. 아무개는 대문을

나오면서 탄식하기를, “운명인 걸 어찌 하겠나!” 라면서 집에 돌아와 보니, 그 종은 벌써 체포되었고 잠시 지나서 죽었다는 소식이 전해졌다. 그의 풍모와 일처리가 과감하였는데 이와 유사한 일들이 많았다.

原文

명순역직전후 성적심저 친근유사 아가권수 유경구완대
明淳歷職前後 聲績甚著 親近儒士 雅歌勸酬 有輕裘緩帶
지풍 이의용소격 결연불고 이상경재족자모 피이상가노
之風 而義勇所激 決然不顧 李相景在族子某 被李相家奴
소욕 소제이상 이상치지왈 여자신칙 안유차리 만불성 모
所辱 訴諸李相 李相嗤之曰 汝自愼飭 安有此理 漫不省 某
유분욕자재 념당세유신모가이어차 신우불리 사하만 왕
愈忿欲自裁 念當世惟申某可以語此 申又不理 死何晚 往
고지고 명순소왈 차군가상국사야 하번아위 제거독서 모
告之故 命淳笑曰 此君家相國事也 何煩我爲 第去讀書 某
출문탄왈 명야부 저가 즉노이체의 수수보사 기풍재과감
出門嘆曰 命也夫 抵家 則奴已逮矣 須臾報死 其風裁果敢
다차류야
多此類也.

무인년(고종 15, 1878) 가을, 감시(監試) 초시는 철인왕후(哲仁王后)의 인산(因山) 전이라 기묘년 정월로 물려서 치렀다. 한림 이중칠(李重七)이 전라좌도 경시관으로 선비들을 뽑는데 가장 공정했고, 그 다음은 충청북도의 어윤중(魚允中)이었다.

原文

무인 고종십오년 추감시초시 이철인왕후인산전 퇴행
戊寅(高宗十五年)秋監試初試 以哲仁王后因山前 退行
우기묘 고종십육년 정월 한림이중칠 위전라좌도경시관
于己卯(高宗十六年)正月 翰林李重七 爲全羅左道京試官
취사최공 기차 청북어윤중이이
取士最公 其次 淸北魚允中而已.

기묘년(고종 16, 1879) 2월, 정시과를 실시하여 15명을 뽑았고, 삼일제(三日製)와 응시제로 3명을 뽑았으며, 3월 초에 또 정시과를 실시하여 열 명을 뽑았다.

原文

기묘이월 설정시취십오인 제삼일응제취삼인 삼월초 우
己卯二月 設庭試取十五人 第三日應製取三人 三月初 又
설정시 취십인
設庭試 取十人.

2월 8일은 세자의 천추절(千秋節, 생일)이다. 세자가 태어난 후로 해마다 이 날이면 응시경과(應試慶科)를 실시하여 대과와 소과를 뽑았는데 정한 인원이 없었고 지극히 공정하기에 힘썼는데, (이는) 세자를 위해 길상(吉祥)을 인도하여 맞이하려는 뜻이있다. 이로 말미암아 경향 각지에서 미친 듯이 몰려들어 왕왕 파산하는 자들까지 있었다.

原文

이월팔일 위세자천추절 탄강후 매년시일 설응제경과
二月八日 爲世子千秋節 誕降後 每年是日 設應製慶科
취대소과 무정액 무재지공 위세자도영길상 유시 경향광
取大小科 無定額 務在至公 爲世子導迎吉祥 由是 京鄕狂
무 왕왕유파가자
騖 往往有破家者.

기묘년(고종 16, 1879) 봄에 완화군(完和君) 이선(李墡)이 죽었다. 외간에서 떠들썩하게 전해지는 말로는 명성왕후가 젓갈독에 거꾸로 세워 죽였다기도 하고, 방망이로 때려 죽였다고도 했다. 처음에 나합(羅閤, 김좌근의 첩)이 수광(壽壙, 묏자리)을 조영했는데 동대문 밖에 있었다. 이때에 이르러 운현(雲峴)이 그 자리를 빼앗아 완화군(完和君)을 장사 지냈다.

原文

기묘 고종십육년 춘 완화군선졸 외간성전 명성후도식
己卯(高宗十六年)春 完和君墡卒 外間盛傳 明成后倒植
자옹 일운침저당살지 초라합영수광 재동대문외 지시 운
鮓瓮 一云砧杵撞殺之 初羅閤營壽壙 在東大門外 至是 雲
현탈지 이장완화군
峴奪之 以葬完和君.

나합(羅閤)[1)]은 죽은 재상 김좌근(金左根)의 첩이다. 나주 기생으로서 지략과 술수가 많았으며 인사성이 빨라서 좌근은 그 여자에게 빠져들었다가 오랜 뒤에는 그에 제압되어 함께 국정

을 논하게 되었다. 방백(方伯) 수령들이 그녀의 손에서 많이 나왔다. 엄연히 빈객들과 통했으며 한때 그의 세력의 불꽃이 왕성해서 부끄러움을 모르는 자는 아첨을 일삼으며 '나합(羅閤)'이라 불렀다. 참판 조연창(趙然昌)이 일찍이 나합의 초대를 받고 둘이 대좌(對坐)하고 있는데 김좌근이 갑자기 들어와서 그를 보고 꾸짖기를, "영감(令監)[2]은 무슨 일로 이곳에 와 있소?" 하니, 나합이 간드러지게 웃으며, "대감(大監)[3]은 이미 관상을 보지 않았습니까? 저 또한 관상을 보려고 합니다." 하니, 김좌근이 "옳소. 옳소."하며 나갔다. 대개 조연창은 평소부터 관상을 잘 봤다고 한다. 그는 후에 이름을 병창(秉昌)으로 고쳤다.

註解

1) **나합**(羅閤) : 나주 합하(羅州閤下)의 약칭.
2) **영감**(令監) : 종2품(從二品) 정3품(正三品)의 관원을 일컫던 말.
3) **대감**(大監) : 정2품 이상의 관원을 일컫던 말.

原文

나합자 고김상좌근첩야 이나주기 입좌근가 요지수 선
羅閤者 故金相左根妾也 以羅州妓 入左根家 饒智數 善

사후 좌근시미기고 구후위기소제 여의국정 방백수재 다
伺候 左根始迷其蠱 久後爲其所制 與議國政 方伯守宰 多

출기수 엄연통빈객 일시세도훈작 무치자시이미조 호왈
出其手 儼然通賓客 一時勢焰熏灼 無恥者視以媚竈 號曰

나합 참판조연창 상위나합소요 여지대좌 좌근졸입견지
羅閤 參判趙然昌 嘗爲羅閤所邀 與之對坐 左根猝入見之

이왈 영감하이재차 나합거소왈 기대감시상이호 오역욕
訑曰 令監何以在此 羅閤遽笑曰 豈大監視相已乎 吾亦欲

시상이 좌근유유이출 개연창소유상인명 후개명병창
視相耳 左根唯唯而出 蓋然昌素有相人名 後改名秉昌.

3월 12일 (병진)밤, 삼고(三鼓, 三更)에 남쪽으로부터 무슨 소리가 들려왔다. 그 소리는 삽시간에 도성에 가득하였는데 '곽곽찰찰' 하는 소리가 뭐라 형언할 수 없었다. 부녀자들이 베틀판에 북을 밀어서 손을 주고받는 것을 가리켜, '북당나귀(北唐羅狗)'라 하는데, 우리말에 '사(梭)'는 '북'으로 새기고 '려(驢)'는 '당나귀'로 풀이한다. 그리고 정씨(鄭氏)를 은어로 '당나귀'라고 부른다. 이에 어리석은 백성들이 선동하며 '정씨가 장차 일어날 조짐'이라고 했다. 그때 나는 서울에 있었는데, 서울에서만 그런 것이려니 하였다. 서북 사람들을 만나면 그들도 그렇다고 하였고, 고향에 내려오니 삼남 역시 그러했는데, 한 시간 정도 차이가 있었다. 이날 새벽 인시(寅時, 오전 3시부터 5시 사이) 초에 큰 지진이 있었는데 또한 8도가 모두 같았다.

原文

삼월십이일병진야삼고 유성자남래 경각만경성 곽곽찰
三月十二日丙辰夜三鼓 有聲自南來 頃刻滿京城 霍霍札

찰 불가명장 부유찰사우기 경상전효 위지북당나구 방언
札 不可名狀 婦孺擦梭于機 競相傳効 謂之北唐羅狗 方言

훈사왈북 훈려왈당나구 우미정왈려 어시우민상선 이위
訓梭曰北 訓驢曰唐羅狗 又謎鄭曰驢 於是愚民相扇 以爲

정씨장흥지조 시여재경사 위경사적연 우우서북인 순지
鄭氏將興之兆 時余在京師 謂京師適然 又遇西北人 詢之

개연 급하향즉삼남역연 이소차일시간이 시효인초 지대
皆然 及下鄉則三南亦然 而所差一時間耳 是曉寅初 地大

진 역팔역동
震 亦八域同.

8월 중에 서울에 괴질이 크게 번져서 사망자가 6만 명에 달했는데 전 영부사(領府事) 김병학(金炳學)도 죽었다.

原文

팔월중 경사괴려대역 물고지육만인 전령부사김병학졸
八月中 京師怪沴大疫 物故至六萬人 前領府事金炳學卒.

경진년(고종 17, 1880) 봄에 세자가 천연두에 걸렸다가 회복되어 증광시(增廣試)를 실시했다. 경시관(京試官)이 임금께 아뢰자 임금이 난간에 서서 유시하기를, “춘궁(春宮, 東宮)이 오래 사느냐, 못 사느냐 하는 것은 이번 과거시험이 공정하냐 그렇지 못하냐에 관계되는 것이니 너희들은 명심할지어다.” 하였다. 홍철주(洪澈周)·김창희(金昌熙)가 한성시(漢城試) 1소(所)와 2소의 시관이었다. 임금이 또한 유시하기를, “이번 과거시험이 ‘사(私)’가 있다면 나에 대해서 임금으로 대접하는 것이 아니다.” 하였다. 방(榜)을 발표함에 미쳐 남촌과 북촌의 경재(卿宰)의 자제들이 집집마다 뽑혀서 물의가 뭇 사람의 입에 오르내려 왁자지껄하였다. 임금이 진노하여 홍철주 등을 귀양 보내고 1, 2소의 방을 파하자, 지방 각도의 방도 또한 따라서 파했으니 그것은 옛날의 예(例)를 따른 것이다. 그런데 실은 이때에 경시관은 또한 한 사람도 공도를 지키는 이가 없었다. 파방(罷榜) 한

후에 다시 날짜를 잡아서 시행했는데 각도의 경시관은 그대로 쓰고 한성시는 정해륜(鄭海崙) 등을 뽑아서 주재토록 하였지만, 겉으로는 공정한 듯했으나 내면으로는 사(私)를 두어 미봉했을 뿐이다. 시골 선비들로 불합격자들은 이를 두고 노래를 지어 부르기를, "파방 파방 또 파방, 오직 파방하지 않을까 겁나도다."라고 하였다. 임금이 그것을 은밀히 듣고 다시 파방하고자 하였으나 한 번 크게 징창(懲創, 징계)을 하여 그 일이 겹치게 됨으로 마침내 더 이상 묻지 않았다.

原文

경진춘 세자두후평복 설증광과 경시관폐사 상임헌이유
庚辰春 世子痘候平復 設增廣科 京試官陛辭 上臨軒而諭

왈 춘궁지수불수 계우차과지공불공 이조계지 홍철주
曰 春宮之壽不壽 係于此科之公不公 爾曹戒之 洪澈周·

김창희위한성시일 이소시관 상우유지왈 차과유사 비북
金昌熙爲漢城試一·二所試官 上又諭之曰 此科有私 非北

면어여자야 급방발 남북촌경재자제 축호피선 물의훤자
面於予者也 及榜發 南北村卿宰子弟 逐戶被選 物議喧藉

상진노 찬철주등 파일 이소방 외도방역종이파 개순고
上震怒 竄澈周等 罷一·二所榜 外道榜亦從而罷 蓋循故

예 이기실 시시경시관 역무일인병공자 파방후 부택일설
例 而其實 是時京試官 亦無一人秉公者 罷榜後 復擇日設

행 외도경시관 즉잉용 한성시차정해륜등주지 외공내사
行 外道京試官 則仍用 漢城試差鄭海崙等主之 外公內私

홀륜미봉 향유피출자 위지요왈 파파우파파 유공불파방
囫圇彌縫 鄕儒被黜者 爲之謠曰 罷罷又罷罷 惟恐不罷榜

상미문지 욕부파지 행일번대징창 이중기사 수불문
上微聞之 欲復罷之 行一番大懲創 而重其事 遂不問.

임금은 과장(科場)이 불공정한데 대해서 몹시 노하였으나 어찌할 도리가 없어서, 동당(東堂)[1] 복시에 있어서는 시권 묶음을 중희당(重熙堂)으로 들이게 하여 임금이 세자와 함께 돌아가며 대조하여 가려 뽑아서 33명을 취하였다. 서광범(徐光範) · 조한국(趙漢國) 등이 다 이방에서 뽑혔다.

註解

1) 동당(東堂) : 식년과 또는 증광시의 별칭. 강경시험(講經試驗)을 보던 곳.

原文

상 심 노 과 장 지 불 공 　이 흘 무 여 지 하 　지 동 당 복 시 　명 속 권 입
上甚怒科場之不公 而訖無如之何 至東堂覆試 命東劵入
우 중 희 당 　상 여 세 자 　륜 수 모 발 　득 삼 십 삼 인 　서 광 범 　조 한
于重熙堂 上與世子 輪手模拔 得三十三人 徐光範 · 趙漢
국 　개 시 방 야
國 皆是榜也.

이때 생원 · 진사 복시에 80세 이상인 사람과 구 갑술생(舊甲戌生)[1]도 방 끝머리에 붙이라는 특명을 내렸다. 이에 시골 선비들이 대부분 일이십 세를 더하여 조작해서 은전을 받은 자가 3백 명에 이르렀다. 유사(有司)에서 그 남발을 혐오하여 호적대장에 나와 있는 생년의 실제 인원을 조사해서 아뢰었다. 나이를 속인 자들이 또한 뒷구멍을 뚫어 옛날 호적에 고쳐 써 넣어 수십 일간에 한성부의 아전들 중에 치부한 자가 있었다. 그 중에 우둔하고 재물도 없는 자 수십 명만 마침내 탈락당했다. 이

에 서로 소(疏)를 받들고 억울함을 호소한 지 한 달여 만에 다시 합격시켜 널리 경축한다는 뜻을 보였다.

註解

1) **구 갑술생**(舊甲戌生) : 세자가 1874년 갑술생이다. 그러므로 그 앞의 갑술생은 1814년으로 당시 나이 67세에 해당된다.

原文

시시 생진복시 특명팔십세이상급구갑술생병부방말 어
是時 生進覆試 特命八十歲以上及舊甲戌生幷付榜末 於
시 향유솔가일이십세 이모지은전 지삼백인 유사오기람
是 鄕儒率加一二十歲 以冒之恩典 至三百人 有司惡其濫
주고장적생년실수 모년자 우찬기두개전구적 수십일간
奏考帳籍生年實數 冒年者 又鑽歧竇改塡舊籍 數十日間
한성부리 유치부자 기둔졸무재자수십인 경피출락 상여
漢城府吏 有致富者 其鈍拙無財者數十人 竟被黜落 相與
포소 규원월여 병허복과 이시광경
抱疏 叫冤月餘 並許復科 以示廣慶.

홍철주(洪澈周)는 판서 홍열모(洪悅謨)의 조카이다. 충청도 어사로 나갔을 때 홍열모는 늙어서 청풍 고향집에 물러나 있으면서 한 기생을 총애했다. 그 기생첩이 가정을 제멋대로 하여 온 집안이 분통을 터뜨렸다. 홍철주가 홍열모의 집에 가서 기생을 잡아다 놓고 박살을 내려고 했다. 여러 사람들이 만단(萬端)으로 살려주라고 애썼으나 들어주지 않다가 홍열모의 큰 며느리가 이수련이(泥首漣洏)[1]하며 살려주라고 애걸하자 겨우 살

아날 수 있었다. 그는 일평생 강직하고 굳센 것으로 자부하였으며 사람들도 또한 그를 공평하고 깨끗하다고 지목하였다. 이때에 이르러 과장의 일이 드러나자 친우들이 그것을 허물하였다. 홍철주가 탄식하며 말하기를, "내 어찌 임금의 뜻을 거슬러 큰 죄를 자초하게 될 것을 몰랐겠는가. 단지 과거는 공정하지 않을 수 없는 것이다. 그런데 어째서 다른 과거는 공정하지 못하면서 세자의 경사스런 과장만 꼭 공정하게 하여 신하들에게 넓지 못함을 보이는가? 지금 내가 공정하게 하지 않는 까닭은 혹 성상(聖上)께서 이것으로 인하여 조금이나마 깨우침이 있기를 바라는 마음에서 일뿐이다." 하였다.

註解

1) **이수련이**(泥首漣洏) : '이수'는 머리가 진흙에 닿도록 절을 하는 것으로 사죄할 때나 항복할 때에 하는 것이고, '연이'는 눈물을 하염없이 흘리는 모양을 뜻함.

原文

홍철주 판서열모지종자야 위충청어사시 이열모노퇴청
洪澈周 判書悅謨之從子也 爲忠淸御史時 以悅謨老退淸

풍향제 폐일기 첩전가정 합실분분 철주노종우열모가 졸
風鄕第 嬖一妓 妾專家政 闔室憤忿 澈周露踪于悅謨家 捽

기장박살지 중고구만단 불견성 급열모가부 니수련이 위
妓將撲殺之 衆苦救萬端 不見省 及悅謨家婦 泥首漣洏 爲

지걸명 근득석 평생자부강항 인역목기공청 지시과장사
之乞命 僅得釋 平生自負强伉 人亦目其公淸 至是科場事

발 제우우지 철주탄왈 오기부지위오상지 자속대려재 단
發 儕友尤之 澈周嘆曰 吾豈不知違忤上旨 自速大戾哉 但

과 제 시 부 득 불 공 지 물 이 하 타 과 즉 불 공 이 세 자 경 과 즉 필 공
科第 是不得不公之物耳 何他科則不公 而世子慶科則必公
시 신 자 이 불 광 야 금 오 소 이 필 불 공 자 서 혹 성 상 인 시 이 초 유
示臣子以不廣也 今吾所以必不公者 庶或聖上因是 而稍有
각 오 이
覺悟耳.

경진년(고종 17, 1880) 여름, 전 승지 김홍집(金弘集)이 수신사(修信使)가 되어 일본에 갔다. 그때에 왜인들은 제물포를 개항한 지 이미 여러 해가 되었는데 점차 도성 가까운 데로 오기를 청하였다. 그리하여 조정에서는 신문(新門, 새문) 밖 천연정(天然亭)[1]을 그들이 거주할 곳으로 허락했으며, 일본영사 화방의질(花房義質)이 그곳에 들어와 살았다. (그들의) 요구가 장황하여 반쯤은 들어주고 반쯤은 들어주지 않았다. 그런데 끝내 그 요령을 얻지 못해서 마침내 김홍집의 수신사 행차가 있게 되었다.

註解

1) **천연정**(天然亭) : 돈의문(敦義門) 밖 연꽃이 만발한 서지(西池) 가에 있었던 정자.

原文

경 진 고 종 십 칠 년 하 이 전 승 지 김 홍 집 위 수 신 사 전 왕 일
庚辰(高宗十七年)夏 以前承旨金弘集爲修信使 前往日
본 시 왜 인 개 항 우 제 물 포 이 유 년 초 초 청 근 경 연 조 정 이 신
本 時倭人開港于濟物浦 已有年 稍稍請近京輦 朝廷以新

문외천연정 허기주답지소 왜영사화방의질입거지 요구장
門外天然亭 許其駐劄之所 倭領事花房義質入居之 要求張

황 종위자반 이종부득기요령 수유홍집지행
皇 從違者半 而終不得其要領 遂有弘集之行.

일본 교사 굴본예조(堀本禮造) 및 다른 일본인 일곱 명이 죽음을 당했고, 화방의질(花房義質)은 부하 29명을 인솔하고 인천으로 도주하였는데 미국 군함이 그들을 구해 주었다.

原文

왜교사굴본예조급타왜칠인 병사 의질솔부하이십구인
倭教師堀本禮助及他倭七人 并死 義質率部下二十九人

주인천 미함구지
走仁川 美艦救之.

김홍집(金弘集)은 자가 경능(景能), 호는 도원(道園)으로, 경은부원군(慶恩府院君) 김주신(金柱臣)의 후손이다. 김주신은 숙종의 국구(國舅, 장인)로서 영조를 보호하고 도왔으며, 신임사화(辛壬士禍) 때에 공로가 많았으므로 노론(老論)들이 그에게 은덕을 입었다고 여겼다. 그런 인연으로 대대로 북촌에 살았는데 세상 사람들이 말하기를, '북촌 소론'으로 불렀다. 단 혼인하는 경우 같은 당색을 취했지만, 그밖에 벼슬살이나 교유 관계는 모두 노론이었다. 김홍집은 젊은 나이에 문과에 급제하여 처음으로 벼슬길에 나섰는데, 병자년(고종 13, 1876)에는 흥양현감(興陽縣監)으로 나가 어진정치를 하여 고을 백성들이 흉년을 모를 지경이었

다. 얼마 후 통정대부의 계(階)에 올랐다. 재주가 민첩하고 일처리가 능수능란하여 당시에 평판이 나 있었다. 그가 사신으로 떠나기 위해 임금께 하직인사를 드리고 집에 돌아와 점심상을 받았다. 바야흐로 수저를 들고 밥을 뜨려할 때 백자주발이 깨지면서 가운데가 갈라져서 보던 사람들의 얼굴색이 변했다. 이후 김홍집은 일본에서 돌아와 여러 차례 유생들이 연명하여 올리는 배척상소를 받고 성토를 당했다. 갑오년(고종 31, 1894) 국정을 담당하여 일본 사람과 일을 함께 하다가 마침내 죽임을 당하는 참화를 입으니 모두가 사행(使行)으로 떠날 때 빌미가 있었던 것으로, 세상 사람들은 깨진 백자주발의 징험이라고 하였다.

原文

金弘集 字景能 號道園 慶恩府院君柱臣之後也 柱臣以明陵國舅 保佑英宗辛壬之際 効勞居多 故老論德之 因以世居北村 世稱北村少論 但婚嫁取同色 其外宦遊交友 皆老論也 弘集少年釋褐 丙子(高宗十三年)出守興陽縣 有惠政民忘荒歉 未幾陞通政 以才敏練達 有時譽 將發 辭朝還其家 進午餐 方擧匙盛飯 白磁椀砉然中破 觀者失色 是後 弘集使倭還 屢被儒疏聲討 及甲午(高宗三十一年)當國 與倭同事 竟罹誅夷之慘 皆是行祟之也 世以爲梡破之驗.

이해 가을, 전 현감 김낙현(金洛鉉) · 전 감역 박성양(朴性陽) · 이상수(李象秀)를 경연관(經筵官)과 서연관(書筵官)으로 삼았다. 이해 여름에 임금이 정승 판서들에게 명하여 '문학(文學) · 재서(才諝) · 간국(幹局) 등 여섯 조목으로 선비들을 추천하되, 6품에서 포의(布衣, 벼슬이 없는 사람)에 이르기까지 정상적인 격식에 구애받지 말고 오직 재능으로만 선발하라고 하였다. 이에 추천을 구하려는 자는 분주하고 조급해 하며 청탁하는 것이 과거볼 때와 같았는데, 수개월이 지나서 정해졌다. 김낙현은 사계(沙溪, 金長生의 호)의 후손으로, 음직으로 여러 고을의 수령을 지냈는데 재물에 검칙한다는 소리가 들렸다. 박성양은 조금 조심하는 편이었고, 이상수는 글을 잘했데, 젊었던 날에 서울에서 놀아 현달한 관료들을 많이 알게 되었는데 다 노론(老論)들이었다. 시(詩)에 뛰어났다. 운현(雲峴)이 청나라에 붙잡혀 갔을 때 이상수가 마침 임금의 부름을 사양하는 소(疏)를 올리면서 겸하여 힘써 경계해야 할 것을 개진하여 신정대비(神貞大妃, 翼宗妃)에게 효도를 다할 것을 권하였다. (그러나) 운현(雲峴)을 귀환시키려는 일에 미쳐서는 한마디 언급도 없었다.

原文

추 이전현감김낙현 전감역박성양 이상수위경연 서
秋 以前縣監金洛鉉・前監役朴性陽・李象秀爲經筵・書
연관 시하 명경재이문학재서간국등육조천사 자육품지포
筵官 是夏 命卿宰以文學才諝幹局等六條薦士 自六品至布
의 물구상격 유재시선 구천자 분조청탁여과시 수월내정
衣 勿拘常格 惟才是選 求薦者 奔躁請託如科時 數月乃定

락현이사계지후 음리수읍 유묵성 성양초구근 상수능문
洛鉉以沙溪之後 蔭莅數邑 有墨聲 性陽稍拘謹 象秀能文
소일 객경중 다식달관 개노론야 장어시 급운현지피구어
少日 客京中 多識達官 皆老論也 長於詩 及雲峴之被拘於
청야 상수적상소사소 겸진면계권상진효우신정대비 이무
淸也 象秀適上疏辭召 兼陳勉戒勸上盡孝于神貞大妃 而無
일어급봉환운현지사
一語及奉還雲峴之事.

경진(고종 17, 1880) 10월, 김홍집(金弘集)이 일본에서 돌아와 『이언(易言)』 2책을 고종에게 바쳤다. 『이언』은 청국인 황준헌(黃遵憲)의 저작이다. 전체의 뜻은, '오늘에 처해서 부강(富强)하려고 한다면 반드시 먼저 서양의 제도를 배워야 되며 서양 기술을 익혀야 된다'는 것으로, 수십만언(數十萬言)에 이르니, 대략 책사(策士)가 치빙(馳騁)[1] 췌마(揣摩)[2]하면서 본 견해들이다. 황준헌이 그 책을 휴대하고 일본에 와 있었는데 김홍집이 이를 얻어가지고 와서 임금께 보이려고 한 것이다. 대개 임금이 천하대세를 묵찰(默察)케 하고 원습(原隰)[3] 자순(咨詢)[4]하게끔 하기 위한 것이지 사사로운 뜻을 품고 감추어 온 것이 아니었다. 이것을 곡해하는 유생들은 김홍집(金弘集)이 천주학에 들어갔다 이르고, 그것을 공박하는 의론이 분연히 일어나게 되었다.

註解

1) 치빙(馳騁) : 부산하게 이리저리 돌아다님.

2) 췌마(揣摩) : 어떠한 현상을 미루어 헤아려보아 추측과 합치되기를 기대함. 자기 마음으로 남의 마음을 헤아림.
3) 원습(原隰) : 높고 마른 땅과 낮고 젖은 땅.
4) 자순(咨詢) : 물어서 어떤 일을 꾀함. 의논함.

原文

경진 고종십칠년 십월 김홍집환자일본 진이언이책 이
庚辰(高宗十七年)十月 金弘集還自日本 進易言二冊 易
언자청인황준헌소저야 대의 처금일이욕치부강 필선학양
言者淸人黃遵憲所著也 大意 處今日而欲致富强 必先學洋
제이습양기 루루수십만언 대략책사치빙췌마지견이 준헌
制而習洋技 累累數十萬言 大略策士馳騁揣摩之見耳 遵憲
휴지유일본 홍집득지 이비을람 개욕상지묵찰천하대세
携之游日本 弘集得之 以備乙覽 蓋欲上之默察天下大勢
이역원습자순지직이 비유사의포장야 구곡지유 위홍집진
而亦原隰咨詢之職耳 非有私意包藏也 拘曲之儒 謂弘集進
천주학 공박지론 분연이기
天主學 攻駁之論 紛然而起.

영남 한 도는 풍도(風度)의 기상이 강하여 결단성이 있으며 의론이 하나로 모아졌다. 인묘조(仁廟朝) 이래로 매번 국가에 일이 있을 때마다, 즉 나라의 예법의 득실(得失)이나 유현(儒賢)의 진퇴 같이 처사(處士)들이 탈선된 의론을 풀고자 할 경우 번번이 몰려와서 대궐 앞에서 아우성을 치는데 이를 '복합(伏閤)'이라고 한다. 어떤 경우는 만 명, 혹은 수천 명이 연명으로 상소문을 작성하는데 걸출한 인물이 아니면 소수(疏首)에 앉을 수 없었다. 그런 까닭에 어느 가문을 부러워하여 '아무 때 소수

의 자손'이라 하여 덕망이 높고 현달한 벼슬을 지낸 집 같이 여겼다. 그 처음에는 생각한 대로 표명하고 꾸밈이 없었으며, 조금도 사양함이 없이 실행하여 사림(士林)의 기개와 절조를 떨어뜨리지 않았으나, 오래됨에 미쳐 임금의 눈치를 살피고 시국에 영합하여 종종 해악을 저질러서 오늘날 극에 달했다.

김홍집(金弘集)이 일본에서 돌아오자 조야가 의심하고 경계하여 와언(訛言)이 끊이지 않고 일어났다. 경진년(고종 17, 1880) 겨울에 영남 사람들이 크게 상주(尙州)에 모여 '만인소(萬人疏)'를 다듬었는데 소문이 서울에 알려졌다. 서울 사람들이 다 안색이 변하여, 영남 상소가 올라와서 임금이 윤허하지 않으면 반드시 일본 영사관을 부수고 일본 사람을 죽이고 의분(義奮)을 풀려고 할 것이니, 화의의 국면은 이로부터 깨질 것이라고 여겼다. 이에 민심이 흉흉하여 조석간에 일이 터질 것만 같았고, 혹은 가액(加額)[1]을 기다리기도 하였다. 섣달그믐에 도성에 들어와 소청(疏廳)을 설치하였는데, 소(疏)가 아직 올라오지는 않았는데 부본(副本)이 밖으로 흘러나왔다. 먼저 영의정으로 있는 흥인군(興寅君) 이최응(李最應)이 국정을 맡아 강화를 주장한 것을 먼저 공격하고, 김홍집(金弘集)은 사신으로 일본에 가서 일처리를 잘못했으며, 사교(邪敎)로 임금을 이끈다고 하고, 아울러 척리(戚里)들을 공격했는데, 말씨가 매우 준엄하였다. 소수는 이만손(李晩遜)으로 이퇴계의 후손인데, 전 참판 이만운(李晩運), 전 승지 이만유(李晩由)들과는 종형제 사이였다. 민태호(閔台鎬)가 소를 보고 크게 노하여 이만유 등

을 불러 놓고 협박하기를, "상소를 고친다면 가히 전화위복이 될 수 있겠지만 그렇지 않으면 그대의 문호를 막아버리겠다." 하였다. (이에) 이만유 등이 온갖 꾀를 짜내어 이만손을 겁주어 원고를 삭제하고 고쳐지어 상소를 올렸다. 말씨가 부드럽고 뜻이 유순하였는데, 오직 김홍집만은 힘써 공박했다. 그 뜻이 이미 권세를 쥔 자와 손을 잡았기 때문에 김홍집만은 쉽게 여겼기 때문이다. 임금이 온화하게 비답(批答)을 하고 물러가게 하였다. 얼마 후 이만유는 영해 부사(寧海府使)에 제수되고, 이만운 또한 승진했다. 이로부터 온 세상이 영남 유소(儒疏, 유림상소)의 기개가 끊어졌다고 침을 뱉으며 욕하였다.

註解

1) **가액**(加額) : 이마에 손을 얹는다는 뜻으로 올 사람을 기다림.

原文

영남일도 풍기강과 의론화일 자인묘이래 매국가유사
嶺南一道 風氣剛果 議論畫一 自仁廟以來 每國家有事

약방례득실 유현진퇴 가이령처사지횡의자 첩상솔규혼
若邦禮得失 儒賢進退 可以逞處士之橫議者 輒相率叫閽

위지복합 혹만인혹수천인 연명치소 비걸연자 불능거소
謂之伏閤 或萬人或數千人 聯名治疏 非傑然者 不能居疏

수 고염칭모가위모시소수자손 유약명덕달관자연 기시유
首 故艶稱某家爲某時疏首子孫 有若名德達官者然 其始猶

능직정경행 불추사림기절 이급기구야 규첨군상 봉영시
能直情徑行 不墜士林氣節 而及其久也 窺覘君上 逢迎時

국 종종작악 지근일이극의 급김홍집자왜환 조야의해 와
局 種種作惡 至近日而極矣 及金弘集自倭還 朝野疑駭 訛

언서흥 경진 고종십칠년 동 영남인대회상주 치만인소
言胥興 庚辰(高宗十七年)冬 嶺南人大會尙州 治萬人疏
성문경사 경사인함동색 이위영남소약철 즉상불윤 필파
聲聞京師 京師人咸動色 以爲嶺南疏若徹 卽上不允 必破
관섬왜 이설의분 화국자차이괴 흉흉약조석사발 혹가액
館殲倭 以泄義憤 和局自此而壞 洶洶若朝夕事發 或加額
지지 랍월종 입성설소청 소미상 이부본행우외 수공흥인
遲之 臘月終 入城設疏廳 疏未上 而副本行于外 首攻興寅
군최응 시영합 당국주화 김홍집봉사무장 이사교도상
君最應(時領閤) 當國主和 金弘集奉使無狀 以邪敎導上
겸공척리 사심준 소수이만손 퇴도지후 이전참판만운
兼攻戚里 詞甚峻 疏首李晩遜 退陶之後 而前參判晩運·
전승지만유지군종야 민태호견소대노 초만유등협지왈 소
前承旨晩由之群從也 閔台鎬見疏大怒 招晩由等脅之曰 疏
약전개 가이전화위복 부자 관군문호 만유등백계출 만손
若鐫改 可以轉禍爲福 否者 關君門戶 晩由等百計怵 晩遜
수삭원고 개구이진지 어완의순 이유홍집즉력공지 기의
遂削原稿 改構以進之 語婉意順 而惟弘集則力攻之 其意
이기합당로 즉홍집고이여이 상온비사퇴 기이만유제영해
以旣合當路 則弘集顧易與耳 上溫批使退 旣而晩由除寧海
부사 만운역천질 자시거세타매 영남유소지기돈저
府使 晩運亦遷秩 自是擧世唾罵 嶺南儒疏之氣頓沮.

전 정언(正言) 허원식(許元式)·유원식(劉元植), 전 사과(司果) 홍시중(洪時中)·황재현(黃載顯), 포의(布衣) 김조영(金祖榮)·김석규(金碩圭)·한홍렬(韓弘烈) 등이 전후로 여러 차례 올린 상소는 한결같이 일본과 서양을 배척하는 말이었다. 이들은 다 죄를 입어 귀양 갔으니, 경진년(고종 17, 1880)·신사년(고종 18, 1881)에 있었던 일이었다.

原文

前正言許元式 · 劉元植 · 前司果洪時中 · 黃載顯 · 布衣金祖榮 · 金碩圭 · 韓弘烈等 前後諸疏 一辭斥倭洋 皆坐竄事在庚辰(高宗十七年) · 辛巳(高宗十八年)之間.

신사년 윤 7월 7일, 강원도 유생들이 복합 상소를 하였다. 소수는 홍재학(洪在鶴)이었는데 말의 뜻이 격렬하여 임금이 몹시 노해서 의금부에 잡아 가두고 엄히 국문을 하였다. 위관은 이최응(李最應) · 홍순목(洪淳穆)이었는데, 혹독한 형이 가해져도 말 한마디 착오가 없으며 언사가 엄하고 의리가 곧았다. 위관과 문사낭청(問事郎廳)들이 다 뜻밖의 일로 놀라 얼굴을 들지 못했다. 세 차례 국문을 받은 끝에 '임금을 속여 무도한 죄를 지었다(誣上不道罪)'는 판결을 받고, 이달 20일에 서소문(西小門) 밖에서 참형이 행해졌다. 그때 나이가 서른네 살이었는데 집에는 80노모가 있었으니, 길을 가던 사람들도 그의 죽음을 슬퍼하였다.

홍재학(洪在鶴)이 참형당하려 할 때 의금부의 옥리가 옥문을 열려고 하자 열쇠가 세 번 부러졌고, 길에 나감에 수레의 굴대가 또 부러졌는데, 이는 원통한 기운이 감응했기 때문이라고들 말했다. 홍재학은 형 홍재구(洪在龜)와 함께 이항로(李恒老)의 문하에서 수업을 받았는데 연벽(聯璧)[1]의 미(美)로 지목하였다. 그가 소수가 될 때 형 홍재구가 말렸으나 굳게 듣지 않았

다. 홍재구가 뒤따라 서울에 이르러 그 시신을 거두어 가지고 돌아갔다.

註解

1) **연벽**(聯璧) : 한 쌍의 옥. 또는 그 모양처럼 생겨 빛나는 것. 재주와 학문이 뛰어난 한 쌍의 벗. 형제가 동시에 과거에 급제함을 뜻함. 여기서는 두 형제가 서로 친밀하게 지내고, 행동거지 또한 아름다움을 형언함.

原文

신사 고종십팔년 윤칠월칠일 강원도유생복합상소 소
辛巳(高宗十八年)閏七月七日 江原道儒生伏閤上疏 疏
수홍재학 사지격렬 상진노 나수의금부 엄국지 위관이최
首洪在鶴 詞旨激烈 上震怒 拿囚義禁府 嚴鞫之 委官李最
응 홍순목 항양지하 일언불착 사엄의직 위관문랑 개착
應·洪淳穆 桁楊之下 一言不錯 辭嚴義直 委官問郎 皆錯
악무이위용 형국삼차 이무상부도결안 시월이십일 리참
愕無以爲容 刑鞫三次 以誣上不道決案 是月二十日 涖斬
우소서문외 시년삼십사 가유팔십노모 행로비지 재학지
于小西門外 時年三十四 家有八十老母 行路悲之 在鶴之
장참야 부례계옥문 약시삼절 급취도 거축우절 이위원기
將斬也 府隷啓獄門 鑰匙三折 及就途 車軸又折 以爲寃氣
소감운 재학여형재구 수업이항로지문 유련벽지목 기위
所感云 在鶴與兄在龜 受業李恒老之門 有聯璧之目 其爲
소수야 재구지지 견불청 재구수지경 수기시이귀
疏首也 在龜止之 堅不聽 在龜隨至京 收其屍以歸.

이항로(李恒老)[1] 문하(門下)에는 최익현(崔益鉉)·김평묵(金

平默)·홍재학(洪在鶴)·유인석(柳麟錫) 같은 이들이 선후해서 기개와 절개를 현양(顯揚)[2]했으며, 명분과 의리를 뿌리박아서 세상 사람들은 이항로를 일컬어 강학가(講學家)의 빛을 내었다고 하였다.

註解

1) **이항로**(李恒老) : 조선 말기의 대유학자. 순조 8년 한성시에서 합격했으나 부정이 있는 것을 보고 이를 단념한 후 오로지 학문에만 전념하여 후진을 양성했다.
2) **현양**(顯揚) : 이름과 지위를 세상에 드날림.

原文

이항로지문 약최익현 김평묵 홍재학 유인석 선후
李恒老之門 若崔益鉉·金平默·洪在鶴·柳麟錫 先後
이기절현 부식명의 세위지강학가출색
以氣節顯 扶植名義 世謂之講學家出色.

김평묵(金平默)의 호는 중암(重菴)이다. 강개(慷慨)한 성품에 기개와 절조가 있었으며 문장에도 능했다. 평소 임헌회(任憲晦)에 대해 불만을 갖고 있었는데 그가 죽자 제문에 풍자하는 내용의 글을 붙였다. 그 때문에 전우(田愚)와 서로 헐뜯으며 사이가 벌어져 매산(梅山, 洪直弼의 호)과 벽계(蘗溪, 李恒老가 살던 곳)의 문호(文戶)[1]가 나누어지게 되었다. 전 감역(監役)으로 가평 산중에 거처하면서 문호를 열고 제자를 받아들였다. 일찍이 세상 돌아가는 것에 불평하고 벼슬아치들과 공경(公卿)을 꾸짖

으니 사람들이 많이 두려워하고 미워하였다.

홍재학(洪在鶴)이 상소문을 들고 서울에 들어갈 때에 김평묵이 눈물을 씻으며 전별하였다. 또 소청(疏廳)에 편지를 보내어 진동(陳東)·고등(高登)의 일[2]을 두루 들어가며 그를 고무하여 격려하였다. 홍재학이 죄를 얻음에 어떤 이가 홍재학의 상소문을 김평묵이 지은 것이라고 참소하였다. (그러자 김평묵을) 잡아들여 신문하고 지도(智島)에 유배 보냈다. 김평묵은 적소(謫所)에서 끼니를 이어가지 못하면서도 뜻과 기백이 꺾이지 않았다. 그러면서도 임금과 나라를 생각하여 때때로 눈물을 흘렸다. 임오군란 후에 석방되었으나 집에 도착하자마자 다시 유배지로 떠나게 되었다. 갑신년(고종 21, 1884) 후에 완전히 석방되었으나 늙은 데다 집이 몹시 가난하여 거의 굶어죽을 지경이었다. 정승 김병덕(金炳德)이 전원으로 돌아온 후에 서로 가까운 거리에 살았는데 그의 처지를 딱하게 여겨 자기 마을로 맞아 와서 그의 일생을 잘 마치게 하였다.

註解

1) **매산(梅山)과 벽계(蘗溪)의 문호(文戶)** : 매산은 홍직필의 호이며, 벽계는 화서 이항로가 살던 곳이다. 이 두 사람은 노론의 대표적인 학자이다. 홍직필은 산림(山林)으로 나라의 부름을 받았다. 그의 학통은 임헌희와 전우에게 이어졌다.

2) **진동(陳東)·고등(高登)의 일** : 송(宋)나라 때 국정을 어지럽히고 금(金)의 침략에 굴종한 간신배 6적(賊)을 처한 것을 흠종(欽宗)에게 상소를 올렸다.

原文

金平默 號重菴 慷慨負氣岸 能文章 生平不滿任憲晦 及其死 寓剌諷于祭文 遂與田愚交 惡梅山(洪直弼)·蘗溪(李恒老)門戶分焉 以前監役 居加平山中 開門授徒 嘗憤罵當世 譏切公卿 人多畏而惡之 洪在鶴之封章入京也 平默雪涕餞之 又貽書疏廳 歷擧陳東·高登之事 以鼓勵之 及在鶴得罪 或譖之當路 以在鶴之疏 平默所製也 遂拿問竄智島 平默在謫 烟火不繼 而志氣不挫 眷戀君國 有時流涕 壬午(高宗十八年)軍變後被釋 甫抵家 還發配所 甲申(高宗二十一年)後全釋 老而貧甚 幾乎餒死 金相炳德歸田後 居相近也 憫之 迎館于里 終其身.

홍재학(洪在鶴)이 처형당한 후에 이만손(李晩遜)·강진규(姜晉奎)가 모두 체포되어 먼 곳으로 유배되었다. 강진규는 대대로 안동(安東)에서 살았는데 문과에 급제하여 벼슬이 참판에 이르렀으며 그 당시 나이가 60여 세였다. 논하는 자가 유소(儒疏, 유림상소)가 번거롭고 소란하게 된 것은 이만손이 선동한 때문인데, 이만손의 상소문 제작이 강진규에게서 나왔다고 하

여 강진규를 나포하여 국문하였으나 불복하였다. 그러나 끝내 연좌시켰는데, 그것은 온 세상에 재갈을 물려 감히 헐뜯어 논하지 못하도록 한 것이었다.

原文

홍재학사후 이만손 · 강진규 병피체원찬 진규세거안동
洪在鶴死後 李晩遜 · 姜晉奎 並被逮遠竄 晉奎世居安東

문과관지참판 시년육십여 의자이유소번괄 유만손지창
文科官至參判 時年六十餘 議者以儒疏煩聒 由晩遜之倡

이만손소제출진규 나국불복 연경좌지 개욕겸복일세 불
而晩遜疏製出晉奎 拿鞫不服 然竟坐之 蓋欲鉗伏一世 不

감유소자의야
敢有所訾議也.

우리나라에 두진(痘疹, 천연두)[1]은 어느 때부터 시작되었는지 알 수는 없다. 질병이 천기에 따라 전염되기 때문에 '시두(時痘)'라고 하였다. 때가 되면 전염되는데 백년을 내려오면서 사람의 기술이 점점 늘어서 비로소 접종하는 방법이 발명되었다. 이것을 '종두(種痘)'[2]라 이르는데 접종을 하여 감염되도록 하는 것이다. 시두 증세는 상당히 위험해서 죽는 자가 계속해서 나타났으나, 종두를 하면 일시에 감염이 되더라도 증세가 점차 약화되어 치료가 비교적 쉽다. 근세의 우두법(牛痘法)은 서양 여러 나라로부터 5대주에 이르기까지 전해진 지 이미 수십 년이나 되었으나 우리나라는 막연하게 듣지도 못했었다. 서울 사는 지석영(池錫永)은 역관(譯官)의 가정에서 태어나 한시도 익

혔고 서화(書畵)도 잘했다. 일본에 유학하여 우두(牛痘)를 배웠는데 기묘(1874)·경진(1880) 연간에 서울에 약국을 설치하고, 외방에 사는 사람들에게까지 우두법을 교습시켰다. 그래서 점차로 전국에 행하여지게 되었다.

종두의 방법은 시두에 비하면 완전하다고는 하나 잘못되어 죽는 자도 더러 있었다. 우두법이 나오면서부터 만 명에 한 사람도 죽지 않게 되어 종두법은 드디어 폐지되었다. 그러나 우두법을 처음 시행할 때도 사람들은 오히려 종두를 시행할 때와 같이 의심을 품었다.

註解

1) **두진**(痘疹) : 마마. 천연두.
2) **종두**(種痘) : 우두(牛痘)를 인체에 접종함. 천연두에 대하여 면역성을 가지게 하여, 두창(痘瘡)의 감염을 예방함. 제너(Jenner)가 1798년에 발견함.

原文

동방지유두진 부지시우하대 기천행전염자 위지시두 이
東方之有痘疹 不知始于何代 其天行傳染者 謂之時痘 以

시지즉염야 백년래 인교점통 시창전종지법 위지종두 이
時至則染也 百年來 人巧漸通 始創傳種之法 謂之種痘 以

종지즉감야 시두증다험 상요상속 종두독점살 구치교이
種之則感也 時痘症多險 殤夭相屬 種痘毒漸殺 捄治較易

근세우두지법 자태서연급오주 성행이수십년 이아국막연
近世牛痘之法 自泰西延及五洲 盛行已數十年 而我國漠然

미지문 경사유지석영자 상서지가야 공소시해서화 유일
未之聞 京師有池錫永者 象胥之家也 攻小詩解書畵 游日

본 학우두 이기묘 경진 고종십육 칠년 간 설국경중 연
本 學牛痘 以己卯·庚辰(高宗十六, 七年)間 設局京中 延
외방유수교습지 점차행우팔역 종두비지시두 가칭십전
外方遊手教習之 漸次行于八域 種痘比之時痘 可稱十全
연횡절자간역유지 우두출이만무일실 종두수폐 연방기시
然橫折者間亦有之 牛痘出而萬無一失 種痘遂廢 然方其始
야 인유의지여종두지시
也 人猶疑之如種痘之始.

하루걸러 앓는 학질을 속칭 '당학(唐瘧)'이라는 병인데 우리나라 사람들이 몹시 두려워하였다. 나이 들어 쇠약한 사람은 열에 네다섯은 사망했으며, 젊고 힘이 좋은 사람도 파리한데다 피곤함을 느껴 몇 년을 폐인처럼 지내야 했다. 금계랍(金鷄蠟)[1]이 외국에서 들어오게 되자 사람들이 한 돈쭝만 복용해도 즉시 효험이 있었다. 이에 다음과 같은 노래가 불려졌다. "우장(牛漿)[2]이 나오자 어린이가 잘 자라고, 금계랍이 우리나라에 들어오자 노인들이 제대로 생을 마칠 수 있게 되었다네." 라는 것이 그것이다.

註解

1) **금계랍**(金鷄蠟) : 염산키니네를 일컬음. 학질이나 간헐열·신경통·폐렴·감기 등에 해열제로 씀.
2) **우장**(牛漿) : 천연두를 앓는 소의 두창(痘瘡)에서 뽑아낸 액체.

原文

이일학 속칭당학 동인심외지 년쇠자십사사오 소장강력
二日瘧 俗稱唐瘧 東人甚畏之 年衰者十死四五 少壯强力

자 유왕폐수세 급금계랍자외양지 인복일전 무불입유 어
者 猶庒廢數歲 及金鷄蠟自外洋至 人服一錢 無不立愈 於
시 위지요왈 우장출 소아줄 계랍지동 노인고종
是 爲之謠曰 牛漿出 小兒茁 鷄蠟至東 老人考終.

이 해에 서양의 습속을 따라서 석탄과 석유와 양화시(洋火柴, 성냥)를 쓰게 되었다.

原文

시세 인양속 용석탄 석유 양화시
是歲 因洋俗 用石炭 · 石油 · 洋火柴.

석유는 영국 · 미국 등 여러 나라에서 생산되는데, 어떤 사람은 바다 가운데서 취한다고 말하고, 어떤 이는 석탄에서 빼낸다고 하며, 어떤 이는 돌을 삶아서 짜낸 것이라 하는 등 말들이 구구하였다. 그러나 그것이 천연자원이라는 것은 맞는 말이다. 우리나라는 경진년(고종 17, 1880) 후에 비로소 석유를 사용했다. 처음에는 붉은색이 나고 냄새가 고약했으며, 한 홉〔合〕이면 열흘 밤을 켤 수 있었다. 몇 년이 지나지 않아서 색깔이 점점 하얘지고 냄새도 점점 좋아졌으나 화력이 감소되어 1홉을 가지면 겨우 3, 4일밖에 불을 켜지 못했다. 석유가 들어온 이래로 산이나 들판에 기름 짜는 열매는 번성하지 않았으며, 전국적으로 석유가 아니면 등불을 켤 수 없었다. 대개 동질(同質)적인 물건은 두 개가 한꺼번에 커질 수 없다. 서양 솜〔洋綿〕이 들어오면서부터 재래종의 면업 농사는 실적이 오르지 않았으며, 양철(洋鐵)이 들어오면서

철광은 점점 줄어들었다. 종종 이러한 현상이 나타나는 것 또한 이상한 일이다. 양수화통(洋燧火筒, 성냥갑)이 또한 석유를 따라서 성행하였는데 민간에서는 이를 자기황(自起黃)[1]이라 불렀다.

註解

1) **자기황**(自起黃) : 스스로 불을 일으키는 황(黃)이란 뜻.

原文

석유산자영 미제국 혹언취지해중 혹언석탄지원 혹언
石油産自英·美諸國 或言取之海中 或言石炭之源 或言
자석이록지 기설불일 이기위천산지물즉심의 아국자경진
煮石以漉之 其說不一 而其爲天産之物則審矣 我國自庚辰
고종십칠년 후시용 기초 색적이취극오 일합가연십야
(高宗十七年)後始用 其初 色赤而臭極惡 一合可燃十夜
불수년 색점백 취점담 화력돈감 일합근연삼사야 자석유
不數年 色漸白 臭漸淡 火力頓減 一合僅燃三四夜 自石油
지출 산야유실불번 통국상하 비시무이연등 개물불능양
之出 山野油實不蕃 通國上下 非是無以燃燈 蓋物不能兩
대야 지어양면출 이면농불등 양철출이철산심선 종종유
大也 至於洋綿出 而綿農不登 洋鐵出而鐵産甚鮮 種種類
차 역가괴의 양수화통 역수석유이성행 민간위지자기황
此 亦可怪矣 洋燧火筒 亦隨石油而盛行 民間謂之自起黃.

개항(開港) 이래 외국 상품이 우리나라에 들어온 것은 그 값이 매우 싸서 상인들은 넘겨다가 팔아 많은 이득을 보았다. 몇 년이 되지 않아 일본인의 저사(狙詐)[1]가 우리나라 사람보다 더 심했는데 모두 아국 간민(奸民)들이 그렇게 하게끔 인도하였기 때문

이다.

외국상품이 들어오는 것이 열 종류라면 인조품(人造品)이 아홉은 차지하는데 우리 상품을 외국으로 수출하는 것은 열 가지라면 아홉 가지는 천연으로 생산된 물건이었다. 너무 심했지만 우리나라 사람의 어리석음 탓이다. 대개 들어오는 수입품은 비단 · 시계 · 종 · 옻칠한 물건(칠기) 등 음교(淫巧)[2]하고 기사(奇衺)[3]한 물건에 지나지 않았다. 그러나 외국으로 나가는 물자들은 모두 쌀 · 보리 · 피혁(皮革) · 금 · 은 등 평상시 일용의 질박하고도 실용적인 귀중품이었다. 나라가 척박해지지 않으려 해도 그렇게 될 수 있을까?

註解

1) **저사**(狙詐) : 기미를 살펴서 모함함.
2) **음교**(淫巧) : 매우 교묘함. 그럴 듯한 거짓.
3) **기사**(奇衺) : 속임수가 비상함.

原文

개항이래 외화입국지물 궐가심렴 상민전판 획기리 미
開港以來 外貨入國之物 厥價甚廉 商民轉販 獲奇利 未
수년 왜지저사 심어아인 개아국간민도지야 외화입국자
數年 倭之狙詐 甚於我人 皆我國奸民導之也 外貨入國者
십 즉인조거기구 아화출국자십 즉천산거기구 심의 아인
十 則人造居其九 我貨出國者十 則天産居其九 甚矣 我人
지완둔야 개기입국자 불과증표단휴칠음교기사지물 이출
之頑鈍也 蓋其入國者 不過繒表緞髹漆淫巧奇衺之物 而出
국자 총미두피혁금은 평상박실지보야 국욕불척득호
國者 摠米豆皮革金銀 平常樸實之寶也 國欲不瘠得乎.

장렬왕후(莊烈王后, 인조계비)가 가례(嘉禮)를 어의동(於義洞) 본궁(효종의 잠저)에서 치른 이래로 역대 임금들이 그대로 실시하여 헌종과 철종에 이르기까지 바뀌지 않았다. 지금 임금 초년에 이르러 흥선군이 크게 운현궁을 중수하고 나서 사람들에게 말하기를, "효종의 잠저(潛邸)가 역대 임금의 가례궁이 되었다. 지금 임금의 잠저가 성자신손(聖子神孫)의 가례궁이 되는 것은 어찌 아름다운 일이 아니겠는가?" 하였다. 왕세자가 장차 가례를 하게 되었을 때, 중전은 운현을 미워하여 운현궁에서 행하려고 하지 않았다. 이에 대안동(大安洞, 명성왕후의 선조인 민유중(閔維重)의 고택(古宅) 터)에 새로 터를 잡아 민가 수백 채를 철거하고 새 궁을 지었는데, 그 웅장하고 화려함이 극(極)에 달하여 비용만도 100만 냥이 넘었다. 궁역(宮役)이 시작되었는데도 유사(有司)들은 태만하고 인부들은 나태하여 영(令)이 내린 지 만 1년 되어서도 공사가 진척되지 않았다. 이에 중전이 크게 노하여 책상을 치며, "어떻게 하면 하루빨리 완성할 수 있을까."하고는 한참 생각하던 끝에 글을 써서 내리기를, "이경하(李景夏)가 궁역도감(宮役都監)에 가(可)하다."고 하였다. 이경하가 명을 받은 즉일로 동구 앞에 군막을 설치하고 군막 안에서 거처하였다. 이에 모든 사람들이 일제히 나가 달려들어 열심히 일을 하니 백일이 채 못 되어 전각이 환연(煥然) 하였다. 그것은 이경하가 평소 사람을 많이 죽여 위엄을 세웠기에 많은 사람들이 두려워한 것이었다.

原文

자 장 열 왕 후 행 가 례 우 어 의 동 본 궁 효 종 잠 저 열 성 조 인 지
自莊烈王后行嘉禮于於義洞本宮(孝宗潛邸) 列聖朝因之
지 우 헌 철 미 지 유 개 야 지 금 상 초 흥 선 군 대 치 운 현 궁 호
至于憲·哲 未之有改也 至今上初 興宣君大治雲峴宮 呼
우 중 왈 효 묘 잠 저 위 열 성 조 가 례 궁 금 상 잠 저 장 위 성 자 신
于衆曰 孝廟潛邸 爲列聖朝嘉禮宮 今上潛邸 將爲聖子神
손 가 례 지 궁 기 불 휴 재 급 왕 세 자 장 행 가 례 중 전 오 운 현 불
孫嘉禮之宮 豈不休哉 及王世子將行嘉禮 中殿惡雲峴 不
욕 우 기 궁 복 기 대 안 동 철 민 가 수 백 구 영 신 궁 극 기 굉 려 비
欲于其宮 卜基大安洞 撤民家數百區 營新宮 極其宏麗 費
이 백 만 계 궁 역 지 시 유 사 완 게 정 부 유 타 영 하 기 월 만 무 경
以百萬計 宮役之始 有司玩愒 丁夫媮惰 令下朞月 漫無經
기 중 전 대 노 박 안 규 왈 하 이 즉 가 불 일 성 야 침 음 유 경 서 하
紀 中殿大怒 拍案叫曰 何以則可不日成也 沈吟有頃 書下
왈 이 경 하 가 궁 역 도 감 경 하 수 명 즉 일 설 군 막 동 구 침 처 막
曰 李景夏可宮役都監 景夏受命卽日 設軍幕洞口 寢處幕
중 어 시 만 중 제 부 허 사 등 빙 불 백 일 이 전 각 환 연 개 경 하 소
中 於是萬衆齊赴 許邪登凴 不百日而殿閣煥然 蓋景夏素
래 살 인 입 위 중 소 외 사 야
來殺人立威 衆所畏葸也.

신사년(고종 18, 1881) 가을, 김윤식(金允植)을 영선사(領選使)로 삼아 중국 천진에 보냈다. 그때 임금은 외교에 특별한 관심을 두었는데 일본이나 서양 제국은 의심스럽고 거리껴지는 점이 많았으나 오직 청나라에 위급할 때에 의지하려는 결심이 있어 북학(北學)[1]을 거론하게 되었다. 또한 이홍장(李鴻章)은 우리나라를 비호하여 보살펴주고, 현재 북양총독(北洋總督)이

되어 천진에 개부(開府)[2]하고 있었다. 이에 조정에서는 총명한 문·무 자제 백여 명을 뽑아 김윤식이 인솔하고 가서 이홍장의 조도(調度)[3]를 듣고 중서지학(中西之學)[4]을 익히게 하였다.

註解

1) **북학**(北學) : 청국의 문물제도. 중국의 기술과 문물을 익히고자 함.
2) **개부**(開府) : 관청을 설치하고 관리를 둠.
3) **조도**(調度) : 사물을 정도에 맞게 처리함. 정도에 알맞은 꾀.
4) **중서지학**(中西之學) : 중국이나 서양 각국의 문물제도와 기술.

原文

辛巳(高宗十八年)秋 以金允植爲領選使 赴天律 時上留神外交 而以倭洋終多猜阻 惟淸國緩及可仗 遂有北學之議 又李鴻章庇顧我國 而現爲北洋總督 開府天津 於是 朝廷選文武子弟聰俊者百餘人 允植領之 前往 聽鴻章調度 以習中西之學.

김윤식(金允植)을 천진에 보낸 후, 다시 정신(廷紳, 조성 신하)으로 재주와 덕망이 있는 자, 어윤중(魚允中)·박정양(朴定陽)·심상학(沈相學)·조준영(趙準永)·엄세영(嚴世永)·조병직(趙秉稷)·이원회(李元會) 등 8명(한 사람의 이름은 저자가 생각나

지 않아서 못 썼음)을 선발하여 '유람조사(遊覽朝士)'라 일컫고 일본에 건너가서 정황을 살펴보게 하였다. 얼마 지나서 모든 사람들이 돌아왔으나 어윤중(魚允中)만은 일본 강호(江戶, 동경)에서 바로 중국 상해로 건너갔다. 그것은 임금이 중국도 두루 살피면서 한 가지라도 얻음이 있어 돌아오라는 글을 보내 성상(聖上)의 근원지략(勤遠之略)[1]에 다소나마 부응하고자 한 것이었다. 임금은 근신을 대해 놓고 감탄하면서, "어윤중이 험한 바닷길을 거듭 떠났으니 그것은 나의 뜻에서 나온 것이 아니라, 나라를 위해서 자기의 괴로움을 잊고 간 것이다. 어찌 가히 아름다운 일이 아니겠는가?" 하였다. 조영하(趙寧夏)가 미소를 띠면서 대답하기를, "그는 범월죄인(犯越罪人)[2]입니다." 하니 임금은 아무 말이 없었다.

註解

1) **근원지략**(勤遠之略) : 앞을 멀리 내다보는 계략.
2) **범월죄인**(犯越罪人) : 아무런 증명도 없이 국경을 넘어간 사람.

原文

김윤식기부천진 우선정신유재망자 어윤중 박정양
金允植旣赴天津 又選廷紳有才望者 魚允中·朴定陽·

심상학 조준영 엄세영 조병직 이원회등팔인(일인사
沈相學·趙準永·嚴世永·趙秉稷·李元會等八人(一人俟

고) 위지유람조사 동입일본비점정형 기이제인구환 유윤
考) 謂之遊覽朝士 東入日本俾覘情形 旣而諸人俱還 惟允

중 자강호 경도상해 상서칭주람중국 기유일득 소부성상
中 自江戶 徑渡上海 上書稱周覽中國 冀有一得 少副聖上

근원지략 상대근신차탄왈 어윤중중섭창명 불유여지 기
勤遠之略 上對近臣嗟嘆曰 魚允中重涉滄溟 不由予旨 其
국이망신 기불가가 조영하미소이대왈 차범월죄인야 상
國耳忘身 豈不可嘉 趙寧夏微笑而對曰 此犯越罪人也 上
묵연
嘿然.

임오년(고종 19, 1882) 봄에 왕세자가 입학하였다. 민태호(閔台鎬)는 대제학의 자리에 있으면서 의식을 담당하였다. 민태호는 문인(文人)으로 자처하였으며 별호를 표정(杓庭)이라 했는데, 당시에 '표정 표정'이라 일컬었다.

原文

임오 고종십구년 춘 왕세자입학 민태호위대제학 이상
壬午(高宗十九年)春 王世子入學 閔台鎬爲大提學 以相
례 태호이문인자처 별호표정 시칭표정 표정
禮 台鎬以文人自處 別號杓庭 時稱杓庭·杓庭.

왕세자의 관례(冠禮)를 행하고 세자빈으로 민씨(閔氏)를 책봉하였다. 대안동 새궁〔新宮〕에서 가례를 올렸으며 인하여 경과별시를 보이고, 또 증광시를 실시하였다.

세자빈은 민태호(閔台鎬)의 따님으로 세자보다 한 살이 위였다. 간택의 논의가 있으면서부터 임금은 민씨 집안에 뜻을 두지 않고 다른 집안에서 뽑으려 하였으나 중전은 대(代)가 바뀌면 위세가 떨어질 것을 두려워하여 평소에 친척들을 중용하여 그것을 확고히 하였다. 임금은 처음 김규홍(金奎弘)의 따님에

게 마음을 두었으나 중전의 뜻을 어기기 어려워 마침내 민태호의 따님으로 정하게 되었다. 바야흐로 간택되어 입궁하려 하매 민태호는 초조한 나머지 송석원(宋石園, 인왕산 기슭 민태호의 별장)의 문을 닫고 손님을 사절하였다. 국혼이 이미 정해지자 그제야 문을 활짝 열고 손님을 맞이하는데 눈썹 사이에 기쁨이 넘쳤다. 서울에서는 그 일을 이르되 '국혼대방(國婚待榜, 국혼의 방을 기다림)'이라고 하였다.

이해 2월 신사일에 식년의 생원·진사 회시의 방을 이미 발표하고 이내 증광시를 보이자는 의논이 급히 정해지니, 식년시의 여창(臚唱)을 경과(慶科)보다 먼저 하는 것은 옳지 못하다하여 기간을 증광시 이후로 늦추도록 명했다.

原文

왕세자행관례 책세자빈민씨 행가례우대안동신궁 인설
王世子行冠禮 冊世子嬪閔氏 行嘉禮于大安洞新宮 因設

경과별시 우설증광시 빈태호지녀야 장세자일세 자유간
慶科別試 又設增廣試 嬪台鎬之女也 長世子一歲 自有揀

택지의 상무의민가 욕초선타족 이중전공역세자지후 위
擇之議 上無意閔家 欲抄選他族 而中殿恐易世子之後 威

권방락 아욕중친이고지 상초의김규홍녀 이중위중전의
權旁落 雅欲重親以固之 上初擬金奎弘女 而重違中殿意

수정태호지녀 방기피간입궁야 태호오조폐송석원 이사객
遂定台鎬之女 方其被揀入宮也 台鎬熬躁閉松石園 以謝客

대혼기정 시개호영빈 희일미우 경사위지국혼대방 시세
大婚旣定 始開戶迎賓 喜溢眉宇 京師謂之國婚待榜 是歲

이월신사 식생진회시 기출방 이증광지의선정 이식과여
二月辛巳 式生進會試 旣出榜 而增廣之議旋定 以式科臚

창 불가선경과 명퇴기우증광지후
唱 不可先慶科 命退期于增廣之後.

별시과(別試科) 회시의 모든 시관들은 (이번 과거가) 동궁의 겹친 경사로 실시하기 때문에 극히 조심하여, 과거의 발표가 있기 전에는 시관이 시험장을 떠나지 못하게 하고 마침내 시권을 묶어 놓고 열 명을 뽑았다. 대체로 공정하다면 공정했다고 할 것이다. 해남(海南)의 윤주성(尹柱星)이 을과(乙科)에 참여하였는데 운현(雲峴)이 그 소식을 듣고 매우 기뻐하며 말하기를, "윤주성이 한림이 된다한들 누가 안 된다고 하겠는가?" 하였다. 그것은 윤주성의 집안이 오인(午人, 南人) 중에 빼어난 집안인데, 운현이 국정을 잡은 10년 간에 한 사람도 과거에 뽑히지 못한 것을 마음으로 늘 유감으로 여겼던 터였다. 권세를 잡은 자들이 이 말을 듣고 그를 질시하여 윤주성은 뜻을 이루지 못했다. 이남규(李南珪) 또한 이 과거에 합격하였다.

原文

별시과회시제시관 이시과유춘궁첩경 췌률쇄원 경속권
別試科會試諸試官 以是科由春宮疊慶 惴慄鎖院 竟束券

모발지 취십인 개공즉공야 해남윤주성참을과 운현문지
摸拔之 取十人 蓋公則公也 海南尹柱星參乙科 雲峴聞之

심희왈 윤주성위한림 숙운불가 개주성가위오인교초 이
甚喜曰 尹柱星爲翰林 孰云不可 蓋柱星家爲午人翹楚 而

운현병국십년 미상탁일인과 심상한지야 당로문이질지
雲峴秉國十年 未嘗擢一人科 心常恨之也 當路聞而嫉之

주성수치감가 이남규 역중시과
柱星遂致坎坷 李南珪 亦中是科.

훈련도감(訓鍊都監) · 총융청(摠戎廳) · 금위영(禁衛營) · 어영청(御營廳)을 없애고 병합하여 두 군문(軍門)을 세우니, 무위영(武衛營)과 장어영(壯禦營)이 그것이다.이경하(李景夏)를 무위대장으로 삼고, 신정희(申正熙)를 장어대장으로 삼았다.

原文

罷訓鍊都監 · 摠戎廳 · 禁 · 御兩營 合設二軍門 曰武衛營 · 壯禦營 李景夏爲武衛大將 申正熙爲壯禦大將.

조성하(趙成夏)가 죽었다. 조성하는 조병구(趙秉龜)의 양자인데, 마음이 대범하고 자존심이 강해 권세를 좇지 않았으므로 당시의 명망이 그에게 돌아갔다. 갑술년(고종 11, 1874) 초에 나라일이 날로 잘못되어 감을 보고 임금께 건의하고자 하였으나 두렵고 겁이 나서 감히 힘써 간하지 못하였다. 꾀를 써 평안감사 자리를 얻어 밖에 나가 있었는데 나이 서른에 수년간 감영에 있으면서 소리와 여색을 마음껏 즐겼는데 하루에 쓰는 비용이 수천 금이었다. 그림이 그려진 배에서 퉁소불고 북을 치며 밤낮이 다하도록 대동강에서 취해 노니, 서도(西道, 평안도) 사람들이 그를 이름하여 '오리 감사'라 하였다.

신응조(申應朝)가 평안 감사로 있다가 교체될 때 봉전(俸錢) 3만 꿰미를 감영 창고에 저장해 두었는데 그것은 연행(燕行)[1]의 폐단을 구제하기 위한 자금으로 마련한 것이다. 조성하는 돈을

흙처럼 뿌려서 경비가 바닥이 나자 마침내 이 기금까지 가져다 다 써 버렸다. 일찍이 칙사를 맞으려 의주에 나가게 되었는데 도중에 몹시 취하여 양즙(䑋汁)을 찾았다. 포인(庖人)[2]이 창졸간에 백성의 밭 갈던 소를 잡아 요리해서 바쳤다. 교체되어 돌아갈 때에는 이틀이 걸리는 길까지 울음을 삼키며 따라와 전송한 기생이 10여 명이나 되었다. 골수가 말라 허로병〔肺癆症, 폐질〕이 되어 두건을 쓰지 못한 채 5, 6년을 지내다가 죽었다. 시호는 문헌(文獻)이다.

註解

1) **연행**(燕行) : 중국에 사신으로 감. 연행 비용은 주로 평안 감영에서 담당하였다.
2) **포인**(庖人) : 요리사. 주방의 요리를 담당하는 사람.

原文

조성하졸 성하병구계자야 간오불추부 시망귀지 갑술
趙成夏卒 成夏秉龜系子也 簡傲不趨附 時望歸之 甲戌

고종십일년 초 견국사일비 욕유소건백 이외나불감력간
(高宗十一年)初 見國事日非 欲有所建白 而畏懦不敢力諫

모득평안감사 이거우외 년보삼십 재영수년 극성색지오
謀得平安監司 以居于外 年甫三十 在營數年 極聲色之娛

일비수천금 화방소고궁주야 침취대동강중 서민호왈부감
日費數千金 畫舫簫鼓窮晝夜 沈醉大同江中 西民號曰鳧監

사 신상응조지체기백야 유봉진심만민우영고 이위연행구
司 申相應朝之遞箕伯也 留俸錢三萬緡于營庫 以爲燕行捄

폐지자 성하기휘김여토 경름고출 수취이진용지 상영칙
弊之資 成夏旣揮金如土 經廩告絀 遂取而盡用之 嘗迎勅

赴灣府 路中狂醉覓膿汁 庖人倉卒 剖民耕牛 煮進之 及遞還 妓倡呑聲追送過二日程者十輩 髓渴成老瘵 不裹巾者五六年 至是死 謚曰文獻.

조성하(趙成夏)와 그의 사촌 아우 조영하(趙寧夏)와 이재면(李載冕) · 조경호(趙慶鎬)는 모두 을사생(乙巳生)으로 부귀가 다같이 극(極)에 이르러 장안 사람들은 그들을 가리켜 '사을사(四乙巳)'라 하였다.

굶주려 보지 않으면 음식의 맛이 좋은 것을 알지 못하는 것이 인지상정이다. 조성하는 나서 자라면서 고량(膏粱)[1]으로 배를 채웠으며 하루 여섯 끼니를 먹었다. 그래서 그는 항상 말하기를, "평생 음식 맛을 알지 못했다."고 하였다. 언제나 마루에서 내려서면 가마〔轎〕 아니면 수레〔軺〕[2]를 타는 까닭에 일리정(一里程)도 걸어서 가보지 못했다고 한다. 대개 근세의 귀인(貴人)이라도 어렸을 때 가난했든가 혹은 늦게 근심을 짊어지는 일이 있으나, 오직 조성하만은 뱃속에 있을 때부터 무덤에 갈 때까지 하루도 부귀를 누리지 않은 적이 없었다. 그러므로 당시 사람들은 그를 가리켜 태중귀인(胎中貴人)이라 불렀다.

註解

1) **고량**(膏粱) : 기름진 고기와 맛좋은 음식.
2) **교초**(轎軺) : 가마와 수레. 종2품 이상의 벼슬아치가 타던 외바퀴

수레를 초헌(軺軒)이라 한다.

原文

성하급기당제영하여이재면 · 조경호 구을사(헌종십일
成夏及其堂弟寧夏與李載冕 · 趙慶鎬 俱乙巳(憲宗十一
년)생 구극부귀 도인위지사을사 불기즉식불감 인지상야
年)生 俱極富貴 都人謂之四乙巳 不飢則食不甘 人之常也
성하생장고량 일일육찬 고상자언 평생부지반미 매하당
成夏生長膏粱 一日六饌 故常自言 平生不知飯味 每下堂
불교즉초 고일리정무보행지시 개근세칭귀인자 혹조세궁
不轎則軺 故一里程無步行之時 蓋近世稱貴人者 或早歲窮
구 혹만도타체 이유성하자재잉지속광 무일일불극부귀
窶 或晩途侘傺 而惟成夏自在孕至屬纊 無一日不極富貴
고시칭성하위태중귀인
故時稱成夏爲胎中貴人.

갑자년(고종 1, 1864) 초에 조성하(趙成夏)와 조영하(趙寧夏)가 함께 입시한 적이 있었다. 임금이 마침 한가롭게 있으면서 머리를 빗다가 조성하를 돌아보며, "형, 나의 상투를 좀 틀어줄 수 없겠소?" 하였다. 조성하는 사양하며, "신은 상투를 틀 줄 모릅니다."라고 하였다. 그러자 조영하가 몸을 굽히고, "신이 대신 틀어드려도 되겠습니까?" 하니 임금은 기뻐하였다. 그것은 임금은 신정대비(神貞大妃, 익종의 비)를 어머니 같이 섬기고 있는데 조성하는 대비의 조카이다. 그런 까닭에 임금이 그를 내종형으로 부른 것이다. 조성하는 자가 순소(舜韶), 호는 소하(小荷)이며 조영하는 자가 기삼(箕三), 호가 혜인(惠人)이다.

原文

갑자 고종원년 초 성하여영하 구입시 상적연거소발 고
甲子(高宗元年)初 成夏與寧夏 俱入侍 上適燕居梳髮 顧
성하왈 형가위여작계 성하사왈 신불해작계 영하궁신대
成夏曰 兄可爲予作髻 成夏辭曰 臣不解作髻 寧夏躬身對
왈 신가대작부 상흔연 개상모사신정대비 이성하위대비
曰 臣可代作否 上欣然 蓋上母事神貞大妃 而成夏爲大妃
지질 고상환지이내형야 성하 자순소 호소하 영하 자기삼
之姪 故上喚之以內兄也 成夏 字舜韶 號小荷 寧夏 字箕三
호혜인
號惠人.

군국기무아문(軍國機務衙門)을 설치였는데, 그 당상관과 낭청의 모든 관원들은 한 때의 인물 가운데 고르고 골라서 뽑았다. 당상문무관으로는 김병시(金炳始) · 김보현(金輔鉉) · 윤자덕(尹滋悳) · 정범조(鄭範朝) · 이종승(李鍾承) · 신정희(申正熙) 등이었고, 낭청 10여 명 또한 한림과 각신을 지낸 사람이 아니면 들어가지 못했다. 민영익(閔泳翊)이 수석이고, 그 다음은 송병서(宋秉瑞) 등 여러 사람이었다.

송병서는 봉조하(奉朝賀)[1] 송근수(宋近洙)의 아들로 40여 세에 과거에 급제하였다. 임금은 대노(大老, 宋時烈)의 후손이라 하여 같은 당색의 가까운 사람으로 인식하고 청요(淸要)의 자리를 모두 거치게 하여 민영익과 더불어 한 몸이 되게끔 하였다. 과거에 합격하자, 즉시 대교를 제수하고 조금 지나서 한림을 시키고, 조금 있다가 주서를 시키고, 조금 지나서 옥당을 시키고, 조금 있어 동벽(東壁)[2]에 제수되고, 조금 있다가 통정대

부(通政大夫)에 승계(陞階)했다. 그가 부모를 잘 모시겠다는 요청을 허락하여 특별히 충주 목사를 제수하여 가까이서 부모님을 모시는 것을 편하게 하였다. 송병서는 탐욕스럽고 비루하며 무식한 사람이어서 원망하는 소리가 온 경내에 넘쳐흘렀다. 어느 날 밤에 관아의 대문에 '우암(牛暗)의 후손, 근수(近獸)의 아들'이란 글씨가 나붙었는데, 우암(牛暗)은 우암(尤庵)과 음이 같았기 때문이다. 송근수가 그러한 사실을 듣고 충청 감사 심상훈(沈相薰)에게 부탁하여 자기 아들을 파면시키게 하였다.

註解

1) **봉조하**(奉朝賀) : 조선시대 전직 관료를 우대하여 종2품 이상의 관원에게 사임한 뒤에 특별히 준 벼슬. 실제 사무는 보지 않으며, 다만 의식(儀式)이 있을 때만 관청에 나가서 참여하고 종신토록 녹봉을 받음. 삼자함(三字銜).
2) **동벽**(東壁) : 집무실의 동쪽 자리에 앉는 벼슬. 의정부는 좌참찬이, 홍문관은 응교가 이 자리에 앉음.

原文

설군국기무아문 기당랑제료 극일시지선 당상문무 즉김
設軍國機務衙門 其堂郎諸僚 極一時之選 堂上文武 則金

병시 김보현 윤자덕 정범조 이종승 신정희등시야
炳始·金輔鉉·尹滋悳·鄭範朝·李鍾承·申正熙等是也

랑청십여인 불출한각지외 민영익위지수 기차송병서제인
郎廳十餘人 不出翰閣之外 閔泳翊爲之首 其次宋秉瑞諸人

야 병서위봉조하근수지자 사십여등제 상이기위대노 송
也 秉瑞爲奉朝賀近洙之子 四十餘登第 上以其爲大老(宋

시열 지후 인작동색사인 욕기병력청요 여민영익일체 보
時烈)之後 認作同色私人 欲其竝歷淸要 與閔泳翊一體 甫

석갈 즉제대교 이이한림 이이주서 이이옥당 이이동벽 이
釋褐 卽除待教 已而翰林 已而注書 已而玉堂 已而東璧 已

이승통정 허기영양 특제청주목사 이편성근 병서탐비무
而陞通政 許其榮養 特除淸州牧使 以便省覲 秉瑞貪鄙無

식 원오일경 야유서관문왈 우암지손 근수지자 이우암여
識 怨嗷溢境 夜有署官門曰 牛暗之孫 近獸之子 以牛暗與

우암 송시열 동음야 근수문지 탁금백침상훈파면
尤庵(宋時烈)同音也 近洙聞之 託錦伯沈相薰罷免.

송근수(宋近洙)는 일생을 명예와 이익을 좇을 마음이 없어서 벼슬을 내어놓고 물러나서 조용히 지냈다. 정경(正卿)[1]을 지낸 몸으로 고향에 내려가 책을 읽으며 지내니, 당시 재상산림(宰相山林)으로 불렸으며 조야에 명망이 높았다. 무인년(고종 15, 1878)간에 병조 판서의 부름을 받고, 서울에 올라와 도목정사(都目政事)[2]를 행하였다. 임금이 써서 내려준 것을 다 삼가서 그대로 시행하고 감히 어기지 못했다. 도목정사를 마치고 경저(京邸)에 돌아와 비로소 내비(內批)의 잘못을 진술하여, "신하를 예로써 대접하고 관인을 공도(公道)로서 임명하는 도리가 아니다."라고 아뢰었다. 당시 사람들은 이를 이르되, "속된 노래를 끝내고 우아한 음악을 연주했다(曲終奏雅)."고 하였다.

註解

1) **정경**(正卿) : 정2품의 관직에 있는 의정부의 좌·우참찬, 육조의 판서, 한성판윤. 이들을 또 9경이라 하고, 육조 판서만을 6경이라 함.

2) **도목정사**(都目政事) : 고려 · 조선조 때 관원의 치적(治積)을 종합 심사하여 그 결과에 따라 영전 · 좌천 또는 파면을 시키는 일. 줄인 말로 도목(都目), 도목정(都目政) · 도정(都政)이라고도 함.

原文

송근수일생염퇴 이정경귀향독서 시칭재상산림 조야속
宋近洙一生恬退 以正卿歸鄕讀書 時稱宰相山林 朝野屬
망 무인 고종십오년 간 이병판승소입경 행도목정비 상
望 戊寅(高宗十五年)間 以兵判承召入京 行都目政批 上
소서하자 개근행지 불감위 정필지저 시소진내비지실 비
所書下者 皆謹行之 不敢違 政畢至邸 始疏陳內批之失 非
사신이례 관인이공지도 시인위지곡종주아
使臣以禮 · 官人以公之道 時人謂之曲終奏雅.

정조는 송시열(宋時烈)을 지극히 추앙하여 그 문집을 가리켜 『송자대전(宋子大全)』이라 하였다. 또 『양현전심록(兩賢傳心錄)』을 몸소 정하였다. 이를 논하는 자들은 혹 지나치다고 하였지만 비록 더 높이고자 해도 가히 그 이상 붙일 말이 없었다. 이에 송근수(宋近洙)는 그 전집을 발췌해서 한마디의 말과 한 가지의 일들을 가려 뽑아 책을 편성하여 『송자언행록(宋子言行錄)』이라 하였다. 또 이승우(李勝愚)와 더불어 논의들을 주고받아 정조가 찬정한 『주서백선(朱書百選)』에 견주고자 하였다. 우암을 회옹〔晦翁, 회암(晦庵) 주희(朱熹)〕과 같은 반열에 놓을 수 있느냐의 여부(與否)는 알지 못하겠지만, 그러나 자손들이 정성으로 하는 것은 혹 그럴 수 있다고 할 수 있겠으나 다른 사람들

이 한다면 당색을 비호하는 습속에 불과하다 하겠다.

原文

정 조 극 추 송 시 열 목 기 집 왈 송 자 대 전 우 어 정 양 현 전 심 록
正祖極推宋時烈 目其集曰宋子大全 又御定兩賢傳心錄
논 자 혹 이 위 과 이 수 욕 증 존 경 무 가 이 위 사 자 내 근 수 최 기 전
論者或以爲過 而雖欲增尊 更無可以爲辭者 乃近洙稡其全
집 간 기 일 언 일 사 성 서 왈 송 자 언 행 록 우 여 이 승 우 우 왕 반
集 揀其一言一事 成書曰宋子言行錄 又與李勝愚(宇)往返
기 론 집 송 서 백 선 이 의 정 조 소 정 주 서 백 선 억 불 감 지 우 암 지
其論 輯宋書百選 以擬正祖所定朱書百選 抑不敢知尤庵之
어 회 옹 주 희 약 시 기 반 호 부 야 연 혹 가 위 제 자 손 지 성 이 약
於晦翁(朱熹) 若是其班乎否也 然或可諉諸子孫之誠耳 若
타 인 호 즉 불 과 당 색 단 호 지 습 이 이
他人乎 則不過黨色袒護之習而已.

김병덕(金炳德)을 군국기무아문(軍國機務衙門)의 당상(堂上)으로 임명하였다. 임금은 그가 인망이 있는 터라 반대 여론을 복종시키고자 하였다. 김병덕은 감히 사양하지 못하고 그 자리에 앉고 나서 여러 날을 탄식하고 괴로워하면서 담뱃대를 두드려 부순 것이 두 구(具)나 되었다.

原文

김 병 덕 위 기 무 당 상 상 이 기 유 인 망 욕 진 복 좌 론 야 병 덕 불
金炳德爲機務堂上 上以其有人望 欲鎭服左論也 炳德不
감 사 개 좌 이 퇴 탄 오 미 일 계 쇄 연 약 자 이 구
敢辭 開坐而退 歎懊彌日 繫碎烟籥者 二具.

임오(고종 19, 1882) 6월 9일 계해(癸亥), 경영(京營)의 군사들이 큰 소요〔임오군란(壬午軍亂)〕를 일으켰다. 갑술(고종 11, 1874)이래 대궐에서 쓰이는 비용은 끝이 없었다. 호조나 혜청(惠廳)의 저축해 온 것은 모두 비어서 경관(京官)의 월급도 주지 못했으며 오영(五營) 군사들도 왕왕 끼니를 잇지 못했다. 오영을 파하고 두 군영을 세웠으니 또한 노약자는 쫓겨나게 되어 갈 곳이 없었다. 그래서 완력으로 난을 일으킬 것을 생각하게 되었다. 이때에 군인들의 급료를 지급하지 않은 것이 이미 반년이 지났다. 마침 호남의 세선(稅船)[1] 수 척이 경창(京倉)에 짐을 풀었는데, 그것으로 먼저 밀린 군료를 지급하라 명했다. 혜청 당상(堂上) 민겸호(閔謙鎬) 집의 하인이 혜청 고리(庫吏)[2]가 되어 지출을 담당했는데, 그는 겨를 섞어서 미곡을 지급하며 사사로이 많은 이익을 보는 것을 알고 여러 사람들이 크게 노하여 갑자기 일어나 그를 구타했다. 민겸호는 주모자를 잡아서 포도청에 가두고 장차 죽일 것을 선언하니, 여러 사람들은 더욱 원통하고 분함을 참지 못해서 칼을 빼어 땅을 치며 말하기를, "굶어 죽는 것이나 법에 의해 처형당하는 것이나 죽는 것은 매일반이다. 어찌 죽일 놈을 마땅히 죽여서 억울함을 풀지 않겠는가." 하였다. 마침내 들고 일어날 것을 결정하고 여러 사람이 한 곳에 모여 크게 외치며 곧장 민겸호의 집으로 달려갔다. 순식간에 짓밟아 전령하고 보니 진귀한 물건이 가득 차 있었다. 여러 사람이 악을 쓰되, "1전이라도 집어가는 자는 죽이겠다!" 하고, 뜰에 그것들을 모아놓고 불을 질렀다. 비단 · 주옥 ·

패물이 타는 불꽃은 오색으로 타오르고, 인삼·녹용·사향 등속의 타는 냄새가 몇 리까지 코를 찔렀다. 민겸호는 담장을 넘어 달아나 가까스로 대궐 안에 숨었다.

註解

1) 세선(稅船) : 세금을 받은 양곡을 실어 나르는 배.
2) 고리(庫吏) : 선혜청 창고를 관장하던 창고지기.

原文

壬午(高宗十九年)六月初九日癸亥 京營軍大譟 甲戌以
來 大內糜費無紀 戶·惠倉儲俱罄 撤京官月廩 五營兵往
往缺餉 及罷五營 建兩營 又汰其老弱 見汰者無所寄 搤腕
思亂 至是 軍料未頒 已半年 適湖南稅船數隻 解到京倉 命
先頒軍料 惠堂閔謙鎬家傔 爲惠廳庫吏 掌支放 和糠換米
竊餂贏利 衆大怒 猝起毆之 謙鎬收其倡魁 囚捕廳 宣言將
死 衆益怨憤 拔刀擊地曰 餓死·法死 死等耳 寧殺當殺者
以一雪耳 遂呼譟相應 萬衆立會 大咸崩塌 直向謙鎬家 瞬
息踏平之 珍貨充牣 衆號曰 攘一錢者死 聚于庭 焚之 錦繡
·珠貝其焰五色 蔘茸·沈麝 芳烈聞數里 謙鎬 踰垣走 匿

闕中.

4월부터 계속 비가 내리지 않았다. 이 달에 이르러 난병(亂兵)들이 오시(午時, 12시)[1]를 기해 일어났다. 그런데 신시(申時, 3~5시)[2]에 큰 비가 내리더니, 밤까지 이어지고 그 다음날부터 긴 장마철로 접어들었고 그믐께 이르러서야 비로소 비가 개었다.

금년 봄에 장정(壯丁)들을 모집하여 일본의 군사훈련을 시켰는데, 이를 '별기대(別技隊)'라 불렀다. 일본 군인 굴본예조(堀本禮造)를 교관으로 삼고 남산 밑에 훈련장을 신축하였다. 총을 메고 뛰고 치며 행군하니 먼지가 날려 하늘을 가렸다. 장안 사람들은 처음 보는 일이라 놀라지 않은 이가 없었다. 또한 개화(開化) 이래로 이해를 따질 겨를도 없이 말이 왜변(倭邊)[3]에 미치면 어금니를 갈며 죽이려 하였는데 일반 백성들은 더욱 심하였다. 이때에 이르러 난병들이 들고 일어나 그를 추격하여 굴본예조(堀本禮造)는 훈련장에서 구리재〔銅峴〕로 달아나다 돌을 맞아 죽었다. 또 다른 일본 사람도 성내에 들어왔다 죽은 사람이 또한 7명이나 되었다. 난민들은 천연정(天然亭)[4]을 포위하고 손에 몽둥이를 들고 모두 죽여 버리겠다고 외쳤다. 화방의질(花房義質)[5]과 그 밑에 있던 일본인들은 대오를 지어 도망치면서 포(총)를 쏘고 칼을 휘둘러 가까이 따라붙지 못했다. 그들은 밤에 계속 도망쳐 인천에 다다랐지만, 연도에 있던 우리 백성들의 피살자가 많았다. 화방의질은 인천에 이르러 부사 정지용(鄭志鎔)에게 거짓말을 하며, "우리는 공사(公事)로 급히 경

상도 동래에 가야 하니 공은 배를 마련하여 보내라. 조금도 지체하지 말라!" 하였다. 정지용이 "증명을 보여 달라." 하니 화방의질은 증명을 제시하였는데, 그때 김보현(金輔鉉)이 경기 관찰사로 있으며 정지용이 막을 것을 염려하여 화방의질의 요구로 증명을 이미 발급하였었다. 화방의질 일행은 드디어 배를 타고 달아났다. 그 다음날 경군(京軍)이 추격하여 이르렀는데, 인천 부사 정지용은 김보현이 살해당했다는 소식을 듣자 시국이 갑자기 변하였음을 알고 약을 먹고 자결하였다.

註解

1) **오시**(午時) : 상오 열한 시부터 하오 한 시 사이.
2) **신시**(申時) : 하오 세 시부터 다섯 시까지.
3) **왜변**(倭邊) : 일본 주변.
4) **천연정**(天然亭) : 독립문 근방에 있으며 일본 공사관이 자리하고 있던 곳.
5) **화방의질**(花房義質) : 고종 8년에 대한 한일교역 교섭에 종사하고 대리공사 겸 판리공사로 있다가 임오군란을 맞아 탈출, 다시 돌아와 제물포조약을 맺고 귀국했다.

原文

자사월불우 지시월 난병이오시기 이신시대우입야 명일
自四月不雨 至是月 亂兵以午時起 而申時大雨入夜 明日
우대우 수성장림 지회간시제. 시춘모정장 연습왜병기 위
又大雨 遂成長霖 至晦間始霽. 是春募丁壯 鍊習倭兵技 謂
지별기대 왜인굴본위지사 축교장남산지음 하총도척 진
之別技隊 倭人堀本爲之師 築教場南山之陰 荷銃跳踼 塵

坋蔽空 都人創見 無不駭惋 且自開化以來 無分利害 語到倭邊 咬牙欲殺之 小民尤甚 至是 因亂兵群起逐之 堀本自敎場 走之銅峴屛門 被亂石死 他倭入城死者 又七人 亂民圍天然亭 手提白挺(梃의 誤字) 喊殺而已 花房義質 與從倭 成隊而出 砲猛劍利 不可嚮邇 連夜逃歸仁川 沿途我人被殺者衆 義質至仁川 紿府使鄭志鎔曰 我有公幹 急往東萊 公可具舟送我 因促之不留晷刻 志鎔覓文憑 義質出示之 蓋金輔鉉時爲畿伯 慮志鎔之搪阻 遂應義質之求者也 義質 遂浮海而走 走之明日 京軍追至 志鎔聞輔鉉死 時局猝變 仰藥死.

난병(亂兵)들이 민겸호(閔謙鎬)의 집에서 물러나 하도감(下都監, 훈련도감에 속한 병영)에 주둔하였다. 스스로 용서받을 수 없는 죄를 지은 데다 또한 부탁할 데도 없어서 운현궁으로 떼지어 달려가서 죽음으로 빌었다. 이에 대원군은 손을 내저으며 말하기를, "나는 늙었으니 국사를 어찌 알리오. 성상께서 어질고 자애로우시니 반드시 별일이 있겠는가." 하였다. 그들이 앞다투어 나와 큰소리로 떠들어대니, 대원군이 성난 소리로 '물

러가라!' 호통 쳤다. 그리고 그 주동자 몇 명을 남게 하여 그들과 말을 나누었는데 그 말이 은밀하여 전해지지 않는다. 난군들은 드디어 물러갔다.

原文

亂兵 自謙鎬第退屯下都監 自分罔赦 且無所屬 擁入雲峴宮 請死 大院君麾之曰 吾老矣 國事何知 聖上慈仁 必無他 衆競前叫囂 大院君厲聲喝退 留其魁數人 與之語 語秘不傳 衆遂退.

(6월) 10일 갑자에 난병들이 대궐을 침범하니 중궁(中宮)은 밖으로 달아났고, 이최응(李最應) · 민겸호(閔謙鎬) · 김보현(金輔鉉) 등은 모두 살해되었으며 대원군 이하응(李昰應)이 정사를 돌보았다.

이날 아침 난병이 흥인군(興寅君) 저택을 포위하자 이최응은 담장을 넘으려다 떨어져 고환이 터져 죽었다고 하는데, 혹은 이최응이 창에 찔려 죽었다는 말도 있다. (난병들이) 돈화문으로 향하였으나 문이 닫혀 있으므로 총을 마구 쏘아 총알이 문선(門扇)[1]을 맞아 멀리까지 콩 볶는 소리가 났고, 문이 열리자 여러 사람이 떼로 몰려 들어갔다. 임금은 변이 일어났다는 소식을 듣고 급히 대원군을 불렀으며 대원군은 난병들을 따라 들

어갔다. 난병들이 대전에 올라가다 민겸호와 부닥치자 그를 낚아채어 끌고 갔다. 민겸호가 황급히 대원군을 쳐다보고 호소하되, "대감, 날 좀 살려주시오!" 하였다. 대원군은 쓴웃음을 지으며, "내 어찌 대감을 살릴 수 있겠소." 하였다. 말이 끝나기도 전에 난병들은 계단 밑으로 잡아끌어 총칼로 난타해서 시체를 난도질 하였다. 곧이어 난병들은 "중궁(中宮)이 어디 있느냐?"고 크게 소리쳤다. 그들의 흉참(凶慘)한 정경을 이루 들을 수 없었다. 사방을 수색하느라 장막과 벽이 창으로 찔려 고슴도치 털에 찔린 것 같았다. 이때 대원군의 부대부인(府大夫人)[2]도 입궐했으며, 그는 중궁(中宮)을 데려다가 자기가 타고 온 사인교(四人轎)에 숨겨 민비를 가려놓고 나오려 했다. 그때 한 궁인이 고자질하여 난병이 사인교의 포장을 찢어 땅에 팽개쳤다. 그때 무예별감 홍재희(洪在羲)가 소리치며 말하되, "그 여인은 상궁으로 있는 내 누이이다. 오인하지 말라!" 하고 황급히 그 여인을 등에 업고 궁궐을 나왔다. 그러나 사람들은 더 이상 힐문하지 않은 것을 의심했다.

김보현(金輔鉉)은 경기 감영에 있다가 변이 생겼다는 소식을 듣고 예궐(詣闕)을 서둘러 승정원에 들르니, 그의 조카 김영덕(金永悳)이 승지로 임직하다가 가지 못하게 말리면서, "오늘의 사태를 알지 못하시고 들어가시렵니까?" 하니, 김보현은 옷자락을 걷어붙이고 나오면서 말하되, "내가 재상의 위치를 갖추었고 또 직책을 맡았는데 국가의 변이 발생하였으면 비록 죽는다고 해서 어찌 가보지 않겠느냐?" 하였다. 드디어 입궐하다 돌

층계에서 맞아 죽었다. 여러 사람들은 그 시체를 발로 차며 말하되, "이놈은 돈을 좋아하니 가히 돈으로써 그 배를 채워 주마." 하고 입을 찢어 엽전을 집어넣고 총대를 들어 마구 짓누르니 돈이 가슴과 옆구리로 삐져나왔다. 그의 시체는 민겸호의 시체와 함께 끌어다가 궁궐 개천에 버렸다. 그때에 큰 비가 와서 물이 개천에 가득했고 날씨 또한 흐리고 더워서 시체가 개천에 수일 버려져 있는 동안 살이 물에 불어 하얗게 된 것이 돼지를 잡아 씻어놓은 것과 같았다.

註解

1) **문선**(門扇) : 문짝. 작은 문.
2) **부대부인**(府大夫人) : 왕이나 어머니에 대한 존칭. 흥선대원군의 부인이자 고종의 어머니인 민씨. 타인의 어머니에 대한 존칭으로 대부인이라 부른다.

原文

초십일갑자 난병범궐 중궁손우외 이최응 민겸호 김
初十日甲子 亂兵犯闕 中宮遜于外 李最應・閔謙鎬・金
보현 개살사 대원군하응보정 시일평명 난병위흥인제 최
輔鉉 皆殺死 大院君昰應輔政 是日平明 亂兵圍興寅第 最
응파원이추 낭파환출이사 혹언창자 수향돈화문 문폐 총
應爬垣而墜 囊破丸出以死 或言槍刺 遂向敦化門 門閉 銃
환박문선 요문여 폭두성 문개봉옹입래 상문변급 선대원
丸撲門扇 遙聞如 爆豆聲 門開峰擁入來 上聞變急 宣大院
군 대원군수난병이입 병상전 당우민겸호졸예지 겸호황
君 大院君隨亂兵而入 兵上殿 撞遇閔謙鎬捽曳之 謙鎬惶

거 추안대원군 두천포수호왈 대감활아 대원군랭소왈 아
遽 揪按大院君 頭穿袍袖呼曰 大監活我 大院君冷笑曰 我
하이활대감 어미이 난병척락계하 총축검타 성육니 인대
何以活大監 語未已 亂兵踢落階下 銃築劍打 成肉泥 因大
호중궁하재 어섭부도 흉참불인문 사하수색 중유복벽 창
呼中宮何在 語涉不道 凶慘不忍聞 四下搜索 重帷複壁 槍
간여위 시부대부인역입 수잠호지 입사인교닉지 좌후포
桿如蝟 時府大夫人亦入 遂潛扈之 入四人轎匿之 坐後包
엄이출 유일궁인 구지지 난병수열교장 졸고척우지 무감
掩而出 有一宮人 口指之 亂兵遂裂轎帳 捽髻擲于地 武監
홍재희 후개명계훈 대호왈 차오매위상궁자야 물오인
洪在羲(後改名啓薰) 大呼曰 此吾妹爲尙宮者也 勿誤認
거부이추 중연의불구힐
遽負以趨 衆然疑不究詰.

김보현재기영문변 창황예궐 과정원 기질영덕 방이승지
金輔鉉在畿營聞變 倉皇詣闕 過政院 其姪永悳 方以承旨
입직 만지지왈 금일사불가지 원무입 보현불의출왈 오비
入直 挽止之曰 今日事不可知 願毋入 輔鉉拂衣出曰 吾備
위재상 우대방면 국가유변 수사하왕 수입 작사계척간 중
位宰相 又帶方面 國家有變 雖死何往 遂入 斫死階墄間 衆
척기시왈 차한기전 가이전어기복 열구납전 거총간난축
踢其尸曰 此漢嗜錢 可以錢飫其腹 裂口納錢 擧銃桿亂築
지 전종흉협출 여겸호시예기어구 시료창구만 천우음열
之 錢從胸脇出 與謙鎬尸曳棄御溝 時潦漲溝滿 天又陰熱
시재구중수일 육읍이백 여재이완자
尸在溝中數日 肉浥而白 如宰而浣者.

임금은 중궁(中宮)이 어디로 갔는지 모른 채 변란의 상황을 듣고 필시 참화를 면치 못하리라는 것을 생각하고 떨면서 감히 말도 제대로 하지 못했다. 김병시(金炳始)는 임금을 업고 조영

하(趙寧夏)는 그 뒤를 부축하여 별전(別殿)으로 피했다. 난병들은 섞여서 따라왔으나 그가 김병시인 것을 알지 못하고 손가락질을 하며, "저놈도 죽여야 마땅한 것 아니냐?"고 하였다. 그러자 그를 알아보는 사람이 있어, "이분은 승동(升洞) 대감이시다. 죄가 없으니 어찌 범할 수 있느냐?" 하였다. 조영하는 훈련대장으로 있어서 훈국(訓局, 훈련도감) 병사들이 그의 얼굴을 알아보았는데도 평소 그들을 잘 보살펴 주었기 때문에 죽음을 면했다.

原文

상여중궁상실 문기유변 료필불면 전률불능언 김병시부
上與中宮相失 聞其有變 料必不免 戰栗不能言 金炳始負
지 조영하익기후 피우별전 난병잡답 부지기위병시야 지
之 趙寧夏翼其後 避于別殿 亂兵雜遝 不知其爲炳始也 指
지왈 피역가살 유식지자왈 차승동대감야 무죄하가범 영
之曰 彼亦可殺 有識之者曰 此升洞大監也 無罪何可犯 寧
하위훈장유년 훈국병 개식기면 소선부수 고득면우난
夏爲訓將有年 訓局兵 皆識其面 素善拊綏 故得免于難.

대원군(大院君)에게 군국사무(軍國事務)를 처리하라는 명을 내렸다. 대원군은 드디어 대궐 안에 있으면서 명령을 내려 기무아문과 무위 · 장어 두 영을 폐지시키고, 오영군제(五營軍制)를 회복하고 급료를 지급케 한 다음, 난병을 물러가게 하고 대사령(大赦令)을 내렸다.

原文

명대원군처분군국사무 대원군수처궐내하령 폐기무아
命大院君處分軍國事務 大院君遂處闕內下令 廢機務衙

문 무위 장어양영 복오영군제 반군료 명퇴난병 대사
門 · 武衛 · 壯禦兩營 復五營軍制 頒軍料 命退亂兵 大赦.

난병들이 대궐에서 나와 사방으로 흩어졌다. 도성 안팎에서 여러 민씨 중에 악행(惡行)을 저지른 자, 경재(卿宰, 재상)로서 무단(武斷)을 행한 자, 외국인을 끌어들여 시세에 영합한 자 등, 그들의 집은 일체 불타고 파괴되었으니 이루 다 기록할 수 없을 정도였다. 전 참판 민창식(閔昌植)도 살해당했는데 그는 민정중(閔鼎重)의 사손(祀孫,)[1)]으로 음예탐잔(淫濊貪殘)[2)]하며 동료들과 어울리려 하지도 않았다. 그 자는 유난히 색력(色力)도 강했다. 일찍이 승정원에 입직할 때 양경(陽莖)[3)]을 흥분시켜 내뿜는 정액으로 창지(窓紙)를 뚫은 일까지 있었다. 패설(悖褻)[4)]함이 이와 같은데도 항상 동궁관(東宮官)의 벼슬을 유지하고 있었다.

註解

1) **사손**(祀孫) : 봉사손(奉祀孫)의 약칭. 제사를 받드는 종손.
2) **음예탐잔**(淫濊貪殘) : 음탕하고 추잡스러우며 탐욕하고 잔인함.
3) **양경**(陽莖) : 남자의 생식기.
4) **패설**(悖褻) : 정도에 벗어나 거슬리고 외설스러움.

原文

난 병 자 궐 이 퇴 사 산 성 내 외 범 제 민 작 악 자 경 재 무 단 자 구
亂兵自闕而退四散 城內外凡諸閔作惡者 卿宰武斷者 勾
인 외 인 이 추 시 고 총 자 일 절 분 훼 기 가 불 가 승 기 전 참 판 민
引外人 以趨時沾寵者 一切焚毁其家 不可勝記 前參判閔
창 식 역 견 살 창 식 노 봉 정 중 사 손 야 음 예 탐 잔 불 치 제 류 색
昌植 亦見殺 昌植老峰鼎重祀孫也 淫穢貪殘 不齒儕流 色
력 겸 인 상 입 직 정 원 고 양 경 자 천 창 지 기 패 설 류 차 이 상 대
力兼人 嘗入直政院 鼓陽莖 刺穿牕紙 其悖褻類此 而常帶
동 궁 관
東宮官.

민영익(閔泳翊)은 삭발하고 승립(僧笠)[1]을 쓰고 짚신을 신은 채 황급히 도망쳐서 하루 80리 길을 걸어 양근(양평) 땅 김오위장(金五衛將) 집에 당도했다. 김오위장은 자기집 식객(食客)으로 드나들던 사람이었다. 보리밥에 부추김치 · 깍두기를 배불리 먹고 숟갈을 놓으면서 인사하길, "어찌 그렇게 맛이 좋으냐."고 하니, 김오위장은 웃으면서, "영감께서 이런 일이 없으셨다면 어찌 이런 맛을 아셨겠습니까? 소인의 음식은 비록 거칠고 좋지 못합니다마는 영감이 식객을 먹이는 음식에 비하면 잘 차려낸 것입니다. 영감은 집에 돌아가시거든 찬비(爨婢)[2]에게 조칙(操飭)[3]하기 바랍니다."고 하니, 민영익은 부끄러워 무어라 대답하지 못했다.

註解

1) **승립**(僧笠) : 중이 쓰고 다니는 삿갓.

2) 찬비(爨婢) : 부엌에서 밥 짓는 여자종.
3) 조칙(操飭) : 경계하여 삼가 하게 함.

原文

민영익삭발대승립 관초혜 양창이도 일일팔십리 저양근
閔泳翊削髮戴僧笠 綰草鞋 踉蹌而逃 一日八十里 抵楊根
김오위장가 김기식객야 맥반 구저향지 영익포담지 투시
金五衛將家 金其食客也 麥飯 韭菹餉之 泳翊飽啖之 投匙
사왈 하기지야 금소왈 영감비금일 영지차미 소인지식 수
謝曰 何其旨也 金笑曰 令監非今日 寧知此味 小人之食 雖
조려 비지영감향객지구 불시정찬 령감환제 흘가조칙찬
粗糲 比之令監餉客之具 不翅精饌 令監還第 訖可操飭爨
비 영익참불능대
婢 泳翊慚不能對.

연일 난병들이 진정되지 못하여 뒤얽혀 갈피를 잡지 못하고 시끄럽고 어지러웠다. 그 달 12일에 이르러 홀연히 헛소문이 돌기를 민영익이 동쪽 산골에서 강원도 · 경기도의 부상(負商, 등짐장수) 천 명 만 명씩 무리를 지어 바야흐로 동대문에 다다른다 하여 도성 안이 크게 소란스러웠다. (그러자) 방민(坊民)들도 함께 나서 수건을 동여매고 깃대를 세우고 거리를 막으며 적들을 막아내자고 외쳐댔는데, 형세가 조수(潮水)가 밀려오듯 진정시킬 수가 없었다. 이에 대원군은 명을 내려, 모든 성문의 출입을 금지시키고 강나루를 차단하며 무기고를 열어 백성들에게 무기를 내주어 네 성문을 지키게 하였다. 성곽의 경계를 엄하게 하고 행인들을 살펴 조사했으며 행동거지가 의심스

러운 자는 곧 부상으로 지목하여 지고 있는 짐을 샅샅이 뒤졌다. (그리고) 소맷자락을 들추어 사람의 이름을 기록한 명단이 있으면, "이것은 부상도록(負商都錄)이다." 하였다. 한 사람이 외치면 백 사람이 화답하며, 동쪽에서 밀치면 서쪽에서 잡아당기고 하여 미처 변명할 수가 없었다. 이미 죽음을 당한 시체가 멋대로 나뒹굴고 있어 길을 지나는 사람들이 코를 막고 다녀야 했다. 마침 증광과 회시(會試)를 치를 기간도 멀지 않아서 시골 선비들이 대거 도성으로 모여들었는데 왕왕 소매 속에서 감시(監試, 생원 · 진사 시험)의 방(榜)이 나와 죽음을 당하는 자도 있었다.

原文

連日亂兵未靖 紛紛優攘 至十二日 忽有訛言 閔泳翊自東峽駈江原·京圻負商 千萬成群 方抵東大門 都下大亂 坊民俱勒帕揭竿 衝塞街巷 聲言禦賊 勢如潮湧 無以鎭定 於是大院君出令 禁諸城門 斷江津 開武庫 假民兵仗守四門 環城戒嚴 考驗行人 其擧止可疑者 輒目之以負商派 摘囊刳袖 有錄人名者 輒曰 此負商都錄 一唱百和 東推西挽 未能卞明 已被殺死 僵尸縱橫 行路掩鼻 時距增廣會試不遠 鄕儒擧集京師 往往有因袖中監試榜而死者.

중궁(中宮)이 궁궐을 빠져나가 화개동(花開洞)에 있는 전 사어(司禦) 윤태준(尹泰駿) 집에 숨었다. 윤태준은 외진 방에다 모시고 익찬(翊贊) 민응식(閔應植)과 진사 민긍식(閔肯植)이 문 밖에서 복시(伏侍)[1]하며 지켰다. (그러나 아무래도) 서울 장안에서는 끝까지 있을 곳이 못되어 시골 가서 피난할 것을 생각하였다. 그런데 자부(資斧)[2]가 없음을 걱정하고 윤태준은 전 승지 조충희(趙忠熙)와 통했는데 그는 마침 말 판 돈 5백 민(緡)이 있던 것을 모두 바쳐서 곧 단교(單轎)[3]를 세내어 모셨다. 민응식과 민긍식, 그리고 이용익(李容翊)이 배종(陪從)[4]하였다. 여주에 이르러 전 판서 민영위(閔泳緯) 집에 수일 있다가, 다시 충주 장원촌(章院村) 민응식(閔應植) 집으로 옮겼다. 그 후 중궁이 복위하자 조충희를 영광 군수에 임명하였다.

註解

1) 복시(伏侍) : 엎드려 모심.
2) 자부(資斧) : 여비.
3) 단교(單轎) : 혼자 타는 가마.
4) 배종(陪從) : 임금을 모시고 따라감. 여기서는 왕비를 말함.

原文

중궁기출궁 잠지화개동전사어윤태준가 태준봉지편방
中宮旣出宮 潛至花開洞前司禦尹泰駿家 泰駿奉之偏房

익찬민응식 진사민긍식 복시호외 이경중종불가처 사왕
翊贊閔應植·進士閔肯植 伏侍戶外 以京中終不可處 思往

향벽피지 이환무자부 태준통우전승지조충희 충희적죽마
鄕僻避之 而患無資斧 泰駿通于前承旨趙忠熙 忠熙適鬻馬

유전오백민 진헌지 즉세단교어지 양민급이용익등배종
有錢五百緡 盡獻之 卽貰單轎御之 兩閔及李容翊等陪從

지여주전판서민영위가 기수일 우이충주장원촌 어우민응
至驪州前判書閔泳緯家 旣數日 又移忠州章院村 御于閔應

식가 급중궁복위 제충희영광군수
植家 及中宮復位 除忠熙靈光郡守.

중궁(中宮)이 장차 피난하여 강을 건너가려 할 때 사공들이 난색을 표하며 말하기를, "서울에서 강을 차단하라는 명령이 있었다."고 하였다. 또한 '행색(行色)[1]이 이상한 관례로 의심하여 건널 수 없다'고 하였다. 중궁이 금반지를 빼어 가마 밖으로 던져주어 건너게 되었다. 광주(廣州) 땅에 들어서서 길가에서 잠시 휴식을 취하는데, 어떤 촌 노파가 다가와서 보고 피난하는 부녀로 생각하고 혀를 차며 말하길, "중전이 음란해서 이 난리가 일어나서 낭자(娘子)[2]를 여기까지 피난 오게 하였군요." 하였다. 중궁은 말없이 듣고만 있었다. 중궁이 환궁한 뒤 이곳 한 마을을 온통 없애버렸다. 따라갔던 사람들이 강을 건너갈 때 의심한 뱃사공도 죄로 다스리자 하였으나 그것은 허락하지 않았다.

6월 14일, (민영익이 주도하여 끌고 온다는 부상) 와언(訛言, 헛소문)들이 가라앉았고 난병은 각기 대오(隊伍)로 돌아갔으며 성문을 다시 열고 사람을 통행시켰다.

註解

1) **행색**(行色) : 길을 떠나려고 차리고 나선 모습.

2) **낭자**(娘子) : 예전에, '처녀'를 높여 이르던 말. 여기서는 귀부인.

原文

중궁장도강 초공난지왈 경사유령단강 우차행색가의 불
中宮將渡江 稍工難之曰 京師有令斷江 又此行色可疑 不
가도 중궁탈금지환 척교외 내극제 과광주게도방 유촌온
可渡 中宮脫金指環 擲轎外 乃克濟 過廣州憩道傍 有村媼
래간 인지위피난부녀 상책책왈 중전음란 양차난리 사낭
來看 認之爲避亂婦女 相嘖嘖曰 中殿淫亂 釀此亂離 使娘
자배분찬지차 중궁묵식지 환궁후 멸차일촌 종행자욕치
子輩奔竄至此 中宮默識之 還宮後 滅此一村 從行者欲治
초공죄즉 불허 십사일 와언식 난병귀오 개성문 통행인
稍工罪則 不許 十四日 訛言息 亂兵歸伍 開城門 通行人.

증광 회시의 날짜를 연기하여 명년 봄에 실시할 것을 명하였는데, 운현이 붙잡혀서 북쪽〔청나라 보정부(保定府)〕로 끌려가게 되자 9월에 시행하였다.

原文

명증광회시퇴대명춘 급운현피구북거 이구월설행
命增廣會試退待明春 及雲峴被拘北去 以九月設行.

조강하(趙康夏)를 전라 감사로, 홍우창(洪祐昌)을 경기 감사로, 조경호(趙慶鎬)를 광주 유수로, 홍순형(洪淳馨)을 개성 유수로, 김선필(金善弼)을 강화 유수로, 정기원(鄭岐源)을 통제사로, 이회정(李會正)을 예조 판서로, 임응준(任應準)을 홍문관 제

학, 홍원식(洪遠植)을 부제학으로 임명하였다. 이들은 모두 대원군이 직접 주의(注擬)를 하였는데, 조강하와 홍순형 이외는 다 지난날에 그의 빈객(賓客)들이었다.

原文

이조강하위전라감사 홍우창위경기감사 조경호위광주
以趙康夏爲全羅監司 洪祐昌爲京畿監司 趙慶鎬爲廣州
유수 홍순형위송도유수 김선필위강화유수 정기원위통제
留守 洪淳馨爲松都留守 金善弼爲江華留守 鄭岐源爲統制
사 이회정위예조판서 임응준위홍문제학 홍원식위부제학
使 李會正爲禮曹判書 任應準爲弘文提學 洪遠植爲副提學
개대원군구전주의 이강하 순형이외 개기석일빈객야
皆大院君口傳注擬 而康夏·淳馨以外 皆其昔日賓客也.

대원군(大院君)은 중궁(中宮)이 화를 당한 것을 직접 목격했기 때문에 난이 진정되자 살펴보라고 했으나 옥체는 발견되지 않았다. 드디어 차마 말 못할 변을 당한 것이라 생각하고 거애(擧哀), 성복(成服)의 절차를 밟아 변례(變禮, 변고)에 대응하고자 하였다. 이에 대신 김병국(金炳國), 홍순목(洪淳穆) 등이 다투어 그렇게 하는 것은 옳지 못하다고 강력히 주장했으나 대원군은 완강히 듣지 않고 드디어 의대(衣襨)만을 가지고 염(斂)을 하여 입관하였다. (그 달) 18일 임신(壬申)에 백관이 회곡(會哭), 성복(成服)하고 나라 안에 상(喪)을 발표했다. 대원군의 의중은 이미 죽은 것으로 하면 비록 요행이 살아 있다고 하더라도 이미 별 수 없을 것이라고 생각했기 때문이다.

原文

대원군목격중궁지우화 이난정봉심 즉옥체불견 수의기
大院君目擊中宮之遇禍 而亂定奉審 則玉體不見 遂意其
유불인언지변 욕거애성복 이응변례 대신김병국 홍순목
有不忍言之變 欲擧哀成服 以應變禮 大臣金炳國 · 洪淳穆
등쟁집불가 대원군견불청 수이의대가염입재궁 이십팔일
等爭執不可 大院君堅不聽 遂以衣襨假斂入梓宮 以十八日
임신 백관회곡성복 반애국중 기의 이위기이치사지 즉수
壬申 百官會哭成服 頒哀國中 其意 以爲旣已致死之 則雖
혹행전구존 이이무능위야
或倖全苟存 而已無能爲也.

이승우(李承宇)를 정사(正使), 이건창(李建昌)을 서장관(書狀官)으로 삼아 중국에 가서 부음(訃音)을 알리고자 하였다. 이승우는 회정(會正)의 아들이다. 이건창은 마침 안의현(安義縣) 관아로 부친을 뵈러 가 있었기 때문에 그를 역마로 불러 올라왔다. 사신의 행차가 채 출발하기도 전에 일이 또 변하였다. 이건창은 『미제록(未濟錄)』이란 책을 저술했다.

原文

이이승우위정사 이건창위서장관 고부중국 승우 회정자
以李承宇爲正使 李建昌爲書狀官 告訃中國 承宇 會正子
야 건창방근친안의현아 사지역소 사행미발 이사우변 건
也 建昌方覲親安義縣衙 使之驛召 使行未發 而事又變 建
장저미제록
昌著未濟錄.

신응조(申應朝)를 우의정에 임명했으나 그는 끝내 사절하여 취소했다. 신응조는 운현(雲峴)과는 이종 형제간이었는데 운현이 집정하고 나서 전횡을 하자, 신응조는 그래서는 안 된다고 하고 왕래하지 않았으니 운현은 몹시 원망했다. 그러나 이름이 널리 알려져 숭앙(崇仰)을 받고 있어서 부득이 연달아 강원·평안 두 도의 관찰사에 제수하고 점차 자기 사람으로 쓰이기를 바랐다. 신응조는 여러 번 사양하다가 어쩔 수 없이 나갔지만, 끝내 그것을 들어주지 않고 조정의 은덕으로 인정했을 뿐이다. (강원, 평안도) 두 감영의 치적(治績)을 세상 사람들이 아름답게 여겼다. 갑술년(고종 11, 1874) 이후에는 광주(廣州)에 돌아와 지내면서 나오라는 명이 있어도 사양한 채 나가지 않았다. 저술이 끊이질 않아 당시의 명망이 더욱 두터웠다. 운현이 여론을 따르고자 임금께 아뢰어 특별히 우의정에 제수하고 승지와 사관(史官)을 보낸 것이 길에 끊이질 않았다.

꼭 당도할 것을 기약했으나 신응조는 거짓으로 귀머거리 행세를 하며 숨이 곧 끊어질 듯이 하면서 땅에 글씨를 써서 사정을 아뢰어 죽음으로 맹서하였다. 운현은 그를 강제로 오게 할 수 없음을 알고 그대로 두었다. 국상이 반포되자 신응조는 가슴을 치고 통곡하며 말하기를, "어찌 의대(衣襨)만 가지고 염습을 하여 국모의 상을 치를 수 있단 말인가." 하면서 끝내 거애(擧哀)하지도 않았고 성복(成服)하지도 않았다. 얼마 안 가서 국상이 취소되자 사람들은 그의 선견지명에 감복하였다. 중궁이 그러한 말을 듣고 더욱 소중히 공경하고 흠모했다. 신응조

는 당시 나이가 80인데 스스로 호(號)를 '구암(苟庵)'이라 하였다. 그가 중년에 오랫동안 계전(桂田)의 병사(丙舍)에서 거처하였으므로 사람들은 그를 '계전(桂田)'이라 불렀다.

原文

이신응조위우의정 역사불배 응조여운현위이종형제 운

以申應朝爲右議政 力辭不拜 應朝與雲峴爲姨從兄弟 雲

현당국전횡 응조비지 절불왕래 운현심망지 연이기유문

峴當國顓横 應朝非之 絶不往來 雲峴甚望之 然以其有聞

망 불득이연제강원 평안양도방백 기기점위기용 응조루

望 不得已連除江原·平安兩道方伯 冀其漸爲己用 應朝屢

사면부 종불덕지 이인지이조정지은이이 양영치적위세소

辭俛赴 終不德之 而認之以朝廷之恩而已 兩營治績爲世所

염 갑술 고종십일년 이후 귀와광주 유징명첩사불취 저

艶 甲戌(高宗十一年)以後 歸臥廣州 有徵命輒辭不就 著

술불철 시망익중 운현욕순인정 백상특 우의정 승지사관

述不輟 時望益重 雲峴欲順人情 白上特 右議政 承旨史官

낙역어도 기어필치 이응조양작롱외 엄엄욕절 화지진정

絡繹於道 期於必致 而應朝佯作聾聵 奄奄欲絶 畫地陳情

이사자서 운현지기필불가강 수치지 국애지반 응조부응

以死自誓 雲峴知其必不可强 遂置之 國哀之頒 應朝拊膺

이통왈 기유염이의대 이가상국모자호 종불거애불성복

而慟曰 豈有斂以衣襨 而可喪國母者乎 終不擧哀不成服

미기복제작소 인복기선견 중궁문지 우경중향모언 응조

未幾服制繳消 人服其先見 中宮聞之 尤敬重向慕焉 應朝

시년팔십 자호구암 이기중년구처계전병사 고세칭계전

時年八十 自號苟庵 以其中年久處桂田丙舍 故世稱桂田.

신사년(고종 18, 1881) 겨울, 이재선(李載先)의 옥사(獄事)가

일어났다. 이재선은 대원군의 서자로서 갑자년(고종 원년, 1864) 후 별군직(別軍職)에 있었으나 아둔해서 숙맥(菽麥, 콩과 보리)[1]조차 분간하지 못했다. 사람들은 그에 대해서 알지 못하고 단지 대원군의 서자가 있다는 것만을 알고 있을 뿐이었다. 대원군이 세력을 잃은 지 이미 오래되어 그의 압객(狎客)[2]으로 잘 알려져 있는 자들은 정권에서 소외되어 폐적(廢籍)된 것이나 다를 바 없음을 알고 모두 답답증을 느끼며 분통함을 참을 수 없었다. 전 승지 안기영(安驥泳) · 권정호(權鼎鎬)는 유생 임철호(任哲鎬) · 정건섭(丁健燮) 등과 함께 이재선을 왕위에 추대하려는 음모를 꾸며 9일에 왕좌에 오른다는 말을 부탁하고 그의 친구 채동술(蔡東述)을 끌고 남한산성에 놀러가서 그러한 사실을 알리니, 채동술은 위험을 느껴 응하지 않았고 단지 누설하지 않겠다는 약속만을 받았다. 전 현감 유도석(柳道錫)은 죽은 재상 유후조(柳厚祖)의 손자로, 그 모의에 참석한 후 10년간 경상 감사 자리를 맡기로 다짐받았다.

이 모의에 동맹을 맺은 자들은 남북양색(南北兩色)[3]뿐이고 노론(老論)으로 참가한 사람은 북촌의 서얼(庶孼) 몇 사람만이 기약했다. 광주 토교(土校) 이풍래(李豊來)는 모의에 참가한 자이나 모의를 고발하여 안기영(安驥泳) · 권정호(權鼎鎬) · 임철호(任哲鎬) · 정건섭(丁健燮) 이하 모의 참가자들이 사형당하고, 처자들은 법에 의해서 재산을 몰수당하고 노비가 되었다. 채동술은 모의를 알리지 않았다는 죄명으로〔지정불고(知情不告)〕 참형(斬刑)되고, 유도석은 그의 할아버지가 고종이 등위

할 때 공이 있어 사형을 감해서 유배시켰다.

이재선은 서대문 밖 민가에서 사약을 받고 죽었는데, 죽음에 임했을 때 슬퍼하며 자신이 무슨 죄에 연좌되어 죽게 되었는지조차 알지 못했다. 어떤 이는 이 옥사를 왕후가 꾸몄다고 말하는 사람도 있었다. 그러나 모두 자자하게 대원군을 지적하여 그가 사건의 근와(根窩)[4]가 된다 하였으나 그는 징시(瞪視)[5]하며 말 한마디도 하지 않았다고 한다. 임오군란이 일어나 변이 장추(長秋)[6]에게 미치자, 사람들은 또 이 사건이 대원군의 교사(教唆)[7]가 있었던 것이라 의심하였다.

註解

1) **숙맥**(菽麥) : 콩과 보리. 사리를 분간하지 못하는 어리석은 사람을 비유하는 말.
2) **압객**(狎客) : 터놓고 퍽 가깝게 지내는 사이.
3) **남북양색**(南北兩色) : 남인(南人)과 북인(北人).
4) **근와**(根窩) : 뿌리의 보금자리이니 '화근'의 밑바닥을 말함.
5) **징시**(瞪視) : 눈을 똑바로 뜨고 자세히 봄. 주시함.
6) **장추**(長秋) : 왕후. 추궁(秋宮).
7) **교사**(教唆) : 남을 선동하여 못된 일을 하게 함.

原文

신사 고종십팔년 동 유이재선지옥 재선자운현서자야
辛巳(高宗十八年)冬 有李載先之獄 載先者雲峴庶子也
갑자 고종원년 후부별군직 암열변하숙맥 인무지자 단지
甲子(高宗元年)後付別軍職 闇劣辨下菽麥 人無知者 但知
운현유서자이이 운현실세이구 기압객저칭자 견지당로
雲峴有庶子而已 雲峴失勢已久 其狎客著稱者 見枳當路

無異廢籍 皆鬱鬱思奮 前承旨安驥泳·權鼎鎬 與儒生任哲鎬·丁健燮等 欲推戴載先 托言九日登高 拉其友蔡東術游南漢山城 告之故 東術危之不應 約以勿泄 前縣監柳道錫 故相厚祚之孫也 預其謀 署十年慶尙監司 同盟者南北兩色而已 老論而參者 北村庶孽數人 方約期擧事 廣州土校李豊來 以預謀之人 出首上變 驥泳·鼎鎬·哲鎬·健燮以下諸賊伏誅 孥籍如法 東術以知情不告斬 道錫以其祖爲上登極初爰立之人 減死島配 載先賜死西門外民舍 載先臨死 尙懞然不省坐何罪 或云 是獄王后所搆成也. 中外藉藉指雲峴爲根窩 而雲峴瞪視不敢出一言 及壬午(高宗十九年)亂兵猖獗 變及長秋 人愈疑雲峴之有敎唆也.

이윤용(李允用)은 판서 이호준(李鎬俊)의 서자로 운현의 사위가 된다. 이재선(李載先)에게 동포(同胞, 같은 배)의 여동생이 있었으니 바로 이윤용의 처였다. 이윤용의 의중은 '운현이 안기영(安驥泳)·권정호(權鼎鎬)의 모의를 통하여 일이 성공하면 대권(大權)이 다시 돌아올 것이고, 성공하지 못하면 천하고 어리석은 자식을 죽게 만드는 꼴인데 삼키지도 토해내지도 않고

우물쭈물하여 자식을 사지(死地)로 들어가게 하는 것으로 이는 크게 윤리를 업신여기는 것이며 도리에도 어긋나는 것'이라 하여 운현을 배반하고 속에 품었던 것을 다 폭로하여 양전(兩殿)에 고해 바쳤다. 이로 인하여 그는 총애를 입어 양전의 사인(私人)이 되었으며, 갑오년(고종 31, 1894) 이후로는 갑자기 요직에 올라 권력을 잡게 되었다.

原文

이윤용자 판서호준서자 이위운현지서 재선유포매 즉기
李允用者 判書鎬俊庶子 而爲雲峴之婿 載先有胞妹 卽其
처야 윤용의 운현통안 권지모 이사성 즉대권부래 불성
妻也 允用意 雲峴通安 · 權之謀 以事成 則大權復來 不成
불과폐일천우지자 수탄토엄매 옹지사지 대시멸윤무리
不過斃一賤愚之子 遂呑吐晻昧 擁之死地 大是蔑倫無理
자시배운현 실폭소회 알우양전 대피친행 위양전사인 갑
自是背雲峴 悉暴所懷 訐于兩殿 大被親幸 爲兩殿私人 甲
오 고종삼십일년 후취지병용
午(高宗三十一年)後驟至柄用.

일찍이 염종수(廉宗洙)는 한 첩(妾)을 두었는데 그녀는 자색이 뛰어난 미인일 뿐만 아니라 부자였다. 염종수가 주살당하자 신철균(申哲均)이 데리고 살았다. 철균이 또 주살당하자 안기영(安驥泳)이 또 데리고 살았는데 그도 주살당했다. 그녀의 아름다움은 아직도 쇠(衰)하지 않았는데 사람들은 그녀를 '방부(妨夫)'[1]라고 하여 아무도 거들떠보지 않았다. 그런데 이후 포청(捕廳)의 한 늙은 포교가 자원해서 데리고 살았다고 한다.

註解

1) **방부**(妨夫) : 남편을 해치는 여자라는 뜻.

原文

初廉宗洙有一妾 絶艶而富 宗洙誅 申哲均得之 哲均又誅 歸于安驥泳 及驥泳又誅 鉛華尙未衰 而人謂之妨夫 無過而睨者 捕廳老校一人 自願畜之.

김병덕(金炳德)은 신사년(고종 18, 1881) 겨울에 평안 감사가 되었다. 임오년(고종 19, 1882) 6월에 그의 양자 김조균(金祚均)이 서울집에서 가족을 데리고 평양으로 갔다. 그것은 병변(兵變, 임오군란)이 진정되었다고는 하나, 또 장차 큰 변란이 있지 않을까 해서였다. 김병덕은 그를 꾸짖어 말하기를, "우리는 세신대족(世臣大族)인데 서울이 비록 위태롭다고는 하나 먼저 피하여 백성들의 눈총을 사는 것은 옳지 않다."라며 하룻밤만 자게하고 돌려보냈다. 김조균은 울면서 돌아왔다.

原文

金炳德以辛巳(高宗十八年)冬爲平安監司 壬午六月 其系子祚均 自京第輦其家眷赴平壤 蓋以兵變甫定 又將有大亂也 炳德呵之曰 吾世臣大族 京城雖危 不可先避爲民望

經宿遝送 祚均泣而歸.

김병덕(金炳德)의 부친은 김흥근(金興根)인데 헌종 중에 평안 감사가 되었으며 김병덕이 따라가 모셨다. 자사(子舍)[1]에만 수 년 있었기 때문에 감영에 있는 이교(吏校)들조차 얼굴을 알지 못했으며 기생 한 사람도 그곳에 이르지 않았다. 평양 사람들이 스스로 만족해하면서 특이하다고 여겨, "또 하나의 평안 감사가 나올 것이다." 하였는데, 이에 이르러 들어맞았다. 평안도 감영에서는 새로 방백(方伯, 감사)을 맞이하면 으레, 조산전(造傘錢)[2] 천 꿰미를 바치게 마련이었다. 김병덕은 그것을 물리치며 말하기를, "우리 선대감께서 쓰시던 예전 일산(日傘)이 있는데 어찌 새로 만들어야 하겠는가?" 하였다. 도임한 다음에는 반가(飯價, 식사비)를 책정하여 매 끼니마다 감사는 백전(百錢), 비장은 50전, 겸종(傔從)은 30전으로 하였다. 기생을 끼고 노는 자는 벌을 주어서 가노(家奴) 중에는 그 괴로움을 견디지 못하고 도망쳐 돌아가는 자들도 있었다. 또 장리(贓吏)[3]들을 문책하여 파직시키니 온 도내가 숙연하였다.

註解

1) 자사(子舍) : 각 고을의 원의 아들이 거처하는 곳.
2) 조산전(造傘錢) : 조정 고관들이 행차 시 일산을 사용하는데, 그 일산을 제작하는 데 드는 비용. 그 명목으로 돈을 거두어들이던 관행.
3) 장리(贓吏) : 뇌물이나 부정한 일을 한 관리.

原文

병덕부흥근 헌종중안기영 병덕수시 재자사수년 영중리
炳德父興根 憲宗中按箕營 炳德隨侍 在子舍數年 營中吏
교무식면자 일기불능지기소 평양인타이지왈 우출일평안
校無識面者 一妓不能至其所 平壤人詑異之曰 又出一平安
감사야 지시과연 기영지영신백야 고예진조산전천민 병
監司也 至是果然 箕營之迎新伯也 故例進造傘錢千緡 炳
덕각지왈 유선대감시 고산재 해신조위 기리임 정반가 매
德却之曰 有先大監時 故傘在 奚新造爲 旣涖任 定飯價 每
식시감사백전 비장오십전 겸종삼십전 협창자유벌 가노
食時監司百錢 裨將五十錢 傔從三十錢 挾娼者有罰 家奴
불감기고 유도귀자 안장리 논파지 일도숙연
不堪其苦 有逃歸者 按贓吏 論罷之 一道肅然.

그때에 도성 안의 사녀(士女)들이 사방으로 피란을 떠나가서 부녀자의 가마로 길이 이어졌다. 관동 지방이나 호서 지방 산간벽지에 집값이 뛰어올랐으며 떠돌면서 갈 곳이 없는 자도 많았다.

原文

시도하사녀 피란사출 내교속로 관동 호서산벽지향 옥
時都下士女 避亂四出 內轎屬路 關東·湖西山僻之鄉 屋
가상용 유리실소자중
價翔湧 流離失所者衆.

임금이 대원군(大院君)에게 특별한 예우를 더하여 출입할 것을 명했다. 팔인교(八人轎)를 타고 쌍파초선(雙芭蕉扇)을 앞에

세웠으며 공복(公服)에는 귀배(龜背)를 달게 했다. 앞뒤에서 논하는 자들의 생각으로는 옛날 권신(權臣)들의 구석(九錫)[1]과 유사한 것이라고 했다.

註解

1) 구석(九錫) : 공로가 있는 신하에게 특별히 임금이 내리는 아홉 가지 은전(恩典). 거마(車馬) · 의복(衣服) · 악기(樂器) · 주호(朱戶, 문을 붉은 색으로 칠함) · 납폐(納陛) · 호분(虎賁, 從者) · 궁시(弓矢) · 부월(鈇鉞, 도끼) · 거창(秬鬯)을 일컫는다.

原文

상 명 가 대 원 군 수 례　출 입 가 팔 인 교　쌍 파 초 선 도 전　공 복
上命加大院君殊禮　出入駕八人轎 · 雙芭蕉扇導前　公服

현 귀 배　전 후 의 자 이 위　고 권 신 구 석 지 류
懸龜背　前後議者以爲　古權臣九錫之類.

7월초, 청국군이 서울에 이르렀는데 13일 정유에, 대원군(大院君)을 붙잡아 서쪽으로 데리고 갔다(대원군 납치). 이해 봄, 어윤중(魚允中)은 상해에서 천진으로 가서 김윤식(金允植)이 있는 곳에서 머무르고 있다가 6월 중에 본국에 사변이 있었다는 소식과 중전이 시해당했다는 소식을 알게 되었다. 김윤식과 함께 이홍장(李鴻章)을 방문하여 죄를 묻는 것이 좋을 것이라 간청하였다. 이홍장 또한 중국이 오랫동안 세력을 떨치지 못했기 때문에 한 번쯤 조선에 대해서 위엄을 보이는 것이 좋겠다고 여겼다. (그래서) 마건충(馬建忠)과 정여창(丁汝昌) 등을 파

견하여 해군 수천 명을 선발하고 밤에 우리나라에 오게 하였다. 그들은 경기도 남양(南陽) 마산포(馬山浦)[1]로부터 서울 숭례문(崇禮門, 남대문) 밖에 와서 진영을 설치하고 진무(鎭撫)를 위한 것이라고 핑계 대었다. 군율을 엄격히 하여 (병사들의) 거동이 편안하고 심히 한가해서 도성 안 백성들은 두려워하지 않았다.

마건충 등이 대원군을 초청하였는데 대원군은 가고 싶지 않았으나 아니 갈 수가 없어서 결국 당도하니, 모든 장수들이 이어서 정성스럽게 맞이했다. 두 번째 초대되어 갈 때도 그러하였는데 초대받고 갈 때 대원군은 탄연(坦然)[2]히 수레를 가져오라 명하자 정현덕(鄭顯德)이 말리면서, "대감, 이번에 가시면 반드시 돌아오시지 못할 것입니다." 하였으나 듣지 않았다. 진영 제1문에 이르니 교(轎)에서 내리라 하고, 제2문에서 따라온 사람을 못 들어가게 막았다. 전일과 달라서 비로소 변이 있음을 깨달았으나 어떻게 할 방도가 없었다. 마건충이 결박을 지으라 호령하고 그의 입을 막아 소리를 지르지 못하게 하였다. 그리곤 가마에 태워 힘세고 날쌘 장정 한 패에게 마주 들게 하여 후문으로 빠져나갔다. 속히 동진(銅津, 동작나루)을 건너 마산포에 이르러서 배에 태우고 떠났다.

대원군의 시종들이 영문 밖에서 오랫동안 기다려도 대원군이 나오지 않는 것을 괴이하게 생각하여 물으니, "대원군과 급히 타협할 일이 있어 내일 돌아갈 것이다."고 속이면서 진영에서 하룻밤 재우고 명일에 의당 돌려보내겠다고 하였다. 다음날

숭례문에 방문(榜文)을 붙이고 시민에게 알렸다. 그 내용은 대략 이러했다.

'민비(閔妃) 시해에 관해서 대원군에게 알아볼 것이 있다. 민비 시해 대해 관여했다는 소문이 사실인지 아닌지를 가리기가 곤란해서 황제가 한 번 물어보고자 어제 대원군을 데려갔다. 사실을 듣고 곧 돌려보낼 테니 인민들은 놀라지 말라'는 것이었다. 이에 온 나라가 크게 술렁거렸다.

註解

1) **남양**(南陽) **마산포**(馬山浦) : 남양도호부에 속한 항구. 현 대부도와 제부도 부근으로, '고포'를 말한다.
2) **탄연**(坦然) : 마음이 가라앉아 아무 걱정이 없는 것.

原文

칠월초 청병지경사 십삼일정유 대원군피구서거 시세춘
七月初 淸兵至京師 十三日丁酉 大院君被拘西去 是歲春
어윤중자상해전왕천진 유김윤식소 유월중 인전보 문본
魚允中自上海前往天津 留金允植所 六月中 因電報 聞本
국유변 중전우시 여윤식견이홍장 청걸령문죄 홍장역이
國有變 中殿遇弑 與允植見李鴻章 請乞靈問罪 鴻章亦以
중국구불경 욕일번위진외번 견마건충 정여창등 간주사
中國久不競 欲一番威鎭外藩 遣馬建忠·丁汝昌等 揀舟師
수천 성야동출 자남양마산포 진둔숭례문외 칭이진무 엄
數千 星夜東出 自南陽馬山浦 進屯崇禮門外 稱以鎭撫 嚴
집소부 거동심안한 도민무공 건충등요대원군 대원군욕
戢所部 擧動甚安閒 都民無恐 建忠等邀大院君 大院君欲
물왕 이부득불왕 수부지 제대수연지심관 재부역연 지시
勿往 而不得不往 遂赴之 諸大帥延之甚款 再赴亦然 至是

우요지 대원군탄연명가 정현덕지지왈 대감차거필불반
又邀之 大院君坦然命駕 鄭顯德止之曰 大監此去必不返
불청 지기영제일문사하교 제이문지종자 여전일이 시각
不聽 至其營第一門使下轎 第二門止從者 與前日異 始覺
유변이무여지하 건충등질영박지 밀탄색기구 사물성 납
有變而無如之何 建忠等叱令縛之 蜜彈塞其口 使勿聲 納
우교 정용일과체여지 자후문출 전치도동진 지마산포 고
于轎 丁勇一夥遞舁之 自後門出 電馳渡銅津 至馬山浦 鼓
륜이거 종자재영외 견구불출 괴문지 궤대태공유긴급타
輪而去 從者在營外 見久不出 怪問之 詭對太公有緊急妥
판 숙영중 명일당송환 명일장방숭례문 유도민 대략이태
辦 宿營中 明日當送還 明日張榜崇禮門 喩都民 大略以太
공여문우시 성문중조 진위난변 황제욕일질문 소이유작
公與聞于弑 聲聞中朝 眞僞難辨 皇帝欲一質問 所以有昨
일지사 사백즉당동환 인민가무공 어시원근대진
日之事 事白卽當東還 人民可無恐 於是遠近大震.

8월초, 혜성이 동쪽에서 나타나 서북쪽으로 뻗쳐 길이가 한 필(疋) 정도 되었는데, 11월 중에 이르러 사라졌다. 중궁 민씨가 복위(復位)하여 환궁하자 국상복제(國喪服制)[1]를 거두었다. 당초에 중궁이 미복(微服)[2]차림으로 성을 빠져나갈 때는 아무도 알지 못했는데, 충주 장원촌에 오래 머물러 있자 점차 소문이 들렸다. 마침 대원군이 폐해짐에 따라 전 부사 서상조(徐相祖)가 봉영(奉迎)[3]할 것을 상소했다. 그달 중에 의장(儀仗)을 갖추어 장원촌에서 맞아 창덕궁으로 들어왔다.

註解

1) **국상복제**(國喪服制) : 국상을 당하여 입는 상복(喪服)의 제도. 여기

서는 민비가 죽은 것으로 단정하여 내린 복제임.

2) **미복**(微服) : 어떤 목적으로 남의 눈에 잘 나타나지 않도록 하기 위해서 입는 남루한 옷. 평민복장.

3) **봉영**(奉迎) : 받들어 영접함.

原文

팔월초 혜출동방긍서북 장필련 지십일월중내멸. 중궁
八月初 彗出東方亘西北 長疋練 至十一月中乃滅. 中宮

민씨복위환궁 철국상복제 초중궁미복출성 상하무지자
閔氏復位還宮 撤國喪服制 初中宮微服出城 上下無知者

급재장원일구 초초유문 회운현폐 전부사서상조상소청봉
及在章院日久 稍稍有聞 會雲峴廢 前府使徐相祖上疏請奉

영 시월중 내구의장 영우장원 입창덕궁.
迎 是月中 乃具儀仗 迎于章院 入昌德宮.

9월에 추도기(秋到記, 가을에 보이는 도기과(到記科))를 실시하여 윤태준(尹泰駿)·이조연(李祖淵)을 급제로 뽑았다. 이조연은 처음에 재주가 있다고 박규수에 알려진 바가 되었는데, 문지(門地, 문벌)에 장애를 받아 낭서(郎署, 郎官)의 품계를 벗어나지 못하였다. 6월 군변(軍變, 壬午軍亂)에서 일본 군인들이 많이 죽음을 당했는데 7월에 일본인들이 다시 서울에 이르러 문책하고 배상금을 요구했다. 이조연은 대관(大官)을 수행하고 장악원(掌樂苑)에서 (일본인을) 맞아 만나 보았는데, 득실을 진술하며 하나하나 지적하고 맞서 굽히지를 않았다. 일본인들은 그 때문에 조금은 기세가 꺾였다. 임금이 그 사실을 듣고 승진시켜 쓰려는 뜻이 있었고, 윤태준은 중궁을 호종한 노고가 있

다. 이 과거는 그 두 사람을 위해서 실시한 것이다.

原文

구월설추도기 탁윤태준 · 이조연급제 조연시이재서위
九月設秋到記 擢尹泰駿 · 李祖淵及第 祖淵始以才謂爲
박규수소지 국어문지 부침랑서 유월군변 왜변다피장 칠
朴珪壽所知 局於門地 浮沈郎署 六月軍變 倭弁多被戕 七
월왜인지경사 유책언토배금 조연수대관 연견우장락원
月倭人至京師 有嘖言討賠金 祖淵隨大官 延見于掌樂苑
지진득실 항의불굴 왜인위지소저 상문지 유의승용 급태
指陳得失 抗議不屈 倭人爲之少沮 上聞之 有意陞用 及泰
준유중궁호종노 시과위이인설야
駿有中宮扈從勞 是科爲二人設也.

임오년(고종 19, 1882) 4월에 증광감시(增廣監試)[1]를 실시했다. 전라좌도 시소(試所, 시험 장소)가 구례현(求禮縣)에 설치되었다. 방이 나가기 하루 전에 어떤 세 사람이 상여 소리를 외치며 시가지를 지나갔는데, 한 사람은 삼태기와 삽을 들고, 다른 한 사람은 칠성판(七星板)을 짊어지고, 마지막 사람은 상복을 입고 호곡을 하며 그들을 뒤따르고 있었다. 남대문 밖 들판 물가에 매장을 하고 봉분을 한 다음 마주보고 곡(哭)을 했다. 곡을 그치고는 함께 크게 웃음을 터뜨리고는 상복을 묻고 갔다. 사람들이 하도 괴이하여 연유를 물으니 상복 입었던 이가 말하기를, "우리 어머니가 근신을 잘 못하셔서 이웃 사람에게 죽임을 당하여 창졸간에 묻었더니, 이제 살펴보니 죽지 않아서 그 상을 철폐한 것이오." 하였다. 물어본 사람은 그들이 미친 도깨

비인가 생각했다. 얼마 안 있어 중전의 사건이 있었다.

註解

1) **증광감시**(增廣監試) : 나라에 경사가 있을 때 특별히 보이는 감시(監試). 감시는 생원 · 진사를 뽑던 과거를 말한다.

原文

壬午(高宗十九年)四月 增廣監試 全羅左道試所設于求禮縣 前出榜一日 有三人紼謳過市 一携畚鍤 一負七星板後者衰絰號哭以隨之 至南門外野濱 葬埋成墳 相對以哭哭已 俱大笑 壞其衰絰而去 人怪問之 絰者曰 吾母不謹 爲隣人所殺 倉卒埋之 今又審其不死 故廢其喪 問者以爲狂魔 未幾有中殿之事.

청나라 시랑(侍郞) 오장경(吳長慶)이 제독군문(提督軍門)으로 이어서 부임하여 왔다. 오장경은 '조선의 6월 변(임오군란)은 옛날까지 훑어봐도 들어보지 못한 일인데, 신민(臣民)들 어느 누구도 역적 한 명을 토벌하러 나서지 않았으니 법대로 하면 마땅히 모두 죽여야 할 것'이라 하면서, 군사를 풀어서 성내를 도륙(屠戮)하고자 하였다. 그때 조영하(趙寧夏)가 관반(館伴)[1]이 되어 한어(漢語)를 할 줄 알아서 간신히 역변(力辨)하였는

데, 대궐 안에서 오장경의 진영까지 하루 낮밤 십여 차례나 왕래했다. 오장경은 열심히 듣더니, "먼저 난을 일으킨 자는 도감군(都監軍)[2]이며 그들의 집은 거의가 왕십리에 있으니 단지 왕십리를 도륙하겠다."고 하였다. 난병으로 왕십리에 살던 군인들은 이 소식을 듣고 가족을 모두 데리고 먼저 도망쳤으며, 도망칠 수 없는 노약자 수십 명이 죽임을 당하였다.

註解

1) **관반**(館伴) : 객(客)을 접반(接伴)하는 일. 또는 접반하는 사람.
2) **도감군**(都監軍) : 훈련도감에 소속된 군인.

原文

청시랑오장경 이제독군문계지 장경이유월지변 긍고미
淸侍郞吳長慶 以提督軍門繼至 長慶以六月之變 亘古未
문 이신민대소무일토적 법당진주 욕종병도성 조영하시위
聞 而臣民大小無一討賊 法當盡誅 欲縱兵屠城 趙寧夏時爲
관반 해한어 고구력변 자궐중왕반오진 일주야범십도 장
館伴 解漢語 苦口力辨 自闕中往返吳陣 一晝夜凡十度 長
경면허지 이창난자도감군 이기가다재왕십리 지도왕십리
慶俛許之 以倡亂者都監軍 而其家多在王十里 只屠王十里
난병재왕십리자문지 거가선도 노약불능주자수십인견주
亂兵在王十里者聞之 擧家先逃 老弱不能走者數十人見誅.

오장경(吳長慶)은 우리나라의 과거제도가 매우 세련되지 못하고 간략하여 진재(眞材)와 실학(實學)의 인재를 얻을 수 없다고 말하며 임금께 그 법을 고칠 것을 권하였다. 대략 중국의 과

거제도를 모방하여 수장(首場)에는 제예(制藝, 經義 : 경전의 뜻을 밝힘)를, 다음엔 책(策) · 논(論)을 시험 보이게 하였다. 즉시 날짜를 정하고 시험 보여 '현량과(賢良科)'라 하였다. 먼저 서울 안에 선비들을 시험 치러 10명을 선발하되, 사색(四色, 노론 · 소론 · 남인 · 북인)의 당인(黨人)을 나누어 몫을 지었으니 예전의 통과(統科)의 관례에 의거한 것이었다. 계미년(고종 20, 1883) 봄에 그 제도를 넓혀 8도에서 거인(擧人) 2백 명을 모아 고시관(考試官)이 30명을 선발하고, 임금이 친히 임하여 직접 대면하고 시험을 보여 10명을 뽑았다. 오장경이 본국으로 돌아가자 이 제도는 폐지하고 실행하지 않았다.

原文

오장경이아국과거지법심로략 무이득진재실학 권상경
吳長慶以我國科擧之法甚鹵略 無以得眞才實學 勸上更
기법 약방중국 수장제예 차책 론 극일설위 명왈현량과
其法 略倣中國 首場制藝 次策·論 剋日設圍 名曰賢良科
선시경중지사 선십인 배비사색 의구통과이이 계미 고종
先試京中之士 選十人 排比四色 依舊統科而已 癸未(高宗
이십년 춘 광기제 취팔역거인범이백인 고관취삼십 상친
二十年)春 廣其制 聚八域擧人凡二百人 考官取三十 上親
림면시취십인 급장경귀 이수폐불행
臨面試取十人 及長慶歸 而遂廢不行.

오장경(吳長慶)이 김홍집(金弘集)에게 상란(喪亂, 임오군란)[1] 이 일어난 까닭을 물으니, 김홍집은 겸손한 말로써 허물을 자기에게 돌리고 말끝마다 자책하였다. 오장경이 탄복하여, "내가

듣기로는 소인(小人)은 과오에 대하여 그럴 듯하게 꾸며내고, 군자(君子)는 자기를 책망한다고 하는데, 그것은 이를 두고 한 말인가?" 라고 하며, 그에 대해 깊이 공경하며 어렵게 여겼다.

註解

1) **상란**(喪亂) : 전쟁, 전염병, 천재지변 따위로 인하여 사람이 많이 상하고 죽는 일. 여기서는 임오군란을 말함.

原文

장경견김홍집 문이상란지유 홍집손사인구 언언자책 장
長慶見金弘集 問以喪亂之由 弘集遜辭引咎 言言自責 長
경탄왈 오문소인문과 군자책궁 기사지위호 심상경중
慶嘆曰 吾聞小人文過 君子責躬 其斯之謂乎 深相敬重.

전 무위대장(武衛大將) 이경하(李景夏)를 고금도(古今島)에, 장어대장(壯御大將) 신정희(申正熙)를 임자도(荏子島)에 각각 귀양 보내고, 아울러 천극(荐棘, 圍籬安置) 하였다. 오장경이 강력히 난이 일어난 근본 원인을 추궁하며 이경하 등이 원융(元戎, 大將)으로서 거두어 막지 못한 것을 들어 군율을 적용하려 하였다. 임금은 그들의 죄가 아니라고 힘써 구원해 주었다. 이경하의 아들 이범진(李範晋)은 목인덕(穆麟德, möllendorf. Paul George Von, 독일 출신의 우리나라 외교고문)과 잘 아는 사이라 알선해 줄 것을 간곡히 빌어 사형을 감해서 섬으로 유배가게 되었다.

原文

竄前武衛大將李景夏于古今島 壯禦大將申正熙于荏子島 幷荐棘 吳長慶窮覈亂根 景夏等以元戎不能戢遏 擬用軍律 上謂非其罪也 力救之 景夏子範晋與穆麟德善 祈懇斡旋 得減死島配.

신정희(申正熙)의 부친 신헌(申櫶)은 철종 초에 흥양(興陽)의 녹도(鹿島, 소록도)로 귀양 갔다가 6년 만에 돌아온 적이 있었다. 임오년(고종 19, 1882) 설날 아침에 신정희는 대궐에서 하례를 마치고 물러나와 몹시 피곤하여 깜박 잠이 들었는데, 꿈에 녹도의 예전 관인(館人, 귀양지에서 거처하던 집주인)이 찾아와서 예전에 빌려 살던 집을 수리해 달라고 하였다. 신정희가 깜짝 놀라 깨어 나쁜 징조라고 생각했다. (그 후 자신이) 임자도로 귀양 가게 되자, 손님을 대하고 그것을 이야기하며 미리 정해진 운명은 피할 수 없는 것이라고 탄식하였다.

原文

申正熙父櫶 哲宗初 竄興陽鹿島 六年宥歸 壬午(高宗十九年)元朝 正熙自闕陳賀而退 困甚假寐 鹿島舊館人來謁 請葺昔日所僦之屋 正熙覺而惡之 及竄荏島也 對客話之

탄전정지불가환
嘆前定之不可逭.

이최응(李最應)에게 문충(文忠), 민겸호(閔謙鎬)에게 충헌(忠獻), 김보현(金輔鉉)에게 문헌(文獻)이란 시호를 내리고, 민창식(閔昌植) 등에게도 휼전(恤典, 恩典)을 내렸으며, 무릇 선비나 일반인으로 난병(亂兵)에게 죽임을 당한 자들도 아울러 벼슬을 증직했다.

原文

사시이최응왈문충 민겸호왈충헌 김보현왈문헌 민창식
賜謚李最應曰文忠 閔謙鎬曰忠獻 金輔鉉曰文獻 閔昌植

등하휼전 범유사민인지위난병소장자 병증관
等下恤典 凡儒士民人之爲亂兵所戕者 幷贈官.

계미년(고종 20, 1883) 김홍집(金弘集)이 경기 감사가 되었다. 김홍집(金弘集)은 경진년(고종 17, 1880)에 사신으로 일본을 다녀온 후에 연달아 다른 사람들의 비난을 받아 성 밖으로 물러나와 수년 간을 허송세월하다가 이때 이르러 점차 등용되었는데 그것은 일본 사정에 밝아서였다.

原文

계미김홍집위경기감사 홍집자경진 고종십칠년 사환
癸未金弘集爲京畿監司 弘集自庚辰(高宗十七年)使還

후 연피인언 병출성외 서설자수세 지시초진용 개이습
後 連被人言 屛出城外 棲屑者數歲 至是稍進用 蓋以習

왜정야
倭情也.

일본 공사 화방의질(花房義質)은 본국으로 도주했다가 얼마 안 되어 다시 정상형(井上馨)·고도병지조(高島鞆之助)·인예경범(仁禮景範)과 함께 2개 중대의 군사를 이끌고 서울에 왔다. (그들은) 임오군란에 대한 책임을 조선 정부에 돌리고 다시 화의할 것을 요구하였는데 그 문책하는 말이 가혹했다.

조정에서는 황급히 이유원(李裕元)을 뽑아 전권 대신으로 삼고 저들과 결판을 짓도록 하였다. (이유원은) 오직 일본 측의 요구를 그대로 받아들여 5만 원으로 군란 때 죽은 일본 사람을 배상하는 한편, 50만 원은 군비로 배상하여 왜병을 서울에 주둔시키게 하였다. 또한 그들은 일본에 사절단을 보내서 사죄할 것을 청하여, 김만식(金晩植)·박영효(朴泳孝)·김옥균(金玉均) 등을 보냈다.

김옥균 등은 일본을 흠모함이 미치광이 같았으며 개화(開化)에만 뜻을 두었다. 그들이 비밀히 관부(款附)의 뜻을 따르겠다고 알리자 일본인들이 기뻐하며 배상금을 40만 원으로 감해 주었다.

일본 공사 궁본수일(宮本守一)이 녹천정(綠泉亭)[1)]에 들어가 거처하였다. 녹천정은 남산 밑 주동(注東) 머리에 위치하여 노송나무가 울창하고 샘물이 솟아나는 깊숙한 곳으로 예전에 양절공 한확(韓確)의 별서(別墅)[2)]가 있는 곳이다. 근자에는 전 판서 김상현(金尙鉉)이 살고 있었다. 일본인이 다시 건너와서 으

르렁대며 억압함이 전에 비해 몇 배 심해서 조정은 그들의 뜻을 건드릴까 염려하여 곡종(曲從)[3]하였던 것이다. 드디어 이 정자를 빼앗기고 그들의 공관이 되었다. 이로부터 일본인들은 점점 숨어들어 완전히 점거하였다. 주동(注洞)・나동(羅洞)・호위동(扈衛洞)・남산동(南山洞)・난동(蘭洞)・장흥방(長興坊)에서부터 서쪽으로는 종현(鍾峴, 명동)・저동(苧洞)에 이어졌고 옆으로는 이현(泥峴)[4] 일대에까지 뻗쳐, 상남촌(上南村)의 5분의 4를 포괄하여 사방 십여 리의 땅이 모두 왜촌(倭村, 일본인 주거 지역)이 되었다.

註解

1) **녹천정**(綠泉亭) : 남산 자락에 있던 산수가 빼어난 최고의 별장.
2) **별서**(別墅) : 별장. 별저.
3) **곡종**(曲從) : 자기의 뜻을 굽히고 요구 사항을 들어줌. 굴종함.
4) **이현**(泥峴) : 진고개. 일본인들이 이곳을 중심으로 개발하여 본정(本町)이라 일컬었다.

原文

왜사화방의질도귀미기 부여정상형 고도병지조 인예
倭使花房義質逃歸未幾 復與井上馨・高島鞆之助・仁禮

경범 솔이중대진경성 이군난귀구조정 부심화의 책언심
景範 率二中隊進京城 以軍亂歸咎朝廷 復尋和議 嘖言甚

가 조정황겁 차이유원위전권대신 여지변리 유왜언시종
苛 朝廷皇怯 差李裕元爲全權大臣 與之辨理 惟倭言是從

이오만원배사왜 오십만원배군비 종차주왜병우경사 우청
以五萬元賠死倭 五十萬元賠軍費 從此駐倭兵于京師 又請

견 사 사 죄 수 견 김 만 식 박 영 효 김 옥 균 등 입 왜 중 시 옥 균
遣使謝罪 遂遣金晚植·朴泳孝·金玉均等入倭中 時玉均
등 모 왜 여 광 예 의 개 화 밀 진 관 부 지 의 왜 인 열 지 감 배 금 사
等慕倭如狂 銳意開化 密陳款附之義 倭人悅之 減賠金四
십 만 원 왜 사 궁 본 수 일 입 처 우 록 천 정 정 재 남 산 지 지 주 동 지
十萬元 倭使宮本守一 入處于綠泉亭 亭在南山之趾注洞之
전 유 송 회 천 석 지 유 고 위 양 절 공 한 확 별 서 근 즉 전 판 서 김 상
巓 有松檜泉石之幽 古爲襄節公韓確別墅 近則前判書金尙
현 거 지 왜 지 재 지 야 포 갈 능 력 시 전 배 사 조 정 려 경 기 의 곡
鉉居之 倭之再至也 咆喝淩轢 視前倍蓰 朝廷慮梗其意 曲
종 지 수 탈 시 정 위 기 관 자 시 침 음 점 거 자 주 동 나 동 호
從之 遂奪是亭爲其館 自是 浸淫占據 自注洞·羅洞·扈
위 동 남 산 동 난 동 장 흥 방 서 정 종 현 저 동 횡 긍 니 현
衛洞·南山洞·蘭洞·長興坊·西廷鍾峴·苧洞 横亘泥峴
일 대 포 락 상 남 촌 오 지 사 십 허 리 진 위 왜 촌
一帶 包絡上南村五之四 十許里 盡爲倭村.

목인덕(穆麟德)을 외무협판에 임명하였다. 그는 독일 사람으로 교린통상(交隣通商)에 능숙하여 임금이 매우 가까이 하고 전동(磚洞)에 저택을 한 채 하사했다. 그는 관대를 갖추고 다른 백관과 같이 조참(朝參)[1]에 참석하였는데, 일반 백성들은 그를 '목참판'이라 불렀다.

註解

1) 조참(朝參) : 임금이 정전(正殿)에 친림한 앞에 조신(朝臣)이 나아가 뵙는 일. 조회(朝會)하는 일.

原文

이 목 린 덕 위 외 무 협 판　린 덕 자 덕 국 인 야　상 이 기 한 어 교 린
以穆麟德爲外務協辦　麟德者德國人也　上以其嫺於交隣
통 상　심 닐 지　사 제 전 동　린 덕 습 관 대 조 참 여 백 료　소 민 위 지
通商　甚昵之　賜第磚洞　麟德襲冠帶朝參如百僚　小民謂之
목 참 판
穆參判.

감생청(減省廳)을 신설하고 어윤중(魚允中)을 구관당상(句管堂上)[1]으로 삼았다. 어윤중은 명확하고 단련되고 능숙한 사람이었는데 무릇 군국(軍國)의 쓸모없는 인원과 비용을 줄이는 데 힘쓰다보니 마땅히 줄이지 말아야 할 것까지 줄인 것도 있었다. (그러다보니) 척족과 액정서(掖庭署)[2]의 무리들이 왕왕 특지(特旨)를 빌어서 간신히 감소해 놓은 것을 회복시키기도 하여 한갓 분란만 일으키는 일도 있었다. 그렇지만 어윤중은 더욱 굳건히 집행하여 원망과 비방에도 아랑곳하지 않았다. 그래서 헐뜯는 자들이 부르기를, 전직각(田直閣)이라 하였는데 그것은 어(魚)자에서 머리를 제거하고 꼬리를 끊어버리면 '전(田)'자가 되는데, '백사(百事)를 줄일 수 있는데, 성(姓)씨라고 유독 획을 줄일 수 없겠는가'하여 붙여진 이름이다. 어윤중은 출입할 때 구종(驅從) 하나 없이 혼자 채찍질 하며 말을 몰았다. 일찍이 종로거리를 지나가는데 절름발이 한 사람이 뒤에서 외치기를, "소인은 다리 하나가 조금 길어서 고생인데, 영감께서 좀 줄여 주십시오."라고 하였다. 어윤중은 못들은 척하고 말을 빨리 몰았다.

註解

1) **감생청**(減省廳) …… **구관당상**(句管堂上) : 감생(減省)의 뜻은 덜어서 줄인다는 말이고, 구관(句管)은 맡아 다스린다는 뜻이다.
2) **액정서**(掖庭署) : 왕명의 전달, 임금이 쓰는 붓과 벼루의 공급, 대궐의 설비, 관리 등의 일을 맡아보던 관아.

原文

설감생청 어윤중위구관당상 윤중명핵련습 범군국용원
設減省廳 魚允中爲句管堂上 允中明核練習 凡軍國冗員
용비 무종감성 역유부당감이감자 척원액정 왕왕차특지
冗費 務從減省 亦有不當減而減者 戚畹掖庭 往往借特旨
재감선복 도자분요 연윤중집지미견 불휼원독 기훼지자
纔減旋復 徒滋紛擾 然允中執之彌堅 不恤怨讟 其毁之者
호왈전직각 위어자거두절미 즉전자야 백사가감 이성독
號曰田直閣 謂魚字去頭截尾 則田字也 百事可減 而姓獨
불가감획호 윤중출입 무공졸일편치취 상과종가 유파자
不可減劃乎 允中出入 無控卒一鞭馳驟 嘗過鍾街 有跛者
일인 미이호왈 소인고일각편장 원령감지감생야 윤중질
一人 尾而呼曰 小人苦一脚偏長 願令監之減省也 允中疾
구약무문자
駈若無聞者.

오장경(吳長慶)이 본국으로 돌아가며 원세개(袁世凱)를 남겨 군무(軍務)를 서리케 하였다. 원세개는 자가 홍조(鴻鈞), 호는 위정(慰庭)으로, 나이 30이 채 안 되었는데도 거인(擧人)[1]으로서 군함을 가지고 온 사람이다. 사람됨이 영민하고 사리에 통달하고 숙성하여 서울에 머문 지 1년 만에 서울 사람들의 환심

을 얻었다. 마건충(馬建忠) · 정여창(丁汝昌) 등은 혹 가기도 하고 머물기도 하였으며, 마건충의 아우 마건상(馬建常)은 군국아문(軍國衙門)의 참의(參議)가 되었다.

註解

1) **거인**(擧人) : 옛날 중국에서 관리 등용시험에 응시하던 사람. 또는 그 합격자. 향리에서 향시(鄕試)에 합격하고, 중앙에서 회시(會試)를 볼 자격을 가진 사람. 거자(擧子).

原文

吳長慶西還 留袁世凱署理軍務 世凱字鴻釣(慰亭) 號慰庭(項城) 年未三十 以擧人假軍啣而來者也 明達夙成 留京師朞年 大得都民之心 馬建忠 · 丁汝昌等 或去或留 建忠弟建常爲軍國衙門參議.

오장경(吳長慶) 군문(軍門) 표하병(標下兵)[1] 중에 황사림(黃仕林)이란 자가 있었는데, 향마(響馬, 북방의 匪賊)[2]로 있다가 항복해 온 자로서 공을 쌓아 총병(總兵)에 이르렀다. 덩치가 아주 커서 타고 다니는 가마는 여덟 사람이 들어야 갈 수 있었으며 매 끼니마다 한 말의 밥에다 돼지고기 한 마리 분량의 고기를 먹었다. 가슴과 등에 총탄과 칼에 다친 흔적이 등나무처럼 얽혀 있었으며, 눈방울은 주먹만 하고 팔꿈치는 항아리를 달아

놓은 것 같아서 사람들이 쳐다보면 놀라서 뒷걸음질 칠 지경이었다.

註解

1) **표하병**(標下兵) : 대장(大將) · 장관(將官)에 따린 수하병(手下兵).
2) **향마**(響馬) : 북방의 비적(匪賊). 말에 방울을 달고서 약탈을 일삼았다.

原文

오군문표하 유황사림자 이향마항 적공지총병 형체방석
吳軍門標下 有黃仕林者 以響馬降 積功至總兵 形體龐碩
팔인여지이행 매반두미 저일수 흉배도환창흔 규결여등
八人舁之而行 每飯斗米 · 猪一首 胸背刀丸瘡痕 糾結如藤
만 안구여권 주여현곤 인견자불각벽역
蔓 眼球如拳 肘如懸壼 人見者不覺辟易.

갑신년(고종 21, 1884) 봄에 오장경(吳長慶)이 금주(錦州)에서 죽었다. 임금이 심상훈(沈相薰)을 보내서 조문하였다.

原文

갑신 고종이십일년 춘 오장경졸우금주 상견심상훈조
甲申(高宗二十一年)春 吳長慶卒于錦州 上遣沈相薰吊
제
祭.

전환국(典圜局)을 설치하여 당오전(當五錢)을 주조하니 물가

가 급등하였다. 명목은 '당오(當五)'였지만 실제 가치는 '일 푼' 에 지나지 않았다. 그러나 북방 함경도 20여 군과 남쪽의 전주 이남과 경상도 일원에서는 예전과 같이 엽전을 사용하였다.

原文

設典圜局 鑄當五錢 物價刁騰 名曰當五 其實一文而已 然北則咸關二十郡 南則全州以南 並慶尙一道 依舊用葉錢.

김옥균(金玉均)을 포경사(捕鯨使)로 임명했다. 김옥균은 장김(壯金)의 변두리 일가붙이로 그의 양아버지 병기(炳箕)는 음직(蔭職)으로 부사를 지냈다. 옥균은 재예(才藝)가 많지 못해서 등제한 지 10여 년이 지나도록 벼슬길이 열리지 않았다. 속으로 서양 학문을 연구했으며 부강책을 담론하며 명예를 구하려고 하였다. 박영교(朴泳敎)와 그의 아우 박영효(朴泳孝), 이도재(李道宰) · 신기선(申箕善) · 서광범(徐光範) · 홍영식(洪英植) 등은 서로 당을 지어 어울리며 김옥균을 영수로 삼았다. 이러한 소문이 새어 들어가 임금도 알게 되었고 그가 재주가 뛰어나고 남다른 능력이 있어 보여 그에게 마음을 쓰게 되었다. 이에 이르러 특별히 포경사를 두고 우선 옥균을 임명했다. 서양 사람들은 고래를 잡아 많은 이득을 얻었고, 일본 사람들도 또한 그렇게 하며 가만히 있지 않았다. 그런데 김옥균은 들어앉

아서 입으로만 고래잡이의 이득을 떠들고 있어서 당시 사람들이 그를 비웃었다.

原文

以金玉均爲捕鯨使 玉均壯金之邊族也 其嗣父炳箕 蔭止府使 玉均薄有才藝 登第十餘年 宦途未敭 究心泰西之學 抵掌談富强之策 以干時譽 朴泳教及其弟泳孝·李道宰·申箕善·徐光範·洪英植等 互相朋比 推之爲領袖 沈浸聞于上 似有奇才異能者 上傾嚮之 至是特置捕鯨使 先命玉均 洋人捕鯨得厚利 倭人亦然 然非徒然也 玉均不出房闥 舌産鯨利 時人笑之.

박영교(朴泳教)의 자는 자명(子明)으로, 금성 현령(金城縣令) 벼슬로 시작한 후 얼마 안 되어 통정대부(通政大夫)에 승계(陞階)되었다. 임오년(고종 19, 1882) 가을에 전라어사를 제수 받았는데, 임금이 은밀히 유시하기를, "잘해 보라. 꼭 복명(復命)은 안 해도 된다. 마땅히 너를 써서 전라 감사로 삼을 것이다." 하였다. 박영교는 기쁨을 참지 못하고 명을 받았다. 그가 경내에 들어선 지 한 달 만에 위엄이 추상같았고 연달아 탐학하고 무능한 자들을 쫓아냈는데, 권귀(權貴, 권문 세도가)들에게도

꺼려함이 없었으니 도(道) 전체가 두려워하여 굴복하였다. 계미년(고종 20, 1883) 봄에 임금의 뜻이 중간에 변하여 들어오라는 명이 급히 떨어졌다. 박영교는 임금의 식언(食言)을 한스럽게 생각하고 원망하며 일처리를 끝내지 못하고 장부들을 마구 묶어 가지고 말을 달려 수원 용주사(龍珠寺)에 이르렀다. 서리(書吏) 10여 명을 앉혀놓고 미처 처리하지 못한 장부들을 입으로 불러 정리하여 정본(淨本)의 서계(書啓)를 갖추었다. 초고도 갖추지 않고 붓을 들어 써 내려가 하룻밤 사이에 다 마치니 그의 기억하는 능력의 빠르고 뛰어남이 이와 같았다.

原文

朴泳敎 字子明 以金城縣令釋褐 未幾陞通政 壬午(高宗十九年)秋 除全羅御史 上密諭曰 好爲之 不必復命 當用汝爲全羅監司也 泳敎抃喜拜命 入境朞月 威稜如霜 連黜貪庸 不憚權貴 一道慴伏 癸未(高宗二十年)春 上意中變 召命促降 泳敎恨上食言 怏怏不事事 混束亂簿 疾駈至水原龍珠寺 伏書吏十餘人 口授未勘之簿 繕成淨本書啓 不具草 援筆寫定 皆一夜而辦 其記性之敏絶類此.

이도재(李道宰)는 자가 성일(聖一)이며, 호는 운정(篔汀)으로

월사(月沙) 이정귀(李廷龜)의 후손이다. 그런데 중간에 내려와서 쇠퇴하여 한준(寒畯)[1]으로 불렸다. 계동(桂洞) 으슥하고 쓸쓸한 골목에 10여 년을 살면서 비가 새는 집에서 책을 읽어 진사가 되었다. 연달아 과망(科望)[2]이 있었는데, 민태호(閔台鎬)의 처남 윤구(尹⿰木耇)와 함께 신사년(고종 18, 1881) 추도기(秋到記)[3]에 합격하였다. 임오년(고종 19, 1882) 가을에 경상 어사에 제수되었는데 바람이 이는 것 같이 일처리를 잘하여 위엄과 명망이 크게 드러났다.

註解

1) **한준**(寒畯) : 생활은 몹시 가난하지만 문벌은 좋은 집안.
2) **과망**(科望) : 과거에 급제할 수 있는 실력에 대한 중망(衆望).
3) **추도기**(秋到記) : 가을에 시험 보이는 '도기과(到記科)'. 도기과는 성균관 학생들에게 보이는 특설과이다.

原文

이도재 자성일 호운정 월사지후 이중쇠이한준칭 거계
李道宰 字聖一 號篔汀 月沙之后 而中衰以寒畯稱 居桂
동궁항십여년 독서루옥중 성진사 연유과망 여민태호처
洞窮巷十餘年 讀書漏屋中 成進士 連有科望 與閔台鎬妻
지제윤구 병중신사 고종십팔년 추도기 임오추 제경상어
之弟尹⿰木耇 並中辛巳(高宗十八年)秋倒記 壬午秋 除慶尙御
사 견사풍생 위망대저
史 見事風生 威望大著.

신기선(申箕善)은 자가 언여(言汝), 호는 양원(陽園)으로 상촌

(象村) 신흠(申欽)의 후손이다. 그는 형 신두선(申斗善)과 더불어 임헌회(任憲晦) 문하에서 공부를 하고 서울에 올라와서 계동(桂洞)에 집을 마련하고 일차과(日次科)[1]에 응시했다. 매양 강(講)에 나갈 때마다 그는 거의 도포에 해진 신발을 신고 종이 끈으로 유건(儒巾)을 매어 행동거지가 남달리 꾸밈이 없고 촌티가 났다. 임금이 그것이 괴이하여 물으니, 김옥균(金玉均) 등이 '학자'라고 대답했다. 학자라는 말은 우리말에 경유(經儒)[2]를 지목하여 하는 말이다. 임금이 고개를 끄덕이더니 얼마 안 있어 과거에 급제하였는데 귀척(貴戚)·명환(名宦)[3]들과 바삐 어울리다보니 드디어 세속의 무리가 되고 말았다.

註解

1) **일차과**(日次科) : 재상 자제들의 시험으로 임금 앞에서 삼경(三經) 중 하나를 외웠다.
2) **경유**(經儒) : 사서(四書) 오경(五經)에 통달한 선비. 유생(儒生).
3) **귀척**(貴戚)·**명환**(名宦) : 존귀한 척신들과 중요한 자리에 있는 벼슬아치 무리.

原文

申箕善 字言汝 號陽園 象村之后也 與兄斗善游任憲晦之門 既而游京師 因家于桂洞 應日次科 每赴講時 箕善麤袍·弊靴 紙繩系儒巾 擧止樸野 上怪問之 金玉均等以學者對 學者者方言經儒之目也 上頷之 未幾登第 與貴戚名宦

분 취 후 선 수 위 시 배
奔驟後先 遂爲時輩.

서광범(徐光範)은 참판 서상익(徐相翊)의 아들이다. 집안이 대대로 부귀하고 5대(代)에 걸쳐 각신(閣臣)[1]을 지내니 서광범의 호화로움은 타고난 것이었다. 그는 약관의 포의(布衣)[2] 시절에도 음식이나 기거(起居)하는 것이 이미 의연히 훈귀·재상 같았다. 그 아버지 서상익은 나면서부터 어리석고 해괴했으며, 늙어서도 굶주리고 배부름과 춥고 더운 것을 알지 못했다. 다른 자식이 없었는데 서광범과는 다른 집에서 살았다. 서광범은 매양 늦잠을 자다가 한낮이 되어서야 천천히 일어나 밥을 먹고 빈객과 마주하며 수작(酬酌)[3]을 하였다. 여가가 있으면 시배(時輩, 시속의 무리)들을 찾아가기 일쑤였다. 열흘에 한 번도 부친의 처소를 찾지 않았다. 하인들 또한 청소하는 일이 없어 서상익이 거처하는 대청마루는 먼지 두께가 수촌(數寸)이나 되고, 오직 밥상이 오간 자취만 눈 속에 쇠발자국 난 것 같았다. 경진년(고종 17, 1880) 증광과에 합격하여 그 즉시 대교에 제수되었다. 자호를 위산(緯山)이라고 했다.

註解

1) **각신**(閣臣) : 규장각(奎章閣)의 벼슬아치.
2) **포의**(布衣) : 벼슬이 없는 선비를 이르는 말.
3) **수작**(酬酌) : 술잔을 주고받음. 말을 주고받음. 또는 그 말.

原文

서 광 범 참 판 상 익 자 야 가 세 정 귀 오 대 각 신 광 범 호 치 천 성
徐光範參判相翊子也 家世鼎貴 五代閣臣 光範豪侈天成
약 관 포 의 시 봉 양 기 거 이 의 연 여 훈 귀 재 상 기 부 상 익 생 이 치
弱冠布衣時 奉養起居 已依然如勳貴宰相 其父相翊生而痴
해 지 노 부 지 개 포 한 서 갱 무 타 자 여 광 범 이 실 이 처 광 범 매
騃 至老不知凱飽寒暑 更無他子 與光範異室而處 光範每
조 수 지 일 오 서 기 담 반 수 대 빈 객 가 즉 방 시 배 순 일 불 일 지
朝睡至日午 徐起噉飯 酬對賓客 暇則訪時輩 旬日不一至
부 소 겸 대 역 무 위 지 신 소 자 고 상 익 소 거 청 방 진 후 수 촌 유
父所 傔儓亦無爲之汛掃者 故相翊所居廳房 塵厚數寸 惟
식 탁 내 왕 지 적 여 설 중 우 제 중 경 진 고 종 십 칠 년 증 광 과 즉
食卓來往之跡 如雪中牛蹄 中庚辰(高宗十七年)增廣科 卽
제 대 교 자 호 위 산
除待教 自號緯山.

홍영식(洪英植)은 영의정 홍순목(洪淳穆)의 아들이며 참판 홍만식(洪萬植)의 이복동생이다. 영리하고 경박하며 민첩하고 총명하여 시무를 둘러대며 말하는 것이 가히 들을 만하였다. 그런데 홍순목은 그것을 걱정하여 집을 보전할 아이가 아니라고 했다. 그러나 경박한 사람들이 달려와 추종하여 그의 자를 불러 '중육(仲育)! 중육!' 하였다. 일찍이 한림과 각신의 자리를 거쳐 이에 이르러 이미 아경(亞卿)[1]에 올랐다.

註解

1) **아경**(亞卿) : 경(卿)의 다음 벼슬. 곧 육조(六曹)의 참판・좌우윤 등을 공(公)・정경(正卿) 등에 상대하여 일컫던 말.

原文

洪英植 領相淳穆之子 參判萬植異母弟也 儇佻敏慧 纚纚談時務可聽 而淳穆憂之 以爲非保家之兒 然輕薄子競趨之 字之曰 仲育仲育 早歷翰閣 至是已躋亞卿.

중전(中殿)이 환궁한 뒤에 나라에 어려운 일들이 많았고 민심이 흉흉하기에 어사를 엄선하여 8도에 나누어 보낼 것을 명했다. 영남에는 이도재(李道宰), 호남에는 박영교(朴泳教), 호서에는 이용호(李容鎬), 경기에는 이건창(李建昌), 관동에는 유석(柳㙠), 관서에는 □□□(후에 상고할 것을 기다린다, 原註) 등으로 모두 당대에 명망이 있는 사람들이었다. 그때 신두선(申斗善)은 은진 고을의 원으로 있었는데, 신기선(申箕善)은 그 관아에 누워 있으면서 이용호와 내통하여 안팎으로 농간을 부려 뇌물을 즐비하게 거두어들였다. 이용호는 마침내 이것으로 죄를 지어 쫓겨났지만, 알만한 사람들은 더욱 신기선을 한스럽게 여겼다.

原文

中殿還御後 國家多事 民心疑危 命極擇御史 分往六道 嶺南李道宰 · 湖南朴泳教 · 湖西李容鎬 · 畿輔李建昌 · 關東柳㙠 · 關西□□□(俟考) 皆時望也 時申斗善宰恩津 箕

善臥其衙 通容鎬表裏作奸 臟賕狼藉 容鎬竟坐是罪斥 而識者尤恨箕善.

이건창(李建昌)은 앞서 조병식(趙秉式)을 징계하다가 도리어 화를 입은 일로 경기 암행어사로 나가서는 관례를 따르는데 그쳤다. 그것은 이미 배를 삼킬 정도의 큰 고기는 빠져나갈 수가 없지 아니하지만, 이건창은 스스로도 또한 전에 있었던 일로 겁을 먹고 과감하게 일처리를 하지 못한 실책이 없지 않았다. 복명(復命)을 하자, 임금이 서계(書啓)를 열람하고 말하기를, "네가 금번에는 사단을 일으키지 않았으니 중히 여길 일이다." 라고 하였다.

原文

李建昌懲趙秉式之禍 其按京圻也 循例而止 蓋旣無呑舟之不可漏 而亦自不能無吹虀之失也 旣復命 上閱書啓 迎謂之曰 汝今番不滋事端 可貴也.

북관묘(北關廟)를 송동(宋洞, 성균관 뒷산 마을)에 세웠다. 송동은 북촌과 동촌 사이 북한산 기슭에 있었는데, 가장 깊숙하고 조용한 곳으로 알려졌다. 우암(尤庵) 송시열(宋時烈)이 일찍이 그곳에 살았기 때문에 지금까지 송자동(宋子洞)으로 불려진다.

原文

건 북 관 묘 우 송 동 　동 재 북 촌 　동 촌 지 간 　어 북 산 지 록 　최 호
建北關廟于宋洞 洞在北村 · 東村之間 於北山之麓 最號
수 격 　송 우 암 시 열 상 거 지 　고 지 금 칭 송 자 동
邃閴 宋尤庵時烈嘗居之 故至今稱宋子洞.

중전(中殿) 민비가 충주에 피난하고 있을 때 무당이 찾아와서 대궐로 돌아올 수 있는 시기를 점치게 하였는데 '시일을 어기지 말라' 하여 중전은 신기하게 여기고 그를 데리고 환궁했다. 몸이 좋지 않을 때 무당의 손이 아픈 곳을 만지면 아픈 증세가 점점 줄어들어 날로 효험이 커졌다. 매일 중궁전에 머물러 그의 말이라면 듣지 않는 것이 없었다고 한다. 무당이 말하기를, '자기는 관웅장의 영(靈)을 받은 딸이니 마땅히 묘(廟)를 지어 받들게 해 달라' 하자, 중전이 그대로 좇았고, 그 무당을 진령군(眞靈君)[1]에 봉했다. 무당은 시도 때도 없이 양전(兩殿)을 뵈었으며 웅장한 복장으로 단장을 하기도 하였다. 양전은 그를 가리켜 웃어 말하기를, "군(君)이 되어 믿음직하군!" 하면서 상으로 헤아릴 수 없는 많은 금과 보화를 주었다. 화(禍)와 복(福)이 그녀의 말 한마디에 매어 있었으니 수령과 번곤(藩閫)[2]이 가끔 그의 손에서 나왔다. 이에 부끄러움도 모르는 경재(卿宰)들이 다투어 아첨했으며, 그 무당을 누이라 부르기도 하고 의자(義子)[3] 맺기를 원하기까지 하였다. 조병식(趙秉式) · 윤영신(尹榮信) · 정태호(鄭泰好)가 더욱 심했다. 그 무당에게는 김창렬(金昌烈)이라는 아들이 있었는데 비옥(緋玉)[4]을 걸치고 다녔다고 한다. 어떤 이가 말하기

를 그 무당은 본래 제천과 청풍 사이에 살았었다고 한다.

註解

1) **진령군**(眞靈君) : 관우(關羽)의 혼령이 내렸다고 하는 무당. 충주에서 중궁을 따라 올라왔다. 숭인동에 관왕묘(關王廟)를 건립하고 권세를 휘둘렀다.
2) **번곤**(藩閫) : 감사 · 병사 · 수사를 총괄해서 일컫는 말.
3) **의자**(義子) : 의붓아들. 양자.
4) **비옥**(緋玉) : 붉은 옷과 옥관자(玉冠子). 곧 당상관의 관복.

原文

중 전 지 손 우 충 주 야 유 녀 무 상 알 위 지 서 환 어 지 기 시 일 불
中殿之遜于忠州也 有女巫上謁 爲之筮還御之期 時日不
상 중 전 신 지 휴 이 환 궁 범 유 질 양 무 수 모 통 처 증 수 이 감 일
爽 中殿神之 携而還宮 凡有疾恙 巫手摸痛處 症隨以減 日
견 친 행 언 무 불 청 무 수 창 언 기 위 관 성 제 군 지 녀 당 건 묘 이
見親幸 言無不聽 巫遂倡言 己爲關聖帝君之女 當建廟以
건 봉 지 중 전 곡 종 지 봉 무 위 진 영 군 무 진 견 무 상 혹 장 웅 복
虔奉之 中殿曲從之 封巫爲眞靈君 巫進見無常 或粧雄服
양 전 지 지 소 왈 신 호 기 위 군 야 상 사 금 보 무 산 화 복 계 어 일 언
兩殿指之笑曰 信乎其爲君也 賞賜金寶無算 禍福係於一言
수 령 번 곤 왕 왕 출 기 수 어 시 경 재 무 치 자 쟁 부 지 혹 호 이 자 매
守令藩閫 往往出其手 於是卿宰無恥者爭附之 或呼以姉妹
혹 원 작 의 자 조 병 식 윤 영 신 정 태 호 기 우 야 무 유 자 왈 김
或願作義子 趙秉式 · 尹榮信 · 鄭泰好其尤也 巫有子曰金
창 열 엄 렬 비 옥 혹 왈 무 소 거 제 천 청 풍 간
昌烈 儼列緋玉 或曰巫素居堤川 · 淸風間.

이유인(李裕寅)은 김해 사람이다. 그는 미천한 궁천무뢰배(窮賤無賴輩)[1]로서 무과에 천거되어 서울 장안에서 떠돌아 다녔다. 마침내 진령군(眞靈君)이 국병(國柄)[2]을 휘두르며 기술(伎術)[3]을 좋아한다는 소문을 듣고 사람을 시켜 '이유인은 귀신을 부리며 능히 풍우도 일으킨다'는 입소문을 내게 하였다. 진령군은 깜짝 놀라면서 곧 그를 초대하여 놓고 먼저 귀물(鬼物)을 부려 볼 것을 청했다. 이유인이 말하기를, "그것은 쉬운 일이나 놀라실까 두렵습니다. 단 며칠간 목욕을 하고 정결하게 하여야 합니다." 하였다.

이유인은 일단 시간을 벌어놓고 밖으로 나와서 떠돌아다니는 영남의 악소배(惡少輩)들을 불러서 비밀히 방략(方略)[4]을 말해 주고 정한 기일에 이르러 진령군(眞靈君)을 끌고 밤에 북악산의 가장 깊숙한 곳으로 들어갔다. 소나무 숲이 깊고 칠흑 같은데 반딧불이 번쩍번쩍하여 이미 사람이 사는 곳과는 달랐다. 이유인이 진령군에게 단단히 이르기를, "내가 있으니 두려워하지 말라." 하고, 머리동이를 휘두르며 '동방청제장군(東方靑帝將軍)'을 불렀다. 그러자 한 귀신이 엄숙히 팔짱을 끼고 앞에 나타났다. 몸 전체가 청남색(靑藍色)이고 열 걸음까지 와서는 더 오지 않았다. 키가 10척이나 되어 보이는 귀신이 있었다. 진령군은 작은 소리로 "이 정도에서 그치니 어찌 떨리겠느냐?" 하였다. 유인은 "큰소리치지 말고 좀 기다려라" 하고 또한 남방적제장군(南方赤帝將軍)을 불렀다. 그러자 전신이 새빨갛고 머리는 기(箕)[5]와 같고 사각눈〔四角眼〕으로 툭 튀어나온 것이 홍유리(紅琉璃) 같았으며 입에서는 붉은 피를 내뿜는데 비린내가 역

겁게 확확 끼쳤다. 무서움이 야차(夜叉)[6]와 같았고 소리를 지르며 양손가락을 펴고 세우니 진령군은 잠깐 쳐다보다가 이유인의 발을 밟으며 속히 거두라고 하며 다 보려 하지 않았다. 대개 적귀(赤鬼)는 가면을 쓴 것이었다. 진령군은 돌아가서 양전(兩殿)께 이 사실을 아뢰니 드디어 입시(入侍)를 명했고 이유인은 한 해 사이에 양주 목사(楊州牧使)에 이르렀다. 이유인과 진령군은 모자(母子) 관계를 맺고 북묘(北廟)[7]에서 머물러 묵었는데 추잡한 소문이 많이 들렸다.

註解

1) **궁천무뢰배**(窮賤無賴輩) : 가난하고 지체가 낮은 미천한 무뢰한.
2) **국병**(國柄) : 나라의 정권. 나라를 다스리는 권력.
3) **기술**(伎術) : 재주를 부림.
4) **방략**(方略) : 무슨 일을 하는 방법과 둘러대는 꾀. 방계(方計).
5) **기**(箕) : 키. 별 이름. 기성(箕星).
6) **야차**(夜叉) : 모양이 추괴(醜怪)하고 위력이 있는 귀신으로 사람을 해치나 바른 불법을 수호한다 함.
7) **북묘**(北廟) : 서울 동소문(東小門) 안에 위치하여 관우를 받들던 사당. 북관왕묘를 말한다.

原文

이유인자 김해인야 궁천무뢰 거무과 개경중 문진영군
李裕寅者 金海人也 窮賤無賴 擧武科 丐京中 聞眞靈君

천국병이호기술 사인언유이유인자 역귀신 능치풍우 진
擅國柄而好伎術 使人言有李裕寅者 役鬼神 能致風雨 眞

영군경이 즉요견지 청선시귀물 유인왈 이이 공계이 제재
靈君驚異 卽邀見之 請先試鬼物 裕寅曰 易爾 恐悸耳 第齋

목기일 유인출소령인악소배여식자 밀수방약 지기 랍진
沐幾日 裕寅出召嶺人惡少輩旅食者 密授方略 至期 拉眞
영군 야입북산최심처 송림요흑 류형섬삭 이자불류인경
靈君 夜入北山最深處 松林窈黑 流螢閃爍 已自不類人境
유인정영지왈 유아재무계야 휘파호왈 동방청제장군 일
裕寅叮嚀之曰 惟我在毋悸也 揮帕呼曰 東方靑帝將軍 一
귀숙공이전 편체람청 거십보허불진 진령군저성왈 여시
鬼肅拱而前 遍體藍靑 距十步許不進 眞靈君低聲曰 如是
이야 해계위 유인왈무화가사지 우호왈남방적제장군 일
已也 奚悸爲 裕寅曰毋譁可俟之 又呼曰南方赤帝將軍 一
귀장가십척 전신강적 두여기유사각안 돌철여홍류리 구
鬼長可十尺 全身絳赤 頭如箕有四角眼 突凸如紅琉璃 口
분적혈 성조사인 쟁영여야차 극수이립 진영군별견지 섭
噴赤血 腥臊射人 猙獰如夜叉 戟手而立 眞靈君瞥見之 躡
유인왈속휘지 불욕진견 개적귀대가면야 진령군기환 언
裕寅曰速麾之 不欲盡見 蓋赤鬼戴假面也 眞靈君旣還 言
지양전 수명입시 일세중지양주목사 유인여진령군결모자
之兩殿 遂命入侍 一歲中至楊州牧使 裕寅與眞靈君結母子
지숙북묘 유추성
止宿北廟 有醜聲.

이유인(李裕寅)이 어렸을 때 일이다. 흉년(凶年)이 들어 먹고 살기가 어려웠는데, 한 늙은 중이 눈 속에서 탁발하고 다니는 것을 보고 불쌍히 여겨 밥을 먹여 보냈다. 중이 그 집에 이르렀을 때 가로막힌 벽 쪽에서 설거지하는 소리가 들려왔다. 그 당시 인가에는 밥짓는 연기가 끊어져서 한 사람의 손님도 맞기가 어려운 형편이었다. 그런데 부엌에서는 조용하며 여자의 불평하는 소리가 없어서 노승은 속으로 갸륵하게 여겼다. 노승은 식사를 마친 후 고맙다고 인사하고 가더니 곧 돌아와서 이유인

에게 말하기를, "내가 거칠기는 해도 묏자리 쓰는 법을 해득했는데 그대는 들어줄 수 있겠소?" 하였다. 그리고 어느 한 묘역으로 데리고 갔다. 무덤들이 여기저기 즐비하게 있는데, 그 입구의 별 볼품없는 한 곳을 지적하며, "이곳에 묻으시오. 삽장법(揷葬法)을 써야 하오. 귀(貴)하기로는 재상도 나올 자리이며 이곳은 벼슬을 재촉하는 땅이오." 하였다. 이유인이 탄식하며 말하기를, "이곳은 우리 고을 김씨의 선산이오. 힘 있는 집안인데 어떻게 하겠소?" 하였다. 노승이 말하기를, "장사를 지내고 즉시 다른 곳으로 이사를 가시오. 2년이 안 되어 반드시 김해 부사가 나올 거요. 그때 가서 봉분을 만드시오. 그러나 하늘의 도리는 가득 찬 것을 싫어하니 오로지 지리에만 의지하지 말고 꼭 김씨를 잘 예우하시오. 그렇지 않으면 반드시 화를 당할 것이오." 하였다. 이유인은 노승의 말대로 그곳에 장례를 치렀다. 갑신년(고종 21, 1884) 이후에 그의 아우가 김해 부사가 되어 마침내 봉분을 만들었다. 김씨들을 협박하여 그들의 고총(古塚)을 파가도록 하였다.

原文

유인소시 세기간식 견일노승 설중행걸 연이식지 승지
裕寅少時 歲饑艱食 見一老僧 雪中行乞 憐而食之 僧至

기가 격벽문척기성 시항절취연 거난일객 이기조부적무
其家 隔壁聞滌器聲 時巷絶炊烟 擧難一客 而其竈婦寂無

수언 심이지 식이사거 선반위유인왈 오조해장술 군능청
誶言 心異之 食已辭去 旋反謂裕寅曰 吾粗解葬術 君能聽

부 휴지일영 고총루루 지기진지결처왈 천차가용 삽장법
否 携至一塋 故塚纍纍 指其唇之缺處曰 扦此可用 揷葬法

귀출재상 차최관지야 유인차왈 오읍김씨산야 강종내하
貴出宰相 此催官地也 裕寅嘖曰 吾邑金氏山也 强宗奈何
승왈 즉장타천 미이기 필유관김해부사자 이시임자기분
僧曰 卽葬他遷 未二紀 必有官金海府使者 伊時任自起墳
연천도악영 불가전장지리 수선우김씨 불연필화 유인여
然天道惡盈 不可專仗地理 須善遇金氏 不然必禍 裕寅如
언장지 갑신 고종이십일년 후 기제위김해부사 수기분
言葬之 甲申(高宗二十一年)後 其弟爲金海府使 遂起墳
협김씨 굴기고총
脅金氏 掘其故塚.

4월, 전 판서 이회정(李會正)·임응준(任應準)·조병창(趙秉昌)과 그의 아들 전 참판 조채하(趙采夏)·전 승지 정현덕(鄭顯德)·조우희(趙宇熙)·군수 이원진(李源進)·전 교리 이재만(李載晩) 등을 모두 사사(賜死)했다. 이 여덟 사람은 모두 대원군의 측근들이다.

임오년(고종 19, 1882) 여름, 대원군이 한 달 남짓 국권을 잡았을 때 이희정은 예조 판서로 국휼(國恤)[1]의 의절(儀節)[2]을 지었고, 임응준은 문임(文任)으로서 청나라에 보낼 글을 찬주(撰奏)[3]하였고, 조병창은 대원군의 막하(幕下)에 들어가 기밀에 속하는 일들을 의논하고 섭유(囁嚅)[4]하였던 것이다. 정현덕과 이재만 등은 대원군의 조아(爪牙)[5]로 세상에 널리 알려진 인물이었다. 양전(兩殿)은 이들에 대해 노여움이 쌓여 죽일 것을 논의하였는데, 민태호(閔台鎬)가 밑에서 봉행(奉行)[6]하여 계획은 이미 정해 있었다. 민태호가 개성 유수에 제수되어 조정에 부임인사를 마치고 떠난 그 이튿날 일을 처리하여 경재(卿宰)[7] 8

인이 머리를 나란히 하여 처형당하니 백년을 내려오면서 처음 있는 처참한 일이었다. 그런데 조병창 부자를 함께 죽이라 명한 데 대하여 사람들은 더욱 슬퍼하였다. 이날 이러한 명을 내릴 때 도하(都下)[8]는 공포에 싸였고 남촌에 사는 양반들은 겁이 나 풀이 죽어 있었다. 그 당시는 대원군이 아직 돌아오지 않은 때여서 경향의 무뢰배들이 몰래 틈을 타 유언비어로 선동하니, 임금이 조병창 등 여러 사람이 모의를 할까 두려워 먼저 없애버린 것이다.

註解

1) **국휼**(國恤) : 나라가 근심할 만한 일. 임금이나 왕비의 초상. 국상(國喪). 임오군란 때 왕후가 죽은 것으로 여겨 국상의 절차를 진행했던 일.
2) **의절**(儀節) : 의식의 절차.
3) **찬주**(撰奏) : 임금에게 책(策)을 만들어 아룀. 글을 지어올림.
4) **섭유**(囁嚅) : 말을 머뭇거려 하지 못하고 입만 여닫기만 함.
5) **조아**(爪牙) : 적을 막고 임금을 호위하는 군사. 자기를 구조하여 주는 긴요한 동지.
6) **봉행**(奉行) : 임금의 명을 받고 행함.
7) **경재**(卿宰) : 재상의 지위에 있는 사람.
8) **도하**(都下) : 서울 안. 서울 장안.

原文

사 월 전 판 서 이 회 정　임 응 준　조 병 창 급 기 자 전 참 판 채 하
四月前判書李會正・任應準・趙秉昌及其子前參判采夏

· 前承旨鄭顯德 · 趙宇熙 · 郡守李源進 · 前校理李載晚 幷賜死 八人皆雲邊也 壬午(高宗十九年)夏 雲峴旬月當路 會正以禮官 撰定國恤儀節 應準以文任撰奏淸國文 秉昌復入幕 躡嚅密議 顯德 · 載晚等 又世所稱雲峴爪牙 兩殿積怒 議誅之 而閔台鎬奉行于下 規畫已定 台鎬以松留辭朝出城 明日事發 卿宰八人 駢首就戮 百年來始有之慘 而秉昌父子幷命 人尤悲之 是日命下 都下震悚 南村紳士 爲重足喪氣 時雲峴未還 京鄉無賴子 潛往闖謁 浮言交煽 上恐秉昌諸人有交通之謀 故先除之.

6월 10일 무오(戊午) 저녁 무렵 동북방에서 천둥소리 크게 울리며 말〔斗〕만한 크기의 불꽃이 올라오더니 하늘을 가로질러 사라졌다.

原文

六月初十日戊午晡時 東北方天鼓大震 火出大如斗 橫天而滅.

성주(星州)에서 민란이 일어나서 목사 이용준(李容準)을 쫓아 냈다. 당시 지방의 관리들이 탐도(貪饕)[1]를 부리면 백성들이 곧장 소요를 일으켜 축출하곤 하였다. 이런 일을 상하가 대수롭지 않게 여겨 징계하거나 처벌하는 절차 또한 해이해졌다. 쫓겨난 목사는 서울로 올라와 알선해서 바로 승진하거나 다른 읍으로 부임했다. 인사 발령이 있을 때마다, "아무 고을 수령이 병이 났다고 하여 바꾸어 달라."고 하면, 다른 고을의 수령과 서로 바꾸라는 비답이 다반사였다. 소문을 들은 사람들은 웃으면서 서로 묻되, "어찌 아무개 수령이 병이 났는데 이곳에서 있으면 병이 낫지 않고, 서로들 자리를 바꾸어 주면 병이 낫는단 말인가?" 하였다.

註解

1) **탐도(貪饕)** : 탐내서 재물을 빼앗음. 재물이나 음식을 탐냄.

原文

성주민란 축목사이용준 시관리탐도 민첩조이축지 상하
星州民亂 逐牧使李容準 時官吏貪饕 民輒噪而逐之 上下

념시위상 징애지전역완 피축자입경찬알 첩승질환읍이거
恬視爲常 懲艾之典亦緩 被逐者入京鑽斡 輒陞秩換邑以去

매정관이모읍재유병 청차취품 즉내비모읍상환 문자민소
每政官以某邑宰有病 請差取稟 則內批某邑相換 聞者悶笑

상문왈 기모재지병 잉임즉불유 이상환즉필유여
相問曰 豈某宰之病 仍任則不瘉 而相換則必瘉歟.

7월 보름날, 호남 지방에 큰 바람이 불어 나무가 꺾이고, 지붕이 날아갔으며 벼는 크게 손상되었다. 8월 중에는 가뭄으로 황충이 성했고, 파주(坡州)에서는 추분(秋分)에 서리가 내렸다.

原文

칠월망 호남대풍 절목권옥 화대손 팔월중 조이황 파주
七月望 湖南大風 折木捲屋 禾大損 八月中 旱而蝗 坡州
이추분상강
以秋分霜降.

세 항구를 외국과 통상(通商)하기 위해 열었다. 부산감리(釜山監理)는 이헌영(李𨯶永), 인천감리(仁川監理)는 조병직(趙秉稷), 원산감리(元山監理)는 정현석(鄭顯奭)이 임명되었다.

原文

삼항통상 부산감리이헌영 인천감리조병직 원산감리정
三港通商 釜山監理李𨯶永 仁川監理趙秉稷 元山監理鄭
현석
顯奭.

경상 감사 조강하(趙康夏)가 장계를 올려 진휼(賑恤)[1]을 실시할 것을 청해서 내탕전(內帑錢)[2] 2만 냥을 내리고 서관미(西關米) 2만 석을 옮겨 주도록 조치하였다. 조강하는 조영하(趙寧夏)의 형으로, 경관(京官)을 역임했을 때는 별다른 명망이 없어서 사람들은 그저 귀한 사람이겠거니 하고만 알았을 따름이었

는데, 영호남의 감사로 부임해서 강명(剛明)[3]과 자혜(慈惠)[4]로 써 백성을 다스리니 성망이 대단하였다.

註解

1) **진휼**(賑恤) : 흉년에 곤궁한 백성을 구원하여 도와줌.
2) **내탕전**(內帑錢) : 임금의 금고에 있는 돈.
3) **강명**(剛明) : 성질이 곧고 두뇌가 밝음.
4) **자혜**(慈惠) : 인자하게 사랑하는 은혜.

原文

영백조강하장청설진 명발내탕전이만량 이서관미이만
嶺伯趙康夏狀請設賑 命發內帑錢二萬兩 移西關米二萬
석 강하영하생정형야 역경관시 무예망 인지기위귀인이
石 康夏寧夏生庭兄也 歷京官時 無譽望 人知其爲貴人而
이 급안양남 강명자혜 성적울연
已 及按兩南 剛明慈惠 聲績蔚然.

목인덕(穆麟德, 묄렌도르프)이 중국 천진에서 화륜선(火輪船)을 구입해 왔고, 이건영(李建榮)이 장기・경주 지방에서 광물을 채굴하였다. 독일 전권 대신 찰패(擦貝, Zappe, Edward)와 영국 전권 대신 파하례(巴夏禮, Parkes, Harry Smith) 및 영사관 아수돈(阿須敦, Aston, W. G.)이 입국하였다.

原文

목인덕 구화륜우천진 이건영채광우장기 경주지 덕국
穆麟德 購火輪于天津 李建榮採礦于長鬐・慶州地 德國

전 권 대 신 찰 패 영 국 전 권 대 신 파 하 례 급 령 사 관 아 수 돈 래
全權大臣擦貝 英國全權大臣巴夏禮 及領事官阿須敦來.

김윤식(金允植)이 환국한 후 영선사(領選使)를 주진대원(駐津大員)으로 바꾸어 불렀다. 그 자리에 김성근(金聲根)을 임명하여 천진에 부임하도록 했다. 이때부터 상주하게 되었다.

原文

김 윤 식 기 환 영 선 사 개 칭 주 진 대 원 이 김 성 근 차 하 전 부 천
金允植旣還 領選使改稱駐津大員 以金聲根差下 前赴天
진 자 시 세 이 위 상
津 自是歲以爲常.

8월 25일에 임금이 인릉(仁陵, 순조와 비. 순원왕후 김씨의 능)과 헌릉(獻陵, 태종과 태종의 비 원경왕후의 능)을 참배하고, 9월 3일에 건원릉(健元陵, 조선 태조의 능)·목릉(穆陵, 선조와 원비 의인왕후 및 계비 인목왕후의 능)·원릉(元陵, 영조와 계비 정순왕후의 능)·수릉(綏陵, 순조의 원자인 문조와 그의 비 신정왕후의 능)·경릉(景陵, 헌종과 비 효현왕후 및 계비 효정왕후의 능)을 참배하였다.

原文

팔 월 이 십 오 일 대 가 전 알 인 릉 헌 릉 구 월 초 삼 일 행 건 원
八月二十五日 大駕展謁仁陵·獻陵 九月初三日 幸健元
릉 목 릉 원 릉 수 릉 경 릉
陵·穆陵·元陵·綏陵·景陵.

경상도의 사대부 계층으로 이름이 뛰어난 집안은 거의 남인(南人)이다. 대원군(大院君)이 집정하던 10년간 잘 보살펴 주었기 때문에 그 지방 사람들은 감사하는 마음이 뼛속까지 배었다. 그래서 많은 사람들이 대원군을 칭송했다. 대원군이 보정부(保定府)로 구금되어 갔는데도, 조정에서는 모셔올 뜻이 없자 들리는 소리들이 날로 나빠졌다. 조정의 안팎에서도 그를 가련하게 생각하였고 영남 사람들은 가까운 친척의 일인 양 애달파했다. 선비 중에는 간혹 과장(科場)을 폐지하며, "세상의 무도(無道)함이 이와 같은가!" 통탄하면서 사군자(士君子)가 과거에 나갈 때가 아니라고 하였다.

이근수(李根洙)라는 사람이 있었는데 문학에 뛰어났고 성격이 활달하여 구속됨이 없었다. 서울에서 수십 년을 지내는 동안 조성하(趙成夏)가 국사(國士)[1]로 대접했다. 대원군과는 서로 모르는 사이인데, 임오군란(壬午軍亂) 초에 이근수는 다른 사람과 함께 시국을 이야기하며 그 대책을 몇 조항 제기하였다. 대원군은 그 말을 듣고 매우 칭찬하며 큰 소리로, "가히 국사를 의론할 사람은 오직 이근수뿐이다." 하였다. 얼마 안 있어서 또 변이 생겨서 대원군과 가까이하던 사람들은 의심하여 도망쳐 숨었다. 이근수도 또한 고향에 돌아가서 바야흐로 초시(初試)에 합격했으나 복시(覆試)에 나가지 아니하고 더욱 비분강개하여 술을 마시고, 말이 현 시국에 미치면 눈을 부릅뜨고 화를 내며 꾸짖었다. 그의 친구 이문구(李文九) 등도 그에 동조하였다.

임금이 이러한 소식을 듣고 미워하였다. 어사 조병로(趙秉老)가 폐사(陛辭)[2]함에 임금은 그 사실을 알려주고 자만(滋蔓)[3]함을 없게 하라고 하였다. 조병로는 평소 잔인하고 혹독해서 이근수 등을 포박하여 상주에 가두고, 이근수 일파를 국문(鞫問)[4]하여 대꼬챙이로 찌르고 불로 달근질을 하며 오독(五毒)[5]을 모두 갖추었다. 이근수가 호령하며 말하되, "선비는 각각 뜻이 있어 때에 따라서는 과업(科業)을 폐할 수도 있는 것이니 꼭 물을 필요가 없다. 나는 모역(謀逆)을 하지 않았으니 어찌 일당이 있겠느냐? 죽일 테면 편안히 죽여라. 어찌 죽음을 두려워하겠으며 이탁원(李卓元)을 무인(誣引)[6]하여 끌어들인단 말인가?" 라고 한 후, 혀를 물고 말을 하지 않아서 마침내 목을 매달아 죽였다. (그의) 시체를 검시(檢尸)하니 찔린 대꼬챙이가 대여섯 개나 나왔다. (그는) 평소 이건창(李建昌)과 친한 사이였는데 이건창이 (그의 죽음을) 애도하여 『추수자전(秋水子傳)』을 지었다. 이문구 또한 그 일에 연좌되어 죽었다.

조병로는 진주에 이르러 어느 날 저녁에 폭사(暴死)했다. 이근수는 철면장신(鐵面長身)[7]으로 늠름한 풍채가 우인(羽人)[8]·검객(劍客)과 같았다. 그는 너무 성격이 곧고 입바른 말을 많이 한 까닭에 터무니없는 화를 당한 것이다. 그는 스스로 호를 위사(韋士)라 했고, 또는 동인(桐人)이라 불리기도 하였다.

註解

1) 국사(國士) : 나라 전체로 보아 뛰어난 선비.

2) **폐사**(陛辭) : 신하가 차기의 임지로 가기 위해 임금을 뵙는 일. 인사말을 드리고 아울러 임금의 평안함을 빎.
3) **자만**(滋蔓) : 권세가 점점 세어짐.
4) **국문**(鞫問) : 죄인을 심문함.
5) **오독**(五毒) : 죄인을 다스리는 데 참혹한 다섯 가지 형구(刑具). 즉 편(鞭), 추(箠) · 작(炸) · 휘(徽) · 전(纏)을 말함.
6) **무인**(誣引) : 죄 없이 억울하게 누명을 쓰는 것.
7) **철면장신**(鐵面長身) : 얼굴이 검붉으며 키가 아주 큼.
8) **우인**(羽人) : 날개 달린 사람. 신선.

原文

경상일도사대부 이명가저자 대솔남인야 운현십년 란육
慶尙一道士大夫 以名家著者 大率南人也 雲峴十年 卵育

지심근 고영인감지차골 만구송원합장 급기서구야 조정
之甚勤 故嶺人感之次骨 萬口頌院閤丈 及其西拘也 朝廷

무의봉환 성문일악 중외련지 이영인우권권여친척 사자
無意奉還 聲聞日惡 中外憐之 而嶺人尤惓惓如親戚 士子

유왕왕폐거자 이세지무도여차 비사군자응거지일야 유이
有往往廢擧者 以世之無道如此 非士君子應擧之日也 有李

근수자 장문학 소준불기 객경사수십년 조성하국사대지
根洙者 長文學 疎俊不羈 客京師數十年 趙成夏國士待之

여운현불상식 군변지초 근수여인담시국 위지획책수조
與雲峴不相識 軍變之初 根洙與人談時局 爲之畫策數條

문우운현 운현격절칭상 대인첩대언 가의국사자 유이근
聞于雲峴 雲峴擊節稱賞 對人輒大言 可議國事者 惟李根

수 미기사우변 운현제개자의망닉 근수역환향 방령향해
洙 未幾事又變 雲峴諸客自疑亡匿 根洙亦還鄕 方領鄕解

불부추위 익강개 음주어급시사 열자노매 기우이문구등
不赴秋圍 益慷慨 飮酒語及時事 裂眦怒罵 其友李文九等

效之 上聞而惡之 及御史趙秉老陛辭 上屬之 俾無滋蔓 秉老素殘酷 捕根洙等 囚尙州 鞫其黨 竹籤火烙 五毒備至 根洙大呼曰 士各有志 或時廢擧 不須問也 我非謀逆 何有於黨 死便死 豈有畏死 誣引之李卓元乎 因結舌不言 縊殺之 檢其尸 籤出者五六枚 素善李建昌 建昌哀之 爲著秋水子傳 文九亦坐死 秉老至晉州 一夕暴死 根洙鐵面長身 凜然如羽人·劍客 骯髒多危言 竟罹蜚禍 自號韋士 又號桐人.

8월은 중궁(中宮)이 복위한 지 1주년이 되는 달이므로 임금은 축하를 받고 경사를 치르고자 하였다. 그 때에 김병덕(金炳德)이 독상(獨相)으로 있어, 감히 임금의 뜻을 거역할 수가 없는지라 백관을 이끌고 빈청(賓廳) 앞에 모였다. 그런데 참판 이용원(李容元)이 상소하기를, “지난해의 변란은 천고에 없었던 흉측한 역모였습니다. 임금과 신하된 사람들은 저마다 자신을 징계하며 수양하고 반성해야 할 것입니다. 이를 어찌 경사라 칭하여 축하한다면 옳지 않습니다.” 하였다. 그런데 그 말투가 매우 강경하고 절실하였다. 중궁은 크게 노하여 이용원을 법으로 다스리려 하였는데 민태호(閔台鎬)가 극신히 간하여 그만 두었다. 그러저러 축하하는 행사는 마침내 이루어지지 못했다.

이날 정범조(鄭範朝)가 대궐로 들어가다가 김병시(金炳始)의

집을 지나게 되었는데 김병시가 붙들어서 그대로 머물러 술을 마셨다. 정범조가 말하기를, "하례식에 참여하지 않으시렵니까?" 하니, 김병시가 천천히 말을 하면서, "하례는 무슨 하례요. 함께 술이나 드십시다." 하였다. 정범조는 이를 괴이하게 여겼는데, 잠시 후 백관들이 밀려나와 거리를 메웠다. 그것은 이용원의 상소가 있었기 때문이다. 사람들은 민태호(閔台鎬)가 이용원을 사주한 것으로 의심하였는데, 북촌(北村)의 권귀(權貴)들은 모두 미리 알고 있었다.

原文

八月 爲中宮復位之周歲 上欲受賀稱慶 時金炳德獨相 不敢違忤 率百官會于賓廳前 參判李容元上疏稱 上年之變 千古所無之凶逆 今日君臣懲艾修省則可 而慶賀則不可 語甚鯁切 中宮大怒 欲置之法 閔台鎬極諫得已 然賀禮遂不成 是日鄭範朝將赴闕 過金炳始 炳始留而飮 範朝曰 不欲參陳賀乎 炳始徐曰 陳賀何陳賀 可共飮酒 範朝怪之 少頃 百官奔波而出 街巷闐咽 蓋容元有疏也 人疑台鎬嗾容元 而北村權貴 皆預知也.

민치완(閔致完)은 산청(山淸) 사람인데, 집은 대대로 향유(鄕

儒)로서 농사에 힘써 재산이 넉넉하였다. 민치완이 일찍이 기정진(奇正鎭)의 문하에서 수업을 받았으며, 과거에 응시하기 위해 서울에 올라왔는데, 어떤 사람이 그를 운현에게 천거하여 1년여 동안 서사(書寫)의 일을 주관하였다. 대원군(大院君)의 총애를 크게 받아 음직으로 도사(都事)에 발탁되었으며, 형제·자질들도 과거와 벼슬로 연달아 출세하여 온 도내에 기세가 왕성하였다. 그러나 (사람됨이) 신중하고도 슬기로워 남에게 비방 받을 일을 하지 않았다. 또한 운현(雲峴)이 조만간 혹 실패할 것도 염두에 두고 옆에서 후원해줄 사람을 의뢰하기 위해 드디어 민씨들에게 접근하여 일가의 정의를 펴서 미리미리 꼼꼼하게 준비했다. 그때 민승호(閔升鎬) 형제는 대문에 작라(雀羅, 참새를 잡는 그물)치듯 찾아오는 사람이 없었다. 매번 대원군과 관계가 되는 일이 터지면 반드시 그들을 위해 힘을 다했다. 이로 말미암아 여러 민씨들이 그를 잊지 않았다.

갑술년(고종 11, 1874) 이후 운현의 빈객(賓客)들은 물론 아래로 겸례(傔隷, 하인)에 이르기까지 이름이 알려진 자는 모두 다 제거되었다. 그러나 민치완만은 벗어나 면할 수 있었다. 이에 이르러 중궁은 운현에 대한 노여움이 그치지 않아 철저히 뿌리까지 조사해서 혹 그물에서 빠져나간 자가 있지나 않을까 염려하면서 말하기를, "민치완은 비록 늙었으나 지략이 많으니 그대로 놔두어서는 안 된다." 하고 마침내 위도(蝟島)에 귀양 보냈다.

민치완이 처음 운현에게 들어갔을 때 일찍이 운현을 종일 모

시고 서 있었다. 발뒤꿈치에 부종(浮腫)이 나서 버선 솔기가 터졌지만 물러가라는 명이 없어 감히 물러가지 않았다. 그의 삼가는 태도가 이와 같았다.

原文

민치완산청인 가세향유 역전옹후자 치완조유기정진지
閔致完山淸人 家世鄕儒 力田擁厚資 致完早游奇正鎭之
문 응거입경 혹천지운현 주관서사세여 대피친행 음탁도
門 應擧入京 或薦之雲峴 主管書寫歲餘 大被親幸 蔭擢都
사 형제자질과환련편 기염훈일도 연치완신이혜 불감대
事 兄弟子侄科宦聯翩 氣焰薰一道 然致完愼而慧 不敢大
작오 치자방 차려운현조만혹패 서뢰방원 수반제민 서종
作惡 致訾謗 且慮雲峴早晩或敗 庶賴旁援 遂攀諸閔 敍宗
주무시승호형제 문가작라 매유간계운현자 필위지진력
綢繆時升鎬兄弟 門可雀羅 每有干係雲峴者 必爲之盡力
유시제민념지 갑술(고종십일년)후 운현빈객 하지겸례
由是諸閔念之 甲戌(高宗十一年)後 雲峴賓客 下至傔隷
기유명자 거피섬이 유치완탈면 지시중궁노운현불이 궁
其有名者 擧被殲夷 惟致完脫免 至是中宮怒雲峴不已 窮
핵근와 혹유루망자 구지왈 치완수노의 다지계 불가종기
覈根窩 或有漏網者 久之曰 致完雖老矣 多智計 不可縱其
소여 수찬위도 치완시입운현 상시입종일 족배부종 말봉
所如 遂竄蝟島 致完始入雲峴 嘗侍立終日 足背浮腫 襪縫
자탄 이불명지퇴 불감퇴 기신칙류차
自綻 而不命之退 不敢退 其愼飭類此.

10월 24일 신미에 팔도에 교서를 반포하여 문열공(文烈公) 조헌(趙憲)과 문경공(文敬公) 김집(金集)을 문묘(文廟)에 종사(從

祀)하도록 명하였다. 9월부터 성균관 유생들이 소를 올려 조헌·김집 두 선정(先正)과 문정공(文正公) 김상헌(金尙憲)·문순공(文純公) 권상하(權尙夏)를 문묘에 종사할 것을 청하였는데, 이에 이르러 단지 두 선정만을 허락한 것이다.

임금은 자신을 불세출의 자질을 지닌 웅재(雄才)와 대략(大略)으로 여겨서 가장 높은 권리를 장악하였다고 자부하였다. 그래서 온 세상을 분주히 하여 외국 여러 나라들과 교섭 통상을 체결하고 5대주로 연계하게 되니, 위로 열성조와 견주어 보아도 못한 것이 없을 뿐만 아니라 또한 족히 동방이 개창된 이래 처음 나온 임금이 될 만하다고 여겼다.

그런데 오직 사문전례(斯文典禮)[1]의 일만은 조종조의 번성한 때에 미치지 못한다고 여겨 항상 마음속으로 부족함을 느꼈던 터에 종사의 청이 있게 되자, 단호히 그것을 받아들였던 것이다. 그런데 또한 그것을 남발하는 것이 아닌가 염려하여, 이와 같이 헤아려 정한 것이다. 교문(敎文, 敎書)은 대제학 한장석(韓章錫)이 지어 올렸다.

註解

1) **사문전례**(斯文典禮) : 사문은 유교 자체를 가리킴. 유교의 예법상 중요한 문제를 의미하는 바, 문묘종사(文廟從祀)를 가리킨다. 공자를 비롯하여 유교의 중요한 인물을 모시는 곳을 문묘라 한다. 이 문묘에 유교관계의 중요한 인물들을 함께 배향했는데 이를 종사(從祀)라고 한다. 문묘에 종사된 이들을 가리켜 '선정(先正)'이라 부르는데, 종사된 선정은 모두 18인이었다.

原文

시월이사일신미 반교팔방 명문열공조헌 문경공김집
十月二四日辛未 頒敎八方 命文烈公趙憲·文敬公金集

종사성무 자구월중관학유생 상소청양선정 급문정공김상
從祀聖廡 自九月中舘學儒生 上疏請兩先正 及文正公金尙

헌 문순공권상하종사지전 지시지허양선정 상자부웅재
憲·文純公權尙夏從祀之典 至是只許兩先正 上自負雄才

대략위불세출지자 총람권강 분주일세 교통중역 라락오
大略爲不世出之資 總攬權綱 奔走一世 交通重譯 羅絡五

주 비도상비조열위여유 억족위동방창유지군 이유사문전
洲 非徒上比祖烈爲餘裕 抑足爲東方創有之君 而惟斯文典

례지사 불급조종성제 상양충겸 수어종향지청 단연행지
禮之事 不及祖宗盛際 常懷忡慊 遂於從享之請 斷然行之

이역려기람 고유차재량야 교문대제학한장석제진
而亦慮其濫 故有此裁量也 敎文大提學韓章錫製進.

중엽 이래로 현관(賢關)은 수선(首善)의 장소[1]로서 그 시대의 공론이 나오는 곳이다. 위로는 임금의 존엄을 억누르게 되고 아래로는 재상의 권위를 꺾기도 했다. 때로는 말과 의론이 정도를 지나칠 때도 있었으나 옛날 사람들의 언행이나 인격 등을 논하는 선비들은 그래도 취할 점이 많은 것으로 생각했다. 근래에 이르러, 세상 운수가 이미 떨어지고 선비의 기풍 또한 퇴락하였다.

이른바 성균관 유생들은 거개가 과거보는 데만 급급하여 세상살이에 몹시 쪼들리고 굶주리고 추워서 쩔쩔매도 돌아갈 곳이 없어 서로 함께 웅크리고 엎드려 있는 상황이다. 밤낮으로 생각하는 것이라곤 어떤 일 한 건을 끌어내어 서원의 복설(復

設)이나 명현(名賢)의 승무(陞廡)[2)]와 같이 낙착되는 것도 없고 그릇된 허물도 없는 것을 기화(奇貨)로 삼는 것이다. 그로 인해 8도에 호소하면 소리와 기운이 서로 응해서 난잡하게 무리를 이루게 되니, 혹은 저전(邸錢)을 억지로 징수하기도 하고 혹은 향부(鄕賻)를 억지로 배당하기도 하여 임원들이 헤아려 돈꾸러미를 나누어 먼저 착복하고 그 나머지 자금으로 소청(疏廳)을 간략히 설치하되, 유건을 쓰고 도포를 입은 자들이 날마다 모여들어 대궐 아래에 나란히 엎드려 있는데, 이것을 '봉장(封章, 장소)'이라고 하였다. 그 대개의 줄거리를 들여다볼 것 같으면 금년에도 승무요, 명년에도 또한 승무였다. 대개 그 시초에는 그래도 가히 논해볼 것이 없지 않았으나 이미 유현으로 칭하게 되면 펼쳐 놓지 않은 사람이 없을 정도였다. 영남 지방으로 말하면 점필재(佔畢齋, 金宗直)·남명(南冥, 曺植)·한강(寒岡, 鄭逑)·여헌(旅軒, 張顯光)으로부터 탁영(濯纓, 金馹孫)에 이르기까지 아울러 거론되었으며, 호남 지방에서는 일재(一齋, 李恒)·고봉(高峰, 奇大升)·미암(眉菴, 柳希春)·사암(思菴, 朴惇) 및 옥계(玉溪, 盧禛)를 거론하면서 '호남 오현(湖南五賢)'이라 칭하였다. 경기와 호서에서는 중봉(重峰, 趙憲)·신독재(愼獨齋, 金集)·수암(遂菴, 權尙夏)·청음(淸陰, 金尙憲)으로부터 농암(農巖, 金昌協)에 이르기까지 미쳤는데, 중봉과 신독재는 마침내 윤허를 받았다.

간혹 목은(牧隱, 李穡)을 일일이 들어 말하는 자도 있었으며, 심지어 황심현(黃心顯)이란 자는 홀로 소를 올려 그의 조상인

방촌(厖村, 黃喜)을 거론하자, 8도에서 뒤따라 호응하였다. 허헌(許憲)이란 자도 홀로 소를 올려 그 조상 미수(眉叟, 許穆)를 거론하였는데, 엄한 비답을 받고 유배되었다. 허헌의 경우, 유독 죄를 입은 것은 허목(許穆)을 거론하였기 때문이지 승무를 중히 여긴 때문은 아니었다. 이와 같은 것을 어찌 선비들의 공론(公論)이라 할 수 있으랴? 나라의 법률과 기강이 텅 비어 있어 임금이 어떠한 존재인지조차 잊고 생각하는 것을 망각하고 마구 번거롭게 떠들어 거리낌이 없었다. 아! 가히 세상이 변한 것을 볼 수 있겠다.

註解

1) **현관은 …… 수선의 장소** : 어진 사람이 되기 위한 관문, 곧 대학(성균관)은 가장 모범이 된다.
2) **승무(陞廡)** : 학덕(學德)이 있는 사람을 문묘(文廟)에 올려 함께 제사를 지냄.

原文

중엽이래 현관위수선지지 일세공론소자출 상굴인주지
中葉以來 賢關爲首善之地 一世公論所自出 上屈人主之
존 하절재상지위 즉유시언의과중 상론지사 유유취언 지
尊 下折宰相之威 卽有時言議過中 尙論之士 猶有取焉 至
근일세운기강 사풍역퇴 소위관학지유 거불과모소거자
近日世運旣降 士風亦頹 所謂館學之儒 擧不過毷氉擧子
첨산괴귀 기동무소귀 상여준복공재 일야사소이야출일사
尖酸怪鬼 飢凍無所歸 相與遵伏空齋 日夜思所以惹出一事
무착락 무죄과자 여서원복설 명현승무지류 인작기화
無着落 · 無罪過者 如書院復設 名賢陞廡之類 認作奇貨

호소팔방 성기상응 외잡성군 혹륵징저전 혹억배향부 계
呼召八方 聲氣相應 猥雜成群 或勒徵邸錢 或抑配鄕賻 計
원분강 선판끽착 이기여자 략설소청 대건천포 윤일답지
員分繈 先辦喫着 以其餘貲 略設疏廳 戴巾穿袍 輪日沓至
제복궐하 위지봉장 규기대개 금년역왈승무 명년역왈승
齊伏闕下 謂之封章 窺其大槩 今年亦曰陞廡 明年亦曰陞
무 개기시야 유유가위자 기이이유현칭자 무불려진 약영
廡 蓋其始也 猶有可諉者 旣而以儒賢稱者 無不臚陳 若嶺
남즉점필 김종직 남명 조식 한강 정구 여헌 장
南則佔畢(金宗直)·南冥(曺植)·寒岡(鄭逑)·旅軒(張
현광 지여탁영 김일손 이병거언 호남즉일재 이항
顯光)·至與濯纓(金馹孫)而幷擧焉 湖南則一齋(李恒)·
고봉 기대승 미암 유희춘 사암 박순 급노옥계 노
高峰(奇大升)·眉菴(柳希春)·思菴(朴淳)及盧玉溪(盧
진 위지호남오현 기호즉중봉 조헌 신독재 김집 수
禛) 謂之湖南五賢 圻湖則重峰(趙憲)·愼獨齋(金集)·遂
암 권상하 청음 김상헌 이급농암 김창협 이중봉
菴(權尙夏)·淸陰(金尙憲)以及農巖(金昌協) 而重峰·
신독재경몽윤허 간유역거목은 이색 자 심지유황심현자
愼獨齋竟蒙允許 間有歷擧牧隱(李穡)者 甚至有黃心顯者
독소거기조방촌 황희 이팔로종이응지 유허헌자 독소거
獨疏擧其祖厖村(黃喜) 而八路踵而應之 有許憲者 獨疏擧
기조미수 허목 이엄비찬배 헌독피죄이미수야 비중승무
其祖眉叟(許穆) 而嚴批竄配 憲獨被罪以眉叟也 非重陞廡
야 약시자기개사론재 법기탕연 망념군상지위하등 이설
也 若是者豈皆士論哉 法紀蕩然 罔念君上之爲何等 而屑
월번괄 기호무기탄언 오호 가이관세변의
越煩聒 幾乎無忌憚焉 嗚呼 可以觀世變矣.

어윤중(魚允中)을 서북경략사(西北經略使)로 임명하였다. 어윤중은 시국의 어려움을 몹시 안타깝게 생각하고, 백성의 고통

에 유의하여 무릇 수탈에 관련된 일에 대해서는 일체 척결해서 깎고 감하기를 과단성 있게 하여 일시의 쾌감을 얻기에 힘썼다. 그런데 경략사의 일을 끝내고 돌아오게 되자, 시행하던 일은 뒤얽히어 시행되지 못했다. 혹 예전에 견주어 소란을 일으키게 되니 도리어 백성에게 해를 끼치는 일도 있었다고 한다.

原文

以魚允中爲西北經略使 允中痛念時艱 留心民隱 凡係割剝之藪 一切鉤剔 裁減過當 務快一時 而使車甫旋格而不行 或有比舊滋擾 反貽民害者.

갑신년(고종 21, 1884) 봄, 전권 대신 박영효(朴泳孝) · 부관 홍영식(洪英植) · 종사관 서광범(徐光範) 등이 미국에서 돌아왔다. 옛 제도는 의빈(儀賓, 왕의 사위)은 국정에 참여할 수 없으니 그렇게 한 것은 조종(祖宗)의 깊은 뜻이었다. 임금이 외국을 흠모하여 선대(先代)의 제도가 편협하다고 느끼게 되어 점차 변경하려는 바가 있었다.

그런데 박영효는 어릴 적부터 예쁘고 풍치(風致)가 아름다워 대궐을 드나들면 임금이 보고 몹시 사랑했다. 박영효는 박영교(朴泳敎)의 말을 익히 듣고서 외국 영사(影事, 서양의 헛된 일)를 마구 이야기 하였다. 임금은 그가 재주 있다고 하여 일본에 사신으로 갈 것을 명하고, 그가 돌아오자 이어 한성판윤 · 광주

유수에 제수하였으니 다 파격적인 인사였다. 이에 이르러 전권의 임무를 띠고 구라파와 미국 등 여러 나라를 유람하고 해가 지나 돌아왔다. 홍영식은 가선대부(嘉善大夫)에 올랐고, 서광범은 대교(待敎)에서 동부승지(同副承旨)로 특별히 승진했으며, 김옥균(金玉均) 또한 참판에 제수되었다. 박영효(朴泳孝) 등은 주야로 머리를 맞대고 모의하는 등 종적이 자못 괴이해서 알만한 사람들은 그것을 걱정하고 환란의 징조가 있다고 하였다.

서광범(徐光範)의 친척으로 서재필(徐載弼)이라는 이가 있는데, 약관의 나이에 과거에 급제하여 일본에 들어가서 유람하며 해를 지내도 돌아오지 않았다. 갑신년 봄에 그의 조부가 죽었는데 후취 소생으로 마땅히 승중(承重)[1]을 해야 할 처지였다. 서재필은 한참이 지나서야 돌아와 분상(奔喪)[2]을 하고 여막에 있었다. 박영효가 문상을 하고 그를 위로하여 비단옷을 가져다 입히고 말하기를, "어찌하여 꼭 기어이 상제(喪制)의 도리를 지킬 것인가? 이 옷을 입고 부귀를 함께 누리는 것이 좋지 않겠는가?" 하였다.

홍영식(洪英植)은 사신으로 갔다가 (미국에서) 돌아온 뒤에 해를 넘기도록 자기 부친을 뵙지 않았다. 그가 대궐에 들어갔을 때 그의 아버지 홍순목(洪淳穆)은 마침 빈청에 있었는데, 홍영식은 입시했다가 물러나오면서도 부친을 뵙지 않고 곧장 자기 집으로 돌아갔다. 그때 상중에 있던 판서 이승오(李承五)가 집을 팔겠다고 내놓았는데 그 소문을 들은 홍영식은 아직 조문을 가지 않았는데도 가쾌(家儈, 집 소개업을 하는 사람)를 따라

이승오의 집에 이르러 홑두루마기 차림으로 팔짐을 지고 집안에 들어가 집을 둘러보고 나왔다. 그는 이승오에게 조문도 하지 않고 그대로 가버렸다. 대개 우리나라 풍속이 남의 집에 조문을 가게 되면 흰 도포를 갖추어 입어야 하며, 조문하지 않으려면 그 집에 들어가지 않는 법이다.

당시 내가(황현) 서울에 있으면서 경향(經香) 한장석(韓章錫)을 만났는데, 경향은 손가락을 꼽아가며 서재필과 홍영식이 한 일들을 말하면서 탄식해 마지않으며 말하기를, "윤리가 이렇게 없어졌으니 나라가 망하지 않을 수 있겠는가." 하였다.

註解

1) **승중**(承重) : 장손으로 아버지와 할아버지를 대신하여 조상의 제사를 받드는 일. 적장자가 유고시 맏손자가 책임을 맡음.
2) **분상**(奔喪) : 멀리 떨어져 있는 곳에서 부모의 부음(訃音)을 듣고 급히 돌아가는 일.

原文

갑신 고종이십일년 춘 전권대신박영효 부관홍영식
甲申(高宗二十一年)春 全權大臣朴泳孝 · 副官洪英植 ·

종사관서광범등 환자미국 구제의빈불예국정 개조종심의
從事官徐光範等 還自美國 舊制儀賓不預國政 蓋祖宗深意

야 상흠모외국 협소선조제도 초초유소변경 이영효조세
也 上歆慕外國 愜少先朝制度 稍稍有所變更 而泳孝早歲

연미 출입금중 상심권애지 영효습문영교지언 조담외국
姸媚 出入禁中 上甚眷愛之 泳孝習聞泳教之言 粗談外國

영사 상재지 명사왜이환 연제한성판윤 광주유수 개파
影事 上才之 命使倭而還 連除漢城判尹 · 廣州留守 皆破

격이용지야 지시 우대전권지임 유력구미 역세이환 영식
格而用之也 至是 又帶全權之任 遊歷歐美 歷歲而還 英植
승가선 광범이대교특승동부승지 김옥균역제참판 영효등
陞嘉善 光範以待敎特陞同副承旨 金玉均亦除參判 泳孝等
일야취수 모의궤비 종적수괴 식자우지 이위화란지조 광
日夜聚首 謀議詭秘 踪跡殊乖 識者憂之 以爲禍亂之兆 光
범지족 유재필자 보관등제 유람입왜 경년불반 갑진춘 기
範之族 有載弼者 甫冠登第 遊覽入倭 經年不返 甲辰春 其
조사 개소후가이당승중자야 구지 재필시분상 방재려 영
祖死 蓋所後家而當承重者也 久之 載弼始奔喪 方在廬 泳
효언지 휴금포의지왈 해필악착수제위재 가의차 부귀공
孝唁之 携錦袍衣之曰 奚必齷齪守制爲哉 可衣此 富貴共
지 영식사환 성부이유년 급기예궐야 기부순목방재빈청
之 英植使還 省父已踰年 及其詣闕也 其父淳穆方在賓廳
영식입시이퇴 역불과알 직귀기가 문판서이승오장매옥
英植入侍而退 亦不過謁 直歸其家 聞判書李承五將賣屋
시승오거우 영식미지조야 내경수옥쾌지승오가 단주의부
時承五居憂 英植未之吊也 乃徑隨屋儈至承五家 單周衣負
수입기내 순첨이출 경불조승오이거 개국속조인자 구소
手入其內 巡簷而出 竟不弔承五而去 蓋國俗吊人者 具素
포이불상조 즉불입기가야 시여재경사 견한경향장석 경
袍而不相吊 則不入其家也 時余在京師 見韓經香章錫 經
향굴지도재필 영식지사 차완불이왈 윤리멸의 국유불망
香屈指道載弼·英植之事 嗟惋不已曰 倫理滅矣 國有不亡
자호
者乎.

계미년(고종 20, 1883) 12월 22일에 혜성이 신경(申庚, 서남서쪽) 방향에서 나타났는데 빛은 희고 길이는 한 길쯤 되었으며, 동쪽으로 뻗쳐 있었다. 어두워진 후에 나타났다가 이경(二更,

밤 9시~11시)이 되어서 비로소 사라졌다. 이 혜성은 갑신년(고종 21, 1884) 정월까지 계속되었다. 4월 17일 새벽녘에 동쪽에서 천둥이 쳤다.

原文

癸未(高宗二十年)十二月二十二日 彗出申庚方 色白 長一丈許 亘于東 昏後見 二更始滅 至于甲申正月 四月十七日曉 東方天鼓.

전의감(典醫監)에 우정국(郵政局)을 설치하고 총판(總辦)·사사(司事) 등의 관직을 두었다. 박영효(朴泳孝)·홍영식(洪英植) 등이 이 사업을 주관하였다.

原文

設郵政局于典醫監 置總辦·司事等官 朴泳孝·洪英植等主之.

6월, 복식제도를 개혁하여 공사(公私) 귀천(貴賤)을 막론하고 다같이 새로운 법식으로 할 것을 반포했다. 당시 박영효(朴泳孝) 등은 서양제도에 들떠 있었으며 미친 사람같이 좋아했다. 임금께 복식제도를 변경할 것을 전하면서, 다 함께 간편하게

하는 것이 곧 국가를 부강하게 하기 위해 가장 먼저 해야 할 일이라고 하였다. 민영익(閔泳翊)이 청나라에서 돌아와서 의논하여 합당하다 하여 윤 5월에 비로소 절목(節目)[1]을 정하였다. 즉 공복(公服)은 소매가 넓은 홍단령(紅團領)을 폐지하는 한편, 고하의 관리는 다같이 소매가 좁은 흑단령(黑團領)을 착용하도록 하였다. 사복(私服)은 도포·직령(直領)·창의(氅衣) 등의 소매가 넓은 것은 모두 없애고 양반이나 천민이나 다같이 소매가 좁은 두루마기를 입도록 하였다. 관직에 있는 자는 전복(戰服)[2]을 추가하였다. 그 나머지 조목의 자세한 것은 대략 넓은 소매를 금하는 원칙에 따르며 지나친 장식이나 번거로운 형식을 탈피했다.

이에 나라 안은 발칵 뒤집혔고 사람들의 감정은 날카로워져서 복종하지 않았다. 정언 이수홍(李秀弘) 등의 상소가 있었고, 옥당(玉堂)의 연명상소가 있었으며, 성균관 유생 심노정(沈魯正) 등의 상소도 있었다. 임하(林下)[3]에서는 송병선(宋秉璿)이 소를 올렸고 재신으로는 박제교(朴齊敎)가 상소를 올렸다. 예조 판서 이인명(李寅命)은 바로 거행할 수 없다고 하면서 죄를 기다린 채 상소를 올렸다. 밖에 있는 대신으로 봉조하(奉朝賀)[4] 이유원(李裕元)과 송근수(宋近洙)의 소가 있었고, 시원임 대신(時原任大臣)[5]으로는 김병국(金炳國)·홍순목(洪淳穆)·김병덕(金炳德) 등이 이어서 연명차자(聯名箚子)[6]를 올려 강경하게 반대했으나 임금은 일체 배척하여 물리쳤다. 임금과 군신간이 서로 틈이 벌어지고 조정이 떠들썩하더니, 점차 가라앉게 되어 비로소 전국에 반포한 것이다.

註解

1) **절목**(節目) : 조목(條目). 법률 · 규정 등의 낱낱의 조항이나 항목.
2) **전복**(戰服) : 무관이 입던 옷. 소매를 달지 않고 뒤 골기가 째져 다른 옷 위에 덧받쳐 입었음. 융복(戎服)은 철릭과 주립(朱笠)으로 된 군복. (문신도 전쟁 때나 임금을 호종할 때 입었음).
3) **임하**(林下) : 벼슬을 그만두고 은거한 재야의 학자. 산림.
4) **봉조하**(奉朝賀) : 종2품의 벼슬아치가 퇴임한 뒤에 임명되는 벼슬. 의식에만 출사(出仕)하며 종신토록 녹봉을 받음.
5) **시원임대신**(時原任大臣) : 현직에 있는 대신과 전직 대신의 통칭.
6) **연명차자**(聯名箚子) : 두 사람 이상이 연명하여서 임금에게 상주(上奏)하는 일.

原文

유월 개의제 공사귀천 함반신식 시박영효등부모양제
六月 改衣制 公私貴賤 咸頒新式 時朴泳孝等浮慕洋制

기호약광 권상변의제 일종간편 차내부강지수무 민영익
嗜好若狂 勸上變衣制 一從簡便 此乃富强之首務 閔泳翊

신종청국환 의여지합 자윤오월시정절목 명공복폐홍단령
新從淸國還 議與之合 自閏五月始定節目 命公服廢紅團領

광수 대소관함용흑단령착수 사복폐도포 · 직령 · 창의지
廣袖 大小官咸用黑團領窄袖 私服廢道袍 · 直領 · 氅衣之

등광수 귀천함용착수주의 유관자가전복 기여조목세쇄
等廣袖 貴賤咸用窄袖周衣 有官者加戰服 其餘條目細瑣

이대교출어금광수 이거번문야 어시국중규훤 인정불복
而大較出於禁廣袖 而袪繁文也 於是國中叫喧 人情不服

유정언이수홍등소 유옥당련명소 유관유심노정등소 임하
有正言李秀弘等疏 有玉堂聯名疏 有館儒沈魯正等疏 林下

즉유송병선소 경재즉유박제교소 예판이인명불즉거행 대
則有宋秉璿疏 卿宰則有朴齊敎疏 禮判李寅命不卽擧行 待

罪有疏 大臣在外則有奉朝賀李裕元疏 有奉朝賀宋近洙疏 時原任大臣金炳國 · 洪淳穆 · 金炳德等 連上聯名箚子 苦爭之 上一切斥之 君臣相距 朝廷闃然 漸次捱退 至是 始頒中外.

이인명(李寅命)이 만경현(萬頃縣, 전북 김제)에 귀양 가고, 이유원(李裕元)이 거제부(巨濟府)에 도배(島配)되었다. 이유원은 본디 아첨을 잘하고 나약한 사람이어서 벼슬에 오른 지 50년이 되었어도 직언을 한 일도 없었다. 매양 임금의 뜻과 교시(敎示)를 헤아리고 수탐하여 소를 올려 아뢰었다. 그 안에는 꼭 빼놓지 않는 것이 있으니 그것은, "신의 선조 문충공 이항복(李恒福) 운운"하는 구절이 있었다. 일단 문벌을 자랑하고 빛냄으로써 사람들은 그것을 '세덕소(世德疏)'[1]라고 하였다. 이에 이르러 스스로 원로로서 국가가 크게 경장(更張)[2]하는 때를 만나 한결같이 침묵에만 의지하다 보면, 뭇사람들의 입에서 침을 뱉고 욕을 할 것이 뻔하니, 그것이 두려워 소(疏)를 올린 것이다. 그런데 임금의 사랑이 본디 융성함으로써 즉시 윤허하지는 않더라도 반드시 큰 죄를 주지 않으리라 생각하고, 드디어 옛 전례를 낱낱이 들면서 강한 어투로 비판하였다. 이에 임금은 그의 직언을 싫어했을 뿐만 아니라 한번 대신을 꺾어 놓으면 나머지들은 마땅히 풍미(風靡)[3]할 것이라 생각하고 엄하게 꾸짖어 갑

자기 귀양을 보낸 것이다. 이유원이 망연히 귀양길을 떠나자 남촌 사람들이 남몰래 비웃었으며, "귤산(橘山, 李裕元)의 금번 세덕소는 힘을 얻지 못했구나." 하였다. 세상 사람들은 이유원을 칭하기를, "명궁(命宮, 四柱)이 입각(入閣)하면 반드시 넘어질 것이라 나타나 있으니, 이번 귀양길은 자못 위태롭다." 하였다. (그렇지만) 임금은 본마음이 그를 죽이려는 뜻이 없었으므로 해를 넘겨 풀려나서 돌아오게 되었다.

註解

1) **세덕소**(世德疏) : 대대로 쌓아 내려오는 미덕을 내세워 올리는 상소.
2) **경장**(更張) : 사회적 · 정치적으로 부패한 제도를 개혁함. 고쳐서 확장함.
3) **풍미**(風靡) : 위세에 따라서 저절로 쏠림. 바람에 따라 풀이 쓰러지듯 쓸려가는 것.

原文

竄李寅命于萬頃縣　島配李裕元于居濟府　裕元素諂諛巽懦　立朝五十年　無直言可稱　每揣人主意旨　摸稜陳疏　其中必有曰　臣先祖文忠公臣恒福云云　一段以夸耀門閥　人謂之世德疏　至是自以元老遇國家大更張　一向循嘿　衆口唾罵亦可畏也　乃有是疏　而以上眷素隆卽有不允　必不深罪　遂

력거구전 사경이변 상오기고직 차일절대요 여당풍미 고
歷擧舊典 詞勁而辯 上惡其沽直 且一折大僚 餘當風靡 故

엄견거하 유원망연취도 남촌인절소지왈 귤산 이유원 금
嚴譴遽下 裕元惘然就途 南村人竊笑之曰 橘山(李裕元)今

번세덕소 부득력의 세칭유원명궁 입각필궐 고시행야 파
番世德疏 不得力矣 世稱裕元命宮 入閣必蹶 故是行也 頗

위지 상본무의살지 유년방환
危之 上本無意殺之 踰年放還.

영의정 김병국(金炳國)은 파직하여 서용(敍用)[1]하지 말 것을 명하고, 영부사 홍순목(洪淳穆)과 우의정 김병덕(金炳德)을 문외출송(門外黜送)하였다가 얼마 후 용서하였다. 김병덕은 성문 밖으로 나가 대죄하다가 마침내 영평(永平)으로 돌아갔다. 그 때 김병국은 늙어 쇄약해서 한강 교외에 머물러 있었고, 홍순목은 두려워 망설이고 있었는데, 전후에 올린 연차(聯箚)는 다 김병덕이 주도한 것이었다. 그러나 보낸 글귀가 맥이 없고 느슨하여 사람들을 용동(聳動)[2]시키지 못했다. (그러나) 등대(登對)하기에 이르러서는 꼬장꼬장하여 굴하지 않고 맞서 말하길, “전하께서 이같이 고치지 않으시면 반드시 나라가 망하기에 이를 것입니다.” 하였다. 이에 임금이 진노하여 그를 꾸짖는데 그 소리가 궐 안의 기둥과 창문을 진동하였고, 군신(君臣)들이 모두 실색하였다. 김병덕은 태연히 대답하기를, “전하께서 신을 죽이신다면 그만이시겠지만, 어찌 객기를 부려 옥체를 손상시키려 하십니까?”라고 한 다음 물러나와 바로 동소문 밖으로 가서 10여 일간 대죄하고 있었다. 임금은 원망함이 풀리지 않아

전지(傳旨)를 내려, "전리(田里, 고향마을)로 추방하고 영구히 서용하지 않는다!"라고 하였다. 대왕대비가 임금께 이르기를, "김병덕에 대한 처분은 너무 무거운 것이 아니겠습니까?"라고 하자, 임금이 말하기를, "소자가 왕위에 있은 지 20년이나 되었는데 이와 같이 무례한 사람은 보지 못했습니다. 지금의 이러한 조치가 어찌 가히 있을 수 없겠습니까?" 하였다. 김병덕은 영평 시골집에 돌아가서 다시 서울에 돌아오지 않았다. 김병덕은 청백하고 검소하여 자못 칭송할 만하였다. 그런데 재간과 일을 도모함이 짧았고, 또 기풍과 절조도 내세울 만한 것이 없었다. 그런 까닭에 사람들은 그를 대수롭지 않은 인물로 여겼는데 이때에 이르러 많은 사람의 의론이 명재상이라고 일컬었다.

註解

1) **서용**(敍用) : 죄가 있어 면관(免冠)되었던 사람을 다시 쓰던 일.
2) **용동**(聳動) : 기쁘거나 즐거울 때, 몸을 솟구쳐 춤추듯이 함.

原文

명 영 의 정 김 병 국 파 직 불 서　영 부 사 홍 순 목　우 의 정 김 병 덕
命領議政金炳國罷職不叙　領府事洪淳穆 · 右議政金炳德

문 외 출 송　이 이 원 지　병 덕 출 성 대 죄　수 귀 영 평　시 병 국 노 륭
門外黜送　已而原之　炳德出城待罪　遂歸永平　時炳國老癃

처 강 교　순 목 외 나 의 위　전 후 연 차　개 병 덕 주 지　연 견 사 유 완
處江郊　淳穆畏懦依違　前後聯箚　皆炳德主之　然遣辭柔緩

불 능 용 동 인　급 지 등 대　간 간 불 굴　항 언 전 하 약 차 불 전　필 지
不能聳動人　及至登對　侃侃不屈　抗言殿下若此不悛　必至

망 국　상 진 노 질 지　향 진 영 유　군 신 실 색　병 덕 서 대 왈　전 하 주
亡國　上震怒叱之　響振楹牖　群臣失色　炳德徐對曰　殿下誅

신즉이 하지객기손옥체호 추이출 즉왕동소문외 대죄십
臣則已 何至客氣損玉體乎 趨而出 卽往東小門外 待罪十
여일 상노미해 전지방축전리 영불서용 대왕대비위상왈
餘日 上怒未解 傳旨放逐田里 永不敍用 大王大妃謂上曰
김병덕처분무이중호 상왈소자재위이십년 미상견여차무
金炳德處分無已重乎 上曰小子在位二十年 未嘗見如此無
례지인 금차거조안가무야 병덕귀영평향려 불복입경사
禮之人 今此擧措安可無也 炳德歸永平鄕廬 不復入京師
병덕청검정약 파가칭 이단어간략 차무풍절 고식자소지
炳德淸儉貞約 頗可稱 而短於幹略 且無風節 故識者少之
지시중론흡연 칭명재상
至是衆論翕然 稱名宰相.

부평부(富平府)에 해방영(海防營)을 설치하고 민영목(閔泳穆)을 해방사(海防使)로 삼았다.

原文

설해방영우부평부 이민영목위해방사
設海防營于富平府 以閔泳穆爲海防使.

일본 공사 죽첨진일랑(竹添進一郎)이 교동에 공관을 새로 짓고 이사했다. 그는 문장에 능했다. 일찍이 중국에 들어가 하남·섬서성으로 해서 촉(蜀)에까지 들어갔다가 삼협(三峽)[1]으로 나와서 오(吳)·초(楚) 지역까지 유람한 인물이다. 그의 기행을 쓴 『산운협우기(棧雲峽雨記)』라는 책이 있는데, 이홍장(李鴻章)이 서문을 썼다. 이미 공사로 부임하여 서울에 왔을 때 김옥균(金玉均) 일파와 사이가 좋아져 날로 친밀해졌다. 김옥균 등이

정의를 쏟으며 성원하여 공관을 옮겨 가까이 끌어들이려 하였는데, 죽첨 공사가 이를 따른 것이다.

註解

1) **삼협**(三峽) : 중국 사천성과 호북성의 경계의 양자강 중류에 있는 세 협곡. 즉 무협(巫峽) · 구당협(瞿塘峽) · 서능협(西陵峽).

原文

倭公使竹添進一郎 營新館于校洞 移居之 進一郎能文章嘗入中國 由河南 · 陝西入蜀 出三峽 達于吳楚 其紀行之書曰棧雲峽雨紀 李鴻章序之 旣以公使來駐我京 與金玉均一隊 情好日密 玉均等輸其情款 倚爲聲援 使之移館 引以自近 進一郎從之.

김옥균(金玉均)의 집은 홍현(紅峴, 용산 삼각지 일대)에 있었는데 일본 사람들과 한밤중에도 왕래하였다. 발가벗은 일본인이 간혹 그의 집에 들어가 그의 처첩들과 어깨를 나란히 하고 희롱하였으며, 김옥균은 익살궂은 말이나 동작으로 거들기도 하였다. 그것을 들은 사람들은 매우 해괴하게 여겼다.

原文

김 옥 균 가 재 홍 현 　 여 군 왜 혼 야 왕 래 　 왜 지 라 자 혹 틈 입 기 실
金玉均家在紅峴 與群倭昏夜往來 倭之裸者或闖入其室
여 기 처 첩 비 견 대 화 　 옥 균 조 이 해 학 　 문 자 해 지
與其妻妾比肩對話 玉均助以諧謔 聞者駭之.

민영익(閔泳翊)이 상해로부터 돌아온 다음, 자기 집의 구조가 겹겹으로 꽉 막혀 있는데다 굽은 것이 싫어서, 담장을 다 헐어내고 내당(內堂)과 외당(外堂)이 서로 통하여 막힘이 없도록 하였다.

原文

민 영 익 자 상 해 환 　 이 제 택 차 란 중 복 　 구 곡 가 염 　 실 절 훼 원 병
閔泳翊自上海還 以第宅遮攔重複 拘曲可厭 悉折毀垣屛
사 내 외 당 동 연 무 격
使內外堂洞然無隔.

10월 17일 무자 밤에 박영효(朴泳孝)·김옥균(金玉均) 등이 반란을 일으켜 〔갑신정변(甲申政變)〕[1] 대궐을 침범하고 임금을 경우궁(景祐宮)[2]으로 옮겼다. 좌찬성 민태호(閔台鎬)·지사 조영하(趙寧夏)·해방총관 민영목(閔泳穆)·좌영사 이조연(李祖淵)·우영사 윤태준(尹泰駿)·전 영사 한규직(韓圭稷) 등을 왕명으로 속여 불러들여서 모두 죽였다. 환관 유재현(柳載賢)은 난을 일으킨 역적들을 꾸짖다가 죽임을 당했다. 처음 박영효 등은 일본·서양 제국과 통교하여 부강을 누리고자 하였으며,

예부터 내려오는 국가 풍속을 모두 버리고 서양제도를 배워서 개화의 결실을 맺기 위해 힘썼으나 임금의 우유부단함을 걱정하였다. 또한 정책이 여러 사람에게서 나와 획일적인 법을 실행할 수 없었다. 그래서 비밀리에 모의해서 임금을 위협하고 궁을 옮겼다. 민태호 등 수구파 대신 및 장졸들을 모두 제거한 후, 일본을 후대하여 군대를 이끌고 와서 청국군을 방어하도록 했던 것이다. 일이 성공하면 하고자 했던 계획들을 장차 차례로 행하려 하였다. 혹자는 말하기를, "임금을 꾀어 인천에서 배를 태워 일본으로 들어가 서양의 민주제도를 모방하고 박영효 등은 고종을 갈아 치우려 계획했다."고도 했으며, 또 어떤 이는, "8도를 분할해서 적당들이 각기 한 지방씩 점령하여 왕 노릇을 할 것이다."라고도 하고, 또 어떤 이는, "청나라와 관계를 끊고 일본을 끼고 임금을 높여서 황제로 삼고자 하였다."고도 하였는데, 그 후 난의 주모자들이 모두 도망쳐서 마침내 심문할 길이 끊어져 그 사실을 밝힐 수 없었다.

그들이 일을 꾸민 지 오래되자 모의가 차차 누설되었다. 서재필(徐載弼)은 윤태준(尹泰駿)의 이질(姨侄)이 되는데, 마침 윤태준에게 들렀다가 태준이 국수상을 받고 있어 함께 먹게 되었다. 태준은 박영효의 일파가 큰 일을 내리라 한다는 사실을 물으면서, "장차 대사를 행한다고 하던데 너는 듣지 못했느냐?"하니, 서재필은 내납하시 않았다. 수저를 놓고 나가더니 오래되어도 들어오지 않아서 이미 달아난 것을 알았다. 윤태준은 크게 노하여 민태호(閔台鎬)에게 일러바쳤다. 민태호가 말하되,

"영감께서는 이제야 비로소 들었단 말이오? 나는 벌써 오래되었소. 그러나 일이 의심스러우니 마땅히 대간(臺諫)에게 취지를 알리고 상소해서 울릉도 사건을 논의하며 김옥균을 추궁하면 단서가 반드시 잡힐 것이오." 하였다. 그때 김옥균이 일본에 가서 울릉도를 팔았다는 말이 있었다. 김옥균 등은 계획한 일이 이미 탄로 난 것을 알고 일을 앞당겨 거행할 것을 기약하였다.

(10월) 17일 밤에 우정국에서 연회를 베풀고 모든 제신들을 초대했으나 거의 대부분 오지 않았고 오직 민영익(閔泳翊)만이 이르렀는데, 주모자들은 민영익을 친근하게 접대하였으니 일을 은폐하려는 것이었다. 그런데 갑자기 밖에서 불이 났다. 민영익이 보러 뛰어나가는데 한 사람이 갑자기 일어나 (그를) 내리치자, 귀가 떨어졌으며 칼날이 어깨에까지 미쳤다. 민영익이 땅에 쓰러지자 목인덕(穆麟德)이 그를 부축하여 달아났다. 박영효 등은 급히 대궐로 달려가 궐문 밖 곳곳에 불을 지르게 하고, 큰 소리로 함성을 질러 기세를 돋우었다. 중희당(重熙堂)[3]에 들어가서 숨을 헐떡이며, "청나라 사람들이 난을 일으켜 긴박하니 상감께서는 잠시 일본 공관으로 가셔서 사태를 지켜보소서."라고 하였다. 임금은 좇으려 하였으나 중궁이 말하기를, "자세히 알지 못하고 서둘러 가시는 것은 옳지 못합니다." 하며 반대했다. 박영효가 말하기를, "그러시면 경우궁(景祐宮)으로 행차하시는 것이 좋겠습니다." 하고 온갖 방법으로 겁박하였다. 민영교(閔泳敎)는 앞에 엎드려 왕을 끌어 업고 경우궁으로 들어갔다. (그리고 나서) '일병래호(日兵來扈)'[4]의 네 자를 어필

(御筆)로 쓰게 하여 일본 공사관에 전하니, 죽첨 공사는 군대를 이끌고 바로 달려와서 궁의 담장을 에워쌌다.

날이 밝자, 적당들은 교지를 속여 민태호를 임금이 찾는다고 하였다. 조영하는 민태호에게 이르되, "지금 상황이 예측하기 어려우니 모든 병영의 군사를 일으키고, 원세개(袁世凱) 진영에 연락해서 군대의 보호를 받으며 들어가는 것이 가히 만전을 보장할 수 있소." 하였다. 민태호는, "상감은 포위된 가운데 있어 수조(手詔)[5]를 내려 급히 부르는데 우리가 어찌 들어가지 않을 수 있겠소? 내가 마땅히 먼저 들어갈 테니 공은 뒤처리를 잘하고 들어오시오." 하였다. 조영하(趙寧夏)도 창졸간에 따라 들어갔고 민영목(閔泳穆) 이하 여러 사람도 어지러워 몸 둘 바를 모르다가 또한 감히 들어가지 않을 수 없었다. 들어가자 서재필은 생도들을 거느리고 칼을 휘두르며 맞이해 내려치니 차례차례 모두 죽었고 몸 전체가 떨어져 나갔다. 임금은 그 광경을 바라보고 눈물을 흘리며 괴로워할 뿐이었다. 조영하는 칼을 맞고 바로 죽지 않았으며 큰 소리로, "조선의 국법에 누가 문신은 칼을 차지 말라고 하였는가? 수중에 칼이 있어 너희 무리들을 만단으로 베이지 못하는 것이 한이로다." 하였다.

중관(中官) 유재현(柳載賢)이 임금께 수라를 올리자 김옥균이 그것을 걷어차며, "지금이 어느 때인데 수라 따위를 편안히 들고 있겠느냐?" 하니 유재현이 크게 꾸짖되, "너희 무리들은 모두가 교목(喬木)의 귀경(貴卿)들이 아니냐? 무엇이 부족하여 이런 천고에 없는 미치광이 반역을 일으키느냐?" 하니, 김옥균

이 칼을 빼어 후려치자 그는 층계 밑으로 굴러 떨어졌고, 이것을 본 임금은 벌벌 떨었다.

김옥균(金玉均)은 옥새와 옥로(玉鷺)[6]를 들추어내어 박영효에게 주면서 말하되, "곧바로 즉진(卽眞)[7]하는 게 좋겠소." 하였다. 반란 주모자들은 임금을 해치려는 음모가 있었다고 한다. 심상훈(沈相薰)이 그들을 달래어, "대가들이 무능하게 되어 공들을 편안하게 하여 줌이 족한데 제공들은 무엇을 꺼리고 무엇을 두려워하여 천하의 악명을 얻으려 하는가?" 하니, 적당들은 마침내 행동을 함부로 하지 않았다. 심상훈은 임금을 호위하고 함께 섞여서 들어와서 적당들의 흉측한 행동을 보고 앞에서 충성을 다하니 적당들도 그를 신임했던 것이다. 임금도 다행히 화를 면했으니 심상훈의 힘이 크게 작용했으며 시종하던 제신들 또한 자못 그에게 의뢰했다.

註解

1) **갑신정변**(甲申政變) : 1884년 음력 시월, 김옥균 · 박영효 · 홍영식 등의 개화당(開化黨)이 사대당(事大黨)인 민씨 일파를 물리치고 혁신 정부를 세우기 위하여 일으킨 정변. 거사 이틀 후에 사대당과 청병(淸兵)의 반격으로 실패함.
2) **경우궁**(景祐宮) : 순조의 생모인 수빈박씨(綏嬪朴氏, 정조의 후궁)의 신위를 모신 사당. 계동(桂洞)에 있었음.
3) **중희당**(重熙堂) : 창덕궁과 창경궁 사이에 있던 동궁(東宮).
4) **일병래호**(日兵來扈) : 일본군대가 와서 호위한다는 뜻.
5) **수조**(手詔) : 임금이 친히 쓴 조서(詔書).
6) **옥새**(玉璽) · **옥로**(玉鷺) : 옥새는 임금의 도장. 옥로는 옥으로 만든

해오라기 모양의 장신구로, 높은 벼슬아치나 외국으로 가는 사신이 갓 위에 달았음.

7) 즉진(卽眞) : 정식으로 임금의 자리에 오른다는 뜻.

原文

십 월 십 칠 일 무 자 야 박 영 효 김 옥 균 등 작 난 범 궐 천 상 우
十月十七日戊子夜 朴泳孝·金玉均等作亂犯闕 遷上于
경 우 궁 교 소 좌 찬 성 민 태 호 지 사 조 영 하 해 방 총 관 민 영 목
景祐宮 矯召左贊成閔台鎬·知事趙寧夏·海防摠管閔泳穆
좌 영 사 이 조 연 우 영 사 윤 태 준 전 영 사 한 규 직 개 살 지 환
·左營使李祖淵·右營使尹泰駿·前營使韓圭稷 皆殺之 宦
관 유 재 현 매 적 사 지 초 영 효 등 교 통 왜 양 흠 기 부 강 사 욕 진
官柳載賢 罵賊死之 初泳孝等 交通倭洋 歆其富强 思欲盡
기 국 속 지 구 이 학 기 제 도 이 무 개 화 지 실 이 환 상 우 유 불 단
棄國俗之舊 而學其制度 以懋開化之實 而患上優游不斷
우 정 출 다 문 무 이 행 획 일 지 법 고 밀 모 겁 상 이 궁 진 제 태 호 등
又政出多門 無以行劃一之法 故密謀劫上移宮 盡除台鎬等
구 인 급 일 시 장 병 지 신 이 후 리 담 왜 솔 병 입 위 이 어 청 인 사
舊人及一時將兵之臣 以厚利啗倭 率兵入衛 以禦清人 事
성 즉 기 소 욕 위 자 장 차 제 행 지 혹 언 유 상 행 인 천 재 륜 선 입 왜
成則其所欲爲者 將次第行之 或言誘上幸仁川 載輪船入倭
연 후 방 태 서 민 주 지 제 영 효 이 하 체 주 지 혹 언 분 할 팔 도 제 적
然後倣泰西民主之制 泳孝以下遞主之 或言分割八道 諸賊
각 왕 일 방 혹 언 절 청 협 왜 존 상 위 대 황 제 기 후 제 적 루 망 국
各王一方 或言絶清挾倭 尊上爲大皇帝 其後 諸賊漏網 鞫
핵 로 절 경 불 능 득 기 상 운
覈路絶 竟不能得其詳云.

온 양 기 구 모 초 설 서 재 필 위 윤 태 준 이 질 적 과 태 준 태 준 위
醞釀旣久 謀稍泄 徐載弼爲尹泰駿姨姪 適過泰駿 泰駿爲
지 설 탕 면 방 대 철 태 준 문 외 의 금 릉 일 대 인 장 행 대 사 여 문
之設湯麪 方對啜 泰駿問外議錦陵一隊人 將行大事 汝聞

지부 재필부대 투저경출 구불입 시지이주의 태준대경 고
之否 載弼不對 投箸徑出 久不入 視之已走矣 泰駿大驚 告

지민태호 태호왈 영공금시문부 오즉구의 연사재의신 당
之閔台鎬 台鎬曰 令公今始聞否 吾則久矣 然事在疑信 當

수대간지 상소론울릉도사 궁힐옥균 단서필견 개시유옥
授臺諫旨 上疏論鬱陵島事 窮詰玉均 端緒必見 蓋時有玉

균향왜매울릉도지언 옥균등지기사이로 기이선발 십칠일
均向倭賣鬱陵島之言 玉均等知機事已露 期以先發 十七日

야 장연우우정국 요제재부지 지자유민영익 개제적모닐
夜 張宴于郵政局 邀諸宰不至 至者惟閔泳翊 蓋諸賊貌暱

영익 이차사즉휘지야 이이외간화기 영익출시지 일인졸
泳翊 而此事則諱之也 已而外間火起 泳翊出視之 一人猝

기작지 이락급견 영익도우지 목인덕액지이주 영효등급
起斫之 耳落及肩 泳翊倒于地 穆麟德掖之以走 泳孝等急

추대내 영궐문외처처방화 눌함조세 입중희당 천식언 청
趨大內 令闕門外處處放火 吶喊助勢 入重熙堂 喘息言 清

인작란심급 청상잠어왜공관이관변 상욕종지 중궁왈 불
人作亂甚急 請上暫御倭公館以觀變 上欲從之 中宮曰 不

가초초 영효등왈 연즉가행경우궁 위혁만단 영교복우전
可草草 泳孝等曰 然則可幸景祐宮 危嚇萬端 泳教伏于前

액상부지입경우궁 청어서일병래호사자 통왜관 죽첨휘병
掖上負之入景祐宮 請御書日兵來扈四字 通倭館 竹添麾兵

직진 환위궁장 천명 적당교지 소태호등 영하위태호왈 사
直進 環圍宮墻 天明 賊黨矯旨 召台鎬等 寧夏謂台鎬曰 事

변난측 기제영병통원진 옹이입 가보만전 태호왈 상방재
變難測 起諸營兵通袁陣 擁而入 可保萬全 台鎬曰 上方在

위중 수조급선 오배안가불입 오당선입 공가선후수입 영
圍中 手詔急宣 吾輩安可不入 吾當先入 公可先後遂入 寧

하창졸종지 영목이하 요양망조 역불감불입 기입 재필령
夏倉猝從之 泳穆以下 擾攘罔措 亦不敢不入 旣入 載弼領

생도 휘검영격 차제개사 지체다산락 상망견지 류체규고
生徒 揮劍迎擊 次第皆死 肢體多散落 上望見之 流涕叫苦

而已 寧夏被斫未殊 大呼曰 朝鮮之法 誰禁文臣帶劍者 手中一刀 恨不斬汝曹萬段 中官柳載賢 進御膳 玉均蹴爾曰 此何時而水刺類燕安乎 載賢大罵曰 汝曹皆喬木貴卿 何患不足 而作此千古所無之狂逆乎 玉均拔劍斬之 倒于階下 上戰栗 玉均摘御璽玉鷺授泳孝曰 便可卽眞 諸賊有殺逆之謀 沈相薰說之曰 大家無能爲爾 安樂公則飽矣 公輩何忌何憚 而甘犯天下惡名乎 諸賊遂止 蓋相薰扈駕混入 見賊行凶 陽附之爲盡忠 賊信之 上之幸免 相薰之力居多 而侍從諸臣 亦頗賴焉.

조영하(趙寧夏)가 죽기 하루 전날, 마구간에서 말이 뛰어나와 집 안팎에서 날뛰다가 간신히 붙잡혔는데, 그때 이르기를 '요사스런 말〔마요(馬妖)〕'이라고 했다. 조영하는 키가 큰데다 말라서 관상쟁이가 그를 이르되 '학형(鶴形)'이라 했다. 말타기를 잘했고 대장부의 호탕한 기풍이 있어 아랫사람들을 어루만져 주어 은혜를 베풀었다. 임오년(고종 19, 1882) 이래로 나랏일에 힘써 일했는데 그가 죽임을 당하여 사람들은 그를 애석해 하였다. 정변을 일으킨 자들은 조영하 등을 살해한 다음 시체들을 한방에 쌓아 놓았었다. 시신을 꺼내어 염할 때에 조영하는 팔

하나가 없었는데, 그것을 민태호(閔台鎬)의 집에서 찾았다.

原文

영하사전일일 구마일출 분촉내외 근획지 시위마요 영
寧夏死前一日 廐馬逸出 奔觸內外 僅獲之 時謂馬妖 寧
하장신이수 상자위지학형 선치마 유협기 이부하유은 임
夏長身而瘦 相者謂之鶴形 善馳馬 有俠氣 而拊下有恩 壬
오 고종십구년 이래 우근왕사 급사 인석지 적살영하등
午(高宗十九年)以來 憂勤王事 及死 人惜之 賊殺寧夏等
첩시일방 급출이렴 영하실일비 득지태호가
疊屍一房 及出而殮 寧夏失一臂 得之台鎬家.

칠곡(漆谷) 사람 조백승(曺柏承)은 술수(術數)로 임금에게 알려져 계미년(고종 20, 1883) 봄에 부름을 받았다. 민영목(閔泳穆)이 해방사(海防使)[1]가 되었을 때 그를 끌어다 군사마(軍司馬)[2]로 삼았다. 갑신년(고종 21, 1884) 10월에 민영목이 장차 서울로 들어가려 하자 조백승이 가지 말라고 말리면서, "건상(乾象, 天象)에 경계해야 할 것이 있으니, 형혹성(熒惑星)[3]이 상장군(上將軍)을 범하였습니다. 공께서는 바야흐로 대장의 책임을 맡고 있으니, 의당 조용히 소임을 다할 것이지, 분별없이 행동하는 것은 마땅치 않습니다." 하였다. 그때 허진(許璡)이 인천 부사(仁川府使)로 그 자리에 있어서 그 말을 기억하고 있었다. 민영묵이 죽음에 미쳐 허진이 민씨집에 발하니 임금이 그 말을 듣고 즉시 별입시(別入侍)로 불러들여 항상 재앙인지 복된 일인지를 물었다. 그러나 또한 그는 남달리 능한 것이 없었

다. 조백승은 벼슬이 의령 현감(宜寧縣監)에 이르렀다.

註解

1) **해방사**(海防使) : 해방영(營)을 맡은 장수. 해방영은 경기·황해·충청 삼도의 수군을 통괄하던 군영.
2) **군사마**(軍司馬) : 군문(軍門)에서 군사에 관한 사무를 맡아보는 문관.
3) **형혹성**(熒惑星) : 재화(災禍)·병란(丙亂)의 징조를 나타내는 별자리.

原文

漆谷人曺柏承 以術數聞宇上 癸未(高宗二十年)春被召
閔泳穆爲海防使 引之爲軍司馬 甲申十月 泳穆將入京 柏
承止之曰 乾象有警 熒惑犯上將 公方帶將任 當靜以鎭之
不宜妄動 時許璡以仁川府使在座 識其言 及泳穆死 璡言
于閔家 上聞之 卽召以別入侍 常叩災祥 然亦無他能 柏承
官至宜寧縣監.

이조연(李祖淵)은 호가 완서(莞栖)이며 저헌(樗軒, 李石亨)의 후손인데, 중간에 서얼법에 연좌되어 벼슬길이 막혔다. 이조연은 임오년(고종 19, 1882) 후에 특별히 기용되어 여러 차례 청요직을 지냈다. 이조참판·동경연(同經筵) 같은 자리에 민영익(閔泳翊)과 같이 물망에 올랐다. 좌영사(左營使)가 됨에 이르러

서는 귀척(貴戚)이나 다를 것이 없었다. 그의 아들 이탁(李倬)은 음직으로 벼슬하여 약관에 배천 군수(白川郡守)가 되니 일시에 혁혁히 귀척과 필적할 수 있었다.

계미년(고종 20, 1883) 봄에 윤태준(尹泰駿)과 함께 상해에 갔었다. 이조연이 밤에 외출을 했다가 길에 자루 하나가 버려진 것을 보고 가지고 돌아와서 점검해 보니 영국인 아무개의 물건이었다. 지폐가 그 속에 가득하였는데 100만 원의 값어치나 되었다. 윤태준을 깨워, "이것을 가지고 곧 돌아가면 조선의 부잣집 소리를 들을 수 있을 텐데, 옹(翁)은 어떻게 생각하시오?" 하니 윤태준이 말하기를, "당신 뜻대로 하시오." 하였다. (이조연이) 그날 밤 누웠다 일어났다 하면서 잠을 이룰 수가 없었다. 날이 밝자 문 앞에 방(榜)을 붙였는데 내용은 '밤에 지폐 몇천 원 잃어버린 사람이 있으면 오시오!'라고 하였다. 영국인 아무개가 이르러 크게 놀라며 말하기를, "내가 듣건대 동국(조선)에는 인물이 작다고 하더니만 공(公)과 같은 큰 분이 있었구려." 하고는 후히 사례하며 말하기를, "이것은 답례로 드리는 것이니 가히 물리치지 마시오." 라고 하였다. 조금 지나 그 사실을 기록한 것이 여러 신문에 보도되자, 이에 조선인 이조연은 하룻밤에 천하에 알려지게 되었다. 본국에 돌아오니 임금이 그 사실을 듣고 크게 기뻐하며 아들 이탁(李倬)을 외직에 제수하여, 그의 청렴한 이름을 보답해 주었던 것이다.

原文

이조연호완서 계출저헌지가 이중좌서얼견지 조연자임
李祖淵號莞栖 系出樗軒之家 而中坐庶孼見枳 祖淵自壬

오후 굴기용사 루거청요 여이조참판 동경연 여민영익
午後 崛起用事 屢據淸要 如吏曹參判·同經筵 與閔泳翊
동망 지위좌영사 무이귀척 기자탁음사 약관제배천군수
同望 至爲左營使 無異貴戚 其子倬蔭仕 弱冠除白川郡守
일시항귀혁연 계미 고종이십년 춘 여윤태준동부상해 조
一時亢貴赫然 癸未(高宗二十年)春 與尹泰駿同赴上海 祖
연야출견 로유일대 대귀검지 영인모지물야 지폐만기중
淵夜出見 路遺一帒 待歸檢之 英人某之物也 紙幣滿其中
가직백만 각태준기왈 지차경귀 위조선부가 옹즉여하 태
可直百萬 覺泰駿起曰 持此徑歸 爲朝鮮富家 翁則如何 泰
준왈 유군의 조연야와기불능매 평명방우문왈 야유유지
駿曰 惟君意 祖淵夜臥起不能寐 平明榜于門曰 夜有遺紙
폐기천원자래 영인모지 대경왈 오문동국인물묘소 내유
幣幾千元者來 英人某至 大驚曰 吾聞東國人物眇小 乃有
공야 후사지왈 차출례황 불가각야 기이록기사 파제신문
公耶 厚謝之曰 此出禮貺 不可却也 旣而錄其事 播諸新聞
어시 조선이조연 일일문천하 동환 상문지대희 제탁외임
於是 朝鮮李祖淵 一日聞天下 東還 上聞之大喜 除倬外任
상기염명
償其廉名.

한규직(韓圭稷)은 남촌의 명문가 무반 출신이다. 그러나 등단(登壇, 大將)한 사람은 없었다. 한규직이 동래수사로 있으면서 호랑이처럼 모질고 승냥이처럼 탐욕스럽게 토색질하였는데, 진헌(進獻, 임금에게 예물을 바침)이 끊이질 않아 비취증(翡翠繒, 비취색이 나는 비단)이 5천 필에 이르렀다. 이에 곧바로 우영사(右營使)에 임명되었다. 그 아우 한규설(韓圭卨)은 28세에 진주병사로 발탁되었는데, 어머니를 모시고 부임하라는 특명을 내

렸으니 특이한 은전이었다. 한규직이 죽자 임금은 애도하는 생각을 놓지 못해 한규설에게 고임(苦任, 어려운 임무)을 옮겨 그의 형의 관직을 대신 맡게 하였다. 한규직의 아들 한인호(韓麟鎬)와 이조연의 아들 이탁(李倬)은 모두 상기(喪期, 삼년상)를 마치자 과거에 급제했다.

原文

韓圭稷南村世武也 然無登壇者 圭稷以東萊水使 虎獰狼貪 進獻相屬 翡翠繒至五千匹 卽拜右營使 其弟圭卨 二十八擢晉州兵使 特命將母赴任 異數也 圭稷死 上悼念不置 移寵圭卨 使居其兄之官 圭稷子麟鎬·祖淵子倬 俱闋制登第.

10월 18일, 갑신정변(甲申政變)의 주모자들은 서로 부서(部署)를 나누어 홍영식(洪英植)은 영의정이 되고, 김옥균(金玉均)은 좌영사가 되고, 서광범(徐光範)은 우영사가 되었다. 군사와 재정에 관련한 아문(衙門)은 모두 자기네 당파 사람들을 심어 놓았다. 이재원(李載元)을 우의정으로 삼았는데, 이재원은 운현의 장조카이며 임금과는 종형제 사이었다. 정변의 주모자들은 만에 하나 일이 낭패하게 되면 이재원을 빌려 구실로 삼고 그것을 미봉해 보려 한 것이었다.

原文

십 팔 일　제 적 자 상 부 서　홍 영 식 위 영 의 정　김 옥 균 위 좌 영 사
十八日 諸賊自相部署 洪英植爲領議政 金玉均爲左營使
서 광 범 위 우 영 사　병 마 재 부 아 문　진 수 기 당　이 이 재 원 위 우 의
徐光範爲右營使 兵馬財賦衙門 盡樹其黨 以李載元爲右議
정　재 원 운 현 지 장 질　이 어 상 위 종 부 형　적 이 만 일 사 패　욕 차
政 載元雲峴之長姪 而於上爲從父兄 賊以萬一事敗 欲借
재 원 위 구 실　이 미 봉 지 야
載元爲口實 而彌縫之也.

10월 19일, 청나라 제독군문(提督軍門) 원세개(袁世凱)가 대궐에 들어와 호위했다. 일본 군대는 퇴각했으며 임금은 북관묘(北關廟)에 행차하셨다. 홍영식과 박영교(朴泳敎)는 복주(伏誅)당했다. 박영효(朴泳孝) · 김옥균(金玉均) · 서광범(徐光範) · 서재필(徐載弼) 등은 일본군을 끼고 도망쳤다. 임금이 환궁할 때에 원세개는 하도감(下都監, 훈련도감의 본영)에 주둔하고 있었다.

(원세개)는 대궐 안에 변이 생겼다는 소식을 듣고 어찌할 바를 모르며 정세를 측량할 수 없어 갑옷을 입은 채 대기하고 있었다. 전 승지 이봉구(李鳳九)가 보루를 치고 통곡하며 급히 와서 구원해 줄 것을 호소하니, 원세개는 소매를 떨치고 일어나 2천 명의 군사를 동원하여 궁궐문에 이르렀다. 일본 군인들은 송혈담〔松穴墻, 소나무나 담장 구멍〕을 의지하고 격투를 벌였으며 탄알이 비 오듯 쏟아졌다. 원세개는 변발한 머리를 목에 감고 뛰어올라 수문 병졸을 죽이고 칼춤을 추며 충돌하니 전신이

배꽃〔梨花〕 같았다. 탄환이 어지럽게 땅에 떨어지고 여러 진영에 있던 아국 군졸들까지 원세개가 이끌고 온 청국군을 따라 들어갔다. 양군이 격전을 벌이다가 일본군이 후퇴하기 시작했다. 공사 죽첨진일랑은 군졸을 모아 철수하니 박영효 등은 일이 실패로 돌아간 것을 간파하고 죽첨공사를 따라 도주했다.

임금은 창덕궁에는 군인과 총칼이 난무하기 때문에 잠시 북관묘에 머물도록 하였다. 홍영식과 박영교(朴泳教)는 기세가 아직 판가름이 나지 않아서 그때까지도 임금을 모시고 힘을 믿었던 관계로 임금을 따라 북관묘에 이르렀다. (그들은) 어탑(御榻)[1]에 둘러서서 '어서 빨리 어찰(御札)[2]을 내려 원세개의 군대를 물리치게 하라'고 서둘렀다. 임금은 두려움이 진정되지 않아 잠깐 일어나려고 해도 두 사람이 임금을 잡아끌어 앉히며, "전하께서는 한 발자국도 떠날 수 없습니다." 하였다. 이때 많은 군인들이 계단 밑에 몰려 있었으며 울분을 참지 못했다.

무예청(武藝廳)[3]에서 먼저 '역적들을 죽이라'고 소리치니, 모든 군인들이 번개같이 달려들어 홍영식과 박영교 두 사람을 들어 땅에 내던지고 칼로 난도질을 치며 모든 군사들이 만세소리를 외쳤다. 임금은 원세개 국문에 명하여 북관묘로부터 청국의 통령(統領) 오조유(吳兆有)의 영방(營房)에 들러 쉬었다. 날은 저물어 길은 보이지 않는데 시민들은 환호성을 지르며 집을 헐어 불을 피워놓고 횃불을 밝히기도 하였다. 임금은 다음날 창덕궁으로 환어(還御)하였다. 이 변란에 원세개는 2천 명의 군사를 동원하였다.

註解

1) **어탑**(御榻) : 임금이 앉는 의자.
2) **어찰**(御札) : 임금이 직접 써서 내리던 편지.
3) **무예청**(武藝廳) : 훈련도감에 소속된 무예별감의 직속기관. 임금의 호위를 맡아보던 관정. 무예도감은 훈련도감 군사 중에서 뽑혀 궁궐 문 옆에서 숙직하며 호위하던 무사.

原文

십구일 청제독군문원세개 입궁호위 왜병퇴 상행북관묘
十九日 淸提督軍門袁世凱 入宮扈衛 倭兵退 上幸北關廟
홍영식 박영교복주 박영효 김옥균 서광범 서재필등
洪英植 · 朴泳敎伏誅 朴泳孝 · 金玉均 · 徐光範 · 徐載弼等
협왜주 상환궁시원세개둔하도감 문궁중유변 이정형막측
挾倭走 上還宮時袁世凱屯下都監 聞宮中有變 而情形莫測
방환갑이대 전승지이봉구 고첩대통 청급부원 세개투메
方擐甲以待 前承旨李鳳九 叩疊大慟 請急赴援 世凱投袂
이기병범이천인 려병지궁문 군왜의송혈장 환사여우 세
而起兵凡二千人 厲兵至宮門 群倭依松穴墻 丸射如雨 世
개변발과항 초이등 참문납병 무검충돌혼신여이화 연환
凱辮髮裹項 超而登 斬門納兵 舞劍衝突渾身如梨花 鉛丸
분분타지 아군제영수원병입 양하오전 왜인소각 죽첨휘
紛紛墮地 我軍諸營隨袁兵入 兩下鏖戰 倭人少却 竹添麾
중퇴 영효등견사패 수죽첨주 상이창덕궁병과충척 명잠
衆退 泳孝等見事敗 隨竹添走 上以昌德宮兵戈充斥 命暫
차북묘 영식 영교 이시세미정 상가이협영득력 수지북
次北廟 泳植 · 泳敎 以時勢未定 尙可以挾令得力 隨至北
묘 환어탑 력청강어찰 퇴원병 상여계미정 욕잠기즉양적
廟 環御榻 力請降御札 退袁兵 上餘悸未定 欲暫起則兩賊
추만좌지왈 전하불가이차일보 어시중군재계하자 불승분
揪挽坐之曰 殿下不可離此一步 於是衆軍在階下者 不勝憤

怒 武藝廳先呼曰 共殺逆賊 群應如雷 引兩賊投地 斫爲肉泥 衆軍皆呼萬歲 上命淸宮自北廟 歷臨淸統領吳兆有營房 日暮路黑 市民歡呼 有折屋而設燎者 明日還御是役也 袁帥所領二千人.

도성 안 백성들은 '개화당〔왜당(倭黨)〕'의 정변 모의에 대해서 분노하였다. 만나기만 하면 잡아 죽였으며 여러 사람이 떼로 몰려가서 일본 공사관을 불태웠다. 죽첨 공사와 박영효는 이미 달아난 뒤였다. 죽첨 공사는 인천에 도착해서 '천세환(千歲丸)'을 타고 자기 나라로 도망쳤다. 공사관 안에 큰 궤짝 하나가 있었는데 '태평관(太平館)'이라고 쓰여 있었다. 그 속에는 개화당 일파가 음모한 서류들이 들어 있었다고 하는데 일본으로 가져가려던 것이었다고 한다. 처음에는 개화당 일파가 일본 공사관과 약속하기를 일본 군함이 와서 도와주기로 되어 있었다. (그런데) 그 군함은 바다 중간에 와서 두 차례나 화통(火筒)이 터져서 수리하느라 여러 차례 기일을 어기었다. 개화당 일파는 이에 의심하고 두려워하여 서둘러서 거사를 했다. 일이 실패로 돌아가자 도성으로 향했던 일본 군함은 스스로 물러가고 말았다. 어찌 하늘의 돌보심이 아닌가! 일본인 기림진삼(磯林眞三)은 공사관이 불탈 때 죽임을 당했다.

原文

都民怒倭黨逆 逢之輒殺 群趨火其館 竹添與泳孝等已走矣 竹添至仁川 乘千歲丸 走還其國 館中有一大櫃 署曰太平館 蓋諸賊謀幽上其中 遷于日本者也 初諸賊與倭約以兵艦來助 艦到中洋火筒自坼者再 修補裝發 屢致愆期 諸賊疑懼 造次擧事 及事敗 兵艦自退 嗚呼豈非天哉 倭人磯林眞三 見殺于燒館時.

(10월) 17일부터 19일 사이에 내린 교령(敎令)[1]과 제배(除拜)[2]를 실시하지 말라고 명하였다. 또한 모든 사람에게 집에서 입는 평소 복장은 편한 대로 따르라고 명했다. 이에 두루마기〔周衣〕 입는 것을 폐하고 모두 예전 복장제도로 돌아갔다.

註解

1) **교령**(敎令) : 임금의 명령.
2) **제배**(除拜) : 관위(官位)를 주는 것. 임금이 바로 벼슬을 시키는 것.

原文

命自十七日至十九日敎令 · 除拜 幷勿施 又命搢紳士庶燕居私服 任其從便 於是 廢周衣 悉復舊製.

김홍집(金弘集)을 우의정에 등급을 뛰어넘어 제수했다. 김홍집은 바야흐로 품계가 가선대부(嘉善大夫)였다. 오늘 공조 판서에 오르고, 내일 (정승 반열에) 입각(入閣)해서 명을 받은 것이나 다름없었다. 변란 중이라 감히 사직의 예를 갖출 수가 없었을 뿐만 아니라 백료(百僚, 백관)들은 뒤죽박죽이 되어 조정은 질서를 잡을 수가 없었다. (그런데도) 김홍집은 지필을 행등(行縢)에 꽂고 다니며, 승지 · 사관 · 대신의 직위에서 주고받은 말을 기록하는 것을 자기 한 몸으로 감당하여 빠뜨리는 일이 없었다. 그것을 보는 사람들은 혀를 내두르며 다 그의 재간과 민첩함에 감복했다. 임금이 경우궁에 있을 때 김홍집은 바삐 문안드리며 궁궐문 밖에 이르렀으나 출입을 막아서 들어갈 수가 없었다. 눈비 속에 엎어지고 넘어지며 길에서 통곡하며 사람이 나올 때마다 붙들고, "성상께서는 안후(安候)가 어떠하신가?" 하고 물었는데 얼굴에는 눈물이 얼어붙어 있었다. 이와 같이 한 것이 무려 수삼일이나 되었다.

原文

이 김 홍 집 초 배 우 의 정 홍 집 방 계 가 선 금 일 승 공 판 명 일 입
以金弘集超拜右議政 弘集方階嘉善 今日陞工判 明日入

각 수 명 변 란 지 중 불 감 구 사 시 시 백 료 잡 답 조 저 무 서 홍 집
閣受命 變亂之中 不敢具辭 是時 百僚雜遝 朝著無序 弘集

삽 지 필 행 등 중 승 지 사 관 대 신 지 직 유 락 기 주 일 신 당 지
揷紙筆行縢中 承旨 · 史官 · 大臣之職 唯諾記注 一身當之

무 궐 사 관 자 책 책 함 복 기 간 민 상 지 재 경 우 궁 야 홍 집 분 문
無闕事 觀者嘖嘖 咸服其幹敏 上之在景祐宮也 弘集奔問

지 문 외 난 절 부 득 입 전 부 우 설 호 호 도 로 봉 인 첩 문 성 상 안
至門外 欄截不得入 顚仆雨雪 呼號道路 逢人輒問 聖上安

후약하 체동우면 여시자수일
候若何 涕凍于面 如是者數日.

생도 서재창(徐載昌)과 오창모(吳昌模) 등이 복주(伏誅)[1]를 당했다. 서재창은 서재필의 아우이며 오창모는 전 병사 오진영(吳晋泳)의 서자이다. 당초 조정에서는 나이 어리고 총명하여 준수한 자를 널리 뽑아서 일본어를 가르치고, 기예(伎藝)를 연마케 하여 그들을 왜학생도(倭學生徒)라 불렀다. 이들은 대개 사대부 계층으로서 벼슬도 못하고 가난하거나 서자 출신이 아니면 중인 계층의 무뢰한 자들이 지원했다. 10월에 일어난 갑신정변(甲申政變) 때는 서재필이 이들을 인솔하였는데 이때 애매하게 죽은 여러 재신들은 모두 그들의 손에 죽은 것이다. 일이 실패로 돌아가자, 머리를 깎고 일본 옷을 입고 일본 사람과 함께 섞여서 도망쳤다. 미처 도망하지 못한 자는 주야로 도주하여 동래관(東萊館)[2]에 도착했으며 그곳에 있던 일본인들은 그들을 비호해서 뒤서거니 앞서거니 일본으로 건너갔다. 오진영(吳晋泳)은 여기에 연좌되어 하동 적소(謫所)[3]에서 죄를 받아 죽었다.

註解

1) **복주**(伏誅) : 형벌에 굴복하여 처형당함.
2) **동래관**(東萊館) : 일본인들이 와서 교역을 하던 곳으로 부산에 있던 일본인의 근거지.
3) **적소**(謫所) : 죄인이 유배되어 있는 곳. 귀양지.

原文

生徒徐載昌·吳昌模等伏誅 載昌載弼之弟 昌模前兵使晋泳庶子也 初朝廷廣選年少聰俊者 習倭語 攻其伎藝 謂之倭學生徒 士夫寒窘者及庶蘖·中人無賴之流多應之 十月之變 載弼領之 凡戕害諸宰皆由其手 事敗 剃頭倭服 混倭以走 其不及者 晝竄夜行 至東萊館 館倭庇之 後先入倭 晋泳坐謫河東死.

홍순목(洪淳穆)[1]이 탄식하기를, "노신(老臣)이 역적의 아들을 길러서 세상에 죄를 지었으니 만 번 죽은들 어찌 속죄할 수 있겠는가?" 하였다. 홍영식(洪英植)에게는 아들이 하나 있었는데 아직 열 살도 못되었다. 홍순목은, "이 씨를 어찌 남겨 두겠는가?" 하고 독약을 먹여 죽인 다음 대궐을 향해 머리를 숙이며 약사발을 끌어다 마시고 죽었다. 홍영식의 처 한씨도 자살하였으니 홍만식(洪萬植)[2]이 시켰다고 한다.

註解

1) **홍순목**(洪淳穆) : 고종 때 영의정을 지냄.
2) **홍만식**(洪萬植) : 홍순목의 아들로 홍영식의 형. 아버지를 따라 죽으려 하였으나 부친의 간곡한 만류로 죽지 못했다. 그 후 을사보호조약이 체결되자 음독자살하였다.

原文

홍순목탄왈 노신육역자 득죄천지 만사하속 영식유일자
洪淳穆嘆曰 老臣育逆子 得罪天地 萬死何贖 英植有一子
미십세 순목왈 차종가부유호 독살지 향궐고두 인약이절
未十歲 淳穆曰 此種可復遺乎 毒殺之 向闕叩頭 引藥而絶
영식처한씨 역자살 만식사지야
英植妻韓氏 亦自殺 萬植使之也.

조영하(趙寧夏)의 아들 조동윤(趙東潤)은 홍만식(洪萬植)의 사위이고 홍만식은 홍영식의 형이 된다. 조동윤이 혼사를 올린 이후 부인과 사이가 좋았으나 아버지 조영하가 피살당하자 조동윤은, "원수 집안의 딸하고 가히 짝할 수 없다."고 하여, 그녀를 친정으로 돌려보냈다. 그녀는 올렸던 머리를 풀어 댕기를 따고 처녀로 자처하며, "내 기어코 다시 조동윤의 처가 되겠다."고 맹세하더니 다시 조동윤(趙東潤)의 아내가 되었다.

原文

조영하자동윤 홍만식녀서 이만식위영식지형 동윤결발
趙寧夏子東潤 洪萬植女婿 而萬植爲英植之兄 東潤結髮
이래 심환흡 급영하피살 동윤이수가녀 의불가배 견지귀
以來 甚懽洽 及寧夏被殺 東潤以讎家女 義不可配 遣之歸
녀내해고작변 동녀자처왈 서어차생 재위조동윤처
女乃解髻作辮 童女自處曰 誓於此生 再爲趙東潤妻.

김옥균(金玉均)의 생가에는 동생이 있었는데 이름은 김각균(金珏均)이다. 그는 진사가 되어 천안에 살고 있었다. (그는) 이

때에 한강을 건너 서울에 왔으나 형 옥균이 도망하였다는 소문을 듣고 그날로 망명하고자 칠곡에 이르렀으나 어사 조병로(趙秉老)에게 잡혀서 대구 감옥에서 죽었다. 생부 김병기(金炳冀)는 눈이 멀었는데 천안 감옥에 6, 7년간 옥고를 치르다 죽었다. 옥균은 자녀가 없었다.

原文

김옥균생정유제 왈각균 중진사 거천안 시시 입경도한
金玉均生庭有弟 曰珏均 中進士 居天安 是時 入京渡漢
강 문옥균도 즉일망명 지칠곡 위어사조병로소획 폐우대
江 聞玉均逃 卽日亡命 至漆谷 爲御史趙秉老所獲 斃于大
구옥 생부병기병맹 계천안옥육칠년이사 옥균자녀무유
邱獄 生父炳冀病盲 繫天安獄六七年而死 玉均子女無有.

박영교(朴泳敎)의 부친 참판 박원양(朴元陽)은 자살했다. 영교는 아들 하나가 있었으니 겨우 열 살이었다. 원양은 먼저 손자를 죽였다. 박영효(朴泳孝)는 소생이 없었다. 박영교의 중제(仲弟)는 영호(泳好)로 진사였는데, 성명을 바꾸고 진안(鎭安) 산중에 숨어 있다가 갑오년(고종 31, 1894)에 나왔다.

原文

영교부참판원양자살 영교유일자 보십세 원양선살지 영
泳敎父參判元陽自殺 泳敎有一子 甫十歲 元陽先殺之 泳
효무소산 영교중제왈영호 중진사 변성명 복진안산중 갑
孝無所産 泳敎仲弟曰泳好 中進士 變姓名 伏鎭安山中 甲
오년 고종삼십일년 내출
午年(高宗三十一年)乃出.

서재필(徐載弼)의 생부 진사 서광언(徐光彦)은 아내 이씨와 함께 자살하고, 형인 서재형(徐載衡)은 은진 감옥에서 죽었는데 오직 서재우(徐載雨)는 (형을 받을) 나이가 못 차서 (나이가 차기를) 기다리게 하여 죽음을 면했다.

原文

재필생부진사광언 기처이씨병자살 형재형사은진옥 유
載弼生父進士光彦 其妻李氏幷自殺 兄載衡死恩津獄 惟
재우대년이면
載雨待年以免.

서광범(徐光範)의 부친 서상익(徐相翊)은 7, 8년간이란 오랜 기간을 감옥살이를 하다가 무슨 죄로 연좌되었는지 알지도 못한 채 날마다 돼지먹이 겨〔糟〕를 먹다 죽었다. 아내 김씨는 옥중에서 절개를 지키다 갑오년 후에 서광범과 함께 살았다. 오직 김옥균의 처 송씨는 옥중에서 음탕한 짓을 했다.

原文

광범부상익 장계칠팔년 불식좌하죄 일담체조이사 처김
光範父相翊 長繫七八年 不識坐何罪 日啖彘糟以死 妻金
씨재옥전절 갑오후 광범부여동거 유옥균처송씨 선음우
氏在獄全節 甲午後 光範復與同居 惟玉均妻宋氏 宣淫于
옥
獄.

갑신정변(甲申政變)을 주동했던 역적들의 집을 헐고 연못을

팠으며 그 재산을 몰수하였다. 당시 주동했던 네 명의 역적은 도망쳐서 국법을 펴지 못했으며, 이미 죽은 사람 또한 모두 역적의 죄과로 다스리지 못했는데, 이는 일본이 두려웠기 때문이다. 그래서 사람들은 더욱 더 분함을 참지 못했다.

原文

오저제적가 적기재 시사역재도 왕법미신 기이주자 역
汚瀦諸賊家 籍其財 時四逆在逃 王法未伸 其已誅者 亦
불능진시치역지률 개외왜야 인심분완
不能盡施治逆之律 蓋畏倭也 人心憤惋.

민영익(閔泳翊)의 상처는 심했으나 목인덕(穆麟德, 묄렌도르프)이 양의(洋醫)로 치료를 시켜 귀와 팔이 다시 온전하게 아물었다. 목인덕은 민영익을 데리고 중국에 갔다. 전에 민태호(閔台鎬)의 처(민영익의 생모)가 사망하였을 때, 영익은 기복(起復)[1]을 청하여 외국을 들락거렸다. 그런데 또 생부 민태호가 사망하였는데도 수제(守制)[2]를 하지 못하고, 상해와 홍콩을 왕래하였으며 기복하여 전영사(前營使)가 되었다.

註解

1) **기복**(起復) : 상중에는 벼슬을 하지 않는 것이 일반적인 법도였으나, 국가의 필요에 의해 상중에 있는 관리를 탈상 전이라도 관식에 복용(復用)하는 일. 후세에 이르러서는 탈상 뒤에 복용함을 '기복'이라 하고 탈상 전에 기용함을 '탈정(奪情)'이라 함.
2) **수제**(守制) : 조부모 · 부모상을 당하면 그 자손된 사람 가운데 관리

는 그 직을 사임하고, 선비는 과거 응시를 중지하고, 서민은 혼사를 중지하며 3년상을 상제로 보내는 옛 제도.

原文

민영익창심 목인덕이양의의지 이비점완 인덕휴왕중국
閔泳翊創甚 穆麟德以洋醫醫之 耳臂粘完 麟德携往中國
선시민태호처사 영익구기복 초요외국 급태호지사 역불
先是閔台鎬妻死 泳翊求起復 招搖外國 及台鎬之死 亦不
수제 왕래상해 향항지간 기복위전영사
守制 往來上海 · 香港之間 起復爲前營使.

이봉구(李鳳九)는 전주의 아전 출신이다. 감여(堪輿)[1]의 기술을 가지고 민영익을 충동하여 민치구(閔致久)[2]의 묘를 이장하도록 했다. 얼마 후 그는 과거에 급제했으며 내비(內批)로 옥당(玉堂)에 임명되었다. 박영교가 어사를 지낼 때 그의 재주와 슬기가 있다고 천거하여 승지(承旨)에 옮겨갔다. 이때에 원세개(袁世凱)를 찾아가서 구원을 요청한 노고가 있다고 하여 참판으로 승진되고 우영사(右營使)에 제수되었다. 고종은 이충신(李忠臣)이라 불렀고, 원세개 또한 그렇게 불렀으며 한때 사랑을 받았다. 남여(藍輿)[3]가 종로거리를 지날 때면 빠르기가 구름 같아 발소리가 땅을 울렸다. 시민들은 손가락질을 하며 비웃기를, "저 사람이 전주 장신(將臣)이다." 하였다. 이봉구는 매우 교만하여 사대부(士大夫)[4]들을 대할 때도 무례하였으므로 모두들 질시하며 '죽일 놈'이라 하였다. 해를 넘겨 고향에 돌아가서 죽었는데 특별히 시호를 충절(忠節)이라 내렸다.

註解

1) **감여**(堪輿) : 음양오행설(陰陽五行說)에 의해서 묘지나 집터의 좋고 나쁨을 가리는 사람. 풍수가.
2) **민치구**(閔致久) : 흥선대원군(興宣大院君)의 장인. 고종의 외조부.
3) **남여**(藍輿) : 주로 산길에 쓰이는 뚜껑이 없고 의자와 같이 생긴 마차. 대를 걸어서 만들었다.
4) **사대부**(士大夫) : 관직에 있는 사람. 인격이 높은 사람. 양반.

原文

이봉구 전주이가야 협감여우민영익 천민치구지묘 이이
李鳳九 全州吏家也 挾堪輿于閔泳翊 遷閔致久之墓 已而
등제 내비옥당 박영교어사시 천기재서 천승지 지시알원
登第 內批玉堂 朴泳教御史時 薦其才諝 遷承旨 至是謁袁
세개 유적개지로 사정승참판 제우영사 상호지이충신 세
世凱 有敵愾之勞 事定陞參判 除右營使 上呼之李忠臣 世
개역언지 총경일시 람여과종가 추도여운 족향은지 시인
凱亦言之 寵傾一時 籃輿過鍾街 騶徒如雲 足響殷地 市人
지이소왈 피전주장신야 봉구교일 접사대부무례 중질지
指而笑曰 彼全州將臣也 鳳九驕溢 接士大夫無禮 衆嫉之
개왈가살 유년귀이졸 특시충절
皆曰可殺 逾年歸以卒 特諡忠節.

갑신정변(甲申政變)의 주모자들은 모두가 대대로 벼슬하던 대족(大族)출신들인데, 일시에 역적이 나란히 나오게 되니 각기 종친들은 부끄러워하여 그늘의 항렬자(行列字)[1]를 고쳤다. 김씨 가문은 '균(均)'을 '규(圭)'로 고치고, 박씨 가문은 '영(泳)'을 '승(勝)'으로 하고 서씨 가문은 '광(光)'을 '병(丙)'으로 '재(載)'를

'정(廷)'으로 고쳤으며 홍씨 가문은 '식(植)'을 '표(杓)'로 고쳤다.

註解

1) **항렬자**(行列字) : 같은 혈족간의 한 항렬을 표시하느라고 이름 두 자 가운데 한 자는 공통으로 함께 쓰는 글자.

原文

諸賊 皆世臣大族 而一時奇逆騈出 宗黨恥之 改其行列之文 金之均爲圭 朴之泳爲勝 徐之光爲丙 載爲廷 洪之植爲杓.

근래의 만국공법(萬國公法)[1]에 소위 국사범(國事犯)[2]과 사사범(私事犯)[3]이란 대목이 있다. 사사로이 죄를 범하고 망명한 자는 본국에서 죄인을 잡아 보내라고 하면 응낙하지만, 죄가 국민과 국가에 관련된 것은 모두 국사범으로 일컬어 그 나라에서 힘써 보호해 준다. 이는 대개 양이(洋夷)들의 나라는 임금이 없다는 법이라 할 수 있다. 이때에 군적(群賊)[4]이 일본으로 망명하여 조정에서는 잡아 보내라고 청했으나 일본 사람들은 비웃었다.

대사 정상형(井上馨)이 내한하자 도리어 불에 타 소실된 공사관과 살상된 일본인의 보상비를 배상하라고 독촉했다. 사상자에 대한 보상금으로 10만 원, 소실된 공사관의 배상금으로 2만

원을 요구하고 일본인 기림진삼(磯林眞三)의 살해자를 엄벌하라고 요구했다. 김윤식(金允植)을 관반(館伴)으로 위임하여, 일의 전말을 힐문하자 대사 정상형의 기세가 조금 수그러졌다. 그러나 우리 국력은 이미 피폐되어 있는 까닭에 우리 주장을 바르게 펼칠 수 없어, 사사건건 그의 말에 의거하여 화해의 국면은 더욱 굳어졌다. 외무독판 조병호(趙秉鎬)를 대관(大官)에 임명하고, 홍순학(洪淳學)을 부관(副官)으로 삼아 인천의 상무(商務)를 감리케 하였다. 이어서 예조참판 서상우(徐相雨)를 전권 대신으로 삼고, 외무협판 목인덕(穆麟德)을 부사로 삼아서 일본에 들어가 일처리를 하게 했다. 혹 전하는 바에 의하면, 전 공사 죽첨진일랑(竹添進一郎)이 본국으로 귀국하자 일본 황제가 그에게 갑신정변을 일으키게 한 죄를 물어 폐고(廢錮)[5]시켰다고 한다. 군국아문(軍國衙門)을 폐지하여 의정부에 복속시키고, 제중원(濟衆院)[6]을 설립했다.

註解

1) **만국공법**(萬國公法) : 국제공법. 세계 공통의 법.
2) **국사범**(國事犯) : 나라 일로 죄를 범함.
3) **사사범**(私事犯) : 개인적인 죄를 지음.
4) **군적**(群賊) : 갑신정변의 실패로 일본으로 망명한 박영효 · 김옥균 · 서광범 · 서재필 일당을 말함.
5) **폐고**(廢錮) : 종신 관리가 될 수 없게 함. 관리가 될 수 있는 자격을 박탈함.
6) **제중원**(濟衆院) : 우리나라에 세워진 최초의 근대식 병원. 처음 이

름은 광혜원(廣惠院). 선교사(宣教師)이자 의사인 알렌이 갑신정변 때 중상을 당한 민영익을 치료한 것이 인연이 되어, 1885년 2월 정부의 후원으로 재동(齋洞)에 있는 전 홍영식의 집에 서양식 병원을 차렸다. 우리나라 최초의 근대식 국립병원이라 할 수 있다. 그 후 고종은 백성의 치료에 공이 크다하여 제중원이라 이름을 바꿨다.

原文

근래만국공법 유소위국사범 사사범자 범사죄이도 즉
近來萬國公法 有所謂國事犯·私事犯者 犯私罪而逃 則
청본국추획 죄관민국즉혼칭국사범 진력용비 개이적무군
聽本國追獲 罪關民國則混稱國事犯 盡力容庇 蓋夷狄無君
지법야 시군적동분 조정청나환 왜인소지 기대사정상형
之法也 時群賊東奔 朝廷請拿還 倭人笑之 其大使井上馨
종지 반독소관장명지배 십만원배사상 이만원배소관 엄
踵至 反督燒館戕命之賠 十萬元賠死傷 二萬元賠燒館 嚴
벌살기림자 김윤식이관반거리변힐 형소저 연국력적위
罰殺磯林者 金允植以館伴據理辨詰 馨少沮 然國力積痿
무이신직 사사의기언 화국익견 이외무독판조병호위대관
无以伸直 事事依其言 和局益堅 以外務督辦趙秉鎬爲大官
홍순학위부관 감리인천상무 계명예조참판서상우위전권
洪淳學爲副官 監理仁川商務 繼命禮曹參判徐相雨爲全權
대신 외무협판목인덕부지 입왜판리사사 혹전죽첨진일랑
大臣 外務協辦穆麟德副之 入倭辦理使事 或傳竹添進一郎
귀기국 왜황구기생사 늑령폐고 혁군국아문 속지의정부
歸其國 倭皇咎其生事 勒令廢錮 革軍國衙門 屬之議政府.
건제중원
建濟衆院.

해방총관(海防摠官) 이규원(李奎遠)을 동남개척사(東南開拓使)

로 삼고 각 도서(島嶼)의 공지(空地)에 백성을 모집하여 개간하여 곡식을 심게 하고 연해의 진황지(陳荒地)[1]를 개간하여 산택(山澤)[2]에 남아 있는 이득을 얻으라고 하였다. 그러나 이 관청은 유명무실했고 단지 조보(朝報)[3]에 실렸을 뿐이었다.

註解

1) **진황지**(陳荒地) : 묵어서 거칠어진 땅.
2) **산택**(山澤) : 산과 못. 삼림과 큰 늪.
3) **조보**(朝報) : 승정원에서 처리한 사항을 아침마다 반포하던 통보. 관보(官報)와 같은 말.

原文

以海防摠管李奎遠爲東南開拓使　海島空地　令募民耕種及墾沿海陳荒地　得收山澤遺利　而有名無實　謄傳朝報而已.

이때를 전후해서 외국 사람으로 우리나라에 와서 벼슬을 한 자들이 있었다. 청나라 사람으로 왕석창(王錫鬯)이 군국아문의 참의(參議)가 되었으며, 마건상(馬建常)이 찬의(贊議)가 되었으며, 미국 사람으로 안련(安連, Allen, Horace N)과 혜론(惠論, Heron)이 함께 2품의 계(階)를 받았고, 구례(具禮 Greathouse, C. R.)·이선득(李善得, Le Gendre, Chs. W.)·덕니(德尼, Denny)가

아울러 내무 협판이 되었으며, 프랑스 사람 묵현리(墨賢理, Merrll, Henry F.)와 하문덕(河文德, Hammond. A. J.)이 아울러 호조 참판, 사납기(史納機, Schoenicke, J. F.)・백려격류(帛黎格類)가 모두 통정(通政)의 관계(官階)를 받았고, 영국 사람 해래백사(奚來白士, Hallifax, T. E.) 또한 통정대부가 되었다. 그런데 그 중에서도 목인덕(穆麟德)이 가장 이름나 있었다.

유럽이나 미국 사람들은 성(姓)이 없고 이름만을 가지고 있었다. 그래서 그 나라 말로 서로 부르고 있는데 동아시아에 와서 비로소 번역해서 쓰게 되었다. '구(具)'의 성씨를 가진 자가 있었던 것 같은데 그러나 마침내 성씨가 아니고 이름이라는 것이 밝혀졌다. 또한 그 발음도 새가 지저귀는 소리 같았으며 글자가 궁해서 번역하기가 어려웠다. 그래서 혹은 '타(打)'의 발음이 바뀌어서 '토(土)'가 되고, 혹은 '하(河)'가 굴러서 '호(湖)'가 되기도 하였다. 그러므로 인명이나 지명은 번역할 때 반 정도밖에 소리가 맞지 않았다. 육서법(六書法)[1]으로도 풀 수가 없으니, 이것은 선천적으로 동서〔東西〕가 서로 가로막힌 때문이다. 또한 처음으로 우리나라에 들어온 사람은 역관에게, "우리는 본래 성(姓)이 없는데 이제 당신 나라에 왔으니 마땅히 당신 나라의 풍속을 따라야 하지 않겠느냐?"면서, "당신 나라의 귀한 성은 무엇이냐?"고 물었다. 그러자 역관이 대답하기를, "국성(國姓)[2] 이씨(李氏)가 가장 귀하다."고 하니, 그 사람이 "나도 마땅히 그것으로 성(姓)을 삼겠다."고 하여 드디어 그 자는 이선득이라 부르게 되었다. 그 다음은 후족(后族)[3] 민씨라 하니 또한, "나는 민씨로

성을 삼겠다." 하더니 드디어 민아무개〔閔某〕라 하였다. 이 말을 들은 우리나라 사람들은 배꼽을 잡고 웃었다.

註解

1) **육서법**(六書法) : 한자(漢字)의 구성과 운용에 대한 여섯 가지의 기본 방법.
2) **국성**(國姓) : 임금의 성씨.
3) **후족**(后族) : 왕비의 친정 일가.

原文

시시전후 외국인래사자 청인왕석창위군국아문참의 마
是時前後 外國人來仕者 淸人王錫鬯爲軍國衙門參議 馬
건상위찬의 미인안연·혜론 병수이품계 구예·이선득·
建常爲贊議 美人安連·蕙論 竝授二品階 具禮·李善得·
덕니병위내무협판 법인묵현리·하문덕 병호조참판 사납
德尼竝爲內務協辦 法人墨賢理·何文德 竝戶曹參判 史納
기·백려·격류 개가통정 영인해래백사역통정 이목인덕
機·帛黎·格類 皆加通政 英人奚來白士亦通政 而穆麟德
최저 구미지인 무성씨 유명이이 이기국문상칭호 급지동
最著 歐美之人 無姓氏 有名而已 以其國文相稱呼 及至東
아 시역이서지 유약구성자 연종시명이이 차기음주추 자
亞 始譯而書之 有若具姓者 然終是名而已 且其音啁啾 字
궁난역 혹타전위토 혹하전위호 고소역인명지명 반성미
窮難譯 或打轉爲土 或河轉爲胡 故所譯人名地名 半聲未
해 불가이육서지법해지 차천소이한동서야 우혹초입아경
諧 不可以六書之法解之 此天所以限東西也 又或初入我境
위설인왈 아본무성 금지귀국 당종국속 귀국귀성운하 설
謂舌人曰 我本無姓 今至貴國 當從國俗 貴國貴姓云何 舌
인왈 국성이씨최귀 문자왈아당성지 수위이선득 기차후
人曰 國姓李氏最貴 問者曰我當姓之 遂爲李善得 其次后

족민씨 우응왈아즉성민 수위민모 문자절도
族閔氏 又應曰我則姓閔 遂爲閔某 聞者絶倒.

유럽의 여러 나라들과 차례로 통상(通商)을 시작했는데 영국과 독일이 갑신년(고종 21, 1884)에, 러시아가 다음해인 을유년(1885)에, 이탈리아가 다음 해인 병술년(1886)에, 프랑스가 또 다음해인 정해년(丁亥, 1887)에, 오스트리아가 조금 후인 임진년(고종 29, 1892)에 각각 통상을 시작했다. 일본에 이어서 임오년(고종 19, 1882)부터 시작한 것은 미국(美國)이다. 임오년에 원산항(元山港)을 열고, 계미년(1883)에 인천항(仁川港)을 열었으며 병술년에 회령항(會寧港)을 개방했다.

原文

태서제국 차제통상 영 덕이갑신 고종이십일년 아이
泰西諸國 次第通商 英 · 德以甲申(高宗二十一年) 俄以
을유 의이병술 법이정해 오이임진 고종이십구년 기계
乙酉 義以丙戌 法以丁亥 奧以壬辰(高宗二十九年) 其繼
왜인이자임오 고종십구년 시자 미국야 임오개원산항 계
倭人而自壬午(高宗十九年)始者 美國也 壬午開元山港 癸
미개인천항 병술개회령항
未開仁川港 丙戌開會寧港.

을유년(고종 22, 1885) 7월 27일, 삼남 지방은 하루 낮과 밤에 태풍이 불고 큰 비가 내렸다. 을축년(고종 2, 1865) 이후 처음 있는 천재(天災)였다. 나무가 부러지고 가옥이 파괴되었으며 벼포기가 쓰러져, 벼이삭이 여물지 못하고 흰 쭉정이어서 이

해 가을은 큰 흉년이 들었다.

原文

乙酉(高宗二十二年)七月二十七日 三南大風一晝夜 因大雨 爲乙丑以後始有之災 折木拔屋 禾盡偃 稻桴白空 是秋大饑.

8월 27일 계사, 대원군이 귀국했다. 인천에서 내려 서울로 돌아오는데, 임금은 숭례문(남대문)에 나아가 악차(幄次, 임시 영접소)[1]에서 맞이하였다. 그러나 서로 보고도 말 한마디 나누지 않아서 사람들은 이상히 여겼다. 대원군이 임오(1882) 7월 천진(天津)에 당도하여 곧바로 보정부(保定府, 하북성)에 구금되었다. (그곳은) 수질(水質)이 나빠서 교우(僑寓)[2]하기가 걱정이 되었다. 그래서 땅을 파니 맛이 좋은 샘물이 나와서 그곳 사람들은 이상하게 생각했다. 칩거(縶居)[3]해 있는 동안 할일이 없어서 난초를 그리며 소일했고 그것을 사람들에게 나누어 주었는데, 그로 인해서 석파란(石坡蘭)[4]이 중국에 두루 퍼졌다. 청국 조정의 논의는 이론이 분분했다. 멀리 귀양을 보내자느니, 혹은 돌려보내자느니 하는 상소문이 답지했다. 시일이 경과하면서 대원군은 또한 다른 방도로 몰래 통하고 청국 조관(朝官)에게 뇌물을 주었다. 무엇보다도 특히 입고 먹는 것이 마땅치 않았으며 본국의 김치와 새우젓이 먹고 싶었다. 운현궁으로부

터 상선편에 부쳐서 계속 수송하느라 세비(歲費)가 헤아릴 수 없었으며, 이때 와서 대원군의 10년 집권 동안 축적한 재산이 거의 탕진했음을 알 수 있다. 그는 뇌물을 반드시 은으로 주어서 청국인들은 대원군을 가리켜 '은항아리'라 하였다. 대원군이 사저로 돌아왔을 때 대소 관원들은 그를 뵙기 위해 몰려들었는데, 그들의 성명을 기록한 것이 몇 책에 이르렀다. 상인 · 군졸 · 부녀자들은 멀리서 바라보고 절을 올리며 기뻐하고 서로 축하하였다. 교동과 재동 사이에는 열흘이 다 되도록 사람들이 복작거렸다.

註解

1) **악차**(幄次) : 임금의 거동 때 쉬도록 막을 친 곳. 임시 영접소.
2) **교우**(僑寓) : 임시로 삶. 임시로 사는 곳.
3) **칩거**(縶居) : 갇혀서 사는 것. 칩거(蟄居).
4) **석파란**(石坡蘭) : 석파는 대원군의 호. 그래서 대원군이 그린 난초를 '석파란'이라 칭했다.

原文

팔월이십칠일계사 운현동환 자인천입성 상행숭례문 영
八月二十七日癸巳 雲峴東還 自仁川入城 上幸崇禮門 迎
우악차 상불교일언 인해지 운현이임오칠월 저천진 이이
于幄次 相不交一言 人駭之 雲峴以壬午七月 抵天津 已而
구우보정부 수천심악 교우환언 굴지득신천감렬 거민이
拘于保定府 水泉甚惡 僑寓患焉 掘地得新泉甘洌 居民異
지 죄칩무사 화란자견 어시석파란편중국 청정론의불일
之 罪縶無事 畵蘭自遣 於是石坡蘭遍中國 淸廷論議不一

혹 청 원 적 혹 청 방 귀 장 소 일 공 거 기 구 운 현 역 잠 통 기 두 뢰
或請遠謫 或請放歸 章疏溢公車 旣久雲峴亦潛通岐竇 賂
조 귀 우 복 식 부 적 사 담 토 찬 숭 저 하 자 지 속 자 본 궁 부 상
朝貴 又服食不適 思啖土饌菘菹·鰕鮓之屬 自本宮 附商
박 육 속 수 왕 세 비 불 자 어 시 운 현 십 년 지 적 효 연 의 기 뢰 필
舶 陸續輸往 歲費不貲 於是雲峴十年之積枵然矣 其賂必
이 은 청 인 위 지 은 옹 운 현 환 제 조 신 대 소 경 성 투 알 록 명 지
以銀 淸人謂之銀甕 雲峴還第 朝紳大小傾城投謁 錄名 至
수 책 상 민 군 졸 부 유 망 진 차 배 흔 흔 상 경 교 동 재 동 지
數冊 商民·軍卒·婦孺望塵遮拜 欣欣相慶 校洞·齋洞之
간 인 중 사 직 자 십 허 일
間 人衆梭織者十許日.

원세개(袁世凱)는 서울에 주둔해 있던 몇 년 사이에 대원군의 사람됨에 대해 익히 들었다. 대원군이 귀국하자 곧바로 찾아가서 뵈옵고, "위급하게 되시면 도와드리겠다."고 하였다. 그래서 마음을 기울여 서로 사귀었다. 이때 중궁 민비는 대원군을 미워하고 싫어함이 그치지 않았으며 반드시 해치려 하였으나 원세개를 꺼려서 실행에 옮기지 못했다고 한다.

原文

원 세 개 유 진 수 세 습 문 운 현 위 인 급 동 환 내 왕 견 지 이 위 완
袁世凱留鎭數歲 習聞雲峴爲人 及東還乃往見之 以爲緩
급 상 가 장 야 경 심 상 교 시 중 궁 기 흘 운 현 불 이 필 욕 해 지 이
急尙可仗也 傾心相交 時中宮齮齕雲峴不已 必欲害之 而
탄 세 개 불 득 사
憚世凱 不得肆.

대원군(大院君)이 보정부에 구금되어 아직 돌아오지 못하고 있을 때 사신 수 명을 연경으로 보냈는데, 이를 '기청(祈請)'[1]이라 하였다. 그러나 소명하는 내용은 범홀(泛忽)[2]하였고 대원군에 대해선 한마디도 하지 않았으며 돌려보내 달라는 간청도 없었다. 그래서 사람들은 기청이 아니라 '비기청(非祈請)'이라 꼬집으며 '방색(防塞, 말막음)'[3]이라 하였다. 최후로 이건창(李建昌)에게 명해서 소(疏)를 짓게 하였는데, 이건창은 대원군의 납치가 잘못된 것을 낱낱이 진술하여 그 뜻과 말이 감동시킬 만하였다. (그러자 중궁이 가만히) 김윤식(金允植)과 어윤중(魚允中)에게 내지(內旨)[4]를 내려 고치라고 일렀으나 이건창이 듣지 않아서 소는 드디어 사용되지 못했다.

註解

1) **기청**(祈請) : 기도를 청한다는 뜻이니, 여기서는 대원군의 안부를 기도함을 청한다는 뜻임.
2) **범홀**(泛忽) : 데면데면하고 탐탁하지 않게 여김.
3) **방색**(防塞) : 가려서 막음. 여기서는 대원군과의 사이를 끊어 놓는다는 뜻.
4) **내지**(內旨) : 임금의 은밀한 명령.

原文

운 현 지 미 환 야　사 신 수 배 입 연 경　명 왈 기 청　이 소 사 범 홀　무
雲峴之未還也　使臣數輩入燕京　名曰祈請　而疏辭泛忽　無

일 어 폭 백 운 현 자　역 무 사 유 지 간　인 위 지 비 기 청 야　방 색 야
一語暴白雲峴者　亦無赦宥之懇　人謂之非祈請也　防塞也

최후명이건창제소 건창역진괘오지장 정사감동 내지사김
最後命李建昌製疏 建昌歷陳罣誤之狀 情詞感動 內旨使金

윤식 어윤중유의개구 건창불청 소수불용
允植·魚允中諭意改構 建昌不聽 疏遂不用.

을유(고종 22, 1885) 식년과(式年科)의 생원·진사 회시(會試)에, 임금은 100인을 추가로 합격시키되, 1인당 2만 냥씩에 팔고 원방(原榜)은 공정하게 선발할 것을 명했다. 그러나 고관(考官) 심이택(沈履澤)과 민종묵(閔種默) 등은 함께 뒤섞고 혼탁하게 어지럽혀 공정한 선발은 하나도 찾아볼 수 없었다. 그 당시 춘방(春坊)과 계방(桂坊)[1]에 속한 벼슬아치의 아들·사위·동생·조카들을 덧붙여 합격시키라는 명이 있었다. (그런데) 이질(姨侄)로 끼어든 자도 있어서 거자(擧子, 과거 응시자)들은 그것을 비웃어 말하기를, "역적들이 해칠 때는 이숙(姨叔)도 없더니, 은전(恩典)을 베풀 때는 이질(姨侄)까지 봐 주는가?" 하였다. 이 말은 서재필(徐載弼)이 이숙인 윤태준(尹泰駿)을 해친 것을 빗댄 말이다. 진사과(進士科)에서 인원을 늘려 뽑아 내놓고 팔아먹은 것은 여기에서 비롯되었다.

註解

1) **춘방(春坊)과 계방(桂坊)** : 세자시강원(世子侍講院)으로 세자궁에 관련된 관아. 춘방은 세자에게 경사(經史) 등 공부를 가르치고, 계방은 세자의 호위를 맡아봄.

原文

乙酉(高宗二十二年)式科生進會試 上命加取一百人 賣以二萬兩 原榜則公選之 然考官沈履澤·閔種默等 混同濁亂 公選無一焉 時有春桂坊子婿弟侄附榜之命 有以姨侄而被參者 擧子嘲之曰 賊殺則無姨叔 恩典則有姨侄乎 謂徐載弼以姨侄害尹泰駿也 進士科加取妨賣始此.

이때 한 해 간격으로 증광시를 보고, 한 달 걸러 응제시를 치르고, 거듭 식년과(式年科)를 치렀는데 열에서 아홉은 다 구리 냄새(돈냄새)가 나는 것이었다. 서울 부근에서부터 먼 시골까지, 청금(青襟, 선비)으로부터 백도(白徒, 일반 백성)에 이르기까지 모두 생업을 버리고 바삐 쫓아다니는 것이 바람 들어 미친병에 걸린 것 같았다. 서울의 부상(富商)·대고(大估, 큰 장사꾼)들이 별계(莂契, 약속 어음 등)를 담당하여 과거값으로 바칠 돈을 마련해 주는데, 새벽부터 밤중까지 세고 뽑아가며 열심히 일하는 모습이 마치 난리를 만난 것 같았다. 추가로 합격자를 뽑으라는 명령이 또 내려오자, 민응식(閔應植)은 그것을 민망하게 여겨 임금께 말하였으니 임금은 말하기를, "여러 말 하지 말라. 속담에 이르기를 '조선 말기에는 집집마다 급제지요, 집집마다 진사로다' 하였는데, 너는 들어보지 못했는가. 대운(大運)이 그러하니 어찌 하겠는가? 내가 과거를 팔지 않는다고 해

서 어찌 나아질 수 있겠는가?" 하였다.

原文

시시 간세증광 간월응제 중이식과 십지구개동취야 기
是時 間歲增廣 間月應製 重以式科 十之九皆銅臭也 圻
연이지하황 청금이지백도 개분주실업 여병풍광 경사부
沿以至遐荒 青衿以至白徒 皆奔走失業 如病風狂 京師富
상대고 담당별계 이판과가지내입자 신야길랄 여봉난리
商大估 擔當剏契 以辦科價之內入者 晨夜拮捋 如逢亂離
급가취지명우하 민응식민지 언우상 상왈물다언 야언왈
及加取之命又下 閔應植悶之 言于上 上曰勿多言 野諺曰
조선지말 촌촌급제 가가진사 여불문호 기여대운하 여불
朝鮮之末 村村及第 家家進士 汝不聞乎 其如大運何 予不
매과 용유유호
賣科 庸有愈乎.

민응식(閔應植)은 임오년(고종 19, 1882)에 중궁을 호종한 공으로 과거에 합격하여 채 12개월이 안 되어 등급을 뛰어올라 평안 감사에 이르렀다. 갑신년(고종 21, 1884) 겨울에는 평안감영에 있어 난리를 면했다. 해를 넘기고 교체되어 돌아와서 병조 판서로 국정을 담당하여 자못 여론을 살펴가면서 일을 했고 감히 마음대로 권력을 휘두르지는 않았다. 간혹 당시 가난한 사람들을 도와주고, 어진 재주가 있는데도 낮은 직위에 있는 사람들을 뽑아 쓰기도 하였다. 이에 '시류(時流)를 좇아 세력에 빌붙는 자들은 말하기를, "원동(園洞) 대감은 공심(公心)이 있다."고 하였다. 원동은 민응식이 사는 마을이다.

原文

민응식이임오 고종십팔년 호종공등제 미십이삭 초천
閔應植以壬午(高宗十八年)扈從功登第 未十二朔 超遷
지평안감사 갑신동재기영 면어난 유년체귀 이병판당국
至平安監司 甲申冬在箕營 免於難 踰年遞歸 以兵判當國
파고첨물의 불감자천 혹시진발엄체 추시자창언 원동태
頗顧瞻物議 不敢恣擅 或時振拔淹滯 趨時者倡言 園洞台
유공심 원동자응식소거방야
有公心 園洞者應植所居坊也.

전 수찬 허석(許褆)이 신기선(申箕善)·이도재(李道宰)·신석유(申錫游)·홍진유(洪晋游)·안종수(安宗洙) 등을 탄핵하였다. 내용은 이들은 정변 주모자 6명과 죽음을 함께 하기로 한 당인들인데도 징토(懲討, 징벌과 토죄)가 미치지 못했으니 엄히 국문하여 법을 바로잡을 것을 청하였다. 이를 받아들여 모두 섬으로 유배시켜 위리안치토록 명했다. 신석유·홍진유는 귀양지에서 죽었다. 갑신년 10월, 적당들이 위정(僞政)을 함에 신기선(申箕善)을 이조 판서 겸 대제학으로 의망(擬望)했는데 교지(矯旨)[1]가 내려오기도 전에 일이 실패하였다. 대체로 신기선과 이도재는 육적(六賊, 갑신정변 주도자 6인)과 더불어 내심 결탁되어 있다하여 그때의 논의들은 마땅히 '지정(知情)의 율(律)'을 적용해야 한다고 하였으나, 갑자기 가벼운 법을 적용하고 또 국청(鞫廳)을 설치하지 않았으니, 이는 임금이 인자하였기 때문이다. 허석은 선산(善山)사람으로, 의제(衣制, 服制)를 개혁함에 일어 소를 올려 새 의제의 간편함을 크게 칭찬하면서 족

히 나라를 부강하게 하는데 이바지할 것이라고 했다. 이에 임금이 크게 기뻐하며 특별시 수찬을 제수하였다. 이 탄핵서가 또 나오자 사주를 받은 것이라고들 말하였다.

註解

1) **교지**(矯旨) : 임금의 명령이라고 거짓 꾸며댐. 교제(矯制)와 같은 말.

原文

前修撰許𥜭 劾申箕善・李道宰・申錫游・洪晉游・安宗洙 以六賊死黨 懲討不及 請嚴鞫正法 命皆島配荐棘 錫游・晉游 俱死謫中 甲申十月 賊黨僞政 以申箕善擬吏曹判書大提學 矯旨未下而事敗 大抵箕善・道宰與六賊腸肚糾結 時議以爲 當施知情之律 而卒用輕典 又不設鞫者 以上慈仁也 𥜭善山人 衣制之改也 上疏盛稱制簡便 足資富强 上大喜 特除修撰 是劾又出 受嗾云.

혜상공국(惠商公局)을 설치하여 아라사(俄羅斯, 러시아)와 통상을 개시했다.

原文

설혜상공국 시여아국통상
設惠商公局 始與俄國通商.

안변 부사 이중하(李重夏)를 감계사(勘界使)로 임명하여 청국의 차관(差官)과 함께 토문강(土們江) 상하의 경계(국경)를 조사하여 정하도록 하였다.

原文

이안변부사이중하위감계사 여청국차관 검정토문강상하강계
以安邊府使李重夏爲勘界使 與清國差官 檢定土們江上下壃界.

병술년(고종 23, 1886)에 회령부(會寧府)를 개항했다.

原文

병술 고종이십삼년 개항회령부
丙戌(高宗二十三年)開港會寧府.

5월부터 7월에 이르기까지 나라가 온통 크게 전염병이 돌았는데 이름하여 '괴질(怪疾)'이라 하였다. 죽은 사람이 수백만 명이나 되었으며, 온 식구가 사망하여 문을 닫게 되는 경우가 흔히 있었다. 대략 한 도의 호구 수가 줄어들 정도였으니 철종 경신년(철종 11, 1860)에 비해 훨씬 더 참혹했다.

原文

自五月至七月 通國大疫 名曰怪疾 人死數百萬 往往有闔戶者 大略減一道戶口之數 比哲宗庚申(哲宗十一年)尤酷.

홍종영(洪鍾永)을 삼남 전운사(三南轉運使)로 삼았다. 10년 이래 정치와 형벌(법령)이 날로 문란해져서 백성들로부터 세금을 거둬들이는 데는 한 되 한 홉도 누락시키는 일이 없으면서, 관리들이 농간을 부리고 양곡을 팔아먹어 각 항구의 창고〔경창(京倉)〕들은 씻은 듯이 텅 비어 있었다. 곳곳에서 진휼(賑恤)의 은전을 목마르게 기다리고 배고파 울부짖는 소리가 요란했다. 명령이 비록 엄격하다고는 하나 위아래 할 것 없이 우습게 여기고 업신여기는 데는 어찌할 수가 없었다. 조정의 논의로, 드디어 지위가 높은 문관을 차출하여 전운사(轉運使)로 삼아 오로지 그 일만을 관리하게 하고, 화륜선(火輪船)을 빌려다가 내왕을 편리하게 하였다. 이에 조운(漕運)의 길이 다소 통하게 되었다. 그러나 홍종영이 위로 속이고 아래로는 재물을 착취하여 온갖 폐단이 잇달아 불어났으며, 그 이득을 그물질하듯 끌어모아 스스로 배부르게 되어 1년 만에 거부(巨富)가 되었다. 그런데도 임금은 오히려 능력이 있다고 여기고 그의 아들을 선발하여 진사(進士)의 은전을 베풀었다.

조필영(趙弼永)이 그(홍종영)를 대신하여 전운사가 되자 교묘하게 명목을 더 늘려 가렴주구(苛斂誅求)가 끝이 없어 해마다

남은 돈 100만 꿰미를 상납하였다. 임금은 재간이 있다 여겨 3년 동안 더 그 자리에 두었으므로 재산이 소론의 갑부가 될 정도였다. 그의 아들 조병승(趙秉升)은 대과에 급제하여 한림(翰林)이 되었다. 조필영은 처음에 음직으로 수 개 고을살이를 하며 능력이 있다는 말을 들었다. 그러나 몹시 혹독하게 굴며 수염을 잡아 뽑거나 상투를 잡아매다는 등의 형벌을 가하는 일도 서슴지 않았다.

原文

以洪鍾永爲三南轉運使 十年以來 政刑日紊 稅出於民者升合無漏 而官吏朋奸糴賣 各港京倉如洗 嗷嗷待哺 令格雖嚴 上下玩侮 無如之何 廷議遂差秩高文官 爲轉運使 以專管之 雇火輪以便往來 於是漕路稍通 然鍾永上欺下剝 百弊隨滋 而網利自肥 朞年致巨富 上猶以爲能 選其子 恩典進士 及趙弼永代之 巧增名目 苛斂無紀 歲納羨餘錢百萬緡 上才之 三年不遷 貲爲少論甲富 其子秉升擢大科 爲翰林 弼永始由蔭塗宰數邑 有能名 然甚酷 有掠鬚懸髻之刑.

조필영(趙弼永)이 진주 목사로 있을 때, 송병선(宋秉璿)이 지리산을 유람하고 진주를 들렀는데 따르는 자가 백여 인이나 되었다. 조필영은 그를 공경히 맞아 성 안에 유숙시킨 다음, 극진하고 성대하게 대접하여 소를 잡아 먹이며 몹시 두려워하여 상관을 모시듯 하였다.

(그때) 고을 백성으로 구씨(具氏)와 허씨(許氏) 두 집안이 묘소 문제로 송사(訟事)가 여러 대를 걸쳤어도 결판이 나지 않았다. 그것은 허씨가 구씨 산에 묘를 썼는데 법적으로는 마땅히 금지할 수 없는 곳에 있었다. 당시 구씨 집안의 한 사람이 송병선의 문하에 출입하였는데 이 번 행차에 따라왔다. 송병선이 내려오는 도중에 구씨가 그를 종용하여 허씨의 묘를 파내라고 독촉하는 편지를 써서 보내도록 했다. 조필영은 편지를 받아다 읽기도 전에 크게 놀라는 표정으로 급히 허씨들을 불러서 즉각 묘를 파내라고 독촉하였다. 여러 허씨들이 그 시말을 하나하나 들어 아뢰며 묘를 파내는 일이 부당함을 호소하였다. 조필영은 몹시 노하여 송병선이 써준 편지를 집어던지며 말하기를, "너희들은 이것이 어떤 편지인지나 알고 있느냐? 비록 내 집의 묘라고 할지라도 송산림이 파내라고 명하면 파내야 할 판인데, 하물며 너희들이겠는가? 나로 하여금 송산림에게 죄를 짓게 하지 말라!"고 을박질렀다. 이로써 허씨네는 무덤을 파내고 말았다. 그것은 대개 조필영은 송병선을 지극히 미워하였지만 어떻게 할 수 없어서 거짓으로 극진히 공손하게 '예예'하였으니, 송병선으로 하여금 많은 사람들의 비난을 자초하게 하여 빠져나올 수 없게 한 것이다. 그의 노련하고 교활함이 이와 같

았다. 그는 시골에 살 때에 부잣집에서는 구걸하다시피 빌려오고 가난한 사람들은 침탈하고 속였다. 만년에는 집안이 다소 여유가 있었으나 비방하고 헐뜯음이 산적하여 사람들 상호간에 비웃음으로 전해졌으니, 만약 끝에 가서 한 절의(節義)가 없었더라면 유림으로 욕되는 오점을 면하기 어려웠을 것이다.

原文

필영위진주목사시 송병선유지리산 과진주 종자백여인
弼永爲晉州牧使時 宋秉璿遊智異山 過晉州 從者百餘人

필영경아지 관우성내 극공장지성 재우이향지 췌습여사
弼永敬迓之 館于城內 極供帳之盛 宰牛以享之 惴慴如事

상관 주민유구 · 허양성 구묘송 역세부결 개허묘우구산
上官 州民有具 · 許兩姓 構墓訟 歷世不決 蓋許墓于具山

이재법부당금야 시구성일인 출입병선지문 시행수지 병
而在法不當禁也 時具姓一人 出入秉璿之門 是行隨之 秉

선환지중로 구종용지 걸저필영서 독굴허총 필영탁서미
璿還至中路 具慫慂之 乞抵弼永書 督掘許塚 弼永坼書未

필 작대경장 급박제허지 즉각독굴 제허역진시말 소기부
畢 作大驚狀 急迫諸許至 卽刻督掘 諸許歷陳始末 訴其不

당굴 필영성노 척병선서왈 여위차하등서 수아가총 송산
當掘 弼永盛怒 擲秉璿書曰 汝謂此何等書 雖我家塚 宋山

림명굴즉굴 황약조호 물다담 사오물득죄어송산림 허총
林命掘則掘 況若曹乎 勿多談 使吾勿得罪於宋山林 許塚

유시수굴 개필영심오병선 이무여지하 고유극첨손유낙
由是遂掘 蓋弼永深惡秉璿 而無如之何 故謬極添遜唯諾

사병선자초중초 이부득사 기노활류차 거향개대부호 침
使秉璿自招衆誚 而不得辭 其老猾類此 居鄕丐貸富戶 侵

기맹부 만년가초유 방훼산적 호상전소 약비말초일절 난
欺氓蔀 晩年家稍裕 謗毁山積 互相傳笑 若非末梢一節 難

호 면 어 유 림 지 점 오 의
乎免於儒林之玷汚矣.

임피현(臨陂縣)의 술산(戌山)은 큰 들 가운데 있는데, 개가 누워 있는 것과 유사하여 '술산'이라고 불렀다. 형가(形家, 地官)들은 오기(五氣)가 조화를 이룬 곳으로 추정하였다. 이 산은 고을 사람 최씨가 대대로 산소를 쓴 산인데 송변선이 빼앗아 차지하려고 최씨의 선영에 표(標)를 묻어두었다. 얼마 후 최씨를 억압하여 산소를 파내게 하고 스스로 그의 처를 장사 재냈다. 여러 최씨들은 감옥에 갇혀 울부짖었으나 그들의 억울함을 감히 송사하지 못했다.

原文

임 피 술 산 재 대 야 중 유 와 구 고 왈 술 산 형 가 추 위 오 기 조 원
臨陂戌山 在大野中 類臥狗 故曰戌山 形家推爲五氣調元
산 위 현 인 최 가 세 장 병 선 욕 탈 이 점 지 매 표 우 최 영 초 구 륵 최
山爲縣人崔家世葬 秉璿欲奪而占之 埋標于崔塋 稍久勒崔
굴 기 장 이 자 장 기 처 제 최 수 계 호 읍 이 불 감 송 기 원
掘其葬 而自葬其妻 諸崔囚繫號泣 而不敢訟其寃.

이진상(李震相)의 호는 한주(寒州)이다. 은거하며 후진을 양성하고 학문에 힘써 정진하여 스스로 터득한 바가 많았다. 그의 학문은 '심즉리(心卽理)' 세 글자를 종지(宗旨)[1]로 삼았으며, 그 학설을 설명하여 『심학종요(心學宗要)』 수십 권을 저술했다. 어떤 이는 이것을 양명학(陽明學)[2]이라고 의심하기도 했다. 그

가 죽은 후에 아들 이승희(李承熙)가 장차 유집(遺集)을 간행하려고 허훈(許薰)에게 교열, 정리를 부탁했다. 허훈은 심학의론(心學議論)이 퇴계 이황(李滉)[3]의 학설과 배치되어 영중(嶺中)[4]에서 죄를 얻을까 두려워하여 끝내 사양했다. (그러자) 제자 곽종석(郭鍾錫)[5]이 마침내 그 일을 맡아 간행을 매듭짓고 먼저 퇴계서원에 보냈다. 모든 퇴계의 후손들이 벌컥 화를 내며 이단(異端)으로 배척하고 책권 뒤에 글씨를 쓰기를 '이 책은 가야산(伽倻山) 깊은 산골에 감추어 두었다가 우리의 도(퇴계학설)가 끊어진 후에 비로소 꺼내어 세상에 내놓으라!' 하며 돌려보냈다. 또한 온 도내의 선비들이 모여 그 책을 모아 불살랐다.

이승희의 집안은 수십 년을 거의 영남 지방에서는 용납되지 않았다. 허훈의 호는 방산(舫山)이며 시문(詩文)을 잘했다. 일찍이 과거를 사양하고 글과 술로 스스로 즐겼다. 그의 아우 허위(許蔿)[6]는 갑오년(고종 32, 1894)에 비로소 세상에 이름이 알려졌다.

註解

1) **종지**(宗旨) : 종가 문중의 교의(敎義)의 취지. 중요한 뜻. 주지(主旨). 주장된 요지.
2) **양명학**(陽明學) : 중국 명대 왕양명(王陽明)이 주장한 학설로, 사람마다 양지(良知)를 타고났으나, 물욕에 가리어 흐려지므로 그 장애를 제거하고 지행합일(知行合一)을 꾀해야 한다고 주장했다. 우리나라에서는 이단으로 취급하여 발전을 보지 못했다.
3) **이황**(李滉) : 호는 퇴계(退溪). 조선시대 대유(大儒)로 이기일원론(理氣一元論)을 주장했다.

4) **영중**(嶺中) : 경상북도. 특히 안동 지방을 가리킨 말.
5) **곽종석**(郭鍾錫) : 호는 면우(俛宇). 조선 후기의 대유학자. 한주의 제자로 이기설(理氣說)을 주장했다.
6) **허위**(許蔿) : 구한말의 의병장. 통감부를 격파하기 위해 의병을 이끌고 상경하다 격투 끝에 체포되어 서대문 감옥에서 옥사했다.

原文

이진상호한주 은거교수 각고정진 소학다자득 이심즉리
李震相號寒州 隱居敎授 刻苦精進 所學多自得 以心卽理

삼자위종지 연기설 작심학종요수십권 혹자의위양명지학
三字爲宗旨 演其說 作心學宗要數十卷 或者疑爲陽明之學

졸후자승희장간유집 속허훈교지 훈이기심학의론 여퇴계
卒後子承熙將刊遺集 屬許薰校之 薰以其心學議論 與退溪

이황 배치 공득죄어령중 력사지 제자곽종석 수주기역
(李滉)背馳 恐得罪於嶺中 力辭之 弟子郭鍾錫 遂主其役

간기흘 수송우퇴계서원 제이화연 척이이단 배서우권이
刊旣訖 首送于退溪書院 諸李譁然 斥以異端 背署于卷而

축지왈 차책가심장가야산곡중 대오도멸절지후 시내출
逐之曰 此冊可深藏伽倻山谷中 待吾道滅絶之後 始乃出

이행세 우회일도지사 취기서이분지 승희지가 얼올수십
而行世 又會一道之士 聚其書而焚之 承熙之家 臲卼數十

년 기하용어영남 훈호방산 공시문 조사거업 문주자오 제
年 幾下容於嶺南 薰號舫山 工詩文 早辭擧業 文酒自娛 弟

위갑오 고종삼십일년 시현우세
蔿甲午(高宗三十一年)始顯于世.

노사(蘆沙) 기정진(奇正鎭)[1]은 몸가짐이 건실하고 학문은 정통했으며, 이(理)와 기(氣)를 논하되 선인들에 아부해서 의지하지 않았고 스스로 터득해서 자기의 견해를 확립했다. 자신의

문빗장을 뽑고 자물쇠를 열어 연찬한 것이 매우 깊이가 있다. 그가 저술한 『납량사의제편(納涼私議諸篇)』[2] 등은 오직 호락(湖洛)[3]의 여러 학자들을 휩쓸어서 텅 비게 하였을 뿐 아니라, 율곡(栗谷) 이이(李珥)[4]에 대해서도 아울러 불만의 뜻을 나타내었다. 세상을 떠난 후 대상(大祥, 삼년상)도 지나지 않아서 그의 문집을 활자로 간행하려 하였으나 영남 지방에 있는 문인(門人)들이 말하기를, "활자는 오래 갈 수 없다." 하여, 신축(光武 5, 1901) · 임인(光武 6, 1902) 연간에 단성(丹城)에 문집간행소를 설치하고 나무를 베어 판목(板木)에 글씨를 새겨 1년 만에 완간했다. 근세에 문학을 한다고 일컬어지는 자들로, 재상이나 유림을 막론하고 죽은 지 얼마 안 되어 문집이 간행되어 이처럼 사문(斯文)[5]의 번창함이 있지 않았다.

연재(淵齋) 송병선(宋秉璿)[6]은 기정진(奇正鎭)을 해치려는 생각을 갖고 자기 문도(門徒)들을 사주하여 통문(通文)[7]을 내어 공격하고 배척하도록 하였는데, 그것은 율곡 이이(李珥)의 학설을 모욕했다는 핑계였다. 또한 송병선은 자기의 문도들과의 서신에 의당 이것은 성토되어야 한다고 주장하였다. 이에 무리들이 들고 일어나 마침내 삼남도회(三南道會, 경상 · 충청 · 전라도)의 무리들이, 경기도 진위군(현 평택시)에 모여 날마다 소(疏)를 올리며 대궐 문전에 엎드려 기정진의 문집 판각을 불사를 것을 요청했다.

그때 조정에서는 어려운 일이 많아 유림들의 논의의 득실(得失)에 대해 생각할 겨를이 없었다. 어떤 이는 비웃기를, "기정

진은 비록 율곡(栗谷)과 다른 이론을 세웠으나 그것은 스스로 터득한 것을 표현한 데 지나지 않으니, 그대로 보존했다가 후세에 공안(公眼)[8]을 기다리는 것이 옳지, 어찌 급급하게 무리들이 함께 결판을 내려고 하느냐?" 하였고, 어떤 이는 비웃으며 꾸짖어 말하기를, "이들은 난민(亂民)들과 똑같다. 그들의 복궐(伏闕)[9]을 기다려 마땅히 뽑아다가 군대에 편입시켜라!"는 이도 있었다. 이로 말미암아 모였던 유림들은 스스로 흩어져서 고향으로 돌아가 일은 그것으로 끝이 났다.

이것을 평하는 사람은 이르기를, "이퇴계의 후손들이 이진상의 『한주집(寒州集)』을 불사른 것이나, 송병선이 기정진을 폐고(廢錮)[10]하려고 한 것은 똑같이 그들을 시기한 때문이다." 하였다.

註解

1) **기정진**(奇正鎭) : 자는 대중(大中), 호는 노사(蘆沙). 본관은 행주(幸州). 전라도 장성 사람. 유학에 심취하여 서경덕(徐敬德) · 이황(李滉) · 이이(李珥) · 이진상(李震相) · 임성주(任聖周) 등과 함께 성리학 6대가. 저서로 『노사집(盧沙集)』이 있다.
2) **납량사의제편**(納凉私議諸篇) : 기정진의 철학사상을 담은 대표적인 저술. 피서하는 중에 지었다는〔납량(納凉)〕 뜻이 담겨 있다. 『노사집(蘆沙集)』에 들어 있다.
3) **호락**(湖洛) : 충청도 · 경기도 내에 있는 여러 유학자. 성리설의 분제로 논쟁이 벌어져 노론계의 학자들 사이에 호론(湖論), 낙론(洛論)으로 대립하였는데, 이를 '호락시비'라 불렀다.
4) **이이**(李珥) : 조선 선조 때 대정치가이자 조선시대 대유학자. 이기

이원론(理氣二元論)을 내세웠다. 퇴계 이황(李滉)과 더불어 주리파(主理派)·주기파(主氣派)의 양대 산맥의 주봉(主峰)임. 십만 양병설(養兵說)을 헌책함.

5) **사문**(斯文) : 유학. 즉 주자학(朱子學)을 말함.

6) **송병선**(宋秉璿) : 노론(老論)의 거두이며 송시열의 후손. 을사조약(乙巳條約) 이후 망국의 울분을 참지 못하고 음독자살하였다.

7) **통문**(通文) : 여러 사람의 성명을 적어서 차례로 돌려보는 통지문.

8) **공안**(公眼) : 공정한 눈. 공정한 판단.

9) **복궐**(伏闕) : 대궐문 앞에 엎드림.

10) **폐고**(廢錮) : 종신 관리가 될 수 없게 함. 여기서는 그의 학설을 매장시키려는 뜻으로 해석.

原文

기노사정진 조리독실 학문정투 기논리기 불의아전인
奇蘆沙正鎭 操履篤實 學問精透 其論理氣 不依阿前人

자터기견 추관계약 연기극심 소저납양사의제편 비유소
自攄己見 抽關啓鑰 硏幾極深 所著納凉私議諸篇 非唯掃

호락제유이공지 병어율곡 이이 현시불만지의 몰후미상
湖洛諸儒而空之 幷於栗谷(李珥)現示不滿之意 歿後未祥

문집이활자행 기문인재영남자 창언 활자불능구원 내이
文集以活字行 其門人在嶺南者 倡言 活字不能久遠 乃以

신축 임인 광무오 육년 지교 설간소우단성 벌목루판
辛丑·壬寅(光武五·六年)之交 設刊所于丹城 伐木鏤板

기년공흘 근세이문학칭자 무론재상유림 신몰미기 문집
朞年功訖 近世以文學稱者 毋論宰相儒林 身沒未幾 文集

지간 미유약사지성 송연재병선심기지 주기도발문공척
之刊 未有若斯之盛 宋淵齋秉璿心惎之 嗾其徒發文功斥

구지이피음지과 개위기모율곡야 우여기도서유왈 의유차
毆之以詖淫之科 蓋諉其侮栗谷也 又與其徒書有曰 宜有此

성토지거운운 어시추부지도 군기공후 정삼남도회우경기
聲討之擧云云 於是趨附之徒 群起恐後 定三南道會于京圻
지진위군 극일치소복궐 청분기판 시조정다사 어유론득
之振威郡 剋日治疏伏闕 請焚其板 時朝廷多事 於儒論得
실 무가념급 혹치지왈 기노사수여율곡입이 불과명기자
失 無暇念及 或嗤之曰 奇蘆沙雖與栗谷立異 不過鳴其自
득이 존지이대후세공안가야 하급급당동결승위재 혹치매
得耳 存之以待後世公眼可也 何汲汲黨同決勝爲哉 或嗤罵
지왈 차난민야 대기복궐 당선이충병 유시회자자저 초초
之曰 此亂民也 待其伏闕 當選以充兵 由是會者自沮 稍稍
산귀 사득이 론자위 계이지분한주집 연재지욕고노사 동
散歸 事得已 論者謂 溪李之焚寒州集 淵齋之欲錮蘆沙 同
일기모운
一枝帽云.

영재(寗齋) 이건창(李建昌)은 중년 이래로 자못 심성명학(心性命學, 성리학)[1]에 마음을 두고 보는 바 극히 자제하고 명석했다. 비록 늙어서는 여기에 최고조에 달하였지만 그가 보성(寶城)에서 귀양살이 할 때 비로소 『노사집(蘆沙集)』을 얻어 읽었다. 감탄하여 말하기를, "이것은 천하의 참된 학문이다. 비단 우리나라에는 일찍이 없었던 바요 중국에서 찾더라도 원나라·명나라의 모든 유학자들 중에서도 그에 필적할 사람이 드물다. 마땅히 그의 성리학에 관한 모든 저작을 뽑아서 두세 책으로 편집하여 세상에 전하기 위해 명산(名山)에 비장(秘藏)해야 할 것이다." 하였다. 이건창은 내양 그의 문하에 미치지 못했음을 한스럽게 생각했다. 그러나 그의 문장에 있어서는 불복(不服)했다.

註解

1) **성리학**(性理學) : 성명(性命)과 이기(理氣)의 관계를 논한 유교 철학. 심성론(心性論)은 성리학에서 심(心), 성(性), 정(情)을 중심으로 인간 존재의 양상을 다룬 유학 이론.

原文

李寧齋建昌 中年以來 頗留心性命之學 所見極精晰 雖老極於斯 其謫寶城也 始得蘆沙集而讀之 歎曰 此天下眞學問也 非徒東國所無有 求之中國 元 · 明諸儒 亦罕其匹 當選其性理諸作 編爲數三冊 傳之天下 藏之名山 每以不及門爲恨 然其文章 則不服.

김평묵(金平默)은 처음에 매산(梅山) 홍직필(洪直弼)의 문하에서 공부했으며 고제(高弟)[1]로 추앙받았다. 조정에서 매산의 문인 중에서 한 사람을 천거하라는 명을 내렸을 때, 김평묵은 홍직필이 꼭 자기를 추천하리라 생각하였으나 김병기(金炳冀)가 홍직필을 위협하여 그의 형 김병준(金炳駿)을 천거하라 하여 그의 말을 따랐다.

김평묵은 홍직필을 대단히 원망하고 마침내 발길을 끊어 이항로(李恒老)[2]에게서 학업을 마쳤다.

註解

1) **고제**(高弟) : 가장 뛰어난 제자.
2) **이항로**(李恒老) : 조선 후기의 유학자. 과거에 합격하였으나 부정이 있었음을 알고 이를 단념하고, 오로지 학문에만 힘썼으며 후진을 양성했다. 후에 관직에 나갔으나 최초로 대원군의 정책을 반대함으로써 배척을 받으며 여생을 마쳤다. 조선 말기의 가장 저명한 성리학자였다. 학설은 주리론(主理論)으로서 우주론(宇宙論)에 있어서는 이원론(二元論)을 주장했다.

原文

김평묵 시유홍매산직필지문 추고제 급조정명직필천기
金平默 始游洪梅山直弼之門 推高弟 及朝廷命直弼薦其
문인야 평묵의직필필추기야 김병기협직필 천기형병준
門人也 平默意直弼必推己也 金炳冀脅直弼 薦其兄炳駿
직필여기언 평묵대대지 수고절 취이항로졸업언
直弼如其言 平默大懟之 遂告絶 就李恒老卒業焉.

김평묵(金平默)과 유중교(柳重敎)는 세상 사람들이 이항로(李恒老) 문인(門人, 문하생)의 쌍벽으로 일컬어졌다. 김평묵은 재기(才氣)가 뛰어났고 유중교는 덕기(德氣)로 뛰어났다. 연령도 서로 벗할 사이인데 이항로가 임종이 다가왔을 때 유중교에게 부탁하며, "내가 죽으면 김평묵을 섬기라." 하였다.

그가 죽으매 유중교는 모든 문인들을 이끌고 먼저 김평묵을 섬기라 하여 시종 다투는 일이 없었으니, 사람들은 어려운 일이라 하였다.

原文

金平默·柳重教 世推蘗門兩生 平默以才氣勝 重教以德器勝 而年紀可相肩隨 及恒老且死 托重教以事己者事平默 旣而重教率諸門人 首事之 終始不睽 人難之.

전우(田愚)는 전주(全州)에 대대로 살았는데 상판(商販, 상업)을 업으로 하여 재산이 풍족했다. 전우는 젊은 날에는 호기를 부리고 놀기를 좋아했다. 약관에 충청도에 갔다가 임헌회(任憲晦)를 만나보고 매력을 느껴 그의 이웃으로 이사해 살았다. 그를 따라 옮겨 다니느라 사는 곳이 일정하지 않았다. 임헌회는 집이 가난하여 수십 년을 전우가 제공하는 생활비로 살아갔다. 그러다보니 전우 또한 가산이 다하여 날로 더욱 가난해져 솔잎을 갈아서 요기했으며 큰아들이 굶어 죽는 지경에까지 이르렀다. 그렇지만 전우는 이미 재주가 뛰어났기 때문에 괴로움을 이겨내며 학문에 힘써 명성이 널리 자자했다. 임헌회가 임종할 때 심의〔深衣, 선비들이 걸치던 겉옷. 곧 수제자로 인정한다는 의발(衣鉢)〕를 전해주고 후사를 부탁했다.

전우는 한미한 가문에서 늦게 진출하여 하루아침에 사문(斯文)의 부탁을 받고 많은 제자들을 위에 나서게 되니 같은 문하들이 다 복종하지 않았다. 전우는 반드시 자기 스승을 위해 죽을힘을 다하여 기치를 세워야만 이에 많은 제자들이 복종할 수 있을 것이고 또한 그 기초를 확정할 수 있을 것이라고 생각하

고 드디어 은인자중하며 때를 기다렸다. 과연 김평묵(金平默)과의 좋지 않은 일이 있게 되었다. 처음에는 임헌회와 민규호(閔奎鎬)는 서로 친밀한 사이였으나, 그가 대사헌 · 좨주(祭酒)를 맡았던 것은 다 민규호가 세력을 잡았던 때였다. 한갓 아름다운 관직을 도적질하고도 오로지 침묵하는 데만 일삼고 당시의 근심이나 민은(民隱)[1]에 대해서는 일찍이 한마디도 논의한 것이 없었다. 일찍이 겸손한 말로 다른 사람을 대하여 말하기를, "유자는 강학(講學)을 할 뿐이요, 조정의 일에 간여하는 것은 옳지 못하다." 하였다.

이로 인해 김평묵(金平默)은 임헌회를 경박하다하였는데 그가 죽자 다른 사람을 보내 조문하였다. 그 제문 중에 "청수(淸修) · 고절(苦節)은 속수옹(涑水翁, 北宋 때의 司馬光) 같고, 한겨울의 송백 같음은 강후(姜侯, 胡安國)의 풍모를 가졌구나." 라는 구절이 있었다. 전우는 김평묵이 사마공(司馬公, 司馬炎)[2]이 위나라의 제위(帝位)를 차지한 것을 끌어다가 그 스승이 척양(斥洋) · 척왜(斥倭)를 하지 않은 것을 비견했고, 호안국이 진회(秦檜)[3]와 절교하지 않았음을 끌어다가 그 스승이 외척과 교통한 것을 비꼬았으며, 그 아래에 주석을 붙여 하나하나 배척하였다. (그리고) 자기가 제문을 받아들이지 않는 이유를 밝혀 스승의 영전에 고했다. 드디어 (이 문제를 가지고) 김평묵과 더불어 장문(長文)의 서신으로 서로 힐난하며 오래도록 소란이 계속되었다. 이에 전우는 임헌회를 위해 충신이 되었고, 지위도 공고해졌다.

註解

1) **민은**(民隱) : 백성이 악정(惡政)에 시달리어 고통을 받음.

2) **사마공**(司馬公) : 삼국시대 위(魏)나라의 제위를 빼앗은 사마씨. 사마의(司馬懿)의 아들 사마염(司馬炎)이 조정의 권력을 장악하여 진(晉)나라를 세웠다.

3) **진회**(秦檜) : 남송(南宋) 고종 때 재상. 충신 악비(岳飛)를 모함하여 죽인 다음 금(金)과의 굴욕적인 강화를 체결한 인물. 부정적인 인물로 평가 받았다. 여기서는 민씨를 빗대어 말한 것임.

原文

田愚世居全州 業商販饒於貲 愚少日以俠冶聞 弱冠游湖中 見任憲晦而悅之 遂卜其隣 從而遷徙不常 憲晦家貧 資愚供給者數十年 愚亦家盡落 日以益貧 屑松葉療飢 長子餓死 然愚旣才高 攻苦力學 名聲藉甚 憲晦臨終 傳以深衣屬以後事 愚寒門晩進 一朝受斯文之托 出群弟子之右 同門皆不服 愚念必一爲其師 出死力立幟 乃可服衆 亦可以定其基礎 遂隱忍俟時 果與金平默有交惡之事 初任憲晦與閔奎鎬相款密 其帶大司憲·祭酒皆奎鎬用事時也 但竊美官 而專蹈循默於時虞民隱 不曾一言過問 嘗遜言對人曰 儒者講學而已 不可關涉朝廷事 金平默甚薄之 及其卒 遣

인제이문 유왈 청수고절 류속수옹 대동송백 유강후풍 우
人祭以文 有曰 淸修苦節 類涑水翁 大冬松柏 有康侯風 愚
이평묵인사마공제위 비기사불척왜양 인호문정불절진회
以平默引司馬公帝魏 比其師不斥倭洋 引胡文定不絕秦檜
비기사교통척리 역주기하이축지 자진불수제지유 고우사
比其師交通戚里 歷註其下以逐之 自陳不受祭之由 告于師
령 수여평묵 장서상힐 분운구지 어시우위헌회지충신 이
靈 遂與平默 長書相詰 紛紜久之 於是愚爲憲晦之忠臣 而
좌석수고
坐席遂固.

홍매산(洪梅山, 洪直弼)은 연하산림(輦下山林)[1]이 되어, 북촌의 권세가 있는 요직의 자제로서 그의 제자가 된 자가 많았다. 서로 밀어주고 끌어주며 성기(聲氣)가 끝없이 번져나가 세대가 바뀔 때까지 조금도 쇠퇴하지 않았다. 임헌회가 □□한 것도(두 글자가 缺함, 명성을 얻는 것) 실로 거기에 의지함이 많았다. 전우가(임헌회를) 계승함에 따라, 신기선(申箕善) 또한 동문으로서 바야흐로 지체가 높고 현달해 있었는데, 전우를 위해서 다니는 곳마다 그를 치켜세웠다. 그러므로 민영선(閔泳璇)·민병석(閔丙奭)들과 같은 민씨의 무리들은 겉으로 흠모하며 스스로 의탁하고 왕왕 집지(執贄)[2]하며 도움을 청해서 서로 도움을 받기도 하였다. 혹자는, "전우는 명예가 실상보다 지나치다."라고 빈정대기도 하였지만, 전우는 몸을 절제하고 청렴결백하여 곤궁을 이겨냈으며, 학술 및 문장이 실로 스승에 비해 높고 나은 면이 있었다.

註解

1) **연하산림**(輦下山林) : 연하(輦下)는 연곡지하(輦轂之下)의 준말로 서울을 말한다. 곧 서울의 명문 출신 산림을 말한다.
2) **집지**(執贄) : 제자가 스승을 처음으로 뵐 때 예폐(禮幣)를 가지고 가서 경의를 표하는 일.

原文

홍매산 홍직필 위연하산림 북촌세요자제구의자중 호
洪梅山(洪直弼)爲輦下山林 北村勢要子弟摳衣者衆 互
상추만 성기침지 역세불소쇠 헌회지 실다뢰지 급전
相推挽 聲氣浸漬 歷世不少衰 憲檜之□□ 實多賴之 及田
우종지 신기선우이동문 방귀현 위지유양 고제민여영선
愚踵之 申箕善又以同門 方貴顯 爲之游揚 故諸閔如泳璇
병석지도 부모자탁 왕왕집지청익 위지취허 혹자자이
·丙奭之徒 浮慕自托 往往執贄請益 爲之吹噓 或者訾以
예부우실 연우률신청고 학술문장 실유초과기사자
譽浮于實 然愚律身淸苦 學術文章 實有迢過其師者.

간재(艮齋) 전우(田愚)는 자기 문인(門人)들에게 모두 심의(深衣)[1] · 복건(幅巾)[2] · 치포관(緇布冠)[3]을 걸치게 했으며, 비록 일을 할 때라도 벗지 못하게 했다. 또는 혹 죽영(竹纓)[4]을 매고 목극(木屐)[5]를 신고 이상한 복장을 차렸다. 목천군(木川郡)에 아천장(鵝川場)이 있는데 벌판에 있는 큰 시장이었다. 장이 서는 날이면 매양 심의 · 복건 · 치포관에 죽영을 매고 나막신을 신은 자가 꾸부리고 조심조심 상점가에 이르는데 시장 사람들이 그들을 가리켜, "이 사람들은 전학자(田學者)의 문인"이라

하였다.

註解

1) **심의**(深衣) : 높은 선비의 웃옷. 흰 베로 만든 소매를 넓게 하고 검은 비단으로 가를 두른 것.
2) **복건**(幅巾) : 도복에 갖추어서 머리에 쓰던 건. 은사가 씀.
3) **치포관**(緇布冠) : 검은 빛깔의 베로 만든 것으로 유생이 평상시에 쓰던 관.
4) **죽영**(竹纓) : 가는 대오리를 꿰어 만든 갓끈.
5) **목극**(木屐) : 나무로 만든 신. 나막신.

原文

우륵기문인 개심의 복건 치포관 수집역불탈 우혹계
愚勒其門人 皆深衣·幅巾·緇布冠 雖執役不脫 又或系
죽영 착목극 복식궤이 목천군유아천장 야중대시야 매
竹纓·着木屐·服飾詭異 木川郡有鴉川場 野中大市也 每
시일심의 복건 치포관 이계죽영 착목극자 구루상속
市日深衣·幅巾·緇布冠·而系竹纓·着木屐者 傴僂相屬
어전사지반 시민목지왈 차전학자문인야
於廛肆之畔 市民目之曰 此田學者門人也.

전우(田愚)는 몹시 가난하여 겨울에 솜옷을 입지 못했고 여름에는 쌀구경도 해보지 못했다. 울타리 밖에 들쑥을 심어서 편한 대로 뜯어 먹었다. 아들은 왕골로 말갈기를 짜서 근근이 먹고 살았는데, 그의 문인들이 이를 딱하게 여겨 다른 생계 수단을 권하면 번번이 그대로 따랐으나 거기에도 산원(産源, 밑

천)이 없어 다시 종전 같았다. 그런 까닭에 몇 년에 한 번씩 이사를 다녔다. 세상에서 가난한 사람을 부른다면 전우와 필적할 사람이 없다고 하였다. 그는 남이 주는 것을 여간해서는 받지 않았다. 한 개의 고기포〔腊〕나 비단 한 오리도 망령되이 받지 않았다. 또한 많은 돈을 짊어지고 글을 배우러 오는 자가 늘어섰으나 가벼이 받아들이지 않았다.

原文

우빈심 동불서 하불미 종야애어리외 이편채힐 일자직
愚貧甚 冬不絮 夏不米 種野艾於籬外 以便採擷 一子織
종사 이자업 문인민지 권취생리 첩종지 연무산원 우부여
駿簁 以自業 門人憫之 勸就生理 輒從之 然無産源 又復如
전 고수년첩일사 개세지호빈자 무여우적 이사수심엄 일
前 故數年輒一徙 蓋世之號貧者 無與愚敵 而辭受甚嚴 一
석일제불망취 포중폐구문자상속 이의소불가불설야
腊一綈不妄取 抱重幣求文者相屬 而義所不可不屑也.

곽종석(郭鍾錫)은 기억력이 남달리 뛰어났다. 어떤 이는 말하기를, 『동의보감(東醫寶鑑)』[1]을 한 번 읽고 능히 암송했다."고 하니 그의 총명함을 가히 상상할 수 있겠다. 기예(伎藝)에도 널리 통달했을 뿐만 아니라 병학(兵學)도 연구했으며 하도낙서(河圖洛書)[2]의 원리를 겸했다. 무인들이 곽종석을 따라다니며 항시 대접하고 병법의 학설을 배웠다. 대원군에게 간탁(干托)되어 갑작스레 관직이 뛰어올라 강계 부사에까지 이르렀으나 그는 이미 중명(重名)을 얻었고, 경박한 무리들이 날로 그의 주

변에 모여들었다. 그들은 곽종석이 다른 방면에 특이한 기술을 가졌다고 극성스럽게 추켜세웠다. 곽종석은 그것을 꺼려하여 태백산에 들어가 수년 있다가 다시 가야산에 들어갔고, 마지막으로 거창(居昌) 산중에서 살았다.

註解

1) **동의보감**(東醫寶鑑) : 조선시대 허준(許浚)이 선조의 명으로 지은 의학서, 25권 5책이다. 중국 및 우리나라의 의학서적을 모아 체계적으로 분류하여 병마다 처방을 풀이 했다.
2) **하도낙서**(河圖洛書) : '하도'는, 옛 중국의 복희(伏羲) 때 황하에서 나왔다는 용마(龍馬)의 등에 나타난 도형. 역괘(易卦, 주역)의 원리가 되었음. '낙서'는 하(夏)의 우왕(禹王)이 홍수를 다스렸을 때 낙수에서 나온 거북의 등에 쓰여 있었다는 글로써 홍범(洪範, 우왕이 정한 정치 도덕의 아홉 원칙)의 원본이 된 것임. 팔괘(八卦)의 법이 이에 의해 만들어졌음.

原文

곽종석 기성절인 혹언동의보감 능일람암송 기총명가상
郭鍾錫 記性絶人 或言東醫寶鑑 能一覽暗誦 其聰明可想

야 박통예술 겸구병학 유하겸락자 무인야 종종석유 항자
也 博通藝術 兼究兵學 有河兼洛者 武人也 從鍾錫游 恒資

급지 수도검지설 이간운현 취진지강계부사 종석기유중
給之 受韜鈐之說 以干雲峴 驟進至江界府使 鍾錫既有重

명 현박지도 일조기측 성추기유타방이기 종석염지 입태
名 儇薄之徒 日噪其側 盛推其有他方異伎 鍾錫厭之 入太

백산 수년우입가야산 최후정거우거창산중
白山 數年又入伽倻山 最後定居于居昌山中.

임헌회(任憲晦)는 예스러운 것을 좋아했는데, 한 번은 학창의(鶴氅衣)[1]를 입고 온양(溫陽)을 지나가는데, 그를 따르는 동자(童子)들은 모두 총각머리에 사규삼(四䙆衫)[2]을 입고 있었다. 현(縣) 사람들은 크게 놀라며 외국 사람으로 착각하고 구타하려다가 자세히 살펴본 후 그가 임산림(任山林)인 줄을 알고 때리려던 것을 중지했다.

註解

1) **학창의(鶴氅衣)** : 빛이 희고 소매가 넓으며 가를 흑색으로 꾸민 옷. 학의 우모(羽毛)로 만든 털옷.
2) **총각머리에 사규삼(四䙆衫)** : 총각머리는 어린아이의 머리를 두 쪽으로 묶어 올린 것. 사규삼은 장가가기 전 소년의 복장.

原文

任憲晦好古而迂 嘗衣鶴氅衣 過溫陽 童子皆總角 四䙆衫以從之 縣人大驚 以爲外洋人 欲毆之 審知其爲任山林 乃止.

임헌회(任憲晦)에게 어린 아들이 있는데 갈산(葛山, 홍성군)에 사는 김씨와 혼인할 것을 약속하였다. 그 집안은 선원(仙源) 김상용(金尙容)의 후손으로 대대로 홍주(洪州) 갈천에서 살았다. 임헌회의 아들이 열 살쯤 되어 요절하므로, 임헌회는 김씨

집에 가서 아들의 약혼녀에게 분상(奔喪)[1]할 것을 독촉했다. 김씨는 크게 꾸짖으며 폐물(幣物)을 돌려 달라 하였다. 임헌회는 수치스럽고 화도 나서 묘지(墓誌)[2]를 무덤에 써 넣었는데 거기에다 아들의 '배필이 안동 김씨의 아무개의 딸'이라고 표시하였다.

註解

1) **분상**(奔喪) : 먼 곳에서 상을 당해 빨리 집으로 돌아오는 것.
2) **묘지**(墓誌) : 죽은 사람의 원적 · 성명 · 사적 등을 돌에 새기거나 또는 도판(陶板)에 구어서 무덤 앞에 묻는 것.

原文

헌회유유자 여갈산지김약혼 김위선원 김상용 지후 세
憲晦有幼子 與葛山之金約昏 金爲仙源(金尙容)之後 世
거홍주지갈산 기자십허세상절 헌회부우김 독기녀분상
居洪州之葛山 其子十許歲殤折 憲晦赴于金 督其女奔喪
김대후지 반기폐 헌회참노 찬지납상광 서배이안동모지
金大詬之 返其幣 憲晦慚怒 撰誌納殤壙 署配以安東某之
녀
女.

박문일(朴文一)의 자는 공렬(公烈)이요, 호는 운암(雲庵)이다. 그의 아우 박문오(朴文五)의 호는 성암(誠庵)이다. 박문일은 일찍이 이항로(李恒老)의 문하에 와서 형제가 모두 가난을 견디며 열심히 학문을 익혔다. 관서 지방에서는 돈암(遯庵, 선우협) 이후의 제일인자로 추대하여 흡연히 스승으로 받들었다.

그러므로 관서 지방의 유학의 연원(淵源)은 대개 모두 벽계(蘗溪) 이항로(李恒老)를 종(宗)으로 한다.

原文

박문일 자공렬 호운암 기제문오 호성암 문일상등벽계
朴文一 字公烈 號雲庵 其弟文五 號誠庵 文一嘗登蘗溪
이항로 지문 형제고궁력학 관서추위돈암후일인. 흡연
(李恒老)之門 兄弟固窮力學 關西推爲遯庵後一人. 翕然
사존지 고서유연원 대저개종벽계
師尊之 故西儒淵源 大抵皆宗蘗溪.

광무국(礦務局)을 설치하였다.

原文

설광무국
設礦務局.

육영공원(育英公院)을 설립하여, 문·무관(文武官), 유사(儒士) 중에 나이 어리고 총명한 자 40명을 뽑아 입학시켰다. 영국 사람 방거(房巨, D. A. Bunker)와 길모(吉毛, G. W. Guilmore) 두 사람을 선생으로 삼아 구미(歐美) 문자를 교습시켰다. 문관으로는 김승규(金昇圭)·신대균(申大均) 이하 여러 명이고, 유사로는 이만재(李萬宰)·서상훈(徐相勛) 이하 여러 명이었다. 노론(老論)·소론(少論)·남인(南人)·북인(北人)의 사색(四色)을 고루 배열하여 극히 당시의 이름난 문벌에서 선발했다. 수업기간을 마치면

이미 관직에 있는 자는 중요한 자리로 발탁되고, 유생들은 차례로 과거에 합격시켜 고무하고 장려하는 뜻을 보여 주었다.

原文

建育英公院 揀文武儒士年少聰俊者四十人隸之 聘英人房巨·吉毛二人 爲之師傅 習歐美文字 文官則金昇圭·申大均以下 儒士則李萬宰·徐相勛以下 分排四色 極選一時名閥過期年 已釋褐者 擢以淸要 靑衿次第占科 以示鼓勵.

이범진(李範晋)을 규장각 직각(直閣)으로 삼았다. 이범진은 이경하(李景夏)의 서자이다. 이경하가 진주 병사로 있을 때 한 기첩(妓妾)의 몸에서 낳았다. 그래서 이름을 범진이라 하였다. 범진은 날렵하여 담장을 뛰어넘을 수 있었고 방탕무뢰하였으며 약관에 진사가 되었다. 점쟁이가 그의 운명을 점쳐서 말하기를, "40세에 병조 판서를 하겠다."고 하니, 범진이 탄식하기를, "망령된 말 하지 말라. 내 처지로 어찌 병조 판서를 하겠는가?" 하였다. 얼마 아니 되어 대과에 합격한 후 울울한 마음을 떨쳐볼까를 생각했는데, 갑신정변(甲申政變) 때는 마침 대궐에서 당직하고 있다가 대궐로 직행하여 중궁을 업고 노원(蘆原, 마들, 노원구)으로 피난했다. 그 해가 지나서 성천 부사로 임명되었다. 성천 부사에서 순천 부사로 전임하였으며, 그는 가는

곳마다 음탕하고 난폭한 짓을 하며 백성의 재산을 긁어모았는데, 눈은 새끼 난 범의 눈같이 사나웠다고 한다.

순천 부사로 있을 때 여러 기생을 발가벗겨 놓고 바람난 말의 희롱을 하는 시늉을 흉내 내게 하는 음탕한 짓도 하였다. 부민(富民)을 형벌하되 곤장이나 볼기를 때리지 아니하고 다만 목에 칼틀을 끼게 해서 손을 끼고 뜰에 세워 놓았으며 무릎을 조금이라도 꿇으면 발가벗기고 마구 때렸다. 수일을 서 있으면 다리가 부어올라 죽여 달라고 애걸할 정도였다. (그들은 한결같이) 재산을 탕진하지 않으면 풀려나지 못했다. 항상 장검을 좌우에 놓고 주먹을 불끈 쥐며 말하기를, "난동을 부리는 자 있으면 칼로 쳐 죽이겠다." 하였다. 아전과 백성들은 무서워 벌벌 떨었으며, 함께 들고 일어나 쫓아 보내려 하였으나 그의 용맹이 두려워 감히 일어나지 못했다.

原文

이 이 범 진 위 규 장 각 직 각 　 범 진 자 경 하 서 자 야 　 경 하 위 진 주
以李範晋爲奎章閣直閣　範晋者景夏庶子也　景夏爲晉州

병 사 　 축 일 기 이 생 　 고 명 범 진 　 범 진 교 용 초 장 옥 　 랑 탕 무 뢰 　 약
兵使　畜一妓而生　故名範晉　範晉矯勇超墻屋　浪蕩無賴　弱

관 중 진 사 　 복 자 산 명 왈 　 사 십 당 병 조 판 서 　 범 진 탄 왈 　 물 망 언
冠中進士　卜者算命曰　四十當兵曹判書　範晉嘆曰　勿妄言

처 오 지 이 유 병 판 자 호 　 미 기 중 대 과 　 울 울 사 분 　 갑 신 지 변 　 방
處吾地而有兵判者乎　未幾中大科　鬱鬱思奮　甲申之變　方

직 궐 중 　 부 중 궁 출 피 우 노 원 　 유 년 제 성 천 부 사 　 자 성 천 이 배 순
直闕中　負中宮出避于蘆原　踰年除成川府使　自成川移拜順

천 　 도 처 음 학 박 할 　 목 이 유 호 　 기 재 순 천 야 　 나 군 기 위 풍 마 지
川　到處淫虐剝割　目以乳虎　其在順天也　裸群妓爲風馬之

희 형부민불곤불태 단가지 공립우정 슬소굴 즉치이난추
戲 刑富民不棍不笞 但枷之 拱立于庭 膝少屈 則褫而亂箠
지 입수일무불각종걸사 비탕기산 부득석 상치장검좌우
之 立數日無不脚腫乞死 非蕩其產 不得釋 常置長劍左右
분권왈 유난자작살지 리민오오 욕여이축지 외기용 막감
奮拳曰 有亂者斫殺之 吏民嗷嗷 欲舁而逐之 畏其勇 莫敢
발
發.

조성하(趙成夏)의 모친은 이경하(李景夏)와 내외종간이어서 이범진(李範晋)이 찾아가 뵐 수 있었다. 일찍이 완곡한 말로 이범진을 책망하기를, "들리건대 네가 곤전(坤殿)에 들어가서 때때로 담뱃대에 담배를 담아서 불을 붙여 올린다고 하던데, 그 말이 사실이라면 다시는 내 집에 오지 말아라." 하였다. 이범진은 감히 대꾸하지 못했다.

原文

조성하지모 여이경하유중표지친 범진득이통알 상완사
趙成夏之母 與李景夏有中表之親 範晋得以通謁 嘗婉辭
책범진왈 문여입곤전 시시장연초 설화이진지 신사언야
責範晋曰 聞汝入坤殿 時時裝烟草 爇火而進之 信斯言也
물복래오가 범진불감대
勿復來吾家 範晋不敢對.

우리나라 풍속에 나이와 지체가 서로 비슷하면 으레 서로 자(字)를 부른다. 비록 처음 만나는 사람이라 해도 예컨대 갑(甲)이, "내가 당신과 어찌 상경(相敬)[1]을 하겠소?" 하고 묻는데, 이

것을 '청붕(請朋)'[2]이라 한다. 이 말에 대해서 을(乙)이, "좋다." 고 승낙하면 이것을 '허교(許交)'라 한다. 반드시 서로 청붕과 허교한 연후에 비로소 친구로 인정이 되는 것이다. 그렇지 않으면 형식적으로 공대할 뿐이었다. 사대부와 서류(庶流)는 나누는 한계가 엄격하여 매양 공적인 일이나 사적이 일에서 서로 보게 되면 손을 들어 한 번 읍(揖)을 하며, 언어도 서로 공경하는 투였다. 서류의 처지에 있는 자들은 몸을 굽실대야 하며 감히 사대부와 청붕, 허교를 생각할 수조차 없다. 이같이 수백 년을 지내왔다.

이범진(李範晋)이 내전(內殿)[3]의 별입시(別入侍)로 있을 때, 날마다 여러 민(閔)씨들과 서로 만나 서로 공경하는 것이 친구 같았다. 중궁 민비가 민영소(閔泳韶)와 민영준(閔泳駿) 등을 불러, "이범진은 내가 매우 사랑하니 자네들도 너무 가혹하게 가리지 말고 상붕(相朋)[4]하는 것이 좋겠다." 하였다. 그러나 이범진은 스스로 위축되어서 감히 벗을 하지 못하였다.

註解

1) **상경**(相敬) : 서로 공경함.
2) **청붕**(請朋) : 벗을 청하는 일.
3) **내전**(內殿) : 깊숙한 궁정. 중궁전.
4) **상붕**(相朋) : 서로 벗하는 일.

原文

국속년지상류 즉필상자이호지 수속생면 갑왈오여자 해
國俗年地相類 則必相字以呼之 雖屬生面 甲曰吾與子 奚

가상경 시즉왈청붕 을왈 낙 시즉왈허교 필청붕허교 연후
可相敬 是則曰請朋 乙曰 諾 是則曰許交 必請朋許交 然後
시인이친구 불연모경이이 사대부여서류 분한절엄 매공
始認以親舊 不然貌敬而已 士大夫與庶流 分限截嚴 每公
사상견 거수일읍 언어지어상경 위서유자 역궁궁주선 불
私相見 擧手一揖 言語止於相敬 爲庶流者 亦躬躬周旋 不
감붕청붕허교지념 약시자이수백년 급이범진위내전별입
敢萠請朋許交之念 若是者已數百年 及李範晋爲內殿別入
시야 일여제민상우 상경여고 중궁속영소 영준등왈 이
侍也 日與諸閔相愚 相敬如故 中宮屬泳韶·泳駿等曰 李
범진오심애지 여조물가구 가상붕야 연범진슬축 경불감
範晉吾甚愛之 汝曹勿苛拘 可相朋也 然範晋瑟縮 竟不敢
붕
朋.

서울에서 소민(小民)들이 잔방(棧房)[1]을 차리고, 맑은 물에 고기를 삶아 육탕을 끓여서 탕에 국수와 밥을 넣어서 팔았다. 이것을 장탕반(漿湯飯)[2]이라 하였는데 추운 겨울철에 더욱 성행했다. 한갓 하인층에서 찬 입에 뜨거운 기운을 불어넣기 위해서 즐겨 먹었을 뿐만 아니라, 양반이나 부잣집의 젊은 패들도 가끔씩 몰려와서 먹고 가곤하여 제법 번창하였다. 이들은 꼭 밤에 다녀갔다. 당시에 민영주(閔泳柱)는 망나니라 부른 지 십수 년이었다. 무릇 골목에서 떡을 팔고 장탕반을 파는 사람들 가운데 돈꿰미나 저축한 사람치고 그것을 약탈당하지 않은 이가 없었다. 밤에 갑자기 수하 패거리를 이끌고 와서 장탕반점에 둘러앉아 수십 사발씩 들이키며 한 푼의 돈도 주지 않고 도망치기 일쑤였다. 이렇게 몇 번만 당하면 장탕반점은 반드시

파산하게 된다.

이러한 이야기를 들은 이범진(李範晋)은 침을 뱉으며 추한 도둑떼라고 분개하고, "내가 꼭 그런 자들의 버릇을 고쳐주겠다." 고 결심했다. 한 번은 밤중에 우연히 음식점에서 만났으나 민망나니는 알아보지 못했다. 그들 앞으로 다가서서 이범진은 큰 소리로 외치며, "너는 이범보(李範甫)를 알아보지 못하느냐?" 하면서 불타는 장작개비를 빼어들고 후려갈겼다. 민영주는 군색하고 다급해서 "영감님!" 하고 부르면서 살려달라고 애걸하여 놓아 보냈다. 이후로부터 감히 자꾸 나타나지 못했다. 무뢰배들은 이범진을 부를 때 범보라고 하였는데 범보라는 호칭은 거의 망나니와 같은 뜻이다.

註解

1) **잔방**(棧房) : 임시로 만든 집. 포장마차, 간이식당 등.
2) **장탕반**(漿湯飯) : 장국을 붓고 산적 등 고명을 얹어 만든 음식. 흔히 '온반' 또는 '탕반'이라고 함.

原文

경사소민설잔방 담장자육탕 탕화면반이매지왈 장탕반
京師小民設棧房 淡漿煮肉湯 湯和麵飯而賣之曰 漿湯飯
동월우성 비도기려겸례파타가동자락추지 귀호가경준소
冬月尤盛 非徒羈旅傔隷波吒呵凍者樂趨之 貴豪家輕俊少
년 왕왕결대왕담지 이위소창 기행필복야 시시민영주호
年 往往結隊往啗之 以爲疏暢 其行必卜夜 是時閔泳柱號
망란자십수년 범방곡매병매장자 초저기관전 무불피기략
亡亂者十數年 凡坊曲賣餠賣漿者 稍貯幾貫錢 無不被其掠

탈 야첩솔기도 위장탕점 대철수십완 불급일문이거 여시
奪 夜輒率其徒 圍漿湯店 大歠數十椀 不給一文而去 如是
기도 점필파 범진문이타왈 추재 추도이 오필유이제지 상
幾度 店必破 範晋聞而唾曰 醜哉 雛盜耳 吾必有以制之 嘗
야해후 민부지야 우복류전 범진대갈왈 여식범보부 추소
夜邂逅 閔不知也 又復類前 範晋大喝曰 汝識範甫否 抽燒
목추복지 영주군급 호야걸명 종지거 자시불감수출 무뢰
木追扑之 泳柱窘急 呼爺乞命 縱之去 自是不敢數出 無賴
배 호범진위범보 범보지호 기여망란랄
輩 呼範晋爲範甫 範甫之號 幾與亡亂捋.

속칭 서얼(庶孼)을 '초림(椒林)'이라고 부르는데, 이는 호초(후추)의 맛이 얼얼하기 때문이다. 또한 다른 말로, 편반(偏班)[1] · 신반(新班)[2] · 건각(蹇脚)[3] · 좌족(左族)[4] · 점족(點族)[5]이라고도 부르는데, 이는 모두 비천하게 여겨 붙여진 이름이다. 서족은 보잘것없고 비천해서 비록 고관대작의 몸에서 태어났다 하더라도 품계(品階)의 등급이 겨우 중인(中人)[6]과 같이 취급되어서 '중서(中庶)'라 불렀다. 벼슬길이 이미 제한 받고 있어서 단지 먹고 사는 것만을 영위할 뿐이었다. 혹은 업무(業武)에 종사한다 하더라도 영장(營將)이나 중군(中軍)에서 그치며, 혹은 군아(郡衙)에서 근무하면 책실(册室)밖에 될 수 없다. 혹은 음로(陰路, 음직)[7]를 밟으면 안으로는 학관(學官)이나 검서관(檢書官), 밖으로는 찰방(察訪)이나 감목관(監牧官)밖에 될 수 없어서, 그 처지가 기를 못 펴고 초라하여 천함이 더욱 심하게 느껴졌다. 그러므로 뜻이 있는 자는 늙도록 벼슬하지 않고 주리면서 차라리 칩거 생활을 했다. 이에 재주 있는 준수한 인물

들이 영락하여 식자들의 근심거리가 되고 있다.

수백 년 이래로 이러한 것을 없애려고 논의한 바 없지 않았으나, 벼슬길을 열어 주게 하면 권세의 구조가 나누어지게 되기 때문에 벼슬하여 대대로 높은 자리에 있던 사람들이 백방으로 이것을 막아서 평범 이상의 자리를 뛰어넘을 수 없었다. 강상(綱常)[8] 명분 같은 것이 있어서 가히 문란하게 할 수 없었다. 그러나 이러한 법은 세상의 고금을 털어놓고 봐도 없는 법이었다. 그런데 법이 이미 정해져서 편파적으로 가혹하지만, 이치는 양반에게만 지나치게 후할 수가 없는 것이다. 경향(京鄕)을 막론하고 무릇 종가의 적자 집안은 사속(嗣續)[9]이 점점 쇠미하고 있지만 서류(庶流)들이 날로 번성하여 거의 나라 안의 반을 차지할 정도가 되었다. 비록 지나간 옛날과 같이 영구히 구속하려 해도 그 형세가 부득불 무너지지 않을 수 없었다.

지금의 임금은 이미 외국과 통상관계를 맺고, 천하고 작은 조종(祖宗)[10]의 제도는 변통해서 고쳐야 한다고 생각되어 마침내 격식을 깨고 인재를 등용한다는 의론이 있게 되었다. 서자들 중에 문과(文科)에 급제하여 높은 자리에 오르게 된 경우는 이조연(李祖淵)부터 비롯되어 이범진(李範晋)·김가진(金嘉鎭)·민치헌(閔致憲)·민상호(閔商鎬)·민영기(閔泳綺) 등과 이윤용(李允用)·윤웅렬(尹雄烈)·안경수(安駉壽)·김영준(金永準) 등으로 이어져서 이들 부류는 모두 갑오경장(甲午更張, 1894)[11] 이후 높은 벼슬을 하게 되었다. 그 외에 금관자나 옥관자를 단 사람은 지적할 수 없을 정도로 많아서 조정의 적을 갖고 있는

사람이 거의 5분의 3을 차지할 정도였다. 그래서 잘못된 것을 바로잡으려다가 너무 지나쳐 오히려 나쁘게 되었다고도 하지만, 변하면 통하고 통하면 오래 갈 수 있는 법이니, 위로는 가히 길상(吉祥)[12]을 맞이해 볼 수 있고, 아래로는 가히 유현(遺賢)[13]이 없어졌다. 그러나 사람을 골라서 벼슬을 시키는데 있어, '문벌을 타파한다'는 것은 그야말로 그들의 재능과 덕망을 보고 선택하는 것이 아니라 임금의 사사로운 사람들뿐이었다. 이로써 노론(老論)의 서족(庶族)들은 높은 벼슬을 하는 자들이 하늘의 별처럼 많았으나, 소론 · 남인 · 북인의 세 당파는 한 사람도 없었으니 도대체 조정에서 충성을 다할 수 있기를 기대할 수 있겠는가? 또한 서자 출신으로 벼락감투를 써서 귀하게 된 자들은 모두 곤궁한 상태에서 펴지 못하고 있다가 하루아침에 출세한 자들이었다. 그들은 오직 화리(貨利, 재물의 이익)에 빠져 돈을 긁어모아 치부하는 데만 힘써 사대부(士大夫)의 구습을 물려받아 정절과 결백을 지켜 보답하려는 생각을 가진 사람은 하나도 없었다.

그러므로 정치는 위에서 더욱 어지러워졌고, 풍속은 밑에서 더 부패하게 되어 종사(宗社)[14]는 점점 망하게 되었으니, 일구지학(一丘之貉)[15]을 면치 못하게 되었다. 그래서 이와 같은 것을 단행하자고 논의했던 사람들은, 정치라는 것은 가벼이 개혁할 수 없다는 구실을 주게 되어 안타깝게도, 이것은 한 번 목이 메었다고 밥 먹기를 그만두자고 하는 의론이 되고 말았다.

註解

1) **편반**(偏班) : 편벽된 계층. 가의 계층.
2) **신반**(新班) : 새 양반이라 비꼬아서 부르는 이름.
3) **건각**(蹇脚) : 절름발이.
4) **좌족**(左族) : 서파의 족속.
5) **점족**(點族) : 온전치 못한 족속.
6) **중인**(中人) : 양반과 상인(常人)과의 중간 계급. 과거하여 문무반(文武班)의 벼슬을 할 수 없으나 기술직의 벼슬을 할 수 있음.
7) **음로**(陰路) : 과거를 보지 않고 관직에 나가는 길.
8) **강상**(綱常) : 삼강(三綱)과 오상(五常). 곧 사람이 지켜야 할 도리.
9) **사속**(嗣續) : 대를 이음.
10) **조종**(祖宗) : 군주의 조상. 현대 이전의 대대의 군주.
11) **갑오경장**(甲午更張) : 조선 고종 31년(1894) 갑오년에 개화당 정권이 모든 옛날 제도를 서양의 법식을 본받아 근대적으로 개혁한 일. 갑오개혁(甲午改革).
12) **길상**(吉祥) : 운수가 좋은 조짐. 경사가 날 조짐.
13) **유현**(遺賢) : 벼슬하지 않고 초야(草野)에 묻혀 있는 현인.
14) **종사**(宗社) : 종묘와 사직이란 뜻으로 나라의 일컬음.
15) **일구지학**(一丘之貉) : '한 언덕의 담비(오소리)'란 뜻으로 같은 부류로 별다른 차별이 없음을 말함.

原文

속호서얼왈초림 이초미얼얼연야 우왈일명 왈편반 왈신
俗號庶孼曰椒林 以椒味孼孼然也 又曰一名 曰偏班 曰新

반 왈건각 왈좌족 왈점족 쇄설비천 수출자경상지지 이품
班 曰蹇脚 曰左族 曰點族 瑣屑卑賤 雖出自卿相之支 而品

제등급 근여중인상치 고통칭중서 환도기지 지영구복 혹
第等級 僅與中人相齒 故通稱中庶 宦途既枳 只營口腹 或

업무 지어영장 · 중군 혹의영막위비장 혹우군아위책실
業武 止於營將 · 中軍 或依營幕爲裨將 或寓郡衙爲冊室

혹종음로 내즉학관 · 검서 외즉찰방 · 감목관 용종료도
或從蔭路 內則學官 · 檢書 外則察訪 · 監牧官 龍鍾潦倒

기천유심 고유지기자 백수궁아 영이잠칩위고 어시재준
其賤愈甚 故有志氣者 白首窮餓 寧以潛蟄爲高 於是才俊

고락 위유식지우 수백년래 비무통융지의 이사환기통 즉
枯落 爲有識之憂 數百年來 非無通融之議 而仕宦既通 則

세권필분 고세경지가 백방당색 물월기과구지외 유약강
勢權必分 故世卿之家 百方搪塞 勿越其科臼之外 有若綱

상명분지불가문자 연개천하고금소무지법야 연법기편혹
常名分之不可紊者 然蓋天下古今所無之法也 然法既偏酷

이무편후 무론경향 범종적지가 사속침미 이서류지성 일
理無偏厚 毋論京鄉 凡宗嫡之家 嗣續浸微 而庶流之盛 日

번월연 기호반국중 수욕영고지여왕석 기세성부득불궤열
繁月衍 幾乎半國中 雖欲永錮之如往昔 其勢誠不得不潰裂

자야 금상기통외양 협소조종제도 사유이변통도월 수유
者也 今上既通外洋 陜小祖宗制度 思有以變通度越 遂有

파격용인지의 기문과청환 자이조연시 계이유이범진 · 김
破格用人之議 其文科清宦 自李祖淵始 繼而有李範晋 · 金

가진 · 민치헌 · 민상호 · 민영기등 여이윤용 · 윤웅렬 · 안
嘉鎭 · 閔致憲 · 閔商鎬 · 閔泳綺等 與李允用 · 尹雄烈 · 安

경수 · 김영준일대 개종갑오(고종삼십일년)이후 질위대
駉壽 · 金永準一隊 皆從甲午(高宗三十一年)以後 迭爲大

관 기여김옥지반 지불승루 태거조적오지삼 교왕과직즉
官 其餘金玉之班 指不勝僂 殆據朝籍五之三 矯枉過直則

유지 이변즉통 통즉구 상가이도영길상 하가이야무유현
有之 而變則通 通則久 上可以導迎吉祥 下可以野無遺賢

연쟁탈조정 소위벽파문지자 비선기재능야 유군상지사인
然爭奪朝廷 所謂劈破門地者 非選其才能也 惟君上之私人

언이 시이노론지서 즉청환달관 회변여성 이소 남 북
焉耳 是以老論之庶 則淸宦達官 會弁如星 而少·南·北

삼색무일인상가망 무방지입이방초지열호 차서류취귀자
三色無一人尙可望 無方之立而旁招之列乎 且庶流驟貴者

개곤체불자발 일조상저 유침감화리 후자봉식 이종사대
皆困滯不自拔 一朝翔翥 惟沉酣貨利 厚自封殖 以踵士大

부지구습 무일인정백자지 이보답위심자 고정유란어상
夫之舊習 無一人貞白自持 以報答爲心者 故政愈亂於上

속유패어하 순치종사륜상 이미면위일구지학 종이의자
俗愈敗於下 馴致宗社淪喪 而未免爲一丘之貉 從而議者

거이정불가이경변위구실 오호차인일폐식지론야
擧以政不可以輕變爲口實 嗚呼此因噎廢食之論也.

유만주(兪晩柱)는 양성(陽城, 안성)에 살았는데, 갑신년(고종 21, 1884)에 지평(持平)이 되었다. 서류(庶流)로서 남대(南臺)[1]에 발탁된 것은 유만주로부터 시작된다.

註解

1) **남대(南臺)** : 학행(學行)과 덕이 뛰어나 이조(吏曹)에서 사헌부의 장령(掌令) 또는 지평(持平)에 천거된 사람.

原文

유만주거양성 갑신 고종이십일년 위지평 서류탁남대
兪晩柱居陽城 甲申(高宗二十一年)爲持平 庶流擢南臺

자만주시
自晩柱始.

유협용(柳協用)은 서울 새문〔新門〕 밖에 살았는데, 영재(泠齋) 유득공(柳得恭)[1]의 손자이다. 나면서부터 가난하여 늙어서까지 솜옷을 입어 보지 못하고 종이를 비벼서 솜으로 대용했다. 겨울에도 풀방석에 앉아서 책 읽기를 그치지 않았다. 기무아문(機務衙門)[2]이 처음 생겼을 때, 권력층에 있던 사람이 주사(主事)로 천거한 바 있으나 나아가지 아니하고, 갑오년 후에 안산 군수로 나갔다.

註解

1) 유득공(柳得恭) : 조선 후기의 실학자. 실학파(實學派)에 속하는 학자로서 박제가 · 이덕무 등과 함께 실사구시(實事求是)의 방법으로 산업 진흥을 주장했다.
2) 기무아문(機務衙門) : 군국기무처(軍國機務處). 정치 · 군사의 일체를 관장하던 관아.

原文

유협용거경성신문외 영재득공지손야 생이빈 지노 의무
柳協用居京城新門外 泠齋得恭之孫也 生而貧 至老 衣無
서 뇌지대면 동처초천중 독서불철 기무아문지시건야 당
絮 挼紙代綿 冬處草薦中 讀書不輟 機務衙門之始建也 當
로천지위주사 불취 갑오후 부안산군수
路薦之爲主事 不就 甲午後 赴安山郡守.

이윤용(李允用)의 모친은 평양 기생이다. 이윤용이 성천 부사(成川府使)가 되어 평양에 이르러 연광정(練光亭)에서 연회를

베풀고 크게 기생들을 모아놓고, 자기 어머니를 상좌에 모시고 헌수를 했다. 연회가 파하자 판여(板輿)[1]를 타고 길에 올랐는데, 남녀 모두 그것을 보고 영화롭게 여겼다. 성천부에 이르러 내아(內衙)에서 봉양하는데 그를 대부인으로 받들었다. 순월(旬月, 열흘이나 한 달, 또는 10개월)이 지나자 모친이 이윤용에게, "내가 비록 너의 어미지만 곧 기생이다. 네 처는 비록 내 며느리지만 곧 지금 임금님의 동기간이다. 하늘과 땅의 차이가 나거늘 내가 가히 시어미로 자처할 수 있겠느냐. 또한 나는 기러기 같은 인생이라 강호(江湖)가 적합하다. 어찌 답답하게 새장 속에 갇혀 지낼 수 있겠느냐. 내가 이번에 온 것은 네가 영양(榮養)[2]하는 것을 살펴보도록 하기 위함이다. 이제 뜻했던 소원을 마쳤으니 나를 더 이상 붙잡지 말라." 하고 드디어 그날로 훨훨 평양으로 돌아갔다.

註解

1) **판여**(板輿) : 귀부인이 타는 수레. 자식이 출세하여 부모를 봉양하기 위해 영화롭게 모셔가는 경우를 말함.
2) **영양**(榮養) : 자식이 지위와 명망을 얻어 부모를 영화롭게 봉양함을 일컫는 말.

原文

이윤용지모 평양기야 윤용지위성천부사 지평양 설연연
李允用之母 平壤妓也 允用之爲成川府使 至平壤 設宴練

광정 대회기적 봉기모상좌헌수 연파 판여등도 사여영지
光亭 大會妓籍 奉其母上座獻壽 宴罷 板輿登途 士女榮之

至府養之內衙 尊之以大夫人 旣旬月 母謂允用曰 吾雖汝母乃妓也 汝妻雖吾媳婦 乃今上同氣也 霄壤凜凜 吾可自處以姑嫜乎 且吾梟鴈也 江湖是適 安能鬱鬱樊籠爲哉 吾之此來 爲伸汝榮養之私耳 今志願已畢 勿苦拘我 遂卽日翩然歸平壤.

김가진(金嘉鎭)의 부친이 안동 부사로 있을 때 방기(房妓, 관기)가 김가진을 낳았다. 안동을 한편 ‘영가(永嘉)’라 하는데 그의 부친이 이름을 ‘가진’이라고 지은 것이다. 대개 이범진(李範晉)의 이름자인 진(晉)과 적대(的對)가 된다. 젊었을 때 학관(學官, 이문학관)이 되어 순천 부사 홍재현(洪在鉉)을 따라 책실(冊室)로 있었다. 그의 처는 홍종헌(洪鍾軒)의 서종매(庶從妹)가 되며 홍종헌이 영변 부사로 있을 때, 김가진은 비장(裨將)자리를 달라고 졸랐으나 얻지 못하여 하루 종일 눈물을 흘렸다. 갑신년(고종 21)에 민영준(閔泳駿)을 따라 일본에 갔다 돌아와서 과거에 급제하여 드디어 높은 자리를 역임하였는데, 건방지고 교활하기가 당대 군간(群奸)들의 우두머리가 되었다. 한묵(翰墨)[1]을 조금 한다하여 ‘동농산인(東農散人)’이라 부르며 명환(名宦)임을 자처했다.

註解

1) 한묵(翰墨) : 문한(文翰, 문필에 관한 일)과 필묵(筆墨, 붓과 먹)이란 뜻으로, 글을 짓거나 쓰는 것.

原文

金嘉鎭之父 爲安東府使 房妓生嘉鎭 以安東之一稱永嘉也 故其父名焉 蓋與李範晋之名晋者爲的對 少爲學官 隨順天府使洪在鉉 處其冊室 其妻爲洪鍾軒之庶從妹 鍾軒之莅任寧邊也 嘉鎭乞裨將一窠不得 漣洏終日 甲申隨閔永駿赴日本 旣還登第 遂敭歷淸要 邪佞狡猾 爲一時群奸之魁 粗攻翰墨 號東農散人 以名宦自處.

〔성택(聖澤)과 억길(億吉)〕은 가마 메는 것을 업으로 삼았다. 임오년(고종 19, 1882) 중궁이 충주로 피난할 때 그 두 사람은 가마꾼으로 공로가 많았다. 중궁(中宮)이 환궁하여 성택(聖澤)을 누차 벼슬을 옮겨 전라 병사가 되고 억길(億吉)은 낙안 군수(樂安郡守)가 되었다. 명기(名器)[1]를 남용함이 이 지경에 이르렀다. 이 밖에 연줄을 타고 틈을 뚫어 공명을 얻은〔缺〕 자가 그 수를 헤아리지 못할 정도였다. 남원(南原)에 사는 최석두(崔錫斗)는 가난이 심하여 약주머니를 차고 다니면서 스스로 의원 행세를 하며 구차하게 살아가다가 떠돌이로 서울에 머물게 되

었다. 그때 중궁이 오랫동안 대하증이 낫지 않는 것을 근심하였다. 어떤 이가 최석두를 천거하여 한 처방을 올렸더니 조금 차도가 있었다. 중궁이 크게 기뻐하며 바로 고산 군수(高山郡守)를 제수하더니 얼마 안 있어 남원 부사로 승진시켜 주고 그 집안사람 두 명도 벼슬시켜 주었다. 그런데 시일이 지나도 효험이 없자 최석두는 마침내 죄를 얻어 경저(京邸)에서 죽었다. 그가 죽을 때 구규(九竅)[2]에서 피가 흘렀는데 사람들은 사약을 받은 것이 아닌가 의심하였다. 보성 사람 정순묵(鄭淳默)은 품관으로서 포흠(逋欠)을 지고[3] 서울로 달아났다. 때마침 중궁이 감기에 걸렸는데 시령탕(柴苓湯) 두 첩을 올려 낫게 하여, 즉시 영평 군수(永平郡守)를 제수하였다.

註解

1) **명기**(名器) : 벼슬자리, 관작(官爵)이나 거복(車服)을 구분하여 상하의 명분을 밝힌다는 의미.
2) **구규**(九竅) : 눈 · 코 · 귀의 여섯 구멍과 입 · 항문 · 요도의 세 구멍을 합한 아홉 개의 구멍. 구혈(九穴).
3) **포흠**(逋欠)**을 지다** : 관청의 물건을 사사로이 써버리다.

原文

□□□□□□□□□□擔轎爲業 壬午(高宗十九年)中宮之遜于忠州 兩人以轎夫有勞 旣還宮 聖澤屢遷至全羅兵使億吉至樂安郡守 名器之濫至於此 其外夤緣鑽隙□□□者

不可勝數 南原有崔錫斗 貧甚佩藥囊 自號醫以苟活 轉客京師 時中宮久患帶下症不癒 或薦錫斗 進一方稍效 中宮大喜 卽除高山郡守 俄遷南原府使 官其家二人 過此終不效 錫斗遂得罪 死京邸 死時九竅流血 人疑有賜藥 寶城人鄭淳默 以品官負逋 避于京 適會中宮寒感 進柴苓湯二貼 良已 卽除永平郡守.

(缺) 임금이 일찍이 내전(內殿)에 들어가다가 창황히 뒤 창문으로 나가는 자를 보았다. 임금이 "웬 사람이냐?"고 묻자, 중궁(中宮)은, "제 눈에는 사람이 보이지 않습니다. 전하께서는 무엇을 보셨습니까?" 하였다. 임금은 괴이하게 여겨 좌우에 있는 사람들에 물었지만 다들 보지 못했다고 대답했다. 중궁이 천천히 말하기를, "전각(殿閣)이 깊숙이 있어서 요괴(妖怪)가 나올 수도 있습니다. 굿을 해야 되겠습니다." 하더니, 드디어 굿판을 벌였는데 임금은 끝내 깨닫지 못했다. 중궁이 대전을 우롱하는 일이 다 이러했다.

原文

□□□□□□上嘗入內殿 見有倉黃從後牖出者 上問何人 后對曰吾眼中不見人 殿下何從見之 上怪之 問左右 皆對

이불견 후서왈전각심비 혹매요위수이 가양지 수익설기
以不見 后徐曰殿閣深秘 或魅妖爲祟耳 可禳之 遂益設祈
초 상종불오 후지우롱대전 개차유야
醮 上終不悟 后之愚弄大殿 皆此類也.

임금은 세자를 몹시 사랑했다. 매 끼니 때마다 반찬을 집어 먹이며 옷을 입을 때마다 소매를 펼쳐서 입혔으니, 조종(祖宗)의 대를(후사를) 이음을 중하게 여겼다. 세자에게 말을 건네는 데 있어서도, "집안사람 간의 예의는 옳지 않다." 하여 언어에 예를 써서 극히 공경하고 공손했다. 그러나 명성왕후는 그렇지 않았다. 조금만 거슬리는 짓을 해도 쥐어박으며 소리 지르되, "너는 비록 세자이지만 어찌 부모가 없겠느냐?" 하였다. 이로 말미암아 세자는 부왕은 무서워하지 않았어도 모후(母后)는 두려워했다.

原文

상혹애세자 매반 간찬이식지 매의 장수이천지 이위조
上酷愛世子 每飯 揀饌而食之 每衣 張袖而穿之 以爲祖
종계사지중 전재세자 불가용가인례 언어용적체 극기경
宗繼嗣之重 傳在世子 不可用家人禮 言語用敵體 極其敬
공 명성즉불연 소오첩복지 가왈 여수세자 기무부모 세자
恭 明成則不然 少忤輒扑之 呵曰 汝雖世子 豈無父母 世子
유시불외상이외후
由是不畏上而畏后.

왕후는 문사(文史)에 통달하여 백관들의 장주〔章奏, 임금에게

올리는 상소(上疏)〕를 늘 스스로 열람하였다. 『팔가문초(八家文鈔, 唐・宋八代家文鈔)』[1]를 읽기를 좋아했으며, 일찍이 북경에서 가본(佳本, 善本)을 구입해 오기도 하였다.

註解

1) **당송팔대가**(唐宋八大家) : 당송 시대의 여덟 명의 문장의 대가. 당의 한유(韓愈)・유종원(柳宗元)・송의 구양수(歐陽修)・왕안석(王安石)・증공(曾鞏)・소순(蘇洵)・소식(蘇軾)・소철(蘇轍). 문초(文鈔)는 당송의 문장가 8인의 산문을 뽑아 평을 단 것이다.

原文

후통문사 백관장주 상자열지 호독팔가문초 상구가본어
后通文史 百官章奏 常自閱之 好讀八家文鈔 嘗購佳本於

연중
燕中.

민승호(閔升鎬)가 죽었을 때 그의 후실(後室) 이씨는 젊고 아름다웠다. 수년이 지나자 몸을 삼가지 않는다는 소문이 났다. 민영주(閔泳柱)와 민영달(閔泳達) 등과 불륜의 관계를 맺어 어린아이를 낳아 길렀는데 민간에서는 그 아이를 '몽득(夢得)'이라 하였다. 그것은 죽은 민승호와 함께 몽교(夢交)를 해서 잉태했다는 말로 그렇게 부른 것이다. 중궁 민비는 그녀를 미워하여 일찍이 금가루를 주었는데, 이씨는 화를 내며 뿌려 버리면서 말하기를, "과부가 사내를 좋아하는 것은 당연한 것이거늘 중전은 어찌하여 나에게 벌을 준단 말인가?" 하였다. 중궁이 추악하게 여기고 다시는

보려고 하지 않았다. 그런데 이씨는 기지를 가지고 사후(伺候)[1]를 하는데 능숙해서 중궁은 도리어 그를 불쌍히 여기게 되었다. 드디어 다시 왕래하는 사이가 되어, 언간(諺簡)[2]의 청탁이 팔방으로 돌아다녀 위세가 중앙과 지방에 기울어졌고 여러 민씨들도 또한 그 여자를 섬겼다고 한다. 그의 친정 조카 이종필(李鍾弼)은 향족(鄕族)[3]으로 과거 급제한 지 10년이 채 안 되어 황해 감사에 이르렀다. 당시 이씨를 죽부인(竹夫人)이라고 불렀는데, 집이 죽동(竹洞)에 있었기 때문이다.

註解

1) **사후**(伺候) : 손윗사람의 안부를 물음.
2) **언간**(諺簡) : 한글 편지.
3) **향족**(鄕族) : 향원(鄕員)이 될 자격이 있는 집안. 중인(中人) 계급.

原文

민승호지사 기계실이씨소이염 기수년 이불근문 여영주
閔升鎬之死 其繼室李氏少而艶 既數年 以不謹聞 與泳柱

영달난 생추육지 민간명왈몽득 탁언여승호몽교이잉야
·泳達亂 生雛育之 民間名曰夢得 托言與升鎬夢交而孕也

중궁오지 상사금설 이씨에이철지왈 과부사환 상이 중전
中宮惡之 嘗賜金屑 李氏恚而撤之曰 寡婦思歡 常耳 中殿

안득률아 중궁추지 수불부인 이씨협기지선사후 중궁반
安得律我 中宮醜之 遂不復認 李氏挾機智善伺候 中宮反

연지 수득교관 청탁언간 주팔방 위경중외 제민역곡의사
憐之 遂得交關 請托諺簡 走八方 威傾中外 諸閔亦曲意事

지 기질종필 이향족탁제 미십년 지황해감사 시호이씨위
之 其姪鍾弼 以鄉族擢第 未十年 至黃海監司 時號李氏爲

죽부인 이기가재죽동야
竹夫人 以其家在竹洞也.

민영익(閔泳翊)이 늘 이씨(李氏)에게 간하기를, "원구(元舅, 왕의 외척)의 집안으로서 밖에서 들리는 소문이 아름답지 못하니 어머니께서는 자중하시기를 바랍니다." 하였다. 이씨는 발끈하여 화를 내며, "내가 조심하지 않았다하여 장차 너의 앞길이 막히기라도 한단 말이냐? 네가 두 번 다시 그런 말을 한다면 나는 반드시 너를 손가락질 하겠다." 하였다. 민영익은 두려워 꼼짝 못하고 감히 다시는 말하지 못했다.

原文

민영익 상간이씨왈 원구지가 외문불가 원모씨자애 이
閔泳益 嘗諫李氏曰 元舅之家 外聞不佳 願母氏自愛 李
씨불연왈 이오불검 장지여전도호 여약재언 오필지여 영
氏咈然曰 以吾不檢 將枳汝前途乎 汝若再言 吾必指汝 泳
익습복 불감부언
翊慴伏 不敢復言.

남정철(南廷哲)은 과거에 급제한 지 2년이 채 안 되어 평안 감사가 되었다. 척리(戚里, 외척)가 아니면서 이같이 빨리 출세한 자는 근세에 일찍이 없었다. 그가 평양 감영(監營)에 있을 때 상감께 진상하는 것이 노상 끊어지지 않아서 임금은 충성한다 하였다. 그를 다시 영선사(領選使)로 옮겨 천진(天津)에 보냈으니 권병(權柄, 중용)의 뜻을 표시해 준 것이다. 민영준(閔泳駿)

이 남정철 대신 평안 감사로 부임해서 금을 녹여서 아독연(兒犢輦)[1]을 만들어 바쳤다. 임금은 낯빛이 변하더니 꾸짖어 말하기를, "남정철은 참으로 도둑놈이구나. 관서 지방에 이렇게 많은 금붙이가 있는데 혼자서 다 해먹었다." 하였다. 이로부터 남정철은 임금님의 사랑이 갑자기 쇠하기 시작했고, 민영준은 날로 임금의 적재(適材) 적소(適所)의 인물이 되었다.

註解

1) **아독연**(兒犢輦) : 송아지가 끄는 수레. 여기서는 임금이 타는 수레를 축소한 모형을 말함.

原文

남정철등제미이기 위평안감사 비척리이여차취귀자 근
南廷哲登第未二期 爲平安監司 非戚里而如此驟貴者 近
세미상유야 재영일 진헌상속 상이위충 천령선사 송지천
世未嘗有也 在營日 進獻相屬 上以爲忠 遷領選使 送之天
진 이시병용지의 급민영준대남정철 주금위아독연이헌지
津 以示柄用之意 及閔泳駿代南廷哲 鑄金爲兒犢輦而獻之
상동색 기이매지왈 남정철진대도야 관서유여허다금 이
上動色 旣而罵之曰 南廷哲眞大盜也 關西有如許多金 而
거독전지호 유시총권돈쇠 이영준일피기사
渠獨專之乎 由是寵眷頓衰 而泳駿日被器使.

만수절(萬壽節)[1]에는 감사와 수령들이 으레 진상품을 올리게 되어 있는데 모두 척신(戚臣)을 통해서 궁중에 바쳐졌다. 정해년(고종 24, 1887) 7월 민영소(閔泳韶)와 민영환(閔泳煥)이 함께

입시(入侍)했을 때 김규홍(金奎弘)은 전라 감사였고 김명진(金明鎭)은 경상 감사였다. 민영환이 먼저 경상 감사 김명진이 올리는 진상품의 물목을 바쳤는데, 일본 비단 50필과 황저포(黃苧布) 50필뿐이었다. 임금은 얼굴색이 변하더니 물목을 용상 밑으로 집어던졌다. 민영환은 황공해 하면서 그 물목(物目)을 집어 소매 속에 집어넣었다. 다음은 민영소가 전라 감사 김규홍이 올린 물목을 바쳤는데, 춘주(春紬)[2] 500필과 갑초(甲綃)[3] 500필 · 백동(白銅) 5합(合) · 바리(그릇) 50개였다. 다른 물건들도 이 정도의 규모였다. 임금은 기뻐하며 말하기를, "번신(藩臣)[4]의 예(禮)가 이러해야 마땅하지 아니한가? 김규홍이 나를 아끼는구나." 하였다. 민영환은 나가서 돈 20,000냥을 더 붙여서 바쳤는데 그것은 민영환이 김명진의 사위가 되기 때문이다.

註解

1) **만수절(萬壽節)** : 고종 임금의 탄생일. 왕조시대에 가장 큰 경축일임.
2) **춘주(春紬)** : 봄철에 입는 명주.
3) **갑초(甲綃)** : 생사로 짠 천.
4) **번신(藩臣)** : 번병(藩屛, 변방)의 관찰사.

原文

萬壽節 監司 · 守令例有進奉 皆緣戚臣 納之宮中 丁亥七月 閔泳韶 · 泳煥同入侍時 金奎弘爲全羅監司 金明鎭爲慶

尙監司　泳煥先進以明鎭物目　倭繒五十疋·黃苧布五十疋而已　上色變擲之床下　泳煥皇恐拾之納諸袖　泳韶以奎弘物目進之　春紬五百疋·甲綃五百疋·白銅五合·盂五十事　他物稱是　天顔悅豫曰　藩臣之禮　不當若是乎　奎弘其愛我矣　泳煥出以己錢二萬兩　添獻之　蓋泳煥爲明鎭之婿.

남일우(南一祐)는 경상 감사를 지내다가 임소(任所)에서 죽었는데 김명진(金明鎭)이 그 뒤를 이었다. 두 사람은 같은 동리에서 살았는데 서로가 잘 알고 지내는 사이였다. 징청각(澄淸閣, 관찰사 처소)은 복도가 있어 내아(內衙)로 통하였는데, 어느 날 김명진이 내아로 들어가다가 곡란(曲欄)에서 죽은 남일우를 만났다. 그는 소매를 펼쳐 읍을 하고 말하기를, "나는 몹시 굶주렸는데 자네는 어찌 차마 혼자 배불리 먹으면서 나를 먹여주려 하지 않는가?" 하였다. 김명진이 크게 놀라 혼절하여 병든 지 10일 만에 죽었다. 김명진은 치적이 있어 이민(吏民)들이 그의 죽음을 애석해 했다. 이헌영(李𨯶永)이 재임하여 두 사람의 죽은 뒤를 이었는데, 사람들은 그도 죽지 않을까 하고 위태로워하였는데 끝내 별탈은 없었다.

原文

南一祐以慶尙監司卒于任所　其代金明鎭也　兩人同里閈

상선 징청각 유복도통내아 일일명진입내 우일우어곡란
相善 澄淸閣 有複道通內衙 一日明鎭入內 愚一祐於曲欄
장수공지왈 오심뇌 군인독포이불향아 명진대경혼도 수
張袖拱之曰 吾甚餒 君忍獨飽而不饗我 明鎭大驚昏倒 遂
병순일사 명진유치적 이민석지 이헌영 이재임승양상지
病旬日死 明鎭有治績 吏民惜之 李鑢永 以再任承兩喪之
후 인위지 이경무양
後 人危之 而竟無恙.

민영주(閔泳柱)의 부친이 사망하자 모친이 개가했다. 민영주는 집안에서의 행실이 금수와 같이 난폭하고 남의 것을 약탈함이 도적떼와 같았다. '망나니'란 별명이 붙여진 지 십수 년이 되어 다른 사람들과 같은 줄에 끼지도 못했다. 과거에 급제해 보겠다는 생각에서 과거를 치를 때마다, 유생 수십 인을 사서 수백 장의 시권(試券)을 쓰게 하고는 돌려가며 바쳤다. 때로는 뽑히기도 하였으나 임금의 특명으로 삭제해 버렸다. 민영주는 몹시 큰 원한이 날로 깊어져서 더 방자하게 포악한 짓을 했다. 민영준(閔泳駿)이 그것을 근심하여 그가 공사로 일본에 부임할 때 임금께 여쭈기를, "민영주를 사람답게 만들려면 벼슬 한 자리를 마련해 주어 붙들어 매놓는 것보다 나은 것이 없을 것 같습니다."라고 하니, 임금은 그러리라 믿고 정해년(고종 24, 1887) 칠석제(七夕製)에서 뽑아 주었다. 그는 1년 만에 직각(直閣)에 이르렀는데, 직각이 망하게 된 것이 민영주에 이르러 극에 달했다.

原文

閔泳柱父死母嫁 內行類禽獸 暴掠類盜賊 號亡亂者十數年 不齒於人 欲占科第 每科購儒生數十人 寫券數百 輪流呈之 有時得中 而上特命削之 泳柱怨毒日深 愈肆狠惡 泳駿患之 其以公使赴日本也 言于上 欲泳柱之鑄人 莫如冒一第 以勒縶之 上然之 擢丁亥(高宗二十四年)七夕製 朞年至直閣 直閣之亡 至泳柱而極.

전랑(銓郎)[1]의 제도가 폐지된 다음으로는 한림(翰林)[2]과 호당(湖堂)[3]이 젊은 명관(名官)들이 뽑히는 최상의 자리가 되었다. 그리고 호당이 폐지되고 규장각이 세워짐에 따라 대교(待敎)는 출육(出六, 6품 벼슬에 오름)하는 자리로, 질(秩)은 가장 낮지만 품(品)은 가장 맑은 것으로 여겼기 때문에 한림과 더불어 '한각(翰閣)'으로 병칭되었다. 그런데 대교는 한림에 비하여 사람들이 더욱 선망하는 자리였으며, 오직 직각(直閣)이 한림과 더불어 나란한 것이었다. 정조·순조 즈음에는 여기에 선발된다는 것은 문장이 뛰어나고 명망이 높아야만 가능하였다. (그런데) 갑자년(고종 원년, 1864)이래로 외척 집인이 돌아가면서 해먹는 가물(家物)이 되고부터는 사필(史筆)을 잡았다고 외치면서도 사초(史草)를 언문으로 쓰는 데까지 이르렀다. 이에

한미한 집안의 준재들이 우뚝 일어나 '한각'을 보기를 죽은 물건으로 보아 그것을 다른 사람들만이 할 수 있는 것으로 보았다. 이범진(李範晋) · 민영주(閔泳柱) 등이 연달아 직각이 되기에 이르러서는, 한림은 이런 무리들에 의해 더럽혀지고 혼탁함이 없었기에 오히려 한림에 천거되는 것을 다소나마 영예라고 생각했다.

註解

1) **전랑**(銓郎) : 이조정랑(吏曹正郎). 일반 문관(文官)의 인사 추천권을 가진 최고의 요직(要職).
2) **한림**(翰林) : 예문관 검열(檢閱)의 별칭.
3) **호당**(湖堂) : 독서당(讀書堂)을 고쳐 부른 이름. 독서당은 조선조 4대 세종이 장의시(藏義寺)를 집현전의 여러 신하에게 내어 주어 독서하도록 명하면서 붙인 이름이다. 문학에 뛰어난 젊은 벼슬아치에게 오로지 학업을 닦게 하던 서재. 9대 성종대에 이르러 독서당을 용산(龍山)으로 옮겨 세우면서 호당이라 하였다.

原文

자전랑폐 이한림 호당위년소명관지극선 급호당폐이
自銓郎廢 而翰林 · 湖堂爲年少名官之極選 及湖堂廢而

규장각건 대교위출육과 질최비이품최청 여한림병칭한각
奎章閣建 待教爲出六窠 秩最卑而品最淸 與翰林竝稱翰閣

연대교시한림 인우속목 유직각가여한림제등 정 순지제
然待教視翰林 人尤屬目 惟直閣可與翰林齊等 正 · 純之際

거시선자 유개고문준망이득지 갑자 고종원년 이래 순환
居是選者 類皆高文峻望以得之 甲子(高宗元年)以來 循環

위척원가물 호병사필 이지이언문기사초 어시한준굴기
爲戚畹家物 號秉史筆 而至以諺文起史草 於是寒畯崛起

시 한 각 위 사 물 이 속 지 별 인 급 이 범 진 민 영 주 등 연 거 직 각
視翰閣爲死物 而屬之別人 及李範晋·閔泳柱等 連居直閣
이 한 림 즉 무 차 배 지 예 탁 고 반 이 한 권 위 초 영
而翰林則無此輩之穢濁 故反以翰圈爲稍榮.

남규희(南奎熙)는 돈 10만 냥을 바쳐 직각(直閣) 벼슬을 얻었고, 정순원(鄭淳元)은 20만 냥을 주고 직각 벼슬을 얻었다. 직각의 벼슬자리를 팔게 된 것은 이로부터 시작되었다. 정순원은 일두(一蠹) 정여창(丁汝昌)[1)]의 종손으로 대대로 함양에 살았으며 만석지기를 하는 부자였다.

註解

1) **정여창**(丁汝昌) : 조선 성종 때 대학자. 호는 일두(一蠹). 하동 사람. 무오사화(戊午士禍)로 종성에 귀양 갔다가 이어 형을 받았음. 시호는 문헌(文獻).

原文

남 규 희 납 전 십 만 냥 이 득 직 각 정 순 원 이 십 만 냥 이 득 직 각
南奎熙 納錢十萬兩 而得直閣 鄭淳元二十萬兩而得直閣
직 각 지 매 자 차 시 순 원 일 두 정 여 창 사 손 야 세 거 함 양 부 옹
直閣之賣自此始 淳元一蠹(鄭汝昌)祀孫也 世居咸陽 富擁
만 석
萬石.

서울 장안의 떠돌아다니는 말에 '칠석제(七夕製)에 과거를 치른 사람으로 판서가 된 사람이 하나도 없다'고 하였다. 이 때문

에 통과(統科)로 과거에 나아가는 사람은 공교롭게도 이 날을 피하였다. 어윤중(魚允中) 또한 칠석제에 등과(登科)했는데 재주와 덕망이 있어서 사람들은 그 말이 맞지 않을 것이라고 하였다. 그런데 갑오(고종 31, 1894)에 이르러 관제가 바뀌면서 판서의 직이 폐지되었다. 어윤중은 아직은 참판이었는데 결국은 탁지부 대신(度支部大臣)이 되어 여덟 번째〔八座〕[1]의 반열에 들어갔다. 사람들은 '어판서'라 불렀지만, 실은 판서의 계급과 같기는 하나 판서는 아니었다.

註解

1) **팔좌**(八座) : 정승 아래 판서급의 여덟 대신(大臣)을 일컫는 말.

原文

경사언 과점칠석제 판서무일개 시이당통과자교피지 어
京師諺 科占七夕製 判書無一箇 是以當統科者巧避之 魚
윤중이칠석제등과 유재망 인위차언부중 급갑오변관제
允中以七夕製登科 有才望 人謂此諺不中 及甲午變官制
판서수폐 이윤중상참판 경이탁지대신열팔좌 인호어판서
判書遂廢 而允中尙參判 竟以度支大臣列八座 人呼魚判書
이기실비판서야
而其實非判書也.

정해년(고종 24, 1887) 봄, 세자빈 민씨(후의 純明孝皇后)가 관례를 올렸다.

原文

丁亥春 世子嬪閔氏行冠禮.

(정해춘 세자빈민씨행관례)

정해년(고종 24, 1887) 가을에 전보국(電報局)을 세우고 전신주를 세웠다. 의주에서 시작하여 서울까지 세웠으며, 서울에서부터 경상도 동래에까지 이르렀다. 이에 서쪽 지방에는 역참제(驛站制)[1]가 폐지되었고, 남쪽 연도에는 봉수(烽燧)[2]가 또한 쓸데없어졌다. 예부터 민간에서 떠돌아다니는 참언(讖言)[3]에, "천리에 이어진 소나무가 하루아침에 모두 하얗게 될 것이다."라는 말들이 있다. 병자년(고종 13, 1876)에 일본 사람이 들어오고, 남도 백성들은 소나무껍질을 베껴 식량을 대신했기 때문에 큰 소나무들이 껍질이 벗겨진 채 하얗게 서 있는 것이 잇달아 있었다. 어떤 이는 참언이 적중한 것이라 말하기도 하였다. 나는 그때 나이는 어렸지만 그 말을 공박하여, "어찌 흉년을 구하기 위해 초목이 참서(讖書)[4]에 올라있을 까닭이 있겠는가?"라고 했는데, 이에 이르러 체험을 하고 보니 대개 항간에 떠돌아다니는 말이 들어맞는 것이 없다고만 하는 것은 옳지 못하다는 것을 알았다.

註解

1) **역참제**(驛站制) : 일정한 거리를 두고 역말을 갈아타는 곳을 만들어 통신의 구실을 하던 제도.
2) **봉수**(烽燧) : 난리를 알리는 불. 신라 때부터 있었는데, 조선시대에

는 봉화둑을 전국에 600개나 만들었음.
3) 참언(讖言) : 앞일에 대하여 그 길하고 흉함을 예언하는 말.
4) 참서(讖書) : 참언을 적은 책.

原文

추 건 전 보 국 입 전 간 기 자 의 주 입 우 경 자 경 지 동 래 어 시 서
秋建電報局立電桿 起自義州入于京 自京至東萊 於是 西
로 발 참 수 폐 이 남 연 봉 수 역 무 용 의 민 간 구 유 령 참 왈 천 리
路撥站遂廢 而南沿烽燧 亦無用矣 民間舊有零讖曰 千里
연 송 일 조 진 백 병 자 고 종 십 삼 년 대 침 남 민 박 송 피 대 량 대
連松一朝盡白 丙子(高宗十三年)大侵 南民剝松皮代粮 大
송 백 립 상 망 혹 자 이 위 참 중 여 시 약 관 박 지 왈 안 유 구 황 초 목
松白立相望 或者以爲讖中 余時弱冠駁之曰 安有救荒草木
등 제 참 서 지 리 호 지 시 내 험 개 여 항 유 전 지 담 역 불 가 위 진 무
登諸讖書之理乎 至是乃驗 蓋閭巷流傳之談 亦不可謂盡無
소 자 야
所自也.

무릇 흉년에 곡식가루를 섞어서 주린 배를 채우는 데는 소나무 속껍질〔송기(松肌)〕보다 좋은 것이 없었다. 그러나 소나무 속껍질로 구황을 할 수 있음은 호남과 영남 사이에 있는 수십 고을일 뿐이다. 그것은 기호(畿湖) 지방의 수백 리는 왕왕 아름드리 소나무들이 구름을 막고 해를 가리는 곳이 허다하여, 능침이 있는 산과 비교해도 못하지 않았다. (그러나 이는) 모두 서울의 재상가이거나 그 고을 양반들의 묘가 있는 원림(園林)이었다. 백성들은 그들의 위엄이 겁이 나서 구학(溝壑)에서 곧 굶어죽을지언정 감히 나무 한 주를 벨 수가 없었다. 사대부라고

일컫는 자들의 평상시 기염(氣焰)은 가히 상상할 만하다. 오직 호남과 영남 사이에는 대족(大族)으로 무단(無斷)을 행사하는 자가 적어서 자그마한 향호(鄕豪)들 뿐이었으므로 백성들이 대단치 않게 여겼다. 그러므로 한 번 흉년을 치르고 나면 소나무들이 선 채로 깨끗이 하얗게 되었다.

또한 통제사나 병(兵)·수사(水使)들이 바닷가 고을에 송금(松禁)을 지정해서 함정을 만들어 천금자산을 다 빼앗기는 일이 있으므로 소나무 숲이 화(禍)의 덫이 된다는 징험이 있어서 섶이나 땔나무 외에는 키우지를 않았다. 이에 궁실에서 필요로 하는 관곽(棺槨)도 조달할 길이 막혀 백성들은 더욱 날로 피곤해졌다. 혹 관(官)에서 소용되는 것이 있으면 백성들이 제법 잘 키운 나무가 있는 곳에 공첩(公貼)을 붙이고 마음대로 벌목하고는 값도 제대로 쳐주지 않았다. 무릇 관아에서 백성에게 뜯어내고 취함이 이와 같지 않음이 없으니, 이는 아주 사소한 경우에 불과할 뿐이었다. 이러고서도 백성들에게 원망하고 저주하지 말라고 할 수 있겠는가?

原文

범황년화설충기 막양어송피 연기이송피구황자 호영지
凡荒年和屑充飢 莫良於松皮 然其以松皮救荒者 湖嶺之

간수십읍이이 개기호수백리 왕왕합포지송 간운폐일 시
間數十邑而已 蓋畿湖數百里 往往合抱之松 干雲蔽日 視

능침태과지 개경재읍신 구묘원림야 민외기위 즉사어구
陵寢殆過之 皆京宰邑紳 丘墓園林也 民畏其威 卽死於溝

학 불감작일주 호사대부자 평일기염가상야 유호영지간
壑 不敢斫一株 號士大夫者 平日氣焰可想也 惟湖嶺之間

大族武斷者稍稀 而小小鄕豪 民易之 故一經歉荒 立成童濯 又統制使 · 兵水使等 以松禁爲穽於沿邑 千金之産 擧被栲掠 懲松田爲禍囮 薪樵之外無養焉 於是宮室棺槨之材無所辦 民益日困 或有官用 則就民丘木稍翹處 粘公帖恣伐之 價直勿論 凡官之取民 無不如是 此特其小者耳 求民之無怨詛 得乎.

김윤식(金允植)을 면천군(당진)에 귀양 보냈다. 김윤식은 외무(外務)에 익숙하고 시국에도 마음을 두고 있었으나 재간과 국량은 부족하였다. 천진(天津)에서 돌아온 뒤에 연거푸 중용되어 강화 유수가 되고 병조 판서로 옮겨서 외무아문 독판(督辦)을 겸대(兼帶)[1]하여 원세개(袁世凱)와 사이가 매우 가까웠다. 원세개는 임금이 아둔하고 옹졸한 것을 민망히 여겨 일찍이 김윤식을 대해 놓고 말한 적이 있었다. "국왕의 덕이 고쳐질 희망이 없으니, 내선(內禪)[2]하여 대원군이 이를 보좌하게 하고, 모든 민씨들을 쫓아 버리고 백성들의 소망에 부응한다면 혹 국정이 좋아질 수도 있지 않겠는가?"라고 하였다. 이 말을 듣고 김윤식은 떨려서 감히 대답도 하지 못했다. 명성왕후 민비는 새어나온 소리를 듣고 노발대발하며, 김윤식이 나라의 음사(陰事)[3]를 들추어내었다 하여 엄명을 내려 귀양을 보냈고,

원세개도 아울러 몹시 증오하여 그와는 기밀을 의논하지 않았다. 김윤식은 8년간 귀양살이 하다가 갑오년(고종 31, 1894) 여름에 비로소 풀려났다.

지난 경진년(고종 17, 1880) 가을, 김윤식이 한성시(漢城試)의 부고관(副考官)을 맡은 일이 있었는데 비교적 공평했다고 일컬어져서 그가 순천 부사로 임명되었으나 재임할 당시에는 그다지 일처리를 못하였다. (그런데) 외무 독판이 되었을 때에는 시배(時輩)들 스스로가 자신들이 미칠 수 없다고 여겼다.

註解

1) **겸대**(兼帶) : 겸임.
2) **내선**(內禪) : 왕의 생존 중에 그 위(位)를 자제에게 위탁함.
3) **음사**(陰事) : 숨기는 일. 나라 비밀의 것. 비사(祕事).

原文

찬 김 윤 식 우 면 천 군　윤 식 습 어 외 무　유 심 시 국　연 단 어 간 략
竄金允植于沔川郡 允植習於外務 留心時局 然短於幹略
자 천 진 환　연 피 병 용　출 위 강 화 유 수　입 위 병 조 판 서　겸 대 외
自天津還 連被柄用 出爲江華留守 入爲兵曹判書 兼帶外
무 아 문 독 판　여 원 세 개 선　세 개 민 상 암 열　상 대 윤 식 언　국 왕
務衙門督辦 與元世凱善 世凱憫上闇劣 嘗對允植言 國王
무 개 덕 지 망　여 득 내 선　이 대 원 군 보 지　출 제 민　이 중 민 원　서
無改德之望 如得內禪 而大院君輔之 黜諸閔 以中民願 庶
혹 유 유 부　윤 식 한 률　불 감 대　명 성 후 루 문 지 대 노　이 윤 식 알
或有瘉否 允植汗慄 不敢對 明成后漏聞之大怒 以允植訐
국 음 사　엄 지 특 찬　병 여 세 개 이 통 오 지　불 이 기 밀 상 문　윤 식
國陰事 嚴旨特竄 竝與世凱而痛惡之 不以機密相聞 允植

재적팔년 지갑오 고종삼십일년 하시석 왕경진 고종십칠
在謫八年 至甲午(高宗三十一年)夏始釋 往庚辰(高宗十七
년 추 윤식이한성시부고관칭병공 상서순천부사 재관심
年)秋 允植以漢城試副考官稱秉公 賞叙順天府使 在官甚
궤궤 급위외무독판 시배개자이막급
憒憒 及爲外務督辦 時輩皆自以莫及.

김윤식(金允植)과 한장석(韓章錫)은 유년 시절에 모두 가난했다. 자하동(紫霞洞)에서 두문불출하고 독서만을 일삼으니 그 당시 북산 밑에 빼어난 선비라 일컬었다. 말하자면 한장석과 김윤식은 중년이 된 이후에 함께 벼슬을 얻어 나왔다. 그런데 김윤식은 시배(時輩)[1]들과 휩싸였고, 한장석은 우아한 자기의 품행을 스스로 견지했다. 무릇 관직의 순차가 앞에 이르면 마지못해 응할 정도였다. 명성왕후 민비와 한장석과는 친척의 정분이 있어 평소 민비는 한장석을 소중히 여기고 공보(公輔)[2]로 채용할 것을 기약했었다. 일찍이 응제(應製)[3]의 방목(榜目)을 내걸 때, 한장석의 둘째아들 한창수(韓昌洙)는 초시(初試) 방목에 있었으나, 특명으로 대과(大科) 전시(殿試)[4]에 나가게 하였다. 그 후 한창수는 영화로운 자리에 급격히 진출하여 높은 관로(管路)가 날로 열려져 한장석은 능히 만류시킬 수도 없었다. 한장석이 죽었을 때에도 기복(起復)[5]에 도모하려 하였으며 창피함이 여러 형태로 드러났다. 한장석의 큰아들 한광수(韓光洙)는 일찍이 과거에 급제하여 한각(翰閣)[6]에 출입했으나 심히 지혜롭지 못해서 동배(同輩)들의 웃음거리를 샀다. 그래서 사람들은 말하기를, "한장석은 아들이 없다."고 할 정도로 아버지

의 인품에 비해 못난 아들을 탓했다.

註解

1) **시배**(時輩) : 시류(時流)를 타고 명리(名利)만 좇는 사람들.
2) **공보**(公輔) : 삼공(三公)과 사보(四輔). 높은 벼슬자리.
3) **응제**(應製) : 왕명에 의하여 시가(詩歌)를 짓는 과거시험.
4) **전시**(殿試) : 문과와 무과에 합격된 자만이 임금의 입회하에 치르는 과거시험.
5) **기복**(起復) : 부모의 상중에 벼슬에 나아감.
6) **한각**(翰閣) : 한림원과 규장각.

原文

金允植與韓章錫 少日皆貧困 杜門讀書于紫霞洞 時稱北山下秀士 必曰韓章錫·金允植 中年以後 俱釋褐出仕 而允植轉爲時輩 章錫恬雅自持 凡官職之挨次到前者 黽勉膺命 明成后與章錫有戚誼 素重其人 期以公輔 嘗坼應製榜 章錫次子昌洙 在初試之榜 特命赴大科殿試 其後昌洙急於榮宦 岐竇日開 章錫已不能戢 及章錫死 力圖起復 昌披萬狀 章錫長子光洙 早科出入翰閣 而甚不慧 爲儕流笑具 人謂章錫無兒.

박규수(朴珪壽)는 일찍이 정시(庭試)의 고관(考官)이 되어 문권(文券)[1] 하나를 집어 들고 여러 동료들을 돌아보며, "나라에서 과장을 설치하고 인재를 뽑는 것은 앞으로 세상에 쓰기 위함이다. 진실로 가히 쓸만한 인재를 얻는다면 비록 사적이든 공적이든 제공들은 이에 대해 어떻게 생각하느냐?" 하였다. 여러 시관들은 그의 참뜻을 이해하지 못하고 '옳다'고 대답하였다. 박규수가 말하기를, "이 문권은 반드시 한장석의 것이 틀림없다." 하고 펼치니 과연 그러했다. 조금 있다가 또 한 문권을 집으면서 말하기를, "이 문권은 반드시 김윤식의 것."이라 하더니 뜯어보니 과연 그러하였다. 대개 박규수가 모두 먼저 분별할 수 있었던 것은 그들의 필적을 알았기 때문이다. 그러나 손가락을 꼽아 여러 사람을 대하면서도 의연히 스스로 만족하며 조금도 겸연쩍어 위축되는 태도를 볼 수 없었다. 사람들은 돌아가면서 지껄이기를, "이것은 또한 노론(老論)의 풍도(風度)[2]이지 소론(小論)은 능히 하지 못할 일이다."라고 하였다.

註解

1) **문권**(文券) : 과거응시자의 시험답안지. 시권(試券).
2) **풍도**(風度) : 풍채와 태도.

原文

朴珪壽 嘗爲庭試考官 得一券顧衆僚曰 國家設科取士 將以用于世也 苟得可用之才 雖私亦公 諸公以爲何如 衆不

해기의 대왈연 규수왈차권필한장석야 탁지과연 소경우
解其意 對曰然 珪壽曰此券必韓章錫也 坼之果然 少頃又
득일권왈 차권필김윤식야 탁지우과연 개규수구이물색지
得一券曰 此券必金允植也 坼之又果然 蓋珪壽俱已物色之
인기필적야 연굴지대중 안연자득 소무겸축지태 중귀이
認其筆跡也 然屈指對衆 岸然自得 少無慊縮之態 衆歸而
이왈 차역노론풍도 소론불능야
詑曰 此亦老論風度 少論不能也.

여름에 임금이 친히 신기선(申箕善)을 추국하였는데 불복해서 도로 귀양 보냈다. 갑신년(고종 21, 1884)에 여러 주모자들이 법망을 빠져나가 임금이 분통을 터뜨리고 한스럽게 여겼으나 풀 데가 없었다. 신기선은 유문(儒門)에서 뽑혀 나온 사람으로서 역적의 정황을 알고 있었다하여 오래도록 노여워하며 그를 죄주고자 하였다. 이에 이르러 특명으로 다시 체포하여 삼군부(三軍府)에 국청을 설치하고 임금이 친히 참석하여 국문을 한 것이다. 심문하는 곤장이 너무 가혹하여 뼈와 피가 튀어 달아나도 신기선은 안색이 조금도 흔들리지 않고 우러러보며 대답하는 것이 조리가 있었다. 가히 저촉될 만한 틈이 없어 임금은 그를 굴복시키지 못했다. 임금은 본디 자애롭고 어질어서 신기선이 경악구신(經幄舊臣)[1]으로 거듭 혹독한 매를 맞는 것을 보고 드디어 측은해 하면서 더 이상 심문하는 것을 중지시키고 전에처럼 유배를 보냈다. 사람들은, "신기선이 세차고 모질지만 않았어도 이번 험한 국문에서 역적으로 찍히는 철안(鐵案)을 면치 못했을 것"이라고 했다. 이날 문사랑(問事郎)[2] 6인

은 다 문예(文藝)로 선발된 사람들로 여규형(呂圭亨)을 수석으로 삼았다. 매번 곤장이 정강이를 칠 때마다 소상(塑像)처럼 눈을 감고 있다가 곤장이 끝남에 미처 눈을 뜨고 문사랑을 불러 말하기를, "이번 심문의 공초(供草)는 충신과 역적의 판결이 나는 것이라 어찌 한 글자라도 분명치 못하게 얼버무릴 수 있겠는가? 내가 마땅히 입으로 공초를 부를 터이니 문사랑 가운데 글 잘하는 사람이 집필했으면 좋겠소!" 하였다. 여규형이 말하기를, "삼가 법대로 하겠소." 하였다. 이에 신기선이 입으로 부르는데 이미 구성해 놓았던 것 같았고, 여규형이 필을 움직이는데 나는 것 같아 보는 사람들이 혀를 찼다. 위관(委官, 재판장) 이하 관료들이 물러나오며 서로 말하기를, "오늘의 국청자리는 국청이 아니라 신기선과 여규형의 글재주를 겨루는 자리였다."고 하였다. 대개 신기선이 이 죄목에 걸려들게 된 것은 진실로 문학에 빌미가 된 것이며, 그리고 결국 벗어날 수 있었던 것 또한 문학에 힘을 얻었기 때문이다.

註解

1) **경악구신**(經幄舊臣) : 경악은 임금님 앞, 어전(御前)에서 경서(經書, 사서오경 등)를 강론하던 일. 또는 그 자리를 말한다. 곧 경서를 논하던 옛 신하를 뜻함. 경연(經筵). 경유(經帷).
2) **문사랑**(問事郎) : 국사범(國事犯)을 심문할 때 필기, 낭독(朗讀)의 일을 맡아보던 임시직. 문랑(問郎).

原文

夏上親鞫申箕善 不服還發配 甲申諸賊漏網 上憤恨之 無所於洩 以箕善拔迹儒門 知情凶逆 久欲移怒而罪之 至是特命再逮 設鞫于三軍府 上親臨問之 訊杖甚酷 骨血飛迸而箕善辭色不撓 仰對具有條理 無隙可抵 上不能屈耳 上素慈仁 見箕善素以經幄舊臣 重被楚毒 遂卽惻隱 命勿究照舊發配 人謂非箕善之悍忍 此次嚴鞫 免不得鐵案逆賊是日問郞六人 皆選文藝 而呂圭亨爲之首 每杖落于脛 卽瞑目如泥塑 及杖度畢 擧目呼問郞曰 此次訊供忠逆判 一字 奚可漫漶 吾當口呼供詞 問郞能文者 可執筆 圭亨曰 謹如法 於是箕善口授如夙構 圭亨運筆如飛 觀者嘖嘖 委官以下退相語曰 今日非鞫廳 乃申·呂較藝場也 蓋箕善之絓此案 固文學爲之祟 而末梢脫免 亦文學得力云.

시벽(時僻)이 생긴 이래부터 매일 환국(換局)이 있을 때마다 자기와 다른 당색을 속아내고 사람 죽이는 것으로 위엄을 세워 왔는데, 이것은 세도정치에서 서로 전해 오는 구습이었다. 민영환(閔泳煥)은 상을 마치고 다시 궁궐에 출입하면서 기밀에

속하는 중요한 일에 참여하게 되었다. 그런데 민응식(閔應植)이 새로 권귀로 등장하자 서로 알력이 생겨 판세가 정해지지 않았다. 혹자는 민영환에게 갑신정변(甲申政變)의 잔당들을 엄히 추궁하여 임금의 뜻에 맞게 할 것을 권하였다. (4字 缺) 가히 죽일 자는 죽여서 대중에게 경종을 올려야 한다고도 하였다. 민영환은 그럴 것이라고 깊이 새겨 이 옥사를 찬성하고 김병시(金炳始)를 위관으로 삼았다. 민응식은 그것을 탐지하고 (4字 缺) 말하기를, "반드시 죽여야 할 증거가 없는 데도 죽인다면 나에게도 위태롭게 될 것이니 내가 어찌 좌시할 수 있으리오." 하였다. 김병시가 재판을 열자 혁제(赫蹏, 쪽지)[1]가 눈 조각처럼 오고갔다. 민영환은 반드시 죽여야 한다고 하면 민응식은 꼭 살려야 한다고 하였는데, 김병시 또한 죽일 마음이 없었기 때문에 내심 부생(傅生)[2] 쪽으로 판결하고자 생각하고 있었다. 그런데 이미 민응식을 위한다고 하면 또한 전부 민영환을 저버릴 수도 없는 까닭에, 세찬 장형(杖刑)으로 가혹하게 형을 가하여 반드시 죽이겠다는 뜻을 내보인 것이다. 경골(脛骨)이 조작조각 부서지고 발가락이 흩어져 떨어져나갔지만 끝내 불복하였다. 대개 불복하면 그 죄안이 결정되지 않는 것이 국문(鞫問)의 예(例)였다. 이에 신기선(申箕善)은 스스로 벗어남을 얻을 수 있었다. 김병시는 두 민씨의 청탁에서 마음이 한 쪽으로 쏠리지 않고, 밖으로 공정한 심판을 보였다고 자처하였으니, 이것은 김병시가 평생 익혀온 지혜였다.

註解

1) **혁제**(赫蹏) : 메모지. 사안에 따라 긴요한 내용을 적어 전달하는 작은 쪽지.
2) **부생**(傅生) : 사형에 처할 경우 의의(疑義)가 있으면 감형하기를 주장하는 의론. 부생지론(傅生之論).

原文

자 시 벽 이 래 매 환 국 지 제 서 치 이 이 살 인 입 위 개 세 도 상 전
自時僻以來 每換局之際 鋤治異已 殺人立威 蓋勢途相傳

구 습 야 민 영 환 상 필 부 출 입 금 중 예 츰 기 요 이 민 응 식 신 귀
舊習也 閔泳煥喪畢 復出入禁中 預闖機要 而閔應植新貴

상 알 국 세 미 정 혹 권 영 환 엄 구 갑 신 여 얼 이 중 상 의 이
相軋 局勢靡定 或勸泳煥嚴究甲申餘孽 以中上意而□□□

가 살 지 경 중 영 환 심 연 지 찬 성 시 옥 이 김 병 시 위 위 관 민
□ 可殺之警衆 泳煥深然之贊成是獄 以金炳始爲委官 閔

응 식 형 지 지 왈 무 필 사 지 증 사 즉 태 호 아 야 아 안 득
應植詗知之 □□□□曰 無必死之證 死則殆乎我也 我安得

좌 시 급 병 시 개 좌 혁 제 여 설 편 영 환 즉 필 살 지 응 식 즉 필 생
坐視 及炳始開座 赫蹏如雪片 泳煥則必殺之 應植則必生

지 병 시 역 무 살 심 고 내 결 부 생 연 기 위 응 식 지 즉 역 불 가 전
之 炳始亦無殺心 故內決傅生 然旣爲應植地 則亦不可全

부 영 환 고 맹 장 혹 형 이 시 필 살 경 골 편 쇄 족 지 산 락 이 종 불
負泳煥 故猛杖酷刑 以示必殺 脛骨片碎 足指散落 而終不

복 개 불 복 즉 부 결 안 국 예 야 어 시 기 선 자 득 탈 이 병 시 어 양
服 蓋不服則不決案鞫例也 於是 箕善自得脫 而炳始於兩

민 지 탁 자 처 이 심 무 적 막 외 시 공 정 차 병 시 평 생 숙 지 야
閔之托 自處以心無適莫 外示公正 此炳始平生熟智也.

신기선(申箕善)이 처음 흥양(興陽)의 여도(呂島, 고흥 반도)로

귀양을 가게 됨에 서울과의 거리는 천 리나 되었다. 이때에 역체(驛遞)의 제도가 이미 파하여 사명(使命)을 띤 사람은 다 스스로 노자와 식량을 갖추어야 했으므로 일정이 늦어지게 마련이었다. 신기선을 체포하는데 있어서도, 명이 내린 지 수십 일이 되도록 붙잡아 오지 못해서 임금이 괴이하게 생각하고 이유를 물으니, 좌우에서 역체가 없어서 그렇다고 대답했다. 이에 임금이 크게 노하여 바로 예전대로 복구하라고 명했다.

原文

기선 시찬흥양지여도 거경천리 시역체이파 사명 개자
箕善 始竄興陽之呂島 距京千里 時驛遞已罷 使命 皆自
비 자량정기엄완 급체기선야 명하수순 상미나 상괴문지
備 資粮程期淹緩 及逮箕善也 命下數旬 尚未拿 上怪問之
좌우이무역체대 상대노 입명복구
左右以無驛遞對 上大怒 立命復舊.

근년에 높은 벼슬아치들로서 귀양 간 자들은 대부분 축첩을 하고 장산(庄産)[1]을 두었으며 백성의 재물을 강제로 약탈하여 지방의 큰 좀〔蠹, 해악〕이 되는 한편, 큰 재물을 모은 자들이었다. 오직 신기선(申箕善)만은 초옥 두어 칸을 세내어 담백하게 스스로 지내며 배고픔을 참아 가면서 글쓰기를 했으니 10년이 하루같이 한결 같았다.

註解

1) 장산(庄産) : 토지. 농장. 소유하는 논밭.

原文

근 년 경 재 부 적 자 다 축 첩 치 장 산 늑 탈 민 재 왕 왕 위 지 방 거
近年卿宰赴謫者 多畜妾置庄産 勒奪民財 往往爲地方巨
두 유 치 후 자 자 유 기 선 추 옥 수 간 박 연 자 수 인 기 저 서 십 년
蠹 有致厚貲者 惟箕善做屋數間 泊然自守 忍飢著書 十年
여 일 일
如一日.

박제관(朴齊寬)은 사람들의 관상을 잘 보았다. 민응식(閔應植)이 젊어서 불우한 환경에 처해 있을 때 박제관이 그를 보고, '앞으로 크게 귀하게 될 것이다' 하고, 깊이 스스로 관계를 맺었다. 민응식이 갑자기 득세하기에 이르러, 박제관은 순번을 뛰어넘어 충청 감사가 되었다가 판서로 불려 돌아왔다.

原文

박 제 관 선 상 인 민 응 식 소 락 척 제 관 상 지 이 장 대 귀 심 자 결
朴齊寬善相人 閔應植少落拓 齊寬嘗之以將大貴 深自結
납 급 응 식 훌 기 제 관 초 환 금 백 이 판 서 징 환
納 及應植欻起 齊寬超還錦伯 以判書徵還.

영암(靈巖) 사람 정학순(鄭學淳)은 한미한 무관으로 서울에서 더부살이를 했는데, 박제관(朴齊寬)이 그를 기특하게 여겨 문하에 거두어들이고 복장(福將)이라고 연달아 민응식(閔應植)에게 치켜세워 자인(慈仁), 부사에서 전라 좌수사에 이르렀다. 그러나 특별한 능력은 없고 오직 수탈만을 일삼아 병영 관하가

소란스러웠다. 이때 여러 민씨에게는 아부하는 문객들로 심복으로 의탁하는 자들이 있었다. 민영환(閔泳煥)에게는 박봉빈(朴鳳彬)이 있었고, 민응식에게는 박제관(朴齊寬)이 있었다. 박봉빈은 고 판서 박영보(朴永輔)의 아들로, 일찍이 대과에 합격하여 대원군에게 사랑받게 되었으며, 대원군 시절에 이미 직각(直閣)이 되었다.

原文

靈巖人 鄭學淳 以冷武 棲屑京師 齊寬奇之 收置門下 以福將延譽應植 以慈山府使 至全羅左水使 然無他能 惟事浚剝 營下騷然 時諸閔各有熱客 托以心膂者 泳煥則朴鳳彬 應植則齊寬 鳳彬者故判書永輔之子 早擢大科 爲雲峴所愛 雲峴時 已官植閣.

신정희(申正熙)가 모친상을 당하자 특명으로 내영사(內營使)에 기복(起復)하도록 하였다. 그것은 임금이 민영익(閔泳翊)을 기복한 것이 처음 행한 일이라, 한 사람을 더 택하여 대(對)를 삼아서 민영익의 수치심을 씻어주기 위함이었다. 그런 까닭에 반드시 신정희를 억지로라도 나오게 하려 했으나 연이어 소를 올려 힘껏 사양하였다. 엄명을 받기에 이르렀으나 그는 끝내 받들지 않았다.

原文

신정희조모우 특명이내영사기복 개상이민영익기복 시
申正熙遭母憂 特命以內營使起復 蓋上以閔泳翊起復 是
창행야 욕택일인위대 위영익세수 고심욕강정희 이연소
創行也 欲擇一人爲對 爲泳翊洗羞 故心欲强正熙 而連疏
력사 지승엄지 이종불배
力辭 至承嚴旨 而終不拜.

梅泉野錄 卷之一 下

갑오 이전(甲午以前)

무자(1888)~계사년(1893)

무자년(고종 25, 1888) 2월에 식년 소과(式年小科) 회시(會試)를 실시하여 생원 · 진사의 방(榜) 천여 명을 발표하였다. 고관(考官, 고시관)으로 1소(所)는 김영수(金永壽), 2소는 정범조(鄭範朝)였는데, (이들은) 모두 내비(內批)로 뽑아서 세상에서는 그것을 '첨서낙점(添書落點)'이라고 불렀다. 대개 어느 관직을 막론하고 이조(吏曹)에서 삼망(三望)을 갖추어 낙점을 받는 것이 관례였다. 그런데 임금으로부터 그것이 불공평하여 싫어한다든가 혹은 사사로운 인물을 의중에 둘 경우, 어필로 첨부해서 비답을 내릴 수 있으니 그것을 첨서낙점이다 하였다. 이 또한 근년에 들어와서 생긴 일로 잘못된 규례이다.

임금은 내탕전이 고갈되었다고 고하자 2백 명을 더 뽑도록 명하고 한 사람당 1만 민(緡)을 바치도록 했다. 또 부자만 뽑게 되어 문벌이 있는 가난한 선비들에게 원망을 샀다. 이에 은전을 넘쳐나게 실시하여 이름하기를 '광경(廣慶)'이라고 하였다.

이에 세자의 동경(同庚, 동갑)인 갑술생으로, 시임 · 원임 대신 및 춘방(春坊) · 계방(桂坊)의 아들 · 사위 · 아우 · 조카와 공주 · 옹주 및 선정(先正) · 명현(名賢)의 사손(祀孫)에서 임헌회(任憲晦) · 송병선(宋秉璿) · 홍종영(洪鍾永)의 아들에 이르기까지 다 같은 예로 합격시켰다. 윤흥섭(尹興燮)은 민형식(閔衡植)의 이종이었는데, 은전이 단지 아들 · 사위 · 아우 · 조카에게만 해당되고 그 밖에는 허용되지 않았으므로 민형식이 임금에게 특지로 동성, 이성의 사촌 중 한 사람을 허용해 줄 것을 간청하여 윤흥섭도 마침내 어거지로 끼어들게 되었다. 기타 문제는 여기에서 미루어 추측할 만하였다. 민형식은 민영집(閔泳集)의 아들이었으나 민영준(閔泳駿)의 양자로 들어갔는데, 그때 춘방(春坊)의 직임을 맡고 있었다.

原文

무자 고종이십오년 춘이월 행식년소과회시 방생진방
戊子(高宗二十五年)春二月 行式年小科會試 放生進榜
천여인 고관 일소김영수 이소정범조 개내비차하 속위지
千餘人 考官 一所金永壽 二所鄭範朝 皆內批差下 俗謂之
첨서락점 개무론모관 이조비삼망수점 예야 이자상오기
添書落點 蓋毋論某官 吏曹備三望受點 例也 而自上惡其
불공 혹념사인 즉어필첨주비하자왈 첨서락점 역근년류
不公 或念私人 則御筆添註批下者曰 添書落點 亦近年謬
규야 상이탕장고갈 명가취이백인 이인납만민 우이단선
規也 上以帑藏告竭 命加取二百人 而人納萬緡 又以但選
부적고원어한준 내람시은전 호왈광경 어시세자동경갑술
富籍沽怨於寒畯 乃濫施恩典 號曰廣慶 於是世子同庚甲戌
생 시원임대신급춘계방자서 제 질 공 옹주급선정명
生 時原任大臣及春桂坊子婿 · 弟 · 侄 · 公 · 翁主及先正名

賢祀孫 以至任憲晦 · 宋秉璿 · 洪鍾永之子 皆一例放榜 有尹興燮 閔衡植姨從也 以恩典只錄子壻弟侄 而其外勿許 故衡植乞于上 特旨許同異姓四寸中一人 興燮遂冒占 其他可類惟也 衡植以泳集子 爲泳駿嗣 時帶春坊.

경학원(經學院)[1]과 연무공원(鍊武公院)[2]을 설치하여 문무(文武)를 병용하는 것이 옳다는 것을 제시하였다. 그러나 제도의 설정이 어지러워 실용(實用)의 도움을 주지 못했다.

註解

1) **경학원**(經學院) : 귀족 교육을 목표로 성균관 내에 부설되었으나 실효를 거두지 못했음. 1910년 국권이 상실된 후 성균관을 경학원으로 바뀌게 되었다.
2) **연무공원**(鍊武公院) : 무술을 연마시키기 위해서 세운 사관 양성 학교. 당시 무인을 천시하던 풍토와 교관들 사이의 반목으로 실효를 거두지 못했다. 1894년 7월 일본군에 의해 무장해제 당하고 군무아문(軍務衙門)에 통합되었다.

原文

設經學院及鍊武公院 示文武幷用之義 然制作紛紜 無裨實用.

6월 중순부터 비가 내리지 않아 12월에 이르기까지 계속되니 8도가 크게 기근이 들었다. 이해 3월에 한 번 큰 비가 내려더니 다시 가물다가 하지(夏至)에 약간 비가 내려 논갈이 하고, 간신히 벼를 이앙(移秧)시킬 수 있었으나, 6월 이후에 큰 가뭄이 들어 모가 다 타들어갔다. 가배(嘉俳, 추석)에 반나절 비가 내려 미처 타죽지 않은 것은 겨우 결실을 할 수 있었으나 이후로부터 또 비가 내리지 않았으며 내렸다 해도 고작 먼지만 적실뿐이었다.

原文

자유월중불우 지우십이월 팔로대기 시세삼월일대우 우
自六月中不雨 至于十二月 八路大饑 是歲三月一大雨 又
한 하지우일려 근분앙 유월후항한 묘진고 가배우반일 미
旱 夏至雨一犁 僅分秧 六月後亢旱 苗盡枯 嘉俳雨半日 未
고자근실 자후우불우 즉우읍진이이
枯者僅實 自後又不雨 卽雨浥塵而已.

봄에 임금에게 '정성광의명공대덕(正聖光義明功大德)'이란 존호를 올렸다. 대왕대비와 왕비에게도 아울러 존호를 더하여 올렸다. 승정원(承政院)의 우사당(右史堂, 역사 기록 등 주요 문헌을 보관하던 전각)에 화재가 나서 『승정원일기(承政院日記)』가 모두 불탔다.

原文

춘 상존호정성광의명공대덕 대왕대비 왕비병가상 승
春 上尊號正聖光義明功大德 大王大妃·王妃幷加上 承

정 원 우 사 당 화　일 기 진 훼
政院右史堂火　日記盡燬.

서울 장안에 유언비어가 퍼져, "서양 사람들은 아이들을 삶아 먹는다."고 하여, 민가에서는 그것을 지켜보며 아이들을 밖에 내보내지 아니했다. 길거리에 자기 아들을 업고 지나가는 자가 있었는데, 어떤 사람이 손가락질을 하며, "아이를 훔쳐 팔려고 한다." 하니, 모두들 함께 달려들어 주먹질과 발길질을 하여 그 사람은 미처 해명도 하지 못하고 죽었다. 서양 사람들이 이 소문을 듣고 힐책하자, 임금은 오부(五部)에 명령하여, "게시를 해서 그러한 일이 없다는 것을 알려 진정시키라." 하였다. 얼마 후 이러한 소문은 점차 식어 갔다.

原文

도 하 와 언　양 인 증 담 해 아　민 가 간 수 지　불 방 출 외　가 방 유 부
都下訛言　洋人蒸啖孩兒　民家看守之　不放出外　街坊有負
기 자 이 왕 자　혹 지 지 왈　피 절 죽 야　공 구 척 지　기 인 미 급 변 이
其子而往者　或指之曰　彼竊鬻也　共毆踢之　其人未及辯而
이 폐　양 인 문 지　유 책 언　상 령 오 부 게 방 진 정　구 지 초 식
已斃　洋人聞之　有嘖言　上令五部揭榜鎭靖　久之稍息.

춘천에 유수부(留守府)[1]를 설치했다. 처음에는 춘천 부사를 고쳐 독련사(督鍊使)로 삼아서 양헌수(梁憲洙)를 임명했다. 조금 지나서 독련사를 폐지하고 민두호(閔斗鎬)를 유수로 임명했다. 임금은 임오(고종 19, 1882)[2]·갑신(고종 21, 1884)[3]이래로

항상 주변에서 변란이 일어날 것을 두려워하여, 미리 피난할 생각을 하고 교부(轎夫, 가마꾼) 20명을 잘 접대하면서 궁성 북문에 대기시켜 두고 한 발자국도 떼어 놓지 못하게 하였다. 또한 변란이 대개 밤을 틈타서 일어났던 까닭으로 궐내에 전등을 밝히라고 명령을 내려, 밤이 다 새도록 환하게 밝혔는데 매 등마다 하룻밤에 드는 비용이 천 민(千緡)이나 허비됐다. 또한 안동(安東)과 무주(茂朱) 등 험한 지역에 행궁(行宮)[4]을 세우게 하고 여차하면 출행할 수 있도록 준비시켰다.

(임금은) 일찍이 신정희(申正熙)에게 말하기를, "춘천은 서울에서 가깝고 또한 험준하여 내가 유수영(留守營)을 설치하려 하니 빨리 힘을 얻어 경(卿)이 그것을 주관하도록 하는 것이 어떻겠느냐?" 하였다.

신정희가 임금의 물음에 대답하기를, "천자는 사해(四海)가 모두 집이요, 제후는 한 국가로서 집안을 삼아서, 잘 다스려 어지럽히지 아니하고 나라를 보호하여 위태롭지 않게 하면 불의의 환란이 없을 것입니다. 불행히 양구(陽九)의 액운[5]이 있게 되더라도, 서울에는 종묘사직이 있는 바 백관과 군민이 모여 있는 곳이라 죽음을 겁내지 않고 떠나지 않겠다고 해야만 신하들에게도 나라를 위해 죽을 것을 요구할 수 있습니다. 지금 서양 여러 나라의 화가 비록 안정되지는 않았다고 하더라도 나라가 아직은 편안한데 전하가 황황히 조석으로 구차하게 이어 나가려는 계책은 내고 있으니 신하들에게 무엇을 기대하겠습니까? 또한, 오늘날 기강과 인심을 보면 전하가 한 번 궁궐을 가신다면 가히 춘천에 이를 수 있겠습니까? 신의 우둔한 머리로

는 마땅히 유수영의 역사를 파하시어, 관동 백성들을 소생시키고 힘써 다스림을 도모하신다면 여러 사람이 모두 추앙해서 따르게 될 것이고 도하(都下)의 백만 생령의 자제들이 수족의 군대나 마찬가지일 것입니다. 금성(金城)에 탕지(湯池)[6]를 파면 누가 여기를 지날 것입니까? 신은 금려(禁旅)[7]에서 대죄(待罪)하겠습니다. 대궐문을 출입하며 시소(尸素)[8]만 하여 이미 물의를 일으켰는데, 하물며 비상히 큰 역사를 감히 진실로 잘 계획할 수 있겠습니까? 죽어도 감히 뜻을 받들 수 없습니다." 하였다.

임금은 멍하니 바라보다 물러가라고 명했다. 드디어 김기석(金箕錫)을 불러들였으나 뜻이 맞지 않아 아무 말도 하지 않았고, 다시 바꾸어 양헌수를 임명하니 모두 노련한 사람의 기용을 빙자하고 업에 임하려 하지 않았다. 최후로 민두호(閔斗鎬)에게 명했으나 두호는, "공사를 그치고 사사를 구제함이 마땅하거늘, 백성의 전지(田地)를 빼앗아 춘천에다 조정의 대장(大庄)[9]을 둔다 함은 관보(關輔)[10]의 백성들이 화가 나서 반란을 생각할 것입니다." 하고 반대하였다.

註解

1) **유수부**(留守府) : 서울 이외의 별도(別道) 또는 행궁(行宮)의 소재지에 두던 특수한 지방 관서. 개성, 강화, 광주(廣州), 수원 네 곳이었는데 이때에 이르러 춘천에도 두었다.
2) **임오**(壬午) : 임오군란이 있었음.
3) **갑신**(甲申) : 갑신정변이 있었음.

4) **행궁**(行宮) : 임금이 거둥할 때 머무르는 궁. 이궁(離宮).

5) **양구**(陽九)**의 액운** : 재앙이 닥침. 음양가가 수리(數理)에서 풀어서 놓은 말. 양(陽, 가뭄)의 재앙 다섯과 음(陰, 수재)의 재앙 넷을 합하여 구(九)로 함. 세상에는 다섯 번의 양액(가문)과 네 번의 음액(수재)이 발생하게 되는데, 양액과 음액은 모두 九, 七, 五, 三으로 그 액수를 표시하였다. 이중 양구(陽九)는 양액(가뭄) 중 가장 큰 것을 가리킨다.

6) **금성탕지**(金城湯池) : 철벽과 같은 성〔金城〕과 펄펄 끓는 해자〔湯池〕. 함부로 공격하거나 함락시키기 어려운 견고한 요새.

7) **금려**(禁旅) : 궁궐을 수비하는 군대.

8) **시소**(尸素) : 시위소찬(尸位素餐)의 약어. 직책을 다하지 않고 녹만 받아먹는 일.

9) **대장**(大庄) : 많은 논밭. 넓은 전답. 큰 농장.

10) **관보**(關輔) : 서울 근교의 군사적 방어 요새가 되는 곳. 곧 서울을 둘러싸고 있는 외곽 지역.

原文

설유수부우춘천 시개부사위독련사 이양헌수위지 기이
設留守府于春川 始改府使爲督鍊使 以梁憲洙爲之 旣而
파독련사 이민두호위유수 상자임갑이래 상구절발재방
罷督鍊使 以閔斗鎬爲留守 上自壬甲以來 常懼竊發在傍
예영피란지계 후희교부이십명 대우궁성북문 물리규보
預營避亂之計 厚餼轎夫二十名 待于宮城北門 勿離跬步
우이란다승야 명궐내연전등 통명달서 매잔등일야비천민
又以亂多乘夜 命闕內燃電燈 通明達曙 每盞燈一夜費千緡
우어안동 무주산험처건행궁 이비출행 상어신정희왈 춘
又於安東 · 茂朱山險處建行宮 以備出幸 嘗語申正熙曰 春
천어경사 근이차험 여욕설유영 서창졸득력 경기관지
川於京師 近而且險 予欲設留營 庶倉卒得力 卿其管之

정희대왈 천자이사해위가 제후이일국위가 세치미란 보
正熙對曰 天子以四海爲家 諸侯以一國爲家 制治未亂 保
방미위 고무의외지환 불행유양구지액 경사종묘소재 백
邦未危 故無意外之患 不幸有陽九之厄 京師宗廟所在 百
관군민소취 효사물거 연후가이책신하지순국 금해분수미
官軍民所聚 效死勿去 然後可以責臣下之殉國 今海氛雖未
정 강우상영밀 이전하내황황조석위차구연지모 신하안소
靖 疆宇尙寧謐 而殿下乃皇皇朝夕爲此苟延之謀 臣下安所
망호 차이금일강기물정 전하일하전 춘천가득지호 신우
望乎 且以今日綱紀物情 殿下一下殿 春川可得至乎 臣愚
이위의파유영지역 이소관동지민 려정도리 이부우우지망
以爲宜罷留營之役 以蘇關東之民 勵精圖理 以副喁喁之望
즉도하백만생령 개자제수족지병야 금성탕지숙과우차 신
則都下百萬生靈 皆子弟手足之兵也 金城湯池孰過于此 臣
대죄금여 출입성달 구모시소 이불물의 황담패비상지거
待罪禁旅 出入省闥 苟冒尸素 已拂物議 况擔佩非常之擧
감위고총계호 사불감봉교 상무연 명지퇴 수명김기석 불
敢爲固寵計乎 死不敢奉敎 上憮然 命之退 遂命金箕錫 不
칭지 개명양헌수 개자숙장지중 이사불취서 최후명두호
稱旨 改命梁憲洙 皆藉宿將之重 而事不就緖 最後命斗鎬
두호가공제사 탈민전산 치일대장어춘천 관보지민 효연
斗鎬假公濟私 奪民田產 置一大庄於春川 關輔之民 囂然
사란
思亂.

박문국(博文局)[1]을 혁파했다. 갑신(1884) 연간에 저동(苧洞)에 신문국(新聞局)을 설치하고 전 교리 여규형(呂圭亨)을 주사로 임명하여 일본인 정상각오랑(井上覺五郎)과 함께 그 임무를 관장토록 하고 박문국이라 하였다. 이때에 이르러, "박문국을 설치한 지 수년이 지났으나 실용적인 일을 한 것이 없고 한갓

국고만 허비하였다." 하여 폐지한 것이다. 일을 하다 말다 하여 계속성이 없으니 어린애들 장난같이 모두가 이런 식이었다. 을사(光武 9, 1905)년 이후 이등박문(伊藤博文)이 통감의 자리에 앉아 정국을 휘어잡으니 어떤 이는 말하기를 박문국은 그렇게 될 조짐이었다고 하였다.

註解

1) **박문국**(博文局) : 박영효의 건의에 따라 신문 · 잡지의 편찬과 인쇄를 맡은 관아. 고종 25(1884)년에 설치하였다가 이듬해에 폐하였다. 이때 '통리교섭통상사무아문'에 부속되었다.

原文

罷博文局 甲申(高宗二十一年)間 設新聞局于苧洞 以前校理呂圭亨爲主事 與倭人井上覺五郎管務 曰博文局 行之數年 以無補實用 而徒費國帑 罷之 作輟無恒 類兒戲 皆此類也 及乙巳(光武九年)後 伊藤博文以統監搤政局 或曰博文局爲之讖云.

정상각오랑(井上覺五郎)의 용모는 볼품이 없었으나 문학에 재주가 뛰어났고 우리나라 말을 터득했으며 시배(時輩)들과 함께 왕래가 잦았다. 일찍이 눈 내린 밤에 외무아문(外務衙門)에

서 곡연(曲宴)[1]이 열렸는데 여러 주사(主事)들이 자리를 같이 해서 운(韻)을 내어 시를 읊었다. 술에 취해서 정상각오랑은 웃으면서 말하기를, "오늘 밤은 대단히 즐거우니 말을 좀 지껄여도 괜찮을지 모르겠습니다." 하였다. 여러 사람들이 "괜찮다." 고 하니 그는 입을 열기를, "제공들이 평소 큰 말로 지껄이며 사대부를 자처하고 우리 일본인을 가리켜 꼭 왜놈, 왜놈 말하는데 대저 왜놈은 왜놈이오. 하지만 가히 왜놈을 꺾어 굴복시킨 연후에는 왜놈은 스스로 굽혀 왜놈이란 것을 인정할 것입니다. 오늘날의 왜놈들을 제공들이 떠들어대는 '사대부'라는 세 글자를 입에서 떠든다고 가히 물리칠 수 있겠소? 사대부는 우선 이 왜놈을 보시오." 하더니 촛대 곁에서 연약(煙籥, 담뱃대)을 빼어 들고 손가락으로 받들어 빙빙 돌리는 것이 붉은 바퀴를 그리며 집까지 뛰어오를 기세이고 광염(光焰)이 늠연(凜然)[2]한데 정상각오랑은 보이지 않아서 여러 사람들은 깜짝 놀랐다. 조금 있다가 연약의 '땡그랑' 하는 소리가 들리더니 그는 촛불이 있는 오른쪽 가운데 자리에 서서, "제공들은 폐방〔日本〕을 책하지 마시오. 통상을 하던 초기에 당신네 국민들이 듣지 않고 일어나 우리를 찔러 죽이려 하였는데, 나 같은 외국 사람이 검술을 익혀 가지고 베어 죽이기를 바라겠소? 무력이 강해야 화의도 이루어지는 것인데 마침내 쓸모없게 되었소. 조금 전에 시험한 바는 바로 그 기술이외다. 제공들은 입으로만 사대부라는 것을 빙자하지 말고, 곧 검(劍)이 어떤 것인지도 모르면서 왜놈이라고만 하니, 우리 왜놈들이 잘 복종하겠습니까?" 하였다. 여러

사람들은 아무 대꾸도 못하고 서로 돌아보며 말하기를, "검술이 훌륭하다."고만 하였다.

註解

1) **곡연**(曲宴) : 임금이 궁중 내원에서 베푸는 소연. 본디 곡수(曲水)에서 술잔을 띄우고, 자기 앞에 술잔이 오기 전에 시(詩)를 짓고 술을 마시던 연회를 가리킨다.
2) **늠연**(凜然) : 위엄 있고 기개가 높음. 어엿하고 용감함. 늠름함.

原文

각오랑모루 이재장어문학 해아어 여시배왕래 상인설야
覺五郎貌陋 而才長於文學 解我語 與時輩往來 嘗因雪夜

개곡연우외무아문 제주사함재 분운부시 주감 각오랑소
開曲宴于外務衙門 諸主事咸在 分韻賦詩 酒酣 覺五郎笑

왈 금야환심 득창담무구가호 중왈낙 오랑왈제공평일대
曰 今夜歡甚 得暢談無拘可乎 衆曰諾 五郎曰諸公平日大

언사대부자거 지아인필왈왜노왜노 부왜노즉왜노이 유가
言士大夫自居 指我人必曰倭奴倭奴 夫倭奴則倭奴耳 有可

이절복왜노자연후 왜노자인굴 금일왜노 기공배구문사대
以折服倭奴者然後 倭奴自認屈 今日倭奴 豈公輩口吻士大

부삼자소가척퇴호 사대부제간왜노 인방촉추연약 지승이
夫三字所可斥退乎 士大夫第看倭奴 因傍燭抽煙籥 指承以

반환지 곤원성홍륜 유등옥지세 광염늠연 이불견오랑 중
盤環之 滾圓成紅輪 有騰屋之勢 光焰凜然 而不見五郎 衆

대경 소언연약갱연 이오랑입촉석중좌이희왈 제공물죄폐
大驚 少焉煙籥鏗然 而五郎立燭石中座而嘻曰 諸公勿罪弊

방 통양지초 국인불복 거욕사인외인 여복배 인이학검기
邦 通洋之初 國人不服 擧欲剚刃外人 如僕輩 因以學劍冀

효일할 검성이화역성 경무용 아자소시 즉기기야 제공자
效一割 劍成而和亦成 竟無用 俄者所試 卽其技也 諸公藉

口士大夫 卽不省劍爲何物 而直倭奴 我倭奴肯服乎 衆無以對 相顧曰好釖術.

여름에 전라도 사람들 사이에 유언비어가 퍼졌는데, 일본 사람과 서양 사람들이 민간에 흩어져서 우물에 독약을 넣어 그 물을 마시면 죽는다고 하였다.

原文

夏 湖南民 訛言 倭洋人散民間 毒于井泉 飮者立斃.

여름철에 세 군영을 개설하여 민영익(閔泳翊)을 통위사(統衛使)를 삼고, 한규설(韓圭卨)을 장위사(壯衛使)로, 이종건(李鍾健)을 총어사(總禦使)로 삼았다.

청주의 병영을 혁파하여 통어영(統禦營)으로 고치고, 삼남(三南)[1] 지방의 육군을 관할케 하였는데 통제사(統制使)가 해군을 관할케 하는 예와 같은 것으로 민응식(閔應植)을 통어사로 삼았다. 당시 민응식은 요직에 앉아서 오직 매일 술만 마시느라 틈이 없어서 내지(內旨)를 받들어 그 직에 임명했다. 민응식은 얼굴은 검고 체구는 컸다. 또한 술마시기를 좋아하여 항상 코가 시뻘겋게 달아올랐으며 행동거지(擧止)가 꾸밈이 없고 촌티가 났다. 일찍이 공회(公會)로 인하여 대궐 안에 있었는데,

승지 윤상익(尹相翊)이 꾸부리고 자세히 훑어보며 말하기를, “대감은 아직도 향암(鄕闇)[2]을 벗지 못했구려.” 하였다. 민응식이 물러나오며 원망하여 말하기를, “오늘 대궐 안에서 악귀(惡鬼)를 만났다.”고 하였다.

註解

1) **삼남**(三南) : 충청 · 전라 · 경상도.
2) **향암**(鄕闇) : 시골구석에 있어 온갖 사리에 어둡고 어리석음. 또는 그런 사람.

原文

夏 改設三營 以閔泳翊爲統衛使 韓圭卨爲壯衛使 李鍾健爲總禦使 革淸州兵營爲統禦營 管轄三南陸軍 如統制使管水軍之例 以閔應植爲使 時應植當國 惟日飮無何暇 則奉行內旨而已 應植貌黑體龐 又嗜飮鼻皻 擧止樸野 嘗因公會在闕中 承旨尹相翊僂而熟視曰 大監鄕闇 尙未淨袪 應植退而懟曰 今日逢這惡鬼.

박정양(朴定陽)을 미국에서 소환했다. 정해년(고종 24, 1887) 여름, 박정양은 내무협판으로 미국주재 전권공사에 임명되어 미국에 건너가서 공사의 임무를 담당했다. 미국인이 일찍이 연

회를 베풀고 각국 공사를 초대하였는데 박정양이 참석하여 청국 공사와 대등한 예를 취했다. 그러자 청국 사신은 노해서 속번(屬藩)[1]이 외국과 사사로운 외교를 한다고 불만을 표하고 본국에 호소하였다. 드디어 중국에서는 놀라며 북경에서는 계속 야단법석을 하였다. 임금은 알지 못하는 일이라 하여 박정양에게 죄를 돌리고, 일이 끝나기도 전에 바로 귀환할 것을 명령했다. 또한 다른 일로 핑계하여 죄인과 관련이 있다 하여 전하묵(全夏默) 등을 귀양 보냈다. 박정양은 할 일이 없어 한 해를 한가로이 보냈다. 임금은 무릇 외교관계에 있어서 독단으로 처리했다가 하나라도 혹 잘못되면 밑에 사람에게 허물을 뒤집어쓰게 하므로 책임을 맡은 대신들은 이리저리 눈치만 살피면서 힘을 다해 응하지 않았다.

註解

1) **속번**(屬藩) : 복속하여 번병(藩屛)이 되는 것. 번속(藩屬)과 같음. 번국(藩國, 제후의 나라)에 속해 있음.

原文

박정양 자미국소환 정해 고종이십사년 하 정양이내무
朴定陽 自美國召還 丁亥(高宗二十四年)夏 定陽以內務
협판 특파전권공사부미 판사사 미인상설연초각공사 정
協辦 特派全權公使赴美 辦使事 美人嘗設宴招各公使 定
양부회 여청사항례 청사노이속번사교외방 차감원상 수
陽赴會 與淸使抗禮 淸使怒以屬藩私交外邦 且敢援上 遂
소우중국 자북경연유책언 상위이부지 귀죄어정양 부대
愬于中國 自北京連有嘖言 上諉以不知 歸罪於定陽 不待

사준 즉명지환 주연추탁 수찬전하묵등 이정양한주세여
事竣 則命之還 株連推托 遂竄全夏默等 而定陽閒住歲餘
상범어외교지사 시출독단 이일혹궤열 첩위구어하 고임
上凡於外交之事 始出獨斷 而一或潰裂 輒委咎於下 故任
사지신 수서불긍륙력
事之臣 首鼠不肯戮力.

조총희(趙寵熙)는 고 판서 조득림(趙得林)의 조카이다. 처음에는 협기(俠氣)가 있는 것으로 알려졌으나, (시간이 지나면서) 경망스럽고 조급하며, 출세하기를 좋아하여 날로 일본인들을 쫓아다니며 놀면서 그들에게 기생을 꾀어 소개해 주고 비위를 맞추었다. 일인들은 드디어 그를 대내로 끌고 들어가 쓸 만한 인물이라고 치켜세웠다. 임금은 그 말에 귀를 기울여 곧 금부도사(禁府都事)로 제수하여 봉서(封書)가 남촌에 왕래하니 그의 문전은 사람들이 모여들어 저자 같았다. (그러다가) 전하묵(全夏默)의 옥사에 연좌되어 벽동(碧潼)으로 유배되었다. 조총희의 형 조택희(趙宅熙)에게 아들 조중협(趙重協)이 있었는데, 그 또한 재빠르고 조급하였으며 일을 좋아했다. 약관에 바다를 건너 일본에 들어갔다가 돌아옴에 미처 시무(時務)를 방담(放談)함이 종적이 괴이하고 비밀스러웠다. 그 또한 전하묵의 옥사에 연관되어 임금이 그를 미워했으며 보성(寶城)으로 귀양 보냈다.

조택희(趙宅熙)는 민영준(閔泳駿)에게 애걸하러 새벽에 그 집으로 갔다가 저물어서 돌아왔는데, 이러기를 5년 동안이나 하여 아들이 비로소 귀환하게 되었으나 조총희는 아직 미치지 못

했다. 그것은 조금 더 기다리게 한 것인데 조총희는 그것을 원망하였다. 스스로 속히 벗어나기를 꾀하여 드디어 벽동민 일곱 집을 역모로 무고하여 장차 그 공으로 죄를 보충하고 또 상까지 받으려 한 것이었다. 체포하여 심문함에 미처 다 사실이 아닌 게 들어나서 도리어 반좌율(反坐律)[1]에 적용되어 감옥에서 죽었다.

조중협은 이름을 조중응(趙重應)으로 가명하였다. 을미년(고종 32, 1895)에 인천 관찰사가 되었는데 박영효 등이 실패하자, 따라서 망명하였으며 병오년(광무 10, 1906)에 또 환국해서 법부 대신이 되어 칠적(七賊)의 대열에 끼었다.

註解

1) **반좌율**(反坐律) : 무고 또는 위증을 한 자에게 적용한 법률. 거짓 고자질한 사람을 같은 죄로 벌함. 반좌법(反坐法).

原文

조총희자 고판서득림질야 시이협야문 광조기진 일축군
趙寵熙者 故判書得林侄也 始以俠冶聞 狂躁嗜進 日逐群
왜유 유모방기어왜이구미 왜수입대내 장가용 상경향지
倭游 誘嫫坊妓於倭以求媚 倭遂入大內 奬可用 上傾嚮之
즉제금부도사 봉서왕래남촌 복주기문여시 좌전하묵옥
卽除禁府都事 封書往來南村 輻湊其門如市 坐全夏默獄
찬벽동 총희형택희유자중협 역현조기사 약관부해입왜중
竄碧潼 寵熙兄宅熙有子重協 亦儇佻嗜事 弱冠浮海入倭中
급환 방담시무종적궤비 역염하묵옥 상오지 찬보성 택희
及還 放談時務踪跡詭秘 亦染夏默獄 上惡之 竄寶城 宅熙

걸애우민영준 신왕모귀 여시자오년 시득석 이미급총희
乞哀于閔泳駿 晨往暮歸 如是者五年 始得釋 而未及寵熙
개유대야 총희원지 자모속탈 수무고벽동민칠가모역 욕
蓋有待也 寵熙怨之 自謀速脫 遂誣告碧潼民七家謀逆 欲
장공보죄차요상전야 급체문개무실 용반좌율 폐우옥 중
將功補罪且徼賞典也 及逮問皆無實 用反坐律 斃于獄 重
협개명중응 을미(고종이십이년)위인천관찰사 급박영효
協改名重應 乙未(高宗二十二年)爲仁川觀察使 及朴泳孝
패 수이도 병오(광무십년)우환국 이법부대신 참칠적지
敗 隨而逃 丙午(光武十年)又還國 以法部大臣 參七賊之
열
列.

좌의정 김병시(金炳始)가 소를 올려 아뢰기를, "수령을 자주 교체시키는 폐단으로 백성들이 지방에서 동요하고 있습니다. 더욱이 수령은 가히 하루도 비어둘 수 없는 자리인데 후임자를 뽑아 보내는 것이 지체되고 있으니 청컨대 빨리 뽑아서 독촉하여 보내소서." 하였다. 이때에 외직으로 감사·유수·병사·수사로부터, 아래로 수령·진장(鎭將)에 이르기까지 으레 매관매직이 이루어져 돈이 많은 자라야 뽑힐 수 있었다. 혹은 한 자리에 만 냥을 바치고 제수되었다 해도 기천 냥을 더 바치면 앞서 제수된 자를 도태시켜 차함(借啣)[1]이나 내려주고 순서대로 끌어당기고 부딪치고 하여 다시 보탤 것이 없을 때에야 직책이 정해진다. 그러므로 시골 사람으로 엽관(獵官)[2]하던 자가 간혹 파산하고 빈손을 들고 돌아가기도 하고, 그 부임하던 자가 혹 도중에서 수레를 돌리기도 하고, 혹은 아문에 올랐다가 금방

인끈을 풀어놓기도 하여, 아전이나 백성들이 수령을 맞이하고 보내는데 마음이 몹시 급하여 허둥지둥했다.

영남 지방의 어느 한 고을에서는 1년 동안에 신관(新官)을 네 번 맞는 일도 있었다. 그가 혹 교체되지 않는 몇 달은 가혹한 세금을 거두어들이며 약탈하여 백성을 괴롭히는 것이 소나기가 퍼붓듯 하여 백금(百金)의 재산만 가진 자라 해도 약탈당하지 않음이 없었다. 이에 가난한 사람이나 부자가 모두 곤궁해서 백성들은 살아갈 마음을 느끼지 못했다. 대개 8도가 이와 같은 모습이었지만 오직 호서일대만은 경재(卿宰)들의 고향집이 몰려 있어 서울의 권세 있는 척족들과 상호 호응해서 사대부로서 재산이 다소 여유가 있는 자들은 교묘히 수탈당하는 것을 모면할 수 있었다. 그러나 일반 서민들은 또한 무단(武斷, 무력으로 억압함)의 횡포를 입는 것이 다른 도에서 침탈당하는 것보다 심했다.

경관(京官)에 있어서 판매가 드문 것은 오직 문직(文職)뿐이었다. 음직이나 초사(初仕)로, 도사·감역·참봉·감찰 같은 자리는 그 품계의 우열에 따라 값의 고하가 정해진다. 혹은 2, 3만 냥, 혹은 만 냥에서 수천 냥을 호가하는데 이서(吏胥)가 붙어서 농간을 치기도 하였다. 공명첩(空名帖)[3]을 널리 인쇄하여 혹은 백 냥, 열 냥을 받기도 하였으며, 혹은 술 한 번 취할 만큼의 값과 맞바꾸기도 하였다. 그 시초에는 재산을 가진 시골 사람들이 진정으로 발신(發身, 출세)하려 하였으나 차츰 지남에 따라 너무나 흔해져서 서로 싫어하여 피하게 되었다. 이에 유

랑하는 패거리들이 경향 각지에서 출몰하여 혹은 남의 종가를 전복시키려 꾀하기도 하고, 혹은 이득을 핥아먹기를 바라며 그 사람이 알지 못하는 사이에 바로 억지로 차임되는 일도 있었다. 공문으로 독촉하는 것이 엄하고 긴박했으며 지방관들은 받들어 행하는 것이 뒤질세라 두려워하고, 벼슬자리 판매한 돈을 나누어 가지되 그 재산을 적몰하여 충당하기도 하였다.

이같이 한 것을 '별악감투(別惡龕套)'라 하였다. 우리말로 벽력(霹靂)의 뜻풀이가 '벼락'이며 모(帽)의 풀이가 '감투'이다. 한 번 벼슬에 늑차(勒差, 강제로 임명)되고 보면 파멸되지 않음이 없었으니 벼락을 맞은 것이나 비슷하기 때문이다. 이로써 일반 백성들은 더욱 난리가 일어나기를 바라게 되었다. 누군가 떨치고 일어나 한 번 소리치면 따르는 자들이 구름같이 모여들어 관장을 들어다가 고을 밖으로 쫓아버리는 것이 1년이면 보통 수십 번씩이나 되었으니 그것을 이르되 '민요(民擾)'라고 하였다. 옛 법에는 민요의 주동자는 참수한다 하였으나, 이에 이르러서는 참한다 해도 다 참수할 수가 없어서 많이 너그러운 법규를 좇아 왕왕 귀양 보내는데 그쳤다. 민요를 일어나게 했던 관원도 반드시 다 뇌물을 바치고 은밀히 후원해 주는 이가 있는 까닭에 곧바로 다시 승진하여 옮겨갔다. 김병시는 이러한 폐단을 여러 차례 진언하고 눈물까지 흘렸으나 아무런 효과가 없었다고 한다.

註解

1) **차함**(借啣, 銜) : 실제로 근무하지 않고 벼슬의 이름만을 가지던 일.

또는 그 벼슬.

2) **엽관**(獵官) : 금품・연줄 그 밖의 온갖 방법으로 관직을 얻으려고 다툼.

3) **공명첩**(空名帖) : 성명을 적지 아니한 서임서(敍任書). 관청에서 돈이나 곡식 같은 것을 받고 관직을 팔 때 관직 이름을 써서 주되 이에 의해서 서임된 사람은 실무를 보지 않고 명색만을 행세하게 됨. 공명고신첩(空名告身帖)의 준말.

原文

좌의정김병시상언 수령삭체지폐 민요지방 우불가일일
左議政金炳始上言 守令數遞之弊 民擾地方 尤不可一日

광관 이차대계엄 청극택최송 시시 외직자감유병수사 하
曠官 而差代稽淹 請亟擇催送 是時 外職自監留兵水使 下

체수령진장 예성판매 이전다자위진 혹유일과납만냥득제
逮守令鎭將 例成販賣 而錢多者爲眞 或有一窠納萬兩得除

자 후유증수기천냥즉선제자태지 이차함애차구돌지 무이
者 後有增輸幾千兩則先除者汰之 以借啣挨次鉤揬至 無以

복가연후내이 고향인렵관자 혹파가공수이귀 기부임자혹
復加然後乃已 故鄕人獵官者 或破家空手而歸 其赴任者或

재도회원 혹상아해인 민리황황피어영송 영남일읍 유일
在途回轅 或上衙解印 民吏遑遑疲於迎送 嶺南一邑 有一

세 이사영신관자 기혹기월불견체 즉급급부박 여취우지
歲 而四迎新官者 其或幾月不見遞 則汲汲掊剝 如驟雨之

지 백금지산 무불견략 어시빈부구곤 민무생의 개팔도일
至 百金之産 無不見掠 於是貧富俱困 民無生意 蓋八道一

철 이유호서일대위경재향거지수 여경중권척호상호응 고
轍 而惟湖西一帶爲卿宰鄕居之藪 與京中權戚互相呼應 故

사부자초유자 교면탄서 연기서민 즉우피무단지혹 심어
士夫貲稍裕者 巧免呑噬 然其庶民 則又被武斷之酷 甚於

타도지관침언 지어경관즉한매자문직이이 음도초사 약도
他道之官侵焉 至於京官則罕賣者文職而已 蔭途初仕 若都

사 약감역 약참봉 약감찰지등 수품우열 정가고하 혹
事·若監役·若參奉·若監察之等 隨品優劣 定價高下 或
이삼만냥 혹만냥수천냥 이서연부작간 광인공명첩 혹백십
二三萬兩 或萬兩數千兩 吏胥緣附作奸 廣印空名帖 或百十
냥 혹환이일취 기시야 향민협자자정원발신 기초구 수견
兩 或換以一醉 其始也 鄕民挾貲者情願發身 旣稍久 數見
불선경상염피 어시랑자패류 출몰경향 혹모복종 혹기첨리
不鮮競相厭避 於是浪子悖類 出沒京鄕 或謀覆宗 或覬舔利
유기인부지 이경자늑차자 관촉엄긴 지방관봉행공후 우여
有其人不知 而徑自勒差者 關囑嚴緊 地方官奉行恐後 又與
지분장 적기산이충지 약시자위지별악감투 이방언훈벽력
之分贓 籍其產而充之 若是者謂之別惡龕套 以方言訓霹靂
왈별악 훈모왈감투야 언일경늑차즉기무불최멸 유벽력이
曰別惡 訓帽曰龕套也 言一經勒差則其無不摧滅 類霹靂耳
시이민익사사 탈연일호 종자운집 여기관이축지
是以民益思辭(亂의 誤) 奪挻一呼 從者雲集 舁其官而逐之
자 세상수십안 위지민요 구제창민요자참 지시주불승주
者 歲常數十案 謂之民擾 舊制倡民擾者斬 至是誅不勝誅
다종관전 왕왕지찬배 기치요지관 필개련금대오원 고첩복
多從寬典 往往止竄配 其致擾之官 必皆輦金待奧援 故輒復
승천이거 병시개루언지 지어류체이무익운
陞遷以去 炳始蓋屢言之 至於流涕而無益云.

충청도 어느 연안 지방 강씨집에 과부가 혼자 살았는데 나이가 많았다. 집은 다소 여유가 있었으나 자녀를 하나도 두지 못했다. 개 한 마리를 기르며 살아갔는데 그 개의 이름을 복구(福狗)[1]라고 불렀다. 지나가던 나그네가 복구라 부르는 소리를 듣고 남자의 이름인 줄 알고, 드디어 강복구(姜福九)라는 이름으로 감역(監役)[2]에 늑차(勒差)[3] 되었으며 색가(索價)[4]가 정해졌

다. 그 감역에 임명된 값을 받아가기 위해 사람이 찾아오자, 과부는 어처구니없어 하며, "객(客)은 복구(福狗)를 봐야 하겠느냐?" 하고, 소리를 내어 크게 부르니 개 한 마리가 꼬리를 흔들며 이르렀다. 객도 또한 크게 웃으며 돌아갔다. 이로 말미암아 호서(湖西)에는 개감역〔狗監役〕이 있다는 소문이 났으니, 기타 일들의 경우도 가히 추측할 수 있으리라.

註解

1) **복구**(福狗) : 복이 있는 개라 하여 복구라 한 것을 사람으로 착각하여 복구(福九)라 불렀음.
2) **감역**(監役) : 감역관(監役官)의 약칭으로, 조선 때 선공감(繕工監)에 두었던 종9품 관직.
3) **늑차**(勒差) : 강제로 뽑음.
4) **색가**(索價) : 얽혀진 값.

原文

호서지빈 유강가 부과이노 가초유 무자녀 여일견상수
湖西之濱 有姜家 婦寡而老 家稍裕 無子女 與一犬相守
명지왈복구 객유과자 문기호복구 위남자명야 수이강복
名之曰福狗 客有過者 聞其呼福狗 謂男子名也 遂以姜福
구 늑차감역 급색가지 과부희왈 객욕견복구호 거성고호
九 勒差監役 及索價至 寡婦嘻曰 客欲見福狗乎 擧聲高呼
일견요미이지 객역대소이거 유시 호서유구감역 기타가
一犬搖尾而至 客亦大笑而去 由是 湖西有狗監役 其他可
추야
推也.

대원군 이하응(李昰應)이 집권 당시, 일찍이 전주 아전들의 습성을 나라 안의 세 가지 큰 폐단 중의 하나라고 한 적이 있었다. 대개 전주 감영 밑에 있는 자들은 평소 모질고 교활하고 호탕하고 거만하다고 알려졌다. 그러나 실은 서울에 사는 권세 있는 귀족들이 그들에게서 뇌물을 뜯어감으로 말미암아 그렇게 된 것이다. 곧 이하응이 백낙서(白樂瑞)의 패악을 양성한 것이 그 좋은 증험이 될 것이다. 그로부터 교만하고 방자한 것이 습성이 되어 드디어 사대부를 욕보이고 감사까지 업신여기기에 이르렀다. 그러나 그들은 밑에 사람을 다루는 것은 매우 엄하였다. 무릇 관노(官奴)[1]와 사령배(使令輩)[2]들은 이속(吏屬), 즉 아전〔吏〕과 단지 한 계단의 차이밖에 없는데도 위엄을 세우는 것이 노주(奴主)[3]의 관계와 다를 바 없었다. 그러므로 관노나 사령이 된 자는 두려워서 부들부들 떨면서 오직 복종하기만 하였으나 속으로는 이〔齒〕를 갈고 있었다.

기축(고종 26, 1889)년 정월에 이르러, 통인(通引) 노릇하는 영리(營吏)의 어린 아들 하나가 늙은 관노한테 버릇없다고 꾸짖고 여러 사람이 있는데도 발길로 차 넘어뜨렸다. 이에 노비와 사령들은 의논하여 늙은이가 이러한 욕을 당한 것은 도저히 참을 수 없다 하고 죽음을 결심하고 그 통인의 집에 불을 질렀다. 이에 모든 아전들은 크게 두려움을 느껴 감사에게 아뢰고 군기를 내어 그들을 박살하기를 청했다. 당시 이헌직(李憲稙)이 감사로 있었는데, 마음이 약해서 제지하지 못하고 또한 권한이 아전들의 수중에 있으니 어찌할 바를 몰랐다.

모든 아전들은 각기 가족을 이끌고 가서 무기고를 부수고 군기를 내어 대적하고, 반석리(盤石里)[4]를 불 질렀다. 이 동리는 남천교(南川橋)[5] 남쪽에 있는 마을로 5백여 호나 되며 관노와 사령들이 살고 있었다. 횃불 한 개로 재를 만들었으며 피살자가 수십 명이나 되고 나머지는 사방으로 흩어졌다. 억울함을 호소하는 소리가 멀리까지 알려졌으나 아전들이 감사 이헌직을 위협하여 관노와 사령들이 난을 음모했다고 속여서 조정에 보고토록 하였다. 조정에서는 비록 실제 상황을 조사한 바 마땅히 아전들에게 죄가 있음을 알았으나 아전배들이 변을 일으킬 것을 두려워하고, 또한 서울에 있는 권문 세도가의 극성을 두려워하여 간략히 서둘러 마무리 짓고 주모자 몇 명을 유배하는 데 그쳤을 뿐이다.

난이 차츰 진정되자 아전들은 관노와 사령이 없어서 일처리를 할 수 없으므로 드디어 죄를 용서해 주겠다고 하여 각각 구직으로 돌아왔다. 관노 사령들의 흩어진 자들은 떠돌아다니며 굶주리고 울분을 참아가며 때를 기다렸다. 을미(고종 32, 1895) 겨울, 시기를 정하여 거사하기로 하였는데 감사를 받들고 제지하여 아전들과 그의 가족을 모두 멸살하려 하였다. 그런데 얼마 후 그 모의가 누설되어 영리들은 대부분 가족들을 이끌고 모두 도망갔다. 그러므로 죽음을 당한 자는 몇 명 되지 않았다. 이로부터 아전들은 죽음을 두려워한 나머지 관노와 사령을 모두 쫓아 보내고 다른 사람을 고용하여 그들의 직을 대신케 하였다. 진위대(鎭衛隊)가 설치되자, 모든 아전들은 쫓겨난 관노

와 사령들이 응모할 것을 두려워하여 제각기 자기의 자제들을 뽑아 대오(隊伍)에 보충했다. 그러므로 관노와 사령들은 끝내 보복하지 못했다.

註解

1) **관노**(官奴) : 관청의 노비.
2) **사령**(使令) : 각 관아에서 심부름하는 사람.
3) **노주**(奴主) : 노비와 주인.
4) **반석리**(盤石里) : 전주 완산구 북쪽에 있던 마을. 관노와 사령들이 살던 집성촌 부락.
5) **남천교**(南川橋) : 전주 시내를 남쪽으로 돌아 흐르는 개천. 당시 남천교를 사이에 두고 아전 · 영리들이 살던 북쪽과 관노 · 사령들이 살던 남쪽이 구분되어 있었다.

原文

대 원 군 하 응 지 당 국 야 상 이 전 주 지 리 습 위 국 중 삼 대 폐 지
大院君昰應之當國也 嘗以全州之吏習 爲國中三大弊之
일 개 거 전 주 영 하 자 소 칭 광 활 호 완 연 실 유 경 사 권 귀 지 기 뇌
一 蓋居全州營下者 素稱獷猾豪頑 然實由京師權貴舐其賂
유 이 위 지 지 여 하 응 양 성 백 낙 서 지 악 즉 기 험 야 자 시 교 완 자
遺而爲之地 如昰應養成白樂瑞之惡 卽其驗也 自是驕頑自
자 습 지 성 성 수 지 절 욕 사 부 능 역 관 장 연 소 이 대 기 하 자 즉
恣 習之成性 遂至折辱士夫 凌轢官長 然所以待其下者 則
심 엄 범 관 노 여 사 령 배 거 리 지 일 급 이 위 제 지 무 이 노 주 언
甚嚴 凡官奴與使令輩 去吏只一級 而威制之無異奴主焉
고 위 노 령 자 췌 률 유 낙 이 절 치 즉 자 여 야 지 기 축 고 종 이 십
故爲奴令者 惴栗唯諾 而切齒則自如也 至己丑(高宗二十
육 년 정 월 리 추 지 위 통 인 자 일 인 이 동 관 우 일 관 노 지 노 자
六年)正月 吏雛之爲通引者一人 以童丱遇一官奴之老者

訶其不謹 衆中踢倒之 於是奴令齊議 以此辱不可耐也 決死而起火通引之居 諸吏大恐 入白監司 請發軍械撲之 時李憲稙爲監司 懦不能制 又權在吏手無如之何也 諸吏各率家人破武庫 出軍火拒之 又燒盤石里 里在南川橋南 可五百餘戶 奴令所居也 一炬成灰 其被殺死者數十人 其餘四向迸散 寃呼之聲 震于遠近 諸吏脅憲稙 以奴令謀亂 瞞報于朝 朝廷雖洞其實狀 宜歸罪于吏 然畏吏衆爲變 且權貴互援 草草勘斷 坐其魁數人編配而已 亂稍定 吏議以無奴令 亦不成官府 遂揭令貰罪 各返舊職 奴令散者 流離困悴只得稍稍歸之 忍蓄俟時 至乙未(高宗三十二年)冬 刻期擧事 奉監司先發以制之 誓盡滅吏家 已而謀泄 擧各盡室以逃 故見殺者無幾 自是諸吏懼死士猝發 盡逐奴令舊班 雇人以代之 及鎭衛隊之設也 諸吏又懼奴令之或應募 各出其子弟以補伍 故奴令之讐 竟不得報.

기축년(고종 26, 1889) 5월, 김명규(金明圭)를 천진(天津) 주재 독리(督理)로, 김상덕(金商悳)은 종사관으로 삼아서, 앞으로

천진(天津)에 부임하도록 하였다. 김명규는 장김(壯金)의 변족(邊族)[1]으로 그의 아우 김종규(金宗圭)는 김병덕(金炳德)의 양자가 되었다. 김병덕이 김명규를 도와 음직으로 참봉이 되었는데, 수년이 지나 과거에 급제하고 여러 민씨에게 아부하여 양무(洋務)로서 임금에게 천거되어 총애가 지극했다. 영변 부사(寧邊府使)로 나갔다가 들어와 참판이 되고 드디어 그 책무를 맡게 되었다. 아첨 잘하고, 비루하며, 교활하고, 훈계에 능하여 세상에서는 교환(巧宦)[2]이라고 불렀다. 혹자는 김병덕이 기만을 당한 것이라 탓하기도 하였다. 김상덕은 완당(阮堂) 김정희(金正喜)의 종손(從孫)으로 민영환(閔泳煥)의 막객(幕客)이 된 사람이다.

註解

1) **변족**(邊族) : 문벌이 좋은 집안 가운데 몰락한 일가.
2) **교환**(巧宦) : 관리가 되기 위해 교묘한 술수를 부리는 사람. 또는 출세하기 위한 온갖 재주.

原文

기축 고종이십육년 하오월 차김명규주진독리 김상덕
己丑(高宗二十六年)夏五月 差金明圭駐津督理 金商悳

종사관 전부천진 명규자장김지변족 이기제종규위병덕양
從事官 前赴天津 明圭者壯金之邊族 而其弟宗圭爲炳德養

자 병덕원지 음사참봉 수년등제 추부제민 이양무천우상
子 炳德援之 蔭仕參奉 數年登第 趨附諸閔 以洋務薦于上

총권파흡 출위영변부사 입위참판 수응시임 첨비교휼 세
寵眷頗洽 出爲寧邊府使 入爲參判 遂膺是任 諂鄙狡譎 世

추교환 혹자구병덕지견기언 상덕자 완당정희지종손 이
推巧宦 或者咎炳德之見欺焉 商悳者 阮堂正喜之從孫 而
위민영환입막지빈
爲閔泳煥入幕之賓.

시강원(侍講院)에 검교관(檢校官)을 두었는데 내각(內閣, 규장각)의 예와 같은 것이었다. 민영달(閔泳達)이 그 일을 주관하였는데, 마치 큰 사업을 벌이는 것 같았다.

原文

시강원치검교관여내각예 민영달주지 유약위사업자연
侍講院置檢校官如內閣例 閔泳達主之 有若爲事業者然.

지평(砥平, 양평)의 교유(校儒) 한용석(韓容奭) · 유지영(柳智永) 등이 향교의 집회 모임에서 노론(老論)을 헐뜯었다. 그리고 송시열(宋時烈)을 함부로 들먹이고 이어 신 · 임사(辛壬事, 신임사화)를 논하면서, 김창집(金昌集) 등 여러 사람을 두루 거론하며 함부로 모멸하였다. 현감 이승희(李丞喜)도 그들을 두둔했다. 얼마 후 경기도 유생 김사익(金思翼) 등이 소를 올려 조정에 알리니, 대간의 계문(啓文)과 상신(相臣)의 차자(箚子)로 일제히 성토하였다. 그러자 이승희는 붙잡혀 와서 심문을 당했고, 한용석 · 유지영은 절도(絕島)로 유배되었다. 바야흐로 합계(合啓)를 올릴 때에 수찬 서상집(徐相集)과 사간 여규형(呂圭亨)은 소론이라 불참하였고, 지평 고시협(高時協)은 호남 사람으로

제봉(霽峰) 고경명(高敬命)의 방손인데, 본디 한미한 가문으로 또한 소론이라 칭하고 불참한 까닭에 모두 연좌되어 귀양을 가게 되었다.

原文

지평교유한용석 유지영등 어교회지석 저훼노론 척호
砥平校儒韓容奭·柳智永等 於校會之席 詆毁老論 斥呼
송시열 연론신 임사 역거김창집제인 사구침멸 현감이
宋時烈 沿論辛·壬事 歷擧金昌集諸人 肆口侵蔑 縣監李
승희단호지 구지기유김사익등 소문우조 대계상차성토제
丞喜袒護之 久之畿儒金思翼等 疏聞于朝 臺啓相箚聲討齊
발 승희나문 한 유찬절도 방기합계야 수찬서상집 사
發 丞喜拿問 韓·柳竄絶島 方其合啓也 修撰徐相集·司
간여규형 이소론불참 대평고시협 호남인이제봉경명방손
諫呂圭亨 以少論不參 待平高時協 湖南人而霽峰敬命傍孫
야 소한문 이역칭소론불참 개좌적
也 素寒門 而亦稱少論不參 皆坐謫.

전 교리 임원상(林爰相)이 상소하여 영의정 심순택(沈舜澤)을 탄핵하였다. 임금이 몹시 노하여 숙천부(肅川府)에 귀양 보낼 것을 명했다. 임원상은 고 판서 임한수(林漢洙)의 아들이다.

原文

전교리임원상 소핵영의정심순택 상성노명찬숙천부 원
前校理林爰相 疏劾領議政沈舜澤 上盛怒命竄肅川府 爰
상고판서한수자야
相故判書翰洙子也.

영종(英宗)을 추존하여 영조(英祖)로 하고 시호와 존호를 더하여 올렸다. 이것은 봉조하 김상현(金尙鉉)의 건의를 따른 것이다. 김상현은 젊은 시절에 문학으로 칭송을 받았는데, 민규호(閔奎鎬)가 팔좌〔八座列〕에 끌어들였으며 즉시 홍문관 · 예문관 대제학에 이르렀다. 그가 평안 감사로 있을 때에도 탐욕스럽다는 비방을 들었고, 이미 늙어서 치사(致仕)하매 남산에 있는 녹천정(綠泉亭)을 사들여 별업(別業, 별장)으로 삼고 글과 술로 스스로 즐겼다. 이에 이르러 임금의 뜻에 영합하여 망령되이 전례(典禮)를 논해 후배들의 기롱(譏弄)[1]을 초래하였는데, 그가 민태호(閔台鎬)에게 문형(文衡, 대제학)을 줄 것을 추천한데 이르러서는 문원(文苑)에 있어 더욱 부끄러움을 남겼다.

註解

1) 기롱(譏弄) : 업신여기어 실없는 말로 놀림. 희롱.

原文

추존영종위조 가상시호존호 종봉조하김상현지의야 상
追尊英宗爲祖 加上諡號尊號 從奉朝賀金尙鉉之議也 尙

현소이문학견칭 민규호인지열팔좌 구지양관대제학 기위
鉉少以文學見稱 閔奎鎬引之列八座 具至兩館大提學 其爲

기백야 유보궤지방 기노치사 매남산록천정위별업 문주
箕伯也 有簠簋之謗 旣老致仕 買南山綠泉亭爲別業 文酒

자오 지시영합상지 망론전례 이초후배지기 지기천수문
自娛 至是迎合上旨 妄論典禮 以招後輩之譏 至其薦授文

형우민태호 즉어문원 우유여괴언
衡于閔台鎬 則於文苑 尤有餘愧焉.

일본인이 함경도에서 콩을 무역하였는데, 그것은 외무아문(外務衙門)의 지시로 하는 것이었다. 그런데 감사 조병식(趙秉式)은 백성들의 굶주림을 빙자해서 항구로 빠져나가는 것을 엄금하였다. 그것은 조병식이 백성들의 먹을 것을 걱정해서가 아니고 성격이 실로 집요한데다 일에 어두웠고, 또한 일본인의 뇌물을 낚아 보려했던 것이다. 내무부(內務府)에서는 일본의 압박과 힐난이 겁이 나서 (조병식에 대해) 월봉 3등(越奉三等)하기를 계청(啓請)하였다. 을미년(고종 32, 1895)간에 일본인들은 그때의 상무(商務)가 금수(禁輸)하는 조처로 인해서 결손을 보았다 하여 10만 원의 배상을 요구해 왔다. 조병식은 비록 탐묵(貪墨, 貪汚)으로 소문이 나 있었으나 그가 수탈해서 걷어 들인 것은 모두 대궐이나 당로가(當路家, 권력의 요로)에 돌아갔기 때문에 재산이 없어 배상에 응할 힘이 없었다. 드디어 여러 일가에게 나누어 징수시켰는데 조동희(趙同熙)가 가장 부자여서 혼자 5만 원을 납부했으며, 그 가문이 모두 탕진하여 쇠잔하게 되었다.

原文

왜인무황두우함경도 개유외무아문관칙 이감사조병식
倭人貿黃豆于咸鏡道 蓋有外務衙門關飭 而監司趙秉式

자칭민기엄금출구 개병식비우민식 성실집요매사 차욕구
藉稱民飢嚴禁出口 蓋秉式非憂民食 性實執拗昧事 且欲鉤

치왜뢰야 내무부섭왜추힐 계청월봉삼등 급을미 고종삼
致倭賂也 內務府懾倭追詰 啓請越俸三等 及乙未(高宗三

십이년 간 왜인이기시상무인금치휴 책배십만원 병식수
十二年)間 倭人以其時商務因禁致虧 責賠十萬元 秉式雖

이탐묵문 기박할소획 실귀대내여당로가 고빈야 무이응
以貪墨聞 其剝割所獲 悉歸大內與當路家 故貧也 無以應

배 수분징제족 동희최부 독납오만원 일문탕잔
賠 遂分徵諸族 同熙最富 獨納五萬元 一門蕩殘.

조병식(趙秉式)이 충청 감사로 있을 때, 천안군의 아전 전제홍(全濟弘)을 데려다가 조아(爪牙)[1]로 삼아서 크고 작은 공금이나 관물을 속여서 착복하는데, 전제홍과 모든 것을 함께 하였다. 이건창(李建昌)이 암행어사로 사실을 조사하기 위해 이르렀을 때, 모든 감영(監營)의 아전들은 조병식과 친하고 가까워서 모두 도망을 쳐서 잡지 못하니 관련된 조사를 할 수 없었다. 이건창은 꾀를 내어 전제홍을 불러서 살려줄 것을 조건으로 부정 착취한 장부를 보여 달라 하였다. 전제홍은 사흘을 엎드려 울부짖으며, "나는 죽을 놈이다. 그러나 오늘 살려 주겠다는 은전을 입었으니, 이 또한 알려드리지 않을 수 없다." 하였다. 드디어 구슬을 꿰듯 하나하나 조목을 대니 부정한 재물이 10만여 냥에 이르렀다. 조정에 이미 장계로써 보고하니 감사 조병식은 전제홍에게서 그러한 사실을 보고받았음을 알고 항상 이를 갈며 말하기를, "내가 전제홍을 죽인다면 죽어도 한스러울 게 없다." 하였다. 수년 뒤에 조병식은 형조 판서가 되어 관아에 나아가 앉았는데, 길에서 전제홍을 보고 종자(從者)에게 그 놈을 잡으라고 소리쳐서 형조에 끌어들여 왔다. 한마디의 말도 묻지 않고 큰 곤장으로 때려죽이니 그의 음독(陰毒)[2]은 이러했다.

註解

1) 조아(爪牙) : 자기를 구조하여 주는 물건이나 사람. 심복. 충견.

2) **음독**(陰毒) : 성질이 음험하고 악독함.

原文

병 식 지 위 금 백 야 장 천 안 군 리 전 제 홍 위 조 아 거 세 간 장 제
秉式之爲錦伯也 杖天安郡吏全濟弘爲爪牙 巨細姦贓 濟
홍 개 여 문 급 이 건 창 이 어 사 안 사 지 범 영 리 위 병 식 닐 비 자
弘皆與聞 及李建昌 以御使按事至 凡營吏爲秉式昵比者
개 도 닉 불 획 무 종 구 계 건 창 설 계 치 제 홍 허 이 대 사 사 록 장
皆逃匿不獲 無從鉤稽 建昌設計致濟弘 許以貸死 使錄贓
부 제 홍 읍 복 삼 일 왈 오 기 사 의 연 금 일 은 대 역 불 가 불 보 수
簿 濟弘泣伏三日曰 吾其死矣 然今日恩貸 亦不可不報 遂
조 진 여 관 주 지 십 여 만 냥 계 기 상 병 식 동 지 출 어 제 홍 상 절
條陳如貫珠 至十餘萬兩 啓旣上 秉式詷知出於濟弘 常切
치 매 왈 오 살 전 제 홍 사 불 한 의 수 년 후 병 식 위 형 판 방 부 아
齒罵曰 吾殺全濟弘 死不恨矣 數年後秉式爲刑判 方赴衙
개 좌 로 견 제 홍 갈 종 자 집 지 입 형 조 불 문 일 어 대 장 박 살 지
開坐 路見濟弘 喝從者執之 入刑曹 不問一語 大杖撲殺之
기 음 독 류 차
其陰毒類此.

경인년(고종 27, 1890) 4월 17일 병진에 대왕대비 조씨(趙氏)가 승하하였다. 나이는 83세로, 시호는 신정(神貞)으로 하며 수릉(綏陵)에 부장(祔葬)하였다. 임금은 군왕으로서의 덕은 하나도 실천한 것이 없으나 오직 대비를 섬기는데 있어서는 효성스럽고 조심성 있는 것으로 잘 알려져 있다. 그러나 민비가 정사에 간여한 이래로부터 대비는 그의 기염(氣焰)을 두려워하여 항상 구경만 하면서 피하였다. 더욱이 조성하(趙成夏) · 조영하(趙寧夏) 등이 죽고 자기 친정이 조췌(凋瘁)해져서 더욱 슬퍼하

고 마음 상해하며 무료하게 보냈다. 그리고 국가의 변란이 잇달아서 그 어렵고 험난한 일들을 고루 맛보게 되었다. 일찍이 궁인을 대하여 눈물을 흘리면서 죽지 않음을 한탄하였다.

原文

庚寅(高宗二十七年)四月丙辰 大王大妃趙氏昇遐 壽八十三 諡曰神貞 祔葬綏陵 上于君人之德 無一允蹈 而惟事大妃以孝謹聞 然自閔妃預政以來 大妃畏其氣焰 常斂避之 又趙成夏·寧夏等死 私宗凋瘁 益悲傷無聊 國家禍變因仍 其艱險萬狀 皆備嘗之 嘗對宮人流涕 歎不死.

해주(海州)는 서울과의 거리가 겨우 사흘거리인데 수로(水路)로 바람만 이롭게 불면 아침에 떠나면 저녁녘이면 이를 수 있었다. 그런 까닭에 서울 속담에, "황해 감사 자리는 부지깽이까지 온다." 라고 했는데, 그것은 벼슬살이 하는 집에서 바라는 대로 할 수 있다는 말이다. 신정왕후(神貞王后)가 본궁이 조폐(쇠락)하여 재용이 넉넉하지 못해서 황해 감사 한 자리를 오래도록 허락해 주어 공급에 구비해 줄 것을 간청하니 임금은 따르지 않을 수 없었다. 그런 까닭에 십수 년간 이 자리에 앉을 수 있는 사람은 신정왕후 일가가 아니면 내외척으로, 조병철(趙秉轍) · 조경하(趙敬夏) 등이 바로 이들이었다. 진신(搢紳, 양반)들

이 그래서 말하기를, "황해 감사는 조대비 감사"라고 하였다.

原文

해주거경 근삼일정 이수로풍리 가조발석지 고경사언왈
海州距京 僅三日程 而水路風利 可朝發夕至 故京師諺曰
황해감사화첨역래 개환업가소타이야 신정이본궁조폐 용
黃海監司火㮇亦來 蓋宦業家所朶頤也 神貞以本宮凋弊 用
도불부 간상영허황해백일과 이비공급 상부득불종 고십
度不敷 懇上永許黃海伯一窠 以備供給 上不得不從 故十
수년간 거시번자 어신정솔비족즉척 여조병철 조경하등
數年間 居是藩者 於神貞率非族則戚 如趙秉轍・趙敬夏等
시야 진신위지어왈 황해감사 조대비감사
是也 搢紳爲之語曰 黃海監司 趙大妃監司.

전 승지 김창석(金昌錫)을 호남 균전사(均田使)로 삼았다. 김창석이란 자는 전주의 아전 집안 출신인데 대대로 부유하여 농장에서 거두어들이는 조(租)만 만 석(石)에 이르렀다. 과거에 급제한 다음날 돈 10만 냥을 바치고 국은(國恩)에 감사하니 임금이 크게 기뻐하였다. 그러나 나라의 재물을 간직하는 창고로 보아 오랫동안 자금을 가져다 쓰고자 하여, 갑작스럽게 높은 벼슬을 주어 만족시켜 주지 않고 여러 번 옮겨 승지에 이르게 하니, 전후 갖다 바친 돈이 수백만 냥이었다.

이때에 전라우도 연해 지방은 2년 동안 흉년이 들어 눈에 보이는 곳마다 황폐해져 있었다. 정공(正供, 백성이 바쳐야 할 정당한 부담)이 반액으로 결손이 나서 특지로 김창석을 균전사로 차출하였다. 출자를 해서 소를 사고 농민을 모집하여 밭갈이 하여

씨를 뿌리게 하니 백성이나 국가에 모두 이롭게 되기를 기대한 것이다. 그렇지만 영구히 개간이 어렵게 되어 원결(原結)에 결손이 생기게 될 것 같으면 장차 조세를 전가해서 김창석을 독촉하려고 한 것이다. 김창석은 그 뜻을 알아차리고 부호들을 억압해 노는 손을 끌어들이고 땅을 구획하여 그들에게 붙여서 스스로 개간토록 하면서 3년에서 5년간 면세해 주겠다고 약속하였다. 그런데 마침 그 해에 풍년이 들자, 곧 그것을 징수해 가니 백성들 사이에 크게 말썽이 벌어졌다. 이듬해 전토가 또 피폐해지자 김창석은 드디어 지난해의 장부에 의거해서 금년의 세를 징수하고, 인하여 그것으로 정안(定案)을 삼았다. 또한 재결(災結)을 늘려서 보고하는데 자기의 농장으로 황폐한 곳에 표재(俵災, 흉년에 조세를 면세해 주는 절차)하고, 그 나머지로 간략히 궁핍한 사람들의 집에 혜택을 주는 척하며 겉으로 책임을 얼버무리는데 그쳤다. 이에 민력이 크게 곤궁하게 되고 원망하고 저주함이 길에 가득 넘쳤다. 김창석은 오만하게 별사(別使, 특별히 파견한 사신)로 자처하면서 남여(藍輿)에 걸터앉아 선화당(宣化堂)에 출입하였고, 곁부축을 받으며 올라가서 감사와 더불어 항례(抗禮, 대등의 예)를 하여 보는 이들이 분통을 터뜨렸다.

原文

이전승지김창석위호남균전사 김창석자전주이가야 세
以前承旨金昌錫爲湖南均田使 金昌錫者全州吏家也 世

부장조지만석 등제익일 납전십만냥이사국은 상대열 연
富庄租至萬石 登第翌日 納錢十萬兩以謝國恩 上大悅 然

시이외부 욕구자지 부사취귀이염야 루천지승지 전후진
視以外府 欲久資之 不使驟貴以饜也 累遷至承旨 前後進

봉수백만 시시호우연해 연세한황 일망진폐 정공궐반액
奉數百萬 是時湖右沿海 連歲旱荒 一望陳廢 正供闕半額

특지차창석균전사 사출자재무우조모민경종 기재민국구
特旨差昌錫均田使 使出貲財貿牛租募民耕種 期在民國俱

리 연약영난청간 치흠원결 즉장이세이독김창석야 김창
利 然若永難清懇 致欠原結 則將移稅以督金昌錫也 金昌

석지기의 늑부호유유수 구지이속지 사자간약삼오년면세
錫知其意 勒富戶誘游手 區地以屬之 使自懇約三五年免稅

세기숙즉징지 민대홍 명년전우폐 창석수안거년장부 이
歲旣熟卽徵之 民大鬨 明年田又廢 昌錫遂按去年帳簿 而

징금년세 인성정안 우광보재결 표기재우기장지황자 이
徵今年稅 因成定案 又廣報災結 俵其災于己庄之荒者 以

기여략첨궁부 새책이지 어시민력대곤 원저영로 창석오
其餘略沾窮蔀 塞責而止 於是民力大困 怨詛盈路 昌錫傲

연이별사자처 거람여 출입선화당 부액이승 여감사항례
然以別使自處 踞籃輿 出入宣化堂 扶掖而升 與監司抗禮

견자분지
見者憤之.

이봉구(李鳳九)는 갑신년(고종 21, 1884) 이후 향리에 돌아가 있다가 몇 년 뒤에 죽었는데, 특별히 '충절(忠節)'이라는 시호를 내려 주었다. 또한 태인(泰仁)에 사는 부호 유사현(劉士賢)이란 자는 죽은 뒤에 그 집에서 수십만 냥을 관가에 바쳤다. 조정에서는 그 죽은 사람이 학행(學行)[1]이 있다고 꾸며서 판서 벼슬에다 제학(提學)의 벼슬까지 증직하고 '문절공(文節公)'이라는 시호까지 주었다. 명기(名器)[2]가 뒤섞여서 저승에까지 범람하는 지경에 이르렀다.

註解

1) **학행**(學行) : 학식과 덕행.
2) **명기**(名器) : 작위(爵位)와 거복(車服).

原文

이봉구갑신 고종이십일년 후환향 우수세사 특시충절
李鳳九甲申(高宗二十一年)後還鄕 又數歲死 特諡忠節
우태인지부유유사현자 사후기가납전수십만 무칭사현유
又泰仁之富有劉士賢者 死後其家納錢數十萬 誣稱士賢有
학행 증관판서제학 피시이문절 명기혼효 지우람급천양
學行 贈官判書提學 被諡以文節 名器混淆 至于濫及泉壤
이극의
而極矣.

이덕유(李德裕)라는 자는 서울에 사는 중인 출신이다. 부자로 나라에서 으뜸가는데 민영준(閔泳駿)에 비교해 보더라도 앞선 편이었다. 젊었을 때 역관(譯官)으로 북경에 들어가다가 요동을 지나는데 한 죄수를 보았다.

돈 천금(千金)을 주면 죽음을 면할 수 있다 하기에 이덕유는 전대를 풀어 그 돈을 주었다. 그 후 수십 년이 지나서 북경 가는 길에 들어섰는데 한 사람이 공장(供帳)[1]을 잘 차려놓고 조선 사람 이모(李某)가 오기를 기다리고 있다가 만나니, 그가 말하기를, "내가 예전에 죽었을 죄인이오. 공의 돈을 갚으려 하였으나 공이 오지 않아서 돈을 늘리고 밭을 사서 큰 농장을 만들었소. 이제 들어오는 소작료만 해도 보리 · 기장 합해서 1만 석이나 되니, 공은 이 장부를 좀 들여다보시오." 하고 장부를 가리

키며 그 조목을 알려 주면서 이것이 그 수량이라 하였다.

우리나라는 땅덩어리가 좁고 척박해서 백성들이 거기에 살면서 부자라고 해봤자 소소할 뿐이다. 이렇게 이유덕의 농장이 다른 나라에까지 있게 된 것은 유래 없는 일로써 그 집은 마제은(馬蹄銀)[2]이 수 개의 창고에 가득하였다. 이웃 나라에까지 이름이 나서 임금은 매양 중국 지방에 대하여 재물을 쓸 일만 있게 되면 이덕유에게서 어음(魚音)을 받아서 보냈으니, 대개 청국 상인들은 임금의 어새(御璽)[3]를 믿는 것이 이덕유의 어음을 믿는 것만 같지 못했다. 우리 속담에 '별(莂)'[4]을 가리켜 '어음(魚音)'이라 하였다.

註解

1) 공장(供帳) : 연회에 여러 가지 설비를 하고 막(幕)을 세움.
2) 마제은(馬蹄銀) : 중국 청대의 은화(銀貨).
3) 어새(御璽) : 임금의 옥새.
4) 별(莂) : 씨를 뿌려 모종하는 것. 여기서는 재물을 옮기는 증서.

原文

이덕유자 경사중인야 부관일국 비민영준이과지 소시
李德裕者 京師中人也 富冠一國 比閔泳駿而過之 少時

이역설부연 과요동 견일수 대천금속사 덕유해탁여지 후
以譯舌赴燕 過遼東 見一囚 待千金贖死 德裕解橐予之 後

수십년 우부연로 우일인 성공장 대조선이모지 왈오석사
數十年 又赴燕路 遇一人 盛供帳 待朝鮮李某至 曰吾昔者

사수야 욕상공금 이공불래 수식금 매전성대장 금전조소
死囚也 欲償公金 而公不來 遂殖金 買田成大庄 今佃租所

입서맥가만석 공가열차 탐회중부이진왈 차기수야 아국
入黍麥可萬石 公可閱此 探懷中簿而進曰 此其數也 我國
양편이척 민거기간 호옹부자 특소소이 기유장재타국 자
壤褊而瘠 民居其間 號擁富者 特小小耳 其有庄在他國 自
덕유시 기가마제은영수고 명문린국 상매향중국지 방유
德裕始 其家馬蹄銀盈數庫 名聞隣國 上每向中國地 方有
용재지사 첩징덕유어음견지 개청상신상어새 불여신덕유
用財之事 輒徵德裕魚音遣之 蓋淸商信上御璽 不如信德裕
지어음야 방언훈별왈어음
之魚音也 方言訓莂曰魚音.

이덕유(李德裕)의 성품은 지극히 검색(儉嗇)[1]하여 출입할 때에 교자나 말을 타지 않으며, 혹 개만한 작은 노새를 타거나 걸어서 다녔다. 겨울철에도 무명으로 만든 갖옷을 입었으며 매번 끼니마다 반찬값은 백 푼어치로 한정했다.

벼슬해서 출세하기를 좋아하지 않았으며 오직 재산 모으는 것을 즐거움으로 삼았다. 임금이 매양 돈이 궁색할 때면 이덕유를 불러 차비문(差備門)[2]에서 대면하였다. 민영환(閔泳煥)이 문을 닫고 찾아오는 손님을 거절해도 이음죽(李陰竹)[3]이 왔다고 하면 들어오게 하여 만났다. 이덕유는 일찍이 음죽(陰竹) 고을의 현감을 지냈으나 수개월 만에 사직하고 돌아왔다.

註解

1) **검색**(儉嗇) : 검소하고 아낌.
2) **차비문**(差備門) : 임금이 거처하는 편전(便殿)의 앞문.
3) **이음죽**(李陰竹) : 이덕유가 음죽 현감을 지내어 이음죽이라 칭했음.

原文

덕유성지검색 출무교마 혹려여구소 혹시보행 동월착목
德裕性至儉嗇 出無轎馬 或驢如狗小 或時步行 冬月着木
면구 매식시찬직한백전 불모환달 유식재위락 상매재군
綿裘 每食時饌直限百錢 不慕宦達 惟殖財爲樂 上每財窘
즉덕유첩소대우차비문 민영환폐호사객 문이음죽지 즉첩
則德裕輒召對于差備門 閔泳煥閉戶謝客 聞李陰竹至 則輒
인입 덕유상피제음죽현감 수월사귀
引入 德裕嘗被除陰竹縣監 數月辭歸.

서울에서 상점을 경영하던 배동익(裵東益)이란 자가 있었는데 돈줄이 매우 확고하였다. 매번 정사의 비답을 내릴 때마다 관직을 사려고 하는 자가 서로 다투어 어음을 바쳤다. 이런 때면 임금은 반드시, "그것은 배동익에게서 나온 것인가?"하고 물었다. 대개 서울이나 지방의 큰 부자로 이름 있는 사람들을 임금은 다 알고 있었다.

原文

경사상전 유배동익자 전로심확 매당정비 매관자쟁이어
京師商廛 有裵東益者 錢路甚確 每當政批 買官者爭以魚
음진 상필문 차출배동익호 개경향웅부유명칭자 상개지
音進 上必問 此出裵東益乎 蓋京鄉雄富有名稱者 上皆知
지
之.

전라도 부자 오영석(吳榮錫)이란 자가 있었다. 장조(庄租)가 만 석에 이른다고 하는데 민영환(閔泳煥)이 자기에게로 끌어들

였다. 서울 사람들은 그를 '오금(烏金)'이라 불렀는데 '오(吳)'와 '오(烏)'가 같은 음으로 발음이 나기 때문이다. 음사(蔭仕, 음직)로 여러 군읍의 수령을 지냈는데, 그가 임피현(臨陂縣)에 있을 때 임금은 내하(內下)[1]로 쓸 유석(鍮錫)[2] 오합(五盒) 5백 벌을 별복정(別卜定)[3]으로 만들어 올리라고 하였다. 갑자기 장만할 수가 없어서 값을 배로 하여 민간에게서 사들였으므로 수개 군에 있던 쟁요(錚鐃)[4]가 다 없어졌다. 대개 농촌에서 여름철이 되면 농부들은 쟁요를 치며 서로 모여서 돌려가며 논밭에서 김매기를 돕는데, 이것을 '농악(農樂)'이라 한다. 쟁요는 유석이 아니면 만들 수 없는 것이다.

註解

1) **내하**(內下) : 내사(內賜). 임금이 신하에게 물건을 내려주는 것.
2) **유석**(鍮錫) : 놋쇠와 주석.
3) **별복정**(別卜定) : 지방의 토산품을 정례적으로 바치도록 정해 놓은 것 외에 서울의 각 관아, 각도, 각군에 따로 바치도록 한 것.
4) **쟁요**(錚鐃) : 징과 꽹과리.

原文

호남지부 유오영석자 장조역칭만석 민영환인지출문하
湖南之富 有吳榮錫者 庄租亦稱萬石 閔泳煥引之出門下

경사목이오금 이오오동음야 음사루전군읍 기령임피야
京師目以烏金 以吳烏同音也 蔭仕屢典郡邑 其令臨陂也

내하별복정유석오합오백사 창졸무이판 배가구매우민간
內下別卜定鍮錫五盒五百事 倉卒無以辦 倍價購買于民間

수군쟁요지속개진 개야향하월 농인격쟁요 이상서운 위
數郡錚鐃之屬皆盡 蓋野鄉夏月 農人擊錚鐃 以相鋤耘 謂

지 농 악 이 쟁 요 비 유 석 불 능 주 야
之農樂 而錚鐃非鍮錫 不能鑄也.

초피(貂皮) 중에 서북 지방에서 나는 것을 속칭 돈피(㹠皮)라고 한다. 그 겨드랑이 밑에 복슬복슬한 털을 자얼(紫栜)이라 칭하는데, 특히 따스하고 진귀해서 값이 비단보다 수배나 비쌌다. 대내(大內)에서 일찍이 모전(毛廛)에 명하여 갑자기 자얼모장(紫櫱毛帳) 열 벌을 들이라고 하였다. 서울에서 돈피구모자(㹠皮裘帽子)를 가진 자는 열 배의 이득을 얻게 되었다. 그것을 만들어 올리자 명성후가 펼치도록 명하고 구경하는 즈음에 촛불 심지가 날라 떨어져 순식간에 다 타버렸다.

8도의 토산품으로 진귀한 것은 모두 복정(卜定)[1)]해서 들어오지 않는 것이 없었으며 쌓인 것이 구릉(丘陵) 같았다. 매번 궁중에서 곡연(曲宴)을 베풀 때 흥이 오르면 양전은 기둥에 기대고 서서 접선(摺扇, 접부채)과 곡삼(曲蔘)[2)]을 비 오듯 땅에 떨어뜨렸다. 무당이나 광대로 창을 하고 악기를 연주하는 자들은 하룻밤을 지낸 다음, 휴가를 청하여 세모시와 부채, 칼 같은 것들을 꼭 무겁게 짊어지고 돌아갔다.

註解

1) **복정**(卜定) : 조정에서는 각도에, 각도에서는 각 고을에 지시하여 그 지방의 토산물을 강제로 바치게 하던 공납물의 액수. 지정한 사물을 꼭 실행하도록 강요하는 일.
2) **곡삼**(曲蔘) : 굵은 꼬리를 꼬부려 말린 백삼. ↔ 적삼.

原文

초피지산서북자 속칭돈피 기액하풍모 칭자얼얼 기온
貂皮之産西北者 俗稱㹠皮 其腋下豊毛 稱紫櫱枿 奇溫

진귀 가유품단수배 자내상명모전 졸진자얼모장십부 경
珍貴 價踰品緞數倍 自內嘗命毛廛 猝進紫枿毛帳十副 京

사지유돈피구모자 획십배지리 급제진 명성명장지 완상
師之有㹠皮裘帽者 獲十倍之利 及製進 明成命張之 玩賞

지제 촉신비추 경각소진 팔도토산지진 무일불입복정자
之際 燭燼飛墜 頃刻燒盡 八道土産之珍 無一不入卜定者

적여구릉 매궁중곡연흥감 양전의주이립 접선곡삼타지여
積如丘陵 每宮中曲宴興酣 兩殿倚柱而立 摺扇曲蔘墮地如

우하 무격우령해창곡안고절자 경일야청가 세저선도지속
雨下 巫覡優伶解唱曲按鼓節者 經一夜請暇 細苧扇刀之屬

필중부이귀
必重負而歸.

승지 이최승(李最承)은 월사(月沙) 이정귀(李廷龜)[1]의 후손으로 오랫동안 가주서(假注書)로 궐내에서 당직을 하였다. 나에게 말하기를, 일찍이 밤도 깊었는데 노래 부르는 소리와 악기 치는 소리가 들려서 그 소리를 찾아가다가 한 전각(殿閣)에 이르니, 밝기가 대낮 같은데 임금과 왕비는 평상복으로 흩어져 앉아 있는 것이 보였고, 계단 아래에는 머리에 수건을 뒤집어 쓰고 팔을 휘두르며 노래 부르고 북치는 자가 수십 명이나 되었다. 잡노래를 부르는 자가 있었는데 그 노래는, '가다오다 만나 정든 임을 죽으면 죽었지 헤어질 수 없다'는 조의 내용으로 음란하고 비루해서 듣는 사람이 낯을 가릴 정도였다. 명성왕후 민비는 이 소리를 들으며 넓적다리를 치며 "좋다!"고 외치면서

"그렇고 말고, 그렇고 말고."를 연발하였다고 한다.

註解

1) **이정귀**(李廷龜) : 조선 중기의 문신(文臣)으로 신흠(申欽) · 장유(張維) · 이식(李植) 등과 더불어 4대 문장가임.

原文

이 승 지 최 승 이 정 귀 월 사 지 후 야 구 이 가 주 서 직 궐 중 위
李承旨最承(李廷龜)月沙之後也 久以假注書直闕中 爲
여 언 상 야 란 문 유 가 관 수 액 예 심 성 이 왕 지 일 처 전 각 황 랑
余言 嘗夜闌聞有歌管 隨掖隷尋聲而往 至一處殿閣 晃朗
여 주 견 양 전 편 복 산 좌 계 하 파 수 단 비 가 이 고 자 수 십 배 유
如晝 見兩殿便服散坐 階下帕首袒臂 歌而鼓者數十輩 有
창 잡 조 자 왈 래 로 거 로 봉 정 환 사 즉 사 혜 난 사 전 음 설 외 비
唱雜調者 曰來路去路逢情歡 死則死兮難舍旃 淫褻猥鄙
문 자 엄 면 이 명 성 후 박 비 칭 선 왈 연 재 연 재
聞者掩面 而明成后搏髀稱善 曰然哉然哉.

세자(후에 순종)는 음위(陰痿)[1]를 걱정했다고 한다. 어떤 이는 고자[天閹]라고도 하며 어떤 이는 어린 시절에 궁녀가 그의 생식기를 빨아서 그렇게 되었다고 하는 이도 있다. 나이가 좀 들자 생식기는 흡사 오이처럼 드리워져 발기될 때가 없었고 아무 때나 오줌이 절로 나와서 항상 자리를 적셔서 하루 한 번은 요를 갈았고 두 번 비지를 갈아 입혔다고 한다. 혼례를 치른 지 몇 해가 지나도 부부간의 접교(接交)를 제대로 하지 못해서 명성왕후는 원망하며 미쳐 날뛰었다고 한다. 일찍이 궁비(宮婢)를 시켜서

세자에게 남녀가 교접하는 방법을 가르치게 하였는데, 민비는 문 밖에서 지켜보며 큰 소리로, "되느냐 안 되느냐."하며 가부를 물었다고 한다. 궁녀가 안 된다고 하니, 명성왕후 민비는 슬퍼서 몇 차례 한숨을 쉬다가 가슴을 치며 일어났다. 당시 사람들이 말하기를, "세자가 그렇게 된 것은 민비가 완화군(完和君)[2]을 죽인 죄의 앙갚음을 받아서 그렇게 된 것이다."라고 하였다.

註解

1) **음위**(陰痿) : 남자의 생식기가 위축되는 병.
2) **완화군**(完和君) : 궁녀 이씨의 소생. 세자보다 먼저 출생했다.

原文

세자환음위 혹왈천엄 혹왈유시궁녀연기경 일출불수야
世子患陰痿 或曰天閹 或曰幼時宮女吮其莖 一出不收也

년초장 경수여고 무거시 소편자유 상임력천석 일일일역
年稍長 莖垂如苽 無擧時 小便自遺 常淋瀝濺席 一日一易

욕 재역고 대혼유년 불능유인도 명성오한광조 상속궁비
褥 再易袴 大婚有年 不能有人道 明成懊恨狂躁 嘗屬宮婢

요세자교교구상 자호외고성문 왈해부 대왈불해 명성희
嬲世子敎交媾狀 自戶外高聲問 曰諧否 對曰不諧 明成噫

우수식 퇴흉이기 시인이위 차장완화군지보
吁數息 槌胸而起 時人以爲 此戕完和君之報.

장안에는 예부터 고자가 많았다. 재상 남공철(南公轍)과 서승보(徐承輔) 같은 이들이 그중에 잘 알려진 자들이다. 남공철은 미남(美男)으로 주목받았으며 또한 약관에 한각(翰閣)에 출입

하였다. 지나가는 사람들은 그를 가리키며 “선관(仙官)[1] 같구나!” 하고 감탄하였다.

일찍이 그가 궁궐에 들어가게 되었을 때 부인이 조복(朝服)[2]을 펼쳐서 입혀주고 등 뒤에서 그의 어깨를 깨물고 대성통곡을 하였다고 하는데, 그 용모는 몹시 아름다웠으나 소용없었기 때문이다.

서승보의 부인이 임종할 때 서승보를 부르며 영결을 고할 때 웃으면서 말하기를, “나는 깨끗한 몸으로 살다가 간다.”고 하였다고 한다.

註解

1) **선관**(仙官) : 신선계의 벼슬아치.
2) **조복**(朝服) : 조정에 출근할 때 입는 복장.

原文

경중고래다천엄 근세재상 즉약남상공철 서태승보 즉
京中古來多天閹 近世宰相 則若南相公轍·徐台承輔 卽
기저자야 남유자도지목 우약관출입한각 행로지지류선관
其著者也 南有子都之目 又弱冠出入翰閣 行路指之類仙官
상당기예궐 부인장조복이천지 자배후교기견이대곡 이기
嘗當其詣闕 夫人張朝服而穿之 自背後咬其肩而大哭 以其
모미이무용야 서지부인임종 호서구결 소왈 오결신이거
貌美而無用也 徐之夫人臨終 呼徐求訣 笑曰 吾潔身而去.

세자는 이미 양도(陽道)[1]를 펴지 못하고 불치의 병이 되었기 때문에 명성왕후(明成王后)는 대를 이을 수 없음을 한탄하고 왕

자 강(堈)의 득남을 기다려 세자의 다음 대를 이으려는 생각을 하였다. 그래서 강을 조금도 박대하지 않았으며 완화군(完和君)을 대하던 것과는 판이하게 달랐다. 신묘(고종 28, 1891) 겨울에 이르러 임금께 강을 의화군(義和君)으로 봉하자고 권하였다.

의화군(義和君) 이강(李堈)은 상궁 장씨의 소생이다. 의화군이 태어나자 명성왕후는 몹시 화를 냈다. 칼을 집고 상궁 장씨 거처에 이르러 창에 칼을 들이대고 칼을 받으라 소리쳤다고 한다. 장씨는 본디 힘이 세었다. 곧 한 손으로 칼자루를 잡고 한 손으론 창을 밀치고 나가 엎드려서 살려달라고 애걸했다. 머리는 흐트러져 산발이 되고 얼굴은 가려졌다. 그것을 불쌍히 생각했던지 칼을 던지고 웃으며 말하기를, "상감의 사랑을 독차지하는 자네를 이제 죽일 수는 없게 되었네. 그러나 궁중에 거처하지는 못하네." 하고 힘센 사람을 불러 결박을 짓고 음구(陰溝)[2] 양편의 살점을 도려서 밖으로 내보냈다. 장씨는 그의 형제들에게 의탁해서 10여 년을 살던 중 상처로 고생하다 죽었다.

註解

1) **양도**(陽道) : 남성의 생식기. 또는 생식력.
2) **음구**(陰溝) : 음부의 불두덩.

原文

세자기양도불서 인성침고 명성탄사속무망 의대왕자강
世子旣陽道不舒 因成沈痼 明成歎嗣續無望 擬待王子堈
생자 이승세자상통 고시강초부박 여완화군형별 지신묘
生子 以承世子上統 故視堈稍不薄 與完和君逈別 至辛卯

(高宗二十八年)冬 勸上封義和君 義和君堈 尙宮張氏出也 堈生 明成恚之 杖利刃 至張氏所 揷刃于牖 呼曰 受劍 張氏素力大 卽一手握定釰柄 一手推牖出 僂伏乞命 髻散雲垂 膚顔掩映 意憐之 投釰笑曰 宜乎大殿之眷戀也 今不可殺 然不可處宮中 呼力士縛之 剜陰溝兩傍肉 舁出于外 張氏依其兄弟十餘年 創蹇以死.

황주의 기생으로 진연(進宴)[1]에 뽑혀 대궐에 들어온 자가 있었는데, 임금이 그 기생을 좋아하여 몰래 불러들여 총애하였다. 그리고 정낙용(鄭洛鎔)에게 명하여 금가락지 한 쌍과 세장전(洗粧錢)[2] 3천 냥을 주었다. 명성왕후는 이 소문을 듣고 펄펄 뛰며 곧 포도청에 명하여 죽이라고 하였다. 정낙용을 몹시 책망하고 장차 비상 처분이 있을 것 같았으나 정낙용이 온갖 방법으로 용서를 구해 드디어 무사하게 되었다.

註解

1) **진연**(進宴) : 국가적 경사 때에 궁중에서 열던 잔치.
2) **세장전**(洗粧錢) : 몸치레를 하는 데 드는 돈.

原文

黃州妓有因進宴而入內者 上悅之 潛召幸之 命鄭洛鎔賜

이 금 지 환 일 쌍 세 장 전 삼 천 냥 후 문 지 대 노 입 명 폐 우 포 청
以金指環一雙 · 洗粧錢三千兩 后聞之大怒 立命斃于捕廳
절 책 낙 용 약 장 유 비 상 처 분 자 낙 용 만 방 구 해 사 수 이
切責洛鎔 若將有非常處分者 洛鎔萬方求解 事遂已.

신묘년(고종 28, 1896) 2월에 호군(護軍) 이용원(李容元)을 흑산도(黑山島)에 귀양 보내고 조금 있어 위리안치를 시켰다. 원세개(袁世凱)는 서울에 머문 지 또한 10년이 되어 우리나라의 사정을 매우 잘 알고 있었다. 임금에게는 끝내 쇠약한 나라를 일으킬 희망이 없다고 생각하고 선위(禪位)할 것을 권하되 대원군으로서 돕도록 한다면 그나마 쇠잔한 국면을 유지할 수 있지 않을까하는 뜻을 갖고 있었다. 김윤식(金允植)이 유배를 당하고부터는 마음속에 감추고 머뭇거린 지가 또 수년이 되었다. 이에 이르러 시사(時事)가 날로 그릇되는 것을 보고 또 비밀히 이런 논의가 있었던 것이다. 임금은 크게 두려워하여 드디어 세자에게 명하여, 정위(正位)에서 남면(南面)을 하고 백관의 조하(朝賀)를 받도록 하여 대리청정할 뜻을 보이려 하였다. 영의정 심순택(沈舜澤)으로 하여금 그 의례를 정하여 바치게 하였다. 이용원(李容元)이 소를 올려 간절히 간하였는데 대략을 말하면 이렇다.

"사람에게 두 하늘이 없고 하늘에는 두 태양이 없습니다. 옛날 삼왕(三王)이래 아래로 당 · 송에 이르기까지 대개 남면을 하는 것은 오직 임금 한 분뿐이옵니다. 반드시 이와 같이 한 뒤에 저사(儲嗣, 世子)[1]가 중하게 되고 군통(君統, 王統)을 높일 수 있다

면, 주공 · 공자 · 정자 · 주자 등도 반드시 먼저 이러한 논의를 내놓았을 것입니다. 또 '남면(南面)' 두 글자는 나라의 가장 중한 것이 돌아가는 바인데, 이를 어찌 아래에서 가히 건의할 수 있는 문제이겠습니까?" 하였다.

이에 심순택(沈舜澤)은 성 밖으로 나가 대죄하였다. 왕후는 이용원이 계미년(고종 20, 1883)에는 진하(陳賀)를 저지했고, 이제는 또 대례(大禮)를 방해하여 조정에 소란을 일으킨다는 두 가지 일에 노여움이 함께 폭발하여 그에게 돌아갈 죄, 또한 예측하기 어려웠다.

그런데 그가 노론(老論)인 까닭에 힘써 구원하는 자가 많아서 사형을 면하는 처분을 얻을 수 있었다. 심순택은 승상부(丞相府)에 전후 20년이나 있었으나 머리가 완고하고 둔해서 부끄러움도 몰랐다. 오직 내지(內旨)를 봉행하고 권문(權門)에 분주하게 다녀서 무릇 비정(秕政)이 관청자〔이목〕에게 장애를 주게 되면 대체로 심순택에게 건의하게 하여 그것을 행하도록 하였다. 국론이 시끄럽게 떠들썩하여 어떤 이는, "이놈이 어느 때 죽임을 당할까?"라고 하였고 어떤 이는, "이놈은 가히 불쌍하게 여겨야지 죽일 위인도 못된다."고 하였다.

임금은 그가 오직 영(令)이 내리면 그대로 행하는 까닭에 매우 그를 편안히 대했다. 매번 사직소에 답할 때면 〔중국 한(漢)의〕 소하(蕭何) · 조참(曹參)[2] · 방현령(房玄齡) · 두여회(杜如晦)[3]를 끌어대어 그를 위로하고 계속 힘써 달라고 하니, 보는 사람들이 입을 가렸다.

지난 갑신정변(甲申政變) 때 원세개가 날마다 사람을 시켜 의정부에 질문을 하였지만 심순택은 당황하여 어찌할 줄 모르고 대답을 못했다. 그는 투자(套子)를 가지고 침실에 들어가 스스로 목을 매었으나 그의 아우 심이택(沈履澤)이 구해 주어 죽음을 면했다. 그런 까닭에 당시 사람들은 그를 '투자 대신(套子大臣)'이라고 야유했다.

이용원은 평소 교만하다는 지목을 받았는데, 성격이 활달하고 구애됨이 없었다. 수령이 되어서는 포저(苞苴, 뇌물)의 기롱(譏弄)을 면치 못하긴 했지만 그래도 강직하여 유속(流俗)에서 초탈했다. 전후의 두 상소문은 일시에 전송되었으며, 사람들이 또한 이것으로써 그를 훌륭히 여겼다.

註解

1) **저사**(儲嗣) : 세자를 가리킴. 저(儲)는 부(副)를 뜻한다. 태자는 저군(儲君), 세자궁을 저경궁이라 불렀다.
2) **소하**(蕭何)·**조참**(曹參) : 한고조(漢高祖) 유방을 도와 통일의 대업을 이룬 명재상.
3) **방현령**(房玄齡)·**두여회**(杜如晦) : 당나라 태종 때의 명재상.

原文

신묘춘이월 찬호군이원용원우흑산도 심가천극 원세개
辛卯春二月 竄護軍李元容元于黑山島 尋加栫棘 袁世凱

유진차십년 암동사심실 이상종무흥쇠지망 유의권내선
留鎭且十年 諳東事甚悉 以上終無興衰之望 有意勸內禪

보이대원군 서혹유지잔국 자김윤식견찬 은인지회자우수
輔以大院君 庶或維持殘局 自金允植見竄 隱忍遲回者又數

년 지시견시사일비 우밀유시의 상대저 수명세자정위남
年 至是見時事日非 又密有是議 上大怛 遂命世子正位南
면 수백관조하 이시대리지점 사령상심순택 정기의주진
面 受百官朝賀 以示代理之漸 使領相沈舜澤 定其儀注進
지 용원상소절간략왈 인무이천 천무이일 소고삼왕이래
之 容元上疏切諫略曰 人無二天 天無二日 溯古三王以來
하지당송 개남면유군일이이 약왈필여시이후 가이중저사
下至唐宋 蓋南面惟君一而已 若曰必如是而後 可以重儲嗣
존군통 즉주공정주 필선발차론 차남면이자소중유귀 시
尊君統 則周孔程朱 必先發此論 且南面二字所重有歸 是
기재하지소가건자자호 어시순택출성대죄 후이용원계미
豈在下之所可建自者乎 於是舜澤出城待罪 后以容元癸未
고종이십년 조진하 금우방대례 치조저역소 이노병발
(高宗二十年)阻陳賀 今又妨大禮 致朝著繹騷 二怒幷發
죄차불측 이기위노론 고력구자중 득시감사지률 순택재
罪且不測 以其爲老論 故力救者衆 得施減死之律 舜澤在
상부전후이십년 완둔무치 유봉행내지 분주권문 범비정
相府前後二十年 頑鈍無恥 惟奉行內旨 奔走權門 凡秕政
지애어관청자 솔사순택건백이행지 국언훤등 혹왈차적하
之碍於觀聽者 率使舜澤建白而行之 國言喧騰 或曰此賊何
시주 혹왈차가애이불가주 상이기유령시행 고심안지 매
時誅 或曰此可哀而不可誅 上以其惟令是行 故甚安之 每
답기사면지장 동인소 조 방 두이위면지 관자엄구 왕
答其辭免之章 動引蕭·曹·房·杜以慰勉之 觀者掩口 往
갑신 고종이십일년 지변 원세개일사인질문정부 순택창
甲申(高宗二十一年)之變 袁世凱日使人質問政府 舜澤倉
황무이대 인투자입침실자액 기제이택구지면 고시인위지
皇無以對 引套子入寢室自縊 其弟履澤救之免 故時人謂之
투자대신 용원소유교귀지목 성활불검 위수재불면포저지
套子大臣 容元素有驕貴之目 性豁不檢 爲守宰不免苞苴之
기 연항직발유속 전후양소일시전송 인역이시다지
譏 然伉直拔流俗 前後兩疏一時傳誦 人亦以是多之.

심순택(沈舜澤)은 늙어서도 그 자리 (정승자리)에 눌러앉고 물러나지 않자, 비단 시정에 있는 부녀자들이나 아이들까지 그를 침 뱉고 욕할 뿐만 아니라 그와 같은 당색으로 재상의 반열(班列)에 있는 사람들까지도 그를 헐뜯고 업신여겼다. 매번 공적인 자리에 모이면 서로 눈짓하며 그를 웃음거리로 삼았다. 일찍이 정청에서 여러 사람들 가운데 앉아서 졸은 적이 있는데, 김병시(金炳始)가 비웃으며, "승상께서는 가히 무사태평이라고 이를 만합니다." 하였고, 김영수(金永壽)는 담뱃대를 끌어다가 눈앞에 어른거리게 하며 그를 야유하였다. 그것을 본 사람들은 나오면서 탄식하기를, "심순택은 말할 것도 없고, 두 김씨도 자못 말로만 스스로 좋아하는 자들이다. 심순택이 자리에 연연하는 것이 마땅치 않으면, 그에게 물러나는 것이 좋겠다고 권고하지 않고 어찌 노리갯감으로 삼는 데까지 이르렀단 말인가?" 하였다.

原文

순 택 노 준 불 퇴 부 단 시 정 부 유 소 타 매 기 동 색 재 열 역 다 산
舜澤老蹲不退 不但市井婦孺所唾罵 其同色宰列亦多姍

모 지 매 공 좌 취 회 상 여 순 지 지 위 소 구 상 재 정 청 중 중 좌 수
侮之 每公座聚會 相與瞬之 指爲笑具 嘗在政廳 衆中坐睡

김 병 시 신 지 왈 승 상 가 위 무 사 김 영 수 인 연 관 대 안 작 마 알 상
金炳始哂之曰 丞相可謂無事 金永壽引煙管對眼作摩戛狀

이 야 유 지 관 자 출 이 탄 왈 순 택 무 론 이 약 양 김 파 자 호 자 야
以揶揄之 觀者出而嘆曰 舜澤無論耳 若兩金頗自好者也

심 성 불 칭 즉 권 지 퇴 가 야 하 지 완 롱 내 이
沈誠不稱則勸之退可也 何至玩弄乃爾.

내가 일찍이 재상 김병덕(金炳德)을 뵈온 적이 있는데 마침 봉상시(奉常寺)[1]의 아전이 공첩(公牒)[2]을 가지고 왔다. 대개 봉상시의 제조(提調)는 의정부의 세 정승이 겸하는 것이 관례이다. 첫째 제조는 영의정이 겸임하고, 둘째 제조는 좌의정 · 우의정 중에서 겸임한다. 매번 공첩이 있을 때면 이들이 차례로 서명 날인을 한 연후에 반포하고 시행하였다. 그때 심순택(沈舜澤)이 영의정으로 있었고 김병덕이 우의정으로 있었다. 그러므로 심순택을 거쳐서 김병덕에 이른 것이다. 김병덕은 심순택의 수결을 가리키고 웃으면서 아전에게 이르기를, "네가 보기에 이 수결이 어찌 영의정 어른답지 않은가?" 하였다. 나는 그 소리를 듣고 웃음이 터져 나왔다. 김병덕은 '자네는 왜 웃느냐?'고 물었다. 나는 대답하기가 난처해서 우물쭈물하는데 또 물으니, 나는 마지못해, "정승이 어찌 수결한 글자에 있겠습니까?" 하였다. 김병덕은 웃으면서, "수결에서도 정승을 본 것이나 같다."고 하였으나 그는 말을 마치자 자못 뉘우치는 기색이 있었다. 김병덕과 심순택은 내외종간으로 두드러진 친분이 있었으며 그 아전 역시 심순택 집의 겸인이었다.

註解

1) **봉상시**(奉常寺) : 제사와 시호(諡號)에 관한 사무를 맡아보던 관청. 조선 태조 때부터 말기까지 있었다.
2) **공첩**(公牒) : 공사에 관한 편지나 서류.

原文

여상배김상병덕 적봉상리이공첩진 개봉상시제조위삼
余嘗拜金相炳德 適奉常吏以公牒進 蓋奉常寺提調爲三
공례겸 일제조즉령상겸지 이제조즉좌우상겸지 매유공첩
公例兼 一提調則領相兼之 二提調則左右相兼之 每有公牒
이차첨압 연후반행 시심순택위령상 김위우상 고역심이
以次簽押 然後頒行 時沈舜澤爲領相 金爲右相 故歷沈而
지김야 김상지심압소위리왈 여관차압 기불성령의정재
至金也 金相指沈押笑謂吏曰 汝觀此押 豈不誠領議政哉
여문지불각실소 김상문자하소 여난기대 방준순 고문지
余聞之不覺失笑 金相問子何笑 余難其對 方逡巡 固問之
여손사대왈 정승재어압자호 김상우소왈 압자역관정승
余遜辭對曰 政丞在於押字乎 金相又笑曰 押字亦觀政丞
어필파유회색 김상여순택 유중표지친 이리즉기가겸야
語畢頗有悔色 金相與舜澤 有中表之親 而吏則其家傔也.

김유연(金有淵)을 대배(大拜)[1]할 때 임금이 사사로이 말하기를, "김유연은 대신의 풍격(風格)을 갖추었으나 고집이 세어 부리기 힘들다."고 하였는데 얼마 되지 않아서 파면시켰다. 조병세(趙秉世)가 우의정이 되어 처음으로 연석(筵席)[2]에 오를 적에 임금이 좌우를 돌아보며, "이 사람은 정직하여 뜻을 돌리기 어렵다."고 하였다. 재상의 재위 기간에 여러 번 당언(讜言)[3]을 올리자, 임금은 그것을 싫어하여 또한 파직하고 모두 다시 기용하지 않았다. 오로지 심순택(沈舜澤)만은 여러 차례 물러났다가도 다시 기용되어 임금의 은덕이 쇠하지 않았다.

〔임금은 대개 사람을 알아보는 명철함이 없지 않았지만, 아첨을 좋아하는 결점이 있었다.〕

註解

1) **대배**(大拜) : 재상을 제수(除授)함.
2) **연석**(筵席) : 임금과 신하가 모여 자문주답(諮問奏答)하던 자리.
3) **당언**(讜言) : 바르고 좋은 말. 곧은 말.

原文

김유연대배시 상사어왈 유연유대신풍격 이강항난사 미
金有淵大拜時 上私語曰 有淵有大臣風格 而强項難使 未
기파면 조병세이우상초등연 상고좌우왈 차인유정직불회
幾罷免 趙秉世以右相初登筵 上顧左右曰 此人有正直不回
의 급재위 루진당언 상염지역파 개불부용 유순택루척루
意 及在位 屢進讜言 上厭之亦罷 皆不復用 惟舜澤屢斥屢
복 은례불쇠 개상비무즉철지명 환재호유이
復 恩禮不衰.〔蓋上非無則哲之明 患在好諛耳.〕

정태호(鄭泰好)가 황해 감사로 있을 때, 부정 축재하는 것으로 소문이 나 있었으나 임금에게 바치는 예물은 점점 줄어들었다. 임금이 매우 화가 나서 꾸짖기를, "너는 내가 이건창(李建昌)이나 어윤중(魚允中)을 보내서 부정을 조사해 오도록 할 줄 몰라서 그러느냐?" 하였다. 그것은 또한 어윤중과 이건창이 가히 쓸만한 인물임을 알고 있었던 것이다.

原文

정태호위황해감사 이탐독문 이진헌초희 상심에매왈
鄭泰好爲黃海監司 以貪黷聞 而進獻稍稀 上甚恚罵曰
여위여불능견이건창 어윤중안장래호 개역지어 이지
汝謂予不能遣李建昌·魚允中按贓來乎 蓋亦知魚·李之

可用也.

신묘(고종 28, 1891)부터 임진(고종 29, 1892)년 사이에 서울 장안에 화적떼가 극성하여 물건을 약탈하고 사람을 죽이는 사건이 대낮에도 왕왕 발생했다. 대궐 안의 원역(員役)[1]에 이르기까지 모두 방자하게 도둑질을 자행했다.

임금이 동온돌(東溫突)에서 서온돌(西溫突)로 자리를 옮기면 동온돌에 있던 물건이 없어지고, 서온돌에서 동온돌로 옮기면 서온돌의 물건이 없어졌다. 임금은 그것을 염려하며 어찌할 바를 몰랐다.

하루는 시원임 대신(時原任大臣)[2]을 불러들였는데 김병시(金炳始)와 김홍집(金弘集)이 모두 대궐 아래 모였다. 서로 말하기를, "주상께서 부른 것은 반드시 포도대장을 천거하려는 것 같은데 누가 적임자인가?" 하였다.

김홍집이 말하기를, "신정희(申正熙)가 좋겠다." 하였다. 그러자 김병시가, "누가 맞서 감당할 수 있느냐." 하니, 김홍집이, "보나마나 이봉의(李鳳儀)지." 하였다. 김병시(金炳始)가 손을 저의며, "주상께서는 본디 고집이 있으시니 우리는 상감 앞에 이르러 누가 좋다는 말을 하지 말고 상감 스스로 택하기를 기다립시다.

주상께서는 윤감(倫鑑)이 있으시니 반드시 이 두 사람에게서 벗어나지 않을 것이오." 하였다. 대궐로 들어가자 임금이 말하기를, "경들은 화적떼가 날뛰는 것을 듣지 못했는가? 서배(鼠

輩)[3]들이 대궐 안에도 잠복하니 이는 포도대장이 무력한 때문이다. 경들은 각기 한 사람씩 천거하시오." 하였다. 대답하기를, "신들이 어찌 감히 말씀드릴 수 있겠습니까. 신들이 알고 있는 것은 상감만 같지 못하옵니다. 오직 전하께서 결정하십시오." 하였다. 임금이 말하기를, "신정희는 어떤가?" 하였다. 모두 대답하기를, "좋습니다." 하였다. 그러자 임금이 또 말하기를, "신정희와 짝할 만한 인물은 누군가?" 하였다.

조금 후에 또 말하기를, "이봉의는 어떤가?" 하였다. 모두 대답하기를, "상감의 살펴보심이 지당하십니다." 하고 서로 돌아보며 미소를 지으니 임금이 그것을 힐문하였다. 김병시가 대답하기를, "신 등은 밖에서 이미 그 두 사람을 점찍고 있었습니다. 그러나 상감의 뜻이 어떠한지 측량할 수 없어서 감히 말씀드리지 못했습니다." 하니, 임금은 크게 웃으며 그런 사람을 고른 것을 심히 기뻐하였다. 드디어 신정희를 좌포장(左捕將)에, 이봉의를 우포장(右捕將)에 임명했다.

신정희는 도기(賭技, 도박)[4]가 절도의 근본이라 여기고 아울러 엄히 금하는 한편, 범인을 잡으면 바로 처형하였다. 반년이 채 안 되어서 죽은 자가 4백여 명이었다. 서울 장안 사람들은 벌벌 떨며 모두 일찍 잠자고 늦게 일어났으며 마치 저승사자가 문 앞에서 지키고 있는 듯하여 작은 물건이라도 넘보는 일이 없어졌다.

무릇 논평하는 사람들이 말하기를, "신정희 한 사람을 써서 간사한 도독의 무리가 없어졌다. 난세를 구제할 인재가 없는

것이 아니라, 제대로 기용하지 못함을 걱정할 일이다."라고 하였다.

이봉의는 본디 신중을 기하여 말 한마디조차 급히 서두르는 일이 없었다. 임금이 일찍이 시신(侍臣)들 앞에서 말하기를, "나를 30년이나 섬기며 연석(筵席)을 출입해도 그가 사악함을 보지 못했으니 참으로 군자다."라고 하였다.

우포장이 되어 위엄과 풍채가 비록 신정희에 미치지 못했으나 죄를 범한 자는 용서치 않고 통솔 또한 잘했다. 이봉의는 옛 장신(將臣) 이경우(李景宇)의 양자이다. 10여 세에 전라도에서 올라온 까닭에 간혹 사투리를 사용해서 비복(婢僕)들이 비웃자, 이봉의는 부끄럽게 생각하여 반년간이나 말하지 않다가 서울말을 다 익힌 연후에 비로소 말을 했다고 한다. 그의 성격이 굳세고 도타움은 어려서부터 이미 그러했었다.

제주도에서 백성들이 반란을 일으켜 목사를 추방하고 섬 안이 크게 동요되었는데 오랫동안 진정되지 않았다. 이러한 소식이 임금께 알려지자, 몹시 근심하며 문관이든 무관이든 위엄이 있고 은덕이 있는 자를 뽑아 보내려고 하였으나 그러한 사람들 선택하기가 어려웠다. 그래서 삼공(三公)에게 입대(入對)[5]할 것을 명했다.

김병시(金炳始) 등이 또한 공손히 사양하며 감히 천거할 수 없다 하니 임금은 생각에 잠겨 있다가, "내가 뽑겠다."고 한 후, "이규원(李奎遠)보다 나은 사람이 없을 것이다." 하니, 제신(諸臣)들이 절을 하며 치하를 드렸다. 드디어 이규원을 뽑아서 찰

리사(察理使)[6]를 겸하도록 하였다.

이는 이규원이 관계(官階)가 높은 장신(將臣)으로, 단지 목사로 가게 하는 것은 섬 백성들이 가볍게 보기 때문에 옳지 않다는 생각을 한 데서였다. 이규원이 목사겸 찰리사로 제주에 부임한 지 1년이 되어 섬 안이 진정되었다.

임금이 재위(在位)[7]한 지 오래되어 모든 신하들의 능력, 현부(賢否)[8]를 잘 알아보았으나 연사(燕私)[9]에 얽매어 신하 기용의 단안을 공정하게 내리지 못했다. 단 사변을 만나 일처리가 곤란하여 해결할 수 없게 된 뒤에야 제대로 인재를 추천하여 쓴 것이다.

예컨대 함흥에서 발생한 민란은 서정순(徐正淳)이 감사로 진정시켰으며, 북청 민란은 이규원을 남병사(南兵使)[10]로 삼아 진정시켰고, 이제 제주 민란 또한 그러했다. 그러나 사변이 평정되고 나면 폐지해 두었다. 임금은 성격이 또한 성스럽다고 하여 사람들이 영합하는 것을 좋아하였다. 그런고로 김홍집과 김병시 같이 지략과 술수가 있는 대신들은 감히 재주 있고 어진 사람을 바로 천거하지 않고 반드시 임금이 스스로 택하도록 인도하여 쓸 만한 인물을 잘 알아본다는 말이 돌아가도록 하니 통탄스럽다. 이것은 신하의 도리가 아니라 시정배의 도리인 것이다.

註解

1) **원역**(員役) : 관청의 관속. 아전.

2) **시원임대신**(時原任大臣) : 현직 대신과 전직 대신.
3) **서배**(鼠輩) : 보잘것없는 무리. 소배(少輩).
4) **도기**(賭技) : 도박. 내기.
5) **입대**(入對) : 임금 앞에 나아가 자문(諮問)에 응하던 일.
6) **찰리사**(察理使) : 군사의 일로 지방에 파견하던 임시 벼슬. 재신(宰臣).
7) **재위**(在位) : 임금 자리에 있는 기간.
8) **현부**(賢否) : 어진지 어질지 못한지. 어질거나 그렇지 못함.
9) **연사**(燕私) : 한 집안 식구끼리 단란하게 이야기함.
10) **남병사**(南兵使) : 종2품 무관 벼슬. 함경도 북청에 있는 남도병영(南道兵營)을 주재하는 병마절도사.

原文

신 묘 임 진 고 종 이 십 팔 이 십 구 년 지 교 경 중 화 적 극 치
辛卯 · 壬辰(高宗二十八 · 二十九年)之交 京中火賊極熾
양 탈 살 월 지 변 왕 왕 출 백 주 지 어 궐 내 원 역 개 사 연 작 도 상
攘奪殺越之變 往往出白晝 至於闕內員役 皆肆然作盜 上
자 동 온 돌 이 서 온 돌 즉 동 온 돌 지 물 견 실 자 서 온 돌 이 동 온
自東溫突 移西溫突 則東溫突之物見失 自西溫突 移東溫
돌 즉 서 온 돌 지 물 견 실 상 환 지 이 막 가 내 야 일 일 명 소 시 원 임
突 則西溫突之物見失 上患之而莫可奈也 一日命召時原任
대 신 김 병 시 김 홍 집 제 회 궐 하 상 위 왈 견 소 필 사 천 포 장 야
大臣 金秉始 · 金弘集齊會闕下 相謂曰見召必使薦捕將也
수 기 가 자 홍 집 왈 신 정 희 병 시 왈 수 감 작 대 홍 집 왈 무 이 즉 이
誰其可者 弘集曰申正熙 炳始曰誰堪作對 弘集曰無已則李
봉 의 야 병 시 요 수 왈 상 소 호 전 오 배 지 상 전 제 물 언 대 상 자
鳳儀也 炳始搖手曰 上素護前 吾輩至上前 第勿言 待上自
택 상 유 륜 감 필 불 출 차 이 인 기 입 상 왈 경 등 불 문 화 적 호 서
擇 上有倫鑑 必不出此二人 旣入上曰 卿等不聞火賊乎 鼠

배지잠복궐중 차유포장지비인 경등기각천일인 대왈신등
輩至潛伏闕中 此由捕將之非人 卿等其各薦一人 對曰臣等

하감언 지신막여군 유전하재지 상왈신정희하여 제대왈
何敢言 知臣莫如君 惟殿下裁之 上曰申正熙何如 齊對曰

득지 상우왈 배정희자수 유경 우왈이봉의하여 제대왈성
得之 上又曰 配正熙者誰 有頃 又曰李鳳儀何如 齊對曰聖

감지당 인상미소 상힐지 병시대왈 신등재외 이점양신 연
鑑至當 因相微笑 上詰之 炳始對曰 臣等在外 已點兩臣 然

미측성의하여 미감달야 상대소 심이득인자희 수차정희
未測聖意何如 未敢達也 上大笑 深以得人自喜 遂差正熙

좌포장 봉의우포장 정희이도기위절도지본 병엄집지 포
左捕將 鳳儀右捕將 正熙以賭技爲竊盜之本 幷嚴緝之 捕

획첩살 미반세사자사백여 도하췌률 개조와안기 여귀복
獲輒殺 未半歲死者四百餘 都下惴栗 皆蚤臥晏起 如鬼扑

임문 숙연무수양지간 론자위용일신정희 이간구절세 미
臨門 肅然無銖兩之姦 論者謂用一申正熙 而姦宄絶世 未

상무구시지재 환무용자이 봉의소신칙중후 일언동 막혹
嘗無救時之才 患無用者耳 鳳儀素愼飭重厚 一言動 莫或

조차 상상어시신왈 이봉의사여삼십년 출입연석 미상견
造次 上嘗語侍臣曰 李鳳儀事予三十年 出入筵席 未嘗見

기사시 진군자인야 위우포장 위릉풍력 수불급신정희 유
其邪視 眞君子人也 爲右捕將 威稜風力 雖不及申正熙 有

범무사 소부역치 봉의고장신경우양자야 십여세 자호남
犯無赦 所部亦治 鳳儀故將臣景宇養子也 十餘歲 自湖南

래 조향음 비복절소지 봉의치지 범반세불어 진해경어 연
來 操鄕音 婢僕竊笑之 鳳儀恥之 凡半歲不語 盡解京語 然

후내어 기자성견독자유이연 제주민작란 축목사 도중인
後乃語 其姿性堅篤自幼已然 濟州民作亂 逐牧使 島中因

이대요 구미정 유언상문 상우지욕택문무유위혜자이송지
以大擾 久未定 流言上聞 上憂之欲擇文武有威惠者以送之

난기인 명삼공입대 김병시등 우손사불감당 상침음왈여
難其人 命三公入對 金炳始等 又遜辭不敢當 上沈吟曰予

득지의 무유이규원 제신배하 수차규원겸찰리사 이규원
得之矣 無踰李圭遠 諸臣拜賀 遂差圭遠兼察理使 以圭遠
질고장신 불가단이목사거 사도민경시지야 규원지기년
秩高將臣 不可但以牧使去 使島民輕視之也 圭遠至朞年
도중극정 상재위구 임지제신현부 이견어연사 불능진퇴
島中克定 上在位久 稔知諸臣賢否 而牽於燕私 不能進退
유공 단우사변 반착불가해 연후내추기인용지 여함흥민
惟公 但遇事變 盤錯不可解 然後乃推其人用之 如咸興民
란 즉서정순위감사이진지 북청민란즉이규원위남병사이
亂 則徐正淳爲監司以鎭之 北靑民亂則李圭遠爲南兵使以
진지 급금제주역연 연사평즉폐치지 성우자성 희인영합
鎭之 及今濟州亦然 然事平則廢寘之 性又自聖 喜人迎合
고대신협지수여김홍집 병시자불감직천재현 필도상자택
故大臣挾智數如金弘集·炳始者不敢直薦才賢 必導上自擇
봉지이지인지명 희비신도야 시도야
奉之以知人之名 噫非臣道也 市道也.

이규원(李奎遠)은 이건창(李建昌)과 친척으로, 여러 대 동안 무인 집안으로 종사했으나 별로 현관(顯官)으로 행세한 자가 없었다. 이규원은 재주와 슬기가 있으며 청렴결백함이 두드러졌다. 당하관(堂下官)[1]으로 일곱 고을의 부사를 지냈다. 체귀(遞歸)[2]하는 저녁이면 반드시 남에게 빌려서 먹었으며, 살아가는 데도 일정한 가옥을 소유하지 않고 가는 곳마다 거처를 세내어 쓰면서 전전했다. 민태호(閔台鎬)가 경기 감사로 있을 때 이규원은 통진 부사로 있었는데 민태호는 그를 잘 알아서 힘써 조정에 천거하여 몇 년 사이에 금위장(禁衛將)[3]과 해방사(海防使)[4]를 지내면서 혁연(赫然)[5]히 무(武)로 이름을 날렸다.

註解

1) **당하관**(堂下官) : 정3품 벼슬에서 당상관(堂上官)과 당하관으로 나누어진다. 당상관을 통정대부(通政大夫), 당하관을 통훈대부(通訓大夫)라 부름.
2) **체귀**(遞歸) : 관직을 그만두고 향리로 돌아옴.
3) **금위장**(禁衛將) : 서울 궁성을 담당하는 금위영(營)의 장. 종2품.
4) **해방사**(海防使) : 해방영의 장수. 해방영은 경기, 황해, 충청 삼도의 수군을 통괄하는 군영.
5) **혁연**(赫然) : 벌컥 성내는 기세가 대단함. 사람을 놀래어 움직이게 하는 모양.

原文

이규원 건창지족야 업무수세무현자 규원유재서 이렴백
李圭遠 建昌之族也 業武數世無顯者 圭遠有才諝 以廉白
저칭 이당하역칠부사 체귀지석 필가대이식 거무정옥 소
著稱 以堂下歷七府使 遞歸之夕 必假貸以食 居無定屋 所
지추우전사 민태호위기백시 규원위통진부사 태호심지지
至僦寓轉徙 閔台鎬爲圻伯時 圭遠爲通津府使 台鎬深知之
력천우조 수년간 역금장해방사 혁연위명무
力薦于朝 數年間 歷禁將海防使 赫然爲名武.

경리청(經理廳)을 설치했다. 총융청(摠戎廳)[1]의 군액(軍額)을 나누었으며 민영준(閔泳駿)을 경리사로 삼았다. 그 체제는 총융청과 수어청(守禦廳)[2]의 양사의 예에 따랐다.

민영준(閔泳駿)에게 교만하고 방자한 하인 한 사람이 있었는데 사대부들이 모욕을 많이 당했다. 신정희(申正熙)가 민영준

을 찾아갔다가 만나지 못하고 종자에게 눈짓하여 그 하인을 체포해 갔다. 민영준이 크게 놀라서 편지를 보내 풀어 줄 것을 요청했으나 이미 죽은 뒤였다.

(그런데 이때에 진령군(眞靈君)이 권력을 마음대로 휘두르며 세도의 불꽃이 튀겨서 사람들은 모두 이가 갈린다고 말했다. '오직 신정희만이 그를 잡아 죽일 수 있을 것이다.' 하였으나 신정희도 마침내 감히 손을 대지 못했다.)

註解

1) **총융청**(摠戎廳) : 서울의 외곽, 광주・양주・수원 등지의 진(鎭)의 군무를 맡은 군영.
2) **수어청**(守禦廳) : 남한산성을 수호하고 경기좌도의 방어를 맡은 군영(軍營).

原文

설경리청 분총융청군액속지 이민영준위사 체제의총융
設經理廳 分摠戎廳軍額屬之 以閔泳駿爲使 體制依摠戎

수어양사예 민영준유일겸심교자 사대부다피모욕 신정희
守禦兩使例 閔泳駿有一傔甚驕恣 士大夫多被侮辱 申正熙

방영준불우 목종자집지이거 영준대경 치서청해 즉이교
訪泳駿不遇 目從者執之而去 泳駿大驚 馳書請解 則已絞

의 연시시 진영군천위복 세염훈작 인개절치언 유정희
矣 (然是時 眞靈君擅威福 勢焰燻灼 人皆切齒言 惟正熙

가이주지 이정희종불감하수
可以誅之 而正熙終不敢下手).

신묘년(고종 28, 1891) 8월 7일에 호남 지방에 큰 바람이 불고 비가 내려서 나무가 부러지고 지붕이 무너지고 벼가 다 쓰러졌다.

原文

辛卯八月七日(신묘팔월칠일) 湖南大風雨(호남대풍우) 折木拔屋(절목발옥) 禾盡損(화진손).

세자는 기억력이 다른 사람들 보다 아주 뛰어났다. 무릇 조장(朝章, 旗章이나 典章)·국고(國故)·산천(山川)·관방(關防)·전곡(錢穀)·갑병(甲兵)에 관한 기록 및 사대부 가문의 족보, 과환(科宦, 과거급제와 벼슬살이) 연월에 이르기까지 사안에 따라 줄줄이 늘어놓는데 하나도 어긋나는 것이 없었다. 임금 또한 총기에 자신이 있었지만 막히면 왕왕 세자에게 물어보았다. 그때 춘방(春坊)의 여러 신하들은 이 벌열 집안의 척리들을 취하였기 때문에 문학을 따져 묻지 않았다. 그런 연고로 널리 보고 기억하는 것이 대체로 세자보다 떨어져서 세자는 더욱 그들을 경시했다. 일찍이 민경호(閔京鎬)를 올라타고 채찍을 치며 말타기 놀이를 하였다. 민경호가 엎드려서 소리를 내며 말 우는 시늉을 하니 위아래사람들 모두가 웃으며 즐겨했다.

이보영(李輔榮)이란 자는 설서(說書, 세자 시강원의 정 7품 벼슬)로 있으면서 『소학(小學)』을 강(講)하다가 제사(題辭)를 읽는데 '경잔교이(經殘敎弛, 경전이 쇠잔하고 교육이 느슨해졌다는 뜻)'란 대목에 이르러 '교시(敎施)'라고 읽었다. 이보다 먼저 승

지 조명교(趙命敎)가 군호(軍號)를 내다가 어필의 '고(鼓)'자를 '일피(壹皮)'로 나누어 쓴 적이 있었다. 서울 사람들이 서로 전하여 비웃기를, "물건에 짝이 없는 것이 없으니, 이 앞서는 일피승지(壹皮承旨)가 있더니만 지금은 교시설서(敎施說書)가 있음을 보여 주는구나!" 하였다.

原文

世子記性絶人 凡朝章·國故·山川·關防·錢穀·甲兵之簿 以及士夫門閥譜牒·科宦年月 隨事臚列 歷歷不差 上亦恃聰明 然有窒漏 往往問世子 時春坊諸臣 皆取以閱閱戚晼 不問文學 故記覽博洽 槩出世子下 世子益輕之 嘗騎閔京鎬而鞭之 作馬狀 京鎬匍匐聲嘶 作馬鳴 上下以爲笑樂 李輔榮者 以說書 侍講小學 讀題辭 至經殘敎弛 讀作敎弛 先是 承旨趙命敎 出軍號 以御筆鼓字 分作壹皮 京師傳笑曰 物無無對 前有壹皮承旨 今見敎施說書.

매번 한 해가 저물게 되면 임금은 사람을 시켜 도성 안에서 가장 궁핍하여 굶주리는 자를 초록하게 하여 문관·음관·무관의 3품 이하에서부터 유사(儒士)에 이르기까지 내탕고(內帑

庫)의 돈과 쌀을 내어다가 등급을 나누어 진휼했다. 그러나 백관에게 녹봉을 못 주었거나, 여러 군영에서 요미(料米, 급료)를 내주지 못한 것은 예전과 다를 것이 없었다. 수년간 이같이 하다가 갑오년(고종 31, 1894)에 이르러 그치게 되었다.

原文

매세장진 상사인초록경중최궁아자 자문음무삼품이하
每歲將盡 上使人抄錄京中最窮餓者 自文蔭武三品以下
지유사 출내탕전미 분등이진지 연백관궐봉 제영철과 즉
至儒士 出內帑錢米 分等以賑之 然百官闕俸 諸營輟科 則
의구야 여시 수년 지갑오 고종삼십일년 이지
依舊也 如是 數年 至甲午(高宗三十一年)而止.

임진(고종 27, 1892) 봄에 운현궁에 도적이 들어왔으나 잡지 못했다. 대원군(大院君)은 폐척(廢斥)[1]된 지 이미 오래되었으며 찾아오는 것이 있다면 갑자기 부딪치는 근심과 괴상한 화(禍)뿐이었다. 그러므로 찾아오는 손님도 영영 끊어졌고 문 밖은 잡초만이 무성했다. 그럼에도 불구하고 명성왕후 민비는 끝까지 대원군을 꺼려했다. 몰래 해치려고 음모를 꾸몄으며 극비에 붙여져 외간에서는 알지 못하는 경우가 많았다.

어느 날 밤 대원군은 정신이 뒤숭숭하게 느껴져서 혼자 잠자기가 싫어서 침금(枕衾)[2]을 꺼내어 누워 자는 것처럼 만들어 놓고 밀실(密室)로 자리를 옮겨서 엿보았다. 그러자 조금 후 문을 박차고 나가는 소리가 있어 가보니 비수가 베개에 꽂혀 있었다. 아들이 놀라서 얼굴빛이 달라지니 대원군이 말하기를,

"이것은 반드시 귀매(鬼魅)[3]의 짓이다." 하였다. 다음날 부대부인 민씨가 대경하여 바로 임금인 아들 앞에 가서 울며 호소하니 임금은 자세히 눈여겨 볼 뿐이었다. 민씨는 울며 나왔다. 서울 장안에서는 서로 전하기를 춥지도 않은데 떨린다 하였다.

그 뒤에 또한 어느 날 밤 대원군은 심신이 편안치 못하여 전번에 있었던 일과 비슷한 생각이 들어 한숨을 지으며, "괴이한 일이다. 내가 어찌 마침내 죽임을 당하지 않을 것인고." 하며 드디어 일어나서 앞 추녀께를 산보하였다. 그때 홀연히 방안에서 '펑'하면서 화약덩어리가 터지고 옥량(屋梁)[4]이 부서지니 대저 화약이 연이어 폭발한 것이다. 대원군이 급히 명하여 작은사랑〔小舍朗〕과 산정(山亭)의 부엌 아궁이를 검색시키니 모두 한 말〔斗〕만큼한 화약궤짝이 있었으나 도화선이 미처 다 타지 않은 것들이었다. 작은사랑방에는 아들 이재면(李載冕)이 거처하고 산정은 손자 준용(埈鎔)이 있었다. 다음날 대원군은 부인에게, "할아버지 · 아들 · 손자가 다 같은 동갑으로 금년생(今年生)[5]이군!" 하였는데, 이것은 3대가 함께 이 해 같은 달, 같은 날에 다시 살아났다 함을 말한 것이다.

註解

1) **폐척**(廢斥) : 쫓겨나 배척당함. 세력을 잃음.
2) **심금**(枕衾) : 베개와 이부자리.
3) **귀매**(鬼魅) : 도깨비와 두억시니(모질고 악한 귀신의 하나). 야차(夜叉).
4) **옥량**(屋梁) : 들보.

5) 금년생(今年生) : 올해에 같이 낳았다.

原文

임진 고종이십구년 춘 도입운현궁불획 대원군폐척기
壬辰(高宗二十九年)春 盜入雲峴宮不獲 大院君廢斥旣

구 유왕환자 첩리기화 고인객영절 문외초새 연명성후종
久 有往還者 輒罹奇禍 故人客永絶 門外草塞 然明成后終

기지 잠모적해 사비다유외간소미문자 일야대원군신사황
忌之 潛謀賊害 事秘多有外間所未聞者 一夜大院君神思恍

홀 염독침 설침금류와상 이좌밀실사지 소경유알호성 왕
惚 厭獨寢 設枕衾類臥狀 移坐密室伺之 少頃有戛戶聲 往

시지 비수삽우침 시자실색 대원군왈 무란언 차필귀매이
視之 匕首揷于枕 侍者失色 大院君曰 毋亂言 此必鬼魅耳

명일부대부인민씨대경 즉입상전읍소 상숙시이이 민씨읍
明日府大夫人閔氏大驚 卽入上前泣訴 上熟視而已 閔氏泣

이출 도하상전불한이율 기후우일야 대원군신불녕 우류
而出 都下相傳不寒而栗 其後又一夜 大院君神不寧 又類

주석 탄왈괴재 오기종부득사호 수기산보우전헌 홀방내
疇昔 歎曰怪哉 吾豈終不得死乎 遂起散步于前軒 忽房內

곽연붕탑화구타옥량 개화약연폭야 대원군급명 검소사랑
霍然崩塌火毬打屋梁 蓋火藥延爆也 大院君急命 檢小舍廊

급산정항조 개유화약괴두허 이승화상미급열 소사랑자
及山亭炕竈 皆有火藥塊斗許 而繩火尙未及爇 小舍廊者

기자재면지거 산정즉손준용야 명일대원군대가인왈 오조
其子載冕之居 山亭則孫埈鎔也 明日大院君對家人曰 吾祖

자손 개동갑금년생 언삼세구이시년월일재생야
子孫 皆同甲今年生 言三世俱以是年月日再生也.

이용직(李容直)이 돈 일백만 냥을 바치고 경상 감사가 되었다. 이용직은 충민공(忠愍公) 이건명(李健命)의 사손(祀孫)[1]으

로 영동현에 살았는데, 횡포를 부려 백성을 못살게 하여 그 독(毒)이 이웃에까지 미쳤다. 드디어 호중(湖中)[2]에서 제일 손꼽히는 부자가 되었는데, 음란하고 사치함이 법도를 넘어섰으며 거처하는 집이 궁성과 흡사했다. 첩을 10여 명이나 거느렸으며 나이 칠순을 넘어서도 여자를 대하는 것이 쇠퇴하지 않았다. 이때에 이르러 진령군(眞靈君)으로 인해서 감사직을 제수 받았다. 조야(朝野)[3]가 놀라고 탄식했으나 축하객도 있었다. 이용직이 말하기를, "내가 살아가는 데 공후(公侯)[4]와도 바꾸지 않을진대, 어찌 번임(藩任)[5]으로 즐길 것인가?" 하였다. "경상 감영은 뛰어난 미인이 많다고 하는데 내가 장차 나의 기욕(嗜慾)[6]이 궁색하다." 하며, 하부(下部)를 가리키며 말하기를, "나는 이 물건 때문에 피곤하게 되는구나." 하였다. 부임하자 포라(捕邏)[7]가 사방에서 나타나니, 부호들 중 손이 뒤로 묶인 채 끌려와 이르는 자가 전쟁터에 나가는 것같이 줄을 이었다. 일 년이 채 안 되어서 한 도내가 탕진하였다.

마침 민형식(閔炯植)이 이때에 통제사가 되었다. 민형식은 고인이 된 판서 민영위(閔泳緯)의 서자이다. 민영위는 여주 망나니로 세상이 다 아는 바이다. 민형식이 나이 30이 되어 교만하여 날뛰고 지독한 행패를 부렸으니 좌우에 칼을 놓아두고 번쩍하면 쳐서 죽였다. 원근에 있는 사람들을 위협하여 부호의 재산을 긁어모았는데 처음에는 영남 지방에 그쳤으나 조금 지나서 충청 · 전라도에까지 그 짓을 하여 드디어 양호(兩湖)[8]에까지 범하게 되었다. 모든 연해안 고을 배가 닿을 수 있는 곳이면

먼저 거부(巨富)에서 5, 6만 냥을 빼앗아 가고 그 다음이 3, 4만 냥, 그 다음이 1, 2만 냥을 빼앗아 가는데 만 냥 이하 되는 것은 한 번 수입으로 치지 않았고 죄인집으로 다스려 부수었다. 이러므로 군영 밑에 쌓여 있는 돈이 억대에 이르렀다. 이 일에 참가한 병졸들도 벼락부자가 되었다.

여러 기생들을 모아놓고 풍마의 희롱〔風馬之戲〕[9]까지 하였으며, 술이 취해서 흥이 나면 한 기생에게 문득 수만 냥을 집어 주었다. 그러므로 군영 밑에 산더미 같이 쌓여 있던 돈도 없어지는 것이 구름 흘러가는 것과 같았다. 민형식은 또 성격이 미친놈 술 마시 듯하였다. 그는 술을 마시는 데도 옥과 은으로 만든 큰 표주박으로 수십 표주박씩 퍼먹으며 다른 사람에게도 강제로 술을 마시게 하여 죽을 지경에까지 이르게 하였다.

진주 감목관(監牧官)[10]으로 있던 어느 관원에게 술을 퍼 먹여 그 자리에서 쓰러져 죽게 하였다. 들어내어 염습(殮襲)[11]을 거두는데 지체(肢體)[12]가 부드럽고 연해서 솜자루 같았다. 수십 년을 내려오면서 관리들이 돈을 탐내는 것이 풍습이 되다시피 하여 백성들도 그러려니 하였다. 그렇지만 민형식 같은 자는 고금을 통해서 처음 나타난 자라하며 당시 광적(狂賊)[13]이라 불렀다. 일 년 남짓한 동안에 민형식은 서울 사저(私邸)에 돈 일백만 냥을 부쳤는데, 선원이 싣고 도망쳤다. 이 소문을 들은 사람들은 서로 잘 되었다고 하면서 좋아했다.

이보다 앞서 정낙용(鄭洛鎔)이 통제사로 있을 때는 부산항으로 가는 삼남 지방의 세미선(歲米船)[14]을 잠상(潛商)[15]과 짜고

해로를 이용하여 약탈했다. 또한 소나무의 벌채 금지를 핑계로 연안 군현의 섬사람과 육지인을 수탈하여 수만 냥의 재화를 모았다. 사람들은 이러한 일은 통제영을 설치한 이래 없었던 일이라고 하였는데, 민형식의 탐학을 겪고 나서는, "이전 정낙용 통제사는 부처님"이라 하였다.

통영(統營)은 서울과 멀리 떨어져 있어서 이러한 소식이 전해지기 어려우니, 실로 중앙에서 잘못을 책하는 것이 미치지 못했다. 〔鞭長不及(편장불급), 채찍이 길어도 미치지 못한다〕그런데 통제사로 오는 자는 대개 거칠고 사나우며 무식해서 재물을 탐하지 않으면 가혹하고, 그렇지 않으면 주색에 빠져 마음대로 권력을 휘둘러서 감히 누구도 어찌할 수 없었다. 그러므로 남도 사람 백성들은 그를 일러 '해왕(海王)'이라 칭했다.

(통제사 가운데) 공무를 힘써 잘 처리한 사람은 근세에는 오직 이응서(李膺緖)뿐이었다. 통영 사람들이 칭하기를 이응서 후에 세 사람의 통제사가 있었다고 한다. 채동건(蔡東健)은 지략(智略)이 있는 장수요, 김건(金鍵)은 위력이 있는 장수요, 신헌(申櫶)은 복이 있는 장수라 하였다. 이들은 이응서와는 현격한 차이가 있었다. 이응서는 70이 넘은 후에 재차 부임하였는데 철종 말년이었다. 그는 성곽을 수축하고 배와 노를 보수하며, 대포와 총을 제조하고 소금과 연료를 갖춤이 마치 자자하여 산업을 일으키는 듯하고, 늠름함이 적을 대하려드는 것 같았다. 봉전(俸錢)[16]도 공적인 일이 아니면 쓰지 않았다. 떠날 때는 깨끗이 씻고 말 한 필만 타고 돌아가니 아전이나 백성들은 지금까

지도 옛일을 생각하게 되었다. 채동건은 일찍이 전선을 두루 살피다가 간판 밑창과 널빤지를 가리키며, '이 나무는 좀이 먹었으니 바꾸라'고 하였다. 갈고리를 넣어 들여다보니 과연 좀이 먹어서 삭았다. 여러 사람들은 그가 무슨 특이한 술법이 있는 것으로 알고 두려워하였다고 한다.

註解

1) **사손**(祀孫) : 제사를 받드는 후손. 종손.
2) **호중**(湖中) : 충청도.
3) **조야**(朝野) : 조정과 민간.
4) **공후**(公侯) : 제후. 공작과 후작.
5) **번임**(藩任) : 번신(藩臣)의 직임(職任). 여기서는 감사를 말함.
6) **기욕**(嗜慾) : 즐겨 좋아하는 욕심. 기호와 욕심.
7) **포라**(捕邏) : 포졸과 순라병.
8) **양호**(兩湖) : 충청도와 전라도.
9) **풍마지희**(風馬之戲) : 여자들을 발가벗겨서 바람난 말의 행동처럼 방바닥을 기어다니게 하는 짓.
10) **감목관**(監牧官) : 목장을 감독하던 종6품의 외직(外職) 무관.
11) **염습**(殮襲) : 죽은 사람의 염을 거둠.
12) **지체**(肢體) : 몸. 신체.
13) **광적**(狂賊) : 사나운 도적. 미쳐 날뛰는 도적 무리.
14) **세미선**(歲米船) : 삼남(三南, 충청 · 전라 · 경상도) 지방에서 세금으로 받은 미곡을 실어 나르는 배.
15) **잠상**(潛商) : 관에 허가를 받지 않고 법령으로 금지된 물건을 파는 장사. 또는 그 업에 종사하는 장사꾼.
16) **봉전**(俸錢) : 벼슬아치에게 봉급으로 주는 돈.

原文

李容直納錢一百萬兩 拜慶尙監司 容直爲忠愍公健命祀孫 居永同縣 武斷厲民 毒流隣道 遂富甲湖中 淫侈踰制 室屋類宮省 侍妾十餘人 年踰七十 御女不衰 至是因眞靈君得是除 朝野驚惋 客有賀者 容直曰吾居養不換公侯 豈樂蕃任爲哉 聞嶺營多殊色 吾將窮吾嗜慾 因指下部曰吾爲此件 所困耳 及上任 捕邏四出 富民反接而至者 相屬如赴戰未朞年 一道蕩然 適又閔炯植 以其時爲統制使 炯植故判書閔泳緯之庶子 泳緯則世所稱驪州亡亂也 炯植年甫三十狂驕悖愚 寘劍左右 動以斫殺 嚇人遠近括富室 初止嶺南旣而自以轄三道 遂犯兩湖 凡沿邑之濱可通舟處 先被其攫巨富五六萬兩 次三四萬 又其次一二萬 萬以下勿論一入統獄家立碎 於是錢之積營下者 萬萬許 卒隷爲之役者 率致暴富 聚諸妓爲風馬之戱 興酣則一妓輒予數萬 故聚之如山 而散之如雲 性又狂飮 有大琖銀瓢 一連數十瓢 强灌人酒以死爲期 守令在營下者 往往至死困 晉州監牧官某 倒

사여출 렴시지체유연여면대운 수십년이래 탐묵성풍 민
死舁出 斂時肢體柔輭如綿袋云 數十年以來 貪墨成風 民

예안지 이약형식자 고금창구야 시위지광적 세여형식송
例安之 而若炯植者 古今創覯也 時謂之狂賊 歲餘炯植送

전백만우경제 선인재이도 문자상경 선시정낙용위통사
錢百萬于京第 船人載而逃 聞者相慶 先是鄭洛鎔爲統使

범삼남미선지왕부산항자 위이잠상 관해로탈지 우탁송금
凡三南米船之往釜山港者 誘以潛商 綰海路奪之 又托松禁

괄연군도육지민 치자누거만 인위자설통영이래소미유야
括沿郡島陸之民 致貲累鉅萬 人謂自設統營以來所未有也

급경형식지학 내왈정통사기불자호 통영거경절원 성령이
及經炯植之虐 乃曰鄭統使其佛子乎 統營距京絶遠 聲靈易

조 실유편장불급지탄 이수우시자 유다추한무식 불탐즉
阻 實有鞭長不及之歎 而帥于是者 類多麤悍無識 不貪則

혹 부즉담감성색 위복자자 막감수하 고남민위지해왕 기
酷 否則湛酣聲色 威福自恣 莫敢誰何 故南民謂之海王 其

유심변기 이봉공위무자 재근세유이응서일인이이 영지인
留心邊寄 以奉公爲務者 在近世惟李膺緖一人而已 營之人

칭 이모후유삼통사 채동건지장야 김건위장야 신헌복장
稱 李某後有三統使 蔡東健智將也 金鍵威將也 申櫶福將

야 연당호원의 응서칠십후 이재임지 철종말야 축성곽
也 然瞠乎遠矣 膺緖七十後 以再任至 哲宗末也 築城郭·

보주즙 주포총 치염탄 자자여산업 름름여대적 봉전비
補舟楫·鑄砲銃·偫鹽炭 孶孶如産業 懍懍如對敵 俸錢非

공사불용 세수일편이귀 리민지금추사지 동건상열전선
公事不用 洗手一鞭而歸 吏民至今追思之 東健嘗閱戰船

지일창판왈 차목복추가이지 거이시지 과오이식의 중의
指一艙板曰 此木腹麤可易之 鉅而視之 果杇而蝕矣 衆疑

기유이술 외지
其有異術 畏之.

조정에서 외국인에게 이미 개항을 허락하였으므로 '잠상(潛商)'의 금지는 스스로 논의할 것이 못 되는데도 영호남(전라·경상)의 연안처럼 심한 곳은 없었다. 임금의 교화에서 멀리 떨어져 있는데다가 백성들은 어리석었으며 관리들은 탐학하여, 무릇 쌀을 싣고 항구로 나가는 배는 위로는 감사가 탈취하고 아래로는 수령들이 빼앗았다. (그 뿐만 아니라) 함정을 파놓고 백성들을 속여서 후한 봉급으로 여겼으니, 이것이 가히 법이라고 할 수 있겠는가? 갑오년(고종 31, 1894) 후로는 '잠상'이란 두 자가 드디어 사람들 입에서 없어지게 되었다.

原文

朝廷與外人 旣許開港 則潛商之禁 自歸勿論 而無如兩南之沿 王化旣遠 重以民愚而官貪 凡載米赴港者 上則監司奪之 下則守令奪之 設穽罔民 認作厚俸 此而尙可法乎 甲午(高宗三十一年)後 潛商二字 遂絶於人口.

4월 25일 진시(辰時, 오전 7에서 9시 사이)에 동북쪽에서 천둥이 크게 울렸다.

原文

四月二十五日辰時 東北天鼓大鳴.

전 우의정 김병덕(金炳德)이 죽었다. 나이 66세였다. 부음이 전해지자 임금은 시장(諡狀)[1)]이 올라오기를 기다리지 않고 특별히 '문숙(文肅)'이란 시호를 내렸다. 김병덕은 갑신년(고종 21, 1884) 이후로 물러나 영평현(永平縣) 가계(嘉溪)에 살면서 서울에 들어오지 않은 지가 9년이었다. 김병덕은 효성스럽고 검소하며 청렴해서 옛 명석(名碩, 名儒)에 견주어도 부끄러울 것이 없었다. 관복을 입은 지 40년 동안 가히 칭송할 만한 업적은 없었다. 오직 평안 감사로 있을 때 부정축재자를 파출시키는데 꺼리는 것이 없어서 온 도내가 숙연해졌다.

감영에 있을 때 그가 원접사(遠接使)로서 의주(義州)에서 청나라 칙사를 맞이하게 되었다. 그곳에 갈 때에 두 사람이 멘 교자 한 채를 타고 갔으며, 수행 인원도 제한했고, 술과 음식의 비용도 값을 정해 썼으며 숙소 또한 정해진 곳에서 쉬었고 밤이 되면 자물쇠를 잠가서 단속하였다. 처음 안주(安州)에 도착했을 때 고을의 아전이 잘 차린 음식을 내오자, 그에게 곤장을 치고 앞에서 칼을 씌웠다. 그리고 연로에서 소를 잡아 대접하는 자는 그 벼슬에서 쫓아내겠노라고 선언했다. 돌아오다 용천(龍川)에 이르러서는 청국의 칙사가 주방일을 보는 아전이 예를 성의 없이 한다며 꾸짖고 김병덕에게 그의 죄를 다스려달라고 했다. 김병덕은 거짓으로 크게 노하여 곧바로 참수하라고 명하니, 위아래 관원들이 모두 간했으나 듣지 않고 말하기를, "감히 천사(天使)의 비위를 거스르게 하였으니 그 죄는 죽어도 족하지 않구나. 오직 그를 참수하여야만 나의 허물을 덜 수 있을 것이다. 감히 간하는 자는 따라 죽일 것이다."라고 하였다.

주방 담당 아전은 계책이 궁하여 자기의 어머니와 아내로 하여금 모든 역관에게 살려달라고 애걸하게 하였다. 칙사가 이 말을 듣고 크게 놀라 말하기를, "우리들이 조선 경내에 들어와서 어질다는 소리가 사람들에게 아직 미치기도 전에 음식이 좋지 않다는 것을 걸어 사람을 죽인다면 사람들이 나를 보고 무어라고 말하겠는가. 내가 빈상(儐相)에게 부탁한 까닭은 그에게 매를 쳐서 징치해 달라는 것뿐이었소이다. 이것이 어찌 죽일 만한 죄까지야 되겠소?" 하고 역관을 시켜 뜻을 전하게 하였다. 김병덕은 여전히 듣지 않고 말하기를, "나는 내 책임을 다하면 그뿐이오." 하였다. 이에 칙사는 스스로 빈관(儐館)에 이르러 풀어달라고 했는데도 아직도 들어주지 않고 미적대다가 그 다음에 허락했다.

그리고는 칙사 앞에서 수십 번 곤장을 내려치게 하니 선혈이 뜰에 가득했으며, 그를 끌고 나가는데 죽은 사람 같았다. 칙사는 돌아가면서 종자에게 혀를 차며 말하기를, "김대인(金大人)은 무서운 사람이다. 조그만 죄로 모두 참수하겠다니 이 어찌 함부로 범접할 수 있겠는가?" 라고 하였다. 이로부터 일행을 엄히 단속하여 망령되이 돈 한 푼도 뜯어내려 하지 않았으며 가혹하게 예전처럼 예우하지 않는다고 심하게 문책하지도 않았다. 천리길을 가도록 숙연하여 사람들의 떠드는 소리도 들리지 않았다. 그들이 돌아가는 길도 또한 그와 같아서 백성들은 칙사의 행차가 있었는지조차 알지 못할 정도였다. 그들을 맞이하고 보내는 비용도 10중의 8이나 감소되어 평안도 사람들이 이르기를, "사대(事大)를 한 지 500년에 찾아볼 수 없었던 일."이

라고 했다. 이는 대개 ‘마수(馬燧)가 회흘(回紇) 사신을 대할 때의 술책’[2]인데, 김병덕의 한 일이 그것과 더불어 암합(暗合)[3]한 것이었다. 김병덕은 성품이 엄격하고 냉엄하여 권모술수를 부릴 줄 몰랐다. 이는 오로지 백성을 사랑하는 마음이 간절한 까닭에 이러한 계책이 나온 것이다.

註解

1) **시장**(諡狀) : 경상(卿相)이나 유현(儒賢)들의 시망(諡望)을 의논하여 상주할 때 그의 생존시에 한 일들을 적은 글발. 여기에 의거해서 임금이 시호를 내린다.
2) **마수**(馬燧)…… **술책** : 진(晉)나라 사람 마수가 회흘(回紇) 사신을 맞이할 때 법도를 엄히 지킨 고사.
3) **암합**(暗合) : 뜻하지 않았던 것이 우연히 같게 되는 일, 무의식적으로 한 일이 자연히 같게 됨.

原文

전우의정김병덕졸 년육십육 부문 명불대장 특익문숙
前右議政金炳德卒 年六十六 訃聞 命不待狀 特諡文肅
병덕자갑신 고종이십오년 후 퇴거영평가계 불입경사자
炳德自甲申(高宗二十五年)後 退居永平嘉溪 不入京師者
구년 병덕효검청간 무괴고명석 이복관사십년 사업무가
九年 炳德孝儉淸簡 無愧古名碩 而服官四十年 事業無可
칭 유안관서야 파출탐묵 무소고기 일도숙연 재영일이원
稱 惟按關西也 罷黜貪墨 無所顧忌 一道肅然 在營日以遠
접사 빈청칙우만상 기왕야 자승일교 양졸하지 도어유정
接使 擯淸勅于灣上 其往也 自乘一轎 兩卒荷之 徒御有定
액 주식유정가 지숙유정소 야즉쇄구지 초도안주 주리진
額 酒食有定價 止宿有定所 夜則鎖拘之 初到安州 州吏進

풍선장지가우전 칙연로 유살우이향자 출기관 환지용천
豊膳杖之枷于前 飭沿路 有殺牛以饗者 黜其官 還至龍川
칙사구주리예만 속병덕치지 병덕양대노 입명참수 상하
勅使咎廚吏禮慢 屬炳德治之 炳德佯大怒 立命斬首 上下
질간 불청왈 감오천사 죄불족사호 유참지 가이분오과 감
迭諫 不聽曰 敢忤天使 罪不足死乎 惟斬之 可以分吾過 敢
간자종사 주리계궁 사모처걸명우제역 칙사문지대경왈
諫者從死 廚吏計窮 使母妻乞命于諸譯 勅使聞之大驚曰
엄등보입경 미유인성급인 이유좌건후사자 즉인기위아하
俺等甫入境 未有仁聲及人 而有坐乾餱死者 則人其謂我何
소이속빈상자 욕기초달이징지이 차기가살재 사역치의
所以屬儐相者 欲其楚撻以徵之耳 此豈可殺哉 使譯致意
유불청왈 오진오책이야 어시 칙사자지빈관해지 유근이
猶不聽曰 吾盡吾責已也 於是 勅使自至儐館解之 猶斬而
후허지 대칙사장지수십 혈천우정 예출지류사인 칙사귀
後許之 對勅使杖之數十 血濺于庭 曳出之類死人 勅使歸
어종자토설왈 김대인가파 소죄첩참 차하가범 자시엄속
語從者吐舌曰 金大人可怕 小罪輒斬 此何可犯 自是嚴束
일행 불망색일전 불가책예례 행천리 숙연무인성 기환야
一行 不妄索一錢 不苛責例禮 行千里 肅然無人聲 其還也
역여지 민부지유칙행 영송지비 감구십지팔 서인위사대
亦如之 民不知有勅行 迎送之費 減舊十之八 西人謂事大
오백년미시유야 차개마수대회흘사자지술 이병덕여지암
五百年未始有也 此蓋馬燧待回紇使者之術 而炳德與之暗
합 병덕초랭무권수 이유애민념절 고차계출언
合 炳德峭冷無權數 而惟愛民念切 故此計出焉.

김상국(金相國, 김병덕을 지칭)이 소싯적에 어떤 관상쟁이가 관북(關北)에서 와서 그의 상(相)을 보고 의아해 하면서, "내 관상이 어찌 맞지 않을 수 있겠습니까? 공께서는 세상이 다 아는

재상의 집안입니다. 공이 또 재상이 된다고 하면 말이 신선할 것이 없겠습니다만, 다만 이상한 것이 있으니, 공은 재상은 재상이되 필시 만국(萬國)이 교통(交通)하는 날의 재상을 할 것입니다. 우리나라는 옛날부터 관문을 굳게 닫아 왔는데 만국과 교통을 한다니, 어찌 그런 이치가 있겠습니까? 내가 필시 잘못 본 것일 테지요!" 하였다. 김상국이 일찍이 다른 사람을 대하고 그 일을 이야기하며, 나라의 흥망성쇠는 정해진 운수가 있으니 가히 피할 수 없는 일이라고 탄식하였다.

原文

김상소시 유상인자 종관북래상지 아왈오술기부중호 공
金相少時 有相人者 從關北來相之 訝曰吾術豈不中乎 公
세소칭상문야 위공차상 어불신선 단유가이자 공상즉상
世所稱相門也 謂公且相 語不新鮮 但有可異者 公相則相
의 필상어만국교통지일 아방종고폐관 만국교통 안유기
矣 必相於萬國交通之日 我邦終古閉關 萬國交通 安有其
리 오필오인의 김상상대인도기사 탄가국흥쇠 개유정수
理 吾必誤認矣 金相嘗對人道其事 歎家國興衰 皆有定數
불가도야
不可逃也.

정지윤(鄭芝潤)은 호가 하원(夏園)이며 자는 수동(壽洞)인데, 집은 대대로 역관을 하였다. 그런데 수동은 그 업을 버리고 불우한 환경에서도 남에게 구속을 받지 않고 살아갔다. 재주가 높고 학문이 넓었으며 더욱 시에 뛰어나 술에 취하면 광기로 노래 부르며 세상을 꾸짖고 항상 불만을 터뜨렸다. 당대의 사

대부들이 그의 재주를 아껴서 왕왕 초대하여 대접했지만 오래 머물러 둘 수 없었다. 오직 김상국(金相國)만이 그를 맞이하는데 매우 부지런했고, 그가 술주정을 부리면 편안히 해주며 거의 조금도 눈살을 찌푸리지 않고 수십 년을 하루같이 대했다. 김상국은 문학에 짧았는데도 정수동을 그토록 사랑했으니 천성이 그렇게 닮았던 것 같다. 어느 날 밤에 정수동이 측간(변소)에 갔다가 돌아오지 않아서 촛불을 밝혀들고 찾아가 보니 화원의 돌 위에 걸터앉아 있었는데, 이미 죽어 있었다. 김상국은 돈을 내어 장례를 치러 주었다. 그는 천성이 근실하여 법도에 어긋나는 것을 탐탁하게 여기지 않는 것 같지만, 한편 풍류의 두터움이 이와 같았다.

(김병덕은) 평생 남의 청탁을 받지 않아서 서울 사람들은 그를 지목하여 '한수석(寒水石)'이라고 하였다. 그런고로 임금이 과거를 공정하게 뽑고자 하면 반드시 김병덕을 시험관으로 차출하였다. 일찍이 그가 형조 판서에 제수되었을 때 호조와 선혜청의 밀리거나 포탈한 세금을 받아들이라는 명이 내렸다. 감옥에 갇힌 아전이 수백 명이나 되었는데, 경재(卿宰)들의 청탁 쪽지가 빗발치듯이 밀려들었으나 일체 무릎 아래 던져 버리고 엄한 형을 집행하여 조금도 용서치 않았다. 그리하여 열흘 만에 밀린 포흠(逋欠) 수십만 냥을 모두 장부에 처리할 수 있었다.

이면상(李冕相)을 주진독리(駐津督理)로 삼아 천진(天津)에 부임토록 하였다. 이면상은 고 판서 이흥빈(李興敏)의 아들이다. 전라 어사로 나갔을 때에는 기악(妓樂)을 싣고 산사를 두루 다니면서 놀았는데, 말 뒤를 따라다니는 불순한 무리들이 항상

수백 명이나 되었다. 매번 한 절에 이르게 되면 달을 넘겨가며 흥청거렸고 먹은 음식 값도 쳐주지 않아서 모든 사찰들이 거덜났다. 그것을 '어사난리(御史亂離)'라 하였다. 예전의 예(例)에 의하면 어사가 일을 안핵(按覈)[1]할 때면 불법을 저지른 관리들의 실정을 자세히 조사하되, 부정을 저지르고 포흠진 물건을 징수해 내린 것을 '사징전(查徵錢)'이라 하였으며 반드시 본 고을에 놔두게 해서 백성들의 폐막(弊瘼)[2]을 충당케 하였다. (그런데) 이면상은 각 고을을 사징함에 내지(內旨)를 받든다고 하여 사징전을 각 사찰에 보내 축성재(祝聖齋)의 비용으로 충당케 하였다. 또 호리(豪吏, 유력한 아전)들과 큰 부자들을 파악하여 법으로 옭아 넣고 번잡하게 이감을 시키곤 하여 마침내 도내의 재물을 긁어모았으며, 싸다 바치는 것이 줄을 이었다. 복명(復命)하는 날, 서계(書啓)[3]에 사징전을 나열하기를, "모 읍의 돈 기천 냥은 아무개 절의 불사(佛事)에 보냈고, 아무개의 돈 기백 냥은 아무개 암자 불사에 보냈습니다." 하였다. 그때에 그것을 이르되, '불사서계(佛事書啓)'라 하였다. 여러 승지들이 승정원에서 그것을 읽고 서로 돌아보며 탄식하기를, "어사는 이면상에게서 망했구나!" 하였다. 얼마 안 있어 관제가 마침내 바뀌어 예전의 어사는 없어지고 말았으니 그 말이 과연 징험이 되었던 것이다.

註解

1) **안핵**(按覈) : 자세히 조사하여 살핌.
2) **폐막**(弊瘼) : 오래전부터 내려온 없애기 어려운 폐단.

3) 서계(書啓) : 임금의 명을 받아 무슨 일을 처리한 신하가 결과를 보고하여 올리는 문서.

原文

정지윤 호하원 일자수동 가세상역 수동기기업 낙척불
鄭芝潤 號夏園 一字壽銅 家世象譯 壽洞棄其業 落拓不

기 재고학박 우장우시 광가취매상불가 일세사대부애재
羈 才高學博 尤長于詩 狂歌醉罵常不可 一世士大夫愛才

자 왕왕요치지 이불능구야 유김상연지심근 안기사주 무
者 往往邀致之 而不能久也 惟金相延之甚勤 安其使酒 無

기미색 수십년여일일 김상단어문학 이기애수동즉류천성
幾微色 數十年如一日 金相短於文學 而其愛壽銅則類天性

일야수동여측불반 적이촉지 준재화원석상이사의 김상차
一夜壽銅如厠不返 跡而燭之 蹲在花園石上已死矣 金相佽

이장지 수기천성구근 사불설어승묵지외 이일단풍류독후
而葬之 雖其天性拘謹 似不屑於繩墨之外 而一段風流篤厚

내여차 평생불수청탁 경사목지이한수석 고상욕과시병공
乃如此 平生不受請託 京師目之以寒水石 故上欲科試秉公

즉필차김병덕고관 상제형판 명쇄호 혜아문적포 이례취
則必差金炳德考官 嘗除刑判 命刷戶·惠衙門積逋 吏隷就

수자 수백인 경재위청완리 혁제여우 일체납치슬하 엄형
囚者 數百人 卿宰爲請緩理 赫蹏如雨 一切拉置膝下 嚴刑

불소대 순일이숙포수십만 진감부언 이이면상위주진독리
不少貸 旬日而宿逋數十萬 盡勘簿焉 以李冕相爲駐津督理

전부천진 면상고판서흥민자야 이전라어사재기락주유산
前赴天津 冕相故判書興敏子也 以全羅御史載妓樂周游山

사 군불령수마후자상수백인 매도일사 첩연월고상 이식
寺 群不逞隨馬後者常數百人 每到一寺 輒連月翶翔 而食

불론가 제사탕잔 위지어사난리 구예어사안사 사핵관리
不論價 諸寺蕩殘 謂之御史亂離 舊例御史按事 查覈官吏

지불법자 징출장포지물 위지사징전 필유본읍 이보민막
之不法者 徵出贓逋之物 謂之查徵錢 必留本邑 以補民瘼

及冕相之查徵各邑也 奉內旨輦送各寺 以充祝聖齋醮之費 又錄豪吏雄富 文致羅織 移囚旁午 遂括一道之財 進獻相屬 復命之日 條列查徵于書啓曰 某邑錢幾千兩 某寺佛事送 某人錢幾百兩 某菴佛事送 時謂之佛事書啓 諸承旨在政院讀之 相顧嘆曰 御史亡于李冕相 未幾官制遂變 無復昔日御史 其言果驗.

김사준(金思濬)의 따님을 맞아 의화군(義和君) 이강(李堈)의 부인으로 삼았다. 김사준은 의민공(懿愍公) 김제남(金悌男)의 후손이다. 처음에 인목대비(仁穆大妃)가 국혼으로 인해서 화를 당했다는 것을 징험해서 본가에 서신을 보내 대대로 왕실과는 혼인하지 말 것을 당부했었다. 이에 이르러 김사준이 그 사실을 알렸으나 왕후는 김씨의 용모와 덕행을 사랑해서 굳게 허락하지 않았다. 이미 혼인이 맺어지자 김사준을 선산 부사(善山府使)로 발탁했다. 당시 사람들은 세자가 마음에 차지 않아 원망하며 이강이 장차 올라설 것이라는 망령된 생각을 하게 되어 김사준의 집을 췌마(揣摩)[1]하여 빈객들이 점점 성황을 이루었다. 이강은 이미 출합(出閤)[2]한 이후, 교만하고 사치스러웠으며 뇌물을 좋아하였을 뿐만 아니라 수레와 말의 의장이 현란하여 도로에 눈부실 정도였다. 궁노(宮奴) 수십 명이 거리를 가로막고 때리며 행패를 부리어 여러 민씨의 노복들은 피해 버렸다. 의화궁의 관문

(關文)[3]이 각도에 바람처럼 행해져 송사에 간여하고 채무를 징수하는 것이, 뇌물 받은 것을 추징하는 것과 같았다. 당시 사람들이 탄식하기를, "친소(親疎)를 막론하고 왕가의 종자들은 다 착하지 못하다. 어린 나이에 이와 같으니 앞일을 가히 알 만하다." 하였다. 김씨는 현명하고 문자를 터득하여 『맹자(孟子)』를 줄줄 외웠으며 해서(楷書)도 쓰는 것이 법도가 있었다.

註解

1) **췌마**(揣摩) : 어떤 진상을 추측하여 그 추측과 합치되기를 기대함. 자기 마음으로 미루어 남의 마음을 헤아림.
2) **출합**(出閤) : 왕자가 장성한 후에 사궁(私宮)을 짓고 나가서 삶. 또는 왕녀가 하가(下嫁)함.
3) **관문**(關文) : 상급기관에서 하급기간으로 보내는 공문. 관자(關子).

原文

빙김사준녀위의화군강부인 사준의민공제남지후야 초
聘金思濬女爲義和君堈夫人 思濬懿愍公悌男之後也 初

인목대비 징국혼지화작 서유본가 세세물연인왕실 지시
仁穆大妃 懲國婚之禍作 書遺本家 世世勿連姻王室 至是

사준상지 후애김씨용덕견불허 기혼탁사준선산부사 시인
思濬上之 后愛金氏容德堅不許 旣婚擢思濬善山府使 時人

이세자결망 강장은급망상 췌마사준지가빈객초성 강기출
以世子觖望 堈將殷及妄相 揣摩思濬之家賓客稍盛 堈旣出

합 교치호화회 여마의종 현황도로 궁노수십배란가구홍
閤 驕侈好貨賄 輿馬儀從 炫晃道路 宮奴數十輩欄街毆閧

제민노위렴피 의화궁관문 풍행외도 간송징채여추장 시
諸閔奴爲斂避 義和宮關文 風行外道 干訟徵債如追贓 時

인탄왈 무론친소 천가종개불선 동년여차 전두가지이 김
人嘆曰 毋論親疏 天家種皆不善 童年如此 前頭可知耳 金
씨현명해문자 통독맹자상구 작해서유법
氏賢明解文字 通讀孟子上口 作楷書有法.

계사년(고종 30, 1893) 가을에 강화 진무영(江華鎭撫營)을 승격하여 기연도총제영(畿沿都摠制營)이라 하고, 민응식(閔應植)을 유수로 삼아서 겸하여 지휘하도록 하였다.

原文

계사추승강화진무영위기연도총제영 이민응식위유수 겸
癸巳秋陞江華鎭撫營爲畿沿都摠制營 以閔應植爲留守 兼
령지
領之.

이용직(李容稙)을 대사성(大司成)[1]에 임명하여 월과(月課) 강제(講製)의 규정을 실시하되 승보시(陞補試)[2]의 예와 같이 하여 그 중 우수한 자를 가려 뽑아 문과 전시에 곧바로 나가게 하라고 명하니, 거자(擧子)들이 마음을 조급히 굴면서 경쟁하는 풍조가 더욱 성해졌다. 이때 큰 난리가 장차 일어나려 했는데도 상하가 모두 아무렇지도 않은 듯 편안하여 오직 태평 시절에 고사(故事)를 따르는 것처럼 하였으니 모두가 다 이런 식이었다. 이용직은 젊은 나이로 경학(經學)에 능하다고 당시 칭송이 자자했다.

註解

1) **대사성**(大司成) : 성균관의 으뜸 벼슬. 정3품임.
2) **승보시**(陞補試) : 소과(小科) 초시에 해당하는 시험. 합격한 자는 생원, 진사과에 응시할 자격을 주었다.

原文

이이용직위대사성 신명월과강제지규 여승보예 택기우
以李容稙爲大司成 申明月課講製之規 如陞補例 擇其尤
자 명직부문과전시 거자조경지풍유성 시시 대란장작 이
者 命直赴文科殿試 擧子躁競之風愈盛 是時 大亂將作 而
상하염연 유준승평고사 개차류야 용직소년경학 유시예
上下恬然 惟遵升平故事 皆此類也 容稙少年經學 有時譽.

3월에, 전 사간 권봉희(權鳳熙)가 소(疏)를 올렸는데 요약하면 다음과 같다.

지금 나라를 돌이켜 보건대 기근이 거듭되어 생령(生靈)이 도탄에 빠지고 여축해 놓은 물자가 바닥이 났습니다. 그리고 기강이 풀려서 정도(正道)가 점차 희미해지고, 이교(異敎)가 횡행하니, 비유컨대 큰 가마솥에 물을 끓이는데 가운데는 펄펄 끓고 가에서는 타오르며, 노목이 좀 먹어 가운데 속은 텅 비어 껍데기만 서 있는 형국이니, 장차 가마솥은 파열되고 나무는 쓰러지게 될 것이니 가히 두렵지 않겠습니까?

삼가 어리석은 소견을 다음과 같이 아뢰옵니다. 성학(聖學, 儒學)을 숭상하여 나라의 운세가 영구히 지속되기를 기원할 것인데, 정성스런 마음을 쌓고 어질고 재주 있는 이를 구하여 쓸

것이며, 수령들을 잘 가려서 백성들을 안정시킬 것이며, 몸소 절제하고 검소하여 재용을 넉넉히 할 것이며, 기강을 세워 백성의 뜻을 고정시킬 것이며, 장재(將材)를 잘 선택하여 군기를 밝힐 것이며, 정도(正道)를 지키고 사설(邪說)을 물리칠 것이 그것입니다. 사사로이 생각하건대 전하께옵서는 등위하신 지 30년에 은택이 아래로 못미처 백성들이 선치(善治)를 보지 못함은 무엇이겠습니까? 이는 성학(聖學)에 전념할 겨를이 없어 마음으로 공덕을 얻지 못한 까닭입니다. 그것은 제왕의 학문은 필부나 서민과는 같지 않습니다. 이언(邇言, 비근하고 통속적인 말)을 밝게 살피셔서 아첨하는 말에 흔들려서는 안 됩니다. 자기의 사사로움을 물리치고 공정으로써 표준을 삼을 것이며, 궁정(宮庭)을 맑게 하여 오직 바른 선비들을 가까이 할 것이며, 경연(經筵)을 널리 열어 자주 유신(儒臣)들을 접할 것이며, 몸소 인식하고 실천하여 반드시 시행 조처하는 사이에 드러나도록 해야 할 것입니다. (그러므로) 위로는 조종(祖宗)의 내려주신 것에 보답하고, 아래로는 신민들의 바람에 부응한다면 좋은 기운이 떨쳐 일어날 것이며, 신명〔百神〕이 도울 것이니 또한 어찌 저 하찮은 푸닥거리를 일삼을 것입니까? 전하는 말에도, '재주는 다른 시대에서 빌리지 않는다.'고 했습니다. 오늘날 조정이나 초야에 꼭 사람이 없다고는 말할 수 없을 것입니다. 오직 철저히 선택하여 믿고 맏기는데 있을 뿐입니다. 자리가 그 녁에 맞게 하고 벼슬이 그 재주에 맞게 한다면 일시의 쓰임에 부합할 것입니다. 어찌 꼭 근근이 주야로 쉬지 못하고 아래로 신

하들이 할 일을 행하시어 백 가지 업무가 다 좀스럽게 하십니까? 전(傳)에 이르기를, '임금은 배요, 백성은 물이라, 물은 배를 띄우지만, 또한 전복시킬 수도 있습니다.' 하였으니, 이는 백성들을 가히 두려워해야 한다는 말입니다.

오늘날 수령이 된 자는 단지 백성에게 성낼 줄만 알았지, 백성을 편안하게 하는 것이 어떤 일인지 모르고 있습니다. 진실로 승진을 하고 자리를 옮기는데 뇌물을 주지 않으면 얻을 수 없으니, 백성에게 성을 내지 않으면 뇌물을 얻을 길이 없는 까닭입니다. 사사로이 헌납하는 길을 일체 깨끗이 금지한 연후에 고과(考課)를 엄격하게 실시하여 권장하고 징계하면 뇌물을 바치는 일이 공공연히 행해지지 못할 것이며, 백성들은 실지 혜택을 입게 되어 친상사장(親上死長)의 효과를 거둘 수 있을 것입니다.

상고해 보건대 우리 선조대왕(宣祖大王)께서는 항상 5, 6새 무명베로 속옷을 지어 입으셨고, 정종대왕(正宗大王, 정조)은 입으신 모시옷이 여러 번 빨아서 바닥이 성글게 되었다고 합니다. 아! 전하께서 마땅히 본받을 것은 조종이 아니겠습니까? 지난번 식경일(飾慶日)에 신 또한 군직의 직함으로 반열에 참석했는데 내려주신 음식이 너무 풍성하여 몹시 감동하였습니다만, 이어서 은근히 걱정도 되었습니다. 그것은 군왕이 하사한 것은 비록 한 잔의 술이나 한 그릇의 두부나 고깃국이라도 아닌 게 아니라 은혜가 팔진미(八珍味)보다 나은데, 재정이 궁핍한 때를 당하여 취하고 배부르게 허비함이 이같이 사치하고

성대하니, 재물을 낭비함은 경계할 바이요, 풍성하게 함은 가히 두려워할 일이 아니겠습니까? 엎드려 바라옵건대, 이제부터는 조종의 가르침을 우러러 체득하시어 확연히 고쳐서 도모하시고 음식과 기물은 오직 토산(土産)을 사용하시고 상으로 주시는 것과 연회 때 하사하시는 것들을 항상 물력(物力)을 생각하시어 응당 써야 할 것도 절용(節用)을 생각하시고 마땅히 지출해야 할 비용을 줄일 것을 생각하신다면 세월이 흐름에 따라 재용(財用)이 혹 여유가 생길 수 있을 듯합니다.

위에서 행하고 아래에서 그것을 본받는 것은 바람이 불면 풀이 눕는 것과 같아서 조정과 초야가 서로 따라 순후한 교화가 고루할 것입니다. 관자(管子, 이름은 仲)가 말하기를, '사유(四維, 禮·義·廉·恥)가 펴지지 않으면 곧 나라는 망한다' 하였습니다. 근래로 내려오면서 나라의 기강이 이미 무너져 속상(俗尙, 俗好)이 아름답지 못하여 조정에서는 청렴을 숭상하는 기풍을 찾아볼 수 없고 도성 아래에서는 날마다 분수를 범하는 습속을 보게 됩니다. 지난해에 있어서는 군대가 함부로 약탈하고 붙잡아 가두고 하였으며, 원예(院隷)들이 주정의 선비들을 때리고 욕하는 것이 극에 달했습니다. 아! 병이 고황(膏肓)에 들었는데[1], 참으로 하루아침에 금방 치료하기는 어렵게 되었으나 그렇다고 약을 처방해 보지도 않고 속수무책으로 죽음을 기다려야만 옳겠습니까? 엎드려 바라옵건대 전하께시는 이러한 광경을 늘 있을 수 있는 일로 보시지 마시고, 깊고 조용히 생각하고 건전한 정사(政事)를 펴서 신하를 예우로써 대하되, 친소

(親疎) 관계를 따지지 말 것이며, 법으로써 종사하되 귀천을 가리지 않아 인심을 감복시킨다면, 나라의 전례(典禮)가 다시 서게 되고 백성의 뜻도 안정될 수 있음을 바랄 수 있을 것입니다.

나라가 태평한 지 오래되어 문무가 모두 맡은 직무를 게을리 하였습니다. 병인양요(丙寅洋擾)는 수백 년간 처음 있었던 일로 그때 서울 안이 다 텅 비었는데도 저들이 빨리 물러가서 다행히 무사할 수 있었습니다. 정축년(고종 14, 1877)에 일본인이 와서 또한 화의를 맺고 물러갔습니다. 오늘날을 보건대 각국이 강화를 맺고 사람들이 주재하여 통상이 이루어지고 있으므로 이때 병사(兵事)에 일이 없다하여 장수의 재목을 찾아 뽑지 않을 것 같으면 어찌 옳다고 하겠습니까? 이제 각영(營)의 정예들로 하여금 외국 교사에게 기예를 훈련받고 있는 것을 보면 이것은 가히 임금께서 융무(戎務)의 뜻을 두고 있으심을 알 수 있습니다. 그런데 대장의 임무를 맡길 자를 뽑는 데는 단지 무반의 명문가에서만 뽑고 있습니다. 그러한 절차에 의해 뽑힌 사람들이 과연 병법에 능숙하여 절충장군(折衝將軍)이나 어모장군(禦侮將軍)의 자격을 구비할 수 있는지 신으로서는 의아심을 가질 수밖에 없습니다.

옛날에 권율(權慄)[2]과 이정암(李廷馣)[3]은 모두 문관 출신이었지만 선조(宣祖)께서 등용하셔서 중흥의 공을 이루었습니다. 이에 그것을 보건대 장수의 재목감은 꼭 무반에 국한시키지 않아도 된다는 것은 확실합니다. 전하께서 성심껏 구하신다면 꿈을 꾸는 동안에도 드러나, 밭을 갈거나 낚시질하는 데서도 위

대하고 걸출한 인재가 반드시 때에 맞추어 나오게 될 것이니 간성(干城)을 뽑는 것은 오직 임금께서 하실 일입니다.

이교(異敎, 천주교)가 서양에서 들어오면서부터 무지한 백성들이 그 속에 스며드니, 식자(識者)들이 한심하게 여긴 지가 오래되었습니다. 뜻밖에 지난해 겨울에는 '동학(東學)'이라고 부르는 무리들이 충청도와 전라도에서 일어나 이 무리들이 번성하여 그 교를 선포하고 나섰는데도 감사와 병사들은 그것을 금지시키지 못하고 있습니다. 이번 달에 이르러서는 그 무리들이 수십 년 전에 법으로 처형된 최제우(崔濟愚)를 신원한다 칭하고, 대궐문 지척에서 방자하게 소를 올리겠다고 합니다. 그들의 죄를 논하자면 극형에 처해도 가볍겠지만, 한번 효유(曉喩, 알아듣게 타이름)하여 물러가게 하는 것이 성인의 호생지덕(好生之德)이 아니겠습니까? 그렇다면 벽이(闢異, 이단을 배척함)의 영화는 위정척사(衛正斥邪)[4] 여하에 달려 있는 즉, 어찌 이러한 때에 유교의 기풍을 크게 진작시키고 사기(士氣)를 장려하여 흥화(興化)의 도를 생각하지 않을 수 있겠습니까?

엎드려 바라옵건대 도덕이 높은 유자(儒者)를 예로써 맞아들여 국자감의 임무를 맡기고, 온 나라의 인재를 성균관에 모아 놓고 강하고 익히는 것을 학제의 규범은 잘 살펴보듯 하매, 군현의 학교에 있어서도 또한 모름지기 한결같이 인재를 잘 양성한다면 선비의 기운을 다시 떨칠 것이니, 이는 딘지 보고 듣기에 아름다울 뿐만이 아닐 것입니다. 또 유사(有司, 담당관)에 명하여 엄히 탐학하고 부정한 자를 징치하여 서민을 보호하고 그

들의 삶을 편안히 한다면, 떠나 흩어졌던 자들이 다시 편히 모여들게 할 수 있을 것이며, 사교(邪敎)에 물든 자들도 바른 데로 돌아오게 되어 동방에 해가 다시 떠서 모두 아름다움의 은택을 받을 것입니다.

아! 여기에 어떤 사람이 백 묘의 농토와 열 칸의 집을 아버지와 할아버지로부터 물려받았더라도 오히려 늘 부지런히 힘쓰며 의복도 간략히 입고 먹는 것도 검소하게 하여 항상 선업(先業, 조상의 유업)이 혹 추락할 것을 두려워하고 있습니다. (그런데) 하물며 전하께서는 열성조의 어렵게 세운 큰 기틀을 이어받으셨으니, 그 항상 삼가고 두려워하는 사고를 가지시고 천명(天命)을 계속 이으시려면 이 마땅히 다시 어떻게 해야겠습니까? 이윤(伊尹)이 태갑(太甲)에게 고하기를, '하늘은 친함이 없어 오직 공경히 함을 가까이 할 따름이요, 백성들은 품고 있는 것이 늘 같지 않지만 어진 이를 그리워하며, 귀신도 흠향하는 것이 항상 같지 않고 오직 정성을 다한 것을 흠향한다.'라고 하였습니다. 전하께서도 하루아침에 뉘우치고 깨달으시기를 태갑(太甲)이 스스로 원망하여 다스린 듯이 하신다면 하늘이 돕고 백성들이 받들고 백신(百神)들도 도울 것이니 억만년 끝없는 아름다움이 여기에 기초하게 될 것입니다. 이것은 다 잠깐 옮겨가는 사이에 있을 따름인데, 전하께서는 무엇이 어려워 행하지 않으시는 것입니까?

엎드려 바라옵건대 신의 소(疏)를 묘당(廟堂)에 내려 보내시어 무릇 모든 시행의 조치는 한결같이 신의 말과 같게 하소서.

만약 3년이 지나도 성과가 없으면 청컨대 신을 무망(誣罔)의 죄로 다스리어 망언하는 자의 경계가 되게 하소서.

소가 들어갔으나 비답은 없었다. 상소의 언사가 평범하고 지루하여 특기할 만한 강경한 논조는 없었으나, 그것이 온 세상이 침묵을 지키고 조용한 중에 나온 것이라 사람들은 자못 그를 위태롭게 여겼었다. 권봉희는 대대로 영남의 삼가현(三嘉縣, 합천)에서 살았다.

註解

1) **병이 고황(膏肓)에 들다** : 병이 몸속 깊이 들어 고치기 어렵게 되다. 고황은 심장과 횡격막 사이.
2) **권율(權慄)** : 임진왜란 때 전라 감사로서 행주대첩(幸州大捷)을 이끌고 그 후 도원수가 됨. 선무공신(宣武功臣) 1등임.
3) **이정암(李廷馣)** : 황해도 연안(延安)에서 의병을 일으켜 연안대첩(延安大捷)을 이끎. 선무공신(宣武功臣) 2등임. 권율과 이정암은 다 문과(文科) 출신임.
4) **위정척사(衛正斥邪)** : 정학(正學)·정도(正道)로서의 주자학을 지키고 사학(邪學)·사도(邪道)로서의 천주교를 물리치려던 주장.

原文

삼월전사간권봉희상소 세왈고금국가 기근천진 생령도
三月前司諫權鳳熙上疏 細曰顧今國家 饑饉荐臻 生靈塗
탄 축적탕갈 기강해이 정도침미 이교횡행 비여대정전수
炭 蓄積蕩竭 紀綱解弛 正道寢微 異教橫行 譬如大鼎煎水
이비이변한 노목상두 중허이각립 장견정종파이목장전
裏沸而邊熯 老木傷蠹 中虛而殼立 將見鼎終破而木將顚

가불저재 근진우견여좌 왈전성학이기영명 왈적성심이구
可不怛哉 謹陳愚見如左 曰典聖學以祈永命 曰積誠心以求

현재 왈택수령이안생민 왈궁절검이서재용 왈입기강이정
賢才 曰擇守令以安生民 曰躬節儉以紓財用 曰立紀綱以定

민지 왈선장재이명군기 왈위정도이벽사설 절유전하임어
民志 曰選將材以明軍紀 曰衛正道以闢邪說 竊惟殿下臨御

삼십년 택미하구민불견치자하야 유미황호전학 이무심득
三十年 澤未下究民不見治者何也 由未遑乎典學 而無心得

지공야 개제왕지학여필서부동 명찰이언 불위녕행소회요
之功也 蓋帝王之學與疋庶不同 明察邇言 不爲佞幸所回撓

극거기사 유이공정위표준 숙청궁정유친정사 광개경연빈
克祛己私 惟以公正爲表準 肅淸宮庭惟親正士 廣開經筵頻

접유신 체인실천필견제시착지간 상이답조종지비부 하이
接儒臣 體認實踐必見諸施錯之間 上以答祖宗之畀付 下以

부신서지옹망 즉중양소종 백신부상 역안용피요마기도위
副臣庶之顒望 則衆陽所宗 百神扶相 亦安用彼幺麽祈禱爲

재 어왈재불차어이대 금일조정지상초야지간 역미필무인
哉 語曰才不借於異代 今日朝廷之上草野之間 亦未必無人

유재정택이신임지 사위칭기덕 관칭기재 즉역가이부일시
惟在精擇而信任之 使位稱其德 官稱其才 則亦可以敷一時

지용의 하필근근주소하행신직 사백도총좌재 전왈 군유
之用矣 何必斤斤晝宵下行臣職 使百度叢脞哉 傳曰 君猶

주야 민유수야 수능재주역능복주 심언기가외야 내금일
舟也 民猶水也 水能載舟亦能覆舟 甚言其可畏也 乃今日

지위수재자 지지려민 이부지안민지위하사 성이승질천관
之爲守宰者 只知厲民 而不知安民之爲何事 誠以陞秩遷官

비회부득 이비려민무이득회고이 사헌지로 일체통금연후
非賄不得 而非厲民無以得賄故耳 私獻之路 一切痛禁然後

엄고과이권징지 즉서호화뢰불공행 이민몽실혜 가이수친
嚴考課以勸懲之 則庶乎貨賂不公行 而民蒙實惠 可以收親

상사장지효의 약계아선조대왕 상이목면오육승위리의 정
上死長之效矣 若稽我宣祖大王 嘗以木綿五六升爲裏衣 正

종대왕소어저의 지루한이루소 오호 전하소당법자비조종
宗大王所御苧衣 至屢澣而縷疏 嗚呼 殿下所當法者非祖宗

호 경자식경지일 신역이군함참반 이사찬태풍 영감지지
乎 頃者飾慶之日 臣亦以軍啣參班 而賜饌太豊 榮感之至

계이은우 개군지소사 수배주두육 미상불은유팔진 이당
繼以隱憂 蓋君之所賜 雖杯酒豆肉 未嘗不恩踰八珍 而當

차경용군출지제 비제취포자 약시치성 무역폭진지가계
此經用窘絀之際 費諸醉飽者 若是侈盛 毋亦暴殄之可戒

이풍예지가구호 복원자금앙체조훈 확연개도 음식기용
而豐豫之可懼乎 伏願自今仰體祖訓 廓然改圖 飮食器用

유취토산 상뢰연사 상념물력 당용이유사절용 당비이유
惟取土産 賞賚宴賜 常念物力 當用而猶思節用 當費而猶

사성비 즉마이세월 재용혹가서의 이상행하효 풍행초언
思省費 則摩以歲月 財用或可紓矣 而上行下效 風行草偃

조정초야서상솔 이유어순방지화의 관자왈 사유불장 국
朝廷草野庶相率 而囿於淳厖之化矣 管子曰 四維不張 國

내멸망 만근이래 국강기윤 속상불미 랑묘지간 미문상렴
乃滅亡 挽近以來 國綱旣淪 俗尙不美 廊廟之間 未聞尙廉

지풍 연곡지하 일견범분비습 지어거년 병대지횡탈포수
之風 輦轂之下 日見犯分費習 至於去年 兵隊之橫奪捕囚

원례지구욕조사이극의 오호 병입고황 성난일조거의 이
院隷之毆辱朝士而極矣 嗚呼 病入膏肓 誠難一朝遽醫 而

불시방약 속수대사가호 복원전하 이차효상 물시작상사
不試方藥 束手待死可乎 伏願殿下 以此爻象 勿視作常事

연연심사 쾌휘건강 이례우신 무문친소 이법종사 불택귀
淵然深思 夬揮乾剛 以禮遇臣 無問親疏 以法從事 不擇貴

천 사인심감복 즉국전부입 이민지서유정의 국가승평이
賤 使人心感服 則國典復立 而民志庶有定矣 國家升平已

구 문염무희 병인 고종삼십년 양요 위수백년초유지사
久 文恬武嬉 丙寅(高宗三十年)洋擾 爲數百年初有之事

기시효상 도하일공 피류선퇴 행득무사 정축 고종십사
其時爻象 都下一空 彼類旋退 幸得無事 丁丑(高宗十四

년 일인지래 역이화성이퇴거 견금각국강화 주답통상 약
年)日人之來 亦以和成而退去 見今各國講和 駐劄通商 若
위차시무사어병 이불선장재 즉악호기가재 금사각영정예
謂此時無事於兵 而不選將材 則惡乎其可哉 今使各營精銳
수기예어외국교사 차가견성산지유의융무 이선거장임자
受技藝於外國敎師 此可見聖算之留意戎務 而選居將任者
지시세무지가 절차천진지인 신미지기과능한습도검 유절
只是世武之家 節次遷進之人 臣未知其果能嫺習韜鈐 有折
충어모지구호 석자 권율 이정암 개출자문리 이선조용
衝禦侮之具乎 昔者 權慄·李廷馣 皆出自文吏 而宣祖用
지 치중흥지성 유차관지 장재지불필한이말위자 심의 이
之 致中興之盛 由此觀之 將材之不必限以韎韋者 審矣 而
전하성심구지 즉발어몽매 우어경조 괴위걸특지재 필유
殿下誠心求之 則發於夢寐 遇於耕釣 魁偉傑特之才 必有
응기이출자 이간성지선 유상소사의 월자이교서래 무지
膺期而出者 而干城之選 惟上所使矣 越自異敎西來 無知
치맹침입기중 식자지한심 궐유구의 불의거년동 유일종
蚩氓浸入其中 識者之寒心 厥惟久矣 不意去年冬 有一種
동학운자 출자양호지간 식번유도 선포기교 도신 수신
東學云者 出自兩湖之間 寔繁有徒 宣布其敎 道臣·帥臣
막지혹금 지어금월 궐도이수십년전복법지최제우 칭위기
莫之或禁 至於今月 厥徒以數十年前伏法之崔濟愚 稱爲其
사신원 이천문지척 사연진소 약론궐죄 주극유경 이일번
師伸寃 而天門咫尺 肆然陳疏 若論厥罪 誅殛猶輕 而一番
효유 사지퇴거 차막비성인호생지덕 연관이지영 재어위
曉喩 使之退去 此莫非聖人好生之德 然闢異之榮 在於衛
정지여하 즉합어차제 대진유풍 장려사기 사소이흥화지
正之如何 則盍於此際 大振儒風 奬勵士氣 思所以興化之
도호 복원례치도덕지유 수이국자지임 공거일국지수 취
道乎 伏願禮致道德之儒 授以國子之任 貢擧一國之秀 聚
우현관이강이 여간상학제지규 지어군학현상 역수일체배
于賢關而講肄 如看詳學制之規 至於郡學縣庠 亦須一體培

양 즉사기가이복진 이불단위관청지미이이 차명유사엄징
養 則士氣可以復振 而不但爲觀聽之美而已 且命有司嚴懲
탐묵 회보소민 비안궐거 즉이산자 가이안집 염사자 가이
貪墨 懷保小民 俾安厥居 則離散者 可以安集 染邪者 可以
반정 이해우출일 함피어변지택의 오호 유인어차 백무지
反正 而海隅出日 咸被於變之澤矣 嗚呼 有人於此 百畝之
전십간지옥 수어기부조 유차근근간간 약의검식 상공선
田十間之屋 受於其父祖 猶且勤勤懇懇 約衣儉食 常恐先
업지혹추 황전하사수열조간대지기 기항존인외사소이아
業之或墜 況殿下嗣受列朝艱大之基 其恒存寅畏思所以迓
속경명자 당복하여재 이윤고태갑왈 유천무친 극경유친
續景命者 當復何如哉 伊尹告太甲曰 惟天無親 克敬惟親
민망상회 회우유인 귀신무상향 향우극성 전하약일조회
民罔常懷 懷于有仁 鬼神無常享 享于克誠 殿下若一朝悔
오 여태갑지자원자애 즉천우지민대지 백신상지 만억년
悟 如太甲之自怨自艾 則天祐之民戴之 百神相之 萬億年
무강지휴 실기어차 차개일전이지간이 전하역하고이불위
無彊之休 實基於此 此皆一轉移之間耳 殿下亦何苦而不爲
야 복원전하 하신소묘당 범백시조 일여신언 이약삼년무
也 伏願殿下 下臣疏廟堂 凡百施措 一如臣言 而若三年無
성 즉청치신무망지죄 이위망언자지계운운 소입불보 소
成 則請治臣誣罔之罪 以爲妄言者之戒云云 疏入不報 疏
사평범 무기론경론 이이기출어거세암묵지중 고인파위지
辭平凡 無奇論勁論 而以其出於擧世喑嘿之中 故人頗危之
봉희세거영남지삼가현
鳳熙世居嶺南之三嘉縣.

처음에 최복술(崔福述)을 제우(濟遇)라고도 불렀다. 이미 처형당했는데 그의 조카 최시형(崔時亨)이 보은 산중에 잠복해 있으면서 요술을 몰래 전파시켰는데 그것을 '동학(東學)'이라

불렀다. '앞으로 큰 난이 있을 것'이라는 와언(訛言)을 퍼뜨리면서 '동학이 아니고서는 살아날 수 없다'고 하였다. '진인(眞人)[1]이 나와서 도읍을 충청도 계룡산(鷄龍山)에 정하고, 장상(將相)[2]이 천명(天命)을 받아 임금이 될 사람을 도우니 모두 동학교인 중에서 나온다' 하고 전전(轉輾)하면서 선동을 하여 권유했다. 어리석은 백성들은 포악한 정치의 괴로움에 시달렸던 터라 마침내 거기에 휩쓸려 충청도와 전라도 지방에 그 세력이 가득하였다.

경인년(고종 27, 1890)과 다음 해인 신묘(辛卯, 1891)년 이후 여러 차례 통문을 발하여 모였다. 10여 명, 혹은 1백여 명, 떼를 지어 저자를 왕래하여도 지방 관리들은 무사한 것을 다행하게 여기고 금지하지도 않았다. 이에 '조정은 어찌해서 일찍이 우리를 업신여기어 우롱했느냐?' 하면서, 이어 12월 중에 수천 명의 교도들을 이끌고 대궐 밑에 엎드려 진소(陳疏)[3]하니 최제우의 신원(伸寃)[4]을 하기 위한 것이라 하였다. 성균관 유생들이 먼저 성토하였고 좌포장 신정희(申正熙)는 모두 죽여서 난의 싹을 꺾자 하였으나 임금은 듣지 않고 오히려 그들을 달래서 물러가게 하였다. 여정(輿情)[5]이 몹시 나빴으므로 권봉희(權鳳熙)의 상소[6]가 이르게 된 것이다.

(동학 시말에 관해서는 『동비기략(東匪紀略)』에 자세히 갖추어 놓았으므로 여기서는 이것으로 그친다.)

註解

1) 진인(眞人) : 참된 도를 체득한 사람. 도교(道敎)에서는 오의(奧義)

를 깨달은 사람을 말하고 불교에서는 진리를 깨달은 사람을 말함.

2) **장상**(將相) : 장수와 재상.

3) **진소**(陳疏) : 구두로 까닭을 말함. 진변(陳辯). 변소(辯疏). 상소.

4) **신원**(伸寃) : 원수를 갚음. 원통함을 내세워 풂.

5) **여정**(輿情) : 어떤 사실에 대한 일반사회의 반응.

6) **권봉희 상소**(權鳳熙 上疏) : 전 승지 권봉희가 동학과 서학(西學)을 언급하고, 유학을 진작시켜 사회 기풍을 바로잡고 병든 국가를 재기하자는 내용의 상소문임.

原文

初崔福述 一名濟愚 旣誅 其侄時亨 竄伏報恩山中 以妖術潛相傳習 名曰東學 訛言世將大亂 非東學無以活 眞人出 定都鷄龍山 將相佐命 皆自東學中人 轉輾煽誘 愚民方苦虐政 遂翕然應之 彌滿兩湖 庚寅·辛卯(高宗二十七·八年)以後 累次發文都會 百十成群 公肆往來 而地方官吏姑辛無事 不敢禁詰 於是謂朝廷莫我何嘗試侮弄 乃以二月中 數千人相率伏闕下 陳疏 稱爲濟愚伸寃 館學先發聲討之論 申正熙力言盡誅之 以折亂萌 上不聽 撫喩退去 輿情憤鬱 故鳳熙疏及之(東學始末 詳具東匪紀略 故此編槪及之).

4월에 어윤중(魚允中)을 선무사(宣撫使)로 삼고, 홍계훈(洪啓薰)을 초토사(招討使)로 삼아서 충청도와 전라도의 동학교도를 진무하도록 하였다. 이때에 동학교도들은 보은(報恩)에 모인 자가 무려 8만이나 되었으며, 보루(堡壘)를 쌓고 깃발을 세워 사방으로 뻗쳐나갈 형세였으며 다니는 길이 막히고 끊겨 원근이 크게 진동했다. 이에 어윤중과 홍계훈에게 명하여 밤에 내려가라 하고 교지(敎旨)[1]를 주어 교도들을 진무하도록 하였다. 홍계훈은 경영병 5백 명을 이끌고 이미 도착하여 대포를 쏘고 겁을 주니, 동학교도들은 비록 왕성하다 해도 한갓 손에 장대를 들어서 감히 대항하려는 모의를 할 수 없으므로 조정에서 진무하는 뜻을 받아들였다. 그래서 어윤중이 윤음(綸音)[2]을 선포하였다.

윤음의 내용에서 이러하다.

"여러 백성이여, 모두 나 한 사람의 가르침을 들으라. 내 열성조(列聖朝)[3]는 공자님의 밝으심을 가르치사 이륜(彝倫)[4]을 밝혀서 기강을 세우시고 정학(正學)[5]을 숭상하사 나라의 풍속을 인도하셨고, 선비 · 농부 · 상공업자들이 각기 편안히 업에 종사하며 살아온 지 이제 5백여 년이나 되었다. 대저 어느 세대나 풍속은 변하는 것이며 추향(趨向)[6]도 각기 다르나 터무니없이 거짓말을 하는 무리들이 저축(詛祝)[7]의 꾀를 내어 우리 일세를 속이고 현혹하며, 우리 백성들을 속여서 미혹(迷惑)시키고 술에 취한 것 같기도 하고 쓰러지는 것 같기도 하여 가히 구제할 수 없는 지경이 되었다. 하물며 너희 동학이라 이르는 자들은

스스로 하늘을 공경하고 높인다고 하니, 너희들이 공경하고 받든다고 칭하는 것이 하늘을 방자하게 대하고 기만하지 않은 것이 없다. 백성들을 유인해서 끌어다 모아놓은 그 뜻은 어디 있는 것인가? 돌을 쌓아 성을 만들고 기를 꽂고 서로 응하여 감히 글을 써서 창의(倡義)[8]라고 말하며, 혹은 통문을 발하고 방문을 게시하여 인심을 선동하니, 너희들이 비록 사리에 어둡고 완고하다 하더라도 어찌 세계의 대세와 조정의 정약(訂約)[9]을 듣지 못하였고 감히 말을 앞세워 드디어는 화란을 초래하려 하느냐? 이것은 창의가 아니라 창란(倡亂)[10]을 하는 것이다. 너희들이 자리잡고 모여서 무리가 많은 것을 믿고 스스로 방자하며, 조정의 정화(政化)[11]를 펼 길이 없고 명령을 실행하지 못하게 만들었으니, 예로부터 오늘에 이르도록 어찌 이러한 이치가 있겠는가? 이것은 내 한 사람이 너희들을 안락하게 이끌어 다스리지 못한 것이며, 또한 오직 여러 고을의 수령들이 백성들의 재물을 수탈하여 괴롭혔기 때문이니, 탐관오리와 사악한 무리들에 대해서는 장차 징계하여 처벌할 것을 약속한다. 오직 나는 백성의 부모가 되어 그들이 불의에 스스로 빠져 들어감을 보고 슬퍼하고 측은히 생각하여 어둔 것을 터서 밝은 데로 이끄는 것을 생각하지 않을 수 있겠는가? 이에 호군 어윤중을 선무사로 삼아서 나 대신 달려 보내고 이에 반포하여 알리니 이것은 또한 먼저 가르치고 듣지 않으면 나중에 형을 가하려는 뜻에서이다. 너희들은 각각 서로 해산할 것을 알려라. 위협을 받고 따랐던 자들은 모두 양민이니, 이제 혹 두목을 잡아 바치

든가 정형을 밀고하는 자는 거기에 따라 후한 상을 내릴 것이요, 만약 마음을 고치지 않고 흩어지지 않는다면 내 마땅히 무서운 처벌을 내릴 것이다. 너희들은 빨리 마음을 고쳐서 깨닫고 스스로 형벌에 간여됨이 없도록 하라."

註解

1) **교지**(敎旨) : 임금의 전지(傳旨). 왕지(王旨).
2) **윤음**(綸音) : 임금의 말씀. 윤발(綸綍). 윤지(綸旨).
3) **열성조**(列聖朝) : 역대 임금의 시대.
4) **이륜**(彝倫) : 사람으로서 떳떳이 지켜야 할 도리. 인륜(人倫).
5) **정학**(正學) : 유학(儒學)을 일컬음.
6) **추향**(趨向) : 대세의 되어가는 형편.
7) **저축**(詛祝) : 남이 못되기를 비는 것. 저주.
8) **창의**(倡義) : 국난을 당했을 때 나라를 위해 의병을 일으킴.
9) **정약**(訂約) : 조약을 의논하여 정함.
10) **창란**(倡亂) : 창의와 반대되는 뜻으로 사용되었음. 즉 반란군을 일으킨다는 뜻.
11) **정화**(政化) : 바른 정치로 백성을 다스려 교화시킴.

原文

夏四月 以魚允中爲宣撫使 洪啓薰爲招討使 鎭撫兩湖東匪 是時 東匪會報恩者八萬人 築壘建旗 有四搶之勢 行路阻絶 遠近大震 命允中·啓薰 星夜南下 而授旨主撫 啓薰

소장경영대오백 기지발대포이섭지 비도수성 도수게간
所將京營隊五百 旣至發大砲以讋之 匪徒雖盛 徒手偈竿

불감모항 유청무지의 윤중인선음음 기문왈
不敢謀抗 有聽撫之意 允中因宣綸音 其文曰.

왕약왈 자이유중 함청여일인고 아열성조모훈공창 명이
王若曰 咨爾有衆 咸聽余一人誥 我列聖朝謨訓孔彰 明彝

윤이입인기 숭정학이도국속 사농공상각안기업자 금오백
倫以立人紀 崇正學以導國俗 士農工商各安其業者 今五百

유여년의 부하세강속투 추향각이 망탄지도 저축지술 무
有餘年矣 夫何世降俗渝 趨向各異 妄誕之徒 詛祝之術 誣

혹아일세 괘오아중민 침침연여취여전 막가제성 황우이소
惑我一世 詿誤我衆民 駸駸然如醉如顚 莫可提醒 況又爾所

위동학자 자이위경천존천 이이소칭경여존자 무비만천기
謂東學者 自以爲敬天尊天 而爾所稱敬與尊者 無非慢天欺

천야 인중소취 기의안재 축석위성 건기상응 내감서지왈
天也 引衆嘯聚 其意安在 築石爲城 建旗相應 乃敢書之曰

창의 이혹발문 혹게방 선동인심 이등수명완 기불문우내
倡義 而或發文 或揭榜 煽動人心 爾等雖冥頑 豈不聞宇內

대세 조가정약 이내감탁사 수욕매화 차비창의 즉창란야
大勢·朝家訂約 而乃敢託辭 遂欲媒禍 此非倡義 卽倡亂也

이등반거둔취 시중자자 지사조가지정화무소저 명령무소
爾等盤據屯聚 恃衆自恣 至使朝家之政化無所底 命令無所

시 왕고래금 기유시리 차개유여일인 불능도솔이안락이
施 往古來今 豈有是理 此皆由予一人 不能導率爾安樂爾

역유열군목수 준박곤고이 이탐리묵수 장행징창 유여위민
亦惟列郡牧守 浚剝困苦爾 而貪吏墨守 將行懲創 惟予爲民

부모 기시적자지자함어불의 이애긍측달 불사소이유혼향
父母 其視赤子之自陷於不義 而哀矜惻怛 不思所以牖昏向

명지도호 자령호군어윤중위선무사 대여치왕 고자포유 차
明之道乎 玆令護軍魚允中爲宣撫使 代予馳往 故玆布喩 此

역선교후형지의야 이등기각서고해산 이협종지류 개시양
亦先敎後刑之義也 爾等其各胥告解散 而脅從之類 皆是良

민 금약혹금납거괴 혹밀고정형자 수시중상 약일향불전불
民 今若或擒納渠魁 或密告情形者 隨施重賞 若一向不悛不
산 즉여당유대처분 이등번연개도 무지자간왕장
散 則予當有大處分 爾等幡然改圖 無至自干王章.

동학교도(東學敎徒)들이 드디어 해산하자 홍계훈은 군사를 이끌고 돌아왔다. 조정에서는 축하하는 움직임이 있었으나 비도(匪徒)[1]들이 숨어 있는 근심은 비로소 커졌다. 전라 · 충청도의 사대부들은 모두 어윤중이 실책을 저질렀다고 허물하였다. 어윤중은 보은으로부터 잇달아 열읍(列邑, 각 고을)을 돌며 순찰하였다. 처음에 이도재(李道宰)의 형이 충청도에 살면서 무단(武端)을 자행하여 본토민에게 살해를 당했으나, 마침 이도재가 적소(謫所)에 있었기 때문에 세력이 꺾여 형의 원수를 갚지 못했다. 이에 이르러 어윤중이 선무사의 위세를 빙자해서 대신 살해한 자를 죽였다. 또한 사람을 보내서 하동군에 속해 있는 지리산(智異山) 중 악양(岳陽) 손씨 무덤에 치총(置塚)[2]하였다. 치총이란 예전에 수장(壽藏)[3]과 같은 것으로, 나라 풍속에 다른 사람이 남의 무덤을 침범하는 것을 금했다. 그런데도 손씨는 외축(畏縮)[4]되어 감히 항의하지 못했다. 사람들은 이 두 사건을 이르되 모두 선무사가 할 성질의 것이 아니라고 하였다. 어윤중은 본래 감여(堪輿)[5]에 현혹되었으며, 스스로 그 기술에 정통했다고 하였다. 어윤중은 전후 장계에서 동학을 가리켜 '비도(匪徒)'라 하지 않고 '민당(民黨)'이라 말하여 마치 서양의 민권자(民權者)들과 같은 점이 있었다. 그러나 식자(識者)층에서는 그의 실언을 허물하였다.

註解

1) **비도**(匪徒) : 떼를 지어 다니면서 사람을 해치고 재물을 빼앗는 무리. 여기서는 동학교도(東學敎徒)를 일컬음.
2) **치총**(置塚) : 치표(置標)로 만든 무덤. 묏자리를 미리 잡아 무덤 모양과 같이 만들어 놓은 것.
3) **수장**(壽藏) : 생전에 만들어 두는 무덤.
4) **외축**(畏縮) : 두려워 위축당함.
5) **감여**(堪輿) : 풍수설에 의해서 묘지나 집터 등의 좋고 나쁨을 가리는 일. 또는 그 사람. 감여가.

原文

비도수산 계훈진여환 조정동색상하 이복망지우시대 양
匪徒遂散 啓薰振旅還 朝廷動色相賀 而伏莽之憂始大 兩
호사대부 개구윤중위실책 윤중자보은리이순열읍 초이도
湖士大夫 皆咎允中爲失策 允中自報恩邐迤巡列邑 初李道
재형모 거호중 자행무단 위토민소살 이적치도재재적 실
宰兄某 居湖中 恣行武斷 爲土民所殺 而適値道宰在謫 失
세불능복구 지시윤중자선무지위장살지 우견인치총우악
勢不能復仇 至是允中藉宣撫之威杖殺之 又遣人置塚于岳
양 지리산중동명 재하동군 손씨지영 치총자류고수장 이
陽(智異山中洞名 在河東郡) 孫氏之塋 置塚者類古壽藏 而
국속금인침분 연손씨외축막감항 인위이사 개비선무사소
國俗禁人侵墳 然孫氏畏縮莫敢抗 人謂二事 皆非宣撫使所
위야 윤중소혹감여 자이정기술운 윤중전후장계 지동학불
爲也 允中素惑堪輿 自以精其術云 允中前後狀啓 指東學不
왈비도 이왈민당 유약태서지민권자 연식자구기실언
曰匪徒 而曰民黨 有若泰西之民權者 然識者咎其失言.

민영준(閔泳駿)은 동학이 치열하게 일어나는 데 대해서 말하

였다. 즉 고례(古禮)를 실행하지 않음으로 말미암아 풍속이 퇴폐한 데 연유한 것이라 주장하였다. 그래서 임금께 올려 경상도와 전라도 감사에게 신칙(申飭, 타일러 조심함)하여 전라도 지방에서는 향약(鄕約)[1]을 행하고, 경상도 지방에서는 향음주례(鄕飮酒禮)[2]를 행하도록 하였다. 이에 날짜를 정하여 돌아가며 시행하자, 지방 수령들은 서로 뒤질세라 두려워 여름철에 백성들을 내몰아 시행하므로, 음식 장만할 금전을 갹출하며 이마에 땀이 흐르도록 무릎을 꿇려놓고, 농사를 방해하고 일을 못하여 동리마다 괴로움이 많았다. 또 나이가 많은 사람을 조사해서 쌀과 고기를 내리고, 수직(壽職)[3]을 따져서 통정 대부(通政大夫) · 가선 대부(嘉善大夫) 등의 첩(帖)을 주며 돈 30민(緡)을 거뒀는데 그의 자손을 잡아 가두고 독촉하였다. 아무것도 없는 농촌 구석의 노인들은 빚을 내어 꾸어다 물었으니, 이것을 가리켜 '노인 난리'라고 하였다.

註解

1) **향약**(鄕約) : 권선징악(勸善懲惡)을 취지로 한 향촌의 자치 규약.
2) **향음주례**(鄕飮酒禮) : 온 고을의 유생이 모여 향약(鄕約)을 읽고 술을 마시며 잔치하는 예식.
3) **수직**(壽職) : 오래 산다고 대접하여 내리는 관직.

原文

민영준창언 동학지치 유어고례불행 풍속퇴폐 백상칙양
閔泳駿倡言 東學之熾 由於古禮不行 風俗頹弊 白上飭兩

남도신 호남행향약 영남행향음주 극일륜행 수재망풍공
南道臣 湖南行鄉約 嶺南行鄉飮酒 剋日輪行 守宰望風恐
후 이서월구민행지 휘한궤배 갹전포체 방농해사 여리심
後 以暑月毆民行之 揮汗跪拜 醵錢哺餟 妨農害事 閭里甚
고지 우록고년 사미육 수이수직통정 가선등첩 렴전삼
苦之 又錄高年 賜米肉 授以壽職通政·嘉善等帖 斂錢三
십민 수기자손이독지 궁염기구 가대취판 위지노인난리
十緡 囚其子孫以督之 窮閻耆耇 假貸取辦 謂之老人亂離.

부호군(副護軍) 이건창(李建昌)이 소를 올려 어윤중(魚允中)이 동비를 토벌하지 않은 실책을 논하였다. 그러나 이 상소가 올라왔으나 살피지 않았다. 그때 어윤중은 임금의 교지를 받고, 동비를 무마하여 해산시키는 것이 급했으나 식자들은 그의 조치가 잘못되었다고 비난하였는데, 창언(昌言, 적절하고 훌륭한 말)하여 논박한 것은 이건창으로부터 시작되었다. 동비의 무리가 터져 나오자 세상 사람들은 그의 선견(先見)에 감복하였다.

原文

부호군이건창 상소론어윤중불초동비지실 소입불성 시
副護軍李建昌 上疏論魚允中不勦東匪之失 疏入不省 時
어윤중수상지 급어무이산지 식자기기지치괴의 이창언진
魚允中受上旨 急於撫以散之 識者譏其指置乖宜 而昌言陳
박 자건창시 급비류궤결 세복기선견
駁 自建昌始 及匪類潰決 世服其先見.

7월에 전 정언 안효제(安孝濟)가 상소를 올려 요사스러운 무당 진령군(眞靈君)을 죽일 것을 청했다. 안효제는 의령현 사람

이다. 상소문을 올리니 민영주(閔泳柱)와 박시순(朴始淳) 등은 승지로서 승정원에 있었다. 서로 돌아보며 상소문을 올려야 좋을지 몰라서 상의하다가 갑자기 민영주가 큰 소리로 몹시 성을 내며, "이렇게 흉악한 상소를 어찌 가히 올릴 수 있겠소?" 하니 박시순이 말하기를, "이 상소는 언사(言事)[1]에 관계되는 것인데 어찌하느냐?" 하였다. 정인학(鄭寅學)이 말하되, "도승지와 의논하는 것이 좋겠다."고 하였다. 당시 김명규(金明圭)가 도승지였는데 상소문을 가져다 민영준(閔泳駿)에게 보이며 봉소(捧疏)[2]의 여부를 물었다. 민영준은 화를 내며 옷자락을 걷어 올리고 나가면서, "봉소하든지 말든지 하는 것은 도승지가 결정할 수 없단 말이오? 세상에 또 도도승지(都都承旨)[3]가 있단 말인가?" 하였다. 김명규가 돌아와서 말하기를, "내 역량으로 가히 봉소할 수 없다." 하고 드디어 상소를 물리쳤다. 박시순이 탄식하며, "비록 자신은 말하지 못하더라도 남이 한 말을 막아서야 되겠는가?" 하였다. 상소문은 비록 올리지 않았으나 부본(副本)이 서울에 많아서 임금과 민비도 일찌감치 읽어 보았다.

註解

1) **언사**(言事) : 언사소(言事疏). 시국에 관련된 일에 대하여 자신의 견해를 밝힌 상소.
2) **봉소**(捧疏) : 상소문을 임금께 올리는 일.
3) **도도승지**(都都承旨) : 승정원의 여섯 명의 승지가 있는데 도승지가 가장 서열이 높다. 도도승지란 없는 것으로 비꼬아서 한 말이다.

原文

秋七月 前正言安孝濟上疏 請誅妖巫眞靈君 孝濟宜寧縣人也 疏旣呈 閔泳柱 · 朴始淳等 以承旨在政院 相顧吐舌議捧入與否 泳柱大吼曰 如此胸疏 何可捧入 始淳曰 係是言事奈何 鄭寅學曰 可議于都令 時金明圭爲都承旨 袖疏見閔泳駿 問可捧否 泳駿怫然拂衣出曰 捧疏不奉疏 都承旨不能決 世更有都都承旨乎 明圭返曰 以吾力量 決不可捧 遂却之 始淳嘆曰 縱已不言 亦可幷人言沮格乎 疏雖未徹 副本滿京師 兩殿早已見之.

권봉희(權鳳熙)를 흑산도(黑山島)에, 안효제(安孝濟)를 추자도(楸子島)에 각각 안치하고, 어윤중(魚允中)을 연일(延日)에, 박시순(朴始淳)을 홍원(洪原)에, 이건창(李建昌)을 보성(寶城)에, 전 정언 장병익(張炳翊)을 □□에 유배시켰다. 중궁이 안효제의 소를 보고는 크게 노하여 손으로 책상을 치면서, "반드시 말한 자들을 다 죽여야 이 분함이 다 풀리겠다." 하였다. 임금이 위로하여 화를 풀라고 하면서, "조종조에서는 일찍이 상소한 사람을 죽인 적이 없소. 지금 죽이려면 죽일 수도 있겠지만 세자가 무엇을 배우겠소?" 하자, 중궁은 임금의 말이 세자의 처

지를 위한 것이라 여긴 까닭에 노여움이 조금은 풀리게 되었다. 갑신년(고종 21, 1884)의 주모자들을 임금이 몹시 미워했는데 이도재(李道宰) 등이 지정죄(知情罪)로 연좌되어 있었으므로 항상 좋지 않게 여겼으나 화풀이 할 곳이 없어 참고 있었다. 그러다가 어윤중이 이도재를 위해 원수를 갚아주겠다는 말을 듣고 크게 화를 내며, 이에 정언 김만제(金萬濟)를 시켜 소를 올리게 하였다.

그 상소의 내용은 다음과 같다.

"권봉희는 어리석고 몽매함을 무릅쓰고 소를 올려 무고하게 욕하고 꾸짖었으며, 안효제는 말을 가리지 않고 하여 용서받을 수 없는 죄를 저질렀으니, 모두 형벌을 시행하게 하십시오. 선무사 어윤중은 지난번에 비도들이 떼지어 모여드는데, 한시 바삐 물리쳐 안정시키려는 계책은 조금도 늦출 수 없거늘, 남고산성(南固山城)에서 기생을 데리고 가서 질탕하게 놀은 데다 또 두 사람을 왕살(枉殺, 함부로 죽임)하여 위리안치(圍籬安置)된 이도재를 위하여 원수를 갚아주었습니다. 승지 박시순은 안효제와 더불어 같은 이웃에 살면서 친밀하여 한통속이 되어 가지고 의중을 따라 힘을 써 반드시 소를 올리고자 하였을 것이니, 청컨대 아울러 그 죄를 바로잡아 주소서." 하였다.

임금은 그것을 윤허하였다. 이건창의 상소문은 다소 기롱과 풍자가 곁들여 있었고, 장병익은 전 정언으로 또한 언사항소(言事抗疏)를 올려 항의하다가 아울러 죄를 얻게 된 것이다. 장병익은 인동인(仁同人)이다. 여러 사람이 귀양간 다음에 임금

은 승정원에 알려 지금 이후로는 언사소(言事疏)로 지칭되는 것들을 일체 봉납하지(바치지) 말도록 하였다.

原文

명 안 치 권 봉 희 우 흑 산 도 안 효 제 우 추 자 도 찬 어 윤 중 우 연
命安置權鳳熙于黑山島 安孝濟于楸子島 竄魚允中于延
일 박 시 순 우 홍 원 이 건 창 우 보 성 전 정 언 장 병 익 우 중
日 朴始淳于洪原 李建昌于寶城 前正言張炳翊于 □□ 中
궁 견 효 제 소 대 노 극 수 저 안 왈 필 진 륙 언 자 차 분 가 설 상 위
宮見孝濟疏大怒 戟手抵案曰 必盡戮言者 此憤可泄 上慰
해 지 왈 조 종 조 미 상 경 살 언 자 금 살 즉 살 의 세 자 안 소 취 법
解之曰 祖宗朝 未嘗輕殺言者 今殺則殺矣 世子安所取法
중 궁 이 상 어 위 세 자 지 고 노 초 제 갑 신 고 종 이 십 일 년 제 적
中宮以上語爲世子地 故怒稍霽 甲申(高宗二十一年)諸賊
상 통 악 지 이 이 도 재 등 좌 이 지 정 고 상 상 앙 앙 연 이 기 무 소 발
上痛惡之 而李道宰等坐以知情 故上常怏怏 然以其無所發
노 고 인 지 급 문 윤 중 위 도 재 복 구 대 노 내 사 정 언 김 만 제 상
怒 故忍之 及聞允中爲道宰復仇 大怒 乃使正言金萬濟上
소 언 권 봉 희 모 말 투 소 무 욕 후 매 안 효 제 어 불 택 발 죄 범 망
疏言 權鳳熙冒昧投疏 誣辱詬罵 安孝濟語不擇發 罪犯罔
사 청 병 시 전 형 선 무 사 어 윤 중 경 당 비 도 지 소 취 퇴 안 지 책
赦 請幷施典刑 宣撫使魚允中 頃當匪徒之嘯聚 退安之策
불 가 일 일 소 완 이 휴 기 남 고 산 성 질 탕 유 연 차 왕 살 이 인 위
不可一日少緩 而携妓南固山城 跌宕留連 且枉殺二人 爲
극 치 죄 인 이 도 재 보 수 승 지 박 시 순 여 효 제 동 계 밀 장 두 관 관
棘寘罪人李道宰報讐 承旨朴始淳 與孝濟同契密 腸肚貫串
종 중 설 력 필 욕 봉 소 청 병 정 기 죄 상 윤 지 건 창 소 초 섭 기 풍
從中設力 必欲捧疏 請幷正其罪 上允之 建昌疏 稍涉譏諷
병 익 이 전 정 언 역 언 사 항 소 병 득 죄 병 익 인 동 인 야 제 인 찬
炳翊以前正言 亦言事抗疏 幷得罪 炳翊仁同人也 諸人竄

後 上喩政院 今而後稱言事疏者 一切勿捧入.

9월, 조희일(趙熙一)을 신지도(新旨島)에, 여규형(呂圭亨)을 금중도(金中島)에 귀양 보냈다. 이전에 민치록(閔致祿)이 덕천 군수로 있을 때 어사 조학년(趙鶴年)이 죄상을 조사하여 그를 파출시킨 일이 있었는데, 그때 중궁 민비는 네 살 먹은 어린이로 아버지를 따라 군아(郡衙)에 있다가 아버지 민치록이 어사한테 쫓겨나자 가족을 이끌고 외조모 집으로 이사를 했다. 중궁을 안고 가다가 담에 떨어뜨려 발을 다친 것이 부스럼 자리가 생겼다. 왕비에 오르자 항상 발을 만지면서 아프다고 조학년에게 욕을 하였다. 조학년에게 앙갚음을 하려 했지만 그는 이미 죽었다. 조학년의 조카 조희일(趙熙一)은 연소자로 벼슬이 높았고 시망(時望)[1]이 있었다. 중궁 민비는 이에 관직을 정지시키도록 명하였으며 이로 말미암아 조희일은 전직 참판으로 20년간을 옮기지 않고 문을 닫고 스스로 들어앉아 있었다. 그의 아들 성재(性載)가 응제과(應制科)[2]에 합격하여 방문에 붙이니 중궁 민비는 놀라며 한탄하여 말하기를, "조희일 집에서 대과(大科)를 합격하다니!" 하였다. 조희일은 이 소식을 듣고 더욱 두려워하였다.

여규형(呂圭亨)의 가문은 보잘것없었으나 그는 재주가 있고 기억력이 뛰어나 사람을 감복시켰다. 그러나 성색(聲色)[3]과 도박을 즐겨서 선비들 사이에 명망을 얻지 못하였다 . 그는 벼슬한 지 수 년이 되었어도 낮은 자리에 처져 있었으며 더욱 제멋

대로 굴며 절제하지 않았다. 또한 진령군(眞靈君)이 임금과 왕비에게 말하기를, "관제(關帝)[4]는 여몽(呂蒙)[5]이 해치게 된 바 무릇 여씨 성을 가진 자는 관제가 지금에 이르기까지 미워하고 있습니다. 이제 전하께서 관제께 복을 바라신다고 하신다면 가히 여규형을 멀리해야 합니다." 하니 임금은 귀를 기울여 들었다. 그런고로 정관(政官)은 임금의 뜻을 헤아려서 여규형을 의망(擬望)에 올리지 않았다. 여규형은 드디어 민비 세도가에 출입하여 승진하였고 민영주(閔泳柱)를 따라다니며 함께 술을 마셨다. 이 해 만수절에 대궐에서 연회가 파하자 임금은 민영달(閔泳達) 집에 먹을 것을 보냈다. 영달은 명사들을 모아 술을 마시며 임금의 은혜를 기념하기 위하여 시를 읊게 되었는데 여규형도 참여했다. 묏산〔山〕자를 뽑아서 시를 읊기를 '술은 회수(淮水)[6]와 같이 많고 고기는 산(태산을 말함인 듯) 같이 많다' 하였다. 임금은 민영달 집에서 시회(詩會)[7]가 있다는 소식을 듣고 시축(詩軸)을 가져오게 했다. 여규형의 시를 가리키며, "살코기를 산 같이 많이 쌓고 포육(脯肉)을 숲처럼 많이 늘어놓고〔肉山脯林〕 한 말은 걸주(桀紂)[8]에게서 취한 것이 아니냐?" 하며 그를 원망하였다고 한다. 얼마 안 있어 식년 초시(式年初試)[9]를 보일 때 임금이 조희일을 서울 이소(二所)의 시관(試官)으로 삼았다. 조희일은 잘못을 저지를까 크게 놀라며 분향하고 하늘에 맹세하여 공정한 선발을 하겠다고 다짐했다. 방(榜)이 발표된 뒤에 아무 다른 말이 없었는데, '중궁은 무명자(無名子)를 모집한다.' 하였다. 종가(鍾街)에 괘서(掛書)[10]가 붙었는데 '여규형이 외부와 관절(關節)[11]을 통하고 조희일은 모두 과방을 팔았

다'는 말이었다. 임금은 특명으로 두 사람을 함께 섬으로 귀양 보내라 하였다. 비망기(備忘記)[12]에 자주 여규형의 말이 나오는데 행실이 본디 비패(鄙悖)[13]하다 하였으며, 말하는 것이 또한 거칠고 잡스러운 것이 많다 하였으니, 이는 '고기가 산같이 쌓였다'는 그의 시구를 지적한 것이다.

註解

1) **시망**(時望) : 촉망이 있음.
2) **응제과**(應制科) : 임금의 특명에 의하여 임시로 보는 과거.
3) **성색**(聲色) : 노래와 여색.
4) **관제**(關帝) : 중국 삼국시대 촉의 장수 관우(關羽)를 일컬음.
5) **여몽**(呂蒙) : 오나라 장수. 촉의 관우를 죽임.
6) **회수**(淮水) : 중국에서 셋째 가는 큰 강.
7) **시회**(詩會) : 시를 짓는 모임.
8) **걸주**(桀紂) : 걸왕과 주왕. 주지육림 등, 포악하기로 이름났음.
9) **식년 초시**(式年初試) : 정기 과거시험의 생원 진사과.
10) **괘서**(掛書) : 이름을 숨기고 게시하는 글.
11) **관절**(關節) : 요로에 있는 사람에게 뇌물을 보내고 부탁하는 일.
12) **비망기**(備忘記) : 임금의 명령을 적어서 승지에게 전하는 물건.
13) **비패**(鄙悖) : 행동이 비열하고 성질이 비뚤어짐.

原文

구월찬조희일우신지도 여규형우금중도 초민치록위덕
九月竄趙熙一于薪旨島 呂圭亨于金中島 初閔致祿爲德
천군수 어사조학년 안죄파출지 시중궁보사세 수부재아
川郡守 御史趙鶴年 按罪罷黜之 時中宮甫四歲 隨父在衙

치록박우어사 설권이외모 포중궁추우탄 상족성반 급귀
致祿迫于御史 挈眷移外姆 抱中宮墜于坦 傷足成瘢 及貴

상무족통매 욕감심우학년 연학년이사 기질희일 년소명
常撫足痛罵 欲甘心于鶴年 然鶴年已死 其侄熙一 年少名

환 유시망 중궁내명정리정망 유시희일이전참판 이십년
宦 有時望 中宮乃命政吏停望 由是熙一以前參判 二十年

불천 두문자폐 기자성재 중응제과 탁방 중궁경한왈 조희
不遷 杜門自廢 其子性載 中應制科 坼榜 中宮驚恨曰 趙熙

일가 내출대과 희일문지유공 규형문지초초 유준재 이기
一家 乃出大科 熙一聞之愈恐 圭亨門地楚楚 有俊才 以記

성복인 연기성색도박 사망불귀 석갈수년 침굴하료 익자
性服人 然嗜聲色賭博 士望不歸 釋褐數年 沉屈下僚 益自

방불검 우진영군언우양전 관제위여몽소해 범성여자 제
放不檢 又眞靈君言于兩殿 關帝爲呂蒙所害 凡姓呂者 帝

지금오지 금전하욕요복우제 가원여규형 상경청지 고정
至今惡之 今殿下欲徼福于帝 可遠呂圭亨 上傾聽之 故政

관췌상의 불이규형의망 규형수출입제민 이계진 지종영
官惴上意 不以圭亨擬望 圭亨遂出入諸閔 以階進 至從泳

주음 시세만수절 대내연파 상사찬영달가 영달인회제명
柱飮 是歲萬壽節 大內宴罷 上賜饌泳達家 泳達因會諸名

사음 부기은시 규형여언 추산자왈 유주여회육사산 상문
士飮 賦紀恩詩 圭亨與焉 抽山字曰 有酒如淮肉似山 上聞

영달가시회 징축람지 지규형시왈 육산포림 시방여걸주
泳達家詩會 徵軸覽之 指圭亨詩曰 肉山脯林 是方予桀紂

야함지 미기당식년시지기 어비이희일위한성이소시관 희
也銜之 未幾當式年試之期 御批以熙一爲漢城二所試官 熙

일대구획죄 분향서천 무극공선 방출무타언 중궁모무명
一大懼獲罪 焚香誓天 務極公選 榜出無他言 中宮募無名

자 괘서종가 언규형재외통관절 희일득매전방 엄지병명
子 掛書鍾街 言圭亨在外通關節 熙一得賣全榜 嚴旨幷命

도배 비망기수규형지사유왈 행기본자비패 발언역다황잡
島配 備忘記數圭亨之詞有曰 行己本自鄙悖 發言亦多荒雜

개 지 육 산 사 야
蓋指肉山事也.

8월 22일에 지진이 있었다.

原文

팔 월 이 십 이 일 지 진
八月二十二日地震.

12월, 외무참의 박용선(朴用先)을 파견하여 개성에서 일어난 민란(民亂)을 조사하여 보고토록 하였다. 김세기(金世基)가 개성유수로 있으면서 잠상(潛商)과 결탁해서 백성의 재물을 빼앗음이 끝이 없자, 개성부민 김흔(金炘) 등이 군중을 모아 난을 일으켰다. 유수 김세기는 변복차림으로 도망쳤다. 이때 탐관오리들이 온 나라 안에 가득하여 어지럽히지 않은 곳이 없었지만 그중 더욱 심한 자는 조사해서 죄를 주었다. 전후해서 귀양간 자는 이돈하(李敦夏) · 이용익(李容翊) · 정광연(鄭匡淵) · 이근호(李根澔) · 이원일(李源逸) · 홍시형(洪時衡) · 김영적(金永迪) · 심인택(沈仁澤) · 윤병관(尹秉寬) · 조준구(趙駿九) · 이용직(李容直) · 조만승(曺萬承) · 김세기(金世基) 등이었다. 그러나 정작 거물급들은 법망을 빠져나가 또한 징창(懲創, 처벌)함이 만족할 수 없었다.

原文

십 이 월 견 외 무 참 의 박 용 선 사 핵 개 성 난 민 김 세 기 유 수 개
十二月 遣外務參議朴用先 查覈開城亂民 金世基留守開

성 탁잠삼 양탈민재무기 부민김흔등 취중작란 세기변복
城 托潛蔘 攘奪民財無紀 府民金炘等 聚衆作亂 世基變服

이도 시시탐리편일국 무읍불란 이취기우자 사문론죄 전
而逃 是時貪吏遍一國 無邑不亂 而就其尤者 查聞論罪 前

후찬적자 여이돈하 이용익 정광연 이근호 이원일
後竄謫者 如李敦夏·李容翊·鄭匡淵·李根澔·李源逸·

홍시형 김영적 심인택 윤병관 조준구 이용직 조
洪時衡·金永迪·沈仁澤·尹秉寬·趙駿九·李容直·曺

만승 김세기등 이망루탄주 역부족이징창야
萬承·金世基等 而網漏呑舟 亦不足以懲創也.

梅泉野錄 卷之二

갑오(1894) 고종 31년
(청 광서 20년, 일본 명치 27년)

12월 12일 기미, 밤에 우레가 두 번 울렸다.

原文

춘 이 월 십 이 일 기 미 야　천 고 재 명
春二月十二日己未夜 天鼓再鳴.

(2월), 전라도 고부(古阜)에서 민란이 일어나 군수 조병갑(趙秉甲)이 달아났다. 조정에서는 그를 잡아 문책케 하고 용안(龍安) 현감 박원명(朴源明)을 조병갑의 후임으로 임명했으며, 장흥(長興) 부사 이용태(李容泰)를 안핵사(按覈使)[1]로 삼았다. 조병갑은 죽은 군수 조규순(趙奎淳)의 서자로 관직에 있는 동안 재물을 탐내고 가혹하였다. 계사(고종 30, 1893)년에 날이 가물어 흉년이 들었으나 조병갑은 이를 무시하고 마구 세금을 거두어들이니 백성들이 마침내 난을 일으킨 것이다. 박원명은 대대로 광주(光州)에 살면서 많은 재산을 가지고 있었는데, 자못 재

간도 있었고 또한 본도 사람이라 필시 정황을 잘 알 것이기 때문에 민영준(閔泳駿)이 쓰게 한 것이다. 이미 순천(順天)에서도 민란이 일어나 부사 김갑규(金甲圭)를 쫓아냈으며, 영광(靈光)에서도 민란이 일어나 군수 민영수(閔泳壽)를 추방했다.

註解

1) **안핵사**(按覈使) : 지방에서 발생한 민란을 수습하기 위하여 파견하던 임시 벼슬.

原文

고부민란 군수조병갑주 명나문 이용안현감박원명대지
古阜民亂 郡守趙秉甲走 命拿問 以龍安縣監朴源明代之
장흥부사이용태위안핵사 병갑자고군수규순서자야 소이
長興府使李容泰爲按覈使 秉甲者故郡守奎淳庶子也 所莅
탐혹 계사(고종삼십년)한기 병갑닉재결 이혼징지 민수
貪酷 癸巳(高宗三十年)旱饑 秉甲匿災結 而混徵之 民遂
란 원명세거광주 옹후자 파유기간 차이본도인 필암정형
亂 源明世居光州 擁厚貲 頗有機幹 且以本道人 必諳情形
고민영준용지 기이 순천민란 축부사김갑규 영광민란 축
故閔泳駿用之 旣而 順川民亂 逐府使金甲圭 靈光民亂 逐
군수민영수
郡守閔泳壽.

3월 초하루에 일식이 있었다.

原文

삼월삭 일식
三月朔 日食.

(3월) 고부에서 동학교도(東學敎徒) 전봉준(全琫準) 등이 봉기하였다. 군수 박원명(朴源明)이 난민들에게 잔치를 열어 대접한 다음, 조정의 덕의(德意)를 알리며 죄를 용서해 주고 돌아가 농사일을 돌보게 하였다. 이에 난민들은 모두 뿔뿔이 흩어졌으나 주동자 전봉준 등 몇 사람은 간 곳을 알지 못했다. 안핵사 이용태(李容泰)가 이르러서는 박원명이 한 일과는 반대로 모두 번복시켜서 백성들을 구타하고 반역을 했다는 법률을 적용하여 죽이고자 하였다. 또한 부호들이 난을 선동했다고 얽어매고 협박하여 많은 뇌물을 거두고, 감사 김문현(金文鉉)과 모의해서 감영의 옥에 이감시킨 죄수들이 줄을 이었다. 이에 백성들이 분노하여 다시 난을 일으켰다.

전봉준(全琫準)은 가정이 빈한하고 의뢰할 곳 없는 자로 오래전부터 동학의 물이 들어서 항상 울분을 지닌 채 떨쳐 일어날 것을 생각하였다. 민란 초에 여러 사람이 그를 우두머리로 추대하여 난을 일으키고자 하는데, 계략을 짜기도 전에 군중이 흩어지므로 전봉준 또한 황급히 숨었던 것이다. 그 후 얼마 안 되어 순찰사와 안핵사가 다투어 수색하기에 긴박함을 알고 동학당의 김기범(金箕範)·손화중(孫化中)·최경선(崔敬善)과 모의한 후 대사를 거행하기로 하고 백성을 꾀어 전화위복(轉禍爲福)의 계책으로 삼았다. 동학은 '천리(天理)[1]를 대신한 것으로 나라를 보호하고 백성을 편안히 한다〔代天理物 輔國安民〕[2].'고 소리 높여 외쳤다. '우리는 살인과 약탈을 하지 않으며 오직 탐관오리만 용서할 수 없다'고 널리 알렸다. 이에 백성들이 호응

하여 연해 일대 10여 고을이 일시에 호응하고, 열흘이 못가서 수만 명에 이르렀다. 동학교도가 난민과 함께 결합한 것은 이로부터 시작되었다.

註解

1) **천리**(天理) : 천지 자연의 도리. 하늘의 바른 도리.
2) **보국안민**(輔國安民) : 나랏일을 돕고 백성을 편안하게 함.

原文

고부동비전봉준등기 박원명연호란민 유이조정덕의 사
古阜東匪全琫準等起 朴源明宴犒亂民 諭以朝廷德意 赦

죄귀농 난민개산 이창괴전봉준등수인 부지거처 반이용
罪歸農 亂民皆散 而倡魁全琫準等數人 不知去處 反李容

태지 진반원명소위 구민오역지율 욕안주지 우구부실이
泰至 盡反源明所爲 毆民忤逆之律 欲按誅之 又構富室以

창란협삭후뢰 여감사김문현통모 이수영옥자상망 민분노
倡亂脅索厚賂 與監司金文鉉通謀 移囚營獄者相望 民憤怒

부란 봉준가빈무뢰 구염동학 상울울사분 민란초 중추위
復亂 琫準家貧無賴 久染東學 常鬱鬱思奮 民亂初 衆推爲

괴 미급영기간 이중거산 고봉준역창황복닉 이이순안 교
魁 未及逞其姦 而衆遽散 故琫準亦倉皇伏匿 已而巡按 交

삭지급 내여기당김기범 손화중 최경선모 거대사 유민
索之急 乃與其黨金箕範·孫化中·崔敬善謀 擧大事 誘民

이전화위복지계 양언동학대천리물 보국안민 불살략 유
以轉禍爲福之計 揚言東學代天理物 輔國安民 不殺掠 惟

탐관오리불대 어시우민향응 우연일대십여읍 일시향응
貪官汚吏不貸 於是愚民響應 右沿一帶十餘邑 一時響應

순일지수만인 동학지여란민합 자차시
旬日至數萬人 東學之與亂民合 自此始.

고부 안핵사 이용태(李容泰)를 김제(金堤)에 귀양 보내고, 전라 감사 김문현(金文鉉)의 직을 삭탈하였는데, 이는 모두 일을 그르치고 잘못하여 민란을 더 커지게 한 때문이다.

原文

찬고부안핵사이용태우김제 삭전라감사김문현직 이개
竄古阜按覈使李容泰于金堤 削全羅監司金文鉉職 以皆
분오자난야
僨誤滋亂也.

유생 홍종우(洪鍾宇)가 상해에서 김옥균(金玉均)을 살해하고 돌아오자, 조정에서는 김옥균의 역률(逆律)[1]을 추가해서 시행하고 종우과(鍾宇科)를 개설하여 그를 급제시켰다. 홍종우는 경기도 안산(安山) 사람이다. 집이 몹시 가난하여 버티지 못하고 전전하다가 고금도(古今島)에 들어가 살았다. 일본에 들어가 김옥균 등과 교우하면서 항상 틈을 보아 그를 죽여서 나라의 근심을 없애고자 하였으나 김옥균 일당의 무리가 많아서 실천할 수 없었다. 이 해에 김옥균이 청나라로 건너갈 때 홍종우를 데리고 상해에 이르자 홍종우는 그를 살해하고 양칠(洋漆)로 시체를 칠하여 상하지 않게 하여 싣고 돌아왔다. (이에 조정에서는) 노량진에서 육시(戮尸)하도록 명하여 시체를 꿇어 앉혀놓고 처참했다. 유재현(柳載賢)의 아들은 그의 배를 째서 간을 씹었으며, 이조연(李祖淵)의 아들 탁(倬)도 또한 가서 보았다[2]. 민영선(閔泳璇)·민형식(閔亨植)·조동윤(趙東潤)·한인

호(韓麟鎬) 등 갑신정변(甲申政變)에 희생된 아들들은 모두 와서 보지 않았다. 중궁(中宮) 민비(閔妃)는 이 소식을 듣고 탄식하여 말하기를, "재상의 혈윤(血胤)[3]들이 중궁의 명사(螟嗣)[4]에도 미치지 못한단 말인가!" 하였다. 임금이 홍종우를 불러 매우 두터이 위로하고, 얼마 되지 않아서 과장을 마련하고 홍종우를 뽑았다. 그리고 즉시 홍문관 교리를 제수하고 서울에 집 한 채를 내렸다.

註解

1) **역률**(逆律) : 역적을 처벌하는 법령.
2) **유재현…… 이조연** : 갑신정변 당시 환관이었던 유재현과 좌영사였던 이조연이 김옥균 등에 의해 피살되었다.
3) **혈윤**(血胤) : 혈통(血統). 혈연관계가 있는 사람.
4) **명사**(螟嗣) : 양아들.

原文

유생홍종우 주김옥균우상해 동환 조정추시옥균역률 탁
儒生洪鍾宇 誅金玉均于上海 東還 朝廷追施玉均逆律 擢

종우과 종우경기안산인야 가빈락백 유우고금도 입일본
鍾宇科 鍾宇京畿安山人也 家貧落魄 流寓古今島 入日本

여옥균등유 상욕사극살지 제국환 이옥균당우심중 불득발
與玉均等游 常欲伺隙殺之 除國患 以玉均黨羽甚衆 不得發

시년춘 옥균유청국 휴종우지상해 종우창살지 이양칠칠기
是年春 玉均游淸國 携鍾宇至上海 鍾宇槍殺之 以洋漆漆其

시 득불양 재지환 명육시로양 방기기참야 유재현자모 부
尸 得不壤 載之還 命戮尸鷺梁 方其跽斬也 柳在賢子某 剖

복담기간 이조연자탁 역왕견 기여사난제인지자 여민영선
腹啖其肝 李祖淵子倬 亦往見 其餘死難諸人之子 如閔泳璇

형식 조동윤 한인호등개불왕 중궁문지탄왈 재상혈
· 亨植 · 趙東潤 · 韓麟鎬等皆不往　中宮聞之歎曰　宰相血
윤 불급중관지명사호 상소견종우 위노지심후 미기설과
胤　不及中官之螟嗣乎　上召見鍾宇　慰勞之甚厚　未幾設科
탁종우 즉제홍문관교리 사제경사
擢鍾宇　卽除弘文館校理　賜第京師.

『중동전기(中東戰紀)』[1]에 홍종우(洪鍾宇)가 김옥균(金玉均)을 살해한 사건을 다음과 같이 부재(附載, 덧붙이다)하였다.

김옥균은 갑신정변(甲申政變)이 실패로 돌아가자 박영효(朴泳孝) 등과 자금을 가지고 일본으로 망명했다. 김옥균은 성을 암전(岩田), 이름을 주작(周作)으로 바꿔었으며 중국에 가서는 화삼(和三)으로 이름을 바꾸었다. 그리고 서양의 여러 나라를 돌아다니면서 서양 복장을 하고 서양말을 하였다. 홍종우는 각국의 말을 잘 구사하여 서양 사람으로 변장하기가 용이했다. 독일 · 프랑스 등의 여러 나라를 유력하다가 혹시 김옥균을 만나면 거짓으로 반갑게 사귀었다. 계사(癸巳, 1893)에 김옥균이 대판(大坂, 오키나와)으로 돌아오자 홍종우도 그를 따라갔다가 갑오(甲午, 1894) 봄에 중국에 갈 것을 서로 언약하고, 2월 21일 상해에 도착하였다. 북하남로동화(北河南路東和)에 있는 길도덕삼(吉島德三)의 객저(客邸, 여관)에 여장을 풀었는데, 김옥균은 일본인 하인 북원연차랑(北原延次郎)을 데리고 중국인 오정헌(吳靜軒)과 함께 2층에 묵었으며, 홍종우는 다른 방에 들었다. 그러나 김옥균은 그가 자기를 해치려는 것을 전혀 의심하지 않았다.

22일 새벽, 홍종우가 서양 돈 5천 원권을 김옥균에게 내보이며 소동문 천풍전장(小東門天豊錢莊)에서 환전한 뒤에 함께 무역을 하자고 말을 건넸다. 잠시 후, 홍종우가 돌아와서 말하기를, "천풍전장의 주인이 외출했는데 유시(酉時, 오후 6시) 정각에 돌아온다." 하니, 김옥균은 머리를 끄덕끄덕했다. 홍종우는 신시(申時) 초에 조선 관복으로 갈아입고 김옥균이 들어 있는 방으로 갔다. 김옥균은 그때 서쪽 창구 침대에서 낮잠을 자고 있었다. 홍종우는 일본 하인 북원연차랑을 내보내고 갑자기 달려들어 권총을 쏘았다. 첫발은 뺨 오른쪽을 맞았는데, 뺨을 비껴 올라가서 바로 정수리의 오른쪽에 맞았다. 선혈이 뿜어 올라왔으며 김옥균은 통증을 느껴 발광을 하였다. 홍종우는 다시 총을 쏘아 탄환이 가슴 왼편에서 비껴 오른쪽을 뚫어서 피부의 막이 보이지 않았다. 세 번째 총알은 왼편 어깻죽지의 뒤편을 맞혔다. 길도덕삼 등 모든 사람들은 누각 밑에 있었는데, 요란한 소리가 들려 문 밖에 있는 사람들이 화폭(花瀑)[2]을 터뜨리나 생각하였다. 3층 누상에서 묵는 사람이 그 소리를 듣고 깜짝 놀라서 모두 내려와서 보니, 김옥균은 탄환을 맞은 뒤에 바로 뛰어 동쪽 끝 5호실 밖에서 쓰러져 뒹굴다가 죽었다.

길도덕삼(吉島德三)은 일본 영사에게 알렸으나 일본 사람과 한국 사람은 서로 원수지간이라 들으려 하지도 않았다. 청나라 상해령(上海令) 황승훤(黃承暄)이 일본 · 영국 · 미국 관원을 대동하고 와서 심문하였는데, 홍종우의 외모는 훤칠하고 우람해 보였으며, 의복 또한 세련되어 보였다. 홍종우는 당당한 말씨

로 큰소리치기를, "이놈은 대역부도(大逆不道)[3]한 놈!"이라 하였다. 사람들이 그를 죽이려고 하자, "이제 나라를 위해 국적(國賊)을 죽였으니 죽어도 여한이 없다!" 하였다. 또한 나라에서 이러한 명(命)을 받았다고 하니 청국 관리가 조선에 전보를 쳐서 돌아온 회신은 대략 이러했다.

'김옥균은 조선의 반역 신하이며 홍종우는 조선 관원이니 이 사건은 조선으로 돌려보내 임금의 재가를 받는 것이 합당하다'는 것이었다.

26일 황승원은 홍종우를 호위해서 현서(縣署)에 이르러 다시 군문에서 날랜 군사 4명을 뽑아서 홍종우를 호위하여 조선으로 돌려보냈다. 일본 하인 북원연차랑은 처음에 김옥균의 시체를 싣고 일본으로 가려 하였으나 청국 관원이 7일 동안 머물러 두게 하였다. 북원연차랑은 25일 자기 나라로 돌아가면서 그 관을 호남회관에 맡겨두었다. 홍종우가 마침내 선척에 싣고 본국으로 돌아와서 거리에 시체를 달아놓고 소금물로 절였다고 한다. 또한 이르되 일본 사람들은 김옥균이 참사한 소식을 듣고, 곧 그의 떨어진 머리털로 장사를 지냈다. 고관 향신(鄕紳) 및 상하 의원의 인원들이 수천 명이나 되었는데, 모두 즐겨 관을 잡았다고 한다. 또한 김옥균을 육시(戮尸)한 소식이 전해지자, 각 신문들은 봉기할 것을 논의했고 치욕을 씻는 마음이 더욱 굳어졌다고 한다. 홍종우가 조선에 돌아온 이후 만 리 밖에서 있었던 일이라 들리는 소리가 서로 달라서 자세히 알 수 없으나 『중동전기』에 실린 내용은, 청국 사람들이 목격한 것을

듣고 전한 것이니 잘못이 없을 것이다. 그래서 여기에 잘라서 기록했다.

註解

1) **중동전기**(中東戰紀) : 조선을 둘러싸고 일어난 사건 및 청일전쟁, 각종 조약 체결 등 미국인 Y.J.Allen 선교사의 시각으로 저술한 전기.
2) **화폭**(花瀑) : 불꽃놀이 하는 폭약.
3) **대역부도**(大逆不道) : 왕권을 침탈한 대역으로 사람의 도리에 크게 어그러짐. 또는 그런 행위. 대역무도(大逆無道).

原文

안중동전기 부재종우주옥균사왈 김옥균갑신 고종이
按中東戰紀 附載鍾宇誅玉均事曰. 金玉均甲申(高宗二

십일년 구역사패 여박영효등 협자도입일본 옥균변성암
十一年)構逆事敗 與朴泳孝等 挾貲逃入日本 玉均變姓岩

전명주작 급지중국 우변명화삼 전사태서각국 복서복 언
田名周作 及至中國 又變名和三 轉徙泰西各國 服西服 言

서언 홍종우자 능조각국방언 이작태서장 유역덕 법등
西言 洪鍾宇者 能操各國方言 易作泰西裝 游歷德·法等

국 혹시여김상치 양위교환 계사 고종삼십년 김회지대판
國 或時與金相値 佯爲交歡 癸巳(高宗三十年)金回至大坂

홍수지이지 갑오 고종삼십일년 춘 상약유중국 이월이십
洪隨之而至 甲午(高宗三十一年)春 相約游中國 二月二十

일일 저상해 교우북하남로동화길도덕삼객저 김휴왜복북
一日 抵上海 僑寓北河南路東和吉島德三客邸 金携倭僕北

원연차랑 해청인오정헌 동거이층루 홍즉별거타실 김고
原延次郎 偕淸人吳靜軒 同居二層樓 洪則別居他室 金固

불의기도기야 입이신 홍지양은오천원지권시김 이소동문
不疑其圖己也 廿二晨 洪持洋銀五千圓之劵示金 以小東門

천풍전장조부후 공도무역위언 소언 홍회고왈 천풍주인
天豊錢莊照付後 共圖貿易爲言 少焉 洪回告曰 天豊主人

출타 수유정천회 김함지 신초환천조선관복 지금방 금방
出他 須酉正遄回 金頷之 申初換穿朝鮮官服 至金房 金方

주면서창구등탑 홍휘령북원출외 돌출수쟁굉격 초중기좌
晝眠西窓口藤榻 洪揮令北原出外 突出手鎗轟擊 初中其左

협 탄유협사천이상 직달함문지우 선혈분박 통극광시 홍
頰 彈由頰斜穿而上 直達頷門之右 鮮血噴薄 痛極狂嘶 洪

복격이쟁탄 유흉지좌방 입횡천과우 미투피막 제삼쟁탄
復擊以鎗彈 由胸之左旁 入橫穿過右 未透皮膜 第三鎗彈

중좌견갑초후 길도제인 방재루하 맥문유성심려 유의문
中左肩胛稍後 吉島諸人 方在樓下 驀聞有聲甚厲 猶疑門

외인방화폭 삼층루상우객청지교절 군하찰간 즉금취쟁후
外人放花爆 三層樓上寓客聽之較切 群下察看 則金取鎗後

정분지동수제오간방외 도지완전이폐 길도품보왜령사 왜
正奔至東首第五間房外 倒地宛轉而斃 吉島禀報倭領事 倭

이한인상수 불원여문 청상해령황승훤 대동왜 영 미각
以韓人相讐 不願與聞 淸上海令黃承暄 帶同倭・英・美各

관심문 홍상모괴오의복유아 언사간간 대언대역부도지인
官審問 洪相貌魁梧衣服儒雅 言詞侃侃 大言大逆不道之人

인인득이주지 금득위국토적 사역감심 우칭봉국왕지명
人人得以誅之 今得爲國討賊 死亦甘心 又稱奉國王之命

어시청관전전조선 회전대략 이김옥균계조선반신 홍종우
於是淸官轉電朝鮮 回電大略 以金玉均係朝鮮反臣 洪鍾宇

계관원 차안리합해귀본국정탈 입육일 황령호홍지현서
係官員 此案理合解歸本國定奪 廿六日 黃令護洪至縣署

부차군문용정사명 호홍회국 북원초욕재김시왕일본 청관
復差軍門勇丁四名 護洪回國 北原初欲載金尸往日本 淸官

령정칠일 북원자이입오일동반 시관유기호남회관 홍경부
令停七日 北原自以廿五日東返 尸棺留寄湖南會舘 洪竟附

재회국 현가지염운운 우운 왜인문옥균참사 즉영장기유
載回國 縣街漬鹽云云 又云 倭人聞玉均慘死 卽營葬其遺

발 조귀향신 급상하의원인원 불하수천중 개감심위지집
髮 朝貴鄕紳 及上下議院人員 不下數千衆 皆甘心爲之執
불 급문육시지보 각신문자의봉기 익견쇄치지심운운 종
紼 及聞戮尸之報 各新聞訾議蜂起 益堅灑恥之心云云 鍾
우동환이후 이사재만리지외 전문호이미가상야 급거중동
宇東還以後 以事在萬里之外 傳聞互異未可詳也 及据中東
전기소재 즉계청인소목격 보무괘오 고절록우차
戰紀所載 則係淸人所目擊 保無詿誤 故節錄于此.

바야흐로 김옥균(金玉均)의 머리가 거리에 매달려 있을 때, 그곳을 지나던 일본 사람들은 눈물을 떨어뜨리지 않는 이가 없었다. 더구나 앞의 기록을 참고해보면 자기 나라의 국치(國恥, 나라의 수치)라고 하는 데까지 이르렀으니, 김옥균이 어떻게 해서 저들 사이에서 이러한 동정을 얻을 수 있었는지 알 수 없는 노릇이다. 혹 어떤 사람이 말하기를 갑신정변의 주모자 중에 김옥균이 가장 영리하여, 만약 죽지 않았다면 갑오년(고종 31, 1894) 후에 반드시 반서(反噬)[1]가 더욱 심했을 것이라 하였다. 그리고 어떤 사람은 김옥균의 재주는 실로 서광범(徐光範)이나 박영효보다 나아서 갑오년의 정국을 담당하도록 하였다면, 시행하고 조치한 일에 가히 볼만한 것들이 많았을 것이라고도 한다.

註解

1) 반서(反噬) : 기르던 짐승이 은혜를 잊고 사람을 해침. 은혜를 원수로 갚음.

原文

方玉均之懸首藁街也 日人過者 莫不墮淚 及參以右記所錄 則至引以爲國恥 未知玉均何以得此於彼中也 或言甲申(高宗二十一年)諸賊 玉均最黠 若不能則甲午(高宗三十一年)之後 必反噬尤劇 或言玉均之才 實優於徐·朴 使當甲午之局 其施措 必多可觀.

홍계훈(洪啓薰)을 양호(兩湖, 충청·전라) 초토사(招討使)[1]로 임명하여, 장위영(壯衛營)[2] 군사를 이끌고 호남의 민란을 토벌케 하였다.

4월에 김학진(金鶴鎭)을 전라 감사에 임명하고 전라 병사 이문영(李文榮)을 파직, 서병묵(徐丙默)을 임명하였다. 당시 반란민의 동태가 매우 긴박해져서 서울에서는 하루에 네댓 차례씩 놀라곤 하였다. 조정의 여론은 모두 그 지방을 담당한 지방관리, 강리(强吏)[3]가 직무를 전혀 감당하지 못한 것으로 민영준(閔泳駿)을 허물하니, 그도 능히 그들을 비호하지 못하여 드디어 이러한 명을 하게 되어 바로 내려 보냈다. 김학진이 임금께 부임 인사를 하며, 형편을 보아 일처리를 하겠다 청하니, 임금은 강하게 응답하면서, "경에게 일처리를 맡기겠다."고 하였다. 김학진은 문리(文吏)[4]로 온화한 성품이라 난의 처리를 감당할 재능이 없었다. 부인과 작별할 때 두려워하며 눈물까지 흘려

그것을 들은 사람들은 우려하였다. 서병묵은 일찍이 진주 병사로 있을 때 청렴하고 은혜롭다고 일컬어져서 다시 임명한 것이지 다른 장기는 없었다.

註解

1) **초토사**(招討使) : 나라의 변란이 있을 때 이를 평정하기 위해 임시로 내려 보내던 신하.
2) **장위영**(壯衛營) : 친군영(親軍營)의 전(前)영과 좌(左)영을 합한 군영. 1897년 일본에 의해 폐지되었다.
3) **강리**(强吏) : 무력을 행사하여 강력히 다스리는 관리.
4) **문리**(文吏) : 문인 출신의 관리.

原文

以洪啓薰爲兩湖招討使 率壯衛營兵 討湖南賊 四月 以金鶴鎭爲全羅監司 罷全羅兵使李文榮 以徐丙默代之 時賊警漸亟 京師日四五驚 朝議皆以彊吏溺職 咎閔泳駿 泳駿不能庇 遂有是命 使之不日下送 鶴鎭陛辭 固請便宜從事 上强應曰 任卿所爲 鶴鎭文吏 雍容無勘亂之才 與家人別 葸然流涕 聞者憂之 丙默曾爲康閫 稱廉惠 故得再除 亦無他長也.

전 판윤(判尹) 이원회(李元會)를 기용하여 양호(兩湖) 순변사(巡邊使)[1)]로 삼았다. 임금은 홍계훈(洪啓薰)에게서 이겼다는 소식이 전해오지 않자, 고립무원의 처지에 놓여 있지나 않을까 염려하여, 이원회에게 명하여 강화와 청주의 군사를 이끌고 구원하러 나가게 했다. 아울러 홍계훈의 군사까지도 절제하도록 하였다.

註解

1) **순변사**(巡邊使) : 왕명으로 군무(軍務)를 띠고 변방을 순찰하던 특사(特使).

原文

기전판윤이원회 위양호순변사 상이홍계당구무첩음 려
起前判尹李元會 爲兩湖巡邊使 上以洪啓黨久無捷音 慮
고군무계 명원회발강화 청주병부원 이병절제계훈군
孤軍無繼 命元會發江華·淸州兵赴援 而幷節制啓薰軍.

엄세영(嚴世永)을 삼남(三南, 충청·전라·경상) 안렴사(按廉使)[1)]에 임명하여, 백성들의 숨은 고통을 세세히 찾아내어 보고하도록 하였다.

註解

1) **안렴사**(按廉使) : 안찰사(按察使). 각 지방의 민심, 치적 등을 감독하고 범법을 관리 단속하기 위해 내린 벼슬.

原文

이엄세영위삼남안렴사 사지채방민은 수즉등문
以嚴世永爲三南按廉使 使之採訪民隱 隨卽登聞.

4월 7일, 홍계훈(洪啓薰)은 청국선 청원함을 빌리고 우리 선척 창룡함 · 한양함 두 척에 서울의 군대 8백 명을 싣고 군산항으로부터 전주로 들어갔다. 초9일에 이지병(二枝兵)을 뽑아 금구(金溝)와 태인(泰仁)으로 각기 향발케 했다. 15일에는 대대병력을 이끌고 전주를 출발하여 적이 있는 곳을 향해 진군했다.

原文

초칠일 홍계훈차청국청원함급아창룡 한양이함 재경
初七日 洪啓薰借淸國淸遠艦及我蒼龍 · 漢陽二艦 載京
병팔백인 자군산항입전주 초구일 발이지병 향금구 태
兵八百人 自群山港入全州 初九日 發二枝兵 向金溝 · 泰
인 십오일 자솔대대발전주 섭적소향
仁 十五日 自率大隊發全州 躡賊所向.

4월 27일, 난민이 전주를 함락하니 감사 김문현(金文鉉)은 도주했다. 4월 초에 김문현은 여러 고을의 군사를 모집하여 반란민을 추격하다 고부 황토산(黃土山)에 이르러 패하였다. 이에 이르러 홍계훈(洪啓薰)의 선봉부대가 장성(長城)의 월평(月坪)에서 격전을 벌였으나 또한 패하였다. 이때 반란민은 서울의 대대가 도착했다는 소식을 듣고 샛길로 빠져 정읍으로 나아가 홍계훈 부대의 배후에서 포위했다. 이날 새벽녘에 서문(西門)

에 이르자 김문현은 서문 밖 민가를 불사르고 성을 의지해 방어를 했다. 오시(午時, 정오)가 지나자 서문이 저절로 열리더니 적병이 일제히 몰려들어 왔다. 김문현은 경기전(慶基殿)[1]으로 들어가 태조의 화상을 짊어지고 해진 옷에 짚신을 신고 난민 틈에 섞여 도주하니 전주 감영은 크게 어지러워졌다.

경기전에는 압각수(鴨脚樹, 은행나무)가 있었다. 지난 무자(고종 25, 1888)년 봄에 까치와 해오라기 수천 마리가 그 나무를 둘러싸고 싸웠는데 까치가 이기지 못했다. 다음해 기축(己丑, 1889)년 정월에는 관노사령의 무리가 이서배(吏胥輩)[2]와 싸웠는데 관노사령이 이기지 못하여 죽은 자가 수십 명이었고, 반석리(盤石里)의 천여 호가 모두 불탔다. 사람들은 까치 싸움의 상응한 결과라고 하였다. 이에 이르러 태조의 화상이 몽진(蒙塵)[3]하였고, 감영 밑에 있던 많은 집들이 난민에게 유린당하자 관노사령으로 도망쳤던 자들의 많은 수가 난민 속으로 들어가서 이서배들에게 앙갚음 하려 하였다. 이서배들은 모두 도망치거나 숨었으므로 관노사령들이 그들의 거처를 불사르고 때려 부수는 등 날로 더욱 동요되고 약탈을 자행했다.

註解

1) **경기전**(慶基殿) : 전라북도 전주에 있는 누전(樓殿, 사당). 이성계의 영정을 안치한 곳. 태조 이성계의 조상들이 살았던 발원지가 전주이기에 이곳에 모셨다. 현재 풍납동 소재.

2) **이서**(吏胥) : 각 관아에 딸린 구실아치의 통칭. 서리(胥吏) · 아전(衙前) · 연리(掾吏) · 하리(下吏).

3) 몽진(蒙塵) : 임금이 난리를 피함.

原文

이 십 칠 일 적 함 전 주 감 사 김 문 현 주 사 월 초 문 현 모 열 읍 병
二十七日 賊陷全州 監司金文鉉走 四月初 文鉉募列邑兵
추 적 지 고 부 황 토 산 위 적 소 패 지 시 계 훈 전 봉 전 우 장 성 지 월
追賊至古阜黃土山 爲賊所敗 至是啓薰前鋒 戰于長城之月
평 우 패 적 문 경 병 대 대 차 지 간 도 취 정 읍 요 출 계 훈 지 후 이
坪又敗 賊聞京兵大隊且至 間途趣井邑 繞出啓薰之後 以
시 일 여 명 지 패 서 문 문 현 소 서 문 외 민 가 빙 성 설 어 과 오 서
是日黎明 至沛西門 文鉉燒西門外民家 憑城設禦 過午西
문 자 개 적 일 제 옹 입 문 현 입 경 기 전 봉 태 조 어 진 부 지 폐 갈
門自開 賊一齊擁入 文鉉入慶基殿 奉太祖御眞負之 弊褐
초 구 잡 난 민 이 도 영 하 대 란 경 기 전 유 압 각 수 왕 무 자 고 종
草屨 雜亂民而逃 營下大亂 慶基殿有鴨脚樹 往戊子(高宗
이 십 오 년 춘 작 여 로 천 수 요 수 이 투 작 불 승 기 축 고 종 이
二十五年)春 鵲與鷺千數 繞樹而鬪 鵲不勝 己丑(高宗二
십 육 년 정 월 노 령 여 리 서 계 투 불 승 사 자 수 십 인 반 석 리 천
十六年)正月 奴令與吏胥械鬪不勝 死者數十人 盤石里千
여 호 개 소 인 이 위 작 투 지 응 지 시 어 진 몽 진 영 하 만 가 피 적
餘戶皆燒 人以爲鵲鬪之應 至是 御眞蒙塵 營下萬家 被賊
유 린 노 령 망 명 자 다 투 입 적 중 욕 감 심 리 서 이 리 서 개 도 찬
蹂躪 奴令亡命者 多投入賊中 欲甘心吏胥 而吏胥皆逃竄
단 분 훼 기 거 일 사 요 략
但焚毁其居 日肆搖掠.

홍계훈(洪啓薰)이 전주성의 석을 포위하였다. 홍계훈은 적이 북쪽으로 숨었다는 소식을 듣고 그들을 뒤쫓아서 28일 전주에 이르렀는데, 성은 이미 함락되었다. 처음에 홍계훈은 중과부적

(衆寡不敵)[1]임을 걱정한데다 적이 또 흩어져 있어서 어찌할 도리 없이 머뭇거리며 10여 일을 보냈다. 그러다가 중요한 성이 이미 함락됨에 이르러 홍계훈은 죄를 얻을까 두려워하였다. 또 적들이 집결되어 있는 기회에 일거에 섬멸할 수 있을 것이라 생각했다. 이때에 기호 지방의 원군이 날로 증가되어 왔고, 호남좌도 여러 고을에서 새로 모집한 군사들도 또 도착했다. 이에 초군(哨軍)을 나누어 요로를 지켜서 적이 뛰쳐나오는 것을 방어하는 한편, 연결해 포진하여 길게 포위하고 적을 곤궁에 빠지도록 하였다.

註解

1) **중과부적**(衆寡不敵) : 적은 수효로 많은 수효를 대적하지 못함. 과부적중(寡不敵衆).

原文

홍계훈위적우전주 계훈문적북찬 미지이행 이이십팔일
洪啓薰圍賊于全州 啓薰聞賊北竄 尾之而行 以二十八日

지전주 성이함의 초계훈환중과불적 우적산만 무유좌치
至全州 城已陷矣 初啓薰患衆寡不敵 又賊散漫 無由坐致

고두요순일 급명성기타 계훈구득죄 차인기취 가일거섬
故逗撓旬日 及名城旣墮 啓薰惧得罪 且因其聚 可一擧殲

지 시기호원초병일첨 호좌열군신모병역도 어시분초수애
之 時畿湖援勦兵日添 湖左列郡新募兵亦到 於是分哨守隘

이방시돌 연락포진 작장위이곤지
以防豕突 聯絡布陣 作長圍以困之.

김문현(金文鉉)을 거제부(巨濟府)에 유배 보내고 위리안치(圍籬安置)[1)]하였다.

註解

1) **위리안치**(圍籬安置) : 배소(配所)에서 외부와 접촉하지 못하도록 가시로 울타리를 만들고 죄인을 그 안에 가두어 두던 일.

原文

찬 김 문 현 우 거 제 부 가 천 극
竄金文鉉于巨濟府 加栫棘.

청나라에 구원병을 청했다. 이때에 난민의 형세가 날로 확대되어 성읍(城邑)이 연이어 함락되어도 백성들은 도리어 흔연히 기뻐하는 기색이었다. 동학교도(東學敎徒)가 패했다는 말이 있어도 사람들은 믿지 않으며 마음속으로 그러할 리가 없다 하였으며 오히려 관군이 패한 것만 말하였다. 서울의 큰 벼슬아치들도 시골 사람을 만나 반민들의 소식을 듣고는 모두들 탄식하며, "어찌 그렇지 않을 수 있겠느냐?" 하였다. 이원회(李元會)가 순변사로 내려가자 서울 장안에는 유언비어가 퍼져 서로 놀랐다. 혹은 전주가 이미 함락되었다느니, 벌써 금강을 건넜다느니 하여 사방으로 피난하느라 법석이었다. 또한 반민들은 홍계훈에게 글을 보냈는데, '임금이 대원군에게 정치를 인계했다'는 구절도 있었다. 홍계훈(洪啓薰)이 역체(驛遞)[1)]로 그 글을 올리니, 임금과 왕후는 크게 노하여 반민들을 빨리 평정하지 못하

면 점차 말하기 어려운 일이 발생할 것이라고 생각하여 민영준(閔泳駿)을 불러 계책을 정했다. 전보를 보내 중국에 원병을 청하자는 것이었다. 민영준이 말하기를, "지난해 천진조약(天津條約)[2]을 맺을 때 청·일 두 나라가 조선에 파병할 일이 있으면, 서로 쌍방이 통지하도록 되어 있습니다. 청국은 진실로 우리를 위하니 악의가 없음을 보장할 수 있겠으나, 일본은 오랫동안 틈을 엿보고 있으니 조약의 내용을 빙자해서 부르지도 않았는데 그들이 온다면 형세가 심이 험악할 것이니 어떻게 해야 하겠습니까?" 하였다. 중궁은 반민들의 정문(程文)을 꺼내어 욕하기를, "용렬한 무리들이 어찌 왜놈들과 작간(作奸)[3]할 수 있겠는가? 다시 임오군란과 같은 일은 당하지 않겠다. 내가 패하면 너희들도 멸망할 것이니 여러 말을 할 필요가 없다!"고 하였다. 민영준이 원세개(袁世凱)에게 원군을 청하니, 원세개는 북양 대신 이홍장(李鴻章)에게 이 사실을 전보로 알렸는데 이홍장은 허락하겠다는 회답을 보내왔다.

註解

1) **역체**(驛遞) : 역마(驛馬)를 바꾸어 타던 역참(驛站)에서 넘겨 주고 받던 일.
2) **천진조약**(天津條約) : 고종 22년 중국 천진에서 체결한 청·일간의 조약. 갑신정변의 결과 양국의 군대가 한국에서 철수하고 간섭하지 않기로 함.
3) **작간**(作奸) : 간사한 행동을 함.

原文

請援于淸國 是時賊氛日播 雖城邑連陷 而民反欣然有喜色 有言東學敗者 衆不信 以爲心無是理 惟言官軍之敗 京中大官輩 遇鄕人聞賊信 皆噓唏曰 安得不然 李元會旣行 京師訛言相驚 或已陷全州 或已渡錦江 避亂四出 且賊呈文于洪啓薰 有上奉國太公句語 啓薰驛遞上聞 兩殿大恐 賊不速平 則漸有難言之憂 招閔泳駿定計 發電請援于中國 泳駿曰 往年天津條約 淸·日兩國 有派兵朝鮮之事 互相知照云云 淸固右我 保無惡意 倭久伺釁 若藉條約 不速而來 則勢甚臲卼 爲之奈何 中宮出賊呈文罵曰 庸奴吾寧作倭俘 不忍復當壬午(高宗十九年)事 我敗汝輩滅 毋多言 泳駿懇援於袁世凱 世凱轉電告于李鴻章 鴻章答書許之

지난번 한국 정부로부터 받은 공문을 살펴보니 다음과 같다.

"본국의 전라도 관할인 태인(泰仁)과 고부(高阜) 등의 고을 백성들은 습속이 흉측하고 사나워 본디 다스리기가 어렵다고 칭해지고 있습니다. 근래에 동학에 붙은 비도들이 만여 명으로 무리지어 공격하여 함락된 고을이 10여 곳이나 되며, 이제 또

북진하여 전주성을 함락하였습니다. 전에 훈련받은 군사들을 선발하여 가서 초토하고 어루만지려 하였으나 그 동비들이 마침내 감히 죽음을 무릅쓰고 싸워 관군이 패하여 대포와 병기를 많이 잃었습니다. 이 흉악하고 모진 무리들이 오래도록 소요하면 매우 우려됩니다. 하물며 한성과의 거리가 겨우 4백 수십 리밖에 안 되는데, 그들이 재차 북침하도록 내버려 둔다면 경기 지방이 동요할 것이니, 손상되는 바가 적지 않을까 두렵습니다. 우리나라의 새로 훈련받은 각군은 현재 숫자가 겨우 도회(都會)를 호위할 정도인데다 또 그것도 전진(戰陣)을 경험하지 않아서 적을 송두리째 제거하기는 매우 어렵습니다. 흉악한 무리들을 번창하게 놓아둔다면 중국에까지 근심을 끼치는 바가 더욱 많을 것입니다. 임오・갑신년에 일어난 본국의 내란을 살펴본다면 다 중국의 군사들이 와서 평정해준 데 힘입었습니다. 이에 원군안(援軍案)을 귀 총리에게 번거롭게 청하오니, 신속히 북양 대신(北洋大臣, 李鴻章)에게 전보를 쳐서 몇 개 부대를 파견하여 속히 와서 토벌해주십시오. 아울러 본국의 군대로 하여금 따라가서 함께 군무(軍務)를 습득시켜서 앞으로의 방위계책을 삼겠습니다. 흉악한 비도들이 꺾이어 끊어질 때를 기다려 즉시 돌아갈 것을 청하며 스스로 감히 대병을 오래 밖에서 수고를 끼치며 계속 머물러 지켜달라고 청하지는 않겠습니다. 아울러 귀 총리께서는 속히 계획을 세워 이 급박함을 구제해 주시기를 간절히 청합니다." (『중동전기(中東戰記)』에서)

原文

頃准韓政府文開案照敝邦 全羅道所轄之泰仁·古阜等縣民習凶悍 素稱難治 近日來附串東學教匪 聚衆萬餘人 攻陷縣邑十餘處 今又北竄 陷全州省治 前經選練軍前往勦撫該匪竟敢拚死拒戰 致練軍敗衄 失去砲械多件 似此凶頑久擾 殊爲可慮 況理距漢城 僅四百數十里 如任其再爲北竄恐圻輔騷動 所損非細 而敝邦新練各軍現數 僅可護衛都會且未經戰陣 殊難用殄除 凶寇倘滋蔓日久 其所以胎憂於中朝者尤多 查任午·甲申(高宗十九·二十一年)敝邦兩次內亂 咸賴中朝兵士 代爲勘定 茲擬援案請煩貴總理 迅卽電懇北洋大臣 酌遣數隊 速來代勦 幷可使敝邦各兵 將隨習軍務 爲前來捍衛之計 一俟悍匪挫殄 卽請撤回 自不敢續請留防 致大兵久勞於外也 幷請貴總理 妥速籌助 以濟急迫 至切盼禱. (『中東戰紀』)

청국 북양 대신 이홍장(李鴻章)이 회답 전문을 보내, 이미 정여창(丁汝昌)에게 명하여 해군함정 제원(濟遠)·양위호(揚威

號) 두 척을 인천과 서울에 보내서 자국의 상민을 보호하도록 하였다. 아울러 직례제독(直隸提督) 섭지초(葉志超)에게 명하여, 태원진 총병 섭사성(聶士成)을 대동하고 회수에서 단련시킨 강한 군사 1천5백 명을 뽑아 인솔하고 군장을 갖추어, 상선을 징발하여 나누어 태워 앞뒤로 출발시켰다. 한편으로 일본에 주재하는 왕(汪)공사에게 전문을 보내서 일본 외무부에 알려 지난번의 천진조약(天津條約)을 부합시키는 것이라 하였다. 〔『중동전기』, 왕공사는 주일 청국 공사 왕봉조(汪鳳藻)를 말함.〕

原文

淸國北洋大臣李鴻章回電曰 已飭丁汝昌 派海軍濟遠 · 揚威二艦 赴仁川 · 漢城護商 幷調直隸提督葉志超 率同太原鎭摠兵聶士成 選淮練勁旅一千五百名 配齊軍裝 分坐招商輪船 先後進發 一面電駐日汪使 知照日外部 以符前約(中東戰紀 汪使者 淸駐日公使汪鳳藻).

민영준(閔泳駿)은 임금이 난민들이 봉기한다고 하면 죄책을 받을까 두려워서 신료(臣僚)들에게 외부의 일을 알리지 말도록 단속하고 비밀전보도 보지 못하게 하였다. 그러므로 단지 임금은 호남 지방에서 일어나는 난이 그같이 치열하다는 것을 알지

못했을 뿐만 아니라 낮은 벼슬아치들도 미리 기밀을 얻어 보지 못해서 또한 자세한 것을 알지 못했다. 어느 날 조동윤(趙東潤)이 임금을 뵈었을 때, 임금이 "장안의 동태가 어떠한가?" 하고 물으니, 대답하기를 "사방으로 피난하고 있습니다." 하였다. 조금 후에 민영준이 들어왔다. 임금은 또한 묻기를, "장안의 인심이 어떠한가?" 하였다. 대답하기를 "예전과 같이 안정되었습니다." 하였다. 임금이 말하기를, "조동윤의 말은 사방으로 피난을 한다는데 경은 어찌 안정되었다고 말하는가?" 하니, 민영준이 말하기를, "조동윤은 작은 벼슬아치라 도를 어지럽혀 임금의 총명을 가리려는 것입니다." 하였다. 민영준이 나오는 것을 조동윤이 마중 나가 인사하며 큰 소리로 말하기를, "전주가 이미 함락되고 서울 장안이 텅 비었는데 공은 백성들이 모두 안정되었다고 말하니, 누가 난도(亂道)[1]이며 누가 옹폐(壅蔽)[2]가 되느냐?" 하고 따지자, 민영준은 대답은 못하고 다만 화난 눈을 부라리고 나갔다.

註解

1) **난도**(亂道) : 사설(邪說)을 주장하여 도리에 어긋나게 함.
2) **옹폐**(壅蔽) : 막고 덮음. 임금의 총명을 가리움.

原文

민영준 공상이양구견죄 금신료물백외사 비전보물선 고
閔泳駿 恐上以釀寇見罪 禁臣僚勿白外事 秘電報勿宣 故
비단상지부지호남지약시란야 하관말료부득예기밀자 역
非但上之不知湖南之若是亂也 下官末僚不得預機密者 亦

무이상야 일일조동윤입견 상문 도하인정하여 대왈 피란
無以詳也 一日趙東潤入見 上問 都下人情何如 對曰 避亂
사출의 소경영준입 상우문 도하인정하여 대왈 의구안도
四出矣 小頃泳駿入 上又問 都下人情何如 對曰 依舊安堵
의 상왈 조동윤언 피란사출 이여언안도하야 영준왈 동윤
矣 上曰 趙東潤言 避亂四出 而汝言安堵何也 泳駿曰 東潤
소신 란도옹폐총명이 영준출 동윤영읍려성왈 전주이함
小臣 亂道壅蔽聰明耳 泳駿出 東潤迎揖厲聲曰 全州已陷
도하이공 이공언민개안도 숙위란도 숙위옹폐 영준무이
都下已空 而公言民皆安堵 孰爲亂道 孰爲壅蔽 泳駿無以
대 노목이출
對 怒目而出.

민영준(閔泳駿)은 근심과 두려움에서 빠져나올 것을 알지 못하고 매일 (자기 집의 은을 저장한) 장은고(藏銀庫)에 들어가 은덩이를 어루만지며, 서쪽 창고의 은을 동쪽 창고로 옮겨 놓고, 조금 있다가 또 동쪽 창고에 있는 은을 다시 서쪽 창고로 옮기며 부산을 떨다가 길게 한숨을 내쉬고 나왔다. 공경(公卿)들이 찾아와 사랑에 가득하였지만 그의 얼굴을 보지도 못했다. 그의 아버지 민두호(閔斗鎬)는 아들 민영준과 재산을 따로 관리하고 있었는데, 전곡과 진귀한 보물을 저장한 것이 백만금이나 되었다. 이에 이르러 겸복(傔覆, 하인과 종)들을 불러 놓고 탄식하며 말하기를, "너희들이 우리 집에서 일한 지가 여러 해가 되었지만 수고한데 대해 갚은 것이 없다. 이제 이것을 가지고 떠나거라." 하며, 한 사람 앞에 쌀 다섯 말과 당오전 백 문씩을 지급하였다. 겸복들은 모두 기뻐 웃으며 흩어졌다.

原文

영준우구 부지소출 일입장은고 마사은정 이서고은어동
泳駿憂懼 不知所出 日入臧銀庫 摩挲銀錠 移西庫銀於東

고 소언우이동고은어서고 분운천동 장우이출 공경만외
庫 少焉又移東庫銀於西庫 紛紜遷動 長吁而出 公卿滿外

당 불득견면 기부두호여영준이재 전곡진화 별저백만 지
堂 不得見面 其父斗鎬與泳駿異財 錢穀珍貨 別貯百萬 至

시소겸복탄왈 여등복역허다년 무이수노 금가령차거야
是召傔僕嘆曰 汝等服役許多年 無以酬勞 今可領此去也

인급미오두 당오전백문 겸복희소이산
人給米五斗 當伍錢百文 傔僕嘻笑而散.

숙종 기사년(숙종 15, 1689)에 인현왕후(仁顯王后)는 폐위되어 안국방(安國坊) 사제(私第)에 있었는데, 복위한 후 그 사제를 대대로 봉쇄하여 신서(臣庶)들이 감히 거처하지 못하도록 하였다. 중궁이 그 집을 보수하여 민영준(閔泳駿)에게 하사하고 인중방(引中枋, 문 위의 가로지른 나무)에다 '감고당(感古堂)'이란 편액을 붙였다. 그 해 봄 어느 날 민영준이 일찍 일어나보니 큰 구렁이가 자기가 누웠던 옆에 똬리를 틀고 있는 것을 보고 크게 놀라 뛰어나오면서 시종을 불렀다. 떠드는 사이 구렁이는 홀연히 사라져 보이지 않았다. 민영준은 이를 흉조(凶兆)가 아닌가 의아해서 중궁에게 알리고 그 집을 비우고 다시 폐쇄한 뒤 교동(校洞)으로 옮겨갔다. 얼마 안 있어 그가 달아나 숨은 사건이 있게 되자, 그 때 사람들은 그 일을 큰 구렁이가 나쁜 징조를 보였다고 쑥덕댔다.

原文

숙종기사 십오년 인현왕후손우안국방사제 복위후 역
肅宗己巳(十五年) 仁顯王后遜于安國坊私第 復位後 歷
세봉쇄 신서불감거 중궁수지 사영준 방기미왈감고당 시
世封鎖 臣庶不敢居 中宮修之 賜泳駿 榜其楣曰感古堂 是
년춘 영준조기 견대망 반우와측 대경약출 호시자 훤양지
年春 泳駿早起 見大蟒 盤于臥側 大驚躍出 呼侍者 喧嚷之
제 망홀불견 영준유의기흉조 문우중궁 공기제 부쇄지 이
際 蟒忽不見 泳駿愈疑其凶兆 聞于中宮 空其第 復鎖之 移
거교동 미기유도찬지사 시인위지사요
居校洞 未幾有逃竄之事 時人謂之蛇妖.

정월, 임금이 낮잠을 자다가, 광화문이 무너지는 꿈을 꾸고 깜짝 놀라 잠에서 깨었다. 임금은 그것을 크게 불길하게 여겨 2월에 창덕궁으로 옮겨가고 즉시 동궁(東宮. 창덕 · 창경궁)[1)]을 보수했다. 마침 남쪽의 난리가 날로 급박해졌으나 토목공사는 더욱 공교함을 다투었다. 임금은 매일 밤 전등을 밝혀 놓고 광대들을 불러 새로운 소리의 '염곡(艶曲)'을 연주하게 했는데, 그것은 '아리랑타령'이라는 것이었다. '타령'이란 연주하는 곡의 속칭이다. 민영주(閔泳柱)는 원임 각신(原任閣臣)으로서 뭇 광대들을 거느리고 '아리랑타령' 부르는 것을 전적으로 관리하여 광대들의 잘하고 못하는 것을 평가해서 상방궁(尙方宮)[2)]에서 금은을 내어 상으로 주도록 하였다. (이 일은) 대조규개(大鳥圭介, 일본 공사)가 대궐을 침범할 때에 이르러서야 그쳤다.

註解

1) **동궁**(東宮) : 여기서는 동궐(東闕)과 같은 뜻으로 창덕궁과 창경궁을 부르는 말이다.
2) **상방궁**(尙方宮) : 임금의 일용에 쓰는 물건들의 보관을 맡아보는 곳.

原文

정월 상주침 몽광화문도 쌍연경오 대악지 이이월이어
正月 上晝寢 夢光化門倒 雙然驚寤 大惡之 以二月移御
창덕궁 즉선동궁 회남경일급 이토목지교유경언 매야연
昌德宮 卽繕東宮 會南警日急 而土木之巧愈競焉 每夜燃
전등 소우령 주신성염곡 위지아리낭타령 타령연곡지속
電燈 召優伶 奏新聲艶曲 謂之阿里娘打令 打令演曲之俗
칭야 민영주이원임각신 령중우 전관아리낭 평기교졸 반
稱也 閔泳柱以原任閣臣 領衆優 專管阿里娘 評其巧拙 頒
상방김은상지 지대조규개범궐이지
尙方金銀賞之 至大鳥圭介犯闕而止.

이달에 식년 소과의 방을 게시하였는데, 생원 · 진사를 합해서 무릇 1,300여 명이나 되었다. 전부터 행해진 제도에는 생원과 전사를 합하여 200명에 불과했었는데, 근년에 내려오면서 임금이 내탕고가 고갈되는 것을 걱정하여 매 식년마다 100명씩을 더 증원하여 선발하였으며, 증원된 인원은 모두 돈을 바친 자들로 모집하여 원방(原榜)에 붙였는데, 이들을 일러 '원방진사(原榜進士)'라 하였다.

또 자못 돈 낸 사람만 붙여주면 명문에 원망을 살까 적정하여

이에 아래로 은전을 베풀어 모든 대신·유현·동궁 관속의 아들·사위·형제·조카·손자에서부터 공주·옹주·전대(前代) 명신(名臣)의 봉사손, 동궁과 동갑내기 및 80세 노인으로 해액(解額)에 참여한 자에 이르기까지 일체 섞어서 방 끝에 붙였는데, 이 자들을 '은전진사(恩典進士)'라 하였다. 이는 중앙과 지방의 사람들을 위로하고 기쁘게 하고자 함이었다. 이에 명현의 봉사손이라 위장한 자, 머리가 검은 데도 80세가 되었다고 속이는 자, 수염이 희끗한데 갑술생(세자와 동갑)이라 속이고, 심지어는 조정의 높은 벼슬아치들이 시골 부자들에게 많은 뇌물을 요구하고 친척으로 인정해주는 등 윤리를 모멸하고 나라를 기만하는 등 만단(萬端)으로 간사한 폐단을 자행했다.

이해 봄에 생원·진사의 회시가 2월에 있었는데, 난리로 인해서 방을 내거는 시기를 여러 차례 연기하다가 이에 이르러 비로소 초초(草草)[1]히 거행한 것이다. 먼 지방에 사는 선비들은 드디어 큰 난리가 일어날 것을 두려워하여 다수가 곧장 돌아가서 백패(白牌)[2]도 받지 못하고 난삼(襴衫)과 복두(幞頭)[3]도 갖추지 못해서 당시 사람들은 그것을 이르기를 '공명진사(空名進士)'라 하였다.

또 전부터 행해오던 제도에 생원·진사의 방을 낼 때 방 한 줄마다 5인씩 적어서 40줄에 이르면 200명이 차는데, 방 끝에 '필(畢)'자를 썼으니 그것을 이르기를, '필도(畢度)'라 하였다. 이번 방에는 돈을 내는 사람을 채우지 못하여 모집하는데 따라서 방도 따라했으므로 매일 혹은 한 줄 또는 두 줄씩 날마다 방

을 내어 마침내 '필(畢)'자 없는 방으로 끝이 났다. 그것은 과거의 합격 여부를 논할 것 없이 돈이 들어오면 방을 내었기 때문이다. 서리들은 이를 끄나풀로 삼아 농간을 부리려고 백패를 거짓으로 쓰고 방 옆에 첨부하여 올렸다. 혹 시골의 간사하고 교활한 무리들은 스스로 백패를 만들어 들고 자기 집에 돌아가 진사로 행세하기도 하였다. 진사가 망한 것은 오래되었지만 이때의 방과 같이 극도에 달해 있지는 않았었다. 사람들이 "조선의 진사는 금년에 끝났다." 하였는데, 그 후 이 말이 과연 그대로 되었다.

註解

1) **초초**(草草) : 매우 바빠서 대강 간략히.
2) **백패**(白牌) : 소과에 급제한 생원이나 진사에게 주던 흰 종이의 증서. 대과 급제자에게는 붉은 종이를 써서 '홍패(紅牌)'라 한다.
3) **난삼**(襴衫)**과 복두**(幞頭) : 생원 · 진사에 합격된 때에 입던 예복과 홍패를 받을 때 쓰던 관(冠).

原文

시월방식년소과방생원 진사범일천삼백여인 구제생진
是月放式年小科榜生員 · 進士凡一千三百餘人 舊制生進
불과이백 이근년이래 상환내탕군궤 매식가선백인 개모납
不過二百 而近年二來 上患內帑窘匱 每式加選百人 皆募納
전자 부지원방 위지원방신사 우이지첨전원 공고원명문
錢者 付之原榜 謂之原榜進士 又以只添錢員 恐沽怨名門
내추은어하 범대신 유현 동궁관속자서 형제 질약손
乃推恩於下 凡大臣 · 儒賢 · 東宮官屬子壻 · 兄弟 · 姪若孫

以至公主·翁主·前世名臣祀孫 與東宮同庚 及老人年八十而參解額者 一切混付榜末 謂之恩典進士 欲以慰悅中外 於是有冒祀名賢者 髮黑而冒八十者 髯蒼而冒甲戌者 甚至朝貴無恥之徒 要鄕富重賂 認爲親戚 蔑倫欺國 姦弊萬端 是春生進會試在二月 因賊警 屢退放榜之期 至是始草草擧行 遠方士子恐遂大亂 多徑歸未受白牌 不具襴幞 時人謂之空名進士 又舊制生進榜出時 每一度列五人 至四十度 則滿二百人 而尾署畢字 謂之畢度 是榜 以錢員未充 隨募隨出 每日或一二度 日日出榜 終無畢字而止 蓋不論領解與否 錢入則榜出也 書吏寅緣作奸 僞署白牌 添錄片榜 或鄕曲姦猾自造白牌 歸其家 以進士行 進士之亡久矣 而未有若是榜之極度者 人謂朝鮮進士 終於今年 其後果驗.

5월에 청나라 제독 섭지초(葉志超)와 총병 섭사성(聶士成)이 아산만 둔포(屯浦)에 와서 정박하니, 이중하(李重夏)를 영접관으로 삼아 그곳에 내려가 일처리를 하라 하였다. 섭지초 등이 오게 된 것은 이홍장의 명령에 의한 것이었다.

原文

오월 청제독섭지초 · 총병섭사성 래박우아산지둔포 명
五月 淸提督葉志超 · 摠兵聶士成 來泊于牙山之屯浦 命

이중하위영접관 전왕판사 방지초등지래야 이홍장령
李重夏爲迎接官 前往辦事 方志超等之來也 李鴻章令.

초3일, 주일 청국 공사 왕봉조(汪鳳藻)가 일본 외무성에 조회(照會)[1]하였는데 그 내용은 다음과 같다.

"본 대신은 북양 대신 이홍장(李鴻章)의 승인을 받아 광서(光緖) 11년(고종 22, 1885)에 체결된 중동협약에 밝혀 있는 바, 이후 조선에서 사변이 있게 되면 중국이 마땅히 군대를 파견하여 오게 되면 반드시 먼저 일본에 통지하여, 조선의 평정을 기다렸다가 곧장 군대를 철수시킨다는 등의 말이 명시되어 있었다. 지금 조선 국왕의 전보에 의하여, 동학이 창궐하여 급히 원병을 요청하니, 난의 평정되기를 기다려 즉시 군대를 철수할 것을 청할 것이며, 우리 군대를 오래 머무르게 하지 않을 것이다. 조선이 급히 전보를 보내 원군을 요청한 것을 이 대신(이홍장)이 살펴보니 사세가 이미 급박하여 결단코 막연히 바라만 보고 있을 수 없었다. 황제의 교시를 삼가 받들어 제독 섭지초(葉志超)를 조선의 충청도로 달려가게 하여 신속히 화란을 평정한다면, 그 나라에 거류하고 있는 각국 관인과 상인들 또한 가히 믿을 바가 있어 두려워함이 없어질 것이다. 섭지초는 난군을 확청(廓淸)[2]하고 안정을 찾은 뒤에는 그날로 회군할 것이다. 삼가 유지(喩旨)를 기록하여 귀 대신에게 전문을 보내고, 아울러

중동화약(中東和約)에 비추어 일본 외무 대신에게 문서를 갖추어 조회하니, 이를 승인하여 곧 문서로 조회해주기를 바란다. 청컨대 번거롭더라도 조사하고 살펴보기 바란다."

註解

1) **조회**(照會) : 서면으로 사실 여부를 물어봄. 의논하거나 알아보기 위하여 보내는 공문.
2) **확청**(廓淸) : 더러운 것을 떨어버리고 말쑥하게 함. 폐단을 없애어 깨끗하게 함.

原文

초 삼 일 청 주 왜 공 사 왕 봉 조 조 회 우 일 본 외 무 성 왈 본 대 신
初三日淸駐倭公使汪鳳藻 照會于日本外務省曰 本大臣

승 준 북 양 대 신 이 전 개 광 서 십 일 년 고 종 이 십 이 년 중 동 입 약
承准北洋大臣李電開 光緖十一年(高宗二十二年)中東立約

재 명 사 후 조 선 유 사 중 국 당 발 병 전 왕 필 선 자 조 일 본 일 사 조
載明 嗣後朝鮮有事 中國當發兵前往 必先咨照日本 一俟朝

선 평 정 수 즉 철 병 등 어 금 준 조 선 왕 전 자 이 동 학 창 궐 급 청 원
鮮平定 隨卽撤兵等語 今准朝鮮王電咨 以東學猖獗 急請援

사 사 난 평 청 즉 개 철 불 감 구 계 왕 사 등 인 본 대 신 사 조 선 비 전
師 俟亂平請卽凱撤 不敢久稽王師等因 本大臣查朝鮮飛電

청 병 사 세 이 급 단 난 막 시 흠 봉 상 유 저 제 독 섭 지 초 치 부 조
請兵 事勢已急 斷難漠視 欽奉上喩 著提督葉志超 馳赴朝

선 지 충 청 도 속 평 화 란 즉 기 우 해 국 지 각 국 관 상 인 등 역 가 유
鮮之忠淸道 速平禍亂 卽寄寓該國之各國官 商人等亦可有

시 무 공 섭 지 초 확 청 기 정 후 잉 저 극 일 반 사 등 인 흠 차 합 행 공
恃無恐 葉志超廓淸耆定後 仍著剋日班師等因 欽此合行 恭

록 유 지 비 자 귀 대 신 병 희 사 조 중 동 화 약 비 문 자 조 일 본 외 무
錄喩旨 飛咨貴大臣 幷希查照中東和約 備文咨照日本外務

대신등인 승준차합 즉비문조회 청번사조
大臣等因 承准此合 卽備文照會 請煩查照.

일본 외무성경(外務省卿) 육오종광(陸奥宗光)이 조복(照覆, 조회(사실 확인)에 대한 회답)하여 다음과 같이 회답하였다.

"귀 대신의 조회를 접수한 바, 명치(明治) 18년(고종 22, 1885) 4월 18일에 중국과 일본 사이에 체결된 화약에 의거하여 귀국이 이미 군대를 파견하여 조선에 가겠다는 문서를 갖추어 조회하였다. 이에 준하여 본 대신은 귀국이 비록 조선을 가리켜 복번(服藩, 屬國)이라 하지만, 조선 국왕은 이미 처음부터 귀국의 속국이 아니라고 하였으니 이치의 합당함을 밝혀 회답한다. 청컨대 번거롭더라도 살펴보기 바란다."

주청 일본 공사 소촌수태랑(小村壽太郎)이 또 청국 총리아문에 다음과 같이 조회하였다.

"정기(廷寄, 통지문)를 접수한 바, 명치 18년 4월 18일, 본국이 귀국과 더불어 조약을 맺어 조선에 파병하고자 하면 피차간 모름지기 통지하기로 되어 있다. 근래 조선에 내란이 크게 일어나 본국으로서는 부득불 군사를 파견해야 되기 때문에 이미 출병하기로 명한 바, 즉시 해당 대신에게 알리고, 중국 총리아문에 알린다. 본서(本署)의 대신도 이 서신을 받은 즉시 문서를 구비하여 조회하니 번거롭더라도 살펴보기 바란다. 이제부터 무엇보다도 먼저 사리의 핵심을 밝혀 적합하게 시행하기 바란다."

이에 청국 총리아문은 일본 공사 소촌수태랑에게 조복하여 다음과 같이 회답하였다.

"우리나라가 파병하여 구원하러 간 것은 곧 조선의 간청에 따른 것이며, 적이 평정되면 곧 마땅히 회군할 것이다. 귀국에 있어서 파병이란 것은 상인들을 보호하는데 지나지 않으니, 처음부터 특별히 중병(重兵)을 발할 까닭이 없다. 또 조선에서 청병한 일도 없는데 군대가 내지(內地)까지 들어간다는 것은 옳지 않다. 우리 군대가 행군하는 날 갑자기 귀국의 군대를 만나게 되면 군대의 기율이 서로 달라 언어도 통하지 않으니 뜻밖에 근심이 야기될까 두렵다. 청컨대 이러한 뜻으로 귀 조정에 전보로 알리니 미묘한 점을 고려하여 사단을 일으키지 말도록 해야 할 것이다. 모름지기 이와 같이 회답하는 바이다."

原文

일본외무성경육오종광희복왈 접준귀대신조회내개 사
日本外務省卿陸奥宗光熙覆曰 接准貴大臣照會內開 查
조명치십팔년사월십팔일 중일소정화약 귀국이발병 전왕
照明治十八年四月十八日 中日所訂和約 貴國已發兵 前往
조선 비문조조회등인 준차본대신사귀국 수지조선위번복
朝鮮 備文照照會等因 准此本大臣查貴國 雖指朝鮮爲藩服
연조선왕종미자승위속어귀국 이합성명조복 청번사조 왜
然朝鮮王從未自承爲屬於貴國 理合聲明照覆 請煩查照 倭
주청공사소촌수태랑 우조회우청총리아문왈 접봉정기근
駐清公使小村壽太郎 又照會于清總理衙門曰 接奉廷寄謹
실 명치십팔년사월십팔일 본국여귀국정립조약 약욕파병
悉 明治十八年四月十八日 本國與貴國訂立條約 若欲派兵
부조선 피차수호상지조재안 근래조선내란공치 본국부득
赴朝鮮 彼此須互相知照在案 近來朝鮮內亂孔熾 本國不得
불파병전왕 업이명장출사 합즉유지해서대신 고지중국총
不派兵前往 業已命將出師 合卽諭知該署大臣 告知中國總

리 아 문 등 인　본 서 대 신 봉 차 합 즉 비 문 조 회　청 번 사 조　선 금 사
理衙門等因 本署大臣奉此合卽備文照會 請煩査照 先今事
리 찰 핵 시 행　어 시 청 총 리 아 문 조 복 우 왜 공 사 소 촌 왈　아 국 지
理察核施行 於是淸總理衙門照覆于倭公使小村曰 我國之
파 병 왕 원　즉 위 조 선 신 청 야　구 평 즉 당 반 사　지 어 귀 국　즉 소
派兵往援 卽爲朝鮮申請也 寇平卽當班師 至於貴國 則所
위 파 병 자　불 과 호 상 민　초 무 특 발 중 병 지 고　차 조 선 무 청 원 지
謂派兵者 不過護商民 初無特發重兵之故 且朝鮮無請援之
거　즉 병 입 내 지　심 시 불 가　지 약 아 병 고 행 지 일　졸 우 귀 병　즉
擧 則兵入內地 甚是不可 至若我兵鼓行之日 猝遇貴兵 則
군 율 호 이　언 어 불 통　공 야 의 외 지 환　청 이 차 의 전 주 귀 정　부
軍律互異 言語不通 恐惹意外之患 請以此意電奏貴廷 俯
감 미 의　물 자 사 단　수 지 조 복 자
鑑微意 勿滋事端 須至照覆者.

이보다 앞서 을해년(고종 12, 1875)에 우리 조정이 일본과 더불어 조약을 체결할 때, 제1조에 "일본은 조선을 자주국으로 삼고, 자주국인 일본과 더불어 서로 평등의 관계를 갖는다." 하였는데, 청국인들은 그것을 알고도 묻지 않았다. 을유년(고종 22, 1885)에 이르러 천진조약(天津條約)에서 규정하기를 '향후 조선에 사건이 발생하여 중국과 일본 두 나라가 파병하고자 하면 필수적으로 상호 서로 알린다.' 운운하였다. 그것은 일본이 교활한 음모로 우리나라를 도모하고자 하려면 불가불 청국과 절교해야 되겠고, 청국과 절교하자면 불가불 조선의 자주국으로 만들어야 하겠기 때문에 을해년의 조약에 그러한 조항이 들어 있었던 것이다. 또 우리나라는 내란이 많은 것을 헤아려 반드시 장차 또 청국의 원조를 기대할 것이라 생각하고 파병시 서

로 통지한다는 문구를 넣은 것이니, 우리의 목을 조르고 등을 어루만지는 계책을 쓰려했기 때문에 을유년의 조약이 있었던 것이다.

논자들은 이르기를 이홍장(李鴻章)이 외교에 실책하여 동국을 잃게 만들었다고 한다. 그러나 기실은 일본이 청국을 얕본지 오래되었고, 우리나라 보기를 밖에 있는 창고로 생각하여 반드시 취하고야 말 것이라고 생각했기 때문이다. 가령 조약 당시 중국은 파병해도 일본은 파병하지 못한다고 했더라도 사기(事機)[1]가 이미 닥쳐왔는데 일본이 군사를 움직이지 않을 리가 있었겠는가? 단단(斷斷)[2]이 파병하여 구원하기로 한 것은 다만 구실로 삼기 위함이었다.

註解

1) 사기(事機) : 일이 되어가는 가장 중요한 기틀.
2) 단단(斷斷) : 전일(專一)한 모양. 지키어 변하지 않는 모양. 그렇게 결정하여 틀림이 없는 일.

原文

선시을해 고종십이년 조정여왜정화약 기제일조운 일
先是乙亥(高宗十二年) 朝廷與倭訂和約 其第一條云 日
본이조선위자주지국 여일본지본계자주자상평등운운 청
本以朝鮮爲自主之國 與日本之本係自主者相平等云云 淸
인지지이불문 급을유 고종이십이년 천진조약운 이일조
人知之而不問 及乙酉(高宗二十二年)天津條約云 異日朝
선유사 중일양국욕파병왕 필수호상지조운운 개왜지교모
鮮有事 中日兩國欲派兵往 必須互相知照云云 蓋倭之狡謀

욕도아 불가불사절청 욕절청 불가불사자주 고유을해지
欲圖我 不可不使絶清 欲絶清 不可不使自主 故有乙亥之

약 차료아국다내란 필장우대청원 인기파병호조지문 가
約 且料我國多內亂 必將又待清援 因其派兵互照之文 可

이령액항부배지계 고유을유지약 논자위이홍장외교실책
以逞搤吭拊背之計 故有乙酉之約 論者謂李鴻章外交失策

치동번지윤상 연기실왜지막청구의 시아국위외부필취내
致東蕃之淪喪 然其實倭之藐清久矣 視我國爲外府必取乃

이 차사당일재사약안왈 중국가파병 일본불가파병 즉사
已 借使當日載辭約案曰 中國可派兵 日本不可派兵 則事

기기지 왜유부동병자호 기단단원약자 특이차위구실이
機旣至 倭有不動兵者乎 其斷斷援約者 特以此爲口實耳.

초8일, 홍계훈(洪啓薰)이 적중에 사면령을 반포하고 포위를 풀어 놓아주었다. 적이 포위된 채 여러 차례 출전하였으나 번번이 패했다. 홍계훈이 연달아 전보로 승첩을 알리면서 매번 보고할 때마다 반드시 임금의 뜻이 어떤지 물었다. 임금은 본디 어질고 연약해서 적이라 해도 어루만져 따라 나오는 이는 모두 평민들이니, 차마 도륙할 수 없다고 생각하여 이에 윤음(綸音)을 내렸으며, 홍계훈으로 하여금 포위를 풀고 용서하게끔 한 것이다. 적들은 북문을 열고 나와 관군을 무시하고 통과하여 서쪽으로 향해 갔다. 드디어 사방으로 흩어져 겁탈을 일삼아도 다시 제어할 수 없게 되었다. 적이 물러난 뒤 이틀 만에 홍계훈이 전주성에 들어갔다. 이때 날씨가 더워서 넘어져 있는 시체의 썩는 냄새가 거리를 메웠다. 그 시체들을 떠메어 내가도록 명했는데 수일이 지나도록 다 마치지 못했다. 전주는 본

시 번성하고 부(富)하기로 삼남(三南)에서 으뜸이었으며, 서문 밖은 상점과 부호의 집들로 이름나 더욱 '금굴(金窟)'이라고 불렀었다. 이에 이르러 횃불 하나로 잿더미가 되니, 타다 남은 자리와 깨진 기왓장에 쌓여 있는 시체가 서로 뒤섞여 있었으며 읍리(邑里, 고을의 마을)는 소연하였다. 김학진(金鶴鎭)은 적이 퇴각했다는 소식을 듣고서도, 오히려 여러 날을 배회하다가 그 달 보름쯤 이원회(李元會)를 따라 차례로 입성하였다.

原文

初八日 洪啓薰頒赦于賊中 解圍以縱之 賊在圍屢出戰輒敗 啓薰連電報捷 而每報必請中旨 上素仁弱 謂賊就撫 則皆平民也 不忍屠戮 乃下綸音 使啓薰開圍赦之 賊開北門出衝過官軍 向西而去 遂四向刦掠 不可復制 賊退後二日 啓薰入城 時天薰 僵尸臭腐塡街巷 令舁出之 數日不盡 全州殷富甲三南 而西門外商廛富室 尤稱金窟 至是一炬成灰燒苫敗瓦與積骸相支柱 邑里蕭然 金鶴鎭聞賊退 猶徘徊累日 以望間 隨李元會 次第入城.

일본 공사 대조규개(大鳥圭介)가 서울에 돌아왔다. 수군제독

이동우형(伊東祐亨)과 육군소장 대도의창(大島義昌)도 이어서 도착했다. 대조 공사는 휴가차 귀국했다가 변란 소식을 듣게 되자 곧 귀환한 것이다. 우형 제독은 6일에 입성했고, 의창 소장은 함대들을 해안에 벌려 세우니 해군과 육군이 도합 5천 명이었으며, 병함 7척, 포함 2척, 체신선(遞信船) 1척, 상륜선(商輪船) 5척이 속속 인천항에 상륙하여 해안으로 올라왔다. 경비가 삼엄하여 마치 큰 적을 맞이한 것 같았다.

原文

왜공사대조규개환지경사 수사제독이동우형 육군소장
倭公使大鳥圭介還至京師 水師提督伊東祐亨 · 陸軍少將
대도의창계지 규개고가귀국 문경즉환 우형이초육일입성
大島義昌繼至 圭介告暇歸國 聞警卽還 祐亨以初六日入城
의창열함해구 수육합오천여 병함칠 포함이 체신선일
義昌列艦海口 水陸合五千餘 兵艦七 · 砲艦二 · 遞信船一
상륜오 육속자인천상안 경비엄밀 여임대적
· 商輪五 陸續自仁川上岸 警備嚴密 如臨大敵.

섭지초(葉志超)가 방문을 펴서 난민들을 안정시키고 이미 전주를 회복하였다는 소식을 들었다. 그들은 아산만에 머물러 있으면서 이홍장(李鴻章)의 회답 전보를 기다렸다.

原文

섭지초장방초안적당 기이 문전주이복 유아산 이대북양
葉志超張榜招安賊黨 旣而 聞全州已復 留牙山 以待北洋
회전
回電.

(5월) 12일, 황혼이 깃들 무렵 일본군 대대 병력이 숭례문(남대문)에 이르렀으나 대문이 닫혀 있자, 성을 허물고 남산을 넘어서 성안에 들어왔다. 잠두(蠶頭)[1)]에 진을 치고 주위에 대포를 설치하여 곧 격전을 벌일 듯한 모양을 갖추었다. 서울에서부터 수원 · 인천까지 수십 리 거리마다 일개 진영씩을 두고 횃불을 들어 서로 연결하고 징(鉦)을 쳐서 연락을 취하며 행인을 끊으니 철통에 갇힌 것 같아 원근이 크게 두려워 떨었다.

일본 공사 대조규개(大鳥圭介)가 임금을 알현하고 주문(奏文)을 올리며 다음과 같이 말하였다.

"근래 남도민들이 동요하여 반항하며 서울의 함락이 조석에 달렸고 난을 회복하기가 용이하지 않아서 우방에게 구원을 청하시기에 이르렀습니다. 우리 정부는 이러한 소식을 듣고 천황의 유지(諭旨)[2)]를 받들어 사신에게 특명을 내려 군대를 이끌고 가서 공사관과 상인을 보호하며 아울러 귀국의 휴척(休戚)[3)]을 생각하여, 가령 만일의 요구하시는 것이 있으면 또한 서로 도우며 친목을 두터이 하려 이에 사신이 명을 받고 서울에 온 것입니다. 마침 전주를 회복하고 나머지 무리들이 도망하였으니 앞으로 좋은 대책이 점차 찾아들 것입니다. 이것은 내외가 경송하는 바 성덕(聖德) 아님이 없습니다. 대저 아국과 귀국은 동양 한편에 같이 자리잡고 있으며 지역적으로 가까워서 서로 도와야 하는 밀접한 관계가 있습니다. 이제 열강의 대세를 보면 정교(政敎)[4)]로 백성을 다스리고 입법으로 재정을 다스리며 농사일을 권장하고 상업을 장려하여 저절로 부강하게 되니, 천하

의 뜻을 크게 본 것입니다. 그러하다면 옛 법에 구애되어 변통을 못하고 세력을 다투어 자립하지 못하면 어찌 능히 열강들 사이에 한몫 낄 수 있겠습니까? 이로 말미암아 우리 조정은 또한 사신에게 명해서 귀 정부와 회동하여 그 방법을 강구하되 힘써 현실 정치에 적용하게 되면 편안하고, 근심스러운 상관관계와 서로 돕고 의지하는 정국을 시종 서로 보전하게 됩니다. 엎드려 바라건대 칙령으로 대신들을 모아 그 뜻을 밝혀 주시면 우리 황제께서 우방을 생각하는 지극한 뜻을 저버리지 않게 될 것입니다."

이미 정부에 '오강십육조(五綱十六條)'를 보내서 국가의 기율을 개혁하라고 권하였다. 그 16조의 내용을 요약하면 대략 다음과 같다.

1. 불필요한 관원을 줄이고 재덕을 겸비한 자를 채용하되 문벌을 따지지 않는다.
2. 국내외의 대권은 모두 의정부에 귀속시키고 그 밑에 6부를 둔다.
3. 왕궁과 정부는 구별되어 간섭하지 않게 한다.
4. 조선 8도가 현(縣)으로 쪼개진 것이 많으니 서로 합병하여 경비를 줄인다.
5. 뇌물을 바치고 벼슬자리를 얻은 자는 모두 축출한다.
6. 관원의 봉급은 넉넉히 지불하여 분에 넘치는 재물을 탐내지 말도록 한다.
7. 각 관청에서 뇌물을 주고받는 자는 엄중히 다스린다.

8. 중앙에 있는 관리나 지방에 있는 관리를 막론하고 상업을 경영하지 못하게 한다.
9. 전국의 재정은 하나하나 밝혀서 들어올 것을 헤아리고 나갈 것을 헤아려 새로운 법을 안정시킨다.
10. 국내의 토산물을 일일이 조사해서 세칙(稅則)을 정한다.
11. 국내에 있는 도로는 모두 평평하고 넓게 하며 서울에서부터 철도를 부설하여 통상하는 항구에까지 연결시킨다.
12. 각 해관(海關)은 정부가 장악해서 관리하며 외국인의 간섭을 받지 않는다.
13. 법률을 정하여 옥사를 공평하게 다스린다.
14. 군대를 증원하여 내란을 안정시킨다.
15. 무관도 마땅히 글읽는 사람을 등용해서 문무(文武)의 재능을 갖추게 한다.
16. 도성과 각도 요충지에 순포방(巡捕房)을 설치한다.
17. 학교의 장정(章程)을 만들어 각도에 유학당(幼學堂)과 중학(中學) 및 전문학교를 설치하고, 서양 여러 나라의 예를 좇는다.
18. 학교에서 우등생을 뽑아 각국으로 (유학을) 보내 학업을 익히게 하여 장차 쓰임에 대비한다.

이러한 모든 조문을 보면 진정으로 우리나라를 위해서 내놓은 것이라고만 볼 수 없으나 (그렇다고) 대증지제(對症之劑)[5]가 아니라고 보는 것도 옳지 않다. 힘써 실행했다면 어찌 오늘날의 화가 있었겠는가? 경전에 이르기를, '국가는 필시 스스로 자기를 해친 연후에 남이 치고 들어온다〔國必自伐而後 人伐之〕.'고

하였으니 슬픈 일이다.

註解

1) **잠두**(蠶頭) : 서울 남산의 정상. 누에머리 같다고 하여 붙여진 이름.
2) **유지**(諭旨) : 임금이 신하에게 내려주는 글. 뜻을 일러주어 알림.
3) **휴척**(休戚) : 기쁜 일과 슬픈 일. 편안함과 근심.
4) **정교**(政敎) : 정치와 교육.
5) **대중지제**(對症之劑) : 병의 증세에 따라 알맞게 처방하는 일.

原文

십이일황혼 왜대대지숭례문 문폐내훼성 제남산이입 진
十二日黃昏 倭大隊至崇禮門 門閉乃毁城 梯南山而入 陣
우잠두 환매대포 약장오전 자경이수원이인천 매수십리
于蠶頭 環埋大砲 若將鏖戰 自京而水原而仁川 每數十里
숙일영 수료상접 징고상문 파절행인 여위철통 원근대진
宿一營 燧燎相接 鉦鼓相聞 把截行人 如圍鐵桶 遠近大震.
왜공사대조규개폐견정주왈 근래남민경화 감항유사 원
倭公使大鳥圭介陛見呈奏曰 近來南民梗化 敢抗有司 爰
발왕사 멸차조식이복우기불역 지어차원린방 아정부문차
發王師 滅此朝食而復憂其不易 至於借援隣邦 我政府聞此
사지교중 봉황제유지 특명사신 대령병원 보호사관여상
事之較重 奉皇帝諭旨 特命使臣 帶領兵員 保護使館與商
민 병념귀국휴척 가계만일유소구 즉역가일비상조 진돈
民 并念貴國休戚 假係萬一有所求 則亦可一臂相助 盡敦
목의 시이사신함명지한성의 경지극복전주 여당도찬 선
睦意 是以使臣啣命至漢城矣 竟至克復全州 餘黨逃竄 善
후지책 점차취서 차막비성덕소피 내외소경송자야 대저
後之策 漸次就緒 此莫非聖德所被 內外所慶頌者也 大抵
아국여귀국 동처동양일방 강역핍근 유보거진치지리 금
我國與貴國 同處東洋一方 疆域逼近 有輔車唇齒之理 今

시열방대세 정교치민야 입법리재야 권농장상야 무비소
視列邦大勢 政敎治民也 立法理財也 勸農奬商也 無非所

이자치부강 이웅시우내지의야 연즉구니성법 불능통변
以自致富强 而雄視宇內之意也 然則拘泥成法 不能通變

달권쟁세자립 즉하이능개입어열강지간호 유시아정 우명
達權爭勢自立 則何以能介立於列强之間乎 由是我廷 又命

사신 회동귀정부 욕강명차도 무거실정 휴척상관지의 보
使臣 會同貴政府 欲講明此道 務擧實政 休戚相關之誼 輔

차상의지국 사지종시지보자야 복망칙령회동대신 비진기
車相依之局 使之終始持保者也 伏望勅令會同大臣 俾盡其

설 즉서기무부아대황제념린지의야 기이송오망십육조우
說 則庶幾無負我大皇帝念隣之意也 旣而送五綱十六條于

정부 권사개혁국기 기입육조략 왈감용관 택재덕 물론문
政府 勸使改革國紀 其卄六條略 曰減冗官 擇才德 勿論門

지 왈내외대권 실귀정부 기하치육부 왈왕궁사령관여정
地 曰內外大權 悉歸政府 其下置六部 曰王宮使令官與政

부구별 물사간예 왈팔도분현태다 가상합병 이성경비 왈
府區別 勿使干預 曰八道分縣太多 可相合幷 以省經費 曰

행뇌득관자진출 왈정관봉사족지부 물치분외탐도 왈각관
行賂得官者盡黜 曰定官俸使足支敷 勿致分外貪饕 曰各官

범회뢰자중치 왈경향관리 부득경영상업 왈전국재정 축
犯賄賂者重治 曰京鄕官吏 不得經營商業 曰全國財政 逐

일핵명 양입계출 타정신장 왈국내토산 일일사명 정작세
一核明 量入計出 妥定新章 曰國內土產 一一查明 定作稅

즉 왈국내관로 일절평활 자한성축철로 이달통상구안 왈
則 曰國內官路 一切平闊 自漢城築鐵路 以達通商口岸 曰

각해관 자정부장리 물청외인간예 왈타정법률 단옥무의
各海關 自政府掌理 勿聽外人干預 曰妥定法律 斷獄務宜

평윤 왈주증병액 이정내란 왈무원의용독서인 비성문무
平允 曰籌增兵額 以靖內亂 曰武員宜用讀書人 俾成文武

전재 왈도성급외도요구 설순포방 왈건입학교장정 각도
全才 曰都城及外道要口 設巡捕房 曰建立學校章程 各道

설유학당급중학급전문학교 이종서례 왈학교중택우등생
設幼學堂及中學及專門學校 以從西例 曰學校中擇優等生
전부각국 이업대용운운 안차제조 미필출어진정위아 이
前赴各國 肄業待用云云 按此諸條 未必出於眞情爲我 而
불위지대증지제즉불가야 력이행지 안유금일지화 전왈국
不謂之對症之劑則不可也 力而行之 安有今日之禍 傳曰國
필자벌이후 인벌지 희
必自伐而後 人伐之 噫.

형조 참의 이남규(李南珪)가 소를 올렸는데 그 대략은 다음과 같다.

우리나라는 땅덩이는 협소하지만 전토(田土)의 조세와 호구에 따른 부역(賦役)으로 수입을 헤아려 지출을 해왔기 때문에, 위로는 정상적인 쓰임이 있어 사적인 저장은 없었으며, 아래로는 정상적인 공급이 있고 사적인 헌납은 없었습니다. 그런 까닭에 수입은 비록 적더라도 경상의 비용은 심히 부족하지 않았습니다. 지금 전토와 호구는 옛날과 같은데 경상의 비용이 날로 부족해짐은 무엇 때문입니까. 어찌 임금이 하고자 하는 바에 이익이 안 되는 허비가 있어서가 아니겠습니까? 대저 유한한 재원을 가지고 무한한 쓰임에 응하다 보니 그 형세는 반드시 방백이나 수령에게서 징수할 것을 찾아내야 되며, 방백과 수령은 반드시 백성에게 주구(誅求)[1]하게 되는데 공무를 빙자해서 사복(私腹)을 채우니 대체로 진헌(進獻)한다는 것으로 제목을 삼고 취렴(聚斂)[2]을 직무로 삼고 있습니다. 이는 오직 못이 마르도록 구하기만 하면 고기가 다 없어진다는 이치를 모르

고 있는 것입니다. 『시경(詩經)』에 이른, '일찍이 부극(掊克)[3]으로 원한을 사는 것으로 덕을 삼는 자'란 바로 이 무리들을 이르는 것이 아니겠습니까? 지금 방백으로서 지키지 못하고 도망친 자를 안치(安置)하는데 그치고, 수령의 침학(侵虐)[4]으로 난을 양성한 자를 섬으로 유배하는데 그치며, 안핵(按覈)[5]의 임무를 띠고 나가 일을 그르쳐 소란을 일으키게 한 자도 유배 보내는데 그치고, 균전사(均田使)로 나가 백성과 고을에 폐해를 끼친 자를 단지 그 직책만 감하고 죄를 주지 않았으며, 전운사(轉運使)로서 규정을 무시하고 더 거두어들여 비방을 초래하고 원한을 불러 모아 화란을 일으키는 사단을 제공했다고 많은 사람들이 한 소리를 내는데도 돌연히 죄를 묻지도 않았습니다. 이는 처벌해야 될 것을 처벌하지 않은 큰 실책입니다.

이제 일본인이 군사를 인솔하고 도성에 들어와 있으니 그 의도가 어디에 있는지, 그리고 그 군사가 무슨 명분으로 들어왔는지 알지 못합니다. 만약 이웃나라의 환란을 구휼하러 왔다고 한다면 우리나라는 일찍이 구원해달라고 하지 않았으며, 만약 상민들을 보호해 달라고 했다면 우리나라가 보호해주어도 걱정될 것이 없습니다. 구원을 청하지도 않았는데 오히려 구휼하러 왔다고 한다면 이것은 실정을 속이는 것이요, 상민을 보호해주어도 아무 근심될 것이 없는데 오히려 방위하러 왔다고 한다면 이것은 우리를 의심하는 것입니다. 갑신정변 때 도망친 흉도들을 저들이 그들을 위해 받아드려 머물게 하고 보호해주니 이는 '춘추의 맹약(남의 나라의 죄인을 보호하지 아니함.)'에 비

추어 보면 이미 잘못된 것입니다. 이제 구휼한다는 것을 구실로 명분을 삼는다면 진실로 이미 완급(緩急, 위급)의 차례를 잃은 것인데, 하물며 구휼할 것도 아닌데 그것을 방위라는 명분으로 내세웠고, 또 더욱이 방위를 받아야 할 필요가 없는 데야 무슨 말을 하겠습니까?

외서(外署)의 신하가 의리로써 책망하고, 성신(誠信)을 편다면 저들이 꼭 물러나지 않을 수 없을 것입니다. 만약 의리와 성신으로 가히 움직이지 않는다면 이는 적이 되는 것이며, 이웃이라고 볼 수 없습니다. 적과 더불어 이웃이 되어 속으로는 의혹과 두려움을 품고서 외면상으로 기미(羈縻)[6]를 보인다면, 그러고서도 무사한 경우는 일찍이 없었습니다.

註解

1) **주구**(誅求) : 관청에서 백성의 재물을 강제로 빼앗음.
2) **취렴**(聚斂) : 백성의 재산을 욕심내고 함부로 거두어들임.
3) **부극**(掊克) : 가혹한 세금을 과하게 거둬들여 백성을 해치는 일. 또는 그 사람.
4) **침학**(侵虐) : 침범하여 포학하게 행동함. 능학(凌虐). 침포(侵暴).
5) **안핵**(按覈) : 자세하게 사실을 조사하여 살핌.
6) **기미**(羈縻) : 굴레를 씌우듯 자유를 속박하는 일. 기반(羈絆). 굴레를 씌우는 일.

原文

형 조 참 의 이 남 규 상 소 략 왈 아 국 수 양 지 편 소 토 전 지 세 호
刑曹參議李南珪上疏 略曰 我國雖壤地褊小 土田之稅 戶

구지부 양입위출 상유상용이무사장 하유정공이무사헌
口之賦 量入爲出 上有常用而無私藏 下有正供而無私獻
고소입수소 이경용즉미심출언 금토전호구 유부석야 이
故所入雖小 而經用則未甚絀焉 今土田戶口 猶夫昔也 而
경용일출하재 기상소욕위유무익지비호 부이유한지재 응
經用日絀何哉 豈上所欲爲有無益之費乎 夫以有限之財 應
무한지용 기세필징색어방백 수령 방백 수령 필주구어
無限之用 其勢必徵索於方伯·守令 方伯·守令 必誅求於
백성 자공제사 솔개이진헌위제목 취렴위직사 유구갈택
百姓 藉公濟私 率皆以進獻爲題目 聚斂爲職事 惟求渴澤
불사무어 시운 증시부극 렴원이위덕자 비차배지위호 금
不思無魚 詩云 曾是掊克 斂怨以爲德者 非此輩之謂乎 今
방백지실수도찬자 안치이지 수령지침학양란자 도배이지
方伯之失守逃竄者 安置而止 守令之侵虐釀亂者 島配而止
안핵이분오자요자 찬배이지 균전이위민폐자 지감기직이
按覈而憤惋滋擾者 竄配而止 均田而爲民弊者 只減其職而
불죄 전운사과외징렴 초방취원 목지위화란지계 만구일
不罪 轉運使科外徵斂 超謗聚怨 目之爲禍亂之階 萬口一
사 이졸불문 차실형지대자야 금일본인 솔병입도 신미지
辭 而卒不問 此失刑之大者也 今日本人 率兵入都 臣未知
기의지하거 이기병지하명야 약왈구휼린환 즉아미상구원
其意之何居 而其兵之何名也 若曰救恤隣患 則我未嘗求援
의 약왈방위상민 즉아보기무우의 불청원 이유왈구휼 시
矣 若曰防衛商民 則我保其無虞矣 不請援 而猶曰救恤 是
교정야 보무우 이유왈방위 시의아야 갑신 고종이십일
矯情也 保無虞 而猶曰防衛 是疑我也 甲申(高宗二十一
년 지변 흉도지포도자 피위지수 시유시보 율지이춘추지
年)之變 凶徒之逋逃者 彼爲之藪 是留是保 律之以春秋之
맹 즉기투의 금이구휼위명 고기실완급지서 황비구비휼
盟 則己渝矣 今以救恤爲名 固己失緩急之序 況非救非恤
명지이방위 이우무가방지우호 외서지신 책이리의 포이
名之以防衛 而又無可防之虞乎 外署之臣 責以理義 布以

성신 피미필불퇴 약왈비리의성신소가동 시적야비린야
誠信 彼未必不退 若曰非理義誠信所可動 是敵也非隣也
여적위린 내회의기 외시기미 이졸무사자 미지유야운운
與敵爲隣 內懷疑忌 外示羈縻 而卒無事者 未之有也云云.

조병갑(趙秉甲)과 이용태(李容泰)는 이미 멀리 유배 보냈는데, 이때 이르러 조필영(趙弼永)도 또한 섬으로 유배 보냈다.

原文

조병갑 이용태전이원찬 지시 조필영역도배
趙秉甲 · 李容泰前已遠竄 至是 趙弼永亦島配.

부사과 이설(李偰)이 소를 올렸는데 그 대략은 이러하다.

사사로이 생각하옵건대, 오늘날 당면한 형세는 사람이 큰 종기가 나서 썩어 들어가 위태로운 상황인데, 어느 겨를에 그 병의 근원을 따지며 서로 갈라져 한가하게 병을 논하고 있겠습니까? 신은 청컨대 먼저 독수(毒手)로 썩게 한 원인을 먼저 논하고, 그러한 연후에 이어서 구급의 방안을 전하를 위해서 진언해보겠습니다. 지금의 병세는 진실로 위급합니다. 그 빌미를 준 까닭은 '동학의 무리이며 난민의 도당'에 지나지 않습니다. '동학'이란 근거 없는 사설(邪說)로서 세상을 속이고 백성을 현혹시키기에 부족한데도 빠져든 형세가 이같이 창궐하고 있으며, 난민이라도 본디 함양하고 키운 백성들이라 반드시 감화되어 귀순할 터인데, 한번 흩어진 민심을 수습하지 못하는 것은 무엇 때문이겠습니까? 신이 오랫동안 향리에 있으면서 근자의

한 일들을 보건대, 방백과 수령들은 나라에 보답하는 것이 어떤 일인지 알지를 못하고 백성들이 간혹 부지런히 농사나 상업에 힘쓰며 입고 먹는 것을 이어가면 그들을 비류(匪類, 동학교도)의 굴레를 씌우고 용서받기 어려운 죄를 덧씌워 감옥에 가두고 형벌로 다그치니, 불쌍한 저 백성들이 의지하고 호소할 곳이 없어졌을 뿐만 아니라 그동안 피와 땀으로 얻은 것을 다 털어서 가혹한 호랑이 입에 바치고서야 겨우 실낱같은 목숨을 건져 돌아와서는 처자를 끌고 길에서 헤매고 있습니다. 이러한 때에 동학의 무리들이 따라와 그들을 회유하기를, "그대들이 우리 당에 들어오면 이러한 괴로움은 없어질 것이다."라 하여 백성들은 이에 서로 이끌고 귀의해서 국법에 저촉되는지, 강상의 도리를 범하는지 돌아볼 겨를조차 없습니다. 이것이 소위 동학과 난민이 합세하여 하나가 되고 날로 불어나고 달로 번성하여 드디어 오늘의 변란이 이르게 된 것입니다.

아! 전운사(轉運使)의 임무가 얼마나 중요한 것인데, 나라의 일을 생각지 않고 사적인 이득만을 영위하여 자기 자신을 살찌우고 비감역졸(秘甘驛卒, 비밀 공문서를 전달하는 졸개)이 온 도내에 퍼져 함부로 토색질을 하는 것을 일일이 매거하기 어려울 정도입니다. 심지어 국가의 양곡을 농간질하여 판매해서 이익을 취한다는 소문이 낭자해서 백성들의 원성이 길에 가득합니다. 난을 처음 양성한 자는 조필영(趙弼永)입니다. 겉으로는 균전사(均田使)란 이름을 빙자해서 남모르게 자기 집을 살찌우고 나라의 전결(田結)에 농간을 부려 백지징세(白地徵稅)[1]를 하여, 백성들이 그 해독을 입은 지 이미 여러 해가 되었으니 김창석

(金昌錫) 또한 난을 양성시킨 자의 한 사람입니다. 난이 처음 일어난 곳은 고부(古阜)에서였습니다. 만단(萬端)으로 박할(剝割)[2]하여 이르지 않은 곳이 없었습니다. 그 난리를 선도한 자는 전 고부 군수 조병갑(趙秉甲)이 아니겠습니까? 안핵사의 명을 받았으니 의당 자세히 살피고 신중했어야 함에도 그 형세를 이용하여 재물을 탈취해 도리어 탐학을 저질러 그 꺼져가는 불씨에 부채질한 자가 바로 이용태(李容泰)입니다. 전 감사 김문현(金文鉉)은 더욱 심함이 있었으니, 이미 탐학을 자행하여 난을 키우기만 하였습니다. 그들은 백성들을 무마하여 진정시키지 못하고 끝내는 저들을 격동하고 촉발시켜 드디어 난리의 단서를 이루게 하였습니다. 반적의 깃발이 한 번 나부끼자 어리둥절 신발을 신고 창황히 자기 경내를 넘어서 목숨을 아껴 구차하게 살려고만 하고, 종묘와 전각(殿閣)의 소중함을 염두에 두지 않고, 울타리를 지키지 못한 실책을 범했는데 그러고도 가히 신하의 본분을 다했다고 하겠습니까? 각 고을 수재(守宰, 수령)들에 이르러서는 감히 하나하나 논하여 열거할 수 없을 정도입니다. 혹자는 기회를 엿보다가 산속으로 들어가 숨는 자도 있었으며, 혹자는 양식을 싣고 바다의 섬으로 들어가는 자도 있었으니, 영광 군수(靈光郡守) 민영수(閔泳壽) 같은 자가 곧 그 하나라 하겠습니다. 무릇 이들 죄를 범한 것들은 가볍고 무거운 것이 있겠으나 그 독수(毒手)[3]로써 나라를 썩어 문드러지게 한 것은 마찬가지라 하겠습니다. 나라에는 항구적인 법전〔(法典, 經國大典)과 그 후에 만든 수종의 법전〕이 있고 그 법전에는 해당 형률(刑律)이 있으니 어찌 꼭 많이 말할 필요가 있겠습

니까? 아! 신이 이르는 바 구급의 처방은 그 조목이 다섯 가지 있습니다. 비록 노생(老生)의 일상적인 말에 지나지 않습니다만, 혹 대증지제(對症之劑)[4]를 바랄 수 있을 것입니다.

첫째, 속히 애통해하는 조칙을 내리시어 잘못을 뉘우치어 깨달음을 보이실 것.

둘째, 급히 진휼의 정사를 실시하여 흩어져 도망친 백성들을 불러들이실 것.

셋째, 더욱 궁궐의 방비를 엄격히 하여 간신배들의 출입을 막으실 것.

넷째, 구언(求言)의 길을 널리 열어 계책을 수렴하실 것.

다섯째, 원병의 도움만을 믿고 무비(武備)를 소홀히 하지 말 것.

아! 병을 다스리는 것이 어려운 것이 아니라 병을 다스린 다음에 거두어드리는 것이 더 어렵습니다. 또 난을 평정하는 것은 어렵지 않으나 안정을 다스리는 것이 더 어렵습니다. 신은 청컨대 병을 받게 된 근원을 소급하여 한번 논해보겠습니다. 대저 병을 받게 된 근원은 진실로 한 가지 일이 아닙니다만, 그 근본은 다만 '사(私)'라고 하는 한 글자에 있습니다. 사의(私意)를 버리지 않으면 공도(公道)를 행하기 어렵습니다. 자고로 나라를 위하는 사람이라면 누군들 인심을 복종시키려 하지 않겠습니까마는, 그런데 그 능히 인심을 복종시킬 수 없음은 무엇 때문이겠습니까?

옛날 주자(朱子)가 송나라 효종(孝宗)에게 고하기를, "강명(剛明)하고 공정한 사람을 써서 재상을 삼으면 내가 하고자 하

는 일에 방해가 있을까 두려워하여, 이로써 무릇 사람됨이 나약하고 유화(宥和)해서 평소 직언도 못하는 사람을 취하는 경향이 있습니다. 그리고 임금은 그의 마음을 헤아려보고는, 지극히 용열하고 비루해서 결단코 방해가 되는데 이르지 않는다고 확신이 선 연후에 기용합니다."고 하였습니다. 신은 일찍이 이 말을 재삼 반복하여 읽고 만대의 귀감이 될 만하다고 여겼습니다. 엎드려 바라옵건대 전하께서는 이것을 거울삼아 어진 사람을 생각하기를 목마른 것 같이 하시고 반드시 적임자를 얻어 전적으로 맡기되 의심하지 말기를, 옛날 은(殷)나라 고종이 부열(傅說)[5]에게 맡기 듯하고 소열제(昭烈帝, 劉備)가 제갈공명(諸葛孔明, 제갈량)을 믿었듯이[6] 하신다면 사사로운 뜻을 물리치겠다고 기약하지 않아도 저절로 물리쳐질 것이며, 공도(公道)를 행하겠다고 기약하지 않아도 저절로 행해질 것입니다. 하늘에 기원하여 국명(國命)을 영원히 하려는 기초는 진실로 여기에 있는 것입니다. 옛말에 이르기를 '깊은 근심은 성인의 마음을 열어주고 많은 어려움은 나라를 일으킨다'고 하였으니, 성상께서는 다시 두 번 세 번 더 생각을 해보시기 바랍니다.

이에 김창석(金昌錫) 또한 유배되었다.

註解

1) **백지징세**(白地徵稅) : 수확이 없어서 조세의 면세를 받아야 할 땅에 대해 억지로 세를 받음.
2) **박할**(剝割) : 가죽을 벗기고 살을 베어냄. 여기서는 탐관오리가 백성의 재물을 약탈하는 짓을 가리킴. 할박(割剝).

3) **독수**(毒手) : 남을 해치려고 하는 악독한 수단. 독아(毒牙).

4) **대증지제**(對症之劑) : 병의 증세에 따라 약을 씀.

5) **부열**(傅說) : 은(殷)나라 고종(高宗) 당시의 현명한 재상

6) **옛날 은나라 …… 제갈공명(諸葛孔明)을 믿었듯이** : 은나라 고종은 부열이 성인임을 알아보고 자신을 가르쳐 자신의 덕을 돕도록 했다. 그리고 소열황제 유비는 제갈공명을 삼고초려한 끝에 중용하였으며, 자신의 사후 일까지 부탁하였다.

原文

부사과이설상소 약왈 절유당금지세 여인대종경궤 견상
副司果李偰上疏 略曰 竊惟當今之勢 如人大瘇徑潰 見狀

위격 고해가추기수병지원 이지이론약호 신청선론독수치
危谻 顧奚暇追其受病之源 而支離論藥乎 臣請先論毒手致

궤자 연후계이구급지방 위전하진지 금지병세성급의 이
潰者 然後繼以救急之方 爲殿下陳之 今之病勢誠急矣 而

기소이위수자 불과왈동학지도야 난민지당야 동학시무근
其所而爲祟者 不過曰東學之徒也 亂民之黨也 東學是無根

지사설 부족이기세혹중 이윤서지세 약시창궐 난민본함
之邪說 不足以欺世惑衆 而淪胥之勢 若是猖獗 亂民本涵

육지적자 필유소감화귀순 이환산지심불가수습자하야 신
育之赤子 必有所感化歸順 而渙散之心不可收拾者何也 臣

구재향리 목견근일지위방백수재자 부지보국지위하사 민
久在鄉里 目見近日之爲方伯守宰者 不知報國之爲何事 民

혹유근력농상 가계의식 즉늑지이비류지명 가지이난세지
或有勤力農商 可繼衣食 則勒之以匪類之名 加之以難貰之

죄 구지령어 독이항양 애피준치 수무소공소 경기혈한소
罪 拘之囹圄 督以桁楊 哀彼蠢蚩 雖無所控訴 罄其血汗所

득 납지가호지구 근탈루명 귀설처아 전연도로 우사시야
得 納之苛虎之口 僅脫縷命 歸挈妻兒 顚連道路 于斯時也

동학지도종이유지왈 여입오당 즉무차고의 민내상솔이귀
東學之徒從而誘之曰 汝入吾黨 則無此苦矣 民乃相率而歸

촉헌범강 유불가고 차소이동학 난민합이위일 일자월성
觸憲犯綱 有不暇顧 此所以東學·亂民合而爲一 日滋月盛

수치금일지변야 오호 전운지임하등기중 이망념국계 영
遂致今日之變也 嗚呼 轉運之任何等綦重 而罔念國計 營

사비기 비감역졸 편어일성 남봉토색유난매거 심지투롱
私肥己 秘甘驛卒 遍於一省 濫捧討索有難枚擧 甚至偸弄

국곡 행판모리 전개랑자 민원재로 난지시양자 조필영야
國穀 行販牟利 傳開狼藉 民怨載路 亂之始釀者 趙弼永也

외적균전지명 음제윤가지사 환롱국결 백지징세 민피기
外籍均田之名 陰濟潤家之私 幻弄國結 白地徵稅 民被其

독 이유년소 김창석 역일양난자야 난지시기 기어고부 이
毒 已有年所 金昌錫 亦一釀亂者也 亂之始起 起於古阜 而

만단박할 무소부지 이창기난자 비전군수조병갑호 봉명
萬端剝割 無所不至 以倡其亂者 非前郡守趙秉甲乎 奉命

안핵 의기심신 이승세탈재 반사탐학 선기장식지도 이촉
按覈 宜其審愼 而乘勢奪財 反肆貪虐 煽其將熄之焰 以促

기난자 비이용태호 전감사김문현 태유심언 기사탐독이
其亂者 非李容泰乎 前監司金文鉉 殆有甚焉 旣肆貪黷以

양지 우불안무이진지 말내격이촉지 수성난계 적기일표
釀之 又不按撫以鎭之 末乃激而促之 遂成亂階 賊旗一飄

망혜전도 창황월경 투명구활 불념묘전지소중 이치번병
芒鞋顚倒 蒼黃越境 偸命苟活 不念廟殿之所重 以致藩屛

지실수 상가위유신분호 이지열읍수재 신불감일 일론열
之失守 尙可謂有臣分乎 以至列邑守宰 臣不敢一 一論列

이혹유견기이입산자 혹유재량이부해자 여령광군수민영
而或有見機而入山者 或有載粮而浮海者 如靈光郡守閔泳

수 즉기일야 범차죄범 수유경중 기소이독수치궤즉일야
壽 卽其一也 凡此罪犯 雖有輕重 其所以毒手致潰則一也

국유상전 법유당률 하필다언재 오호 신소위구급지방 즉
國有常典 法有當律 何必多言哉 嗚呼 臣所謂救急之方 則

기목유오 수불과노생지상담 서혹대증지제 일왈극강애통
其目有五 雖不過老生之常談 庶或對症之劑 一曰亟降哀痛

지조 이시회오 이왈급시진휼지정 이초산망 삼왈익엄궁
之詔 以示悔悟 二曰急施賑恤之政 以招散亡 三曰益嚴宮
금지방 이절간세 사왈광개구언지로 이수군책 오왈물시
禁之防 以絶奸細 四曰廣開求言之路 以收群策 五曰勿恃
원병지조 이완무비 오호 치병비난 병후지장섭위난 평난
援兵之助 以緩武備 嗚呼 治病非難 病後之將攝爲難 平亂
비난 난후지치안위난 신청소수병지원 이일논지 부수병
非難 亂後之治安爲難 臣請溯受病之源 而一論之 夫受病
지원 고비일사 이기본지재어사지일자 부사의미거 즉공
之源 固非一事 而其本只在於私之一字 夫私意未祛 則公
도난행 자고위국자 숙불욕인심지복 이기불능사지복하야
道難行 自古爲國者 孰不欲人心之服 而其不能使之服何也
석주자고송효종왈 약용강명공정지인 이위보상 즉공기유
昔朱子告宋孝宗曰 若用剛明公正之人 以爲輔相 則恐其有
방오지사 시이취범피나연숙 평일불감직언정색지인 이췌
妨吾之事 是以取凡疲懦軟熟 平日不敢直言正色之人 而揣
마지 득기지용극루 결가보 기부지어유소방 연후거이용
摩之 得其至庸極陋 決可保 其不至於有所妨 然後擧而用
지 신상삼복사언 이위만세지귀감야 복원전하기감우자
之 臣嘗三復斯言 以爲萬世之龜鑑也 伏願殿下其監于玆
사현여갈 필득기인 위임책성 물의물이 여고종지임전설
思賢如渴 必得其人 委任責成 勿疑勿貳 如高宗之任傳說
소열지신공명 즉사의불기거이자거 공도불기행이자행 기
昭烈之信孔明 則私意不期祛而自祛 公道不期行而自行 祈
천영명지기 고어시호재의 고어왈은우계성 다난흥방 유
天永命之基 固於是乎在矣 古語曰殷憂啓聖 多難興邦 惟
성명경가삼사언운운 어시김창석역찬
聖明更加三思焉云云 於是金昌錫亦竄.

16일, 일본의 외무경 육오종광(陸奥宗光)이 청국 공사 왕봉조(汪鳳藻)에게 조회(照會)[1]하였다.

"목하 귀국이 본국과 함께 동학당을 물리쳐 혼란한 사태가 이미 안정을 찾았다. 현재 조선은 내치(內治)를 닦아야 하니 양국은 마땅히 각각 대신을 임명하여 조선에 보내서 여러 폐단을 살피게 하고 국고의 출납, 관리의 선발과 임용, 내란의 탄압, 군대의 정돈 등 조선으로 하여금 진흥의 실효를 거둘 수 있도록 해야 할 것이다. 청컨대 귀 대신은 귀 조정에 전보로 알려 속히 시행하기를 바란다."

註解

1) **조회**(照會) : 의논하거나 알아보기 위해 보내는 공문.

原文

십육일 일본외무경육오종광 조회우청공사왕봉조왈 목
十六日 日本外務卿陸奧宗光 照會于淸公使汪鳳藻曰 目
하귀국여본국 구제동학당난 사기정의 당대조선 수기내
下貴國與本國 驅除東學黨亂 事旣定矣 當代朝鮮 修其內
치 양국의각간대신 전왕조선 계찰각폐 국고지출납야 관
治 兩國宜各簡大臣 前往朝鮮 稽察各弊 國庫之出納也 官
리지선용야 내란지탄압야 병액지정돈야 사조선기유진흥
吏之選用也 內亂之彈壓也 兵額之整頓也 使朝鮮期有振興
지효 청귀대신 전품귀조정 망속시행
之效 請貴大臣 電稟貴朝廷 望速施行.

왕봉조(汪鳳藻)가 다음과 같이 회답했다.

"귀측의 전문(電文)을 접하고 황상께 전주(電奏)[1]했더니 회전에, "조선의 내란을 이미 평정하였으니 본국은 다시 외국에 대

하여 군사를 개입시키려는 생각이 없다. 후환을 예방하자는 약관의 뜻을 따르는 것이 비록 좋다고는 하나, 단 그 나라의 내치(內治)는 스스로 그 나라가 정돈할 문제이다. 우리 중국이 간여하는 것도 옳지 않은데 귀국은 이미 조선의 자주 국가를 인정하였거늘 어찌 가히 그 나라 내정에 참여한단 말인가? 이러한 정의는 변명할 여지도 없이 자명한 것이다. 또한 피차 철병을 하여야 하는 일은 이미 을유정약(乙酉訂約)[2]에 있는 조문이니, 스스로 조판(照辦)[3]에 응해야 할 것이며 재차 의논할 가치조차 없는 것이다."

註解

1) **전주**(電奏) : 전보로 상주함.
2) **을유정약**(乙酉訂約) : 고종 22년(1885) 갑신정변 이후, 청 · 일 양국 간에 맺은 천진조약을 말함. 일본의 이등박문과 청국의 이홍장이 천진에서 맺은 조약. 우리나라에 주재한 청국과 일본의 군사를 철퇴시킬 것, 군대를 파견할 때는 서로 알릴 것 등이 그 내용임.
3) **조판**(照辦) : 대조하여 판리함.

原文

왕봉조회조왈 즉접귀전 전주황상의 회전이위조선내란
汪鳳藻回照曰 卽接貴電 電奏皇上矣 回電以爲朝鮮內亂

이평 본국무복폭사외지지리 지어예방후환일관 명의수선
已平 本國無復暴師外地之理 至於豫防後患一款 命意雖善

단기내치 자응이국정돈 수아중국불가간예 지약귀국기인
但其內治 自應伊國整頓 雖我中國不可干預 至若貴國旣認

조선위자주의 하가예기내정 차의불변자명 차피차철병사
朝鮮爲自主矣 何可預其內政 此義不辨自明 且彼此撤兵事

기 유 을 유 고 종 이 십 이 년 정 약 자 응 조 판 물 용 재 의 운 운
旣有乙酉(高宗二十二年)訂約 自應照辦 勿庸再議云云.

23일에 육오종광(陸奥宗光)이 또 왕봉조(汪鳳藻)에게 전문을 보냈다.

"폐국이 청하는 바를 귀국이 일체 듣지 않으니, 폐국으로 하여금 같은 마음의 정의를 잃게 하였으니 어찌 슬프지 아니한가? 대저 조선은 음계(陰計)[1]를 쌓아 화란을 길렀으니 크게 폐국의 해가 되었다. 또한 그 나라의 자주 능력이 아주 희박하니 족히 중임을 맡길 수 없다. 그 나라와 폐국에 관계되는 것은 유독 통상(通商)의 문제만이 아니다. 이로써 대신 좋은 법을 베풀어서 국면을 보전시키고자 하는 것이다. 만약 얼마를 지나서 화란이 더 치열해진다면, 이제 양국이 군대를 철수하기 전에 규모를 정정(訂定)[2]하여, 조선으로 하여금 관리의 실마리를 찾아 문란하지 않게 한 연후에 개선(凱旋)을 아뢰고 군사를 철수시킬 수 있을 것이다. 만일 이 마음을 양해하지 않으면 마침내 거절하는 것으로 알고 우리나라는 결코 철병하지 않을 것이다.

註解

1) **음계**(陰計) : 음모. 몰래 좋지 못한 일을 꾸밈.
2) **정정**(訂定) : 잘되고 못됨을 의논하여 정함.

原文

이 십 삼 일 육 오 종 광 우 전 왕 봉 조 왈 폐 국 소 청 귀 국 일 체 불
二十三日 陸奥宗光 又電汪鳳藻曰 敝國所請 貴國一切不

윤 사폐국돈실동심지의 갈승창석 대저조선축음계 양화
允 使敝國頓失同心之誼 曷勝悵惜 大抵朝鮮蓄陰計 釀禍
란 대위폐국지해 차기자주지력태박 부족응중임 기관계
亂 大爲敝國之害 且其自主之力太薄 不足膺重任 其關係
폐국자 비독통상일절야 시이욕대설선법 보전국면 약초
敝國者 非獨通商一節也 是以欲代設善法 保全局面 若稍
일구 화란유열 금급양국퇴병지전 정정규모 사조선판리
日久 禍亂愈烈 今及兩國退兵之前 訂定規模 使朝鮮辦理
취서 유조불문연후 방가주개반사 만일불량차심 종시견
就緒 有條不紊然後 方可奏凱班師 萬一不諒此心 終始見
거 즉아국단불철병운운
拒 則我國斷不撤兵云云.

이때 청국 관원으로 일본에 가 있던 사람은 왕봉조(汪鳳藻)였으며, 우리나라에 있던 사람은 원세개(袁世凱)였다. 이들은 모두 일본의 뜻을 파악하여 북양 대신 이홍장(李鴻章)에게 보내서 전보로 서로 연락했는데, 여기서는 단지 한두 건만 기록하여 대강을 보인 것이다. 일본이 이미 출병을 한 것은 뜻이 다른 데 있었기 때문에 중국의 청을 강경히 거절하였던 것이다. 이홍장은 영국과 러시아에 기대어 대신 처리하려 하였으나, 이 두 나라는 관망하면서 먼저 움직이지 않고 앉아서 어부지리(漁父之利)[1]를 엿보고만 있었다. (그래서) 이홍장이 드디어 용병(用兵)[2]할 것을 결정하고, 해군과 육군은 선후해서 동쪽(조선)으로 출동시켰다.

註解

1) 어부지리(漁父之利) : 도요새와 무명조개가 다투는 틈을 타서 둘 다 잡은 어부처럼, 쌍방이 싸우는 틈을 이용하여 제삼자가 애쓰지 않

고 이득을 가로챔을 이르는 말.

2) **용병**(用兵) : 군사를 부림. 병력을 행사함.

原文

是時 淸官在日本則汪鳳藻 在我國則袁世凱 皆取倭意 通于北洋 電報交織 而只錄一二 以見其槩 倭旣藉端動兵 意別有在 堅拒中國之請 李鴻章倚英·俄欲使代辦 而英·俄觀望不先動 坐覬漁人之利 鴻章遂決意用兵 水陸諸軍 先後東出.

이헌영(李鑓永)을 경상 감사로 삼았다가 부임하기도 전에 교체하였으며, 충청 감사 조병호(趙秉鎬)를 옮겨서 그를 대신케 했다.

原文

以李鑓永爲慶尙監司 未赴而遞 移忠淸監司趙秉鎬 代之.

6월에 교정청(校正廳)[1]을 설치하고, 심순택(沈舜澤)·김홍집(金弘集)·김병시(金炳始)·조병세(趙秉世)·정범조(鄭範朝)를 총재관으로 삼고, 김영수(金永壽)·박정양(朴定陽)과 함께 서정(庶政)[2]을 개혁하여 바로잡는데 모여서 상의하도록 하였는

데, 일본 공사 대조규개(大鳥圭介)의 말을 좇은 것이다. 22일 정묘(丁卯)에 일본 사람들은 대궐을 침범하고 위협하여 서약하도록 하였으며, 대원군 이하응(李昰應)을 위협하여 입궐시키고 일을 의논케 하였다.

註解

1) **교정청**(校正廳) : 정치를 개혁하기 위해 설치한 관청. 조정 대신들이 총재관이 되어 매일 정치 개혁을 의논하여 임금께 알려 시행하였음.
2) **서정**(庶政) : 여러 가지의 정사(政事).

原文

유 월 설 교 정 청 　이 심 순 택 　김 홍 집 　김 병 시 　조 병 세 　정
六月設校正廳　以沈舜澤 · 金弘集 · 金炳始 · 趙秉世 · 鄭
범 조 위 총 재 관 　여 김 영 수 　박 정 양 회 상 서 정 개 혁 리 정 　종 대
範朝爲總裁官　與金永壽 · 朴定陽會商庶政改革釐定　從大
조 규 개 지 언 야 　이 십 이 일 정 묘 　왜 인 범 궐 겁 맹 　협 대 원 군 하 응
鳥圭介之言也　二十二日丁卯　倭人犯闕劫盟　脅大院君昰應
입 궁 의 사
入宮議事.

일본 공사 대조규개(大鳥圭介)가 서울 도성에 들어온 뒤로 정부를 협박하는 일이 날로 더욱 심하였다. 정부는 25일자 공사의 회답에 조회하였는데, 그 내용은 다음과 같다.

"병자수호조약 제1관(款)을 보면, 조선은 자주국가로 일본과 더불어 평등한 권리를 보유한다는 구절이 실려 있다. 우리나라

는 병자수호조약을 맺은 이래, 양국간에 있었던 교제 · 교섭 사건은 고루 자주 평등의 권한으로 행사해 왔다. 이번에 중국으로 원병을 청한 것 또한 우리나라가 스스로 운용하는 권한에 속한 것이지, 조 · 일조약에 조금도 위배되고 구애됨이 없다. 본국은 단지 정립된 조약을 준수하여 그대로 거행할 뿐이요, 또한 우리나라의 내치와 외교도 자유롭게 할 수 있다. 또한 중국이 알 것이 있으면 중국 왕봉조(汪鳳藻) 공사에게 조회를 할 뿐이지 경정(逕庭)[1] 여부에 대해 본국은 무어라 간섭할 수 없는 것이다. 본국과 귀국간의 교제하는 도리는 단지 양국의 조규(條規)를 확인 대조하여 서로 응해서 조복(照覆)[2]을 갖추어 귀 외부 대신에게 전달하면 되는 것이다."

대조규개(大鳥圭介)는 회답에서 자기 혼자의 억설로 거부하였다.

註解

1) **경정**(逕庭) : 차이가 심한 것. 맞고 안 맞는 것.
2) **조복**(照覆) : 조회에 대한 회답.

原文

대조규개입성후　박협정부자일익심　정부이이십오일회
大鳥圭介入城後　迫脅政府者日益甚　政府以二十五日回

조왈　사병자수호조규제일관　재조선자주지방보유여일본
照曰　查丙子修好條規第一款　載朝鮮自主之邦保有與日本

국평등지권일절　본국자립약이래　소유양국교제교섭사건
國平等之權一節　本國自立約以來　所有兩國交際交涉事件

균안자주평등지권 차차청원중국 역계아국자용지권야 여
均按自主平等之權 此次請援中國 亦係我國自用之權也 與
조일조약호무위애 본국단지준수정립조약 인진거행 차아
朝日條約毫無違碍 本國但知遵守定立條約 認眞擧行 且我
국내치외교향유자유 역계중국소지 지중국왕대신조회경
國內治外交向由自由 亦係中國所知 至中國汪大臣照會逕
정여부 응여본국무섭 본국여귀국교제지도 지가인조양국
庭與否 應與本國無涉 本國與貴國交際之道 只可認照兩國
조규위타상응비문조복 청번사조 전달귀외부대신가야운
條規爲妥相應備文照覆 請煩査照 轉達貴外部大臣可也云
운 규개답조억절지
云 圭介答照臆折之.

26일에 이홍장(李鴻章)이 원세개(袁世凱)에게 보낸 전문에서, "한국이 중국에 속한 것은 이미 천여 년이 되었다는 것을 각 나라가 다 알고 있고, 한국이 서양의 각국과 조약을 체결함에 또한 입장을 밝힌 바 있다. 임금에게 힘써 전하여 견지하도록 할 것이며, 일본을 두려워하여 마침내 중국에 속하지 않는다고 인정하고 마음대로 증빙서류를 내놓는다면 중국은 반드시 군사를 출동시켜 죄를 물을 것이다."라고 하였다. 그것은 이홍장이, 대조규개(大鳥圭介)가 한국 정부를 개혁하도록 강요한 것이 오로지 자주를 내세워 청국과 단절시키려는 뜻을 헤아렸던 까닭에 원세개에게 전보를 쳐서 엄히 조처하도록 한 것이다.

原文

이십육일 이홍장전원세개왈 한속화이천여년 각국개지
二十六日 李鴻章電袁世凱曰 韓屬華已千餘年 各國皆知

즉한여각서국립약 역경성명 무권왕견지 여외왜 경인비
卽韓與各西國立約 亦經聲明 務勸王堅持 如畏倭 竟認非
화속 천출문빙 화필흥사문죄 개홍장췌지규개지늑한개혁
華屬 擅出文憑 華必興師問罪 蓋鴻章揣知圭介之勒韓改革
단출자주절청지의 고전세개사엄판야
亶出自主絶淸之意 故電世凱使嚴辦也.

6월 3일에 원세개(袁世凱)가 이홍장(李鴻章)에게 보낸 전문은 다음과 같다.

"일본의 뜻이 국정을 개혁하지 않고서는 그칠 것 같지 않은데 한국이 어떻게 끝까지 버틸 수 있겠으며, 또한 사변이 일어날까도 두렵다. 지금 또 군사를 더 늘려서 인천에 1,500명이 이르렀으니 결코 화의할 뜻이 없는 것이다. 우리가 화의를 유지하려고 하면 응당 신속히 한국의 정황을 들어 일본과 협상을 해야만 누그러뜨리기를 바랄 수 있을 것이요, 전쟁을 하고자하면 응당 모르게 계획을 세워야 할 것이다. 내가 여기에 있는 것은 판리할 방도가 되지 못하며 한갓 곤욕만 치를 터인즉, 천진(天津)으로 나아가 자세한 정황을 알려서 전쟁을 하던 화의를 하던 대책을 세워야겠다. 윤허해 준다면 곧장 떠날 것이며 당소의(唐紹儀)에게 대리를 맡기도록 하겠다. 당소의는 담략이 있지만 명망이 알려져 있지 않아서 일본이 꺼려하지 않을 것이니, 소식을 탐지하여 은밀히 한국을 도와 거래할 것이다. 속히 회답해주기 바란다."

이홍장(李鴻章)은 귀환할 것을 허락하였다.

原文

육 월 초 삼 일 원 세 개 전 이 홍 장 왈 왜 의 사 비 혁 정 불 이 한 하
六月初三日 袁世凱電李鴻章曰 倭意似非革政不已 韓何
능 종 지 차 공 격 생 변 금 우 첨 병 지 인 천 천 오 백 결 무 화 의 아
能終持 且恐激生變 今又添兵 至仁川千五百 決無和意 我
욕 화 응 속 이 한 정 여 왜 상 기 가 만 욕 전 응 타 밀 주 개 재 차 무
欲和應 速以韓情與倭商 冀可挽 欲戰應妥密籌 凱在此無
판 법 도 곤 욕 의 부 진 면 품 상 정 좌 주 화 전 당 몽 윤 즉 행 이 당
辦法 徒困辱 擬赴津 面稟詳情 佐籌和戰 倘蒙允卽行 以唐
수 소 의 잠 대 당 유 담 식 무 명 망 왜 불 기 탐 소 식 밀 조 한 교 이
守紹儀暫代 唐有膽識 無名望 倭不忌探消息 密助韓較易
걸 속 시 홍 장 허 환
乞速示. 鴻章許還.

초4일에 청국 총리아문(總理衙門)이 북양 대신에게 전보를 쳐서 원세개(袁世凱)에게 통고하도록 하였는데 그 내용은 다음과 같다.

“전에 원세개에게 훈령하여 가벼이 움직이지 말라 한 것은, 원래 일본이 우리가 한국을 도외시하는 것으로 의심하게 하여 장차 먼저 틈을 보이게 될 것을 염려한 때문이다. 어제 위패(韋貝, Weber, 주한 러시아 공사)가 와서 인사를 하고 떠나면서 이르기를, ‘곧바로 한국으로 부임하려는데 전적으로 일본과 한국의 일을 위해서이다.’하였다. 이것은 러시아도 이 일에 대해서는 손을 놓지 않겠다는 것이다. 위패가 한국에 도착할 것 같으면 응당 원세개와 더불어 대면하고 상론할 말이 있을 것이니 마땅히 조금 기다림이 좋을 듯싶다. 혹시 형세가 만회할 수 없

다거나, 혹 존처(尊處, 上部)에 직접 의논할 사건이 있으면 천진으로 돌아오라는 것으로 명분을 삼되, 행적을 들어내지 말아야 할 것이다. 한국이 대조규개(大鳥圭介)에게 답한 문서를 보면 아직 체모를 잃지 않고 있으니 지금은 한국의 사소한 일에 대해 문책하지 말 것을 원세개에게 일러라."

原文

초사일 청총리아문 전북양전기원세개왈 전령원물경동
初四日 淸總理衙門 電北洋轉寄遠世凱曰 前令袁勿輕動

원려왜 의아치한도외 차선시개흔지의 작위패래사행운즉
原慮倭 疑我寘韓度外 且先示開釁之意 昨韋貝來辭行云卽

부한 전위왜한지사 시아어차사 잉미방수 위여도한 응유
赴韓 全爲倭韓之事 是俄於此事 仍未放手 韋如到韓 應有

여원면상지어 사의초대 당지세불가만 혹유존처이면순사
與袁面商之語 似宜稍待 倘至勢不可挽 或由尊處以面詢事

건위명 조령부진 역불저적 한답대조문 상불실체 차시가
件爲名 調令赴津 亦不著跡 韓答大鳥文 尙不失體 此時可

속원물책한소절
屬袁勿責韓小節.

초8일 임금이 친히 전문을 보내 천진 주재 종사관 서상교(徐相喬)로 하여금 이홍장(李鴻章)에게 전달하도록 하였는데, 그 내용은 이러하다.

"일본 군대가 철수할 뜻이 없고 위협이 날로 심해지고 있다. 그러나 어찌 다섯 조항〔일본 공사가 제시한 내정개혁 권고안〕을 억지로 시행할 수 있겠는가? 파견된 인원과 사상(私商)의 보호

문제는 일을 끌어서 미루어 나가려는 술책이지, 결코 변혁시키려는 뜻이 있어 그런 것이 아니다. 또한 매사를 원총리와 수시로 의논하여 속히 일본군의 철수를 도모해야 도성의 인심이 안정되고 간세배들을 꺾을 수 있을 것이다. 때때로 중당(中堂, 李鴻章)에게 간청하여 속히 알려주기 바란다."

原文

初八日上發親電 使駐津從事官徐相喬 轉交李鴻章曰 日兵無撤意 威脅日甚 然豈有强施五條事 派員私商 卽延拖之計 決非變革之意 亦與袁總理每事隨議 亟圖撤倭兵 都下人心可定 奸細可折 時時懇乞中堂(李鴻章)速示.

초9일, 이홍장(李鴻章)이 성선회(盛宣懷)에게 명령하여 서상교(徐相喬)에게 위촉해 다시 회답하는 전보를 치게 하였는데, 그 내용은 다음과 같다.

"일본에게 당하는 곤란이 풀리지 않아 중국의 울분도 함께 절실하다. 본래 이미 대병력을 갖추어 구원에 나서려 하였으나, 오직 양국이 크게 다투어 한성(漢城, 서울)이 전쟁터가 되고 한국이 반드시 크게 유린될 것이 두려웠습니다. 조정의 염려가 여기에 미치어 차마 바로 발병하지 못했던 것입니다. 그러나 만일 (그 사태가) 만회할 수 없는 상황에 이르면 결단코 좌시하

면서 구원하지 않을 수 없는 실정입니다. 열강의 각국들도 일본이 조약으로 맺은 공법(公法)을 위배했다고 생각하여, 영국·러시아·불란서·독일도 모두 조정하기를 바라고 있습니다. 일본은 이미 조약에 비추어 한국의 자주를 허락했는데도 어찌 홀로 병력을 동원하여 한국의 내정을 간섭하여 개혁한다고 하니, (그들의) 마음가짐을 가히 볼 수 있습니다. 듣자하니 한국 조정의 소소배(宵小輩, 간사한 무리)들이 혹 임금에게 그 의론을 따르라고 권하는 자가 있다고 하니, (그들은 일본이) 거의 내정을 간섭하는 것이 곧 속국으로 한국을 대하는 것에 그치지 않고 화가 헤아릴 수 없이 커져서 종사(宗社)가 반드시 폐허가 될 것임을 알지 못하고 있습니다. 러시아 공사 위패(韋貝, 베베르)도 조선의 옛 제도를 갑자기 고치는 것은 두렵고 어렵다 하여, 러시아 조정도 간여하기를 권하지 않고 있다고 말하였고, 중당(中堂, 李鴻章)도 한국 정부가 가히 고쳐야 할 것이 있다면 응당 한국 정부가 스스로 고치도록 권할 것이지, 이웃 나라가 강제로 핍박을 가하는 데는 응하지 말아야 할 것이라고 했으니, 위패의 의견과 자못 같습니다.

듣건대 일본 공사 소촌수태랑(小村壽太郎)이 총서(摠署)에 있으면서 회담을 개최하여 서명을 요구하자 이러한 의사로 답했다고 합니다. 대조규개(大鳥圭介)가 요구한 다섯 조항도 한국이 모름지기 스스로 요량할 것이니, 어느 것은 결단코 개혁할 수 없는 것이며, 어느 것은 적절히 헤아려 개혁을 해야 할 것이며, 어느 것은 꼭 개혁을 늦추어야 할 것인데, 응당 먼저 원도대(袁

道臺, 원세개)와 은밀히 상의하여 타협을 지어야 할 것입니다. 다시 대의로 참작하여 대조규개(大鳥圭介)에게 회답을 보내고, 일본이 먼저 철병을 하도록 한 후에 상세한 것을 논의하게 될 것이요, 만일 전군을 철수시키지 않는다면, 또한 모름지기 한성에 주둔한 병력부터 철수해야만 바야흐로 함께 의논할 수 있을 것입니다. 요컨대 내정은 조선이 스스로 개혁하게 하는 것이 옳은 일이며, 일본 사람의 억지 개혁을 들어주는 것은 옳지 못하다고 봅니다. 자기의 권리를 보전함으로써 후회됨을 면할 수 있을 것입니다. 임금이 조리 있게 교서를 내려 자책한 용의가 자못 합당하니, 어떻게든 원도대와 더불어 상의하고 판단하여 곧 속히 주진종사관(註津從事官) 서상교(徐相喬)에게 회답 전문을 보내는 것이 좋겠습니다. 중국 또한 방법을 마련하는데 도울 것이니 만에 하나라도 어긋나지 않도록 하시기 바랍니다."

原文

초구일이홍장령성선회속서상교복전왈 이왜국불해화분
初九日李鴻章令盛宣懷屬徐相喬覆電曰 以倭國不解華憤
동절 본이비대대진원 유공양대교쟁이한성위전장 한필대
同切 本已備大隊進援 惟恐兩大交爭以漢城爲戰場 韓必大
수유린 조정념급차 고미인거발 약지무가만회 단부좌시불
受蹂躪 朝廷念及此 故未忍遽發 若至無可挽回 斷不坐視不
구 각국다위왜위위배조약공법 영 아 법 덕 균원조정
救 各國多謂倭爲違背條約公法 英·俄·法·德 均願調停
단왜기조약허한자주 하이독용병력 늑개한정 거심가견 내
但倭既照約許韓自主 何以獨用兵力 勒改韓政 居心可見 乃
문한정소소 혹유권왕종기의자 태미지간예내정 즉부지이
聞韓廷宵小 或有勸王從其議者 殆未知干預內政 卽不止以

속국대한 화대막측 종사필허 아사위패 역위조선구제공난
屬國待韓 禍大莫測 宗社必墟 俄使韋貝 亦謂朝鮮舊制恐難
취개 아정불원예문 중당고이한정가개자 응권한정자개 불
驟改 俄廷不願預聞 中堂告以韓政可改者 應勸韓政自改 不
응우방늑핍 위패의견파동 문왜사소촌재총서 개담이청서
應友邦勒逼 韋貝意見頗同 聞倭使小村在摠署 開談已請署
답이차의 대조소색오조 한수자량 하자단불능개 하자가작
答以此意 大鳥所索五條 韓須自量 何者斷不能改 何者可酌
량의개 하자수완개 응선여원도대밀상타첩 재이대의작복
量擬改 何者須緩改 應先與袁道臺密商妥帖 再以大意酌覆
대조 잉령철병후 상세회의 여기불윤전철 역수장한성병선
大鳥 仍令撤兵後 詳細會議 如其不允全撤 亦須將漢城兵先
철 방능여의총지내정 지가조선자개 불가청왜인늑개 이보
撤 方能與議總之內政 只可朝鮮自改 不可聽倭人勒改 以保
자기권리 서면후회 왕하조교자책 용의파합 여원여하상판
自己權利 庶免後悔 王下條敎自責 用意頗合 與袁如何商辦
즉속전서 이편화역설법조의 만물양기
卽速電徐 以便華亦設法助議 萬勿兩岐.

원세개(袁世凱)는 (자기 나라) 상민들을 이끌고 인천(仁川)으로 나가 도피했다가 해로로 귀국하였다. 원세개는 자가 위정(慰亭), 호는 항성(項城)으로 직례(直隸, 하북성) 하간(河間) 사람으로, 순무사(巡撫使) 원갑삼(元甲三)의 아들이다. 이홍장에게 발탁되어 조선의 일을 10여 년 맡고 있었으며, 위엄과 혜택이 고루 갖추어 일본 사람들이 그를 꺼려하였다. 이에 이르러 화의의 국변이 결렬되어 일본의 계산대로 될 것을 두려워하여, 당소의(唐紹儀)를 남겨 자기의 임무를 대신하게 하고 스스로 돌아갔다.

그것을 논자들이 이르기를, "동학의 난리를 평정하는데 번거

롭게 청의 원병을 끌어들일 필요까지 없었다."라 하고, 또 말하기를, "원세개가 이 사단을 빌려 전공을 세우고자 하여 그 문서의 내용을 장황하게 꾸며 이런 파란을 일으켰는데, 일본에게 자기 뒤가 밟힐 것을 헤아리지 못했다. 마침내 원세개를 가벼이 믿어서 허물이 모두 이홍장에게 돌아갔다."고 하니, 이 말도 또한 가히 살펴볼 만하다.

당소의의 13일자 전보를 보면 원도대가 식은땀을 흘렸다 운운했고, 이어서 보낸 전보에는 원도대가 천진에 이르러 조금 나았다고 운운했으며, 18일 전보에는 일본 공사가 말하기를 원총리(원세개)가 천진에 이르러 반드시 도움이 될 만한 것이 있을 것이라 운운하였다. 따져보건대, 원세개가 서울에 있을 때 번민하다가 병이 나게 되었고 틈을 타서 천진으로 돌아간 것이 이달 보름 전후일 것이다.

原文

원세개솔상민 출피우인천 부해이귀 세개자위정 호항성
遠世凱率商民 出避于仁川 浮海而歸 世凱字慰亭 號項城
직례하간인 고순무갑삼자야 위이홍장소간발 임동사십여
直隷河間人 故巡撫甲三子也 爲李鴻章所簡拔 任東事十餘
년 위혜비저 왜인탄지 지시화국결렬 공위왜소산 유당소
年 威惠備著 倭人憚之 至是和局決裂 恐爲倭所算 留唐紹
의 대기임 왕자서환 론자위 동비지평 부족번청원 이왈
儀 代其任 往自西還 論者謂 東匪之平 不足煩淸援 而曰
세개욕차단요전공 고장황기사 생차파란 이불료일본지섭
世凱欲借端邀戰功 故張皇其詞 生此波瀾 而不料日本之躡
기후야 수이경신세개 병귀구어이홍장 기언역가복야 안
其後也 遂以輕信世凱 幷歸咎於李鴻章 其言亦可覆也 按

당 소 의 십 삼 일 전 원 도 출 한 운 운 속 전 원 도 지 진 초 전 운 운 십
唐紹儀十三日電 袁道出汗云云 續電袁道至津稍痊云云 十
팔 일 전 왜 사 언 원 총 리 부 진 상 필 유 비 운 운 계 원 재 한 성 번
八日電 倭使言袁摠理赴津 想必有裨云云 計袁在漢城 煩
민 치 질 사 간 부 진 필 재 시 월 망 전 후
悶致疾 俟間赴津 必在是月望前後.

초10일, 섭지초(葉志超)가 아산(牙山)에서 이홍장(李鴻章)에게 보고한 전문(電文)의 내용은 다음과 같다.

“일본이 날로 창궐하여 한국이 급히 원군을 바라고 있는데, 각국에서 조정하여 처리하는 것이 끝내 타협을 보지 못하고 있습니다. 이때에 속히 수군과 육군의 많은 군사를 파견하여 북쪽으로 경유하여 내려오게 하면 저 섭지초가 휘하의 부대를 거느리고 여기서부터 전진하여 요지를 택하여 점거하되, 상민 보호를 명분으로 내세우면, 만약 저들과 결렬되더라도 군대가 진군할 수 있을 것이니, 이것이 상책(上策)입니다. 아니면 청컨대 상선 서너 척을 아산으로 보내어 장차 우리 군대를 철수하여 돌아가게 하면 됩니다. 그것은 우리가 비도(匪徒)를 토벌하기 위해 왔던 것이니 비도가 이미 무마되었으니 따라서 곧 철수하여 돌아가는 것이 또한 사리에 정당한 판단입니다. 그런 뒤에 각국 공사와 아울러 일본 조정에 공문을 보내 전에 함께 철수하도록 한 조약을 지킬 것을 밝히되, 저들이 좇지 않을 경우 가을 초에 재차 대거 도모할 수 있으니 이것이 중책이라 하겠습니다. 만약 여기만 지키면서 움직이지 않는다면 한갓 한국인이 일본에게 곤욕을 치를 것이며, 우리나라에 거는 희망도 끊어지

게 될 것입니다. 또 군사들도 이미 전쟁도 없이 오랫동안 한데서 거처하며 시달리다 보면 더위와 장마에 병이 걸릴 것이니 매우 걱정이 됩니다. 청컨대 속히 전문으로 시행할 방도를 알려 주시길 바랍니다."

原文

초십일 섭지초재아산전고이홍장왈 왜일창궐 한급망원
初十日 葉志超在牙山電告李鴻章曰 倭日猖獗 韓急望援
각국조처 졸무성의 차시속파수륙대군유북래 초솔소부
各國調處 卒無成議 此時速派水陸大軍由北來 超率所部
유차전진 택요액찰 탁명호상 약치결렬면치진병무로 차
由此前進 擇要扼紮 託名護商 若致決裂免致進兵無路 此
상책야 부즉청파상선삼사척래아 장아군철회 개아위초비
上策也 否則請派商船三四隻來牙 將我軍撤回 蓋我爲勦匪
래 비기수무 수즉철회 역계정판후 행문각국공사병왜정
來 匪旣受撫 隨卽撤回 亦係正辦後 行文各國公使幷倭廷
신전차동철지약 여피불의 추초재도대거 시위중책 약수
申前次同撤之約 如彼不依 秋初再圖大擧 是爲中策 若守
차불동 도견한인수곤어왜 절망어아 차군사기무전쟁 구
此不動 徒見韓人受困於倭 絶望於我 且軍士旣無戰爭 久
역노처 서우수병 수위가려 청속사전시시행
役露處 暑雨受病 殊爲可慮 請速賜電示施行.

6월 20일 을축에 일본인이 대궐에 침범하여 맹약을 강요하고 대원군 이하응(李昰應)을 맞아들여 일을 의논하도록 했다. 일본 공사 대조규개(大鳥圭介)가 외서(外署)에 조회하였는데, 그 내용은 다음과 같다.

"청국인이 귀국을 속국(屬國)이라 칭하고 군대를 파견하여 보호하며 자주권을 침해 손상시켰습니다. 이제 귀국은 이러한 명의의 바르지 못함을 용납하여 청국 군대가 경내에 오래 머물러 있으니 한갓 귀국의 자주 독립의 침해와 손실이 있을 뿐 아니라 또한 장차 한·일조약에 명시된 양국이 평등하다는 조문을 허약(虛約)으로 보는 결과가 되니 체통이 서지 않는 일입니다. 귀 정부는 빨리 청국군의 퇴거를 명해야 합니다. 속히 의논하되 혹 지연시킨다면 본 공사도 스스로 결의한 바대로 일을 처리하겠습니다."

외서(外署)에서 이에 대한 답변을 지연시키자, 대조규개(大鳥圭介)는 다시 청나라의 속국인지 사실 여부를 물었는데 그 말은 매우 긴박했다. 심순택(沈舜澤) 등은 교정청(校正廳)의 명의를 가졌으나 건백(建白)[1]하는 것이 없었다. 또한 속으로 청국인의 후원을 믿고 관망하면서 날짜를 끌었다. 대조규개는 이날 새벽, 군대를 지휘하고 경복궁에 들이닥쳐 문을 부수고 돌입하여 별전(別殿)에 이르니, 호위하는 군사와 시신(侍臣)[2]들은 모두 달아나고 오직 임금과 왕비만이 남아 있었다. 번쩍이는 칼날에 떨며 몸 둘 바를 모르고 들어온 연고를 힐문하려 하였으나 곁에 통역할 만한 자도 없었다. 이때 마침 안경수(安駉壽)가 들어왔는데 그는 일본어에 익숙하여 임금은 기뻐하며 통역을 시켰다.

대조규개(大鳥圭介)는 칼을 빼어들고 큰 소리로 말하기를, "대원군이 아니면 오늘의 일을 주재할 사람이 없으니 대원군을

맞아들이십시오." 하였다. 대원군이 들어오니 대조규개는 임금의 교지로 모든 대신들을 불러들였는데 문에 군사를 세워놓고 이름을 조사하여 입궐시켰다. 김홍집 · 김병시 · 조병세 · 정범조가 차례로 들어섰고, 심순택은 들어오다 막아서 못 들어왔다. 심순택은 나가지도 못하고 물러서 조방(朝房)[3]에 3일이나 있었다. 여러 대신들이 대궐에 들어와서는 무서워 떨면서 감히 반항도 하지 못하고, 이어 급히 변법(變法)[4]을 시행하기로 의논했다. 대조규개는 대원군을 대궐 안에 붙잡아 있게 했다.

당시 대궐 안 부서의 인원이 모두 흩어져서 임금 또한 식사도 하지 못했다. 임금이 굶게 되자 운현궁에 명하여 식사를 가져오게 하였으나 대궐문에 이르러 문을 지키는 일본 병졸들이 집어먹어서 임금 앞에 이르면 빈 그릇뿐이었다. 임금은 다시 명해서 성찬을 하지 말도록 하였다.

대조규개가 대궐을 침범할 때 평양 군사 5백 명이 호위를 맡고 있다가 일제히 총을 쏘아 요란하였다. 대조규개는 협문으로 들어가 임금의 처소에 다다라 임금을 위협하여 '망동하는 자는 참수한다'는 명령을 하달하도록 하니, 평양 병사들은 모두 통곡하며 총을 부숴 버리고 군복을 찢어 버리며 달아났다. 또한 모든 영문의 군사들은 하도감(下都監)에 모여 맹세하기를, "우리들은 비록 졸병으로 천한 계층에 있으나 모두 나라의 은혜를 후히 입었다. 이제 변괴가 여기까지 이르렀으니 궁중의 일은 가히 알 수 없으나 저들이 모든 병영의 군사가 흩어지지 않은 것을 안다면 반드시 감히 횡포하지는 못할 것이다. 뜻밖에 일이 생긴다면 한 번 결단코 싸워서 죽기를 원하겠다." 이어 담장

을 둘러가며 대포를 걸어 놓고 대항할 준비를 하였다. “일본인들이 대궐에서 나와 만약 군영을 위협한다면 영내의 대포를 일제히 발사하자.” 하였다.

대조규개는 임금의 고지(告旨)를 얻어 군대를 해산하라 하니, 모든 군영은 분하고 원통해 하며 칼을 뽑아 돌을 후려치니 곡성이 산을 무너뜨릴 것 같았다. 그대로 해산하니 모든 군영의 군수물자와 무기는 모두 일본인이 소유하게 되었다. 이에 일본인들은 사방에서 약탈하여 대궐에 있는 모든 보화와 역대 제왕의 진귀한 법기(法器)와 종묘의 술잔 등의 귀중품을 모두 인천항에 운반하여 가져가니 나라에서 수백 년을 걸쳐 모아놓은 것이 하루아침에 없어졌다. 서울에는 조그만 군대도 없으며 한 자루의 병기도 없게 되었다.

척신 민씨들은 모두 도망쳤다. 민영주(閔泳柱)는 양주로 달아나고, 민영준(閔泳駿)은 관서 지방으로 달아나고, 민응식(閔應植)과 그의 아들 민병승(閔丙昇)은 삿갓을 쓰고 맨발로 짚신을 옆에 차고 교군꾼을 가장해서 숭례문으로 나갔다. 그곳 사람들이 깨어진 기왓장을 던지며 손가락질하고 비웃으며, “이것이 어제의 민 보국(輔國)[5]이라.” 하였다. 민두호(閔斗鎬)는 춘천에 머물렀는데, 가벼운 보물을 싣고 가족을 데리고 채교(彩轎)[6] 십여 량으로 춘천에 이르렀다. 춘천 백성들은 거절하며, “난리를 만났으나 강원도에서는 도둑을 받아들일 수 없다!” 하자, 민두호는 낭패하고 도로변에서 방황했다. 그러다가 진령군(眞靈君)과 함께 충주로 달아났다.

오직 민영환(閔泳煥)과 민영소(閔泳韶)는 도망하지 않았다.

민영달(閔泳達)도 또한 도망하지 않고 말하기를, "나는 수 년을 쉬고 있었으니 죽을죄를 저지른 것이 없다. 어찌 도망하겠는가?" 하였다.

민영익(閔泳翊)은 홍콩에서 전보로 고하기를, "만약 대조규개가 제시한 사항대로 개혁을 한다면 그에게 속는 것입니다. 안남(安南, 베트남)의 전철을 밟게 될 것입니다. 고식(姑息, 임시변통)으로 대응하여 화를 자초하지 말아야 합니다. 나라 일은 굳게 잡고 스스로 힘써 강하게 만드는 데 있는 것입니다." 하였다.

註解

1) **건백**(建白) : 윗사람이나 관청에 대하여 의견을 진술함.
2) **시신**(侍臣) : 임금을 가까이 모시는 신하.
3) **조방**(朝房) : 조신(朝臣)들이 조회 때를 기다리느라고 모여 있던 방. 대궐문 밖에 있음.
4) **변법**(變法) : 법을 고침. 갑오경장의 개혁안을 말함.
5) **보국**(輔國) : 보국숭록대부(輔國崇祿大夫). 즉 조선 때 하계(下階)인 정1품 문관의 관계(官階).
6) **채교**(彩轎) : 문채 있는 교자.

原文

이십일을축 왜인범궐겁맹 영대원군하응 입궁의사 규개
二十日乙丑 倭人犯闕劫盟 迎大院君是應 入宮議事 圭介

조회외서왈 청인칭귀국위속방 출병보호 차침손자주지권
照會外署曰 淸人稱貴國爲屬邦 出兵保護 此侵損自主之權

야 금귀국용차명의실정지 청군구유경내 비도귀국자주독
也 今貴國容此名義失正之 淸軍久留境內 非徒貴國自主獨

립지유소침손 차장조약소재한일평등일절 시동문구 수속
立之有所侵損 且將條約所載韓日平等一節 視同文具 殊屬

불성체통 귀정부극령청군퇴거 즉속의부당지연탕 본사자
不成體統 貴政府亟令淸軍退去 卽速議復倘至延宕 本使自

유소결의종사 외서의위답지 규개부질문속청진부 기언심
有所決意從事 外署依違答之 圭介復質問屬淸眞否 其言深

긴 심순택등이교정위명 이무소건백 우음시청인지원 관
緊 沈舜澤等以校正爲名 而無所建白 又陰恃淸人之援 觀

망도일 규개이시효 휘병핍경복궁 참문돌입지별전 위사
望度日 圭介以是曉 麾兵逼景福宮 斬門突入至別殿 衛士

시신개찬 유양전재 백인환잡 전률실조 욕힐문기고 이방
侍臣皆竄 惟兩殿在 白刃環匝 戰栗失措 欲詰問其故 而傍

무역설 적안경수입래 경수한왜어 상대희 사지통역 규개
無譯舌 適安駉壽入來 駉壽閑倭語 上大喜 使之通譯 圭介

발검려성왈 비국태공 무인주금일사 기영태공래 하응기
拔劍厲聲曰 非國太公 無人主今日事 其迎太公來 昰應旣

입 규개취상지 소제대신 열병파문 점명입지 김홍집 김
入 圭介取上旨 召諸大臣 列兵把門 點名入之 金弘集·金

병시 조병세 정범조 차제입 심순택지 휘지물입 순택
炳始·趙秉世·鄭範朝 次第入 沈舜澤至 揮之勿入 舜澤

부득진퇴로 좌조방자삼일 제대신기입 진섭불감항 내의
不得進退露 坐朝房者三日 諸大臣旣入 震攝不敢抗 乃議

극일변법 규개구하응궐중 시궐내각사개산 어공역궐 상
剋日變法 圭介拘昰應闕中 時闕內各司皆散 御供亦闕 上

기심 명운현궁진선 지궐문 수왜취담지 지상전자 공접이
飢甚 命雲峴宮進膳 至闕門 守倭取啖之 至上前者 空楪而

이 경명물성찬 규개범궐시 평양병오백인 방례호위 연발
已 更命勿盛饌 圭介犯闕時 平壤兵五百人 方隷扈衛 連發

쟁굉격 규개종협문지상소 협상선지망동자참 병개통곡
鎗轟擊 圭介從夾門至上所 脅上宣旨妄動者斬 兵皆痛哭

쇄총통 열군복이도 우제영병상솔취하도감서왈 오속수졸
碎銃筒 裂軍服而逃 又諸營兵相率聚下都監誓曰 吾屬雖卒

오천류 개후목국은 금변괴지차 궁중사불가지 피지제영
伍賤流 皆厚沐國恩 今變怪至此 宮中事不可知 彼知諸營
불산 필불감종폭 탈유의외 원일결사 내환괘대포 열장거
不散 必不敢縱暴 脫有意外 願一決死 乃環掛大砲 列墻拒
수 왜자궐출 약장겁영 영내대포제발 규개득상지방장 제
守 倭自闕出 若將劫營 營內大砲齊發 圭介得上旨放仗 諸
영분규대조 발도작석 곡성여붕산이산 제영자계 개위왜
營憤叫大噪 拔刀斫石 哭聲如崩山而散 諸營資械 皆爲倭
유 어시 왜인사창 범대내화보열조진완법기 종묘존뢰지
有 於是 倭人四搶 凡大內貨寶列朝珍玩法器 宗廟尊罍之
속 실곤재위수우인천항 국가수백년지적 일조탕연 이경
屬 悉梱載委輸于仁川港 國家數百年之積 一朝蕩然 而京
사무척촌병 제민개망명 영주주양주 영준주관서 응식여
師無尺寸兵 諸閔皆亡命 泳柱走楊州 泳駿走關西 應植與
기자병승 대우립 선족패초혜 분작교부 출숭례문 방인와
其子丙昇 戴雨笠 跣足佩草鞋 扮作轎夫 出崇禮門 坊人瓦
역척지지소왈 차작일민보국야 두호방유춘천 재경보 협
礫擲之指笑曰 此昨日閔輔國也 斗鎬方留春川 齎輕寶・挾
내권 채교십여량 지춘천 춘천민거지왈 봉차란이 관동도
內眷 彩轎十餘輛 至春川 春川民拒之曰 逢此亂離 關東盜
부족부납 두호랑패서도로 여진영군주충주 유영환 영소
不足復納 斗鎬狼狽棲道路 與眞靈君走忠州 惟泳煥・泳韶
불망 영달역불망왈 아폐휴수년 무사죄 하이망위 영익자
不亡 泳達亦不亡曰 我廢休數年 無死罪 何以亡爲 泳翊自
향항전고왈 약시규개일언 즉수기편기 안남복철 비고식
香港電告曰 若施圭介一言 則受其騙欺 安南覆轍 非姑息
이속화 국사재차 견집자강
而速禍 國事在此 堅執自强.

민영준(閔泳駿)을 임자도에, 민형식(閔炯植)을 녹도에, 민응식(閔應植)을 고금도에, 민치헌(閔致憲)을 홍원에, 김세기(金世

基)를 영양에 안치(安置)[1]했으나 조야의 모든 이들이 그들을 처형하지 못한 것에 분개했다. 그러나 모든 민씨 고관들은 도망쳐 숨어서 적소(謫所)에 나가지 않았으며, 김세기 역시 그러해서 사람들은 더욱 분통을 터뜨렸다.

김윤식(金允植)을 서용(敍用)[2]하여 강화 유수로, 김학진(金鶴鎭)을 소환하여 병조 판서로, 장흥 부사를 옮겨 전라 감사로, 이유인(李裕寅)을 함경남도 병사로, 이규석(李奎奭)을 춘천 유수로 임명하였다.

註解

1) **안치**(安置) : 귀양 간 죄인을 가두어 두던 일, 또는 그 형벌.
2) **서용**(敍用) : 죄가 있어 면관(免官)되었던 사람을 다시 쓰던 일.

原文

安置閔泳駿于荏子島 閔炯植于鹿島 閔應植于古今島 閔致憲于洪原 金世基于英陽 朝野憤其失刑 然諸閔皆亡匿不赴謫 世基亦然 人愈憤之 敍拜金允植爲江華留守 召金鶴鎭爲兵曹判書 遷長興府使爲全羅監司 李裕寅爲咸鏡南道兵使 李奎奭爲春川留守.

해군과 육군의 군무를 모두 대원군에게 품결(禀決)[1]하도록 명했다.

註解

1) 품결(稟決) : 웃어른에게 의논하여 처리함.

原文

명 해 육 군 무 개 품 결 우 대 원 군
命海陸軍務 皆稟決于大院君.

김홍집(金弘集)을 영의정으로 임명하였다.

原文

이 김 홍 집 위 령 의 정
以金弘集爲領議政.

김가진(金嘉鎭)을 외무 협판으로, 유길준(兪吉濬)을 외무 참의로, 이원긍(李源兢)을 내무 참의로, 안경수(安駉壽)를 우포장으로, 어윤중(魚允中)을 선혜청 당상으로, 조희연(趙羲淵)을 장위사(壯衛使)로, 이봉의(李鳳儀)를 총어사(總禦使) 겸 경리사(經理使)로, 신정희(申正熙)를 통위사(統衛使)로 임명하였다.

原文

이 김 가 진 위 외 무 협 판 유 길 준 위 외 무 참 의 이 원 긍 위 내 무
以金嘉鎭爲外務協辦 兪吉濬爲外務參議 李源兢爲內務

참 의 이 안 경 수 위 우 포 장 어 윤 중 위 선 혜 청 당 상 조 희 연 위 장
參議 以安駉壽爲右捕將 魚允中爲宣惠廳堂上 趙羲淵爲壯

위 사 이 봉 의 겸 총 어 경 리 양 사 신 정 희 위 통 위 사
衛使 李鳳儀兼總禦經理兩使 申正熙爲統衛使.

김만식(金晩植)을 평안 감사로, 김춘희(金春熙)를 황해 감사로 임명하였다. 김만식은 김윤식(金允植)의 종부형(從父兄, 사촌형)이 되며 김춘희는 김홍집(金弘集)의 종자(從子, 조카)이다.

原文

以金晩植爲平安監司　金春熙爲黃海監司　晩植爲允植從父兄　而春熙則弘集從子也.

정언(正言)[1] 지석영(池錫永), 주사(主事)[2] 김하영(金夏英)·박준양(朴準陽)·김학우(金鶴羽)·이응익(李應翼)·육종원(陸鍾元), 부사과(副司果)[3] 한창수(韓昌洙)·이설(李偰)·이최승(李最承)· 함우복(咸遇復)을 모두 승지(承旨)[4]로 임명하였다. 이들은 모두 금년 중에 언사소(言事疏)[5]를 올린 사람들이다.

註解

1) **정언**(正言) : 임금에게 간(諫)하는 사간원(司諫院)의 정6품 벼슬.
2) **주사**(主事) : 옛날 중앙과 지방 관청의 속관(屬官)의 하나.
3) **부사과**(副司果) : 오위(五衛)의 종6품의 군직(軍職). 녹봉을 주기 위해 만들어 놓은 벼슬.
4) **승지**(承旨) : 승정원(承政院)의 육승지(六承旨, 도승지·좌승지·우승지·좌부승시·우부승지·동부승지)의 총칭.
5) **언사소**(言事疏) : 나라 일에 관한 상소.

原文

정언지석영 · 주사김하영 · 박준양 · 김학우 · 이응익 ·
正言池錫永 · 主事金夏英 · 朴準陽 · 金鶴羽 · 李應翼 ·
육종원 부사과한창수 · 이설 · 이최승 · 함우복 개제승지
陸鍾元 副司果韓昌洙 · 李偰 · 李最承 · 咸遇復 皆除承旨
개금년이래 상소언사인야
皆今年以來 上疏言事人也.

(6월) 24일에 귀양 갔던 여러 사람들에게 대사면령을 내렸으니, 신기선(申箕善) · 이도재(李道宰) · 안종수(安宗洙) 등과 권봉희(權鳳熙) · 안효제(安孝濟) · 조희일(趙熙一) · 여규형(呂圭亨)을 모두 석방하였다. 오직 홍진유(洪晋游)만은 이미 죽었다. 권봉희와 안효제는 함께 홍문관 교리로 임명되었다. 그 당시 박영효(朴泳孝)는 일본 공사 대조규개(大鳥圭介)를 따라와서 이현(泥峴, 진고개) 일본 공관에 잠복하고 있으면서 대조규개가 일을 조획(措畫)[1] 하였는데 박영효가 교사(敎唆)[2]한 것이 많았다고 널리 전하여졌다.

註解

1) 조획(措畫) : 조치하여 계획함.
2) 교사(敎唆) : 남을 부추기어 못된 짓을 하게 함.

原文

이십사일 대사찬적제인 신기선 · 이도재 · 안종수등급
二十四日 大赦竄謫諸人 申箕善 · 李道宰 · 安宗洙等及

권봉희 안효제 조희일 여규형개석 유홍진유이사 봉
權鳳熙 · 安孝濟 · 趙熙一 · 呂圭亨皆釋 惟洪晋游已死 鳳
희 효제병제홍문관교리 시성전박영효수규개지 잠복니
熙 · 孝濟幷除弘文館校理 時盛傳朴泳孝隨圭介至 潛伏泥
현왜관 규개조획 다기교사운
峴倭館 圭介措畫 多其敎唆云.

군국기무처(軍國機務處)[1]를 설치하여 영의정 김홍집(金弘集)을 회의총재로 삼고, 박정양(朴定陽) · 민영달(閔泳達) · 김윤식(金允植) · 김종한(金宗漢) · 조희연(趙羲淵) · 이윤용(李允用) · 김가진(金嘉鎭) · 안경수(安駉壽) · 정경원(鄭敬源) · 박준양(朴準陽) · 이원긍(李源兢) · 김학우(金鶴羽) · 권형진(權瀅鎭) · 유길준(兪吉濬) · 김하영(金夏英) · 이응익(李應翼) · 서상집(徐相集) 등을 회의원으로 뽑아 날마다 일과로 회의를 열고 크고 작은 사무를 논하여 품지(稟旨)[2]하고 시행하도록 하였다.

註解

1) **군국기무처**(軍國機務處) : 정치 · 군사의 일체를 관장하던 곤아.
2) **품지**(稟旨) : 임금에게 상주하여 받는 명령.

原文

설군국기무처 이령합김홍집위회의총재 차박정양 민영
設軍國機務處 以領閤金弘集爲會議摠裁 差朴定陽 閔泳
달 김윤식 김종한 조희연 이윤용 김가진 안경수
達 · 金允植 · 金宗漢 · 趙羲淵 · 李允用 · 金嘉鎭 · 安駉壽
정경원 박준양 이원긍 김학우 권형진 유길준
鄭敬源 · 朴準陽 · 李源兢 · 金鶴羽 · 權瀅鎭 · 兪吉濬 ·

김하영 이응익 서상집등회의원 과일래회 타상대소사
金夏英 · 李應翼 · 徐相集等會議員 課日來會 妥商大小事
무 품지반행
務 稟旨頒行.

청국제독 섭지초(葉志超) 등이 성환(成歡)에서 일본군과 싸워 대패했다. 이홍장(李鴻章)은 (6월) 22일 육군과 해군을 우리나라에 파견했다. 육로로는 대동구(大東溝, 단동)에서 상륙하여 의주와 평양으로 향하고, 수로로는 섭지초를 지원하기 위해 아산만 밖에 이르렀다. 23일 진시(辰時)에 일본 군함의 습격을 받아서 청국 함대는 불에 타거나 혹은 침몰하여 해안에 다다르지 못하고 여순(旅順)으로 돌아갔다. 일본군 장수 대도의창(大島義昌)이 서울에서 만여 명의 군사를 몰래 이끌고 아산으로 향했다.

청국제독 섭지초는 수군이 이미 침몰했다는 소식과 일본장수 대도의창의 군대가 진격해 온다는 소식을 듣고, 25일 부하 장졸 2천 명에게 명하고 성환으로 진을 옮기니 아산에서 하루 걸리는 거리이다. 이미 해가 지고 날이 저물어 솥을 묻고 밥을 짓는데, 갑자기 일본군이 습격하였으나 척후병조차 세우지 않았다. 대도의창은 소사(素沙, 평택 평야)에서부터 함매(啣枚)[1]를 물리고 송림을 지나서 성환역 동편에 당도했다. 높은 고지에 올라가 매복시키고 총포를 일제히 발사하자 청국 병사들은 식사를 끝내지도 못하고 정신없이 일어나 대항하였다. 날이 어두워 분간할 수 없었으며 오직 굉폭(轟爆) 소리만을 듣고 죽이라고 소리쳤다. 날이 밝아 헤아려 보니, 일본군이 죽인 자는 1

천7백여 명이고 청국군이 죽이거나 부상을 입힌 자는 3백여 명이었다. 섭지초는 중과부적(衆寡不敵)[2]이라 남쪽을 바라보며 달아났다. 일본군은 수십 리를 추격하다 중지했다.

성환역은 3남 지방의 공로(孔路)[3]로 큰 점촌(店村)[4]인데 백여 집이 모두 유린당했고 늙은이와 어린이의 사망자가 즐비했다. 청국군은 이미 패했고 탄환을 맞아서 도망칠 수 없는 자가 엎드려 뒹굴다가 칼을 맞았다. 부상하지 않은 군인들은 의복을 벗어 던지고 머리를 땋아 상투를 만들고 농립(農笠)을 빼앗아 쓰고 달아나다가 길에서 많은 인원이 더위를 먹고 쓰러져 죽은 자가 많았다. 공주에 이르렀을 때는 이미 흩어지거나 죽은 자가 또 반이 넘었고, 생존자도 부상과 기갈로 능히 군사 활동을 할 수 없었다. 한참 싸움이 치열하게 벌어질 때 일본군은 반드시 다섯 명이 한 조가 되어 돌아가며 대포를 쏘고, 청국군은 매대(隊)가 반드시 함께 포를 쏘았다. 섭지초는 밤이 깊어지면 한 손으로 방패를 끼고 한 손으로 칼을 들고 돌출하여 일진을 치며 나무를 의지하고 잠깐 쉬었다가 다시 나타나 쳤는데, 이렇게 몇 번 거듭되니 일본군인들은 놀라서 귀신이 하는 것으로 알고 이로 말미암아 더 추격하지 않았다. 난이 있은 지 수 년이 지나서 내가 성환을 지날 때 전쟁의 유적을 찾아가니 점인(店人)들이 이같이 말했다.

이때에 길이 막히고 온 나라에 소와(騷訛)[5]가 진하어졌는데, 조정은 이미 청국과 관계를 완전히 끊었다는 말이 있었다. 이에 공주 관리들은 청국 군대를 몹시 박대했으며 수일을 머무르

자, 일본군이 추격하여 온다는 거짓말이 퍼져 청국 군인들은 두려워했다. 또한 동북 백여 리 되는 거리에 청주가 있는데 성지(城池)[6]가 적을 방어하는 데 충분하다고 말하여 섭지초는 드디어 청주로 향했다. 군인들은 도중에 음식을 사서 먹었으나 우리나라 돈이 없어 그 값어치를 지불할 수 없었다. 할 수 없이 은전(銀錢)을 꺼내서 우리 돈을 사려 하였으나 점인들은 우리나라는 은전을 쓰지 않는다고 속여 청국 군인들은 부득이 천전(千錢)의 값어치가 있는 것을 백전으로 쳐서 지불할 수밖에 없었다. 그러나 중얼거리면서 원망하는 기색도 있었다. 점포 사람들은 오이나 과일을 팔 때 반드시 배로 불렀으며 마시는 물을 가지고도 인색하였지만 청국 군인들은 모두 굶주림을 참고 갔다.

섭지초(葉志超) 등이 청주에서 강원도를 거쳐 서울의 후면을 요출(繞出)[7]한 이후 북양(北洋) 육로병이 우리나라 국경에 들어왔다는 소식을 듣고 장차 가서 모이려고 하였다. 7월 중에 안주에 이르렀는데, 병사 김동운(金東運)이 예를 갖추지 않았다 하여 학대하였다. 섭지초는 이미 우리나라 사람에 대하여 좋지 않게 생각한 터에 성을 내며 병사 김동운을 결박짓고 매 30대를 쳤다. 김동운은 수치스럽고 분해서 병들어 떨다가 죽었다. 얼마 후 섭지초와 섭사성(聶士成)은 평양에서 위여귀(衛汝貴) 등과 만났다.

청국군의 지휘관급으로 성환(成歡)에서 죽은 자는 이대본(李大本)·오천배(吳天培)·왕국우(王國佑)·염기룡(閻起龍)·허

의우(許義友)·이옥상(李玉祥) 등이다.

처음에 이홍장(李鴻章)이 증원군을 보내려 할 때 섭사성이 건의하기를, '일본 군대가 들어가지 않은 곳으로 먼저 나가는 것이 옳다.' 하고, '먼저 대병력으로 압록강을 건너 속히 평양을 점령하고, 해군 함대는 인천 항구를 장악하여 일본 군함이 마음대로 행동할 수 없게 하고, 아산에 주둔한 병력과 북양 해군이 일본군을 견제한 연후에 평양에 머무른 대군을 가지고 남으로 서울을 습격하자.' 하였으나, 이홍장은 이 계책을 제대로 운용하지 못하고 아산군이 패하자 이 계책은 드디어 폐지되었다.

註解

1) **함매**(啣枚) : 옛날 행군할 때 떠들지 못하도록 가는 막대기를 입에 물리는 것.
2) **중과부적**(衆寡不敵) : 적은 수효로 많은 적을 이기지 못함.
3) **공로**(孔路) : 통로. 많은 사람이 다니는 큰길.
4) **점촌**(店村) : 유기나 옹기·철기 등 장인(匠人)들이 집단적으로 거주하며 생산 활동을 하던 마을.
5) **소와**(騷訛) : 잘못 전해서 소동이 난 소문. 유언비어.
6) **성지**(城池) : 성(城) 둘레의 호(壕). 성호(城壕).
7) **요출**(繞出) : 우회해서 나옴.

原文

청제독섭지초등 여왜전우성환역패적 이홍장이이십이
淸提督葉志超等 與倭戰于成歡驛敗績 李鴻章以二十二

일 조송수륙병동출 륙로유대동구등안향의주 평양 수로
日 調送水陸兵東出 陸路由大東溝登岸向義州・平壤 水路

원 지 초 지 아 산 구 외 이 십 삼 일 진 시 피 왜 선 습 격 청 함 혹 소 혹
援志超至牙山口外 二十三日辰時 被倭船襲擊 淸艦或燒或

침 부 득 저 안 환 주 여 순 구 왜 장 대 도 의 창 자 경 사 잠 사 만 여
沈 不得抵岸 還走旅順口 倭將大島義昌 自京師潛師萬餘

향 아 산 지 초 문 수 사 이 잠 의 창 우 지 이 십 오 일 서 중 이 천 여
向牙山 志超聞水師已潛 義昌又至 二十五日誓衆二千餘

이 진 성 환 거 아 산 일 사 지 야 기 지 일 이 모 매 과 흔 반 불 우 왜
移陣成歡 距牙山一舍地也 旣至日已暮 埋鍋欣飯 不虞倭

습 무 척 후 의 창 자 소 사 함 매 도 송 림 중 지 역 동 승 고 열 복 만
襲 無斥候 義昌自素沙啣枚 度松林中至驛東 乘高列伏 萬

포 제 발 청 병 반 미 필 졸 기 거 지 야 혼 불 상 견 유 문 굉 폭 함 살
砲齊發 淸兵飯未畢 猝起距之 夜昏不相見 惟聞轟爆喊殺

지 성 비 지 천 명 왜 사 자 일 천 칠 백 여 청 병 사 상 삼 백 여 지 초
之聲 比至天明 倭死者一千七百餘 淸兵死傷三百餘 志超

이 중 과 부 적 망 남 이 주 왜 추 지 수 십 리 이 지 역 당 삼 남 공 로
以衆寡不敵 望南而走 倭追之數十里而止 驛當三南孔路

위 대 점 촌 백 여 가 개 입 유 천 이 노 치 사 자 상 침 청 인 기 패 기
爲大店村 百餘家皆入蹂踐 而老穉死者相枕 淸人旣敗 其

중 환 불 능 주 자 포 복 수 인 건 정 탈 기 고 습 권 변 발 작 고 탈 야
中丸不能走者 匍匐受刃 健丁脫其袴褶 捲辮髮作髻 奪野

입 대 이 주 도 다 갈 사 비 지 공 주 산 망 우 과 반 존 자 역 상 이 기
笠戴而走 道多喝死 比至公州 散亡又過半 存者亦傷夷飢

갈 불 능 군 방 감 전 시 왜 필 오 인 일 대 륜 환 방 포 청 인 매 대 필
渴不能軍 方酣戰時 倭必五人一隊 輪換放砲 淸人每隊必

제 방 지 초 지 야 심 일 수 옹 순 일 수 제 검 돌 출 작 일 진 의 수 잠
齊放 志超至夜深 一手擁盾 一手提劍 突出斫一陣 倚樹暫

게 우 출 작 지 여 시 자 수 차 왜 경 이 위 신 유 시 불 궁 추 난 후 수
憩 又出斫之 如是者數次 倭驚以爲神 由是不窮追 亂後數

년 여 과 성 환 방 전 장 유 적 점 인 도 지 여 차 시 시 로 경 소 와 거
年 余過成歡 訪戰場遺蹟 店人道之如此 是時 路梗騷訛 擧

국 위 조 정 이 절 청 야 공 주 관 리 대 청 인 심 박 거 수 일 양 언 추
國謂朝廷已絶淸也 公州官吏 待淸人甚薄 居數日 佯言追

왜장지 청인개공 우언동북백여리유청주 성지족수 지초
倭將至 淸人皆恐 又言東北百餘里有淸州 城池足守 志超

수향청주 군인재도매반흘 무아전불능지가 출은전욕화매
遂向淸州 軍人在途買飯吃 無我錢不能支價 出銀錢欲和買

아전 점인궤칭아국불용은 군인부득이직가천전자 질이백
我錢 店人詭稱我國不用銀 軍人不得已直可千錢者 質以百

전 연남남유대색 포인매과과 필호배직 수장역린지 군인
錢 然喃喃有懟色 舖人賣瓜果 必呼倍直 水漿亦悋之 軍人

개인기이거 지초등 자청주향강원도 요출경사지후 문북
皆忍飢而去 志超等 自淸州向江原道 繞出京師之後 聞北

양육로병입아경장왕회지 이칠월중지안주 병사김동운불
洋陸路兵入我境將往會之 以七月中至安州 兵使金東運不

예지 지초기겸아인지부심 수발노어동운전지 타삼십매
禮之 志超旣嗛我人之負心 遂發怒於東運縳之 打三十枚

동운수노병계사 기이지초여섭사성 회위여귀등어평양 청
東運羞怒病悸死 旣而志超與聶士成 會衛汝貴等於平壤 淸

변진망어성환자 이대본 · 오천배 · 왕국우 · 염기룡 · 허의
弁陣亡於成歡者 李大本·吳天培·王國佑·閻起龍·許義

우 · 이옥상 초이홍장장발원사 섭사성건의 이위당진일인
友·李玉祥 初李鴻章將發援師 聶士成建議 以爲當趁日人

미입한지지선 선이대병도압록강 속거평양 이해군함대
未入韓地之先 先以大兵渡鴨綠江 速據平壤 以海軍艦隊

액인천항구 사일본군함부득령 아산지병 여북양해군 기
扼仁川港口 使日本軍艦不得逞 牙山之兵 與北洋海軍 旣

견체일군연후 이평양대군 남습한성 홍장불능용 급아산
牽掣日軍然後 以平壤大軍 南襲漢城 鴻章不能用 及牙山

패이차책수폐
敗而此策遂廢.

대도의창(大島義昌)이 군사를 이끌고 서울을 출발할 때에 우리 군사 3천 명을 내어 도와줄 것을 청하였다. 우리 조정에서는

흩어진 군사 수천 명을 모아 호궤(犒饋)[1]고 장차 출발하려는데, 서로 떠들면서 말하기를, "우리가 적국을 도와 청나라 구원군을 습격한다면 하늘은 반드시 돕지 않을 것이다. 또한 일본군은 반드시 우리를 향도(嚮道)[2]로 선두에 세울 것이니 고래싸움에 새우등이 터지는 격이라, 이것은 사지(死地)로 가는 일이다." 하면서 크게 고함을 쳐, "가자! 집으로 돌아가자!"고 외치니 일시에 모두 흩어졌다.

註解

1) **호궤**(犒饋) : 군대에 음식을 보내어 실컷 먹임.
2) **향도**(嚮道) : 길을 인도함. 또는 그 사람.

原文

義昌之發京師也 願得我兵三千相助 朝廷收散卒 得數千人 大犒將發 相與偶語曰 今助敵國襲援師 天必不佑 且倭必責我嚮道爲前部 鯨戰鰕死 此死地也 因大呼曰去 一時俱散.

일본 해군이 인천으로 상륙하고, 육군은 동래(東萊)에서 조령(鳥嶺, 새재)을 넘어 서울로 들어왔다. 치중(輜重)[1]이 천리 길에 이어졌고 연도에는 24개의 역참(驛站)을 설치하고 우리나라의 백성들을 고용해서 운반하였다. 백성들은 졸지에 일본군이

이른 것을 보고 크게 놀라서 흩어져 달아나고 피난을 가서 마을마다 모두 텅 비었는데, 만 한달이 지나서야 다소 진정되어 돌아와 모이게 되었다. 그러나 일본군의 군기가 엄하여 죽이거나 약탈하는 일이 없어서 크게 청국군과 다름이 있었다.

註解

1) **치중**(輜重) : 군대에서 옮겨가는 모든 군수품.

原文

왜해군자인천하육 육군자동래유조령입경사 치중천리
倭海軍自仁川下陸 陸軍自東萊踰鳥嶺入京師 輜重千里
상속 연도설이십사참 고아민수운 민졸견왜지 대경병피
相屬 沿途設二十四站 雇我民輸運 民猝見倭至 大驚迸避
촌여일공 기월초정환집 연왜령엄 무살략 대여청인불동
村閭一空 期月稍定還集 然倭令嚴 無殺掠 大與淸人不同.

형조 참의 지석영(池錫永)이 소(疏)를 몰려 민영준(閔泳駿) 및 김창렬(金昌烈)의 어미 진령군(眞靈君)를 처형할 것을 청했으나 윤허하지 않았다. 민영준이 도망쳤을 때 사람들이 분통하게 여겼으나 아직은 남은 위세가 무서워서 감히 앞장서서 성토하지 못했는데, 지석영의 소가 나오자, 혹자는 비웃으며 죽은 시신에 매질하는 격이라고 하였지만, 그러나 오히려 그것을 통쾌하게 여겼다.

原文

형조참의지석영상소 청주민영준급김창열모 즉진령군
刑曹參議池錫永上疏 請誅閔泳駿及金昌烈母(卽眞靈君)

불윤 영준지망야 인정분울 연유섭여위 무감창언성토 급
不允 泳駿之亡也 人情憤鬱 然猶懾餘威 無敢昌言聲討 及
석영소출 혹조이편사시 연유쾌지
錫永疏出 或嘲以鞭死尸 然猶快之.

최익현(崔益鉉)을 공조 판서로 임명하였으나 최익현은 사퇴하고 나가지 않았다.

原文

이최익현위공조판서 익현사불배
以崔益鉉爲工曹判書 益鉉辭不拜.

어윤중(魚允中)·이용구(李容九)·조희일(趙熙一)·김가진(金嘉鎭)·김종한(金宗漢)을 판서로, 한기동(韓耆東)·이건창(李建昌)·신기선(申箕善)·조정구(趙鼎九)를 참판으로 임명하였다. 관제를 개혁하려고 했기 때문에, 당시 명망이 있거나 벼슬길에 오래 막혀 있던 자를 택하여 아울러 자급(資級)을 올려주었던 것이다. 그런데 김종한은 교묘하게 아첨을 잘하여 참여하였기 때문에 식자들 간에는 새로운 국정이 떨치지 못할 것이라고 내다봤다.

原文

탁어윤중 이용구 조희일 김가진 김종한위판서 한
擢魚允中·李容九·趙熙一·金嘉鎭·金宗漢爲判書 韓
기동 이건창 신기선 조정구위참판 이관제장변 택유
耆東·李建昌·申箕善·趙鼎九爲參判 以官制將變 擇有

시망급구엄사로자병승자 이종한이교녕참언 식자서신정
時望及久淹仕路者幷陞資 而宗漢以巧佞參焉 識者筮新政
지불경
之不競.

6월 27일 변법(變法, 新法)을 제정했다.

一. 각국에 전권 대신을 특파하여 자주 독립을 널리 알린다.

一. 청의 광서(光緖) 연호 사용을 중지하고 개국 기년(開國紀年)으로 사용한다.

一. 사색당파를 영구히 없애고 오직 재주와 덕망 있는 인재를 채용한다.

一. 문벌과 양반 · 상민의 격식을 없앤다.

一. 문존무비(文尊武卑)[1]의 구별을 폐하고 품계(品階)에 의거한다.

一. 죄인은 자기 이외에 연좌율(緣坐律)[2]의 적용을 폐지한다.

一. 본부인과 첩이 아들이 없는 경우에 양자를 허용한다.

一. 남자는 20세, 여자는 16세 이상이 되어야 비로소 가취(嫁娶)[3]를 허락한다.

一. 부녀자의 재가는 귀천을 막론하고 그들의 자유에 맡긴다.

一. 공사 노비를 혁파하고 인신매매(人身賣買)를 금한다.

一. 각 아문에 있는 조례(皂隷)[4]는 필요에 의해 적성선으로 가감할 수 있다.

一. 역인(驛人) · 재인(才人)[5] · 백정 등 모든 천한 신분을 면

한다.

一. 승니(僧尼)의 성내에 들어옴을 금지했던 것을 폐지한다.

一. 상례(喪禮)를 고쳐서 기복(起復)[6]을 허락한다.

一. 조관(朝官)의 의제(衣制)[7]는 임금을 폐현(陛見)할 때 입는 공복(公服)은 사모(紗帽) · 장복(章服)과 반령(盤領)[8]의 좁은 소매로 하고, 집에서 입는 사복은 칠립(漆笠)과 답호(褡褸)[9] · 사대(絲帶)로 한다. 선비나 서인(庶人)은 갓 · 두루마기 · 사대로 하고, 병정은 조례에 준하되 장관도 병정과 같이 한다.

一. 정부 이하 각사 · 각 궁방의 전곡(錢穀)과 전장(田庄)을 일일이 조사해 밝힌다.

一. 모든 경국(經國)[10]과 관계되는 일은 비록 천인이라도 의견이 있으면 의당 기무처로 글을 올려 의원들에게 회부하는 것을 허락한다.

이상 여러 조문의 이름을 의안(議案)이라 하는데, 건목(件目)을 다 적지 못한 것은 후일을 기다려 첨가하기로 한다.

註解

1) **문존무비**(文尊武卑) : 같은 관계(官階)라 해도 무관을 문관보다 낮은 대우를 했던 일.
2) **연좌율**(緣坐律) : 타인의 죄로 처벌당하거나 불이익을 받는 일.
3) **가취**(嫁娶) : 시집가고 장가드는 것.
4) **조례**(皂隷) : 관아에서 부리던 하인. 천관. 사환.
5) **재인**(才人) : 재주를 넘거나 풍악을 울리던 광대를 일컬음.

6) **기복**(起復) : 상중에 있는 관리를 탈상 전에 관직에 다시 채용함.
7) **의제**(衣制) : 복식(複式) 제도.
8) **반령**(盤領) : 둥근 깃을 단 두루마기.
9) **답호**(褡䕏, **다포**) : 예복 밑에 입는 조끼 형으로서 밑이 길. 쾌자.
10) **경국**(經國) : 나라를 다스리는 것.

原文

이십칠일 정변법지령 특파전사우각국 포고자주독
二十七日 定變法之令. 一,特派專使于各國 布告自主獨
립 정광서년호 단기개국기년 영혁사색편당 유
立. 一,停光緒年號 但紀開國幾年. 一,永革四色偏黨 惟
택재현 벽파문벌반상격식 폐문무존비지별 지의
擇才賢. 一,劈破門閥班常格式. 一,廢文武尊卑之別 只依
품계 죄인자기외폐연좌률 적첩구무자시허양자
品階. 一,罪人自己外廢緣坐律. 一,嫡妾俱無子始許養子.
남자이십여자십육이상 시허가취 부녀재가무귀천
一,男子二十女子十六以上 始許嫁娶. 一,婦女再嫁無貴賤
임기자유 혁파공사노비 금판매인구 각아조례작
任其自由. 一,革罷公私奴婢 禁販賣人口. 一,各衙皀隷酌
량가감 역인 재인 백정병면천 폐승니입성지
量加減. 一,驛人·才人·白丁幷免賤. 一,廢僧尼入城之
금 개거상지제 허기복 조관의제폐현공복사모
禁. 一,改居喪之制 許起復. 一,朝官衣制陛見公服紗帽·
장복 반령 착수 연거사복칠립 답호 사대 사서인칠
章服·盤領·窄袖 燕居私服漆笠·褡䕏·絲帶 士庶人漆
입 주의 사대 병정준근례 장관여병정 정부이하각
笠·周衣·絲帶 兵丁遵近例 將官如兵丁. 一,政府以下各
사각궁방전곡전상 일일사명 범계경국지사 수천인
司各宮房錢穀田庄 一一査明. 一,凡係經國之事 雖賤人
구유의견 의상서우기무처 허부의원 이상제조명왈의안
苟有意見 宜上書于機務處 許付議員 以上諸條名曰議案

이 미 진 건 목　대 후 첨 설
而未盡件目　待後添設.

여러 신하들이 임금을 높여서 '대군주폐하(大君主陛下)'라 부르고 금년 6월 이후를 기해서 개국 503년으로 하였다. 일본 공사 대조규개(大鳥圭介)가 굳이 왕을 '황제'라고 높여 부르며 연호를 세우고 머리를 삭발하여 양복을 착용하라 하였으나 모두 따르지 않자, 차선의 방도를 취하여 임금에 대해서는 왕을 '대군주'라 칭하고, 개국 몇 년을 연호로 함이 마땅하다 하였다. 의제(衣制)를 간소화하여 머리를 깎고 양복을 입자는 데 대응하였다. 이에 조야(朝野)가 흉흉하여 장차 다음 기회에 실행하기로 하였다.

原文

군 신 존 상　위 대 군 주 폐 하　시 금 년 육 월 이 후　위 개 국 오 백 삼
群臣尊上　爲大君主陛下　始今年六月以後　爲開國五百三
년　규 개 견 욕 상 칭 황 제　건 년 호　체 두 양 복　이 상 하 구 불 응　의
年　圭介堅欲上稱皇帝　建年號　剃頭洋服　而上下俱不應　議
행 기 차　상 칭 대 군 주 이 당 황 제　기 개 국 기 년　이 당 년 호　략 변
行其次　上稱大君主以當皇帝　紀開國幾年　以當年號　略變
의 제　이 당 체 두 양 복　조 야 흉 흉　이 위 장 차 제 행 야
衣制　以當剃頭洋服　朝野洶洶　以爲將次第行也.

열 개의 아문(衙門)을 개혁하여 세웠다. 궁내부(宮內府)·의정부(議政府)·내무아문(內務衙門)·외무아문(外務衙門)·탁지아문(度支衙門)·군무아문(軍務衙門)·공무아문(工務衙門)·학

무아문(學務衙門)·농상아문(農商衙門)·법무아문(法務衙門)이 그것이며, 전에 있던 관원들을 유사한 형태로 직책을 맡겼다. 이 밖에 종백부(宗伯府)와 종친부(宗親府)가 있으나 별도의 아문을 두지 않고 또한 부속된 곳도 없었다. 또한 한성부와 경무청은 10개 아문 이외에 두었는데, 이는 그 직무가 다소 적기 때문이다. 궁내부 이하의 각 아문은 대신·협판·참판·참의·주사 등의 관원을 두었는데, 이는 이전의 판서·참판·참의·정랑·좌랑의 관계(官階)와 같은 것이다. 오직 의정부는 총리대신 1인과 좌우찬성 각 1인, 사헌 5인, 참의 5인으로 체제가 다른 아문에 비해 중요하였다. 그외 크고 작은 관원의 직위는 칙임(勅任)·주임(奏任)·판임(判任)의 세 등급으로 나누고, 1품에서 2품까지는 정(正)과 종(從)의 구별을 두었으나 그 다음의 3품에서 9품에 이르기까지는 정·종의 구별을 두지 않았다.

原文

개건십아문 왈궁내부 왈의정부 왈내무아문 왈외무
改建十衙門 曰宮內府·曰議政府·曰內務衙門·曰外務
아문 왈탁지아문 왈군무아문 왈공무아문 왈학무아
衙門·曰度支衙門·曰軍務衙門·曰工務衙門·曰學務衙
문 왈농상아문 왈법무아문 구일직원 각이류부지 차외
門·曰農商衙門·曰法務衙門 舊日職員 各以類附之 此外
유종백부 종친부 불립전아 역무소부 우유한성부 경무
有宗伯府·宗親府 不立專衙 亦無所附 又有漢城府·警務
청 재십아문이외 이기직장초소야 궁내부이하 치대신
廳 在十衙門以外 以其職掌稍少也 宮內府以下 置大臣·
협판 참의 주사등관 여구일판서 참판 참의 정랑
協辦·參議·主事等官 如舊日判書·參判·參議·正郎·

좌랑지계 유의정부총리대신일인 좌우찬성일인 사헌오인
佐郎之階 惟議政府摠理大臣一人 左右贊成一人 司憲五人
참의오인 체제시타아문교중 대소관계분칙임 주임 판
參議五人 體制視他衙門較重 大小官階分勅任 · 奏任 · 判
임삼등 자일품지이품 유정유종삼품지구품 무정종지별
任三等 自一品至二品 有正有從三品至九品 無正從之別.

10개 아문의 대신을 임명하였다.

총리(總理)에 김홍집(金弘集), 궁내부(宮內府)에 이재면(李載冕), 내무(內務)에 민영달(閔泳達), 외무(外務)에 김윤식(金允植), 탁지(度支)에 어윤중(魚允中), 법무(法務)에 윤용구(尹用求), 공무(工務)에 서정순(徐正淳), 학무(學務)에 박정양(朴定陽), 군무(軍務)에 이규원(李奎遠), 농상무(農商務)에 엄세영(嚴世永)이다. 얼마 후에 민영상(閔泳商)은 민영달을 대신하고, 한기동(韓耆東)은 윤용구를 대신했고, 이봉의(李鳳儀)는 경무사(警務使)가 되었다.

이규원(李奎遠)은 제주 찰리사(濟州 察理使)로, 엄세영은 호남 안렴사(湖南按廉使)로 있었는데 모두 소명(召命)을 받은 것이었다.

原文

배십대신 총리김홍집 궁내부이재면 내무민영달 외
拜十大臣 總理金弘集 · 宮內府李載冕 · 內務閔泳達 · 外
무김윤식 탁지어윤중 법무윤용구 공무서정순 학무
務金允植 · 度支魚允中 · 法務尹用求 · 工務徐正淳 · 學務
박정양 군무이규원 농상엄세영 미기이민영상대영달 한
朴定陽 · 軍務李奎遠 · 農商嚴世永 未幾以閔泳商代泳達 韓

기 동 대 용 구 이 봉 의 위 경 무 사 규 원 찰 리 제 주 세 영 안 렴 호 남
者東代用求 李鳳儀爲警務使 奎遠察理濟州 世永按廉湖南
구 피 소 명
俱被召命.

대원군(大院君)이 군국의 중요 업무를 결재하였고, 이재면(李載冕) 또한 궁내부의 장(長)인지라 예전 때의 빈객들이 날로 수록(收錄, 수용)을 받았으므로 대문 앞이 번화하기가 의연히 갑술년(고종 11, 1874) 이전과 같았다. 서주보(徐周輔)·정만조(鄭萬朝)의 무리들이 더욱 의지하고 가까이 할 세력이 있어 마음대로 일을 처리하였으며, 이하응(李昰應, 흥선대원군)은 다시 언연(偃然, 거만하게)히 세도로 자처하였다. 서울에서는 그를 이르되 흰 개꼬리(白拘尾)라 하였는데, "삼년간 굴뚝에 꽂아 놓아도 흰 개꼬리는 끝내 흰 개꼬리지 검게 되지 않는다."라는 속담이 있기 때문이다.

原文

대 원 군 재 결 군 국 중 무 이 재 면 우 장 궁 내 부 구 시 빈 객 일 피
大院君裁決軍國重務 而載冕又長宮內府 舊時賓客 日被
수 록 문 정 숙 뇨 의 연 여 갑 술 고 종 십 년 이 전 서 주 보 정 만
收錄 門庭熟鬧 依然如甲戌(高宗十年)以前 徐周輔·鄭萬
조 지 도 우 의 부 용 사 하 응 부 언 연 이 세 도 자 처 경 사 위 지 왈
朝之徒 尤依附用事 昰應復偃然 以勢途自處 京師謂之曰
백 구 미 이 리 언 삼 년 삽 연 돌 백 구 미 종 백 야
白狗尾 以俚諺 三年揷烟突 白狗尾終白也.

문과 · 무과의 대소과를 모두 폐지하고 선발하여 기용하는 조례를 정했다.

一. 각부의 대신은 각자 맡은 부서의 판임관(判任官)을 벽제(辟除)[1]한다(뽑아 쓴다).
一. 서울에 사는 사람은 귀천을 가리지 말고 인품과 재주와 시무에 능통한 자를 뽑아서 선장(選狀)을 발급하고 전고국(銓考局)[2]에 위탁하여 보낸다. 선장에 그 사람의 재기(才器)[3]를 밝히고 전고국에서 보통시험에 합격되면, 다시 특별시험을 거쳐서 각 아문에 분송하여 등용시킨다.
一. 학교를 많이 설립하고 전의 정부 관칙(關飭)[4]에 의해서 각도는 향공법(鄕貢法)[5]에 따라 천거하여 올린다. 정한 향공의 인원은 경기도가 10명, 충청 · 전라도가 각 15명, 경상도 20명, 평안도 13명, 강원도 10명, 함경도 10명으로 하고, 서울의 5부와 제주도는 각 1명씩이다.

시배(時輩)로서 교활하고 간사한 자들은 몹시 신법을 찬성하여 청나라를 배반하고 일본에 아부하는 자가 많았다. 그런데 오직 김홍집(金弘集)은 뚜렷이 그렇지 않았다. 날마다 의정부에 앉아 사무를 보며 속을 태웠다. "무릇 시설한 것은 힘써 실효를 거두어야 한다."고 하면서 모든 관료에게 말하기를, "우리들은 이미 '변법(變法, 甲午更張)한 소인'이 되어 청의(淸議)[6]의 죄를 얻었다. 또 다시 나라를 그르치는 소인배가 되어 이중으로

후세에 죄를 짓는 것은 옳지 않은 일이다. 한 때의 부귀를 좋아하지 말고 각자 힘을 다해 노력하자."고 하였다. 이로 인해 많은 사람들이 그에게 관용을 베풀었다.(어떤 이는 그를 상유한(桑維翰)[7]에 비유했고 어떤 이는 왕안석(王安石)[8]에 비유했으나 그를 투기하는 자들은 왜대신(倭大臣)이라 불렀다.)

註解

1) **벽제**(辟除) : 불러내어 관에 임명함.
2) **전고국**(銓考局) : 인사행정을 맡은 부서. 전에는 이조(吏曹)에서 관장하였다. 판임관의 시험을 맡아보던 곳. 의정부의 한 국(局).
3) **재기**(才器) : 사람의 됨됨이와 기량(器量). 재간.
4) **관칙**(關飭) : 정부가 알리는 말.
5) **향공법**(鄕貢法) : 지방장관의 추천을 받아 과거에 응시하는 제도.
6) **청의**(淸議) : 높고 깨끗한 언론.
7) **상유한**(桑維翰) : 후진(後晉) 때 중서령 겸 추밀사를 지낸 사람. 고조 때 안중영(安重榮)이 거란과 외교관계를 끊자고 할 때 이를 극력 반대한 사람.
8) **왕안석**(王安石) : 북송(北宋) 때 정치가이자 문장가. 사마광(司馬光) 등 구법당의 반대를 물리치고 정치개혁을 강력히 실시하였다. 신법(新法)을 창안함.

原文

폐문무대소과 정선거조례 각대신 벽기소관판임관
廢文武大小科 定選擧條例. 一,各大臣 辟其所管判任官

무론경향귀천 택기유품유재겸통시무자 발급선장 위
一,無論京鄕貴賤 擇其有品有才兼通時務者 發給選狀 委

送銓考 一,選狀內註明其材器 由銓考局 得中選于普通試驗 復經特別試驗 分送各衙門調用 一,廣設學校之前 由政府關飭外道 依鄕貢法薦升 定鄕貢之數 曰京畿十人 忠淸·全羅道各十五人 慶尙道二十人 平安道十三人 江原道十人 咸鏡道十人 京中五部及濟州各一人 時輩狡黠者 莫肯左袒新法 背淸附倭 而惟金弘集躍然當之 日執筆坐政府 焦思竭慮 凡所施設 務得其實 語僚屬曰 吾輩旣爲變法小人 得罪淸議 不可復爲誤國小人 重得罪於後世 勿慕一時富貴 勉各努力 由是 人多怒之(或比桑維翰 或比王安石 而嫉之者謂之倭大臣).

정현석(鄭顯奭)을 황해 감사로, 김승집(金升集)을 강원 감사로 임명하였다. 그때 김춘희(金春熙)가 황해도 감영에 부임하지 않았는데, 전 승지 정헌시(鄭憲時)가 대조규개(大鳥圭介)에게 편지를 보내 그가 겁맹(劫盟)[1]을 하고 변법(變法)을 하는 것을 크게 꾸짖어 말하기를, "우리나라가 표면상 따르는 것 같지만 속으로는 복종하지 않고 있으니 큰 화가 장차 일어날 것이다. 조속히 물러가는 것이 좋겠다."고 하였다. 대조규개가 냉소하며 말하기를, "이런 허풍을 치는 자는 마땅히 입에 재갈을 물

려야겠다." 하고, 이에 정부에 지시하여 그이 아버지인 정현석을 김춘희를 대신하여 황해 감사로 나가게 하여 그의 거취를 살피도록 한 것이다. 정현석은 비록 늙었으나 정력이 쇠퇴하지 않았고, 본래 개화를 좋아한지라, 사양하지 않고 부임하였다. 당시 사람들은 정헌시가 이름을 탐내고 이익을 독차지한다고 조롱하는 태도로 비웃었다. 시배(時輩, 時俗輩)들은 김홍집(金弘集)의 마음이 쓸쓸할까 하여 김승집(金升集)을 강원 감사에 제수하고 그것을 위로하였다. 김승집은 김홍집의 형이며 김춘희(金春熙)의 부친이다. 10여 년간 주군(州郡)을 맡아 다스렸는데 청백리(淸白吏)로 이름이 났다.

註解

1) **겁맹**(刦盟) : 위협하여 맹세하도록 함.

原文

이정현석위황해감사 김승집위강원감사 시김춘희미부
以鄭顯奭爲黃海監司 金升集爲江原監司 時金春熙未赴
해영 전승지정헌시 이서대조규개 성가기겁맹변법 우언
海營 前承旨鄭憲時 貽書大鳥圭介 盛呵其刦盟變法 又言
아국모종 이심불복 대화장작 가속거 규개소왈 차대언자
我國貌從 而心不服 大禍將作 可速去 圭介笑曰 此大言者
야 당유이겸지 내속정부 이기부현석대춘희 관기거취 현
也 當有以箝之 乃屬政府 以其父顯奭代春熙 觀其去就 顯
석수노 정력불쇠 소모개화 수불사부지 시인조헌시담명
奭雖老 精力不衰 素慕開化 遂不辭赴之 時人嘲憲時啖名
롱단 시배이홍집낙막 제승집동백이위지 승집자홍집형
壟斷 時輩以弘集落莫 除升集東伯以慰之 升集者弘集兄

이 춘 희 지 부 야 전 주 군 십 여 년 이 청 백 칭
而春熙之父也 典州郡十餘年 以淸白稱.

이설(李偰)을 영변 부사(寧邊府使)로 임명하였으나 이설은 벼슬을 버리고 돌아갔다. 이설은 충정공(忠定公) 이귀(李貴)의 후손으로 대대로 홍주(洪州)에 살았다.

한장석(韓章錫)이 평소부터 그를 알아서 응제과의 시관으로 있을 때 일을 잘 주선해서 이설을 발탁하였으며, 장차 문형(文衡)으로 추천하려 하였다. 어떤 이는 그것이 공정치 못하다고 비웃기도 하였으나, 그러나 이설은 문장에 능했고, 지기(志氣)가 있었으니 한장석이 그를 뽑은 것은 까닭이 있었다. 과거에 오른 지 10년이 되도록 요로(要路)를 좇지 않고 남에게 굽히지 않았으며, 스스로 고상하게 지내다가 이에 이르러 시사(時事)가 날로 어지러움을 보고 전원으로 돌아가 다시 나오지 않았다.

당시 그 아들 이상규(李商珪) 또한 영흥 부사(永興府使)에 제수되었으나 끝내 부임하지 않았다.

原文

이 이 설 위 령 변 부 사 설 기 관 귀 설 충 정 공 귀 후 야 세 거 홍 주
以李偰爲寧邊府使 偰棄官歸 偰忠定公貴後也 世居洪州

한 장 석 아 지 지 이 응 제 과 시 관 용 관 절 탁 설 의 장 천 이 문 형
韓章錫雅知之 以應制科試官 用關節擢偰 擬將薦以文衡

혹 기 기 불 공 연 설 능 문 유 지 기 장 석 취 지 유 이 야 등 제 후 십 년
或譏其不公 然偰能文有志氣 章錫取之有以也 登第後十年

불 추 요 진 언 건 자 고 지 시 견 시 상 일 난 귀 전 불 부 출 시 자 상
不趨要津 偃蹇自高 至是見時象日亂 歸田不復出 時子商

규 역제영흥부사 결불부임
珪 亦除永興府使 決不赴任.

근래의 벼슬길이 막혀 있는 것을 ‘원굴(寃屈)’[1]이라 불렀다. 관제를 개혁하려 할 즈음 대원군은 지방 출신으로 문과에 급제하여 옥당(玉堂)[2]의 자격을 갖춘 자들 가운데 ‘원굴’이 가장 많아서 그들에게 모두 옥당을 제수하여 여러 사람의 마음을 위로하고자 하였다. 김종한(金宗漢)을 시켜 이 일을 담당하도록 하고, 사색당파를 안배하여 찾아 모아서 종이 한 장에 교리·수찬 백여 명의 이름을 써서 제수하였으니, 당시 사람들은 ‘옥당풍년(玉堂豐年)’이라고 하였다. 어떤 이는 이것을 가리켜 ‘갑오(甲午)옥당’이라 말했다. 그러나 인물을 취사 선택한 것이 공평치 못했고 단지 명기(名器)[3]를 어지럽혔을 뿐이었다.

註解

1) **원굴**(寃屈) : 원통하게 누명을 씀. 억원(抑冤).
2) **옥당**(玉堂) : 홍문관(弘文館)의 실무를 담당하던 관원.
3) **명기**(名器) : 벼슬과 지위, 그리고 거복(車服).

原文

근세이엄체사로자 위지원굴 관제지장개야 대원군이경
近世以淹滯仕路者 謂之寃屈 官制之將改也 大院君以京

외문과 구옥당자격자 원굴최다 욕일절제수 이위중심 사
外文科 具玉堂資格者 寃屈最多 欲一切除授 以慰衆心 使

김종한구관지 배비사색 수라기필 일지제교리 수찬백여
金宗漢句管之 排比四色 搜羅旣畢 一紙除校理·修撰百餘

인 시위지옥당풍년 혹자별이목지왈갑오옥당 연취사불공
人 時謂之玉堂豊年 或者別以目之曰甲午玉堂 然取舍不公
지효명기이이
只淆名器而已.

난 초에, 대원군(大院君)이 강요를 받아 입궐하였는데, 조희연(趙羲淵), 안경수(安駉壽) 등이 맞으며 이르기를, "국가가 여기에까지 이른 것은 여러 민씨들의 죄입니다. 마땅히 다 죽여야 합니다. 모름지기 대감께서 처분해 주십시오."라고 하였다. 대원군이 냉소하며, "내가 유폐된 지 20년이다. 민씨 가의 공과 죄에 대해 관여하지 않을 것이니 지금 죽이고 살리자는 논의는 제군들에게 달려 있다. 내 어찌 입을 놀리겠는가?"라고 하였다. 중궁이 멀리서 그 말을 듣고, "이제는 살았구나!" 하면서, "후덕하시구나, 대감이여! 대감이 우리 집안을 용서하심이 이 같은 줄을 몰랐다."고 하자, 듣는 이가 속으로 웃었다.

신법이 제정됨에 따라 대조규개(大鳥圭介)는, '공법에 황후가 각국의 공사를 서로 만나볼 수 있게 되어있다'고 하고 중궁에게 알현을 청하였는데, 중궁은 드디어 성복(盛服, 盛儀)을 하고 맞아들여 만났다. 알현하는 예를 마치자 대조규개는 임금에게 말하기를, "무릇 민간의 살림살이도 어진 아내의 도움이 필요하거늘, 제왕가는 내조가 더욱 소용됩니다. 지나간 옛날의 흥망성쇠가 거울에 비추듯 분명하니, 이 점을 유념하시기 바랍니다. 지금의 일은 한 집안과 같기에 감히 분에 넘치는 생각을 말씀드렸습니다."라고 하였다. 이에 임금이, "우리 집안 또한 가

히 내조가 없다고 할 수 없지요." 하였다. 좌우가 다 입을 가렸다. 그것은 대조규개가 슬며시 돌려서 비방하며 깔보고 희롱한 말이었다. 그런데도 임금은 그것을 깨닫지 못했던 것이다.

原文

난초 대원군피핍입궐 조희연 안경수등영위왈 국가지
亂初 大院君被逼入闕 趙羲淵·安駉壽等迎謂曰 國家至
차 제민죄야 당진주지 수대감처분 대원군냉소왈 오폐처
此 諸閔罪也 當盡誅之 須大監處分 大院君冷笑曰 吾廢處
이십년 불관민가공죄 금의살활 유제군재 아하용훼 중궁
二十年 不管閔家功罪 今議殺活 有諸君在 我何容喙 中宮
요문지이왈 후덕재대감야 불위대감지서아가여차야 문자
遙聞之詑曰 厚德哉大監也 不謂大監之恕我家如此也 聞者
절소 급신법정 규개이공법각국황후여각국공사상견 청
竊笑. 及新法定 圭介以公法各國皇后與各國公使相見 請
알중궁 중궁수성복연견 예필 규개언우상왈 범민산업 유
謁中宮 中宮遂盛服延見 禮畢 圭介言于上曰 凡民産業 猶
장현처 제왕가우자내조 전고흥쇠 형여명경 걸유예념 금
仗賢妻 帝王家尤資內助 前古興衰 炯如明鏡 乞留睿念 今
사동일가 감공과려 상왈 아가역불가위무내조 좌우개엄
事同一家 敢貢過慮 上曰 我家亦不可謂無內助 左右皆掩
구 개규개기풍모롱 이상불오야
口 蓋圭介譏諷侮弄 而上不悟也.

변법(變法)을 시행한 초에, 장차 태묘(太廟)[1]에 고유(告由)하려고 임금이 궁내부에 영을 내려 고유문을 지어오게 하였다. 정만조(鄭萬朝)가 참서관(參書官)으로 지어 올렸다. 그 첫 구에 '하늘이 종사를 보우하사〔天祐宗祊〕' 하는 구절이 있었다. 윤치

호(尹致昊)가 임금께 말하기를, "우리나라가 천주교를 섬기지 않는다는 것은 천하가 다 아는 사실인데, 이제 '하늘이 보우한다'고 한 하늘을 서구인들이 지적하여 '조선 또한 천주교를 믿는 나라'라고 하면 어찌하시겠습니까?" 하였다. 이에 중궁이 크게 웃으며 손가락을 꼽아 헤아려가며 말하기를, "『시경(詩經)』에 '하늘의 뜻은 믿기 어렵도다〔天難諶斯〕' 하였는데, 이것이 어찌 천주교의 천주란 말인가. 또 『서경(書經)』에 '하늘은 밝고도 두렵도다〔天明畏〕'라고 한 것이 어찌 천주이겠는가. 또 『주역(周易)』에 '하늘의 운행은 강건하다〔天行健〕'하였는데, 이 어찌 천주를 가리킨 말이겠는가?"라고 하면서, 인하여 옛 서적에서 두루 들쳐 인용한 것이 하나가 아니었다. 그리고 이어 말하기를, "네가 참으로 무식하구나."라고 하니, 윤치호가 얼굴을 붉히며 대답하지 못했다. 중궁의 총명하고 통달함을 스스로 내세움이 이와 같았다. 나는 그 말을 정만조에게서 들었다.

바야흐로 대조규개(大鳥圭介)가 맹약을 강요하자, 백관이 날마다 정부에 모였으나 한 가지 방책도 제시하지 못하고 서로 쳐다만 보고 있다가 흩어졌다. 홍종우(洪鍾宇)가 이르러 두루 읍(揖)을 하고나서 묻기를, "제공(諸公)들은 이곳에 모여 장차 무엇을 하려는 것이오?"하니, 어떤 이가 대답하기를, "국사가 몹시 어려워 신하된 직분으로 응해야 하겠거늘 그대는 어찌해서 그런 엉뚱한 질문을 하는가?" 하였다. 홍종우가 노하여 말하기를, "제공(諸公)들은 혀(舌)로써 적을 칠 수 있겠소? 평소 임금의 총애를 빙자해서 경상(卿相)의 자리에 올라, 좋은 옷을 입

고, 준마를 타고, 풍악을 울리고 진수성찬을 즐기면서, 생민의 휴척(休戚)[2]과 국가의 안위는 아득히 중국의 월(越)나라나 진(秦)나라가 파리해진 것 같이 남의 나라 일처럼 여겼었소. 그런데 때가 바뀌고, 사태가 변하자 뒤늦게 허둥대며, 칼이 목 위에 임하게 되자 머리를 진흙에 처박고 목숨을 애걸하고 있으니, 죄를 하늘에 지었거늘, 누구를 향하여 기도하겠소. 슬프다! 개나 말도 오히려 주인을 위할 줄 알고, 승냥이나 수달도 근본으로 돌아갈 줄을 알고 있거늘, 제공들은 다 평일에는 거만스럽게 사대부라고 자처하더니, 스스로 처신함이 과연 어떻소이까? 임금이 욕을 당해서 신하가 죽어야 할 이 때에 머리를 부수어 몸을 깨끗이 하고 조금이나마 나라 팔아먹은 것을 속죄하는 사람을 하나도 찾아볼 수 없소. 그러고도 오히려 또한 점잖게 걸어 다니며 낮은 소리로 조용히 웃으며 농담이나 하는 것이, 지난날 민씨 집안에 들락거릴 때와 같구려. 내가 곁에서 수일간 듣고 있자니 몹시 울화가 치밀어 죽을 지경이오. 다만 모여서 눈치나 보면서 도리어 나를 그르다고 할 수 있겠소?"라고 하였다.

그때 이종건(李鍾健)과 한규설(韓圭卨)이 자리에 있었는데 홍종우(洪鍾宇)가 부채를 들고 그들을 가리키며 말하였다.

"저기 화려하게 옷차림 한 자들이 이른바 10년 장신(將臣)이 아니던가? 팔꿈치는 관인(官印)을 이겨내지 못하고, 허리는 병부(兵符)를 이겨내지 못하면서 저녁에는 금호문(金虎門)[3]을 달려 나가고 아침에는 전동(磚洞) 길을 치달으니, 계극(棨戟)[4]은

숲을 이루어 앞에서 비키라고 꾸짖고, 뒤에서 감싸니 이런 때는 장신이었다. 그런데 임금은 질제(質劑, 어음의 일종)[5]가 되었고, 사직은 고주(孤注)[6]가 되어버렸으며, 왜군이 궁궐을 에워싸고 종과 피리까지 약탈해 가는 이런 때는 장신으로 있지 않았던가? 이미 쳐들어오는 적을 막고 업신여김을 막아내어 적국의 간계를 막아낼 수 없었다면, 이러한 때를 당하여 삼군(三軍)을 격려하여 궁성을 호위하고, 반드시 죽어도 좋다는 것을 보여주어 적으로 하여금 그래도 꺼려서 감히 날뛰지 못하게 했어야 한다. 이것을 할 수 없다면 소매를 걷어붙이고 대궐에 들어가 한 자루 칼을 들고서라도 격투를 벌여 시체가 궁전 계단을 가로지르게 해서라도 백성들에게 사죄해야 될 것이다. 이 또한 신하된 직분을 만분의 일이라도 다하는 것이며, 국가를 지키는 소중함을 돌보는 것이 될 것이다. 그런데 스스로 쓸모없이 남아도는 인물이 되어 제공들의 꽁무니를 줄줄이 따라 나가 구차하게 자리를 채워주고 있으니, 장신, 장신이여! 세간에 수치스러움이 있다는 것을 모르는가? 애석하도다! 내가 주운(朱雲)[7]의 검(劍)이 없고, 단수실(段秀實)[8]의 홀(笏)이 없어 이 7척(尺)의 몸을 헛되이 저버리는구나. 나는 10년이나 해외로 떠돌다가 겨우 벼슬하는 처지일 뿐이다. 떠나도 좋고 가지 않아도 또한 좋다. 공들과는 달리 나는 책임이 없다. 장차 향리에 가서 늙은 아버지나 뵈오러 내일 떠나겠다. 가히 한이 되는 것은 이미 왜적을 죽이지 못하고, 또 간신(姦臣)들을 두루 죽이지 못하여 세상 사람들로 하여금 드디어 조정에 사람이 없구나 하

게 한 것이다."

말을 끝내고 분개하여 주먹으로 탁자를 내리치면서 구타하려는 자세를 취하니, 이종건 등은 깜짝 놀라 움츠러들어 얼굴이 제 모습이 아니었다. 홍종우는 대들보를 우러러보며 장탄식을 하고 나갔다. 이 일은 이최승(李最承)이 직접 목격한 것을 내게 말해준 것이다.

註解

1) **태묘**(太廟) : 종묘. 역대 임금의 위패를 모신 사랑집.
2) **휴척**(休戚) : 기쁜 일과 슬픈 일, 편안함과 근심. 여기서는 도탄에 빠진 백성을 가리킴.
3) **금호문**(金虎門) : 대신들이 주로 출입하던 창덕궁의 서쪽 문.
4) **계극**(棨戟) : 왕이나 고관이 나아갈 때 앞에 들고 가는 의장용(儀仗用) 병기.
5) **질제**(質劑) : 어음쪽. 매매할 때 주고받는 문서.
6) **고주**(孤注) : 노름꾼이 나머지 돈을 다 걸고 단번에 승부를 결정하는 것.
7) **주운**(朱雲) : 한(漢) 성제(成帝) 때의 충신. 조신(朝臣)들의 무능함을 간함.
8) **단수실**(段秀實) : 당(唐)나라 덕종(德宗) 때의 인물. 반역자를 꾸짖으며 홀(笏)을 내리쳤다함.

原文

변법초 장고유태묘 상령궁내부찬문 정만조이참서관찬
變法初 將告由太廟 上令宮內府撰文 鄭萬朝以參書官撰

진 수구유왈 천우종팽운운 윤치호언우상왈 아국이불종
進 首句有曰 天祐宗祊云云 尹致昊言于上曰 我國以不宗

천주교문천하 금천우지천 구서인적지지왈 조선역천주교
天主教聞天下 今天祐之天 歐西人摘指之曰 朝鮮亦天主教
즉여지하 중궁대소 굴지계지왈 시왈천난심사기천주호
則如之何 中宮大笑 屈指計之曰 詩曰天難諶斯豈天主乎
서왈천명외기천주호 역왈천행건기천주호 인역거고서자
書曰天明畏豈天主乎 易曰天行健豈天主乎 因歷擧古書者
불일이왈 여진무식의 치호난연불능대 중궁지이총달자명
不一而曰 汝眞無識矣 致昊赧然不能對 中宮之以聰達自命
야여차 여문지만조 방규개지겁맹야 백관일취정부 무일
也如此 余聞之萬朝 方圭介之刼盟也 百官日聚政府 無一
책상시이산 홍종우지 역읍이문왈 제공회차장하위 혹응
策相視而散 洪鍾宇至 歷揖而問曰 諸公會此將何爲 或應
지왈 국사심극 신분응이 군하문지류야 종우노왈 제공능
之曰 國事甚棘 臣分應爾 君何問之謬也 鍾宇怒曰 諸公能
이설격적호 평일빙자총영치위경상 선구노마 고종열정
以舌擊賊乎 平日憑藉寵靈致位卿相 鮮裘怒馬 考鍾列鼎
이생민지휴척 봉강지안위 막약월시진척 이시이사변 모
而生民之休戚 封彊之安危 邈若越視秦瘠 而時移事變 暮
야창황 도임경상니수걸명 획죄어천 향수이도 희 견마유
夜蒼黃 刀臨頸上泥首乞命 獲罪於天 向誰而禱 噫 犬馬猶
능련주 시달상차지본 제공개평일개오연사부야 자대과하
能戀主 豺獺尙且知本 諸公皆平日皆傲然士夫也 自待果何
여재 이당차주욕신사지일 무일인담신쇄수 소속기매국지
如哉 而當此主辱臣死之日 無一人湛身碎首 少贖其賣國之
죄 이유차완보저성 종용소학 여부낭일제민지문자 오측
罪 而猶且緩步低聲 從容笑謔 如赴曩日諸閔之門者 吾側
청수일 울울욕사 특래상탐 이내반류아야 시이종건 한
聽數日 鬱鬱欲死 特來相探 而乃反謬我耶 時李鍾健·韓
규설재좌 종우거선지왈 피유연자 비소위십년장신호 주
圭卨在坐 鍾宇擧扇之曰 彼褎然者 非所謂十年將臣乎 肘
불승인 요불승부 석추김호문 조치전동로 계극여림 전가
不勝印 腰不勝符 夕趨金虎門 朝馳磚洞路 棨戟如林 前呵

後擁 此時則爲將臣 而國君爲質劑 社稷爲孤注 兵及宮闈 掠及鍾簴 此時則非將臣乎 旣不能折衝禦侮 以摧敵國之奸謀 則當此時也 激厲三軍 衛護宮城 示以必死 使敵猶有憚而不敢肆 此猶不能 則奮袖入闕 一劍格鬪 橫尸殿陛 以謝國人 抑可以盡臣分之萬一 而顧以干城之重 自同冗員 旅進諸公之後 苟充人數 將臣將臣不識世間有羞恥事乎 惜哉吾無朱雲之劍·秀實之笏 負此七尺之軀也 如吾者十年旅泊之餘 釋褐甫屬耳 去亦可 不去亦可 此公等無責焉 將覲老父於鄕里 明日逝矣 所可恨者 旣不得殺倭 又不得逼誅姦臣 使世人遂謂朝廷竟無人也 因奮拳抵几 作毆擊勢 鍾健等愕然羞縮 殆無以爲容 鍾宇仰視屋梁 長歎而出. 李最承目睹之 言于余.

이홍장(李鴻章)이 북경 총리아문(總理衙門)에 전문을 보냈는데 그 내용은 다음과 같다.

한왕(韓王)이 민상호(閔商鎬)를 파견하였는데, 양복을 입고 화륜선을 타고 천진(天津)에 도착해서 하소연하여 말하기를, "오백여 년간 중국 조정에서 보내준 인물(印物)들을 일본이 다

수탐해서 가져갔으며, 병고(兵庫)에 소장되어 있던 수십 년간 구매한 총과 대포 화약 등속을 다 빼앗아갔다. 무릇 모든 정령(政令)들을 제멋대로 폐지하고 공포하였는데, 국왕은 간여할 수 없었다. 천조(天朝)에 자세히 알리니 우리의 충성과 어려움을 살펴서 구원해 주기를 바란다."

原文

이홍장전북경총리아문왈 한왕견민상호 변양복탑윤도
李鴻章電北京總理衙門曰 韓王遣閔商鎬 變洋服搭輪到
진 소칭오백여년중조어사인물 왜진수거 병고소장수십년
津 訴稱五百餘年中朝御賜印物 倭盡搜去 兵庫所藏數十年
구존양창포군화 전행탈거 범소정령 임자출척 비국왕소
購存洋槍礮軍火 全行奪去 凡所政令 任自黜陟 非國王所
능여지 상술천조 비명차충곤 걸사구원운
能與知 詳述天朝 俾明此忠悃 乞賜救援云.

나주 목사 민종렬(閔種烈)과 영장 이원우(李源佑)가 나주성을 지키며 적의 침범을 막았다. 홍계훈(洪啓薰)은 전주에서 적을 방치해 둔 채 이원회(李元會)와 함께 차례로 올라왔는데, 김학진(金鶴鎭)은 반민을 무마해서 포용하고 통제할 재주가 없었다. 반민들은 '관리들을 족히 믿을 수 없다'고 큰 소리로 떠들었다. "이제 나라 안이 크게 어지러운데 우리 동학교도들이 마땅히 '대천리물(代天理物)과 보국안민(輔國安民)'[1]을 해야 할 것이다."라고 호언했다. 드디어 대포와 군마를 거두어들이고, 돈과 양식을 나누어 주었으며, 사방에서 약탈을 하니 난민들은 곳곳에 봉기하여 천리가 호응하였다. 달포 사이에 삼남 지방이 솥

처럼 들끓어 어지러웠으며, 수령들은 도망가고 혹은 욕을 당하며 자기 경내를 스스로 보전하는 자가 하나도 없었다. 동학교도와 반민들이 나주로 향하자, 민종렬은 힘써 아전과 백성들을 이끌고 성을 지킬 계책을 세웠다. 영장 이원우는 용감하고 지력이 있어 사람들은 의지하는 마음이 있었다. 적도들은 진군하며 대항할 것을 꾀했고 나주성을 가히 짓밟아 놓겠다고 떠들었다. 이원우 등은 복병을 매설했다가 공격하고 달아나니 적은 분함을 참지 못하여 여러 차례 침범을 가했으나 번번이 패하고 감히 다시 성을 공격하지 못했다. 그나마 성을 지킨 것은 이 나주성뿐이었다. 성 밖의 참상은 만신창이가 되었는데, 다른 경내에 비해 더욱 심하였다.

註解

1) **대천리물**(代天理物)과 **보국안민**(輔國安民) : 하늘을 대신해서 만물을 다스리고, 나랏일을 돕고 백성을 편안하게 함.

原文

나주목사민종렬 여영장이원우 성수거적 홍계훈종적우
羅州牧使閔種烈 與營將李源佑 城守拒賊 洪啓薰縱賊于

전주 여이원회차제북환 김학진무무어재 적양언관리부족
全州 與李元會次第北還 金鶴鎭無撫馭才 賊揚言官吏不足

시 금국중대란 오등당대천리물보국안민 수수포마 파전
恃 今國中大亂 吾等當代天理物輔國安民 遂收砲馬 派錢

량 사하창략 난민처처봉기 천리호응 순월지간 삼남정비
糧 四下搶掠 亂民處處蜂起 千里呼應 旬月之間 三南鼎沸

수령혹주찬 혹피겁욕 무일인보경자수자 적향나주 종열
守令或走竄 或被劫辱 無一人保境自守者 賊向羅州 種烈

솔려리민 위성수계 영장이원우유용략 중의언 적역고행
率厲吏民 爲城守計 營將李源佑有勇略 衆倚焉 賊易鼓行
막거 위나주가답평야 원우등 설복파주지 적분지 루범개
莫拒 謂羅州可踏平也 源佑等 設伏破走之 賊憤之 屢犯皆
패 불감부공성 연소수자 일성이이 성외창잔 비타경우심
敗 不敢復攻城 然所守者 一城而已 城外瘡殘 比他境尤甚
언
焉.

적도가 안의현(安義縣)을 침입했는데, 현감 조원식(趙元植)이 유인하여 섬멸하였다. 조원식은 남원의 적도가 장차 이른다는 소식을 듣고 그들을 맞아 재우며 소를 잡고 술을 내어 대접하였다. 적도들이 이미 취해 떨어지자 장사들이 졸지에 뛰쳐나와 비 쏟아지듯 몽둥이로 내려치니 한 명도 살아남은 자가 없었다. 백여 구의 시체를 끌어다가 한 구덩이에 묻고, 장정들을 편성하여 방어 진지에 들어가 육십령(六十嶺)[1]을 끊어 차단할 계책을 세웠다. 조원식은 문열공(文烈公) 조헌(趙憲)의 봉사손(奉祀孫)이다.

註解

1) **육십령**(六十嶺) : 전라북도 장수군과 계내면과 경상남도 함양군 서상면 경계에 있는 고개. 신라 때부터의 요해지.

原文

적입안의현 현감조원식유섬지 원식문남원적장지 요이
賊入安義縣 縣監趙元植誘殲之 元植聞南原賊將至 邀以

관 지 설 우 주 호 지 적 기 취 장 사 졸 기 봉 부 여 우 무 일 인 면 자
館之 設牛酒犒之 賊旣醉 壯士猝起 棒棓如雨 無一人免者
예 백 여 시 예 일 감 수 편 정 민 입 보 책 단 육 십 령 위 차 절 지 계 원
曳百餘尸瘞一坎 遂編丁民入保柵 斷六十嶺爲遮截之計 元
식 문 열 공 헌 사 손 야
植文烈公憲祀孫也.

호서의 적도가 홍주(洪州)를 침범하자 목사 이승우(李勝愚)가 맞아 싸워 대파하였다. 홍주는 내포(內浦, 가야산을 중심으로 한 10개 현)에서 큰 고을인데 이승우는 관리로서 재간이 넉넉하여 이르는 곳마다 능란하다는 명성이 있어서 아전이나 백성들이 그를 믿고 성에 의지하여 막아 토벌하자고 하였다. 반란 초부터 잔적 수백 명을 사로잡아 참수하였으므로, 적도 만여 명의 큰 부대를 형성하여 성을 세 겹으로 포위하였다. 이승우가 대포를 매설하고 탄환을 빼어 발사하게 하여 큰 소리가 울리도록 하였다. 적중에 있는 자들은 서로 돌아보고 자랑하여 말하기를, “일찍이 듣건대 탄환이 도인의 몸을 뚫을 수 없다고 하더니 믿어도 되는구나!”하고 드디어 성으로 가까이 다가와서 진을 쳤다.

이승우는 이에 탄환을 총포에 장전하여 여러 곳에서 일제히 발사시키게 하니 적도들은 이미 성에 바짝 다가서 있었으므로 길이 막혀서 한 걸음도 물러설 수 없었다. 그대로 총탄을 맞아 선 채로 죽어가니, 뒤로 물러설 말미도 없이 차례차례 쌓여 시체가 성보다 높아져 긴 둑 같은 것이 세 개나 되었다. 이승우는 승승장구하여 성문을 열고 추격하니 10리 안팎에 있던 적도들

은 형세가 산이 붕괴되는 듯 사방으로 흩어져 달아났다. 이에 군대의 기세가 크게 떨쳐 양호(兩湖)의 백성들이 이승우를 장성(長城)처럼 바라보게 되었다. 그것은 대개 적도들이 자칭 '도인'이라 하고 도인의 부적을 지닌 자는 총탄이 뚫을 수 없다고 속여서 말했는데, 이승우는 그 속임수를 꿰뚫어보고 끌어들였던 것이다.

홍건(洪楗)이란 자는 남양(南陽) 사람으로 기개와 의리가 있고 담력과 지혜가 있었다. 평소 이승우를 잘 알았는데, 이때 막객(幕客, 裨將)으로 있었다. 이승우가 성을 지킨 주략(籌略, 計策과 謀略)은 대부분 홍건에게서 나왔다.

原文

호서적범홍주 목사이승우영격대파지 홍주위내포웅부
湖西賊犯洪州 牧使李勝宇迎擊大破之 洪州爲內浦雄府
승우요리간 소지유능성 이민시지 의빙성도초 자난초 금
勝宇饒吏幹 所至有能聲 吏民恃之 議憑城堵勦 自亂初 擒
참령적수백 적합대대만여 위성삼잡 승우매대포 거환이
斬零賊數百 賊合大隊萬餘 圍城三匝 勝宇埋大砲 去丸而
굉지 적중자상고이왈 상문연환불능천도인 신의 수핍성
轟之 賊中者相顧詑曰 嘗聞鉛丸不能穿道人 信矣 遂逼城
이진 승우내납환어포 백도제방 적기착찰옹색 불능퇴일
而陣 勝宇乃納丸於砲 百道齊放 賊旣搾拶壅塞 不能退一
보 중환자입이폐 무유후북 상차퇴타 시고어성 여장제자
步 中丸者立而斃 無由後踣 相次堆垜 尸高於城 如長堤者
삼언 승우승승개문축지 적재십리내외 세여붕산 사산이
三焉 勝宇乘勝開門逐之 賊在十里內外 勢如崩山 四散而
주 어시군성대진 양호지민 망지약장성언 개적자칭도인
走 於是軍聲大振 兩湖之民 望之若長城焉 蓋賊自稱道人

이 궤 언 지 도 인 부 주 자 군 화 불 능 상 고 승 우 중 기 궤 이 유 치 지
而詭言持道人符呪者 軍火不能傷 故勝宇中其詭 而誘致之
야 홍 건 자 남 양 인 야 기 의 유 담 지 소 선 승 우 시 위 막 객 기 수
也 洪楗者 南陽人也 氣義有膽智 素善勝宇 時爲幕客 其守
성 주 략 다 출 어 건
城籌略多出於楗.

7월 3일, 청국의 이홍장(李鴻章)이 평양 전신국에 전문을 보내 교체되어가는 평안 감사 민병석(閔丙奭)에게 일렀다.

"듣건대, 조선 국왕이 핍박과 위협을 받아 정령(政令)이 왜인들로부터 나온다고 하니, 어지러운 상태에서 내리는 명령은 꼭 좇지 않아야 될 것이다. 본 대신은 한국을 돕기 위해 대병을 파견하여 바로 평양에 도달하게 할 것인즉, 응당 그 도에 영(令)을 내려 민병석을 예전대로 본도 감사로 인정하여 직무를 수행할 수 있도록 해주고, 청국군의 장령(將領)에 따라 함께 일체의 긴요한 업무를 헤아려 처리하라. 매일 한성(漢城)에서 새로운 관료가 파견되어 오면 응당 각 통수(統帥)와 의논하여 받아들이지 말도록 할 것이다. 본 대신이 주관하는 것이니 쓸데없이 의심하거나 두려워하지 말기를 바랍니다."

原文

칠 월 초 삼 일 청 이 홍 장 전 평 양 전 국 교 감 사 민 병 석 왈 문 조
七月初三日 淸李鴻章電平壤電局 交監司閔丙奭曰 聞朝
선 왕 피 왜 핍 협 정 령 출 자 왜 인 난 명 필 불 가 종 본 대 신 파 중 병
鮮王被倭逼脅 政令出自倭人 亂命必不可從 本大臣派重兵
원 한 직 저 평 양 응 령 해 도 민 병 석 잉 구 인 진 공 직 수 동 천 병
援韓 直抵平壤 應令該道 閔丙奭仍舊認眞供職 隨同天兵

將領 籌商一切要務 如漢城派有新官 前來應稟商名統帥 拒而勿納 有本大臣作主 無庸疑惧.

청국 총병 위여귀(衛汝貴)·마옥곤(馬玉崑)·풍승하(豊陞河)·좌보귀(左寶貴) 등이 평양에 들어오자, 섭지초(葉志超)와 섭사성(聶士成)이 그곳으로 가서 한 데 모인 것이 이달 보름께였다. 전병력 34영(營) 도합 만오천 명이었으나 제장을 대표하는 총사령관이 없고 지위도 서로 동등해서 명령이 하나로 나오지 않았다. (그러므로) 군인의 행동거지도 기율이 서지 않았으며, 간음과 노략질을 일삼아서 평안도 백성들은 원성과 공포에 싸여 있었다. 뜻이 있는 이들은 그들이 반드시 패할 것임을 짐작했다. 평안 감사 민병석(閔丙奭)은 시국이 가뀌어 정권을 장악했던 모든 민씨들이 쫓겨나니 자신도 죄를 얻을까 두려워하고 있었다. (그러던 차에) 김만식(金晩植)이 신임 감사로 당도했다는 소식을 듣고 방황하며 계책을 세우지 못하고 있었다. 그러다가 북양 대신 이홍장의 출병 전문을 받고, 드디어 김만식을 물리치고 그에게 감사 자리를 물려주지 않았다. 김만식과 평양 서윤 서병수(徐丙壽)는 정방산성(正方山城)으로 들어가 40일을 나오지 못하고 있었다. 평안도에서는 '민병석을 청국 감사, 김만식은 일본 감사'라 칭하면서 신임 김만식 감사의 명을 따르지 않고 청국의 구원만을 기다리며 조정의 명령을 준수하지 않았다.

민병석(閔丙奭)은 일찍이 속수(束脩)[1]의 예를 닦고 전우(田

愚)의 문인이 되어 강학(講學)[2]을 한다고 자칭하였다. 평안 감영에 있을 때 시간이 있으면 치포관(緇布冠)[3]을 쓰고 심의(深衣)[4]를 걸치고 유생들을 초청하여 용학(庸學)[5]을 펼쳐놓고 강론하는 것이 잡답(雜沓)[6]하며 별도로 기두(岐竇)[7]를 열어 돈과 뇌물을 받아들이지 않은 날이 없었다. 그런데 본성이 나약하고 아둔해서 능히 헤아려 점검하지 못해서 이득은 아랫사람에게 돌아가고 원망은 자신에게 돌아왔다. 평안도 사람들은 그를 가리켜 '강학적(講學賊)'이라 말했다.

관서 지방은 산천이 넓고도 깊숙해서 진귀한 보화가 생산되며, 아름다운 기생의 풍악, 빼어난 누각과 산수의 경치가 뛰어났는데 더욱 평양을 손꼽는다. 그러므로 평양 감사는 나라 안에서도 부럽다고 칭하며, '부귀 신선'이라고 불렀다. 백 년을 내려오면서 권세 있고 귀한 사람이 아니면 능히 평양 감사 자리를 얻지 못했다. 남인(南人)으로는 채제공(蔡濟恭)[8] 이후로 없었고, 소론(少論)으로는 서념순(徐念淳) 이후로 없었으며, 북인(北人)은 논할 것조차 없었다. 대원군이 집정하고 한계원(韓啓源)·남정순(南廷順)이 남인·북인으로 서로 차례로 그 자리를 얻었으나 잠깐이었을 뿐이다. 갑술환국(甲戌換局)[9] 이후 20년은 민영위(閔泳緯)·민응식(閔應植)·민영준(閔泳駿)·민병석(閔丙奭) 등이 번갈아 지냈고 민영위는 두 차례나 지냈다. 그러므로 서인들이 노래를 하되, "평양 선화당(宣化堂)[10]은 민씨의 사랑(舍廊)"이라 하였다.

그런데 이해 8월, 청군의 출병은 감영 전체를 탕진하였으며,

얼마 후 남도와 북도로 갈라지니, 부유하고 풍성하며 번창하고 화려했던 모습은 다시 옛 모습을 그려볼 수 없게 되었다. 대개 이른바, '만물이 성하게 되면 곧 쇠한다'는 것이 진실로 그 이치인 것이다. 그 당시 여러 민씨들의 염치없음을 소급해서 말하는 것은 거의 상상할 만하다.

註解

1) **속수**(束脩) : 제자가 될 때에 스승에게 보내는 예물.
2) **강학**(講學) : 학문을 닦고 연구함. 질의하고 대답하며 토의하는 일.
3) **치포관**(緇布冠) : 검은 색깔의 베로 만든 관. 유생이 평상시에 썼음.
4) **심의**(深衣) : 높은 선비의 웃옷.
5) **용학**(庸學) : 『중용(中庸)』과 『대학(大學)』.
6) **잡답**(雜沓) : 혼잡한 것. 사람이 많이 몰려 붐빔.
7) **기두**(岐竇) : 뒷구멍. 곁길.
8) **채제공**(蔡濟恭) : 조선 정조 때의 명재상. 호는 번암(樊巖). 정조 12년에 영의정에 오름. 남인으로 정조의 신임을 받아 독상(獨相) 수년에 나라를 위하여 진력하였음.
9) **갑술환국**(甲戌換局) : ① 숙종 20년(1694) 남인이 실각하고 서인 세력이 집권한 사건. 장희빈이 쫓겨나고 인현왕후가 들어서면서 정국이 바뀌었다. ② 고종 11년(1874) 대원군이 물러나고 고종이 친정(親政)한 것을 말함.
10) **선화당**(宣化堂) : 각도의 관찰사가 사무를 보던 정당.

原文

청총병위여귀 · 마옥곤 · 풍승하 · 좌보귀입평양 섭지초
淸摠兵衛汝貴 · 馬玉崑 · 豐陞河 · 左寶貴入平壤 葉志超

섭사성왕회지 개시월망간야 용정삼십사영 합일만오천
·聶士成往會之 皆是月望間也 勇丁三十四營 合一萬五千

인 제장무통수 관위상등 호령불일 군행무기 간음노략서
人 諸將無統帥 官位相等 號令不一 軍行無紀 姦淫擄掠西

민원공 식자지기필패 민병석이시국환 제민찬축 방구획
民怨恐 識者知其必敗 閔丙奭以時局換 諸閔竄逐 方惧獲

죄 문김만식차지 회황무이위계 급접북양전 수거만식불
罪 聞金晩植且至 徊徨無以爲計 及接北洋電 遂拒晩植不

수대 만식여평양서윤서병수 입정방산성 사십일불감출
受代 晩植與平壤庶尹徐丙壽 入正方山城 四十日不敢出

평안일도위 병석청감사 만식왜감사 부종만식지령 거앙
平安一道謂 丙奭淸監司 晩植倭監司 不從晩植之令 擧仰

청원 부준조정지명 병석상집지전우지문 자칭강학 재기
淸援 不遵朝廷之命. 丙奭嘗執贄田愚之門 自稱講學 在箕

영일유시치관심의초유생 피용학 강론잡답 이별개기두
營日有時緇冠深衣招儒生 披庸學 講論雜沓 而別開岐竇

초화납뇌무허일 연성나이암 불능교검 고리췌우하 이원
招貨納賂無虛日 然性懦而闇 不能校檢 故利萃于下 而怨

귀우기 서인위지강학적 관서일로 산천광수 진화산언 분
歸于己 西人謂之講學賊 關西一路 山川廣邃 珍貨産焉 粉

대현관 루관류치지승 우추평양 고평안감사 국중염칭지
黛絃管 樓觀流峙之勝 尤推平壤 故平安監司 國中艶稱之

이위부귀신선 백여년래 비권귀자 불능득 남인자채제공
以爲富貴神仙 百餘年來 非權貴者 不能得 南人自蔡濟恭

후무지 소론자서념순후무지 북인불론야 내운현당국 한
後無之 小論自徐念淳後無之 北人不論也 乃雲峴當國 韓

계원 남정순 이남북득 상차거지 연개근이 갑술 고종십
啓源·南廷順 以南北得 相次居之 然蓋僅耳 甲戌(高宗十

일년 환국이후이십년 즉민영위 민응식 민영준 민병
一年)換局以後二十年 則閔泳緯·閔應植·閔泳駿·閔丙

석 질상출입 이영위차재리언 고서인위지요왈 평양선화
奭 迭相出入 而泳緯且再莅焉 故西人爲之謠曰 平壤宣化

堂 閔氏舍廊 至是歲八月之役 全營蕩殘 未幾又分南北道 富貴繁麗之觀 無復舊日之彷彿 蓋所謂物盛而衰 固其理也 而遡論當日諸閔之無廉恥 汔可想矣.

청국군 부하 중에는 향마(嚮馬, 匪賊)들을 많이 수용했기 때문에 노략질이 버릇이 되어버렸다. 그들이 성환(成歡)으로부터 괴산(槐山)·충주(忠州) 등지로 돌아서 갈 때, 지나는 곳에는 닭과 개가 남아나지 않았다. 아울러 부인의 속곳을 훔치다가 들켜서 쫓아가면 집어던지고 달아났다.

原文

清軍部下 多收嚮馬 故鹵掠成性 其自成歡 輔入槐山·忠州者 所過鷄犬無遺 幷竊婦人窮袴 隨卽抛棄而去.

정경원(鄭敬源)을 호서 선무사(湖西宣撫使)로, 이중하(李重夏)를 영남 선무사(嶺南宣撫使)로 임명하였다.

전 지평 김흥락(金興洛)과 유만주(俞萬柱)를 승지로, 전 도사 김병창(金炳昌)을 집의로, 전 도사 전우(田愚)를 장령으로, 전 집의 박문일(朴文一)을 태천 현감(泰川縣監)으로 임명하였는데, 이들 다섯 사람은 모두 임하(林下, 山林)의 학자였다. 임금은 유학을 숭상한다는 말을 듣기 좋아해서 누차 유일(遺逸)[1]을 불러

들여 관례에 따라 발탁하였는데, 임헌회(任憲晦)·송병선(宋秉璿)은 모두 경(卿)의 지위에 올랐고, 김낙현(金洛鉉)·박성양(朴性陽)·이상수(李象秀) 등은 다 경연관(經筵官)[2]에 제수되었다. 그러나 실제로 기용하려는 뜻은 없었고, 단지 문서의 형식만을 갖추어 관례에 의거해서 조종(祖宗)의 고사(故事)를 준수했을 뿐이다. 이들 여러 사람들은 당세에 쓰일 만한 실학(實學)이 없었기에 모두 사양하고 물러나서 벼슬에 나아가지 않는 것을 고상하게 여겼다. 또 한편 벼슬을 얻는데 방해가 될 것을 두려워하여 번번이 입을 다물고 묵묵히 한 마디도 말하지 않았다. 혹 응지(應旨)로 소장(疏章)[3]을 아뢸 때면 진부한 말들을 주워 모아서 스스로 임금의 덕을 닦으라고 하는데 그쳤다. 그런 까닭에 온 세상 사람들이 싫어하고 보잘것없이 여겼다.

이때 다섯 사람 가운데 전우와 박문일은 한미한 가문에서 우뚝 일어나 당시 명망이 있었지만, 그러나 그들 또한 부임하지는 않았다. 얼마 후 박문일은 죽었다. 관서(평안도) 지방은 선우협(鮮于浹) 이후로 유학의 맥락이 오래 끊어졌더니, 박문일이 몸가짐이 단아하고 확실하였으며 늙도록 경서를 연구하여 '다만 선우협의 계승자가 될 만하다'는 말을 들었다.

註解

1) **유일**(遺逸) : 유능한 사람이 등용되지 않아 세상에 나타나지 않음. 또는 그 사람.
2) **경연관**(經筵官) : 임금 앞에서 경서(經書)를 강론하는 자리에 참여하는 관원.

3) 소장(疏章) : 상소하는 문서.

原文

以鄭敬源爲湖西宣撫使 李重夏爲嶺南宣撫使 以前持平金興洛·兪萬柱爲承旨 前都事金炳昌爲執義 前都事田愚爲掌令 前執義朴文一爲泰川縣監 五人皆林下也 上雅慕崇儒之名 屢徵遺逸 例加拔擢 如任憲晦·宋秉璿 皆至列卿 金洛鉉·朴性陽·李象秀之徒 皆除經筵官 然實無意起之 但具文按例 以遵祖宗故事而已 諸人者亦無實學可需用 故一切退縮以不出爲高 且恐妨得官 輒噤嘿不一言 或應旨陳章 則掇拾塵腐 自以爲勉君德而止 故擧世厭薄之 是時五人 愚與文一 寒門崛起 有時望 然亦皆不出 未幾文一卒 關西自鮮于浹後 儒學久絶 文一操履端確 窮老劬經 只爲浹之繼云.

전 주서(注書) 운봉 사람 박봉양(朴鳳陽)이 군사를 일으켜 적당을 토벌하였다. 박복양의 초명은 문달(文達)이며 운봉현(雲峰縣, 남원)의 아전이었다. 그의 집안은 대대로 부유하고 드세

더니, 그 또한 뒤를 이어 기세가 더욱 좋았다. 어사 이면상(李冕相)이 그를 가두어 놓고 뇌물 5만 냥을 요구하자, 박봉양이 분통을 터뜨리며, "이면상에게 5만 냥을 바치고 죄를 면죄받느니, 차라리 민영준(閔泳駿)에게 10만 냥을 바치고 급제를 도모하겠다." 하고는 도망쳐 서울에 들어와서 민영준과 체결해서 마침내 10만 냥을 바치고 강과(講科)에 응시해서 급제하였다. 일년 남짓하여 동비(東匪, 東學)가 일어나자 영남과 호남이 크게 어지러워졌다. 운봉현치(雲峰縣治, 운봉 읍내)는 성곽이 없지만 현 전체의 지세가 매우 험준하여 사면이 다 위를 쳐다보고 올라가야 한다. 이때에 현감이 도망가고 아전과 백성들은 적당을 받아들이려 하였다. 박봉양이 개연히 탄식하며 말하기를, "우리는 수백 년간 이름난 아전 집안으로 나라의 은혜를 받고 살았으며, 하물며 내가 또 출신(出身 과거급제)으로 나라에 벼슬을 함에 있어서랴!" 하고, 드디어 종당(宗黨, 일가붙이)들을 규합하여 경내의 백성들을 불러 수천 인을 모은 뒤, 봉우리를 이어 남원(南原)과 경계를 긋고 목책(木柵)을 설치하여 지켰다.

그의 아들이 일찍이 군령을 범하자, 박봉양은 바로 목을 베라고 명했다. 아랫사람들이 간절히 간하자 엄히 곤장 50대를 칠 것을 허락했다. 거의 기절하다가 가까스로 소생했는데, 이로 말미암아 많은 사람들이 숙연해져서 유순히 복종하였다. 조원식(趙元植)이 안의(安義)를 지키고, 박봉양이 운봉을 지키게 됨으로써 호남의 적당들이 감히 영남으로 향하지 못했으며, 함양(咸陽)·거창(居昌) 등 몇 개의 군은 차츰 진정되어 갔다.

原文

前注書雲峰朴鳳陽 起兵討賊 鳳陽初名文達 雲峰縣吏也 世豪頑 鳳陽踵之愈甚 御史李冕相囚之 索賂五萬兩 鳳陽奮曰 與其予李冕相五萬兩以免罪 曷若予閔泳駿十萬兩 以圖及第乎 逃入京師 締閔泳駿 竟以十萬應講科登第 歲餘東匪起 嶺湖大亂 雲峰縣治無城郭 而一縣地勢斗絕 四面皆仰而上 是時縣監逃 吏民欲款賊 鳳陽慨然歎曰 吾以世吏 數百年 食息國恩 況吾又出身爲王人乎 遂糾合宗黨 號召境內 得數千人 連峰畫南原界 設柵守之 其子嘗犯軍令 鳳陽命立斬之 群下苦諫 許嚴棍五十板 幾絶而甦 由是 衆肅然帖服 自趙元植守安義 鳳陽守雲峰 湖南賊不敢向嶺南 咸陽·居昌等 數郡稍靖.

박제순(朴齊純)을 충청 감사로 옮겨 임명하였다. 김학진(金鶴鎭)이 소환당한 지 한 달이 가깝도록 전봉준(全琫準) 등에게 만류당해서 출발하지 못했다. 박제순이 남고산성(南固山城, 全州 소재)에 이르러 김학진이 교대를 받아들이지 않는다고 조정에 알려왔는데, 김가진(金嘉鎭)은 김학진을 두둔하여 교묘히 미봉

하였으며, 조정에서도 또한 적진에 임하여 장수를 바꾸는 것은 염려하여 이에 김학진을 다시 머물러 진정시키도록 하고 박제순을 충청 감사로 옮긴 것이다.

原文

이배박제순위충청감사 김학진피소순월 위전봉준등소
移拜朴齊純爲忠淸監司 金鶴鎭被召旬月 爲全琫準等所
유 부득발 제순지남고산성 이학진불수대 문우조 김가진
留 不得發 齊純至南固山城 以鶴鎭不受代 聞于朝 金嘉鎭
우학진 교미봉지 조정역려기임진역장 내허학진복유진지
右鶴鎭 巧彌縫之 朝廷亦慮其臨陣易將 乃許鶴鎭復留鎭之
이제순우충청도
移齊純于忠淸道.

의안(議案)을 계속하여 발표하였다.

1. 갑오년 10월부터 각 항목의 부세를 바치는 것은 모두 돈을 마련하여 바친다. 그리고 은행을 설립하여 공전(公錢)을 나누어 지급하며, 미곡을 수매하여 서울에서 쓸 수 있도록 하고, 원전(原錢)은 탁지부에 상환 납부한다.
1. 도량형 기구인 말〔斗〕·곡(斛)·저울을 개정하여 새로운 법식으로 고쳐서 종전의 문란했던 것을 방지한다.
1. 신구 화폐의 태환(兌換)[1]의 법규를 정한다.
1. 높은 관료에서 일반 서민에 이르기까지 목패(木牌)로 집 주인의 성명과 주소를 써서 대문 위에 붙인다.
1. 각도 상납관 포리(捕吏)·포령(逋令)들은 각도 책임자가

조사해서 빨리 보고한다.

1. 각 지방에는 향회(鄕會)를 설치하고 각면 단위로 사람을 뽑아서 향회원을 만들어 공회당에 모여 그 고을의 업무시행을 헤아려 정한다.

1. 대소 관원으로 공죄나 사죄를 범한 자를 일체 법무아문에서 법률에 의해 처벌하도록 하며 일반 민간인도 이와 같이 한다.

1. 총명하고 준수한 자제들을 선발하여 외국에 유학시켜 인재를 양성한다.

1. 각 아문의 서리들은 문서와 계산에 능력 있는 자를 택해서 임용한다.

1. 민영준(閔泳駿)은 권력을 도용하여 임금을 속이고 백성을 학대하였고, 김창렬(金昌烈)의 어미(진령군)는 신령을 빌어서 위복(威福)[2]을 조종했으며, 민형식(閔炯植)은 세 도를 관할하며 그 해독이 만민에게 퍼졌는데도 모두 아직까지 죽임을 당하지 않아 여론이 비등하니 일체 형률에 적용하여 신명과 인민의 분함을 풀어 준다.

1. 무릇 십여 년 동안에 백성의 재산이 권세가나 지방 호족들에 의해 강제로 빼앗겼거나 억압에 못 이겨 헐값으로 팔은 자는 본 주인이 기무처에 억울함을 호소하도록 허락하며, 사실을 조사하여 돌려주도록 한다.

1. 각부 아문은 외국인 고용원 한 사람을 두어 고문 역할을 하도록 한다.

註解

1) **태환**(兌換) : 지폐나 은행권을 발행자가 정화(正貨)와 바꾸는 일.

2) **위복**(威福) : 위력이 있고 부귀함.

原文

속개의안 자갑오십월각항부세상납 균이대전마련
續開議案. 一,自甲午十月各項賦稅上納 均以代錢磨鍊

설립은행 획급공전 무천미곡 이섬경사 원전상납우탁지
設立銀行 劃給公錢 貿遷米穀 以贍京師 原錢償納于度支

개정도량두곡 칭 형 반발신식 이방문란 정신구
一,改正度量斗斛·秤·衡 頒發新式 以防紊亂 一,定新舊

화태환지법 자대료지서인 목패서가주성명급동명 게
貨兌換之法 一,自大僚至庶人 木牌書家主姓名及洞名 揭

지문수 명도상납 관포리포 령도신사명치보 각지
之門首 一,名道上納 官逋吏逋 令道臣查明馳報 一,各地

방설향회 각면택일인 작향회원 회공당 상확읍무시행
方設鄕會 各面擇一人 作鄕會員 會公堂 商確邑務施行 一,

대소관원범공죄사죄 실유법무아문 안률처단 여인민무이
大小官員犯公罪私罪 悉由法務衙門 按律處斷 與人民無異

선총준자제 유학외국 이자수용 각사서리 택용기
一,選聰俊子弟 游學外國 以資需用 一,各司胥吏 擇用其

문산재서자 민영준도롱권병 망상학민 김창열모가탁
文算才諝者 一,閔泳駿盜弄權柄 罔上虐民 金昌烈母假托

신영 조종위복 민형식관할삼도 독류만민 이병주육미가
神靈 操縱威福 閔炯植管轄三道 毒流萬民 而幷誅戮未加

여정여비 청일절안률 이설신인지분 범십년내민인
一,輿情如沸 請一切按律 以泄神人之憤 一,凡十年內民人

산업 위권귀급향호 소강점압매자 허본주명원우기무처
産業 爲權貴及鄕豪 所强佔壓買者 許本主鳴寃于機務處

사실추환 각부아문 치외국고원일인 이비고문
查實推還 一,各府衙門 置外國雇員一人 以備顧問.

또 의안(議案)을 발표하였다.

1. 대소 관원을 막론하고 공사 출입에 있어 말을 타든지 걸어 가든지 자유에 맡기나 초헌(軺軒)[1]과 평교자(平交子)[2]는 일체 폐지한다.
1. 대소 관원 및 사서인(士庶人)의 하마(下馬)와 회피(回避)[3] 등의 규정은 구애받지 않는다.
1. 관직에 있어서 상피(相避)[4]하는 규정은 아들·사위·친형제·숙질간을 제외하고는 그 외의 경우는 논하지 않는다.
1. 장률(贓律)[5]을 엄히 다스려 장물은 관청에서 몰수한다.
1. 벼슬아치는 재능에 따라 등용하며 구애받지 않는다.
1. 칠반천인(七班賤人)[6]도 이미 천한 신분을 면제받은 외에 또한 능력에 따라 채용한다.
1. 비록 고등관을 지냈다 해도 관직을 그만둔 뒤에는 마음대로 상업을 경영할 수 있다.
1. 무릇 국내외 공사 문자에 외국 국명·각 지명·인명은 마땅히 서양문자를 써야할 경우에 국문으로 번역하여 쓴다.

이상의 의안들은 열흘에 하나 꼴로 발표되었다. 혹은 명목은 있으나 실행하지 않는 것도 있고, 또는 오래 실행하였는지 다시 고쳤는지 정한 안건도 없고, 문적(文籍)만 혼잡하고 번거로워졌다. 여기에 조목들을 다 기록할 수 없어 다만 한두 개를 기록하여, 당시 시행한 대강만을 보려는 것이니 이 뒤부터는 기록하지 않겠다.

註解

1) **초헌**(軺軒) : 한 마리의 말이 끄는 가볍고 작은 수레.
2) **평교자**(平交子) : 종1품 이상 및 기로소(耆老所)에 들어간 사람들이 타던 남여(藍輿).
3) **하마**(下馬)**와 회피**(回避) : 일반인들이 높은 벼슬아치를 만났을 때 몸을 숙여 예를 표하거나 뒤로 물러서 피하던 관행.
4) **상피**(相避) : 친족 또는 그 밖의 관계로 같은 곳에서 벼슬하는 일이나 청송(聽訟)·시관(試官)이 되는 것을 피하는 제도.
5) **장률**(贓律) : 장죄(贓罪)나 장물죄를 다스리는 법률. 경국대전(經國大典)에서 사용한 대명률(大明律)에 규정되어 있다.
6) **칠반천인**(七班賤人) : 조선 사회에서 천한 신분으로 대접받던, 백정·장인바치·기생·노비·승려·무당·광대 등의 7가지 부류.

原文

우의안 대소관공사출입 임편기보 초헌 평교자 일
又議案. 一,大小官公私出入 任便騎步 軺軒·平轎子 一
절폐지 대소관사서인하마회피지규 가물구 재관상
切廢止 一,大小官士庶人下馬回避之規 可勿拘 一,在官相
피 유자 서 친형제 숙질 물론기여 신엄장률 원장
避 惟子·婿·親兄弟·叔侄 勿論其餘 一,申嚴贓律 原贓
몰관 환관수재무애통용 칠반천인기면천외 역수재
沒官 一,宦官隨才無碍通用 一,七班賤人旣免賤外 亦隨才
전용 수경고등관 휴관지후 임편영상 범국내외공
銓用 一,雖經高等官 休官之後 任便營商 一,凡國內外公
사문자 우유외국국명 지명 인명 당용구문자 당이국문
私文字 遇有外國國名·地名·人名 當用歐文者 當以國文
역행 이상의안 순일일개 혹명존실부 혹구행혹선개 흘무
譯行 以上議案 旬日一開 或名存實否 或久行或旋改 汔無

정안 이문적외번 서불승서 고지록일이 이견일시시조지
定案 而文籍猥繁 書不勝書 故只錄一二 以見一時施措之
개 자후불록
概 自後不錄.

호남의 동학교도(東學敎徒) 김기범(金箕範)이 남원에 들어가 점거했다. 김기범과 전봉준(全琫準)은 형세를 두 갈래로 나누었는데, 전봉준은 전주에 있으면서 김학진(金鶴鎭)을 겁박하여 인질로 삼아온 도를 호령하고 있으면서 형세를 보아 진퇴의 계책을 세우고 있었다. 김기범은 난의 초기에 한 번 남원에 들어가서 그곳의 물자가 풍성함을 보고 마음에 두고 있다가, 남원부사 윤병관(尹秉觀)이 도주했다는 소식을 듣고, 전라우도로부터 행군하면서 흩어져 있던 농민군〔제포(諸布)〕을 결집시켜 5만여 명과 함께 격문을 전하며 들어갔으나 감히 저항하는 관민이 없었다. 동학교도들이 남원에 60일 동안 머물겠다고 참칭(讖稱)하며, 아예 본거지로 삼을 계책을 세웠다. 그들은 말을 타고 사방으로 쏘다니며 백성의 돈과 양식, 기물과 병장기 등을 긁어가니 근처 수십여 고을은 관이나 민가가 텅 빈 상태가 되었다. 김기범은 스스로, "꿈속에서 신인(神人)이 나타나 손바닥에 '개남(開南)' 두 글자를 써주었다." 하고 드디어 자신을 '개남'이라 불렀다. 개남(介南)이라 한 것은 잘못 전해진 것이다.

原文

호남적김기범 입거남원 기범여전봉준 분위이고 봉준재
湖南賊金箕範 入據南原 箕範與全琫準 分爲二股 琫準在

전주 겁김학진위질 호령일도 이위관세진퇴지계 기범이
全州 劫金鶴鎭爲質 號令一道 以爲觀勢進退之計 箕範以
난초 일입남원 견물력은실 심염지 지시문부사윤병관도
亂初 一入南原 見物力殷實 心艶之 至是聞府使尹秉觀逃
주 자우도행 수제포합오만여 전격이입 리민무감조자 적
走 自右道行 收諸布合五萬餘 傳檄而入 吏民無敢阻者 賊
이참칭 유진남원육십일 수위소혈지계 유기사출 괄민전
以讖稱 留陣南原六十日 遂爲巢穴之計 游騎四出 括民錢
량기 장방근십수읍 공사탕연 기범자언 몽유신인 서개남
粮器 仗傍近十數邑 公私蕩然 箕範自言 夢有神人 署開南
이자어장중 수자호개남 기왈개남자 음와야
二字於掌中 遂自號開南 其曰介南者 音訛也.

이승순(李承純)·민영철(閔泳喆)을 청국 서태후(西太后)의 생신을 축하하는 성절사(聖節使)로 뽑아 북경에 파견하였다. 서태후는 자희황태후(慈嬉皇太后)인데, 동치(同治, 1862~1874) 때부터 지금에 이르기까지 수렴섭정(垂簾攝政)을 하여 위엄과 권세가 천하를 뒤흔들었다. 그의 만수절(萬壽節)이 8월 15일인데, 우리나라는 사대 전례(事大典禮)상 관례로 축하하는 사절을 보냈던 것이다. 이해 봄에 이미 이승순을 정사로 차출하고 나서, 중궁이 이는 내경(內慶, 부인에 관련된 경사)이라 하여 특별히 은근한 뜻을 보이자, 방물 말고도 금은보화를 더하고 특별히 친정붙이인 민영철(閔泳喆)을 간택하여 부사로 삼았다. 그러나 이때는 이미 청국과 외교를 끊겠다고 했기 때문에, 예전의 예(例)를 따를 것 같으면 일본인에게 저지를 당할 것을 두려워하여 머뭇머뭇하여 결정을 하지 못하고 오래 끌다가, 장차 떠남

에 미처 방물을 상품처럼 포장해서 모르게 발송했다.

민영철이 대조규개(大鳥圭介)를 보고 말하기를, "서쪽 변방에 일이 있어 수개월 다녀오겠다."고 하자, 대조규개는 웃으며 머리를 끄덕끄덕했다. 이승순 등이 대고(大沽)에서 천진(天津)을 경유하여 험한 길로 어렵게 북경에 다다르니 사람들이 크게 놀랐다. 서태후가 명하여 그날로 대궐에 들어와서 연희를 관청하도록 하였는데, 자리가 여러 왕들과 대신의 다음으로서, 특별한 예우를 받은 것이다. 일행은 길이 막혀 오랫동안 북경에 머물다가 을미년(고종 32, 1895) 봄에 이르러서야 비로소 돌아왔다.

原文

以李承純·閔泳喆 爲賀清西太后聖節使 前赴北京 西太后者 慈禧皇太后也 自同治時至今 垂簾攝政 威權震天下 其萬壽節 在八月十五日 我國事大典禮 例遣賀使 是年春 已差承純正使 而中宮以均是內慶 欲別致殷勤 除方物外 加獻金寶 特揀親黨私人 以泳喆爲副 然是時旣稱絶清 若循舊例 恐爲倭人所持 遲疑久之 及將行 裝包方物類商貨然 暗地發送 泳喆見圭介曰 有事西陲 往還數月 圭介笑頷之 承純等 自大沽·天津 間關達北京 北京人皆大驚 西太后命以其日赴闕聽戲 位次諸王大臣之末 異數也 一行以路

경 구유북경 지을미춘시환
梗 久留北京 至乙未春始還.

8월 4일, 박영효(朴泳孝)의 죄를 사면하였다. 이때 나라 안이 떠들썩하였다. '박영효가 난리가 난 초에 서울에 들어와 이현(泥峴, 진고개)에 있었느니', 혹은 '인천항에 있다느니' 말들이 많았다. 이때에 이르러 자진하여 나서서 원정(原情)을 바쳤는데 그 내용은 다음과 같다.

"죽을죄를 진 신 박영효 아뢰옵니다. 신의 이 몸은 대대로 나라의 녹(祿)을 먹은 후예로서, 신의 부자 · 형제들도 특별히 은총과 예우를 입었으며, 아울러 영록(榮祿)을 누렸으니 신의 부자는 감격하여 달리 사사로이 어떻게 보답해야 할지 알지 못하겠습니다. 신의 아비 박원양(朴元陽)은 늘 신의 형제에게 경계하여 말씀하기를, "나라를 위해 보답을 도모하려면 위험하고 어려운 일을 회피하지 말라."하였습니다. 신은 나이가 어리고 아는 것도 얕아서 비록 그 말을 들었어도 그 뜻을 제대로 이해하지 못하고, 한갓 만에 하나라도 오히려 성은에 보답하기로 마음먹었으며, 능히 사리를 순종하고 거스르는 것이 무엇인지 분별할 수 없었습니다. 이에 갑신년(고종 21, 1884) 겨울에 이르러, 엎드려 보건대 작금에 생긴 세상이 날로 어려워 나라의 형세가 점점 어지러워 근심과 울분을 이기지 못하고 교정할 방도를 실행하고자 하였으나, 저의 충정을 미쳐 펴보지도 못하고 악명을 무릅쓰게 되었습니다. (그리하여) 위로는 군부(君父)의 근심을 끼쳐드렸고, 아래로는 사문(私門)의 화로 이어져서 부

모 · 형제들은 거의 다 죽음을 당했고, 제 한 몸만 표류하여 다른 나라로 도망하였습니다. 신이 범한 죄는 이 재복(裁覆)[1]의 사이에서 일각 도 살아남는 것이 용납될 수 없겠지만 신이 일생동안 마음속으로 품었던 맹세는 저 푸른 하늘이 보증할 것입니다. 만약 한 번 결백했음을 밝히지 못하고 객지에서 그대로 죽는다면 애매한 악명을 씻기 어려울 것입니다. 이로써 치욕을 삼키고 떠돌아다니며 고생한 지 거의 일기(一紀 12년)의 오랜 세월이 지났습니다. 삼가 엎드려 듣건대, 근자에 성조(聖朝)의 정치 · 교화가 다시 새로워져서 허물과 더러운 것을 탕척(蕩滌)[2]해 주신다기에, 신은 기쁨을 이기지 못하고 감읍하면서 고국에 돌아와 죽기로 하였습니다. 오늘에 있어서 엎드려 생각하건대 신의 이번 길은 단지 다시 천안(天顔)을 뵈옵고 구구한 충정을 하소연하는 것이 그 첫 번째 바람입니다. (그리고) 부모 · 형제의 해골을 찾아서 염습하여 장사지내는 것이 두 번째 바람입니다. 이 소원이 이루어질 수만 있다면 비록 물러나 구학(溝壑, 계곡)에서 죽는다 해도 또한 안 될 것이 없습니다. 신이 이미 상감께 죄를 지었으며, 부모에게 화를 끼쳤으므로, 천지간에 막다른 처지에 놓인 한 사람일 뿐입니다. 일본에 붙어 있은 지 11년 동안 잠을 자도 편안할 리 없었고, 먹어도 맛있을 수 없었으며, 처자식의 사사로운 정도 느껴보지 못했고, 연회의 즐거운 놀이에 참여하지 못한 채, 일찍 일어나고 늦게 자며 걱정하면서 오직 우리 성상의 헤아림을 바랐을 뿐입니다. 이제 성밖에 누워 있은 지가 이미 여러 날을 보냈지만, 깊은 대궐에 조

금이라도 전달할 수 없어, 삼가 진흙 속에 머리를 구부리고 엎드려 강변에서 명을 기다리고 있습니다. 엎드려 비옵건대 천지간에 부모와 같은 성상께서는 신의 어렵고 괴로우며 간절하고 애틋한 마음을 굽어보시고 신의 두려워하는 마음이 다름이 아님을 살피시어 속히 사패(司敗, 형벌을 맡은 의금부)에 영을 내리시어, 도망쳐서 명령을 어긴 죄로 논의하신다면 목을 베이고 삶아 죽이는 형이라도 또한 달게 받겠습니다. 황공하와 어찌할지 몰라서 무어라고 더 말씀드릴지 모르겠습니다."

의금부 초기(草記)에는, "죄인 박영효(朴泳孝)는 억울함을 하소연한다고 하며 당돌하게도 원정을 바쳤으나, 죄명이 지극히 중하여 감히 받아들일 수 없습니다." 하였으나, 전교하기를, "알겠다. 받아들여라." 하였다.

승정원(承政院)에서 아뢰기를, "이 죄인은 죄를 저지른 것이 지극히 중대하며 관계된 것이 더욱 큰데, 바다 밖으로 도망하매 왕법(국법)을 오래 펼 수 없게 하였으며, 상위(象魏)[3]의 현법(懸法)[4]이 엄연하며 여정(輿情, 輿論)도 갈수록 더욱 없어지지 않고 있습니다. 마침 국가의 일이 있는 것을 보고 이때를 틈타 돌연히 나타나서 방자하게 억울함을 외쳐대며 조금도 거리낌이 없으니 극히 해괴합니다. 엎드려 비옵건대 받아들이라는 명을 거두시고 엄히 처벌을 내리소서. 황공하옵께도 감히 아뢰옵니다." 하였다. 그래도 임금은 즉시 받아들이라고 하였다.

좌승선 윤조영(尹祖榮)이 또 아뢰기를, "나라를 등지고 은혜를 저버리며, 스스로 도망칠 수 없는 국법이 있는데도 바다를

건너 종적을 숨겼으니, 이 어찌 신하된 자가 차마 할 수 있는 일이겠습니까? 청컨대 공포한 명을 거두시고 속히 법을 바로 세우소서." 하였다.

전 사간 김영선(金榮善), 기주관 이희화(李喜和) 등도 또한 소를 올려 간쟁하였으나 임금은 일일이 답하지 않았다. 그리고 전교하기를, "지난날 박영효의 일은 그 형적을 논하자면 누가 죽여야 옳다고 하지 않겠는가마는 그의 마음의 곡절을 살펴보면 실로 용서할 만한 것도 있다. 이제 원정을 보건대 십여 년을 유랑하면서도 오히려 나라를 그리워하는 마음을 잊지 않고 있었으니, 그 죄명은 특별히 지워버려 조정의 관대한 뜻을 보이겠다."라고 하였다.

註解

1) **재복**(裁覆) : '땅이 만물을 싣고, 하늘이 만물을 덮는다'는 뜻으로, 천지(天地) 또는 '천지의 덕(德)'을 이르는 말.
2) **탕척**(蕩滌) : 죄명을 깨끗이 씻어줌.
3) **상위**(象魏) : 대궐의 문. '상(象)'은 〈법(法)〉의 모양 가리키고, '위(緯)'는 〈고(高)〉. 곧 옛날에 법률을 높은 성문에 게시하여 위엄을 나타낸 것을 말함.
4) **현법**(懸法) : 공포하는 법령을 대궐문 위에 내걸어 모든 사람들이 볼 수 있게 하였음.

原文

팔월초사일 사박영효죄 시시국내훤전 영효이난초입성
八月初四日 赦朴泳孝罪 是時國內喧傳 泳孝以亂初入城

재 니 현 혹 언 재 인 천 항 지 시 내 정 신 정 원 정 왈 사 죄 신 박 영 효
在泥峴 或言在仁川港 至是乃挺身呈原情曰 死罪臣朴泳孝

신 의 신 신 이 세 록 지 예 신 부 자 형 제 특 피 총 우 병 도 영 록 신
臣矣身 臣以世祿之裔 臣父子兄弟 特被寵遇 幷叨榮祿 臣

부 자 감 격 수 사 부 지 유 보 신 부 원 양 상 계 신 형 제 왈 위 국 도
父子感激殊私 不知攸報 臣父元陽 常戒臣兄弟曰 爲國圖

보 불 피 위 난 신 년 유 식 천 수 문 기 언 이 불 해 기 의 도 이 앙 답
報不避危難 臣年幼識淺 雖聞其言 而不解其意 徒以仰答

성 은 지 만 일 위 심 이 불 능 변 사 리 지 순 역 내 지 갑 신 고 종 이 십
聖恩之萬一爲心 而不能辨事理之順逆 乃至甲申(高宗二十

일 년 지 동 복 견 시 사 일 간 국 세 점 위 불 승 우 분 지 심 욕 행 교
一年)之冬 伏見時事日艱 國勢漸危 不勝憂憤之心 欲行矯

구 지 도 단 충 미 효 악 명 거 가 상 이 군 부 지 우 하 연 사 문 지 화
捄之道 丹忠未效 惡名遽加 上貽君父之憂 下延私門之禍

부 모 형 제 사 망 약 진 일 신 표 령 둔 도 이 역 이 신 부 범 불 용 일
父母兄弟死亡略盡 一身飄零 遁逃異域 以臣負犯 不容一

각 연 존 어 복 재 지 간 이 신 일 생 실 심 창 천 가 질 약 불 일 번 폭
刻 延存於覆載之間 而臣一生失心 蒼天可質 若不一番暴

백 자 경 구 독 즉 알 매 악 명 천 추 난 세 시 이 함 구 인 치 유 난 이
白 自經溝瀆 則黖昧惡名 千秋難洗 是以含垢忍恥 流難離

쇄 미 태 일 기 지 구 의 절 복 문 근 자 성 조 치 화 갱 신 탕 척 하 예
瑣尾 殆一紀之久矣 竊伏聞 近者聖朝治化更新 蕩滌瑕穢

신 불 승 환 흔 계 이 감 읍 귀 사 고 국 서 재 금 일 잉 복 념 신 차 행
臣不勝驩炘 繼以感泣 歸死故國 庶在今日 仍伏念 臣此行

단 원 재 첨 천 안 필 소 구 구 지 충 일 야 득 견 부 모 형 제 지 해 골 이
但願再瞻天顔 畢訴區區之衷一也 得見父母兄弟之骸骨 而

렴 장 지 이 야 차 원 획 수 수 퇴 사 구 학 역 무 소 한 신 기 획 죄 어
斂葬之二也 此願獲遂 雖退死溝壑 亦無所恨 臣旣獲罪於

군 상 이 화 어 부 모 직 천 지 간 일 궁 인 이 교 기 일 본 십 유 일 년
君上 貽禍於父母 直天地間一窮人耳 僑寄日本十有一年

침 불 능 안 식 불 능 감 불 축 처 노 지 사 불 참 연 락 지 오 조 야 우
寢不能安 食不能甘 不蓄妻孥之私 不參宴樂之娛 蚤夜憂

황 유망아성상지견량 금자래복성외 이경다일 이구중심
惶 惟望我聖上之見諒 今者來伏城外 已經多日 而九重深
수 촌성막달 근니수부복대명우강교 복걸천지부모 부감
邃 寸誠莫達 謹泥首俯伏待命于江郊 伏乞天地父母 俯鑑
신위고지충곡 찰신경경무타 극령사패 의기포만위령지죄
臣危苦之衷曲 察臣耿耿無他 亟令司敗 議其逋慢違令之罪
부월탕확 역소감심 황운망석 부지소달운운
斧鉞湯鑊 亦所甘心 惶隕罔惜 不知所達云云.

의금부초기왈 죄인박영효 위유명원 모정원정 이죄명지
義禁府草記曰 罪人朴泳孝 謂有鳴寃 冒呈原情 而罪名至
중 불감봉입 전왈지도봉입 정원계왈 차죄인부범지중 관
重 不敢捧入 傳曰知道捧入 政院啓曰 此罪人負犯至重 關
계우대 명발도명 왕장구미득신 상위현법 여정거익막설
係尤大 溟渤逃命 王章久未得伸 象魏懸法 輿情去益莫泄
치국가지유사 위차시지가승 돌이정신 사연명원 소무고
値國家之有事 謂此時之可乘 突爾呈身 肆然鳴寃 少無顧
기 극위해완 복걸극침봉입지명 엄강처분 황공감계 답왈
忌 極爲駭惋 伏乞亟寢捧入之命 嚴降處分 惶恐敢啓 答曰
즉위봉입 좌승선윤조영우계왈 배국고은 자유왕장지막도
卽爲捧入 左承宣尹祖榮又啓曰 背國孤恩 自有王章之莫逃
월해잠종 시기인신지가인 청침성명 극정당률 전사간김
越海潛踪 是豈人臣之可忍 請寢成命 亟正當律 前司諫金
영선 기주관이희화등 역상소쟁지 개불보 전왈 향일 박
榮善 · 記注官李喜和等 亦上疏爭之 皆不報 傳曰 向日 朴
영효사 논기형적 숙불왈가주 찰기심곡 실유가원 금견원
泳孝事 論其形跡 孰不曰可誅 察其心曲 實有可原 今見原
정 십년표박지여 유불망련국지심 기죄명특위효주 이시
情 十年漂泊之餘 猶不忘戀國之心 其罪名特爲爻周 以示
조가관대지의
朝家寬大之意.

일본군이 평양성을 공격하여 청국군 총병 좌보귀(左寶貴)가 전사하고, 섭지초(葉志超) 등이 대패하여 달아났다. 일본군은 전후해서 온 병력이 해군 · 육군 합해서 2만 명인데 모두 평양을 향했다. 또한 기병(奇兵)[1] 1만 명은 원산 · 문천에서부터 평양을 둘러싸고 의주와 통하는 길을 차단했다. 출병하던 날 '15일이면 평양성을 빼앗겠다'고 맹세하였다고 하니, 그들 눈에는 이미 청국군은 안중에도 없었던 것이다.

8월 10일, 청국의 모든 장수들은 일본이 군대를 증가시켜 공격하러 온다는 소식을 듣고 상의하여 적을 맞아 싸울 준비를 하였다. 마옥곤(馬玉崑)은 4개의 영(營)을 인솔하고 강동(江東)으로 출진하여 협공하는 기각지세(掎角之勢)[2]를 이루고, 위여귀(衛汝貴)와 풍승하(豊陞河)는 18개 영의 병력을 이끌고 평양성 남방 강언덕을 지키고, 좌보귀(左寶貴)는 6개 영의 병력을 이끌고 북성산 위를 지켰고, 섭지초(葉志超)와 섭사성(聶士成)은 평양성 안에 있으면서 접응하였다. 또한 날쌘 군사 6개 영과 우리 군사 8백 명은 상황을 보아 파견하기로 하였다. 섭지초는 현상금을 걸고 적을 공격하여 능히 물리치면 은 3만 냥을 상주고, 대포 한 개를 빼앗으면 은 일천 냥을 상주고, 사로잡으면 60냥, 죽이면 30냥을 준다고 하였다.

12일, 일본군과 대동강을 사이에 두고 포진하였다. 청국군은 동쪽과 남쪽 양방면에서 때때로 승전보가 들어왔는데 갑자기 섭지초가 영을 내려 돌아오라 하여 위여귀 등 군대를 뽑아 돌아왔다. 일본군은 바로 형세를 타고 강을 통과하여 산정에 기어올라

높은 곳을 의지하여 보루로 삼았다. 좌보귀는 힘써 북성산을 굳게 지키면서 친히 대포의 각도를 조준하여, 계속 위로 공격을 가했다. 15일, 축각(丑刻)[3]에 일본병 대대병력이 사망자를 보충하여 전진해 왔다. 12일부터 16일 늦게까지 나흘 밤낮을 격전하였는데 일본군은 처음에는 대포가 없어서 청국군은 사상자가 없었다. 청국병은 군량미와 탄환이 모두 떨어졌다. 일본군은 대포를 백여 문 묻고 일시에 모두 쏘아대니 사방이 더욱 급박하였다. 좌보귀는 포탄이 복부에 맞았으나 손으로 눌러 지혈시키면서 북장대에서 연광정에 이르기까지 방략(方略)[4]을 말하고 죽었다. 군사들은 크게 혼란에 빠졌다. 섭지초는 급히 백기를 내걸고 싸움을 그칠 것을 요청하였다. 일본 장수는, "곧 저녁 안으로 성을 나오라. 그렇지 않으면 곧 대포를 다시 발사하겠다."고 위협하였다. 섭지초는 군사들을 거두어 속히 후퇴하면서, 한편으로는 싸우다 달아나다 하였다. 그런데 매복하고 있던 일본군 복병이 갑자기 연도에 나타나 길을 막았다. 18일 안주에 이르러서야 추격하던 일본군도 비로소 그쳤다. 청국군이 의주에 이르러 점검해 보니 거의 다 사망하고 생존자가 수백 명뿐이었다. 섭사성도 중상을 입었으며 대병력을 상실한 채 우리나라 사람의 도포와 갓으로 바꿔 입고는 샛길로 도망쳤다. 오직 마옥곤(馬玉崑)만이 강동에서 힘껏 싸워 승리하였으며, 대포 7문을 빼앗고 일본군 수 명을 사로잡아 전군이 무너지지 않고 돌아갔다. 청국군 장군 의극(依克)과 당아(唐阿)가 장차 평양을 구원하기 위해 기병 9영과 보병 13영을 거느리고 압록강을 건너 왔으나 섭지초 등이 이미

환국했다는 보고를 듣고 도로 압록강을 건너 서쪽으로 구련성과 봉황성 등지를 지켰다.

註解

1) **기병**(奇兵) : 기이한 꾀를 써서 불의에 적을 치는 군대.
2) **기각지세**(掎角之勢) : 적을 앞뒤에서 몰아치는 태세를 일컬음.
3) **축각**(丑刻) : 축시(丑時) 정각. 새벽 2시.
4) **방략**(方略) : 무슨 일을 하는 방법과 둘러대는 꾀. 방책. 방계(方計).

原文

倭攻平壤 清摠兵左寶貴戰死 葉志超等大敗而走 倭前後水陸來者二萬餘 盡向平壤 又奇兵萬人 自元山·文川 繞出平壤 斷義州之路 出兵日 誓以十五日取平壤 蓋其目中已無清人也 初十日清諸將 聞倭添兵來襲 相議迎戰 馬玉崑率四營出江東 爲掎角勢 衛汝貴·豐陞河 率十八營 守城南江岸 左寶貴率六營 守北城山上 葉志超·聶士成居城中接應 又有勇丁六營·我兵八百人 聽候調遣 志超懸賞格如擊倭能退 賞銀三萬 奪礮一尊 賞銀千兩 生擒六十兩 割級三十兩 十二日倭隔江列陣 清兵東南二路 時報勝仗 忽志超下令回城 汝貴等拔隊而歸 倭卽乘勢過江 搶登山頂

빙고위루 보귀내력액북성 친량대포준두 련환앙공 십오
憑高爲壘 寶貴乃力扼北城 親量大礮準頭 連環仰攻 十五
일축각 왜대대우첨사진 자십이지십육만 오전사주야 왜
日丑刻 倭大隊又添死進 自十二至十六晩 鏖戰四晝夜 倭
시무대포 고청병무사상 청병량탄구갈 왜매대포백여존
始無大礮 故淸兵無死傷 淸兵糧彈俱渴 倭埋大礮百餘尊
일시구발 사위익급 보귀대탄중복 유수자추안 자북장대
一時俱發 四圍益急 寶貴大彈中腹 猶手自揪按 自北將臺
지련광정 구수방략이절 병수대란 지초급현백기 청지전
至練光亭 口授方略而絶 兵遂大亂 志超急懸白旗 請止戰
왜령즉석출성 부자즉재개포 지초휘중속퇴 차전차주 복
倭令卽夕出城 否者卽再開礮 志超麾衆速退 且戰且走 伏
왜질출 연도란절 십팔일지안주 왜추시지 지의주 사망약
倭迭出 沿途攔截 十八日至安州 倭追始止 至義州 死亡略
진 존자수백인이이 섭사성수중상 여대병상실 환천아인
盡 存者數百人而已 聶士成受重傷 與大兵相失 換穿我人
포립 간도주환 유마옥곤재강동 력전획승 탈칠대포 금
袍笠 間道走還 惟馬玉昆在江東 力戰獲勝 奪七大礮·擒
수왜 전사이귀 청장의극 당아 장원평양 솔마대구영
數倭 全師而歸 淸將依克·唐阿 將援平壤 率馬隊九營·
보대십삼영 도압록강 문패보 여지초등 환도강이서 보구
步隊十三營 渡鴨綠江 聞敗報 與志超等 還渡江而西 保九
련 봉황제성
連·鳳凰諸城.

이 싸움에서 일본군은 모든 군수품과 군량을 자국에서 운반했으며 시탄(柴炭)[1] 또한 그러했고, 물까지도 사서 마셨으며 군령이 몹시 엄격하여 우리나라 국민들은 일본 군대가 있다는 것 같지 않게 생각했다. 그러므로 우리나라 국민 모두 그들의 향도가 되는 것을 싫어하지 않았다. 청국군은 음란한 행위와

약탈을 자행하며 날마다 주구(誅求)[2]를 일삼아서 공가(公家)나 사가(私家)가 모두 궁핍하게 되어 그들을 원수같이 여겼다. 그래서 평양성이 포위되었을 때 대문에서 일본군을 맞아들이는 자도 있었으며, 청군이 패하여 도망쳐 숨으면 감영 백성들은 반드시 그곳을 일러 주어서 탈출할 수 있는 자가 드물었다.

註解

1) **시탄**(柴炭) : 땔나무와 숯. 석탄 따위.
2) **주구**(誅求) : 관청에서 백성의 물건을 강제로 빼앗아 감.

原文

시역야 왜인군인군용백수 개운자기국 지어시탄역연 소
是役也 倭人軍人軍用百需 皆運自其國 至於柴炭亦然 所
지매수이음 군령심숙 민부지유병 고개락위지향도 청인
至買水而飮 軍令甚肅 民不知有兵 故皆樂爲之嚮導 淸人
즉자행음략 일사주구 공사구곤 시지여수적 평양지위야
則恣行淫掠 日肆誅求 公私俱困 視之如讐賊 平壤之圍也
유헌문도왜자 급기패이도닉야 영민필지시기처 고득탈자
有獻門導倭者 及其敗而逃匿也 營民必指示其處 故得脫者
한언
罕焉.

위여귀(衛汝貴)는 군량미를 구입할 은 8만 냥을 빼돌려 고향으로 돌아가니 군심(軍心)이 무너지고 흩어지기에 이르렀다. 그 뿐만 아니라 적과 대치한 상황에서 그는 먼저 도주해 버렸다. 청국 조정에서는 그를 파직하고 나문(拏問)[1]하였으며, 12

월 22일 섭지초(葉志超)를 참수하고 좌보귀(左寶貴)에 대해서는 전공을 사정하여 사당을 세우게 하고 시호를 '용렬(勇烈)'이라 내렸다.

註解

1) **나문**(拿問) : 죄인을 잡아다가 죄상을 심문함.

原文

위여귀 도향은팔만냥회적 이치군심궤산 차임진선도 청
衛汝貴 盜餉銀八萬兩回籍 以致軍心潰散 且臨陣先逃 淸
정혁직나문 이십이월이십이일참섭지초 청감좌보귀 건전
廷革職拿問 以十二月二十二日斬葉志超 聽勘左寶貴 建全
사 시용열
祠 謚勇烈.

청국군이 물러간 다음에 신임 감사 김만식(金晩植)은 비로소 평양성에 들어가서 처음으로 참상을 둘러보았다. 성 안 가득 잿더미와 기왓장이 널려 있었으며 선화당 대청마루 밑에 시체가 가득 쌓여 있었는데 이것은 청병들이 일병을 피해 엎드려 있다가 일본군이 뒤를 막고 대포를 쏘았기 때문이다. 이 시체들을 성 밖에 끌어내어 불을 놓았으나 열흘이 지나도록 다 타지 않았다.

原文

청인기퇴 김만식시입평양 보경참선 만성회력 선화당청
淸人旣退 金晩植始入平壤 甫經慘燹 滿城灰礫 宣化堂廳
판하 적시충적 개청병피왜찬복 이왜엄후포사야 예출성
板下 積尸充積 蓋淸兵避倭竄伏 而倭掩後砲射也 曳出城

외소지 순일불능진
外燒之 旬日不能盡.

청 · 일 양군이 싸울 때, 관민과 조수(각축)들은 모두 달아나 흩어져 집에 있는 것은 하나도 없었다. 평양 향교는 교궁(校宮)[1]을 낀 양진영 사이에 있어서 탄환이 우박 쏟아지듯 하였으나 교궁의 종〔교노(校奴)〕 김가 성을 가진 사람이 대성전을 지키며 죽음을 무릅쓰고 도망하지 않았다. 전란이 끝나자 관리들은 그를 찬탄하고 가상히 여겨 대대로 전지기〔殿直〕[2]를 삼아서 다른 사람으로 바꾸지 말도록 조처하였다.

註解

1) **교궁**(校宮) : 각 고을에 있는 문묘(文廟). 향교.
2) **전직**(殿直) : 향교 고지기. 고지기는 본시 관아의 창고를 지키던 사람을 일컫는다.

原文

방전시 이민조수산 무재가자 교궁처양진간 환타여박
方戰時 吏民鳥獸散 無在家者 校宮處兩陣間 丸墮如雹
교노김성일인 수대성전 모사불거 난평 관리가탄지 정세
校奴金姓一人 守大成殿 冒死不去 亂平 官吏嘉歎之 定世
세서위전직물체
世署爲殿直勿替.

조희일(趙熙一)을 관서 선유사로 임명하여 유민들을 초무(招撫)[1]하도록 하였다.

청국군은 육로를 따라 달아났는데 대동강에서 의주에 이르기까지 군읍은 약탈을 당했으며, 수령들은 모두 도망하였고 마을은 폐허가 되어, 밥 짓는 연기가 수백 리에 이르기까지 볼 수 없었다. 김가진(金嘉鎭)이 일본 공사 대조규개(大鳥圭介)에게 평양 승첩을 축하하니 그가 말하기를, "이번 전쟁으로 평안도 백성들이 크게 놀라고 동요했을 터이니 실로 염려스러운 바가 있소. 그래서 나는 벌써 사람을 보내서 위로하였는데, 귀국은 어째서 한 사람의 관리도 파견하지 않소?" 하였다. 김가진은 거짓으로 둘러대어 말하기를, "어찌 그럴 리가 있겠소? 선유사가 벌써 나갔습니다."라고 대답하고는 의정부로 돌아와서 대조규개의 말을 전하였다. 김홍집(金弘集)이 머리를 끄덕이며 "옳은 말이다. 보낼 만한 사람이 누구요?"하고 물으니, 김가진은, "조희일이 어떠냐?"고 하였다. 어떤 이는 말하기를, "조희일은 20년을 폐척(廢斥)[2]당해서 시국에 익숙지 못하고 또한 귀양살이에서 이제 막 돌아왔는데 그러한 책임을 맡기는 것은 민망스럽다."고 하였다. 그러자 김홍집은, "그렇지 않다. 이제 민간인들은 잘못 전해진 소문을 듣고, 조정 대신이 모두 왜당(倭黨)이라 하여 서쪽 백성들은 항거하며 감사를 받아들이지 않을 것이다. 이제 선유사를 파견하는데 만약 우리 측에서 보낸다면 백성들이 누가 믿고 복종하겠는가? 순유(舜惟)는 오랫동안 갇혀 있어 시배(時輩)가 아닌 것은 조야(朝野)가 모두 아는 터이니, 이 사람이야말로 바로 보낼 만한 인물이다. 하물며 그의 간략(幹略)[3]은 가히 믿을 만하지 않은가? 나랏일이 바야흐로 급하니 순유도 꼭 사양하려 하지는 않을 것이다." 하고 즉석에서 임금

께 알려 임명하였던 것이다. 순유는 조희일의 자(字)이다.

註解

1) **초무**(招撫) : 불러다가 어루만져 위로함.
2) **폐척**(廢斥) : 관직에서 쫓겨나 배척을 당함.
3) **간략**(幹略) : 재간과 꾀.

原文

以趙熙一爲關西宣諭使 招撫流民 清兵從陸遁歸 自浿至灣 郡邑幷被搶掠 守宰皆逃竄 閭里蕩殘 烟火絶數百里 金嘉鎭賀圭介平壤之捷 圭介曰 今玆之役 西民必大驚動 實有由我之歎 故我已遣人招諭 而貴國尙無一介之使何也 嘉鎭詭曰 豈有是理 宣諭使已發矣 還至政府 傳圭介語 金弘集點頭曰是是 誰可使者 嘉鎭曰 趙熙一何如 或曰 熙一廢斥二十年 不嫻時局 且甫宥還 又使于役可悶 弘集曰不然 今民間訛傳 朝廷皆倭黨 故西民拒之 不納官長 今遣宣諭使 而若出我輩人 則民誰信服 舜惟久廢 非時輩朝野所共知 此正所以可使也 況其幹略可仗者乎 國事方急 舜惟必不敢辭 卽席奏聞差下 舜惟者熙一字也.

청나라 해군제독 정여창(丁汝昌)은 일본 장수 이동우형(伊東祐亨)을 맞아 압록강 어귀 대동구(大東溝)에서 싸웠으나 대패했고, 등세창(鄧世昌) · 임태증(林泰曾)은 힘껏 싸우다 전사하였다.

이달 초에 이홍장(李鴻章)은 평양성에 원병을 급히 보내달라는 급전을 연달아 받고 드디어 해군 4천 명을 발하여 철갑함선 6척, 수뢰선(어뢰 장착선) 4척을 출동시키고, 또 상륜선 5척에 군인과 은과 군량을 싣고, 15일 대동구(압록강 입구)에 이르렀다. (그런데) 16일 새벽에 멀리 남쪽을 바라보니 검은 연기가 뿜어대는 것이 보이더니, 일본선 11척이 순식간에 들이닥쳐 청국 함대를 포위하고 맹렬히 포격을 가해 왔다. 일본 군함의 속력과 대포의 사정거리는 항상 청국군이 사용하는 것보다 수리(數里)를 앞섰다. 청국 함대는 드디어 지탱하지 못하고 4척이 침몰하고 2척이 도망하였으며, 등세창과 임태증은 바다에 빠져 죽었다. 장병들의 사망자는 1천여 명이며 제독 정여창은 여순 항구로 도망쳤다. 이홍장이 파견한 수륙 양군이 일시에 모두 대패하였다. 이로부터 우리나라를 구원하려는 형세가 완전히 끊겨서, 청군은 자국 보호에 여념이 없었다. 이때 국내에서는 청군의 평양 패보가 들리자 황황히 두려워하며 다시 믿고 의지할 곳이 없었으나, 일본에 빌붙은 시배(時輩)들은 도리어 기쁨을 감추지 못하고 경사를 만난 기분이었다.

原文

청해군제독정여창 여왜장이동우형 전우대동구패적 등
淸海軍提督丁汝昌 與倭將伊東祐亨 戰于大東溝敗績 鄧

세 창 임 태 증 력 전 사 월 초 이 홍 장 연 접 평 양 제 사 급 전 수 발
世昌 · 林泰曾力戰死 月初 李鴻章連接平壤濟師急電 遂發

수 사 사 천 인 철 갑 병 함 육 소 수 뢰 선 사 소 우 상 윤 오 소 재 병
水師四千人 鐵甲兵艦六艘 · 水雷船四艘 又商輪五艘 載兵

정 은 미 십 오 일 지 대 동 구 압 록 강 구 십 육 신 요 견 남 방
丁 · 銀 · 米 十五日至大東溝(鴨綠江口) 十六晨 遙見南方

흑 연 누 누 왜 선 십 일 소 순 지 전 격 위 청 함 이 맹 박 지 기 함 행 지
黑烟縷縷 倭船十一艘瞬至電擊 圍清艦而猛撲之 其艦行之

속 솔 포 탄 지 원 급 항 과 어 청 인 소 용 자 수 리 청 함 수 불 능 지
速率 礮彈之遠及 恒過於清人所用者數里 清艦遂不能支

쇄 침 자 사 소 도 거 자 이 소 세 창 태 증 닉 해 사 병 변 사 자 천 여
碎沈者四艘 逃去者二艘 世昌 · 泰曾溺海死 兵弁死者千餘

인 여 창 둔 입 여 순 구 홍 장 소 견 수 륙 양 로 일 시 구 패 자 시 동
人 汝昌遁入旅順口 鴻章所遣水陸兩路 一時俱敗 自是東

원 지 세 절 이 청 인 자 구 불 가 의 시 국 중 문 평 양 패 보 황 황 진 공
援之勢絶 而清人自救不暇矣 時國中聞平壤敗報 皇皇震恐

무 복 의 시 이 시 배 부 왜 자 반 양 양 여 봉 경 회
無復依恃 而時輩附倭者 反陽陽如逢慶會.

9월, 의화군(義和君) 이강(李堈)을 보빙대사(報聘大使)로 삼아 일본에 가서 우호를 거듭 다지도록 하였다. 왜황(倭皇)이 친왕자(親王子)로부터 감사의 인사를 받고 싶어 했기 때문에 이강을 대사로 임명하고, 김사준(金思濬)을 따라가게 하였다. 그런데 이강이 오래되도록 출발하지 않아서 면하게 되었는데, 단지 김사준만이 가서 서리로 사신의 임무를 수행하였다.

原文

구 월 이 의 화 군 강 위 보 빙 대 사 전 부 일 본 화 사 중 성 왜 황 욕
九月 以義和君堈爲報聘大使 前赴日本 和事重成 倭皇欲

득친왕자보사 고강득함명 김사준종지 강구불발이면 단
得親王子報謝 故堈得啣命 金思濬從之 堈久不發而免 但
사준왕 이서리행사사
思濬往 以署理行使事.

호위부장 신정희(申正熙)를 순무사로 임명하여 서울에 부(府)를 설치하고 여러 부대를 통솔하여 삼남 지방의 동학교도들을 토벌케 했다. 당시 동학 교세가 크게 일어나 여러 고을이 온통 무너지고 있었다. 이에 이르러 교도들은 북으로 경기도까지 점령하여 안성과 죽산 등의 고을을 함락시키고 있었기에 명을 내렸던 것이다. 신정희는 영관(領官)[1] 이두황(李斗璜) · 성하영(成夏泳) 등을 먼저 보내 방어토록 하였다.

註解

1) **영관**(領官) : 친군영(親軍營)에 속했던 문관. 정령관(正領官) · 부령관(副領官) · 참령관(參領官).

原文

이호위부장신정희위순무사 개부경사 절제제군 토삼남
以扈衛副將申正熙爲巡撫使 開府京師 節制諸軍 討三南
적 시비세대치 열읍막불붕궤 지시적북범기보 함안성
賊 時匪勢大熾 列邑莫不崩潰 至是賊北犯畿輔 陷安城·
죽산 고유시명 정희견령관이두황 성하영등 선왕어지
竹山 故有是命 正熙遣領官李斗璜·成夏泳等 先往禦之.

홍남주(洪南周)를 통제사(統制使)로, 이항의(李恒儀)를 경상

우병사로 임명하였다. 홍남주는 재간과 국량을 인정받아 여러 차례 병사와 수사를 받았으나, 이때는 이미 늙어서 몸과 정력이 쇠약해져서 감당할 수 없었다.

原文

이 홍 남 주 위 통 제 사　이 항 의 위 경 상 우 병 사　남 주 이 간 국 칭
以洪南周爲統制使　李恒儀爲慶尙右兵使　南周以幹局稱
루 전 진 곤　연 이 쇠 모 불 가 장
屢典鎭閫　然已衰耄不可仗.

홍주 목사 이승우(李勝愚)를 전라 감사로 임명하자, 홍주의 아전과 백성들이 대궐로 올라와 그를 유임시켜 달라는 청원이 줄을 이었다.

의정부 또한 적진에 임해서 장수를 바꾸는 것은 옳지 않은 것이라 판단되어 그대로 머물러 있도록 청하였다. 임금은 이 건의를 그대로 따르고, 아울러 초토사(招討使)를 겸하도록 하였다. 그리고 글을 내려 칭찬한 다음, 한 자급(資級)을 특별히 승진시켰다.

原文

이 홍 주 목 사 이 승 우 위 전 라 감 사　홍 주 이 민 예 궐 원 차 자 종 지
以洪州牧使李勝宇爲全羅監司　洪州吏民詣闕願借者踵至
정 부 역 이 임 진 역 장　청 잉 임　종 지　겸 초 토 사　사 서 포 유　특 승
政府亦以臨陣易將　請仍任　從之　兼招討使　賜書褒諭　特陞
일 자
一資.

미국 주재 판리 대신(辨理大臣) 이승수(李承壽)와 서기관(書記官) 장봉황(張鳳煥)이 귀환하였다.

原文

주 미 판 리 대 신 이 승 수 · 서 기 관 장 봉 환 환
駐美辨理大臣李承壽 · 書記官張鳳煥還.

이용익(李容翊)을 남병사(南兵使)로 임명하였다. 이용익은 임오군란 때 호종한 공으로 크게 총애를 받음이 있었으나 갑신년(고종 21, 1884)에 남병사가 되어 백성의 변란을 격동시킨 일이 있었다. 이때 한장석(韓章錫)이 북백(北伯, 함경도 관찰사)으로 있었고, 김병덕(金炳德)이 홀로 정승의 자리에 있으면서 안팎으로 서로 의지하여 반드시 이용익을 제거시키고자 장계와 연주(筵奏, 임금 앞에서 사연을 아룀)를 계속 올렸으나 임금은 끝내 들어주지 않았다. 한장석이 관인을 걸어두고 돌아오자 이에 이르러 이용익이 다시 임명된 것이다.

原文

이 이 용 익 위 남 병 사 용 익 이 임 오 고 종 십 구 년 호 종 공 대
以李容翊爲南兵使 容翊以壬午(高宗十九年)護從功 大
유 총 갑 신 고 종 이 십 일 년 위 남 병 사 격 민 변 시 한 장 석 위 북
有寵 甲申(高宗二十一年)爲南兵使 激民變 時韓章錫爲北
백 김 병 덕 독 거 상 부 중 외 상 의 필 욕 좌 용 익 장 계 연 주 상 속
伯 金炳德獨居相府 中外相倚 必欲坐容翊 狀啓筵奏相屬
이 상 종 불 청 장 석 지 괘 인 귀 지 시 재 제 이 정 부 천 야
而上終不聽 章錫至掛印歸 至是再除 以政府薦也.

9월 28일, 일본군은 압록강을 건너 청국 요동 경내로 침범하여 구련성·봉황성 등 여러 성들을 연이어 함락하였다. 대동구에서 싸운 뒤 일본은 선척을 보수하기 위해 40여 일간을 휴식을 취하였다. 이에 이르러 일본 수군 제독 이동우형(伊東祐亨)은 여순(旅順)을 침범하였고, 육군 총관 대산암(大山巖)은 금주(金州, 요령성)로 상륙하였으며, 산현유붕(山縣有朋)은 안동현(단동시)으로 들어갔던 것이다. 그곳을 지키던 청국 장수들은 소문만 듣고도 연달아 무너질 지경이었다.

原文

二十八日 倭渡鴨綠江 侵淸遼東界 九連·鳳皇諸城 相繼淪陷 大東溝戰後 倭因修補船械 休息四十餘日 至是水師提督伊東祐亨犯旅順 陸軍總管大山巖 自金州登岸 山縣有朋入安東縣 淸守將望風而潰.

신정희(申正熙)는 이규태(李圭泰)를 좌선봉장으로 삼고, 이두황(李斗璜)을 우선봉장으로 삼아 길을 나누어 남쪽으로 동학교도를 토벌하러 나섰다. 이규태 등은 연전연승이었다.

原文

申正熙以李圭泰爲左先鋒 李斗璜爲右先鋒 分路南征 圭

태 등 연 전 개 첩
泰等連戰皆捷.

10월, 도적이 김학우(金鶴羽)를 암살했다. 김학우는 관북 사람인데, 시골의 천한 신분임에도 불구하고 개화(開化)에 민감하게 달려들어 시배(時輩)들이 그의 재주에 감복했다. 수개월 사이에 법무 협판에 발탁되었다. 이에 이르러 김학우는 빈객을 초대하여 놓고 야음(夜飮)을 하였다. 술에 취했을 즈음 상복을 입은 한 사람이 당에 올라와, "여기가 김협판 댁이요?" 하고 물었다. 김학우가, "맞다!"하니, 또 묻기를, "누가 주인이오?"하고 물으니 학우가 대답하기를, "내가 주인 김학우다!" 대답했다. 상복 입은 사람은 계속 절을 올리는 시늉을 하고 있는데 등불 그림자 밑에서 홀연 한 사람이 뛰어 올라오는 듯하더니, 학우의 머리는 이미 나뒹굴고 칼은 옆 사람 어깨에까지 미쳐 촌상(寸傷)을 당했다. 술을 마시던 여러 사람들이 놀라 나자빠지고 조금 지나서 찾으니 이미 달아난 다음이었다. 서울 장안은 왈칵 뒤집히고 갑자기 귀한 몸이 된 시배들은 모두 자객(刺客)을 두려워하여 급히 경무청에 명하여 범인을 잡으라 하였으나 끝내 붙잡지 못하였다. 그런데 전동석(田東錫) 사건이 터지자 비로소 김학우를 죽인 자가 전동석이라는 것을 알게 되었다. 그는 공칭(供稱)[1)]에서 시배들을 모두 죽이려 하다가 단지 김학우만을 죽이고 그 나머지는 죽이지 못했다고 하였다. 이 사건의 출처가 대원군이 시킨 것이라 지목은 하였으나 사실 여부는 끝내 자세히 밝혀지지 않았다.

註解

1) **공칭**(供稱) : 공초(供招)에서 범죄 사실을 진술하던 일.

原文

冬十月 盜殺金鶴羽 鶴羽關北人也 起遐賤 狂鶩開化 時輩服其才 數月中 超擢法務協辦 至是鶴羽招客夜飮 飮酣有一衰麻者升堂 問此是金協辦宅乎 鶴羽曰惟 又問誰爲主人 鶴羽曰吾是也 衰麻者連作拜揖狀 燈影下 忽見一人躍以升 鶴羽頭已落轉 刃及傍客肩 陷寸許 衆客駭絶叫倒 少頃覓之 賊已逸 都下大震 時輩驟貴者 擧懼刺客 猝發令警務聽嚴緝 竟不獲 及田東錫事發 始知殺鶴羽者東錫也 供稱欲盡誅時輩 而但斬鶴羽 其餘未遂 事出雲峴指使云 然其事終不能詳.

일본 공사 대조규개(大鳥圭介)가 (본국으로) 물러가고 정상형(井上馨)이 새로 부임해 왔다.

原文

日本公使大鳥圭介去 井上馨來.

나주 목사 민종렬(閔種烈)을 호남 초토사로 임명하고 남원 부사 이용헌(李龍憲) · 장성 부사 이병훈(李秉勳) · 여산 부사 유제관(柳濟寬)을 호남 소모사(召募使, 지방의 병사를 모집하던 관리)로 삼았다. 홍주 목사 조재관(趙載觀)과 진잠 현감 이세경(李世卿)을 교체하여 호서 소모사로 직을 바꾸어 임명하고, 창원 부사 이종서(李鍾緖)와 전 승지 정의묵(鄭宜默)을 영남 소모사로 임명하였으며, 안의 현감 조원식(趙元植)을 영남우도 조방장(助防將)에 임명하였다.

原文

以羅州牧使閔種烈 爲湖南招討使 南原府使李龍憲 · 長城府使李秉勳 · 礪山府使柳濟寬 爲湖南召募使 遞洪州牧使趙載觀 · 鎭岑縣監李世卿 爲湖西召募使 昌原府使李鍾緖 · 前承旨鄭宜默 爲嶺南召募使 安義縣監趙元植 爲嶺右助防將.

전라 감사 김학진(金鶴鎭)을 파직하고 이도재(李道宰)가 후임으로 들어갔으며 위무사(慰撫使)를 겸임시켰다. 충청 감사 박제순(朴齊純)에게 호서 위무사를 겸임시키고 영남 선무사 이중하(李重夏)를 옮겨 조병호(趙秉鎬)를 대신해서 경상 감사겸 위무사가 되도록 하였다.

原文

전 라 감 사 김 학 진 파 이 이 도 재 대 지 겸 위 무 사 충 청 감 사 박
全羅監司金鶴鎭罷 以李道宰代之 兼慰撫使 忠淸監司朴
제 순 겸 호 서 위 무 사 이 영 남 선 무 사 이 중 하 대 조 병 호 위 감 사
齊純 兼湖西慰撫使 移嶺南宣撫使李重夏 代趙秉鎬爲監司
겸 위 무 사
兼慰撫使.

관군과 일본 장수 영목창(鈴木彰) 등이 함께 동학군(東學軍)을 쫓아 공주에 이르러 크게 무너뜨렸다. 이두황(李斗璜)은 내포 지방으로 들어가 신창·해미 지역을 다니며 싸워 이겼다. 동학교도들은 부주(符呪)[1]로써 속여 말하기를, "가히 총탄과 화살을 막을 수 있다." 하여 많은 사람들이 믿었고 싸울 때마다 죽음을 겁내지 않고 물러가지 않았다. 경영(京營)의 군사들이 비록 양총(洋銃)을 가졌다 해도 군율이 엄하지 않아서 많은 동학군을 이길 수 없었던 때문에 싸움은 불리했다. 마침내 일본군에게 동학군의 토벌을 요청하자 그들은 매번 선봉에 서서 사기를 높였으며 군율이 엄하고 무기가 정교해서 목숨을 걸고 진군해 나가니, 탄환이 매번 동학군의 총보다 몇 배나 더 나갔다. 동학군은 비로소 두려워하여 조금만 꺾이는 기세가 있어도 도망쳐 버렸다. 그래서 이두황(李斗璜) 등이 연달아 승리를 할 수 있었다. 관군과 일본군이 합세하여 남하한 인원은 2천 명이었다.

註解

1) **부주**(符呪) : 부적과 주문(呪文).

原文

관군여왜장영목창등합 축적지공주대파지 이두황입내
官軍與倭將鈴木彰等合 逐賊至公州大破之 李斗璜入內
포 전전신창 해미지간 소향첩극 적이부주상광유언 가이
浦 轉戰新昌·海美之間 所向輒克 賊以符呪相誑誘言 可以
어환시 고중시지 매전모사불퇴 경영병수지양총 기률불
禦丸矢 故衆恃之 每戰冒死不退 京營兵雖持洋銃 紀律不
엄중과부적 고전다불리 수청왜원초 왜매당선고용 영엄
嚴衆寡不敵 故戰多不利 遂請倭援勦 倭每當先鼓勇 令嚴
이계정 번명전진 환도소급 첩과적총수배 적시탄지 견소
而械精 拚命前進 丸道所及 輒過賊銃數倍 賊始憚之 見少
좌즉분붕 고두황등연보승장 아병합왜남하자 범이천인
挫卽奔崩 故斗璜等連報勝仗 我兵合倭南下者 凡二千人.

황해 감사 정현석(鄭顯奭)을 파직하고 관서 선유사 조희일(趙熙一)을 임명하였다. 그때 황해도 백성들도 또한 동학에 물들어 봉기하고 반란을 일으켜서 감영까지 침범하기에 이르렀다. 의정부에서 청하여 정현석을 파출시키고 조희일을 임명한 것이다. 신정희(申正熙)는 황주병으로 해주를 구원해 줄 것을 청하였다.

原文

파황해감사정현석 이관서선유사조희일대지 시해서민
罷黃海監司鄭顯奭 以關西宣諭使趙熙一代之 時海西民
역소재염동학 군기작란 지범감영 정부청파출 대이희일
亦所在染東學 群起作亂 至犯監營 政府請罷黜 代以熙一
신정희청명황주병원해주
申正熙請命黃州兵援海州.

청국의 금주(金州)·대련만(大連灣)·여순(旅順) 항구·수암주(峀巖州) 등이 일본군에 연이어 함락되었다.

原文

청금주 대련만 여순구 수암주 상계몰우왜
清金州·大連灣·旅順口·峀巖州 相繼沒于倭.

11월, 박영효(朴泳孝)에게 금릉위 직첩(錦陵尉職牒)을 돌려주라 명하고, 홍순목(洪淳穆)·박원양(朴元陽)·서상익(徐相翊) 등의 벼슬을 회복시켰다. 아울러 갑신정변의 주모자들의 죄를 풀어주고, 그들 가족들의 유배 생활을 방면하도록 하였다.

原文

십일월 명환수박영효금릉위직첩 복홍순목 박원양 서
十一月 命還授朴泳孝錦陵尉職牒 復洪淳穆·朴元陽·徐
상익관 병설갑신 고종이십일년 제적죄 방기지속산배자
相翊官 並雪甲申(高宗二十一年)諸賊罪 放其支屬散配者.

호위사·통위사·장위사·총어사·경리사 등의 관직을 혁파하고, 거기에 딸렸던 장졸과 금군의 무감, 친군영의 이교(吏校)를 모두 군무아문에 소속시켜 법에 맞추어 편제했다.

原文

파호위사 통위사 장위사 총어사 경리사등관 기소
罷護衛使·統衛使·壯衛使·摠禦使·經理使等官 其所

례장졸 급금군무감 친군영리교 개속군무아문 조법편제
隷將卒 及禁軍武監·親軍營吏校 皆屬軍務衙門 照法編制.

한기동(韓耆東)을 공무 대신에 임명하고, 이건창(李建昌)을 법무 협판에 임명하였으나 한기동은 소를 올려 사퇴했고, 이건창 또한 굳게 사양하고 받지 않았다. 박영효(朴泳孝)를 내무 대신에 명하고, 조희연(趙羲淵)을 군무 대신에, 서광범(徐光範)을 법무 대신에, 신기선(申箕善)을 공무 대신에, 윤웅렬(尹雄烈)을 경무사에 각각 임명하였다. 박영효가 귀국했을 때부터 많은 불령배(不逞輩)[1]들이 남몰래 방문하였으며, 이에 이르러 사대부들도 꼬리를 이어 그의 집 대문은 저자와 같았다. 그러나 박영효(朴泳孝)는 원수진 집들이 틈발(闖發)[2]할까 두려워하여, 일본 군인들로 하여금 대문을 지키게 하고 방어를 엄중히 하였다. 서광범도 뒤이어 귀국하여 함께 발탁, 기용되었다. 이때 정치와 인사에 관한 일들은 일체 일본인의 의중에서 나왔는데, 김홍집(金弘集)이 임금께 아뢰니 고종은 알았다고 하면서 도장을 찍을 뿐이었다.

註解

1) **불령배**(不逞輩) : 나라에 대해서 불평을 품고 제멋대로 하는 무리.
2) **틈발**(闖發) : 기회를 엿보아 일어남.

原文

이한기동위공무대신 이건창위법무협판 기동입소사 건
以韓耆東爲工務大臣 李建昌爲法務協辦 耆東入疏辭 建

昌亦固辭不拜 以朴泳孝爲內務大臣 趙羲淵爲軍務大臣 徐光範爲法務大臣 申箕善爲工務大臣 尹雄烈爲警務使 泳孝之始至也 群不逞已潛相訪問 至是 士大夫靡然趨附 其門如市 然泳孝惧仇家闖發 派倭把門 防禦甚嚴 光範亦踵而至 俱被擢用 是時行政用人 一切皆出倭意 金弘集奏行之上唯諾署押而已.

전 호군(護軍) 이윤종(李胤鍾)이 상소하여 박영효(朴泳孝)를 공박하였는데 받아들여지지 않았다. 그 상소문은 다음과 같다.

"엎드려 말씀드리건대, 신 등은 재주가 없고 쓸모도 없는 자들로서 벼슬자리에 눌러 앉아 하대부(下大夫)에 이르렀으니, 그 은혜와 영화가 극에 달했으니 삼가 송구함이 더할 나위 없습니다. 이 어찌 감히 조금이나마 보답하기를 도모하고, 견마(犬馬)의 수고나마 바치고자 정성을 다하지 않겠습니까? 그런데 더구나 역적을 징계하고 다스리는 일에 있어서만은 누구라도 다 잡아다가 죽이려는 생각을 갖고 있습니다. 그런 까닭에 소관의 일이 아니면 관여하지 말라는 경계를 범하여, 만 번 죽음을 무릅쓰고 우러러 임금님 앞에서 부르짖으오니 엎드려 바라옵건대 전하께서는 살펴주옵소서.

방금 내리신 전교를 보니, 갑신정변(甲申政變, 1884)을 일으킨 흉도들의 죄명을 지우고 박영효(朴泳孝)와 서광범(徐光範)

의 직첩을 되돌려주라는 명이 있으셨습니다. 신은 담이 떨리고 심장이 울렁이는 것을 이겨내지 못하겠더니, 이제는 정신이 혼미하여 어쩔 줄을 모르겠습니다. 생각해보니 이 밝은 세상에 뜻하지 않게 다시 한 유예〔劉豫, 남송(南宋) 때 금(金)에 항복한 사람〕가 나온 것입니다. 임금님의 덕은 하늘만큼 커서 그릇된 것도 이해해 주고 하자가 있어도 감추어준다고 하는데, 이제 경장(更張)[1]하는 날에는 옛것을 뜯어고치고 새것을 좇게끔 해야 된다고 합니다. 그러나 삼가 엎드려 생각하옵건대, 천지가 개벽한 이래 박영효와 서광범과 같이 하늘에 가득 찰 만큼 큰 죄를 저지르고도 오늘과 같은 두터운 뜻을 내린 일이 있음은 들어본 바 없습니다. 박영효와 서광범이 갑신년 10월에 앞장서 난을 일으킬 때를 당하여 군부(君父)를 핍박하고 능욕하여, 나라가 거의 의지할 데가 없었으나, 하늘에 계신 조종의 혼령이 어두운 데서도 감지하시고 묵묵히 도와주셔서 종묘사직이 다시 공고해질 수 있었습니다. 그러나 죄인들이 법망에서 빠져나가 이웃나라에서 투생(偸生)[2]하고 있었으니, 무릇 온 나라의 생존하는 사람치고는 그들의 살점을 저며 먹으며 공분(公憤)을 풀고자 한 지 지금까지 11년이 되었습니다.

그런데 어찌해서 하루아침에 사면하는 탕전(蕩典, 恩典)을 내리시어 조정의 반열에 끼워 넣어 우연히 미미한 잘못을 저질렀던 것 같이 하셨습니까? 장차 난신적자(亂臣賊子)[3]가 형적을 이어 일어나 임금께 무도한 짓을 범하고, '무슨 해가 있겠느냐?'할 것입니다. 왕강(王綱, 國憲)[4]이 떨치지 못해 범하는 자가 날로

늘어난다면 전하께서는 장차 어찌 임금노릇을 하실 수 있겠습니까? 저들은 우리나라의 내홍(內訌)과 외간(外艱)을 엿보고는 틈을 탈 수 있다고 생각하고, 하늘도 속일 수 있다고 여겨, 흉측하고 간교한 꾀를 부렸으니, 강력히 그 죄명을 붙이라면 '국사범(國事犯)'[5]과 같은 것인데도 방자하게 도성에 들어와 살고 있습니다. 그런데도 전하께서는 그들을 주륙하지 않으시고 오히려 그들을 총애하고 작질(爵秩)까지 내리시니, 이는 신이 그것을 이해할 수 없는 바입니다. 가령 그들의 죄가 국사범에서 그쳤더라도 그들의 아비가 다 처형당한 것은, 또한 그들의 죄 때문이 아니었습니까? 그런데도 그들은 목숨을 부지하여 고국에 살아서 돌아온 날에 진실로 사람의 마음을 가지고 있었다면 마땅히 손을 모으고 꿇어앉아 감히 사람의 도리를 자처하겠다고 나대지는 못했을 것입니다. 그럼에도 그들은 지금 의기양양하게 세상에 나와 마치 뜻을 얻은 것처럼 하고 있습니다.

신이 듣건대, '충(忠)은 효자의 집안에서 구하라!'고 들었습니다. 이는 바로 아비를 몰라보는 자는 임금도 몰라본 것이기 때문입니다. 이제 지금 더불어 정치를 바로잡고자 하나 명분이 바르지 않고 말이 순리에 맞지 않은데 어찌할 수 있겠습니까? 도하의 물정이 멀고 가깝고에 있지 않으며, 많은 사람들이 저들을 꾸짖기를 그치지 않고, 만인의 입에서 한결같은 소리가 나오는 바, '이 두 적도(賊徒)와 함께 하늘을 지고 살지 않겠다'고 하고 있습니다. 구구한 저의 마음에도 두 적당들의 목을 베어 거리에 매달아 국법을 바르게 펴고 신명들의 분을 풀고 만

인의 마음을 따른다면 천만 다행이겠습니다. 만약, 그렇지 않다면 신은 동해로 뛰어들어 죽음이 있을 뿐입니다. 어찌 이 역당들과 더불어 같은 조정에서 얼굴을 맞대고 구차하게 살아가겠습니까? 신은 격분을 가라앉히지 못하고 간절한 마음을 이기지 못하겠습니다."

이 상소문이 나오자 일시에 전해져서 서로들 외웠다.

註解

1) **경장**(更張) : 사회·정치권으로 부패한 제도를 개혁함.
2) **투생**(偸生) : 죽어야 옳을 때에 안 죽고 욕되게 살기를 꾀함.
3) **난신적자**(亂臣賊子) : 나라를 어지럽게 하는 신하와 부모의 뜻을 거스르는 자식.
4) **왕강**(王綱) : 국헌(國憲). 나라의 근본 법규. 국법.
5) **국사범**(國事犯) : 나라의 정치상 질서를 문란케 한 범죄. 또는 그 범인.

原文

전호군이윤종상소 공박영효 불성 약왈
前護軍李胤鍾上疏 攻朴泳孝 不省(略曰).

복이신등비재저품 절위지하대부 은영극이송척자의 갈
伏以臣等匪材樗品 竊位至下大夫 恩榮極而悚惕滋矣 曷
감불도보연애소효견마지성 이지징토일사 인인득이주지
敢不圖報涓埃少效犬馬之誠 而至懲討一事 人人得而誅之
고감간출위지계 모매만사 앙유우주광지전 복원전하수찰
故敢干出位之戒 冒昧萬死 仰籲于黈纊之前 伏願殿下垂察
언 즉복견전교하자 유갑신흉도죄명효주 영효 광범직첩
焉 卽伏見傳敎下者·有甲申凶徒罪名爻周 泳孝·光範職牒

환수지명 신불승담률심도 계지현혹실도 절위성명지세
還授之命 臣不勝膽栗心掉 繼之眩惑失圖 竊謂聖明之世

불의부출일유예야 성덕천대 포황닉하 금어경장지일 사
不意復出一劉豫也 聖德天大 包荒匿瑕 今於更張之日 使

득혁구종신 연절복념 부판이래 부영효 광범지미천대죄
得革舊從新 然竊伏念 剖判以來 負泳孝·光範之彌天大罪

이유영효 광범금일지사 미지혹문야 영효 광범당갑신
而有泳孝·光範今日之事 未之或聞也 泳孝·光範當甲申

시월창난지시 핍욕군부 국기무뢰 조종재천지령 명감묵
十月倡亂之時 逼辱君父 國幾無賴 祖宗在天之靈 冥感默

우 종사재고 연죄인루망 투생린국 범환동토함생지륜 무
佑 宗社再固 然罪人漏網 偸生隣國 凡環東土含生之倫 無

불욕식기련 이설공분 우금십일년소의 내지하 일조허하
不欲食其臠 以洩公憤 于今十一年所矣 奈之何 一朝許下

탕전 비열조적 유약우섭미생자재 장견난신적자접적이기
蕩典 俾列朝籍 有若偶涉微眚者哉 將見亂臣賊子接跡而起

이위범상부도하상지유 왕강부진 범자일중 즉전하장하이
以謂犯上不道何傷之有 王綱不振 犯者日衆 則殿下將何以

위군호 피간아국내홍외간 위흔가승 위천가기 무기흉휼
爲君乎 彼瞯我國內訌外艱 謂釁可乘 謂天可欺 舞其凶譎

지여지 강명기죄 동일국사범 사연입처어련곡지하 전하
之餘智 强名其罪 同日國事犯 肆然入處於輦轂之下 殿下

불유부지주륙 종이총지작질 차신지소미해야 차왈 죄지
不惟不之誅戮 從而寵之爵秩 此臣之所未解也 借曰 罪止

어국사범 거지부개사휘묵 역거죄이 당득세명생환고국지
於國事犯 渠之父皆死徽纆 亦渠罪耳 倘得貰命生還故國之

일 구유일분인심 당렴수축축 불감인도자처 금내양양출
日 苟有一分人心 當斂手蹙縮 不敢人道自處 今乃揚揚出

세 유약득의자연 신문구충신어효자지문 무부자의기무군
世 有若得意者然 臣聞求忠臣於孝子之門 無父者宜其無君

야 금수욕공여위리 내명부정언불순하재 도하물정 무유
也 今雖欲共與爲理 奈名不正言不順何哉 都下物情 無有

遠邇 群詬不已 萬口一談 皆欲誓不與此兩賊共戴天日 區區之心 願斬兩賊之頭 懸之藁街 以伸邦憲 洩神憤 循輿情 千萬幸甚 不然臣有蹈東海而死耳 寧與此賊靦面同朝而苟活哉 臣無任激切祈懇之至 疏出 一時傳誦.

기무처(機務處)를 혁파하고 중추원(中樞院)을 설치하였다. 원임 대신 김병시(金炳始)를 의장으로, 조병세(趙秉世)·정범조(鄭範朝)를 좌우의장(左右議長)으로 임명하였다.

原文

罷機務處 設中樞院 以原任大臣金炳始爲議長 趙秉世·鄭範朝爲左右議長.

승정원의 공사청(公事廳)[1]을 혁파하고, 종전의 공문 반포의 예규도 함께 폐지하되 모든 것을 칙령(勅令)으로써 행하였다. 전교(傳敎)[2]를 '칙지(勅旨)'[3]라 개칭하고, 저보(邸報)를 '관보(官報)'로 고쳐 불렀다. 이전의 제도에는 매일 나가는 저보(邸報)는 각 아문 서리들이 초록해서 곳곳으로 나누어 전했다. 초서(草書)가 거칠고 문란해서 이를 '기별초(奇別草)'라 이르기까지 했는데, 오랫동안 보아온 사람이 아니면 그것을 읽을 수 없었다.

그래서 관보국(官報局)을 설치하여 인쇄로 하였다.

註解

1) **공사청**(公事廳) : 조선 때 임금의 명을 전하던 내시(內侍)의 직소.
2) **전교**(傳教) : 임금의 명령. 하교.
3) **칙지**(勅旨) : 임금의 말씀. 칙령.

原文

파승정원공사청 종전공문반포예규병폐지 일체이칙령
罷承政院公事廳 從前公文頒布例規幷廢止 一切以勅令
행지 개칭전교왈칙지 저보왈관보 구제매일저보 각아문
行之 改稱傳教曰勅旨 邸報曰官報 舊制每日邸報 各衙門
서리초록분전 초서황란 위지기별초 비구람자불능암 지
胥吏鈔錄分傳 草書荒亂 謂之奇別草 非久覽者不能諳 至
시설관보국 인쇄행지
是設官報局 印刷行之.

12월 5일, 호남 동학군이 장흥을 함락하고, 부사 박헌양(朴憲陽)을 죽였다. 박헌양은 그해 7월 중에 부임해 갔는데 장차 임지로 떠나려 할 때 친구가 못 가게 붙잡았으나, 그는 탄식하며, "평상시 나라의 녹(祿)을 먹고 살았는데 가히 위험하고 어지러운 곳이라 하여 피할 수 있겠는가?" 하였다. 이에 이르러 충청도와 전라도 지방의 동학군은 연달아 경군(京軍)에게 패하여 남쪽을 향해 달아나다가 장흥·강진 사이에서 집결하였다. 장흥 고을은 수비 태세를 갖추지 못하여 부사에게 도망하라 권유하였으나 그는 듣지 않았다. 동학군이 이르자, 박헌양은 조복

을 입고 인부(印符)를 띠고 당상에 앉아서 크게 꾸짖으니, 동학군은 그를 끌어내어 총을 쏘아 죽였다. 박헌양은 눈을 부릅뜨고 노려보면서 주먹을 쥔 채 죽었다.

原文

十二月初五日 湖南賊陷長興 府使朴憲陽死之 憲陽七月中赴任 將發 知舊止之 憲陽歎曰 平日食國祿 可以危亂而規避乎 至是兩湖賊 連爲京軍所敗 向南而走 萃于長興·康津之間 長興守備單寡 或勸之逃 不聽 賊至 憲陽朝服 帶印符 坐堂上 大罵之 賊曳出 砲而害之 憲陽瞋目握拳而死.

(12월) 10일, 동학군은 장흥으로부터 강진 병영(병마절도영)을 침범하였다. 병사 서병무(徐丙懋)는 성을 버리고 도망쳤으며, 중군(中軍) 정규찬(鄭逵贊)은 전사했다. 장흥과 강진이 연이어 함락되자 병사 병영은 인심이 흉흉하고 두려워하였다. 특히 서병무가 영암으로 도주하자 성 안에는 싸울 의지를 잃었다. 중군 정규찬이 여러 차례 병사에게 계책을 올렸으나 서병무가 듣지 않아서 탄식하기를, "나는 이미 죽은 것이나 다름이 없다."고 하였다. 이에 이르러 적이 성을 기어 넘어오니, 정규찬은 성을 지키지 못할 것을 알고 그의 손자와 함께 진으로 뛰어들어 전사하였다. 며칠 뒤 동학군은 이두황(李斗璜)에게 쫓겨 궁한 나머

지 해남 경계로 내뺐으나 바다가 막혀서 도망칠 곳이 없었다. 이두황은 이규태(李圭泰)와 일본군과 합세하여 총공격하여 대파시켰다. 이때 동학군 3만6천여 명을 참하였다.

原文

初十日 賊自長興犯康津兵營 兵使徐丙懋棄城走 中軍鄭逵贊死之 長·康連陷 兵營洶惧 丙懋跳向靈巖 城中莫有鬪志 逵贊屢以策干 丙懋不聽 歎曰 吾旣死矣 至是賊一擁登城 逵贊知事不濟 與其孫□□突陣而死 數日賊爲李斗璜所追 窮竄海南界地 盡無可走 斗璜與李圭泰及倭人合 奮擊大破之 斬三萬六千餘級.

(전라 감사) 이도재(李道宰)가 김기범(金箕範, 김개남)을 잡아 참수하고, 전봉준(全琫準) 등을 사로잡아 수레에 싣고 서울로 압송하였다. 영남 토포사 지석영(池錫永)이 일본군을 등에 업고 선봉이 되어 낙동강 좌우를 소탕하였고, 이두황(李斗璜) 등은 호남 지방을 전전하여 소탕하였다. 이에 이르러 전라도와 경상도 지방이 다 평정되었다. 상세한 것은 『동비기략(東匪紀略)』을 참조할 것.

原文

李道宰擒斬金箕範 擒全琫準等 車送京師 嶺南討捕使池錫永 挾倭爲前鋒 勦洛江左右 李斗璜等巡徼湖南 於是 湖嶺悉平 詳見東匪紀略.

서울 인천 · 부산 · 원산 세 항구에 주재하는 지방관에 명하여, 청국의 거주민을 보호하도록 하는 규칙 8조를 발표하여 내려 보냈다.

原文

命漢城及仁川 · 釜山 · 元山三港所在地方官 保護淸國寓民 頒下規則八條.

(12월) 13일 을묘, 임금은 자주 독립을 태묘(太廟, 종묘)에 맹서하는 글을 고(告)하고 이튿날에는 이 사실을 알리는 칙령을 내려 신민에게 포고했다.

原文

十三日乙卯 王以自主獨立 誓告太廟 翌日又下勅 布告臣民.

이준용(李埈鎔)을 일본 주재 전권공사로 임명했는데, 부임하지 못했다.

原文

이 준 용 위 주 차 일 본 전 권 공 사　불 과 행
李埈鎔爲駐箚日本全權公使 不果行.

의정부를 내각(內閣)으로 명칭을 바꾸고 그 처소를 수정전(修政殿)으로 옮겼다. (그리고) 규장각(奎章閣)[1]은 내각으로 부르지 않도록 하였다.

대소 관원의 서로 대면하는 상칭례(相稱禮)[2]를 정했다. 그리고 감사·유수·병수사 이하 관원들은 이제부터 봉주(封奏)[3] 하지 말고, 사무를 분별하여 해당 아문(衙門)에 보고하면 그 아문에서는 요지를 참작해서 상주하도록 하였다. 또한 각 지방의 이치(吏治)[4]와 민은(民隱)[5]은 내무아문에서 관리를 파견하여 채방(採訪)[6]하여 교구(矯捄)[7] 정리하도록 하였다. 또 조정 관원의 대례복은 흑단령(黑團領)[8]을 사용하고, 궁에 들어갈 때의 통상예복은 두루마기와 답호(褡穫)[9]는 흑색의 토산 명주를 사용하고 사모와 가죽신을 착용하되, 내년 정월 초하루부터 시행하도록 하였다. 또한 이제부터 망령되이 언사(言事)[10]를 의탁하여 국시(國是)[11]를 동요하는 자는, 소장(疏章)을 접수하지 말 것이며 소장을 올린 사람은 엄히 징벌할 것이라 하였다. 또한 전후 죄를 받았으나 억울하게 당한 자는 누명을 벗겨 놓아주며, 이미 죽은 자는 관직을 회복시키도록 하였다.

이상의 여러 조항들은 모두 칙령으로써 행하였다.

註解

1) **규장각**(奎章閣) : 정조 때 설치한 역대 임금의 글 · 글씨 · 고명(顧命) · 유교(遺敎) 따위와 어진(御眞)을 보관하던 관아. 창경궁에 둔 것을 규장내각(奎章內閣), 강화도에 둔 것을 규장외각(奎章外閣)이라고 불렀다. 규장내각을 통칭 내각이라 일컬었는데 이때 이르러 혼동을 피하기 위해 내각이라 부르지 않도록 하였다.
2) **상칭례**(相稱禮) : 서로 만났을 때 서로 칭하는 절.
3) **봉주**(封奏) : 밀봉하여 상소함.
4) **이치**(吏治) : 관리가 다스리는 정치.
5) **민은**(民隱) : 국민이 악정에 시달리어 고통을 받음.
6) **채방**(採訪) : 물어가며 찾음. 채탐(採探).
7) **교구**(矯捄) : 교정(矯正). 틀어지거나 굽은 것 또는 결점 등을 바로 잡음.
8) **흑단령**(黑團領) : 검은 빛깔의 단령. 벼슬아치가 입는데 당상관은 무늬가 있는 검은 비단으로 만들고 당하관은 무늬가 없는 검은 것으로 만들었다.
9) **답호**(褡穫) : 벼슬아치가 입는 옷의 한 가지. 예복 밑에 입는 조끼형이며 밑이 김.
10) **언사**(言事) : 나라와 관계되는 일. 국사.
11) **국시**(國是) : 국민 전체가 옳다고 인정한 주의와 시정(施政)의 근본 방침. 확정되어 있는 한 나라의 방침.

原文

개칭의정부왈내각 이설처소우수정전 규장각물칭내각
改稱議政府曰內閣 移設處所于修政殿 奎章閣勿稱內閣.

정대소관원상견상칭례 우감유곤수이하 자금물위봉주
定大少官員相見相稱禮 又監留梱帥以下 自今勿爲封奏
분별사무 보해아문 작핵집주 우각지방이치민은 유내무
分別事務 報該衙門 酌核執奏 又各地方吏治民隱 由內務
아문파원채방 교구정리 우조신대례복 용흑단령 진궁통
衙門派員採訪 矯捄整理 又朝臣大禮服 用黑團領 進宮通
상례복 주의 답호용흑색토산주포 급사모 화자 자래세
常禮服 周衣·褡頀用黑色土産紬布 及紗帽·靴子 自來歲
정조시행 우자금여유망탁언사 동요국시자 원소물봉입
正朝施行 又自今如有妄托言事 動撓國是者 原疏勿捧入
진소인엄징 우전후피죄원왕인 병소절방송 신사자복관
陳疏人嚴懲 又前後被罪寃枉人 幷昭晰放送 身死者復官
이상제조 개이칙령행지
以上諸條 皆以勅令行之.

총리 대신 김홍집(金弘集), 내무 대신 박영효(朴泳孝), 학무 대신 박정양(朴定陽), 외무 대신 김윤식(金允植), 탁지 대신 어윤중(魚允中), 농상 대신 엄세영(嚴世永), 군무 대신 조희연(趙羲淵), 법무 대신 서광범(徐光範), 공무 대신 서리 김가진(金嘉鎭) 등이 왕실의 존칭을 상주해서 정했다. 주상 전하는 '대군주 폐하'라 칭하고, 왕대비 전하는 '왕태후 폐하'라 칭하고 왕비 전하를 '왕후폐하'로 칭하고, 왕세자 저하를 '왕태자 전하'로 칭하고, 왕세자빈 저하를 '왕태자비 전하'로 칭하며, 전(箋)[1]을 표(表)[2]로 칭하도록 하였는데 임금이 모두 윤허하였다. 이는 장차 황제의 지위로 올리기 위한 것이었다.

註解

1) **전**(箋) : 전문(箋文). 길흉의 일이 있을 때에 임금에게 아뢰던 사륙체(四六體)의 글.
2) **표**(表) : 표문을 가리킴. 임금께 표로 올리던 글.

原文

총리대신김홍집 내무박영효 학무박정양 외무김윤
總理大臣金弘集· 內務朴泳孝· 學務朴定陽· 外務金允
식 탁지어윤중 농상엄세영 군무조희연 법무서광범
植· 度支魚允中· 農商嚴世永· 軍務趙義淵· 法務徐光範
공무서리김가진등 주정왕실존칭 이주상전하칭대군주
·工務署理金嘉鎭等 奏定王室尊稱 以主上殿下稱大君主
폐하 왕대비전하칭왕태후폐하 왕비전하칭왕후폐하 왕세
陛下 王大妃殿下稱王太后陛下 王妃殿下稱王后陛下 王世
자저하칭왕태자전하 왕세자빈저하칭왕태자비전하 전칭
子邸下稱王太子殿下 王世子嬪邸下稱王太子妃殿下 箋稱
표 제왈가 장이위진호황제지지야
表 制曰可 將以爲進乎皇帝之地也.

이때 중앙의 관보(官報)나 각도의 공문서는 모두 한문과 국문을 섞어서 자구(字句)를 만들어 썼는데, 이것은 일본글의 문법을 본받은 것이다. 우리나라 말에서는 예부터 한자를 진서(眞書)라 불렀고 훈민정음을 언문(諺文)이라 불러서 함께 부를 때는 진언(眞諺)이라 하였다. 갑오(1894) 후에 시무(時務)를 추종하는 이들은 언문을 추켜서 국문(國文)이라 부르고, 달리 진서는 외국 글이니 한문이라 부르자고 하였다. 이에 '국한문(國漢文)'이라는 말이 용어가 되었다. 그래서 진언이라 칭하는 말

은 없어졌다. 경박하게 날뛰는 사람들은 한문은 마땅히 폐지해야 된다는 주장을 폈으나 추세가 그렇지 못해서 그쳤다.

原文

시 시 경 중 관 보 급 외 도 문 이 개 진 언 상 착 이 철 자 구 개 효 일
是時京中官報及外道文移 皆眞諺相錯 以綴字句 蓋效日
본 문 법 야 아 국 방 언 고 칭 화 문 왈 진 서 칭 훈 민 정 음 왈 언 문
本文法也 我國方言 古稱華文曰眞書 稱訓民正音曰諺文
고 통 칭 진 언 급 갑 오 고 종 삼 십 일 년 후 추 시 무 자 성 추 언 문
故統稱眞諺 及甲午(高宗三十一年)後 趨時務者盛推諺文
왈 국 문 별 진 서 이 외 지 왈 한 문 어 시 국 한 문 삼 자 수 성 방 언
曰國文 別眞書以外之曰漢文 於是國漢文三字 遂成方言
이 진 언 지 칭 민 언 기 광 조 자 창 한 문 당 폐 지 론 연 세 격 이 지
而眞諺之稱泯焉 其狂佻者倡漢文當廢之論 然勢格而止.

능지(凌遲)[1]와 효경(梟警)[2] 등의 참형법(斬刑法)을 폐지하고, 단지 교형(絞刑)[3]과 포형(砲刑)[4]을 행사해서 사형법(死刑法)으로 삼았다. 관아(官衙)에서는 교수형을, 군문에서는 총살형을 쓰게 되었다.

註解

1) **능지**(凌遲) : 능지처참. 머리 · 손 · 발 그리고 몸을 토막 내던 극형(極刑). 대역죄를 범한 자에게 내리던 형벌.
2) **효경**(梟警) : 효수경중(梟首警衆). 죄인의 목을 베어 높은 곳에 매달아 뭇사람을 경계함.
3) **교형**(絞刑) : 교수형. 목을 얽어매어 죽이는 형.

4) **포형**(砲刑) : 총으로 쏘아 죽이는 형벌. 총살형.

原文

폐 능 지　효 경 등 참 형　지 용 교 형　포 형 위 사 형 법　아 용 교
廢凌遲 · 梟警等斬刑　只用絞刑 · 砲刑爲死刑法　衙用絞
군 률 용 포
軍律用砲.

결세(結稅, 농지세)와 호세(戶稅, 가호세) 두 가지 세제를 개정하여 모두 돈으로 징수케 했다. 매년 1결당 꿰미돈 30냥, 1호당 꿰미를 3냥을 징수하고, 그 나머지 명목의 세수는 일체 금지하였다. 그러나 관리들은 구습을 빙자하여 준행에 따르려 하지 않았다. 근세에 들어와서 결세 정책이 크게 무너져 백성에게 쌀을 징수하는 것이 읍마다 각각 동일하지 않았다. 1결당 바치는 쌀이 100말에서 6, 70말에 이르렀으며, 가장 가벼운 것도 50말 이하로는 내려가지 않았다. 게다가 베를 배정하기도 하고, 콩을 배정하기도 하여 털처럼 많은 명목을 가중시키니, 그 값을 계산하면 족히 꿰미돈 100냥에 이르렀다. 운현이 집정할 때 호포법(戶布法)[1]을 처음 실시했는데, 비록 옛날의 호부(戶賦)에 해당하는 것이라고는 해도, 또한 고을마다 동일하지 않고 오직 관리의 조종대로 되고 있었다. 이에 결세와 호세, 양세는 해마다 더해지고 달마다 증가해서 죽겠다고 아우성친들 그것을 해결해 줄 자가 없었다. 이에 이르러 새 법령이 한 번 반포되니, 백성들이 다 기뻐서 날뛰며 손뼉을 치면서 서양법을 따른 것인지 일본법을 따

른 것인지를 묻지 않고 기뻐하며 다시 태어난 것 같았다.

갑오년(고종 31, 1894) 이후 수년간은 비록 조정의 근심이 눈에 넘쳤으나 먼 시골이나 가난한 사람들은 배부르고 따뜻하여 즉 태평한 세상을 만난 듯 여겼다. 당초 무자년(고종 25, 1888) 큰 기근 때, 세 구절의 동요가 떠돌았는데, "곡식은 없는데 풍년이라니 첫 번째 모를 일이요, 글은 못하는데 선비는 많으니 두 번째 모를 일이요, 임금은 없는데 태평하니 세 번째 모를 일이다."라는 것이었다. 그 이듬해 기축년(고종 26, 1889) 봄에서 여름 사이에 환자(還子)[2]가 흔해져서 곡식 값이 떨어지니, 처음에 예상하지 못한 것으로 첫 번째 알 수 없다한 것이 징험되었고, 갑오년 동학교도들이 서로 접장(接長)이라 불렀는데, 접장이란 세속 간에 글하는 선비를 지칭하는 것이니, 두 번째 알 수 없는 것이란 것도 징험되었으며, 이에 이르러 나라가 일본에 견제를 받아 임금이 없는 것이나 다름이 없었다. 이에 백성들은 도리어 생업에 즐거워하고 있으니 세 번째 알지 못한다고 한 것 또한 징험되었다.

註解

1) **호포법**(戶布法) : 양민에 대한 신역(身役)으로 베를 징수하였는데 군포라고 불렀다. 대원군 때에 이르러 신분에 관계없이 가호마다 호포(戶布)내지 호전(戶錢)을 바치도록 하였다.

2) **환자**(還子) : 각 고을의 사창(社倉)에서 백성에게 꾸어 주었던 곡식을 가을에 다시 받아들이던 일. 환상(還上).

原文

改定結戶兩稅皆代徵以錢 每歲一結緡錢三十兩 一戶緡錢三兩 其餘科斂 一切禁之 然官吏猶藉舊習 不肯遵行 近世結政大壞 徵米於民 邑各不同 每一結 有納米至百斗者 六七十斗者 最輕者 不下五十斗 重以攤布難豆 名目毛繁 計其價恰至緡錢百兩 雲峴當國 刱戶布 雖當古之戶賦 然亦邑各不同 惟憑官吏之操縱 於是 結戶兩稅 年加月增 呼號祈死 而無聽理之者 至是新令一頒 民咸蹈抃 勿問從洋從倭 擧欣欣有再生之色 甲午(高宗三十一年)後數年 雖朝廷憂虞溢目 而遐陬窮蔀 飽煖自得如樂世焉 初戊子(高宗二十五年)大饑 有謠言三句曰 無穀豊年一不知 無文多士二不知 無君太平三不知 己丑春夏 糶賤而價落 非始料所億一不知驗 及申午(高宗三十一年) 東匪相呼以接長 接長者俗間文士之稱也 二不知又驗 至是國家爲倭所持 類無君而民反樂業 三不知又驗.

결세전(結稅錢)은 매 결당 연해의 고을은 30냥, 산간의 고을은 25냥으로 책정하였다. 호남의 경우 산간 고을은 무주(茂朱)와 용담(龍潭, 진안)뿐이었으니 다른 도는 가히 미루어 짐작할 수 있다.

原文

결 세 전　매 결 연 읍 삼 십 냥　산 군 이 십 오 냥　호 남 산 군 무 주
結稅錢 每結沿邑三十兩 山郡二十五兩 湖南山郡茂朱·
용 담 이 이　타 도 가 류 추 야
龍潭而已 他道可類推也.

옛 제도에는 백관의 녹봉(祿俸)을 모두 쌀·콩·면으로 지급하였는데, 이해 6월 법을 개정한 처음에, 먼저 녹과(祿科)를 변경하여 매월 원화(元貨)로 지급하도록 정하였다. 그러나 당시에 원화로 통용할 은전이 없어서 이에 일본인이 은전 300만 원을 대여해 주었다. 원화는 1원이 우리 돈〔상평통보〕 다섯 냥에 해당하는 것으로, 드디어 점차적으로 유통되었다. 그러나 기호 지방에만 한정되었을 뿐이며, 영남과 호남 지방은 아직도 상평전을 쓰고 있었다. 그러므로 양세(兩稅, 結稅와 戶稅)를 바칠 때에는 상평통보(常平通寶)로 해당액을 바치도록 하였다. 상평통보는 엽전(葉錢)이라 하는 것인데, 대개 이때에 서울에서는 당오전(當五錢)[1]의 가치가 떨어져서 엽전 1푼의 가치밖에 없었다. 가령 한 냥 일 것 같으면 단지 20푼밖에 되지 않는데도 한 냥이라고 부르니, 거래를 하고 계산을 할 때 백성들이 매우 괴

로워하였다.

註解

1) **당오전**(當五錢) : 1883년 2월부터 1894년 7월까지 주조된 화폐. 실질 가치는 상평통보의 약 2배에 지나지 않다가 1894년 이후 상평통보와 같은 가치를 갖게 되었다. 원래는 당오전 1매가 상평통보 5매에 해당되는 가치였다.

原文

구제백관봉록 개반이미두포면 유월변법초 수변록과 매
舊制百官俸祿 皆頒以米豆布綿 六月變法初 首變祿科 每
월정이기원 연시무은전가이원행자 어시왜인대이은전삼
月定以幾元 然時無銀錢可以元行者 於是倭人貸以銀錢三
백만원 매일원당아전상평통보오냥 수점유통 연기호이이
百萬元 每一元當我錢常平通寶五兩 遂漸流通 然畿湖而已
양남즉상용상평전 고기봉양세야 이상평전절색태환 상평
兩南則尙用常平錢 故其捧兩稅也 以常平錢折色兌換 常平
전역왈엽전 개시시경중당오전이천 지작엽전일문용 가여
錢亦曰葉錢 皆是時京中當五錢已賤 只作葉錢一文用 假如
일냥지이십문이호왈일냥 교역교수지시 민심고지
一兩只二十文而號曰一兩 交易校數之時 民甚苦之.

삼남 지방의 대동미(大同米)를 절반으로 감축하였다.

原文

감삼남대동미지반
減三南大同米之半.

정부(政府)에서 전 경상 감사 이용직(李容直)이 횡령한 돈은 476,356냥 6전이며, 전 통제사 민형식(閔炯植)이 횡령한 돈은 721,277냥이라 아뢰고, 잡아다 심문하여 죄를 주고 그 돈을 추징하여 공금에 충당할 것을 청하자, 임금이 그것을 따랐다. 이것은 이중하(李重夏)가 선무사(宣撫使)로 있을 때 올린 장계에 따른 것이다. 그러나 문서로만 시행하였을 뿐이고 법대로 집행되지 않았다.

原文

정 부 주 전 영 백 이 용 직 장 전 위 사 십 칠 만 육 천·삼 백 오 십 육 냥
政府奏前嶺伯李容直贓錢 爲四十七萬六千三百五十六兩
육 전 전 통 사 민 형 식 장 전 위 칠 십 이 만 일 천 이 백 칠 십 칠 냥 청
六錢 前統使閔炯植贓錢 爲七十二萬一千二百七十七兩 請
나 문 정 죄 추 장 충 공 종 지 종 이 중 하 선 무 시 지 계 야 연 행 지
拿問定罪 追贓充公 從之 從李重夏宣撫時之啓也 然行之
문 서 이 이 개 미 여 법
文書而已 皆未如法.

홍국영(洪國榮)·권유(權裕)·남종삼(南鍾三)·홍봉주(洪鳳周)·조연승(曺演承)·조락승(曺洛承)·신철균(申哲均)·장동근(張東根)·정선교(丁善敎)·홍재학(洪在鶴)·김응룡(金應龍)·오윤근(吳潤根)·김응봉(金應鳳)·채동술(蔡東述)·임철호(任哲鎬)·이휘정(李彙精)·조총희(趙寵熙) 등의 죄명을 씻어주고, 박영교(朴泳敎)·박호양(朴顥陽)·홍진유(洪晋游)·홍영식(洪英植)·김옥균(金玉均)·이원진(李源進)·이회정(李會正)·

임응준(任應準)·정현덕(鄭顯德)·조병창(趙秉昌)·조채하(趙采夏)·조우희(趙宇熙)·이재만(李載晩) 등을 복관시켰다. 이것은 김홍집(金弘集)·서광범(徐光範)의 상주에 따른 것이었다.

原文

雪洪國榮·權裕·南鍾三·洪鳳周·曺演承·洛承·申哲均·張東根·丁善敎·洪在鶴·金應龍·吳潤根·金應鳳·蔡東述·任哲鎬·李彙靖·趙寵熙罪名 復朴泳敎·朴顥陽·洪晋游·洪英植·金玉均·李源進·李會正·任應準·鄭顯德·曺秉昌·趙采夏·趙宇熙·李載晩官 從金弘集·徐光範之奏也.

전 사과(司果) 안창제(安昌濟)가 소를 올려 청국을 배반한 데 대하여 논하자, 잡아들여 심문하도록 명하였다. 안창제는 안효제(安孝濟)의 서제(庶弟)이다. 박영효(朴泳孝) 등은 이윤종(李胤鍾)이 (박영효를 탄핵하는) 소를 올린 후로는, 자기에 대한 비판이 두려워 언사소(言事疏)를 하려는 자에게 소를 올리지 못하도록 하고, 다만 내각에 건의하도록 하여 이로부터 공거문(公車文, 疏章의 글)이 막히게 되었다.

原文

전사과안창제상소 간배청 명나문 창제 효제서제야 영
前司果安昌濟上疏 諫背清 命拏問 昌濟 孝濟庶弟也 泳
효등 자이윤종소후 공인의기 영언사자물상소 단헌의내
孝等 自李胤鍾疏後 恐人議己 令言事者勿上疏 但獻議內
각 자시공거수색
閣 自是公車遂塞.

신정희(申正熙)를 강화 유수(江華留守)로 임명하였다.

原文

이신정희위강화유수
以申正熙爲江華留守.

청국군이 요동만에서 일본군과 대적하였는데 연전연패 당하였다. 문등(文登)·영해(寧海)·영성(榮城) 등의 읍진(邑鎭)이 차례로 함락되었고, 일본군은 드디어 위해위(威海衛)를 침범하였다.

原文

청인거왜인우료동만 연전개패 문등 영해 영성등읍
清人距倭人于遼東灣 連戰皆敗 文登·寧海·榮城等邑
진 차제윤함 왜수범위해위
鎭 次第淪陷 倭遂犯威海衛.

〈제2권 계속〉

찾아보기

(가)

(나)

(다)

(라)

(마)

(바)

(사)

(아)

(자)

(차)

(카)

(타)

(파)

(하)